기독교 사회복지론

Christian Social Welfarelogy

金基源 著

교육과학사

서 · 문

이 책은 기독교 현장에서 실천되고 있는 기독교사회복지의 이론적 체계와 실제를 다룬 것이다. 이 책의 제목은 기독교사회복지론(Christian Social Welfarelogy)이다. 기독교사회복지론은 단순히 기독교사회복지를 서술적으로 기술한 것이 아니라 기독교사회복지라는 분야에 관해 학문적 정립을 시도한 것이다. 따라서 이 책의 제목을 Christian Social Welfare(기독교사회복지)가 아닌 Christian Social Welfarelogy(Welfare + logy), 즉 '기독교사회복지론'으로 이름 붙인 것은 기독교사회복지가 사회복지학의 역사적 발전단계에서 한 부분으로 거론되거나, 선교신학의 실천방법의 하나로서 기술되거나, 기독교와 사회복지의 만남으로 기술되는 것이 아니라, 명백한 하나의 독립된 학문분야로서 연구되어져야 하고 발전되어져야 한다는 생각에서 '기독교사회복지론'으로 이름하였다.

기독교사회복지는 기독교 역사가 시작된 이래 오늘날까지 기독교의 주요 덕목이자 의무로서 실천되어 왔다. 기독교사회복지란 하나님을 믿는 신자들이 하나님의 말씀에 순종하여 하나님의 사랑을 가르침대로 세상에 전파하고 세상 가운데 실천해 나아가는 기독교인들의 체계적 노력이다. 사회복지가 사회의 사업(social work)이라 말해진다면 기독교사회복지는 하나님의 사업(God's Work), 거룩한 사업(Holy Work), 하늘의 사업(Heaveu's Work) 그리고 회복사업(Restoration Work)이라 말해질 수 있다. 동시에 기독교사회복지는 인간을 영생으로 인도하고 하나님의 형상을 회복하려는 일련의 구원사업(Salvation Work)이다. 사회복지가 베푸는 사랑을 통해 이루어진다면 기독교사회복지는 하나님의 사업으로서 나눔의 사랑, 섬김의 사랑을 통해 이루어진다.

교회는 기독교사회복지의 주된 주체로서의 역할을 수행하여 왔다. 교회가 기독교복지사업을 하는 것에 대해서 서로 다른 견해들이 제기되고 있는 것이 사실이다. 이러한 논란 가운데 분명히 말할 수 있는 것은 교회는 구제기관은 아니다. 그러나 구제는 교회가 수행해야 할 기본적 사명 가운데 하나이다. 교회는 봉사기관은 아니다. 그러나 봉사는 교회가 수행해야 할 기본적 사명 가운데 하나이다. 교회는 사회복지기관은 아니다. 그러나 사회복지는 교회가 수행해야 할 기본적 덕목 가운데 하나이다.

기독교사회복지는 하나님의 형상(Imago Dei)을 회복하는 데 궁극적인 목적이 있다. 인간은 하나님의 형상을 따라 피조된 존재로 하나님께서 의도하신 목적에 맞게 하나님 보시기에 아름답게 살아가야 한다. 하나님의 형상으로 태어난 인간들이 비록 죄로 인해 본래의 아름다운 형상이 왜곡되어지고 고통 가운데 살아가고 있지만 하나님은 영생을 누릴 수 있는 천국을 예비하시고, 은혜로운 삶을 통해 천국을 상속받을 수 있도록 만들어 놓으셨고, 이웃사랑을 통해서 하나님께서 본래 만들어 주신 그 형상을 회복할 수 있도록 하셨다. 믿는 자들이 지극히 작은 자들에게 베푸는 나눔의 삶이, 하나님과의 올바른 관계를 정립하는 삶이, 하나님의 형상을 회복시키는 삶이 바로 기독교사회복지 그 자체인 것이다.

기독교사회복지는 하나님을 본받는 자세로 실천되어야 한다. '하나님을 본받음(imitatio dei)'이란 일반 사회복지의 실천방법과 구별 짓는 것으로 기독교사회복지 특유의 실천방법이다. 하나님을 본받는 일은 하나님이 하시는 일에 동참하는 것이다. 예수님께서 주의 일을 하실 때 섬기는 마음으로, 거룩하시고, 자비로우시고, 은혜로우셨던 것처럼 기독교사회복지를 실천하는 성도들도 섬김의 자세로, 거룩하고, 자비롭고, 은혜롭게, 받은 은사대로, 하나님의 영광을 위해 기독교사회복지사업을 실천하여야 한다.

이 책은 저자가 지난 수년간에 걸쳐 대학교와 신학교 강단에서 기독교사회복지를 강의해온 경험과 지식, 학술지에 발표한 저자의 기독교사회복지 관련 연구논문들 그리고 저자가 학회와 각종 세미나에서 발표한 발표논문들을 바탕으로 저술한 것이다. 이 책은 기독교사회복지에 관한 새로운 이론을 제시하기보다는 기독교사회복지에 관심이 있는 학도들이 함께 연구하는 데 다소 도움이 되었으면 하는 의도에게 저술되었다. 관련된 성경구절들은 해석상의 논란을 피하기 위해 원문대로 인용하였다. 많은 부족한 부분들이 있으리라 생각한다. 부족한 부분들에 대해서는 주저 없는 질책을 바란다. 모든 비판은 격려의 채찍으로 인식하고 저자의 후속 연구에 반영하겠다. 아낌없는 질타와 비판을 바란다.

이 책은 기독교사회복지를 총론적으로 접근한 책이다. 향후 기독교사회복지의 각 구성 부분들을 관심 있는 동료학자, 목회자, 연구원, 대학원생들과 함께 연구를 계속하여 기독교사회복지의 심층연구서와 각론들을 지속적으로 출판함으로써 기독교사회복지의 전반적인 학문적 체계를 정립하는 데 작은 도움이 되길 소망한다. 이 작업에 관심 있는 많은 사람들의 동참이 있기를 빈다.

기독교사회복지론을 저술한 지 10년이 지났다. 기본적인 내용과 체계는 크게 수정할 필요가 없었으나, 관련 통계자료는 최근 자료로 대체할 필요가 있었다. 따라서 이번 기존 필자의 저서 내용을 최근의 자료를 통하여 보완하고, 일부 내용을 추가하고 수정함으로써 보다 충실한 책으로 발전시키기 위해 노력하였다.

이 책을 내면서 무엇보다 감사한 것은 일할 수 있도록 하나님 아버지께서 건강을 회복시켜주시고 지켜주심이다. 기도 가운데 사랑으로 지켜보아준 사랑하는 가족들과, 동료 학자 그리고 제자들에게도 감사를 전한다. 넓은 마음으로 모든 것을 이해해주신 교육과학사 모든 분들께도 감사를 표한다.

2009년 1월

안골 연구실에서

저 자 씀

차 · 례

제1편

기독교사회복지 총론

제1장 기독교사회복지 개관

기독교사회복지는 기독교 역사가 시작된 이래 오늘날까지 기독교의 주요 덕목이자 의무로서 실천되어 왔다. 기독교사회복지란 보는 관점에 따라서 기독교와 사회복지의 접목이라고도 하고, 때로는 기독교와 사회복지의 대통합이라고도 일컬어진다. 그러나 이러한 관점이나 접근방법은 기독교사회복지를 논함에 있어서 기독교와 사회복지를 이질적인 것으로 보고 이질적인 양 영역간의 화해로, 화합의 결과로, 때로는 일종의 학문적 융합(fusion) 내지 혼성(hybrid) 학문으로 보는 견해가 주종을 이루고 있다. 그러나 기독교와 사회복지란 역사적으로나, 가치적으로나, 이념적으로나 상호 이질적이거나 배타적인 것이 아니라 동일한 영역에서 동질의 것을 추구하며 발전되어 왔다.

기독교사회복지란 하나님을 믿는 신자들이 하나님의 말씀에 순종하여 하나님의 가르침을 세상에 전파하고 세상 가운데 실천해 나아가는 기독교인들의 체계적 노력이다. 사회복지가 사회의 사업(society's work)이라 말해진다면 기독교사회복지는 하나님의 사업(God's Work), 거룩한 사업(Holy Work), 하늘의 사업(Heaven's Work)이라 부를 수 있다. 동시에 기독교사회복지는 인간을 영생으로 인도하고 하나님의 형상을 회복하려는 일련의 구원사업(Salvation Work)이고, 창조주 하나님께서 사람을 처음 만드실 때 하나님이 보시기에 좋았던 그 모습으로 인간을 회복시키기 위한 회복사업(Restoration Work)이다. 따라서 기독교사회복지사업을 수행하는 사람들은 사회복지사의 역할을 수행함은 물론 동시에 거룩한 사역자(holy worker)로서, 하나님의 사역자(God's worker)로서, 구원사역자(salvation worker)로서, 회복의 사역자로서(restoration worker)로서의 소명을 수행하여야 한다.

일반적으로 사회복지사업이 베푸는 사랑을 통해 이루어진다면 기독교사회복지는 하나님의 사업으로서 나눔의 사랑, 나아가 섬김의 사랑을 통해 이루어진다.

역사적으로 교회는 기독교사회복지의 주된 주체로서의 역할을 수행하여 왔다. 교회와 사회복지와의 관계성에 관해 서로 다른 주장들이 제기되고 있다. 분명한 것은 교회는 교회라는 것이다. 길버트와 테럴이 제시하는 바와 마찬가지로 교회는 영성개발(spiritual development)이라는 일차적 기능을 수행하면서 동시에 사회복지의 기능을 수행하고 있는 것이다. 교회는 구제기관이 아니다. 그러나 구제는 교회가 수행해야 할 기본적인 의무 가운데 하나이다. 교회는 봉사기관이 아니다. 그러나 봉사는 교회가 수행해야 할 기본적 사명 가운데 하나이다. 교회는 사회복지기관이 아니다. 그러나 사회복지는 교회가 실천해야 할 기본적 덕목 가운데 하나이다.

본장에서는 기독교사회복지를 체계적으로 이해하기 위해 기독교, 교회, 사회복지 그리고 기독교사회복지의 제반 영역들을 개괄적으로 서술해 보기로 한다.

제1절 기독교와 교회

1) 기독교의 의의

사전적으로 기독교(Christianity)란 그리스어의 Christianos(그리스도를 따르는 사람들)에서 유래된 용어로 그리스도를 절대자로 인정하여 일정한 양식 아래, 그것을 믿고, 숭배하고 받듦으로써 마음의 평안과 행복과 구원을 얻으려는 신앙체계를 말한다. 기독교는 예수그리스도의 가르침에 근거한 종교적 신앙이다. 기독교는 크게 프로테스탄트, 카톨릭, 동방정교가 있다.

성서적으로 기독교란 살아 계신 하나님의 아들이시며 구세주이신 예수그리스도를 믿는 종교이다. 예수는 히브리어 '요수아'의 희랍어 형태로 "야훼가 구원하신다"는 의미를 가진 이름이다. 야훼(Yahweh)란 이스라엘의 하나님으로 통상 '하나님(the God)'으로 번역된다. 성경(마1:21)에는 예수라는 이름이 지니는 기독교적 의미가 설명되어 있다. 예수라는 이름은 하나님이 정하신 것으로 그 의미는 근본적인 구원 개념에서 비롯된다. "아들을 나으리니 이름을 예수라 하라. 이는 그가 자기 백성을 저희 죄에서 구원할 자이심이라 하니라.(She will give birth to a son. You are to give him the name Jesus, because he will save his people from their sins.)"(마1:21)

예수는 종종 그리스도, 즉 예언된 구세주와 동일시된다. "그리스도라 칭하는 예수가 나시니라.(Of whom was born Jesus, who is called Christ.)"(마1:16) "너희는 나를 누구라 하느냐. 시몬 베드로가 대답하여 가로되 주는 그리스도시요 살아 계신 하나님의 아들이시니이다.(You are the Christ, the Son of the living God.)"(마16:15-16)

그리스도라는 말은 히브리어의 "메시야"에 해당한다. 본래 메시야(messiah: Hebrew mashiah, Greek christos, English Christ)란 글자 그대로 해석하면 "Anointed," (기름부음을 받았다)란 뜻이다. 이는 예언자나 성직자나 왕 같은 특별한 직위를 위해서 사람에게 기름을 붓고 그 사람을 신성시하는 고대의 관습을 나타낸다. 구약에서 메시야란 항상 군림하는 왕을 나타내며 신약에서는 구세주(Christ)에 해당한다(Anderson,1986:233). 즉, 메시야(유태 사람이 대망하는 구세주)의 본 뜻은 '기름 부음을 받은 자'라는 뜻이다. 그 말은 고대로부터 예언을 성취하기 위해 오시기로 되어 있던 하나님의 기름 부음 받은 자를 특별히 지칭하는 말로 사용되게 되었다. 예수를 그들이 고대하던 메시야와 동일시하는 것이 초기의 유대 기독교인들이 예수의 사명을 이해하는 열쇠가 되었다. "메시야는 번역하면 그리스도라.(Messiah, that is, the Christ.)"(요1:41) "오직 이것을 기록함은 너희로 예수께서 하나님의 아들 그리스도이심을 믿게 하려 함이요(These are written that you may believe that Jesus is the Christ.)"(요20:31) "메시야 곧 그리스도라 하는 이가 오실 줄을 내가 아나니 (I know that Messiah(called Christ) is coming.) 그가 오시면 모든 것을 우리에게 고하시리이다. 예수께서 이르시되 네가 말하는 내가 그로다 하시니라."(요4:25-26)

기독교란 개념이 유대교란 개념에 대응하여 교회 안에서 쓰여지기 시작한 것은 '사도교부'(그리스도의 직제자들에 뒤이어 나타난 1～2세기의 기독교사상가들)시대 이후였다. 유대교가 유대인의 신앙과 생활을 특징짓는 것을 의미하듯이 기독교는 기독교인들의 신앙과 생활을 특징짓는 것을 의미한다. 기독교를 이러한 뜻으로 처음 사용한 사람은 안디옥의 감독이었던 이그나티우스였다. 기독교란 용어는 기독교인들의 신앙과 생활을 의미하는 것으로 이는 회당생활을 하는 유대인과 유대교적 전통을 그대로 고집하는 소분파적 유대교 기독교인들의 신앙 및 생활과 뚜렷이 구별하기 위해서 후대에 새로 지어낸 용어이다(기독교대백과사전, 1984 : 924-925).

2세기를 빛낸 모든 위대한 인물을 압도한 사람이라는 평을 듣는 철학자이자 순교자인 유스티누스(Justin)는 예수의 신자들이 인간에게 무서운 것으로 여겨지는 죽음과 다른 모든 악에 부딪쳐서 보이는 침착성과 불굴의 정신을 목격하고 그들이 진리를 가지고 있다고 믿게 되었다. 그는 그들이 믿는 진리인 기독교를 '믿을 수 있고 유익한 유일한 철학, 즉 진정한 철학'이라고 일컫게 되었다. 이 철학은 올바른 삶을 사는 것 곧 올바른 도덕생활을 하는 것까지를 포함한 것이다.

4세기와 5세기에 걸쳐 아우구스티누스(Augustine, St.)는 기독교 신앙이란 "이 세계만큼이나 오래된 것"이라고 말하였고, 유세비우스는 기독교 신앙을 일컬어 "최초의 유일한 참 종교"라고 말했다. 이 말은 기독교란 세상이 창조된 이후 인간들이 가졌던 신앙 가운데에 늘 내재되어 있었던 종교라는 것을 뜻한다.

2) 기독교의 본질

기독교란 하나님께 대한 예배, 하나님에 대한 지식, 도덕성, 행위체계 등을 통합해 표현한 것이라는 기독교에 대한 정의는 기독교의 본질이 무엇인가에 대해 정의내리기를 한편으론 어렵게 하였다. 기독교의 본질에 대한 정의가 정립된 것은 5세기 살리아교회의 수사 빈켄티우스(Vincentius)가 그의 대표작인 'Commonitorium'에서이다. "가톨릭신앙이란 것이 모든 곳에서(quod ubique), 항상(quod semper), 모든 사람에 의해서(quod ab omnibus) 신앙되어 온 것임을 확고히 붙잡고 있어야 한다."라고 공식적으로 표현함으로써 정립되었다. 달리 말하면 '보편성(Universitatem)', '전통성(Antiquitatem)', '동의성(Consensionem)'을 따라야만 하는 것이다.

성경(요3:16)은 기독교의 본질을 하나님, 사랑, 누구든지, 영생이란 네 단어로 요약하고 있다. "하나님이 세상을 이처럼 사랑하사 독생자를 주셨으니 이는 저를 믿는 자마다 멸망치 않고 영생을 얻게 하려 하심이니라." 이를 바탕으로 기독교의 본질을 서술하면 첫째, 기독교는 유일신을 믿는 종교이다. 기독교는 인간의 속성을 가진 다수의 신들이 존재한다는 다신론(polytheism)이나, 인간의 속성을 전혀 갖지 않은 자연이 곧 신이라는 범신론(pantheism)과는 달리 한 분이신 유일하신 여호와 하나님을 믿는 일신론(monotheism)적 종교이다. 둘째, 기독교는 세상을 사랑하는 윤리적인 종교이다. 하나님과 인간의 수직적인 관계를 종교라고 한다면 나와 이웃과의 수평적인 관계를 윤리라고 한다. 기독교는 하나님과 인간 간의 수직적인 관계뿐만 아니라 인간과 인간 간의 수평적인 관계를 바르게 하는 입체적 종교이다. 기독교는 하나님을 사랑하고 이웃을 내 몸과 같이 사랑하는 종교이다. 기독교는 세상을 사랑하기 위해 선을 행하며, 남을 대접하기 위해 자신을 희생하고 봉사를 실천하는 종교이다. 셋째, 기독교는 만민의 종교이다. 기독교는 누구든지 어디서든지 어느 때든지 예수를 구주로 믿으면 구원을 받으며, 다 같이 하나님의 자녀가 되는 종교이다. 넷째, 기독교는 영생의 종교이다. "누구든지 저를 믿는 자마다 멸망치 않고 영생(eternal life)을 얻으리라"(요3:16)는 말씀은 기독교의 궁극적 본질을 가리키는 말씀이다(임택진, 1988:21-24). 이러한 기독교의 본질은 기독교사회복지의 틀을 형성함에 있어 그 기초가 되고 있다.

3) 교회의 의의

사전적으로 정의하면 교회(church)란 여러 가지로 해석되어지고 있다. 첫째, 기독교인들이 공적으로 예배드리는 건물이다(a building for public Christian worship). 둘째, 교회는 예배행사 자체를 의미한다(an occasion of such worship). 셋째, 교회는 기독교 신자들이나 조직화된 그들 집단 전체를 말한다(the whole number of Christian believers or their organized bodies). 넷째, 교회는 이러한 집단이나 종파의 주요 부분을 말한다(any major division of this body, denomination). 다섯째, 교회는 이러한 부분의 일부를 형성(形成)하는 조직화된 신도들을 의미한다(an organized congregation forming part of such a division). 여섯째, 교회는 목회라는 전문직을 의미한다(the profession of an ecclesiastic) (Random House, 1987:371).

성서에서의 교회는 퀴리아콘과 에클레시아에서 유래를 찾을 수 있다. 신약 안에 있는 교회를 뜻하는 다양한 용어들은 각기 고유의 어원적 신학적 의미를 지니고 있다. 영어의 'church'라는 말은 교회를 뜻하는 말로써 사용되고 있지만 이 말은 희랍어의 '주님께 속한 것'이라는 뜻인 '퀴리아콘(kyriakόn)'에서 유래된 것으로 라틴어와 독일어의 키리헤(kirche)를 거쳐 영어의 church가 되었다.

에클레시아(ekklesia)라는 말은 영어에서 church로 번역되지만 지배적인 용어는 아니었다. 에클레시아라는 말은 원래 하나의 개별적인 공공적 단체를 가리키는 말이었지 그 공동체의 질적인 내용을 표현하는 말이 아니었다. 에클레시아의 기본적인 의미들을 살펴보면 구약에서는 주로 만남 또는 모임을 의미하는 '카할(qahal)'에 대한 번역으로서 에클레시아가 자주 사용되고 있다. 카할의 의미는 모이는 사람들과 그 모이는 목적에 따라서 달라질 수 있지만 구약성서에서 가장 많이 쓰이는 카할의 의미는 호렙산에서 하나님 앞에 섰던 이스라엘의 모임을 나타내는 것이다(신4:10; 9:10; 10:4; 18:16).

신약에서 에클레시아라는 말은 네 가지의 의미를 가지고 있다. 첫째, 특별한 목적(기도, 가르침, 심의)을 위하여 불림 받은(called-out) 사람들의 집회를 말한다(행11:26; 고전11:18). 그러나 그 모임의 목적은 세속적일 수도 종교적일 수도 있고, 정기적일 수도 우발적일 수도 있다. 둘째, 특정 지역의 거주민들로부터 모여진 신도의 공동체를 의미한다. 공동체는 집회에서 모이게 된다. 그 공동체가 모이는 지역은 하나의 단일한 집안일 수도 있고(롬16:5;골4:15), 하나의 도시일 수도 있고(예루살렘: 행8:11,고린도: 고전:1:2), 또는 하나의 지방(갈라디아:갈1:2,마게도냐:고후8:11)일 수도 있다. 셋째, 그리스도를 통하여 하나님께서 모으신 공동체이다. 그러므로 이 공동체의 본성은 공동체를 초청하시고, 모으신 한 분에 의해서 계속적으로 성격지워진다. 이는 에클레시아가 하나님의 에클레시아임을 명백히 한다(행20:28; 고전1:2; 고후1:1; 갈1:13; 살전2:14). 넷째로, 종말론적인 하나님의 백성을 의미한다. 에클레시아의 살아 있는 터전이신 그리스도는 이스라엘 백성에게 약속된 메시야이다. 후기의 신약의 기록에서 보면 에클레시아라는 말은 메시야의 구원하시는 역사를 통하여 민족들 가운데서 불러 모아졌고 또 그가 시작하시는 새로운 시대에 동참할 종말론적 하나님의 백성을 암시해 주고 있다. 여기서 하나님의 백성의 모임은 모든 계약을 완성하게 된다. 계약을 완성하게 된다는 의미에서의 하나님의 백성은 하나님의 영광의 통로와 그릇이며, 사탄에 대한 하나님의 싸움에 참여자이고, 약속들의 상속자가 되며 영원한 생명의 보증이 된다(엡1:23-2:20;골1:21-27;히12:22-24)(an assembly, a congregation; church).

칼빈(John Calvin)은 교회를 성도들이 그리스도와 교제를 위하여, 그리고 하나님께서 그들에게 베푸신 은혜를 피차간에 주고받기 위하여 모이는 모임이라고 정의하고 있다. 칼빈은 교회를 신도의 어머니로서의 교회, 그리스도의 몸으로서의 교회, 선택받은 자들의 무리로서의 교회로 설명하였다(Niesel. 2003: 182-190). 첫째, '신도의 어머니로서의 교회'이다. 교회는 우리의 어머니다. 생명에 이르는 문은 단지 우리가 그리스도의 몸에 잉태되어 탄생하며 그의 젖을 먹고 자라며 우리가 죽은 육신을 벗고 천사처럼 되기까지 그의 집에서 인도를 받기 때문이다. 즉, 우리는 연약하기 때문에 우리의 삶이 완성에 도달하기 전에는 이 학교에서 떠날 수 없다. 또한 이 교회의 품을 떠나서는 죄의 용서와 축복을 도저히 기대할 수 없다. 교회는 우리의 구원을 위해서 신이 세운 제도이다.

둘째, '그리스도의 몸으로서의 교회'이다. 그리스도는 교회의 한 복판에서 우리를 만나러 오신다. 그가 자신이 세우신 이 제도를 통해서 주로서 우리에게 오시기 때문에 성도들의 연합이 완성되며 그리스도의 몸이 이루어지며, 머리가 되시는 그에게 있어서 우리는 모든 면에서 성장하며 따라서 피차 일치에 이르게 된다. 교회는 정적인 제도가 아니라 살아 움직이는 유기적 공동체로서 피차에 봉사와 도움을 주는 공동체이다. 각자는 전체의 덕을 세우기 위해서 필요한 특수한 은사를 받는다. 신이 우리들의 공통의 아버지요. 그리스도가 공동된 머리가 되시기 때문에 형제애로써 함께 결합되며 유무상통해야 한다. 따라서 우리는 우리의 형제들의 육신상의 궁핍을 함께 나누어 져야 한다.

셋째, '선택받은 자들의 무리로서 교회'이다. 교회는 선택받은 자의 무리이다. 교회란 그것이 천사이든 인간이든, 혹은 죽은 자이든. 아직 태어나지 않은 자이든 간에 선택받은 무리의 총수이다. 교회의 기초는 신의 숨겨져 있는 선택이다. 중요한 것은 교회 안에서의 신의 주권이며 그리스도의 영광이다. 우리는 전체로서나 개인으로서나 우리의 신 앞에선 아무것도 아니다. 우리는 교회로서 그의 앞에서는 아무것도 아니며 그가 전부이다. 그 분만이 교회에 대해서 최초의 말과 최종의 말을 가지고 있다. 그 분만이 교회 안에서 알곡과 쭉정이를 구별하신다. 그는 자기의 백성을 아신다.

그러나 오늘날 20세기를 살고 있는 우리는 역사적으로 그리스도께서 직접 세우신 교회("I will build My Church"마16:18),[1] 즉 사도들의 교회와 같지 않기 때문에, 신약의 교회(New Testament Church)를 찾는 것은 우리들이 노력해야 할 목표가 되고 있다(Braun, 1997:1-9, 기독교대백과사전 1980:19-28). 그밖에 교회를 의미하는 용어로 쉬나고그(synagoge)와 예다(edah)가 있다. 쉬나고그는 유대인의 모임이나 회당을 의미하며, 예다는 회당이나 하나님의 백성들이 모인 장소를 의미한다.

대한예수교장로회(통합)헌법에 보면 교회에 관해 다음과 같이 명시하고 있다. "하나님이 만민 중에서 자기 백성을 택하여 그들로 무한하신 은혜와 지혜를 나타내신다. 이 무리가 하나님의 집(딤전3:15)이요, 그리스도의 몸(엡1:23)이며, 성령의 전(전3:16)이다. 이 무리는 과거, 현재, 미래에 있는 성도들인데 이를 가리켜 거룩한 공회 곧 교회라 한다."(헌법7조) "교회를 두 가지로 구별하여 보이지 않는 교회(church invisible)와 보이는 교회(church visible)라 한다. 보이지 않는 교회는 하나님만 아시는 교회요,[2] 보이는 교회는 온 세계에 산재한 교회이다.[3]"(헌법8조) "예수를 믿는 무리와 그 자녀들은 저희의 원하는 대로 일정한 장소에서 성경의 교훈에 따라 하나님께 예배하고 성결하게 생활하며 그리스도의 나라를 확장하기 위하여 활동한다. 이를 '지 교회(local church)'라 하며, 당회가 있는 교회를 조직교회라 하고, 당회가 없는 교회를 미조직 교

1) "너는 베드로라, 내가 이 반석 위에 내 교회를 세우리니"(마16:18). 여기서 반석은 베드로의 신앙고백을 말한다.

2) 보이지 않는 교회(church invisible)는 진정한 기독교회로 재천교회(在天教會)라 칭한다. 이는 승천한 신자와 재세중인 신자의 양자를 모두 포함한다.

3) 보이는 교회(church visible)는 지상교회로 재세중인 신자의 총체, 즉, 현세교회를 말한다.

회라 한다."(헌법9조) "공동예배로 모이는 전도처 또는 기도처에 입교인 15인 이상이 있어 '지 교회'를 설립코자 하면 노회에 청원하여 허락을 받아 설립한다."(10조) "교회는 예수 그리스도를 구세주로 영접한 하나님의 자녀들이 모이는 공동체이다."(헌법 예배와 예식 편 1장 교회)

교회는 보편교회와 지교회로 구분되기도 한다. 보편교회는 하나님의 택하심을 받고 예수그리스도를 구세주로 믿는 모든 사람들을 총체적으로 칭할 때 사용하는 용어이다. 지교회는 앞에서 언급한 바와 같이 일정한 장소에서 신앙고백이나 민족 또는 전통에 따라 모여 함께 하나님께 예배드리고, 성결하게 생활하며, 하나님 나라를 확장하기 위해 활동하는 각 교회를 의미한다. 교회는 직분을 중심으로 제도적으로 구성되어 있는 제도적 교회(institutional church)와 제도적 교회의 대안으로서 가정교회(house church), 그리고 그리스도의 몸으로서 받은 은사대로 섬기는 지체들의 연합체인 유기적 교회(organic church)로 구분되기도 한다.

교회는 종교적인 실체(religious entity)인 동시에 사회적인 실체(social entity)이기도 하다(김기원, 1995). 교회는 예배공동체로서 제의적인 역할을 행하고 복음을 전파하며 구속활동을 행하는 종교적인 실재이며, 서로 교제하고, 이웃사랑을 실천하며, 선악을 규정하고, 정의로운 인간으로 양육함으로써 하나님의 말씀을 인간사회 속에서 실천해 나가는 사회구성체의 하나인 사회적인 실체이다. 하나님의 자녀된 인간들의 공동생활체(community)라는 점에서 교회도 공동체 본래의 목적을 효과적이고 효율적으로 달성하기 위한 조직과 행정이 필요하다. 또한 하나님의 계획안에서 교회만이 가지는 근본 목적을 달성하기 위해 합리적인 관리기법들을 활용할 필요가 있다.[4)]

다른 한편에서는 교회에 대한 네 가지 모델이 제시되어 왔다. 교회는 하나님의 왕국으로서의 교회, 계층적 구조를 지닌 기관으로서 교회, 사람들에게 활용되어야 하는 공동체로서의 교회, 그리고 사회변화와 정의를 위해 싸우는 봉사자로서의 교회로 논해지기도 한다(Ecclesiology, 1997:1-2).

4) 통상적인 관리기법으로 POSDCORBE(Planning, Organizing, Staffing, Directing, Coordinating, Reporting, Budgeting, Evaluating)을 들 수가 있다.

4) 교회의 특성

성경은 교회는 그리스도의 몸이라고 정의하고 있다(엡1:22-23, 골1:18). 교회는 영화스러운 곳이므로 교회를 위한 봉사는 그리스도의 몸을 영화스럽게 하는 것이 된다. 교회는 진리의 기둥과 터(the pillar and foundation of the truth)이다(딤전3:15). 살아 계신 하나님의 진리를 전파하는 동시에 지켜 나가는 기초가 되어야 한다. 교회는 금촛대이다(계1:20). 교회는 어두운 세상을 밝히는 빛의 역할을 해야 한다. 세상이 어두우면 어두울수록 교회는 더 밝은 빛을 비추어야 한다. 그리스도가 우리의 피난처시고 힘이시고 언제나 환난 중에 큰 도움이시기 때문에 교회는 세상이 힘들고 어려울 때 교회는 어려운 세상에 대해 피난처가 되고 힘이 되고 안식처가 되어야 한다.

일반적으로 말하면 교회는 단일성, 거룩성, 보편성과 사도성을 가지고 있다(임택진, 1988). 첫째, 교회는 단일성(unity)을 가지고 있다. 교회는 모이는 목적이 하나요, 가지는 신앙도 하나요, 믿음의 대상도 하나요, 모든 신자들의 생각의 중심이 하나이다. "주도 하나이요, 믿음도 하나이요, 세례도 하나이요, 하나님도 하나이시다"(엡4:5). 둘째, 교회는 거룩성(holiness)을 갖고 있다. 교회가 거룩하다는 것은 교회가 세상으로부터 구별하여 부름 받은 사람들의 단체라는 뜻이다. 그 부르신 목적이 하나님의 사랑과 능력을 사람들에게 나타내고 이웃을 위해 봉사하며 하나님의 뜻을 이 세상에 나타내는 데 있다. 셋째, 교회는 보편성(universality)을 갖고 있다. 하나님은 그 뜻에 합당한 자를 부르사 인종, 민족, 계급의 차별이나 제한이 없는 하나의 공동체를 이룬 것이며 인종·민족·계급을 초월하여 어디에서든지 통하고 발견할 수 있다. 교회는 지역이나 종족이나 계급이 다르다 하여도 어디서든지 같은 목적과 같은 본질을 가진다. 넷째, 교회는 사도성(apostleship)을 갖고 있다. 교회는 예수의 제자들이 예수의 교훈과 명령에 따라 복음을 간직하고 후세에 전달하기 위해 모인 단체이다. 교회가 진하는 복음의 내용은 사도들이 예수님으로부터 직접 듣고 배우고 부탁 받은 복음이어야 한다.

교회가 수행하는 기독교사회복지는 이와 같은 교회의 특성이 반영되도록 실천하여야 한다. 첫째, 교회의 복지사업은 단일성을 가져야 한다. 그 추구하는 궁극적인 목적이 하나님의 형상을 회복함으로써 성서적 정의를 구현한다는 순수하고 유일한 것이어야 하며, 근본 가치가 성서에 기반하여야 하며, 사회복지사나 관련 종사자들의 생각의 중심이 하나이어야 한다. 둘째, 교회의 복지사업은 일반 사회복지사업과 비교하여 거룩성을 가져야 한다. 일부 서비스의 내용이나 전달체계에 있어 일부 공통점도 있으나 그 목적과 실천방법 그리고 종사자의 마음자세에 있어 차별성이 있어야 한다. 셋째, 교회의 복지사업은 사업의 대상이 되는 모든 사람을 포함하는 보편성을 가져야 한다. 교회가 복지사업을 실시하면서 수급자격을 소속교인으로 한정하거나 1차적 수혜자를 소속교인으로 정함으로써 과거 교구주의가 갖고 있던 배타성의 문제를 다시 야기하거나 세상의 상호수혜조직(mutual benefit organization)으로 전락하는 사례가 없어야 한다. 넷째, 교회의 복지사업은 사도성을 가져야 한다. 교회의 복지사업은 그 자체가 복음의 전파이어야 하며, 복음의 실천이어야 한다.

5) 교회의 사명

교회는 예수 그리스도를 믿고 하나님의 부르심을 받아 모인 백성들이므로 교회는 하나님의 뜻을 실천할 사명을 갖고 있다. 교회는 당연히 수행해야 하고 또 그렇게 되어야 하는 계명과 본보기들을 부여받아 왔다. 그러한 것들로는 돌봄, 양육, 증거, 예배, 학습, 나눔 등이 있다(Dayton & Fraser, 1995:D17-25). 일반적으로 교회는 선교, 친교, 예배, 교육, 봉사의 사명을 띠고 있다(유의웅, 1996:241).

첫째, 교회는 복음전도(evangelism, kerygma)의 사명을 갖고 있다. 복음전도란 기독교인들이 비기독교적인 사회 속에 들어가 기독교 신앙을 전파하는 일에 헌신하는 활동을 가리킨다. 즉, 예수 그리스도께서 살아계신 하나님의 아들이시며 구세주이심을 믿게 함으로써 구원을 얻도록 하기 위해 하나님의 말씀을 전파하는 것이다.

둘째, 교회는 친교(fellowship, koinonia)의 사명을 갖고 있다. 교회는 예수그리스도를 믿는 자들이 서로 교제하는 단체이다. 코이노니아(koinonia)란 '남과 함께 나눈다'는 뜻으로 친교란 하나님의 뜻을 따라 사는 무리들이 그 일속에서 생사를 같이 하고 고락을 같이 하는 가운데 이루어지는 성도간의 교통을 말한다. 교회는 하나님께서 보시기에 모두가 다 존귀한 하나님의 백성들의 모임이기 때문에 성도간의 교통에 있어서 교회는 일체의 계급의식이나 지위의식이나 차별의식이 없어야 한다.

셋째, 교회는 예배(worship)의 사명을 갖고 있다. 예배란 우주 만물을 창조하신 하나님을 경배하는 것이다. 본래 예배를 뜻하는 worship은 앵글로 색슨어인 weorthscipe에서 유래했는데 그것이 존경과 존귀를 받을 가치가 있는 신분이란 뜻의 worthship으로 되었다가 다시 worship이란 말로 변하였다.[5] 구약에서의 예배란, 하나님 앞에서는 무한의 겸손으로 자기를 낮추고 그분의 뜻을 좇아 봉사하는 행위를 말하는 것으로서, 그 외적 표현은 예배자의 진실한 마음과 생활의 표현이어야 했다. 신약성경에서 예배는 무릎을 꿇거나 엎드려 경배하는 행위를 말하고 있다(김소영,1996).[6]

넷째, 교회는 교육(education, didache)의 사명을 갖고 있다. 구약에서 훈계, 가르침, 지도 등을 의미하는 교육에 대한 전문용어는 '토라'로서 이는 방향을 세우다, 가르치다라는 뜻을 지니고 있다(기독교대백과사전, 1980:1151). 교회는 하나님의 말씀을 선포하는 동시에 그 말씀이 지니고 있는 진리를 가르쳐야 한다. 교회는 하나님이나 인간에 대한 삶의 바른 도리나 행동규범을 가르치고 지도할 사명이 있다. 교회는 구원의 진리를 가르쳐야 한다. 사람이 어떻게 구원받아야 하는지를 깨닫게 하기 위해 인간의 타락과 죄악의 무서움을 가르쳐야 하고, 동시에 구속의 의미를 가르쳐야 한다. 교회는 가르치는 일을 통해서 사람들을 하나님께 올바로 인도할 수 있다.

다섯째, 교회는 봉사(service, diakonia)의 사명을 갖고 있다. 봉사란 자기 자신을 희생하면서 그리스도의 참 뜻을 구현하는 것, 즉 자발적인 사랑의 실천활동이다. 예수 그리스도께서는 우리를 위해 죽으심으로 봉사의 모범을 보여 주셨다. 그리스도께서는 섬김을 받으러 오신 것이 아니라 섬기러 오셨다(마20:28). 교회는 그리스도의 사랑을 행동으로 옮기기 위한 손과 발의 역할을 하는 봉사자가 되어야 한다. 봉사는 말이

5) 구약성경에는 예배에 관해 세 가지의 용어가 사용된다. '찾는다 또는 구한다'는 뜻의 '다라쉬(darash)', '일한다 또는 섬긴다'라는 뜻의 '아바드(abad)', '납작 엎드리다'라는 뜻의 '사가드(sagad')의 용어가 사용되는데 이 중 성전에서 드리는 공식적인 예배에 대해서는 '성전에서의 봉사'라는 뜻이 있는 '아바드'를 사용했다.

6) 신양성경에서는 예배에 관해 다섯 가지 용어를 사용하고 있다; 봉사(leiturgia), 존경(sebomai), 섬김(latreia), 경건(treskeia), 무릎꿇다(proskuneo).

나 생각만으로 이루어지는 것이 아니라, 그리스도의 사랑을 성도들이 몸소 실천하는 섬김의 행동을 통해서 이루어진다.

교회는 복음전도, 친교, 예배, 교육, 봉사의 사명을 갖고 있다. 이와 같은 교회의 사명들은 상호 배타적이거나 대립적인 관계가 아니라, 상호 보완적이고 상호 협력적인 관계로서, 모두가 합하여 하나님의 선을 이루기 위한 사명들이다.

제2절

사회복지란 무엇인가

1) 사회복지의 정의

어의적으로 사회복지(social welfare)란 social + welfare(= well + being)로서 이 가운데 welfare는 본래 farewell이라는 고어에서 유래하는 말로 well + fare (=get along)의 합성어로 '그럭저럭 잘 지내다(get along well)'란 어의적 의미를 갖고 있으며, 광범위하게는 '잘 지내는 상태(a state or condition of well-being), 안녕 또는 행복'을 의미한다. 따라서 사회복지란 사회구성원 모두가 평안히 그럭저럭 잘 지내는 상태를 의미한다. 이는 사회 전체가 아닌 개인 하나 하나가 평안한 상태인 개인적 복지(personal welfare)와 구별이 되며, 티트머스(Titmuss)가 이야기 하는 '사회적으로 편치 않은 상태(social illfare)'와 반대되는 개념이다.(Midgley, 1997)[7]

스키드모어(Rex A. Skidmore)에 따르면 사회복지란 사회사업(social work)보다는 광범위한 의미로 개인과 집단들이 만족스러운 수준의 생활과 건강을 달성하고, 그리고 그들의 능력을 충분히 개발하고 그들 가족과 그리고 지역사회의 욕구와 조화되게 그들의 복리를 증진시키도록 개인적·사회적 관계를 달성하도록 원조하기 위해 고안된 사회서비스와 사회제도의 조직화된 체계이다.(Social welfare is the organized

7) Midgley, James, Social Welfare in Global Context, Sage Publications, London, 1997, pp:4-6.

system of social services and institutions, designed to aid individuals and groups to attain satisfying standards of life and health, and personal social relationships that permit them to develop their full capacities and to promote their well-being in harmony with the needs of their families and the community. "(Skidmore & Thackery, 1976)[8]

사회복지란 민간기관의 자발적 활동이나 정부 또는 공공기관의 조직화된 활동에 의해 운영되어지는 제도로서 이는 법과 정책에 의해 구성되어진다. 이러한 제도에 의해서 시장이나 가족체계에서 지배적인 기준이 아닌 다른 기준에 의해 개인 집단 지역사회의 복리를 직접적으로 향상시키기 위해서 인지된 사회문제의 해결에 기여하거나 사회문제를 완화시키거나 예방하기 위해서 최소한의 규정된 사회서비스, 금전 그리고 의료· 교육· 공공주택과 같은 혜택을 누릴 수 있는 다른 권리들이 개인· 가족· 집단들에게 분배가 되어진다(Compton, 1980:25-35). 사회복지란 인간의 행복을 증진시키기 위해서 정부나 민간이 제반 프로그램이나 서비스 또는 시설을 통해서 사회적 역기능(social dysfunction)을 예방하고 경감시키기 위한 체계적 조직적 노력이다. 사회사업은 개인, 가정, 집단, 지역사회에 대한 서비스 형태의 조력과 구호활동인 것이다. 즉 사회복지는 제도나 정책의 목적적 개념을 중시하고 있으며, 사회사업은 사회복지 운영의 실질적-전문적 활동 면을 중시함을 시사해 준다(장인협, 1986:29-36).

사회복지에 관한 영원불변한 진리적인 정의는 존재하지 않으며 앞으로도 존재하지 않을 것이다. 왜냐하면 사회복지에 관한 정의는 시대가 흘러감에 따라 사회복지의 대상, 목적, 제도, 기술, 사회경제적 환경 등의 변화가 발생하고 이에 따라 그 정의도 변해 간다. 따라서 사회복지에 관한 정의는 절대적이라기보다는 상황에 따라 변화하고 발전해 가는 상대적 정의라고 말할 수 있다. 현재까지 사회복지에 관한 정의는 시대에 따라, 학자들에 따라 다양하게 정의되어 왔다. 이러한 상대성을 고려해 현 시점에서 사회복지를 정의하면 사회복지란 모든 국민과 자격 있는 국내 거주 외국인들이 인간으로서의 존엄성을 유지할 수 있도록 하기 위해서 개인적, 집단적, 지역사회적, 국가적, 국제적 수준에서 그들이 안고 있는 문제와 생활상의 곤란을 예방-보호-치료-

8) Skidmore, Rex A. & Thackeray, Milton G., Introduction to Social Work, Prentice-Hall, Inc., Englewood Cliffs, 1976, pp:3-4.

회복시킴으로써 그들의 건강하고 문화적인 생활을 보장하려는 사적, 공적 개입에 의한 활동, 프로그램, 서비스, 제도 등의 총체적 체계라고 말할 수 있다.

2) 사회복지 유사 용어

사회복지와 같은 의미로, 유사한 의미로 또는 부분적인 의미로 쓰이는 용어들이 있다. 흔히 쓰이는 용어 가운데는 사회사업, 인간봉사, 사회적 서비스, 사회보장, 사회개발 등이 있다. 그 가운데 가장 많이 사용되는 용어는 사회사업이다.

(1) 사회사업

미국의 전국사회사업가협회(NASW:National Association of Social Workers)에 따르면 사회사업이란 개인, 집단 또는 지역사회가 그들이 사회적으로 잘 기능하도록 능력을 향상시켜 주거나 회복시키는 것을 도와주고 그리고 이러한 목적에 알맞은 사회적 환경을 창조하는 전문적 활동을 말한다(Social work is the professional activity of helping individuals, groups or communities enhance or restore their capacity for social functioning and creating societal conditions favorable to this goal)(DiNitto & McNeece,1997:6-7). 사회사업은 모든 사람의 삶의 질을 향상시키기 위해서 개인과 사회 간의 상호 수혜적 상호작용을 회복시키고 증진시키는 데 목적을 두고 있다(Miley & et.al,1995:9). 사회복지와 사회사업이 사회에서 일부 같은 의미로 쓰이기도 하지만 양자를 구분하는 것이 통상적인 추세이다. 양자 간의 구별은 Skidmore에 의해 잘 구분되어지고 있다. 해당되는 부분의 원문을 일부 소개하면 다음과 같다(Skidmore & Thackeray, 1969:2-4).

"Social welfare has a broader meaning and encompasses social work, public welfare, and other related programs and activities. Social welfare, according to Friedlander, is the organized system of social services and institutions, designed to aid individuals and groups to attain satisfying standards of life and health, and personal and social relationships that permit them to develop their capacities and to promote their wellbeing in harmony with the needs of their families and the community.

Social work seeks to enhance the social functioning of individuals, singly and in groups, by activities focused upon their social relationships which constitute the interaction between man and his environment. These activities can be grouped into three functions: restoration of impaired capacity, provision of individual and social resources, and prevention of social dysfunction.

Social work may be defined as an art, a science, a profession that helps people to solve personal, group(especially family), and community problems and to attain satisfying personal, group, and community relationships through social work practice, including casework, groupwork, and community organization."

"사회복지는 사회사업, 공공복지, 그리고 다른 관련된 프로그램과 활동 등을 포함하는 보다 광범위한 의미를 가지고 있다. 프리드랜더에 따르면 사회복지란 개인이나 집단들이 만족스런 수준의 생활과 건강을 달성하고 그리고 그들의 능력을 개발하고 가족과 지역사회의 욕구에 걸맞게 그들의 복지를 증진시킬 수 있도록 가능케 하는 개인적 사회적 관계를 성취할 수 있도록 도와주게끔 고안되어진 사회적 서비스와 제도들의 조직화된 체계를 말한다.

사회사업은 사람과 환경간의 상호작용을 형성하는 사회적 관계에 초점을 맞춘 활동들에 의해 개별적으로 그리고 집단적으로 개인들의 사회적 기능을 향상시키기 위해 노력하는 것을 말한다. 이러한 활동들은 손상된 능력의 회복, 개인적 사회적 자원의 제공, 그리고 사회적 역기능의 예방과 같은 세 가지 기능으로 분류되어질 수 있다.

사회사업은 개별사업, 집단사업 그리고 지역사회조직을 포함한 사회사업실천방법을 통해서 사람들이 개인문제, 집단(특히 가족)문제, 그리고 지역사회문제들을 해결하도록 도와주고 만족스러운 개인적 관계, 집단적 관계, 지역사회적 관계를 성취하도록 도와주는 하나의 기술로서, 과학으로서, 전문직으로서 정의되어질 수도 있다."

NASW의 윤리규정에 따르면 사회사업가가 가지고 있어야 할 윤리적 기준은 첫째, 사회사업가의 주된 목적은 빈곤한 처지에 있는 사람을 돕고 사회문제를 제기하는 것이다. 둘째, 사회사업가는 사회의 불의에 도전한다. 셋째, 사회사업가는 인간의 내재적 존엄성과 가치를 존중한다. 넷째, 사회사업가는 인간관계의 기본적인 중요성을 인정한다. 다섯째, 사회사업가는 신뢰받을 만하게 행동한다. 마지막으로, 사회사업가는 자신의 권한 범위 내에서 실행하며 자신의 전문기술을 개발하고 향상시켜야 한다(Gambrill, 1997:44-46).

(2) 인간봉사

인간봉사(human service)는 최근 미국에서 사회복지(social welfare)를 대신하는 용어로서 사용이 되는 용어이다. 사회복지란 말은 복지수혜자들을 격하시키는 일종의 복지수혜자란 낙인 내지 복지수치감(welfare stigma)을 야기시킬 수 있기 때문에 사회복지란 말을 대신해 인간봉사란 말이 최근에 널리 사용되고 있다. 우리나라의 보건복지가족부에 해당하는 미국의 부서 이름은 보건인간봉사부(DHHS: Department of Health and Human Service)이다. 즉 Social Welfare란 용어 대신 Human Service란 용어를 사용하고 있다.

인간봉사란 복잡한 인간의 상호작용과 포괄적인 사회체제를 반영하는 다학문적 전문분야(multidisciplinary profession)이다. 인간봉사의 가장 주된 목적은 사회의 지식, 자원 그리고 기술적 쇄신을 활용하여 사람들이 보다 만족스럽고, 보다 자립적이고, 그리고 보다 생산적인 생활을 살아갈 수 있도록 하는 것이다. 인간봉사의 개념은 사람들이 자급자족하여 인간봉사로부터의 원조 없이 그들 자신의 욕구들을 충족시킬 수 있도록 능력을 부여하는 역량강화(empowerment)를 옹호한다.(Cimmino, 2004)[9]

(3) 사회적 서비스

사회적 서비스(social service)란 사회적 효용(social utilities)을 말한다. 즉 산업사회에서 현대적 사회생활을 행함에 있어 사람들이 상황과 역할에서 발생되는 그들의 정상적인 욕구를 충족시키기 위해 사람들에게 투자하는 것을 말한다(Johnson, 1983:

9) Cimmino, Paul F. and et.al. , "Basic Concepts and Definitions of Human Services", Human Services-Contemporary Issues and Trends, Pearson, Boston, 2004, pp:5-9.

10-25). 사회적 서비스란 용어는 영국에서 주로 사용되고 있는 용어이다. 사회적 서비스는 특정 개인만을 위한 것이 아니라 개인이나 가족 집단 및 지역사회를 위한 서비스의 제공은 물론 사회 내에 존재하는 문제와 욕구들을 해결함으로써 전 국민의 물질적-정신적-사회적 최저생활을 보장하기 위한 프로그램이나 서비스 및 기타 제반 활동을 보편적으로 의미한다(장인협, 1986:7-10).

(4) 사회보장

사회보장(social security)이란 어원적으로 Social security = Social + Security [Securus = Se(= without) + Cura(= care)]의 합성어이다. 즉 사회적으로 걱정 근심이 없는 상태를 말한다. 사회보장이란 용어도 학자에 따라 다양하게 정의되지만 우리나라 사회보장기본법에서는 "사회보장이란 질병·장애·노령·실업·사망 등의 사회적 위험으로부터 모든 국민을 보호하고 빈곤을 해소하며 국민생활의 질을 향상시키기 위하여 제공되는 사회보험·공공부조·사회복지서비스 및 관련복지제도를 말한다. 여기서 사회보험이란 국민에게 발생하는 사회적 위험을 보험방식에 의하여 대처함으로써 국민건강과 소득을 보장하는 제도를, 공공부조는 국가 및 지방자치단체의 책임하에 생활유지능력이 없거나 생활이 어려운 국민의 최저생활을 보장하고 자립을 지원하는 제도를, 사회복지서비스는 국가·지방자치단체 및 민간부문의 도움을 필요로 하는 모든 국민에게 상담·재활·직업소개 및 지도·사회복지시설이용 등을 제공하여 정상적인 사회생활이 가능하도록 지원하는 제도를, 관련복지제도는 보건·주거·교육·고용 등의 분야에서 인간다운 생활이 보장될 수 있도록 지원하는 각종 복지제도를 말한다."

(5) 사회개발

사회개발(social development)이란 본래 경제개발(economic development)과 대비되는 용어로 학자들에 따라 다양하게 정의되어진다. 최근에 정의된 내용을 인용하면 사회개발이란 포괄적인 경제개발 과정 가운데 사회적 연대를 위해 사람들의 복지를 증진시키기 위해 고안된 계획된, 즉, 정부의 개입이나 관여에 의한 사회변화과정으로 정의된다(Midgley, 1994:3-16).

3) 사회복지 제공 주체와 객체

사회복지의 정의가 시대에 따라 변화해 가듯이 사회복지의 주체와 객체도 이에 상응하여 변화해 간다. 사회복지 역사가 오래된 서구 사회를 중심으로 살펴보면 사회복지 제공 주체는 초기에는 기독교기관들이 복지 제공의 주된 주체로서 역할을 수행하여 왔다. 그러나 종교개혁을 전후한 기독교 내부의 부패와 무능으로 인해 기독교계는 사회복지 제공의 주된 주체로서의 역할을 상실하게 되었다. 이와 같이 복지제공의 주된 주체로서의 역할상실(role loss)은 기존의 복지체계에 일종의 공백상태를 초래하게 되었고 기독교기관들의 구제대상자들이었던 빈민이나 걸인들이 거리에 방치되는 결과를 가져오게 되었다. 이와 같은 복지공백상태(welfare vacuum)는 더 이상 방치할 수 없는 사회문제를 파생시키었고 이를 더 이상 방관할 수 없는 국가가 공적부조제도를 통해서 그 공백상태를 메우게 된다. 이 이후로 국가는 오늘날에 이르기까지 사회복지제공의 주된 주체로서의 역할을 안정적이고 체계적으로 수행하게 되었으며 결과적으로 기독교계는 국가의 주된 역할을 보완해 주는 소극적 주체로서의 역할 담당자로 남게 된다. 달리 말하면 사회복지가 점차 세속화되어 가는 것(secularization of social welfare)이다. 사회복지가 성역에서 속역으로 넘어가고 있는 것이다. 즉 사회복지의 주된 주체가 기독교계가 되지 못하는 동시에 사회복지와 관련된 여러 요소나 내용들이 기독교의 가치나 권위에 의해 결정되지 아니하고 정치적 논리에 의해 주로 결정되어지게 되었다. 즉, 사회복지의 탈기독교화(de-christianization of social welfare) 또는 탈성역화(desacralization of social welfare)가 되어 가는 것이다.[10)]

그러나 최근 복지국가 위기론이 대두되면서 사회복지 제공 주체로서 종교기관의 역할이 다시 강조되고 있다. 복지국가를 지탱하기 위해선 막대한 재정이 필요한데 국민들의 세금에 기초해 복지재정을 운영하는 데는 한계가 있다. 또한 복지국가를 운영하기 위한 과도한 조세부담은 국민들로 하여금 복지국가가 과연 좋은 것인가 하는 의구심을 갖게 만들어 복지국가 자체에 대한 정통성의 위기를 초래하고 있다. 이러한 복지국가 위기론이 대두되자 이를 대처할 하나의 해결방안으로서 복지제공주체를 다원

10) 사회복지 세속화의 구체적 전개 과정은 기독교사회복지 역사 편에 자세히 기술되어 있음.

화해 보자는 복지다원주의(welfare pluralism), 복지지도론(福祉地圖論:welfare maps) 내지 복지의 혼합경제(mixed economy of social welfare) 또는 복지의 혼합(welfare mix)에 근거한 논리들이 제기되고 있다. 다양한 복지제공주체들 가운데서도 민간의 역할을 강화해 보려는 움직임이 복지사영화(privatization of social welfare) 주장과 함께 활발히 대두되고 있다. 민간 부문 가운데 특히 종교기관의 역할이 새로이 강조되고 있다. 이와 같은 복지국가의 위기에 따라 복지제공주체로서 종교기관의 역할에 대한 국가와 사회의 높은 기대는 다른 한편으로는 사회복지를 탈세속화(de-secularization of social welfare)할 수 있는, 사회복지를 기독교화(christianization of social welfare)할 수 있는, 사회복지를 성역화(sacralization of social welfare)할 수 있는 좋은 기회가 될 수도 있다. 복지국가 위기의 시대를 경험하면서 기독교계는 이와 같이 잃어버렸던 사회봉사의 영역들을 다시 회복할 수 있도록 노력을 기울여야 할 것이다.

사회복지 제공의 객체를 살펴보면 사회복지 발달의 초기에는 사회적인 약자나 요보호대상자들만을 주된 대상으로 하여 그들에게 생존의 수준(subsistence level)에 그치는 보호를 하여 주었다. 자신이나 그 부양자의 노력으로써는 도저히 경제적 생활이나 건강을 유지하기가 곤란하거나 불가능한 개인이나 가족들, 즉 노동시장에서 자신의 노동에 의해 정상적인 사회생활을 유지할 수 없는 사람들로서 가족의 도움을 받지 못하거나 가족의 도움이 충분치 못한 사람들이 주된 객체가 되었고 그들에게 최소 보호를 실시하였다. 구빈법 이래 소위 가치 있는 빈민(deserving poor, the worthy poor)이 그 대상이 되었다. 즉, 보편주의(universality)에 입각하기 보다는 선별주의(selectivism)에 입각하여 사회적 최소한(social minimum) 수준의 급여를 제공하였다.

그러나 산업혁명을 거치면서 사회구성원 모두가, 국민 모두가 사회적 사고의 대상이 되어감에 따라 사회복지는 그 객체의 범위를 확대하여 사회구성원 모두를 포함하게 되었다. 사회복지는 사회구성원 일반을 그 대상으로 하여 그들 생활의 각 측면에서 나타나는 비복지(非福祉, diswelfare)를 다루거나 해결하고자 노력하였다. 제공하는 복지의 수준도 생존의 수준이 아닌 건강하고 문화적인 생활을 할 수 있는 수준, 즉 인간으로서 품위를 유지할 수 있는 수준, 인간다운 생활을 할 수 있는 수준의 보호를 실시하였다.

또한 세계 각 나라들의 교류가 활발해져 감에 따라 각 나라들은 상호주의의 원칙에 따라 자국에 거주하는 외국인들에 대해 서로 자국민 수준의 복지서비스를 제공하게 되었다. 즉 상대국이 그 나라에 거주하는 자국민들에 대해 복지서비스를 제공해 주면 그들도 자국에 거주하는 상대국 국민들에 대해 복지서비스를 제공해 주는 관례가 상례화되어 가고 있다. 따라서 사회복지는 그 객체가 전체 국민들에서 점차 자국민은 물론 국내 거주 외국인들에까지 그 대상이 확대(擴大)되게 된다. 더욱이 지구화(globalization) 내지 세계화가 더욱 발전하게 되어 세계가 지구공동체(global community)로 발전하게 되면 수많은 이주근로자들(migrant workers)이 탄생하게 되고 사회복지의 객체는 점차 지구상의 모든 사람들로까지 확대 발전되게 될 것이다.

복지권이 하나의 시민권으로서 모든 국민에게 부여되며, 급여의 수준도 사회적 적절성(social optimun) 수준으로 제공되는 복지국가를 이루게 되었다. 사회복지 급여의 내용도 건강과 같은 신체적인 복지와 물질적인 복지뿐만이 아니라 정신적이고 심리적인 복지까지 확대되어 가고 있다. 따라서 사회복지의 영역도 공공부조, 사회보험, 사회복지서비스는 물론 교육 보건 주택 환경 노동 여가 등과 같은 관련 복지제도 분야까지 그 범위가 확대되어 가고 있다.

4) 사회복지의 가치

사회복지의 가치는 다양하게 설명되는데 일반적으로 인용되는 것을 요약하면 다음과 같다.(Friedlander, 1976)[11] 첫째, 인간존중의 원리이다. 인간존중의 원리란 모든 사람은 인간으로서 가치와 존엄을 가지고 인간으로서의 품위를 유지하며 생활할 수 있어야 한다. 사회복지 전반에 걸쳐 영향을 미치고 있는 인간다운 생활의 보장의 원칙이 그 기초를 이루고 있다.

둘째, 자발성 존중의 원리이다. 자발성 존중의 원리란 사람들은 각자가 자신의 욕구 가운데 무엇을 요구하며 그것을 어떻게 충족할 것인가를 자기 스스로 결정할 권리

11) Friedlander, Walter A., "Introduction:Generic Principles of Social Work", Concepts and Methods of Social Work, Prentice-Hall, Englewood Cliffs, 1976, pp:2-6.

를 가진다는 것이다. 즉 자기 결정의 권리가 있다.

셋째, 균등한 기회보장의 원리이다. 기회균등의 원리란 사회복지 전반에 걸쳐 모든 인간에 대해 인종, 지역, 학력, 성, 연령 등에 따라 차별을 하지 않고 균등하게 기회를 보장한다는 것이다. 이러한 기회균등이란 무조건적인 것이 아니라 각인의 능력에 따라 일정한 조건하에 제한되어 질 수 있다.

넷째, 사회연대의 원리이다. 사회구성체의 하나로서 개인은 자기 자신, 가족 및 사회에 대해서 상호간에 상부상조함으로써 사회 전체가 하나가 되어 공동체적인 삶을 유지해 가는 것을 말한다. 최근 우리 주위에서 전개되는 '더불어 살아가는 사회를 건설하자'는 운동은 이 같은 원리에 입각한 것이다.

다섯째, 사회적 형평의 원리이다. 사회적 형평은 수직적 형평과 수평적 형평으로 구분할 수 있다. 수평적 형평이란 같은 처지에 있는 사람들에 대해선 똑같이 대우해 주는 것을 말한다. 예를 들면 같은 처지의 빈민들은 같은 수준의 공적부조 혜택을 받는다는 것이다. 수직적 형평이란 서로 다른 처지에 있는 사람들은 서로 다르게 대우해 준다는 것이다. 예를 들면 가난한 사람들과 부자들은 경제적 수준에 있어서 큰 차이가 있다. 따라서 정부와 사회는 이들에 대해 제도적으로 다르게 대우해 준다. 즉, 가난한 빈민들에 대해서는 정부가 무상급여를 제공해 주는 반면 부자들에 대해서는 무상급여 대신 오히려 세금을 누진적으로 징수하고 있다. 징수된 세금들 가운데 일부는 빈민 구제를 위한 사회복지 재원으로 활용되고 있다. 가진 자의 부가 조세제도와 사회복지 제도를 통해서 갖지 않은 자에게 이전되어 가는, 즉 재분배되어 가는 것이다.

여섯째, 자유의 확대이다. 자유란 타인으로부터 강제나 간섭이 없는 소극적 의미의 자유와 자기가 원하는 것을 할 수 있는 적극적 의미의 자유가 있다. 사회복지 전반에 있어 모든 자유는 확대되어지도록 노력해야 하지만 사회복지가 실현되어 가는 과정에 있어서 소극적 의미의 자유는 다소 침해를 받게 된다. 그러나 그러한 침해를 인용한다면 적극적 의미의 자유는 확대될 수 있다. 사회복지가 각 자유에 상반된 영향을 미치게 되지만 적극적 자유의 확대로 인한 행복의 증가가 소극적 자유의 침해로 인한 행복의 감소보다는, 즉 순자유(net liberty = 적극적 자유 − 소극적 자유)의 크기가 0보다 크도록 해야 하고 그 순자유가 극대화될 수 있도록 노력해야 한다. 즉 사회복지 실시로 인한 순효용(net utility)내지 순만족이 긍정적이어야 하고 또 이를 극대화시키기 위해 노력해야 한다.

5) 사회복지의 기능

사회제도로서 사회복지는 사회발전을 위해 다양한 기능들을 수행하고 있다. 이러한 기능들을 크게 대별해 보면, 첫째, 개인적, 사회적 고통을 완화시키는 기능(alleviative function)을 갖고 있다. 경제적, 신체적, 사회적으로 열악한 처지에서 또는 불리한 처지에서 사람들이 겪고 있는 고통을 완화시키는 기능을 수행하고 있다. 둘째, 향후 발생 가능한 사회적 사고에 대해 미리 준비함으로써 그에 따른 문제를 예방하는 기능(preventive function)을 갖고 있다. 현대산업사회에서 사회구성원 모두가 겪게 될 또는 대다수에게 발생 가능한 사회적 사고들, 예를 들면, 노령, 질병, 사망, 산업재해, 실업, 퇴직 등과 같은 사고의 발생에 대비하여 사고 발생 이전에 미리 준비하게 함으로써 사고 발생에 따른 문제를 미리 예방하는 기능을 갖고 있다. 셋째, 사회문제의 원인을 치유하는 기능(curative function)을 갖고 있다. 사회복지는 사회문제가 발생하게 되는 원인을 확인하고 원인을 치유하는 기능을 수행하고 있다. 그 원인이 개인에 있다면 개별사례적 치유책을, 그 원인이 사회구조에 있다면 사회구조적 치유책을 사용하여 사회문제의 원인을 제거하는 기능을 수행하고 있다.

사회복지의 세 가지 기능은 달리 다음과 같이 보다 구체적으로 제시할 수 있다. 첫째, 이타주의(altruism)를 실천할 기회를 제공하는 기능이다. 이타주의란 이기주의(egoism)와 반대되는 말로서 자신의 이익만을 위해 살아가는 생활이 아니라 타인의 이익을 위해 자신의 시간이나 물질을 선의로 희생시키는 생활양태를 말한다. 사회복지는 이와 같은 이타적인 생활을 할 수 있는 기회를 사람들에게 제공하여 주는 기능을 한다. 둘째, 사회통제기능이다. 사회가 불안정할 때 사회복지 지출을 증가시킴으로써 사회적 불안정을 감소시킬 수 있고 반면 사회가 안정되었을 때 사회복지 지출을 감소시켜 사람들을 노동시장에 내보냄으로써 사회통제기능을 수행한다. 셋째, 노동시장을 보조해 주는 기능을 수행한다. 노동시장에서 제공되는 임금의 부족분을 일부 보조해 주는 기능을 수행한다. 넷째, 사회복지는 산업을 보조해 주는 기능을 담당한다. 의료보험제도는 피보험자들의 의료구매력의 향상을 가져와 의약산업의 발전을 가져왔고, 공공임대주택사업은 건설산업을 촉진시켰으며, 미국의 경우 식품권제도는 잉여농산물을 처리함으로써 농업을 활성화시키는 역할을 수행하였다. 다섯째, 사회복지는 소득을 재분배하는 기능을 수행한다. 공적부조제도의 경우 빈민구제를 위한 복지재원이 중상층이 주로 내는 세금으로 이루어지기 때문에 중상층으로부터 저소득층에게 소득의 일부가 재분배되어진다. 의료보험의 경우 건강한 사람이 병약자들에게, 국민연금의 경우 근로계층들이 퇴직자들에게 소득이 재분배되어지고 있다. 여섯째, 과거의 잘못된 관행을 수정하는 기능을 수행한다. 적극적 조치(affirmative action)를 통해 여성이나 소수민족 또는 장애인들에게 채용이나 입학 시에 일정 비율을 할당해 줌으로써 과거의 잘못된 차별적 관행을 수정하는 기능을 수행한다. 일곱째, 사회통합의 기능을 수행한다. 사회통합이란 사회성원간 또는 인간사회 내의 여러 집단, 단체, 기관들 간에 서로 결속력을 갖도록 해주는 기능이다.

제3절

기독교사회복지란 무엇인가

1) 기독교사회복지의 정의

기독교사회복지는 기독교 역사가 시작된 이래 오늘날까지 기독교의 주요 덕목이자 의무로서 실천되어 왔다. 기독교사회복지란 보는 관점에 따라서 기독교와 사회복지의 접목이라고도 하고, 때로는 기독교와 사회복지의 통합이라고도 일컬어진다. 그러나 이러한 관점이나 접근방법은 기독교사회복지를 논함에 있어서 기독교와 사회복지를 이질적인 것으로 보고 이질적인 양 영역간의 화해로, 화합의 결과로 보는 견해가 주종을 이루고 있다. 그러나 기독교와 사회복지란 역사적으로나, 가치적으로나, 이념적으로나 상호 이질적인 것이 아니라 동일한 영역에서 동질의 것을 추구하며 발전되어 왔다. 기독교사회복지란 하나님을 믿는 신자들이 하나님의 말씀에 순종하여 하나님의 사랑을 세상에 전파하고 세상 가운데 실천해 나아가는 기독교인들의 체계적 노력이다.

사회복지가 사회의 사업(social work)이라 말해진다면 기독교사회복지는 하나님의 사업(God's Work), 하늘의 사업(Heaven's Work), 거룩한 사업(Holy Work)이라 말해질 수 있다. 동시에 기독교사회복지는 인간을 영생으로 인도하는 구원사업(Salvation Work)이며, 상실된 하나님의 형상을 회복하려는 일련의 회복사업(Restoration Work)이다. 사회사업이 베푸는 사랑을 통해 이루어진다면 기독교사회복지는 하나님의 사업으로서 나눔의 사랑, 섬김의 사랑을 통해 이루어진다.

기독교사회복지란 기독교의 근본정신인 이웃사랑과 봉사와 헌신을 통해서 세상 가운데 열악한 처지에서 살아가는 사람들의 물질적, 신체적, 정신적 고통을 양적·질적으로 완화시키고 생활상의 곤란을 개선시켜 줌으로써 그들의 삶의 질을 향상시키고 성서적 정의를 실천하며 상실된 하나님의 형상을 회복시키려는 기독교인들의 제도적이고 체계적인 노력이자 가치체계를 말한다. 기독교사회복지를 구체적으로 실천하는 과정에서는 사회복지학, 상담학, 사회학, 의학, 노년학, 심리학 등과 같은 사회과학에서 발달된 실천방법들을 원용할 수 있다.

교회는 기독교사회복지의 주된 주체로서의 역할을 수행하여 왔다. 교회가 기독교사회복지를 실천함에 있어서 서로 다른 주장들이 제기되고 있다. 그러나 분명한 것은 교회는 구제기관이 아니다. 그러나 구제는 교회가 수행해야 할 근본적 의무 가운데 하나이다. 교회는 봉사기관이 아니다. 그러나 봉사는 교회가 수행해야 할 근본적 사명 가운데 하나이다. 교회는 사회복지기관이 아니다. 그러나 사회복지는 교회가 수행해야 할 근본적 덕목 가운데 하나이다.

2) 기독교사회복지 제공 주체와 객체

기독교사회복지의 주체란 기독교사회복지를 제공하는 개인, 집단, 단체 등을 말한다. 기독교사회복지의 객체란 기독교사회복지의 수혜 대상이 되는 개인이나 계층이나 집단들을 말한다.

(1) 기독교사회복지 주체

사회복지의 주체를 논할 때 통상적으로 복지다원주의(welfare pluralism) 내지 복지의 혼합(welfare mix)을 언급하며 국가, 지방자치단체, 비영리단체, 종교기관, 영리기업, 지역사회, 친족, 가족 등 다양한 주체를 소개한다. 반면 근본적으로 기독교사회복지는 하나님이 친히 행하시는 사업으로 그 주체는 유일하신 하나님이시다. 따라서 복지다원주의적이라기보다는 복지 제공의 주체가 하나인 복지일원주의(welfare monism)가 적용된다. 그러나 현실적으로 기독교사회복지의 주체는 하나님의 부르심을 받고 그 부르심에 응답한 현세의 교회, 교단총회·노회, 비영리기독교단체, 기독교시민사회, 기독교법인, 기독교시설, 성도 등 다양하게 이루어져 내용적으로는 복지다원주의적 특징을 갖게 된다.

기독교사회복지의 주체와 객체는 기독교사회복지의 역사적 전개과정에 따라 변화해 간다. 그러나 정도의 차이는 있지만 초대교회 이래 교회는 오랫동안 기독교사회복지의 주된 제공주체로서의 역할을 수행해 왔다. 교회(church)란 여러 가지로 해석되고 있지만 통상적으로 교회는 성도들이 그리스도와 교제하고, 성도 상호간에 하나님께서 베풀어주신 은혜를 주고받기 위하여 모이는 모임이다. 기독교사회복지는 그리스도 예수 안에서 거룩하여지고 성도라 부르심을 얻은 자들에 의해 행해진다.

초기에 개인적이고 개별사례 중심적이고 체계적이지 못했던 기독교의 복지활동이 사도시대에 이르러 구제사업을 전담하는 교회의 직분으로서 집사가 탄생되고 집사제도를 통해서 점차 제도적으로 이루어지게 되었다. 그 후 콘스탄티누스 황제가 기독교를 공인한 이후 교회나 수도원에 속한 숙박소가 주요 교통로에 설립되어 여행자나 빈민에게 숙식을 제공하고 병자를 보살펴주었다.

교구(教區, parish)는 종교를 펴는 데 있어서 목회·행정·봉사의 업무를 지도·감독하기 위해 편의상 나눈 구역이다. 중세의 교구는 구역 내 빈곤자를 보호하는 책임을 지고 있었다. 교구는 신자의 헌금, 영지수입 및 생산물의 10분지 1세 등을 재원으로 하여 이 가운데 4분의 1을 빈민구제비로 사용하였다. 이 구제비는 교회에서 직접 구제하거나 사원숙박소의 보호에 사용되었다.

또 다른 중요한 복지제공주체로서 수도원이 있다. 수도원은 본래 "일하고, 기도하라" 일반적인 규범을 갖고 있었지만, 그 규칙 가운데는 빈민구제에 대한 봉사규정이 별도로 명시되어 있었다. 수도원은 그 입구에 오는 자에게는 누구나 차별 없이 구제를 실시하였으며, 이러한 무차별적 구제로 인해 수도원이 빈민을 양산하는 공장이라는 세간의 비판을 받기 조차 하였다. 때로는 운반부라 불리는 사람들이 빈민가정을 직접 방문하여 음식물을 제공해 주는 재가복지사업을 실시하기도 하였다.

성지 회복을 위해 창설된 십자군도 기독교복지의 제공 주체로서 역할을 수행하였다. 십자군과 관련하여 창시된 군대적 제도의 자선사업으로 최초의 것은 세례 요한에 의해 시작된 구호기사단이었다. 기사단 집단은 기사, 목사, 봉사가의 세 부문으로 구성되어 있다. 이 가운데 봉사가는 빈곤자 및 병자를 보호하는 임무를 맡고 있었다. 기사단은 자기 청사의 일부를 구빈원으로 확보하기도 하고 청사와 인접한 곳에 구빈원을 설립하기도 하였다.

중세의 종교적 금융시설인 공익전당포도 기독교복지의 제공 주체로서 역할을 수행하였다. 고리에 고통 받는 영세민들을 구제하고, 불건전한 목적을 위하여 어리석게 돈을 빌려 파산에 빠지는 것을 보호하는 역할을 수행하였다.

수도원 숙박소는 구빈원의 기원으로 중세에 중요한 기독교복지 제공 주체로서 역할을 수행하였다. 처음에는 순례자를 접대한 장소였으나 후에는 노쇠자 병자 과부 고아 기타 구호를 필요로 하는 자들의 주거로 이용되었다.

중세의 독점적이고 배타적인 특권적 자유를 획득한 동업조합인 길드 가운데 종교적 우호단체인 종교적 길드도 기독교복지의 제공 주체로서 역할을 수행하였다.[12] 그들은 길드조직 성원들뿐만 아니라 조직성원 밖의 사람들에게도 자선적 구제를 실

12) 길드에는 수공업자 길드(craft guild), 상인길드(merchant guild), 종교길드(religious guild)가 있다. 본래 길드는 일종의 동업조합으로, 일차적 수혜자가 길드의 구성원이 되는 배타적인 상호수혜조직(mutual benefit organization)의 특징을 갖고 있었으나, 이 가운데 종교길드만은 조직의 구성원이 아닌 사람들에게도 자선의 손길을 폄으로써 상호수혜조직의 배타적 특성이 아닌 포용적 특성을 갖추고 있었다.

시하였다. 이들은 자선적 행위도 종교적 사업의 일부로 간주하였으며, 구제는 구제하는 자에게도 은혜가 된다고 믿었다.

종교개혁 후 기독교복지사업의 주체로서 교회의 역할은 다소 축소되었다. 루터는 "교회는 사회문제를 모두 감당할 인원을 갖고 있지 못하고 있다. 모든 사람이 그리스도인이 되는 그날까지는 국가가 가난한 자들을 돌보는 책임을 져야 한다"고 경고하였다. 이에 따라 루터파교회에서는 구빈사업을 직접 교회의 사업으로 보지 않고 구빈사업의 관리를 정부에 일임해야 한다고 주장하였다.

헨리 8세가 수도원을 해산하고 구빈법을 제정한 이후 사회복지사업의 주체로서 교회와 기독교기관들의 역할은 급격히 축소되었다. 그 이후 현재까지 규모면이나 영역면에서 볼 때 국가가 사회복지 제공의 주된 역할을 수행하고 교회와 기독교기관들은 국가복지를 보완하는 역할을 수행하고 있다. 구체적인 사회복지 제공주체의 변화과정은 제3장 기독교사회복지의 역사적 전개 부분에서 후술하기로 한다.

(2) 기독교사회복지 객체

기독교사회복지의 객체는 성경 상에 구체적으로 명시되어 있다. 이들은 주로 경제적 생활이 어렵거나 신체적, 정신적으로 비정상적이거나 열악한 처지에 있어 고통 가운데 생활하는 이웃들이다. 이들은 주로 가치 있는 빈민(the deserving poor or the worthy poor)들로 도움을 받을 만한 가치가 있는 빈민들이 그 대상이 되고 있다. 이스라엘민족의 풍습에 따르면 소유자들은 무산자들에 대하여 양보하는 것을 하나의 미풍으로 생각하고 어려운 처지에 있는 사람들을 불쌍히 여기고 은혜로운 구제를 행하는 것을 그들의 의무로 생각하였다.

성경에 나타난 기독교사회복지의 대상들을 살펴보면 고아, 과부, 이방나그네, 가난한 자, 노복, 곤궁한 품꾼, 빚진 자, 노인, 병신, 소경 등이 있다. 모세의 율법에는 이방나그네를 학대하지 말고 과부나 고아를 해롭게 하지 말라고 하였고, 가난한 빚진 자에 변리를 받지 말고, 안식일을 두어 노복과 이방나그네들을 휴식하게 하였고, 안식년을 두어 가난한 백성들이 경작해 생활하도록 하였으며, 3년마다 그 해 소산의 10분의 1을 거출하여 그 중 일부를 성중에 우거하는 객과 고아와 과부들을 보살피도록 하였고, 빈한한 품꾼을 학대하지 말고 품삯을 당일 주라고 하였으며, 노인들을 경히 여기지 말고 아비에게 하듯 하라고 하였다. 신약에서도 예수님께서 절뚝발이와 불구자와 소경과 벙어리를 고쳐 주시었고, 잔치를 가난한 자와 병신들과 소경들을 청해 베풀라고 하셨다. 영생을 얻는 길은 하나님을 사랑하고 동시에 어려운 처지에 있는 이웃을 사랑해야 한다고 가르치셨다. 성경 상의 객체들을 현대적 의미로 환언하면 빈민, 장애인, 고아, 과부, 노인, 이주근로자, 일용직근로자, 무산자들이 그 대상이라고 할 수 있다. 최근 기독교에서는 나눔의 대상을 자국민에게만 한정하지 않고 외국의 고통 받는 이웃들에게까지 확대하고 있다.

성경의 말씀에 의하면 기독교사회복지의 객체는, 전통적인 사회적 할당(social allocation)의 원리에 의하면, 보편주의(universalism)라기보다는 선별주의(selectivism)의 원리에 입각하고 있다. 보편주의란 모든 국민들에게 사회복지급여를 하나의 권리로 부여하는 원리인 반면, 선별주의는 자산조사(means test)를 통하여 소득과 재산이 일정 수준 이하인 빈곤층을 선별하여 사회복지급여를 제공하는 원리이다. 이러한 선별주의의 모습은 성경에서 "참 과부(widows who are really in need)"의 사례에서 찾아볼 수 있다.

먼저 과부명부를 통하여 선별주의 원리가 적용된 사례를 찾아볼 수 있다. "과부로 명부에 올릴 자는 나이 육십이 덜되지 아니하고, 한 남편의 아내이었던 자로서 선한 행실의 증거가 있어 혹은 자녀를 양육하며 혹은 나그네를 대접하며, 혹은 성도들의 발을 씻기며, 혹은 환난 당한 자를 구제하며, 혹은 선한 일을 좇은 자라야 할 것이요....."(딤전 5:9-10) 여기서 과부명부(list of widows)란 교회가 도움을 주기 위해 선별한 정말 빈곤한 처지에 있는 참 과부의 명부로 본래 매트리큘라(matricula)라는 용어로 사용되었다. 매트리큘라는 훗날 빈민명부를 의미하게 되는데 오늘날 국민기초생활보장수급대상자 명부와도 유사한 것이다. 이러한 과부 명부에 올리기 위해서는 먼저 자산조사를 통하여 경제적으로 정말 가난한 형편에 처해 있어야 함(really in need)을 입증하여야 한다. 또한 상태조사(status test)를 통하여 60세 이상의 노인이어야 하고, 자녀를 양육하거나, 선한 일을 행하거나 행동거지가 올바른 과부임을 입증하여야 한다.

또한 보충성의 원리에 입각하고 있다. 보충성의 원리란 본래 국가가 절대빈곤층을 원조함에 있어서 자신의 소득과 재산이 있으면 이를 먼저 활용하고, 근로능력이 있으면 자신의 근로능력을 최대한 활용하고, 부양의무자의 부양을 받을 수 있으면 부양의무자의 부양을 우선 받고, 다른 법의 원조를 받을 수 있으면 그 원조를 받고, 그런 연후에도 빈곤한 상태에 있으면 국가가 공공부조 급여를 보충적으로 제공한다는 공공부조의 기본원리 가운데 하나로 '후순위성의 원리'라고도 불린다.

"참 과부인 과부를 경대하라. 만일 어떤 과부에게 자녀나 손자들이 있거든 저희로 먼저 자기 집에서 효를 행하여 부모에게 보답하기를 배우게 하라. 이것이 하나님 앞에 받으실 만한 것이니라...... 누구든지 자기 친족 특히 자기 가족을 돌아보지 아니하면 믿음을 배반한 자요 불신자보다 더 악한 자니라...... 만일 믿는 여자에게 과부 친척이 있거든 자기가 도와주고 교회로 짐지지 말게 하라. 이는 참 과부를 도와주게 하려 함이니라."(딤전 5:3-4, 8, 16)

성경은 먼저 참 과부에 대한 원조의 책임이 우선적으로 가족이나 친족에 있음을 가르치고 있다. 즉, 부양의무자의 부양책임을 우선적으로 강조함으로써 부양의무자의 부양이 교회의 원조보다 우선되어야 함을 명시하고 있다. 이는 '친족부양 우선의 원칙'이며, '선 가족·친족 보호 후 교회 원조'라는 교회원조의 보충성을 가르치고 있다. 이는 한편으로는 교회의 구제자원이 현실적으로 제한되어 있으므로 부양의무자가 없거나 부양의무자의 부양능력이 없는 정말 어려운 참 과부를 선별하여 그들에게 적절한 구제를 행하기 위함이기도 하다.

기독교사회복지의 객체를 한 마디로 표현하면 성경에 나오는 '지극히 작은 자(the least of persons, the least of these brothers)'이다. "인자가 자기 영광으로 모든 천사와 함께 올 때에 자기 영광의 보좌에 앉으리니, 모든 민족을 그 앞에 모으고 각각 분별하기를 목자가 양과 염소를 분별하는 것같이 하여 양은 그 오른 편에, 염소는 왼편에 두리라. 그 때에 임금이 그 오른편에 있는 자들에게 이르시되 내 아버지께 복 받을 자들이여 나아와 창세로부터 너희를 위하여 예비된 나라를 상속하라. 내가 주릴 때에 너희가 먹을 것을 주었고 목마를 때에 마시게 하였고 나그네 되었을 때에 영접하였고, 벗었을 때에 옷을 입혔고 병들었을 때에 돌아보았고 옥에 갇혔을 때에 와서 보았느니라. 이에 의인들이 대답하여 가로되 주여 우리가 어느 때에 주의 주리신 것을 보고 공궤하였으며, 목마르신 것을 보고 마시게 하였나이까. 어느 때에 나그네 되신 것을 보고 영접하였으며 벗으신 것을 보고 옷 입혔나이까. 어느 때에 병드신 것이나 옥에 갇히신 것을 보고 가서 뵈었나이까 하리니 임금이 대답하여 가라사대 내가 진실로 너희에게 이르노니 너희가 내 형제 중에 지극히 작은 자(the least of persons, the least of brothers) 하나에게 한 것이 곧 내게 한 것이니라...... 내가 진실로 너희에게 이르노니 이 지극히 작은 자 하나에게 하지 아니한 것이 곧 내게 하지 아니한 것이니라 하시니 저희는 영벌에, 의인은 영생에 들어가리라."(마 25:31-46) 예수님은 주린 자, 목마른 자, 나그네, 헐벗은 자, 병든 자, 옥에 갇힌 자와 같이 가장 열악한 처지에서 도움을 절실히 필요로 하는 자들을 '지극히 작은 자'라 칭하였고, 이들에게 자비를 베푼 것이 곧 자신에게 한 것과 같으며, 이들에 자비를 베푼 그들이 바로 의인이고, 영생에 들어가리라고 가르치신다. 이들 '지극히 작은 자들'은 오늘날 협의의 사회복지대상자인 요보호대상자들이라고 표현할 수 있다. 이 개념은 또한 롤스(Rawls)의 '정의론(On Poverty)' 가운데 차등의 원리(difference principle)에 나오는 '합리화되어질 수 있는 불평등(justifiable inequality)'의 대상이 되는 '최소수혜자 내지 지극히 열악한 처지에 있는 자(the least advantaged)'와도 상통할 수 있다.

3) 기독교사회복지의 가치

기독교사회복지는 하나님의 형상(Imago Dei)을 회복하는 데 궁극적인 목적이 있다. 하나님의 형상에 대해서 여러 가지 견해들이 있다. 구체적인 신학적 논쟁은 신학자들의 몫으로 돌리고 여기선 기존에 제시된 견해의 일부만을 소개하기로 한다(Erickson, 1993:79-118). 첫째, 실재론적 견해(substantive view)에 따르면, 이레니우스(Irenaeus)는 아담이 지녔던 이성과 자유의지가 형상이며 성령의 행위로 말미암아 아담이 소유했던 초자연적인 은사가 모양이라고 하였다. 스콜라 신학자들에 따르면 형상(image)은 인간이 하나님과 자연적으로 닮은 점, 즉 이성과 의지의 능력이며 반면 모양(likeness)은 인간의 기본적인 본성에 덧붙여진 하나님의 선물로 하나님의 도덕적 특성으로 이루어졌다. 루터는 '우리의 형상으로'와 '우리의 모양을 따라'는 같은 것을 의미한다고 주장한다.

둘째, 관계론적 견해(relational view)에 따르면 하나님의 형상이란 인간의 본성에 내재하는 어떤 것이 아니라 인간이 특별한 관계를 참여할 때 하나님의 형상을 드러내며 그러한 관계가 하나님의 형상이라고 주장한다. 브룬너(Brunner)는 형식적 형상과 실질적 형상으로 구분하고 있다. 형식적 형상은 이성적 존재, 책임 있고 자유로운 존재로서의 인간의 본질이다. 실질적 의미의 형상이란 인간의 응답하는 행위 곧 하나님과의 관계이다. 즉 인간이 하나님의 부름에 응답할 때 실질적 형상이 나타난다. 바르트(Barth)는 인간과 하나님 사이의 수직적 관계뿐 아니라 인간들 사이의 수평적 관계가 하나님의 형상이라고 주장한다. 인간 예수는 하나님의 완전한 형상이시다. 우리 안에 있는 하나님의 형상은 4가지 요소들을 포함하고 있다. 우리는 우리의 이웃을 우리의 동료 인간으로 간주한다. 우리는 서로서로 말하고 듣는다. 우리는 서로 서로에게 도움을 준다. 우리는 이런 일들을 기쁨으로 행한다.

셋째, 기능적 견해(functional view)에 따르면 하나님의 형상은 인간이 수행하는 기능으로서 창조세계를 다스리는 통치행위이다. 베르듀인(Verduin)은 인간은 다스리기 위해 지음받은 창조물이며 그런 피조물로서 인간은 그의 창조주의 형상 속에 있다고 주장한다. 하나님의 뜻은 창조세계의 모든 잠재력이 발휘될 수 있도록 인간이 그것을 돌보고 다스리는 것이었으며, 인간은 그것을 그 자신의 이익을 위해 착취해서는 안 된다.

하나님의 형상에 대한 해석이 다양하게 전개되고는 있지만 기독교사회복지는 하나님의 형상(imago dei)을 회복하는 데 궁극적인 목적이 있다. 인간은 하나님의 형상을 따라 피조된 존재로 하나님께서 의도하신 목적에 맞게 하나님 보시기에 아름답게 살아가야 한다. "하나님이 가라사대 우리의 형상을 따라 우리의 모양대로 우리가 사람을 만들고(Let us make man in our image, in our likeness) ……하나님이 자기의 형상 곧 하나님의 형상대로 사람을 창조하시고(God created man in his own image, in the image of God he created him) ……하나님이 그 지으신 모든 것을 보시니 보시기에 심히 좋았더라(It was very good)……"(창1:27-31) 죄조로 피조된 인간 속에는 악이 없으며 죄가 없고 의로우며 하나님 자신의 존엄성과 유사한 존엄성과 자연에 대한 지배권을 가지고 있었다. 인간은 인격적이고, 자의식적이며, 합리적이고, 사회적 윤리적인 면에서 하나님에 대해 책임질 줄 아는 존재이다. 그러나 인간의 타락으로 인간이 하나님께 불순종하게 되었고 인간의 운명에 새로운 재앙이 생기게 되었다. "여호와께서 사람의 죄악이 세상에 관영(貫盈)함과 그 마음의 생각의 모든 계획이 항상 악할 뿐임을 보시고 땅 위에 사람 지으셨음을 한탄하사 마음에 근심하시고 가라사대 나의 창조한 사람을 내가 지면에서 쓸어버리되 사람으로부터 육축과 기는 것과 공중의 새까지 그리하리니 이는 내가 그것을 지었음을 한탄함이니라 하시니라."(창6:5-7)

구약성서에서는 인간에 대해 인간은 완전하게 하나님의 손에 의해 만들어진 피조물로서 설명하고 있다. 그러나 인간은 하나님께 대한 불순종으로 말미암아 인류 모두에게 고통스러운 결과를 초래하게 되었으며, 따라서 최초의 인간이 가지고 있던 "하나님의 형상"은 왜곡되어지고, 부분적으로 하나님께 반응하고 희망을 가질 수 있는 능력만을 하나님으로부터 부여받았다.

신약성서에 따르면 인간은 타락으로 인해 고통 받는 존재로 묘사되고 있다. 사도행전은 인간은 탐욕스럽고(5:1-5), 다른 사람을 착취하며(16:16-19), 완악한 마음을 가지고 있다고(28:26-28) 묘사한다. 인간의 타락은 인간의 역사에 고통의 그림자를 드리우고 있지만 반면에 인간은 은혜를 통해 하나님의 자녀가 되어 영생을 누릴 수 있음을 보여주고 있다(기독교대백과사전, 1980: 116-143). 사도행전에 따르면 사도들의 말씀에 큰 은혜를 받는 믿는 무리들이 서로 연대하고 친교하며 자기희생과 너그러움을 통해서 빈민들의 고통을 해소하는 모습을 보여주고 있다. "믿는 사람이 다 함께 있어 모든 물건을 서로 통용하고 또 재산과 소유를 팔아 각 사람의 필요를 따라 나눠주고(all believers were together and had everything in common. Selling their possessions and goods, they gave to anyone as he had need.) 날마다 마음을 같이하여 성전에 모이기를 힘쓰고 집에서 떡을 떼며 기쁨과 순전한 마음으로 음식을 먹고 하나님을 찬미하며 또 온 백성에게 칭송을 받으니 주께서 구원받는 사람을 날마다 더하게 하시니라."(2:44-47) "믿는 무리가 한 마음과 한 뜻이 되어 모든 물건을 서로 통용하고 제 재물을 조금이라도 제 것이라 하는 이가 하나도 없더라. 사도들이 큰 권능으로 주 예수의 부활을 증거하니 무리가 큰 은혜를 얻어 그 중에 핍절한 사람(needy persons)이 없으니 이는 밭과 집 있는 자는 팔아 그 판 것의 값을 가져다가 사도들의 발 앞에 두매 저희가 각 사람의 필요를 따라 나눠줌이러라(it was distributed to anyone as he had need).”(4:32-35) 죄 때문에 인간이 타락 전 본래 가지고 있던 ‘하나님의 형상’은 왜곡되어지고 파괴되었지만 인간 속에는 은혜의 성령이 남아 있음을 알 수가 있다. 따라서 인간은 비록 타락했지만 은혜를 통해서 상실된 하나님의 형상을 다시 회복할 수 있다.

하나님의 형상으로 태어난 인간들이 비록 죄로 인해 본래의 형상이 왜곡되고 고통 가운데 살아가고 있지만 하나님은 영생을 누릴 수 있는 천국을 예비하시고 은혜로운 삶을 통해 천국을 상속받을 수 있고 하나님께서 본래 만들어 주신 그 형상을 회복할 수 있는 것이다. 믿는 자들이 실천하는 영생을 얻게 되는 은혜로운 삶이, 지극히 작은 자들에게 베푸는 나눔의 삶이, 하나님과의 올바른 관계를 정립하는 삶이, 하나님의 형상을 회복하는 삶이 바로 기독교사회복지 그 자체를 의미한다.

기독교사회복지는 또한 생명을 귀히 여기는 하나님의 가르침에 근거하고 있다. 빈민이나, 장애인이나, 노인이나, 병자이나, 이주노동자나, 옥에 갇힌 자나 그 누구든지 모두가 고귀한 생명이라는 생명존중사상이나 인간존중사상은 기독교사회복지의 기초가 되고 있다.

기독교사회복지는 선교의 목적은 ‘하나님 나라’를 세우는 것이라는 ‘하나님의 선교(missio dei)’에 근거하고 있다. 하나님의 나라는 인간화(humanization)를 통하여, 그리고 해방을 통하여 이루어진다. 기독교사회복지는 무미건조하고, 승자전취주의(Winners take all.)에 젖어있는 탐욕스러운 자본주의사회를 ‘인간의 얼굴을 한 자본주의사회’로 변화시키고 동시에 죄로부터의 해방 그리고 소위 베버리지가 주장하는 5개의 거인(5 giants)인 5대 사회악(궁핍·질병·무지·불결·나태)으로부터 해방시켜 모든 사람들이 인간다운 삶을 살아갈 수 있도록 하며, 그로 인해 그들의 적극적 자유(positive freedom)가 신장되어질 수 있도록 하기 위해 노력한다.

4) 기독교사회복지 실천자세

기독교사회복지를 실천함에 있어 개별사회사업, 집단사회사업, 지역사회조직과 같은 사회복지에서 발전된 다양한 기술적 실천방법들이 활용될 수 있다. 이와는 별도로 무엇보다도 기독교사회복지는 하나님을 본받는 자세로 실천되어야 한다. ‘하나님을 본받음(imitatio dei)'이란 일반 사회복지의 실천자세와 구별 짓는 것으로 기독교사회복지 특유의 실천자세이다. 하나님을 본받는 일은 하나님이 하시는 일에 동참하는 것이다. 예수님께서 주의 일을 하실 때 섬기는 마음으로, 거룩하시고, 자비로우시고, 은혜로우신 것처럼 기독교사회복지도 섬김의 자세로, 거룩하고, 자비롭고, 은혜롭게 실천되어야 한다.

(1) 거룩하게 실천

거룩(holiness)이란 어의적으로 더러움을 잘라낸 상태 또는 세상과 분리된 상태를 의미한다. 이 세상에 그 어느 것도 거룩한 것은 없고, 오직 거룩하신 하나님과 관계를 할 때 인간은 비로소 거룩해질 수 있다. 거룩한 모습으로 변화되어 가는 것을 성화(聖化, sanctification)라고 한다. 하나님이신 예수그리스도의 성품과 모습을 닮는 것을 경건(Godliness)이라고 한다.

거룩은 예배적인 요소와 도덕적인 요소가 있다. 거룩은 여호와 백성의 본질적인 특질이다. 하나님께서는 우리를 거룩하게 하심으로 구원에 이르게 하신다(Murray, 1982:12).

"여호와께서 모세에게 일러 가라사대 너는 이스라엘 자손의 온 회중에게 고하여 이르라. 너희는 거룩하라. 나 여호와 너희 하나님이 거룩함이니라."(레19:1) "사랑을 입은 자녀 같이 너희는 하나님을 본받는 자가 되고(Be imitators of God), 그리스도께서 너희를 사랑하신 것 같이 너희도 사랑 가운데서 행하라."(엡5:1-2) "너희가 순종하는 자식처럼 이전 알지 못할 때에 좇던 너희 사욕(evil desires)을 본 삼지 말고, 오직 너희를 부르신 거룩한 자처럼 너희도 모든 행실에 거룩한 자가 되라 기록하였으되 내가 거룩하니 너희도 거룩할지어다(Be holy, because I am holy) 하셨느니라."(벧전1:14-16) 기독교사회복지를 실천함에 있어서 서비스 제공 과정에 관련된 사람들은 자신의 사리사욕을 좇지 말고 이타적인 정신으로 거룩하게 실천해야 한다. 참된 의미의 거룩함이란 자신을 자신의 소유가 아닌 하나님의 소유물로 만드는 것이다.

도덕법전 레위기 19장에는 거룩한 삶의 구체적인 예들이 열거되어 있다. 이 가운데 기독교사회복지와 관련된 구절들을 정리하면 다음과 같다. 너희 각 사람은 부모를 경외하라(19:3), 곡식이나 포도를 수확할 때 다 거두지 말고 떨어진 이삭이나 포도를 줍지 말고 가난한 사람과 타국인을 위해 버려두라(19:9-10), 네 이웃을 압제하지 말고 늑탈하지 말며 품꾼의 삯을 아침까지 밤새도록 네게 두지 말며(19:13), 너는 귀먹은 자를 저주하지 말며 소경 앞에 장애물을 놓지 말라(19:14), 이웃 사랑하기를 네 몸과 같이 하라(19:18), 너는 센 머리(the aged) 앞에 일어서고 노인의 얼굴을 공경하라(19:32), 타국인이 너희 땅에 우거하여 함께 있거든 너희는 그를 학대하지 말고 너희 중에서 낳은 자 같이 여기며 자기 같이 사랑하라(19:33-34).

성경은 하나님이신 예수그리스도의 성품과 모습을 닮는 참된 경건이란 이 땅의 지극히 작은 자를 돌보아주고 세속에 물들지 않는 것이라고 가르치고 있다. "자유하게 하는 온전한 율법을 들여다보고 있는 자는 듣고 잊어버리는 자가 아니요 실행하는 자니 이 사람이 그 행하는 일에 복을 받으리다. 누구든지 스스로 경건하다 생각하며 자기 혀를 재갈 먹이지 아니하고 자기 마음을 속이면 이 사람의 경건은 헛것이라. 하나님 아버지 앞에서 정결하고 더러움이 없는 경건은 곧 고아와 과부를 그 환난 중에 돌아보고 또 자기를 지켜 세속에 물들지 아니하는 이것이니라." 참된 의미의 경건이란 세속에 물들지 않는 것일 뿐 아니라 힘들고 어려운 이웃들에게 사랑을 몸소 실천하는 것이다.

(2) 섬김의 자세로 실천

예수그리스도께서는 이 땅에 봉사자로, 섬기는 자로 오셨다. 봉사는 섬긴다(serve)는 의미이다. 남을 섬기기 위해서는 스스로를 낮추어야 한다. 예수께서는 이 세상의 천하고 멸시받고 궁핍한 천민계급의 사람들까지도 섬기기 위해, 이들을 위로하고, 도와주고, 치유해 주고, 희망을 주기 위해 스스로 가장 낮은 자로 임하셨다.

기독교사회복지를 행함에 있어 봉사자는 예수그리스도의 봉사자세를 본받아 실천해야 하다. 공무원이 공복(公僕:public servant), 즉 국민의 종이라는 봉사자세로 국민들을 대하여야 하듯이 기독교사회복지사들이나 관계인들은 성복(聖僕:holy servant), 즉 거룩한 종, 하나님의 종이라는 봉사자세로 세상과 구별되게 봉사에 임해야 한다. 세상의 사회복지가 베품의 사랑을 통해 이루어진다면 기독교사회복지는 나눔의 사랑 나아가 섬김의 사랑을 통해 이루어진다. 따라서 기독교사회복지를 실천하는 과정에서 섬김의 자세는 기본이 되어야 하며, 그러한 자세로 임하였을 때 도움을 받는 과정에서 힘들고 어려운 사람들이 심리적 열등감을 느끼지 않고 세상을 섬기시기 위해 오신 그리스도의 참사랑을 느끼게 된다. 섬김의 자세는 수혜자들이 수혜과정에서 복지 스티그마(welfare stigma)를 느끼지 않고, 하나님의 은혜를 체험할 수 있도록 하여주는 실천자세이다.

"인자의 온 것은 섬김을 받으려 함이 아니라 도리어 섬기려 하고 자기 목숨을 많은 사람의 대속물로 주려 함이니라.(For even the Son of Man did not come to be served, but to serve.)"(막10:45) "앉아서 먹는 자가 크냐 섬기는 자가 크냐 앉아 먹는 자가 아니냐. 그러나 나는 섬기는 자로 너희 중에 있노라.(I am among you as one who serves.)"(눅22:27)

참된 의미의 섬김은 주님께서 사용하시도록 자신을 맡기는 것이다. 참된 섬김은 주님께서 사용하시도록 그에게 굴복하는 것이다. 그러면 성령께서 행위자가 되시며, 우리는 그의 뜻의 도구가 된다. 그와 같은 섬김이 거룩한 섬김이다(Murray, 1982:11-39).

(3) 영생을 얻게 하는 사업이라는 사명감으로 실천

기독교사회복지는 구원사업(salvation work)이다. 성경은 기독교사회복지가 사람들을 천국으로 인도하여 영생을 얻게 하는 필수적인 조건임을 천명하고 있다. 기독교사회복지의 실천적인 모습인 이웃 사랑은 율법의 가장 큰 계명 가운데 하나이다. 예수께서는 율법의 가장 큰 계명은 하나님 사랑과 이웃 사랑임을 가르치고 계신다. "네 마음을 다하고 목숨을 다하고 뜻을 다하여 주 너의 하나님을 사랑하라. 이것이 첫째 계명이요, 둘째는 네 이웃을 네 몸과 같이 사랑하라."(마22:37-40) 예수께서는 하나님의 계명을 지키고 동시에 이웃 사랑을 실천할 것을 가르치고 계신다. 보다 구체적으로 성경은 강도 만난 자의 이야기를 통해 무엇을 해야 영생을 얻을 수 있는지를 선포하고 있다. 율법사가 예수를 시험하여 가로되 '무엇을 하여야 영생을 얻으리이까?' 예수께서 이르시되 '율법에 무엇이라 기록되었으며 네가 어떻게 읽느냐?' 율법사가 대답하기를 '네 마음을 다하며 목숨을 다하며 힘을 다하며 뜻을 다하여 주 너의 하나님을 사랑하고 또한 네 이웃을 네 몸과 같이 사랑하라.'고 하였나이다. 예수께서 이르시되 '네 대답이 옳도다. 이를 행하라 그러면 살리라(Do this and you will live.).' 율법사가 이웃이 누구인지에 대해 묻자 예수께서는 강도 만나 거반 죽은 자를 바라보고 가서 자비를 베푼 자가 바로 강도 만난 자의 이웃이라고 말씀하신다(눅10:25-37).

"어떤 관원이 물어 가로되 선한 선생님이여 내가 무엇을 하여야 영생을 얻으리이까?…… 예수께서 이르시되 네가 계명을 알고 지키었으나 오히려 한 가지 부족한 것이 있으니 네게 있는 것을 다 팔아 가난한 자들을 나눠 주라…… 하나님의 나라를 위하여 집이나 아내나 형제나 부모나 자녀를 버린 자는……내세에 영생을 받지 못할 자가 없느니라."(눅18:18-30) "예수 그리스도께서 자기 영광으로 모든 천사와 함께 올 때에 모든 민족을 그 앞에 모으시고 양과 염소를 분별하듯이 의인과 악인을 구별하시고 의인들은 복을 주사 창세에 예비하신 나라를 상속케 하시어 영생(eternal life)을 누리게 하시고, 악인들은 저주하시어 마귀와 마귀의 사자들을 위해 예비하신 영원한 불(eternal fire)에 들어가게 되는 영벌(eternal punishment)을 받게 됨을 천명하고 계신다. 예수께서 말씀하시는 의인은 형제 중에 주린 자, 나그네, 헐벗은 자, 병자, 옥에 갇힌 자와 같은 지극히 작은 자(the least of persons)들이 고통 속에 신음하고 있을 때 이들 하나에게 베푼 자를 의미하고 이들에게 베푼 것이 곧 자신에게 베푼 것이라 말씀하셨고, 반면에 악인은 이들 지극히 작은 자들이 고통 가운데 있을 때 이들 하나에게 베풀지 아니한 자들을 의미하며 이들 지극히 작은 자 하나에게 베풀지 아니한 것이 곧 자신에게 베풀지 아니한 것이라 천명하셨다."(마25:31-46)

고통 가운데 처한 이웃에게 자비를 실천하는 자가, 이 땅의 지극히 작은 자에게 베푸는 자가 바로 의인이고, 영생에 이르게 된다. 그리스도를 믿는 믿음으로 의에 이르고 영생을 얻게 되나(以信得義, Justification by faith) 그 믿음은 죽은 믿음이 아니라 살아 있는 믿음이고, 그러한 살아있는 믿음만이, 즉, 하나님의 명령이신 하나님 사랑과 더불어 이웃사랑을 실천하는 실천적인 믿음만이, 바로 구원에 이르는 믿음이 된다. 기독교사회복지의 실천은 바로 예수그리스도를 구세주로 믿는 기독교인들의 믿음이 영생에 이르는 믿음이 될 수 있도록 하여주기에, 이는 구원사업이다.

(4) 자비롭게 봉사

자비(mercy:慈悲)란 자(慈)와 비(悲)의 합성어이다. 자는 사랑하는 마음을 가지고 사람들에게 즐거움을 주는 것이고 비는 연민의 정을 가지고 사람들의 고통을 없애주는 것이다. "너희 아버지의 자비하심 같이 너희도 자비하라(Be merciful, just as your Father is merciful)."(눅6:36) 하나님은 성도들에게 하나님의 자비하심을 본받으라 명령하고 계신다. 인간의 자비란 동포를 돕고 구제하는 행위에서 보여지는 동료에 대한 헤아림과 동정을 나타내는 것이다. 자비를 베푸는 자는 타인의 고통을 자신의 고통으로 여긴다. 자비의 실천을 통하여 주는 자와 받는 자가 모두 마찬가지의 영적 충만함을 느끼게 된다(기독교대백과사전, 1980:379-382).

<자비의 실천단계(눅10:25-37)>

Look → Feel(empathize) → approach → care → refer → follow up

성경은 자비의 구체적인 모습을 가르쳐 주고 있다. 예수께서는 여리고로 가는 길에 강도 만나 거의 죽어 가는 사람에 대한 제사장과 레위인과 사마리아인의 태도를 비교하시고 강도 만난 자에게 자비를 베푼 사마리아인이 그의 이웃이라 말씀하셨다. 사마리아인이 보여준 자비의 모습은 다섯 단계로 설명할 수 있다. 첫째, 먼저 거반 죽어 가는 처지에 있는 자를 바라본 것(look)이다. 어려운 처지에 있는 자를 바라 본 것이다. 둘째, 바라보고 그리고 불쌍히 여긴 것(feel)이다. 어려운 처지에 있는 자를 보고 연민의 정을 느낀 것이다. 즉, 감정이입(感情移入, empathy)을 한 것이다. 사실 사회복지란 어떤 측면에서 보면 개인적 차원의 감정이입이 사회적 감정이입(social empathy)으로 발현된 것이다. 셋째, 연민의 정을 느끼고 가까이 다가간 것(approach)이다. 고통 가운데 있는 이웃을 피하여 간 것이 아니라 가까이 다가간 것이다. 넷째, 돌보아주었다(care). 피해가지 않고 가까이 다가가 우선 자신이 가진 것을 가지고 그 아픈 상처에 몸소 응급조치를 해주었다. 거반 죽어 가는 자에게 가까이 가서 기름과 포도주를 그 상처에 붓고 싸매주었다. 어려운 처지에 있는 사람들이 겪고 있는 현실적 고통을 자기 소유물을 사용하여 완화시켜 준 것이다. 여기서 기름은 감람나무 기름으로 당시에는 상처의 통증을 완화시키는 데 사용되었고, 포도주는 상처를 살균시키기 위한 구급약으로 종종 사용되었다. 그리고 안정적으로 간호해줄 수 있는 곳으로 데려가 돌보아 주었다. 응급적인 조치를 취한 후 거반 죽어가는 자를 자기 짐승에 태워 주막으로 데리고 가서 돌보아 준 것이다. 다섯째, 그리고 지속적 치유가 가능하도록 서비스를 제공할 수 있는 기관에 의뢰(refer)하였다. 사마리아인은 이튿날 은화 두 개를 주막 주인에게 주며 계속 돌보아 주라고 부탁하였다. 여섯째, 계속 관심을 갖고 지켜보고, 그리고 사후적 서비스(follow-up service)가 제공될 수 있도록 필요한 조치를 강구해주었다. 사마리아인은 자신이 가야 할 길을 떠나면서 추가 비용이 더 들면 자기가 돌아올 때 갚아 주겠다고 하였다. 즉 고통에 처한 자가 지속적으로 보살핌을 받을 수 있도록 조치를 해주고 계속 관심을 갖고 지켜보고, 필요한 도움을 주는 것이다. 이러한 사마리아인의 모습이 바로 '자비로운 자'의 모습이고 그들이 바로 고통 받는 자의 이웃인 것이다(눅10:30-37).

사마리아인들은 유대인들과 관습, 정치, 종교 특히 예배장소에 관해 차이가 있어 심한 적대적인 관계에 있었으며, 유대인들로부터 혼혈인 또는 이교도라고 멸시를 받은 사람들이다. 사마리아인의 자비는 원수에게까지 사랑을 베풀라는 하나님의 계명에 순종한 결과이다. 하나님께서는 요구하시는 자비의 모습은 원수까지 사랑하고 선대하고 은혜를 모르는 자나 악한 자에게도 자비를 베푸는 것이다. "오직 너희는 원수를 사랑하고 선대하여 아무 것도 바라지 말고 빌리라. 그리하면 너희 상이 클 것이요 또 지극히 높으신 이의 아들이 되리니 그는 은혜를 모르는 자와 악한 자에게도 인자로우시니라. 너희 아버지의 자비하심 같이 너희도 자비하라."(눅6:30-36)

제사장과 레위인은 시체와 접촉하면 제의적으로 부정해지기 때문에 어떤 사람이 죽어간다고 판단될 경우, 이들은 그 죽어가는 사람을 피했을 것이다. 그러나 하나님께서는 율법보다 하나의 꺼져가는 생명을 더 존중히 여기신다.

(5) 하나님의 영광을 위해 봉사

기독교사회복지를 위한 모든 구제-봉사행위는 사람의 영광을 위해서 해서는 안 되며, 하나님의 영광을 위해서, '그리스도의 이름'으로 행해져야 한다. 병자를 방문하고 가난한 자를 공궤하고 감옥에 있는 자를 도와주는 것도 자기를 드러내려 자기 자신의 이름으로 하는 것이 아니라 그리스도의 영광을 위해 행해야 한다. 자신의 이름을 빛내려 하거나 자신의 영광만 구하려는 공명심으로 행하는 것이 아니라 그리스도의 명령에 대한 순종으로, 그리스도의 정의가 이 땅에 실현되도록, 하나님의 영광을 구하기 위해 행해져야 하는 것이다. 오른손이 하는 것을 왼손이 모르게 은밀한 가운데 봉사하고 구제에 임해야 한다.

"사람에게 보이려고 그들 앞에서 너희 의를 행치 않도록 주의하라. 그렇지 아니하면 하늘에 계신 너희 아버지께 상을 얻지 못하느니라. 그러므로 구제할 때에 외식하는 자가 사람에게 영광을 얻으려고 회당 거리에서 하는 것 같이 너희 앞에 나팔을 불지 말라. 진실로 너희에게 이르나니 저희는 자기 상을 이미 받았느니라. 너는 구제할 때에 오른손의 하는 것을 왼손이 모르게 하여 네 구제함이 은밀하게 하라. 은밀한 중에 보시는 너의 아버지가 갚으시리라."(마6:1-4)

유대교에서 바리새인들이 구제할 때 사람들이 많이 모이는 회당과 거리에서 나팔을 불며 구제를 하는 풍습이 있었다. 이들 바리새인들이 나팔을 불며 구제하는 이유는 도움이 필요한 사람이 발견되거나 도움을 필요로 하는 사람을 발견하기 어려울 때 나팔을 불면 그 소리를 듣고 사람들이 모이고, 사람들이 모이는 것을 보고 구제하였던 것이다. 결국 이러한 구제의 풍습은 그 구제의 과정에서 자신을 드러내게 되고, 사람들의 이목을 끌게 되고, 사람들의 칭송을 받으려는 보상심리나 명예심에 사로잡히게 됨으로써 진심에서 우러나는 이웃사랑의 참된 모습은 아니라는 것이다. 예수님은 이와 같이 구제하는 바리새인들을 가리켜 '외식하는 자(hypocrites)', 즉, 위선자 또는 겉으로 선한 체하는 사람이라고 질책하신다. 예수님께서는 순수한 마음에서 구제가 필요한 자를 진정으로 불쌍히 여기면서 오른손이 하는 것을 왼손이 모르게 행하는 은밀한 구제를 명령하고 계신다.

구제를 행할 때는 공명심에서 행하는 것이 아니라 하나님의 영광을 위해 행하여야 한다. "사람이 하나님의 뜻을 행하려 하면 이 교훈이 하나님께로서 왔는지 내가 스스로 말함인지 알리라. 스스로 말하는 자는 자기 영광만 구하되 보내신 이의 영광을 구하는 자는 참되니 그 속에 불의가 없느니라."(요7:17-18)

구제는 더 큰 축복의 열매를 얻게 되는 축복의 씨앗이다. 자신이 정당하게 얻은 재물을 사용하여 어려운 사람을 구제하는 것은 하나님으로부터 더 큰 물질의 축복을 얻게 되는 행위이다. 그러나 부당하게 자신의 재물을 아껴 구제를 하지 않으면 오히려 빈곤에 처하게 된다. "어려운 흩어 구제하여도 더욱 부하게 되는 일이 있나니 과도히 아껴도 가난하게 될 뿐 이니라. 구제를 좋아하는 자는 풍족하여질 것이요 남을 윤택하게 하는 자는 윤택하여지리라"(잠 11:25-26)

(6) 여호와 이레의 믿음으로 실천

기독교사회복지는 우리가 하나님을 사랑하고, 절대 순종하면서, 하나님의 명령이신 이웃사랑을 실천할 때 하나님께서 필요한 모든 것들을 하나님이 자기를 위하여 스스로 준비하신다는 '여호와 이레(The Lord will provide)' 신앙으로 실천하여야 한다. '여호와 이레'는 '하나님께서 스스로 준비하신다'는 의미이다. 그리스도의 영광을 위해 복지사업을 수행할 때 무엇이든지 그리스도 이름으로 그리스도께 구하면 그리스도께서 역사하시고 이루어주신다는 믿음으로 그리스도께 전적으로 의지하며 봉사해야 한다. 기독교복지사업은 하나님의 사업이다. 하나님의 사업에 필요한 모든 것들은 하나님께서 자기를 위하여 친히 준비해 두셨으므로, 우리는 오로지 하나님을 경외하고 그의 명령에 절대 순종하는 '여호와 이레'의 신앙을 가지고 기독교복지사업에 임하여야 한다.

"하나님이 아브라함을 시험하시려고……네 사랑하는 독자 이삭을…… 번제로 드리라…… 이삭이 그 아비 아브라함에게 말하여 가로되 내 아버지여 하니 그가 가로되 내 아들아 내가 여기 있노라. 이삭이 가로되 불과 나무는 있거니와 번제할 어린 양은 어디 있나이까. 아브라함이 가로되 아들아 번제할 어린 양은 하나님이 자기를 위하여 친히 준비하시리라 하고…… 단을 쌓고 나무를 벌여 놓고 그 아들 이삭을 결박하여 단 나무 위에 놓고 손을 내밀어 칼을 잡고 그 아들을 잡으려 하더니 여호와의 사자가 가라사대 그 아이에게 네 손을 대지 말라…… 내가 이제야 네가 하나님을 경외하는 줄을 아노라. 아브라함이 눈을 들어 살펴본즉 한 수양이 뒤에 있는데 뿔이 수풀에 걸렸는지라. 아브라함이 가서 그 수양을 가져다가 아들을 대신하여 번제로 드렸더라.

아브라함이 그 땅 이름을 여호와 이레(The Lord Provides.)라 하였으므로 오늘까지 사람들이 이르기를 여호와의 산에서 준비되리라 하더라."(창22:1-14)

(7) 받은 은사대로 충실히 그리고 겸손하게 봉사

하나님께서는 믿는 사람들에게 서로 다른 직분을 주시고, 서로가 자기에 맡겨진 직분에 충실하고 협력하여 하나님의 뜻을 서로 하나가 되어 이루시길 원하신다. 기독교사회복지사업을 행함에 있어 어느 한 사람이 모든 업무들을 다하려 하거나 다른 직분의 일까지 하려 하지 말고 각 사람에 맡겨진 은사에 따라 충실하게 봉사하도록 노력해야 한다. 믿음의 형제들인 동료를 사랑하고 서로 우애하고 존경하길 서로 먼저 하며 주의 뜻을 행하는 것이므로 부지런히 그리고 열심히 행해야 한다. 아무 일에든지 다툼이나 허영으로 하지 말고 오직 겸손한 마음으로 봉사해야 한다.

"내게 주신 은혜로 말미암아 너희 중 각 사람에게 말하나니 마땅히 생각할 그 이상의 생각을 품지 말고 오직 하나님께서 각 사람에게 나눠주신 믿음의 분량대로 지혜롭게 생각하라. 우리가 한 몸에 많은 지체를 가졌으나 모든 지체가 같은 직분을 가진 것이 아니니…… 우리에게 주신 은혜대로 받은 은사(gift)가 각각 다르니…… 혹 섬기는 일이면 섬기는 일로……, 구제하는 자는 성실함으로……긍휼을 베푸는 자는 즐거움으로 할 것이니라. 형제를 사랑하여 서로 우애하고 존경하기를 서로 먼저 하며 부지런하여 게으르지 말고 열심을 품고 주를 섬기라……성도들의 쓸 것을 공급하며 손 대접하기를 힘쓰라."(롬12:-13)

"그리스도 안에 무슨 권면이나 사랑에 무슨 위로나 성령의 무슨 교제나 긍휼이나 무슨 위로나 성령의 무슨 교제나 긍휼이나 자비가 있거든 마음을 같이하여 같은 사랑을 가지고 뜻을 합하여 한 마음을 품어 아무 일에든지 다툼이나 허영으로 하지 말고 오직 겸손한 마음으로 각각 자기보다 남을 낫게 여기고 각각 자기 일을 돌아볼 뿐더러 또한 각각 다른 사람들의 일을 돌아보아 나의 기쁨을 충만케 하라."(빌2:1-4)

5) 기독교사회복지와 선교와의 관계

기독교사회복지는 사회봉사가 성도들에 의해 체계적이고 조직적으로 실시되는 것이다. 사회봉사와 선교와의 관계에 대해서 서로 식견이 다른 신학자들 사이에 오랫동안 논쟁을 거듭해 오고 있다. 양자 간의 관계를 어떻게 바라보느냐에 따라 사회봉사의 선교적 가치는 크게 좌우되고, 기독교사회복지는 교회 내에서 뿐만 아니라 기독교계 전체에서 자리 잡고 발전되어 나아가는 데 지대한 영향을 받게 된다.

역사적으로 20세기 복음주의 교회의 기독교사회복지에 대한 태도의 변화를 살펴보면 통전적 선교관에서 전통적 선교관으로 그리고 다시 통전적 선교관으로 움직이는 일련의 '시계추 현상(the pendulum syndrome)'을 발견할 수 있다.

Social Gospel → The Great Reversal → Reversing the Great Reversal

19세기 미국과 유럽에서 노예제도, 노동의 상품화, 도시문제, 아동노동, 노동시간, 생계비 보장, 노동자 건강 및 안전 등 산업사회의 사회문제에 대한 종교적 사회개혁운동으로 사회복음(social gospel)이 전개되어 통전적 선교관이 발전하기 시작하였다. 미국에서의 사회복음은 19세기 말 기독교사회주의(christian socialism)의 옹호자인 쉘던(Charles Sheldon)에 의해 본격 시작되었다. 1880년대 쉘던은 산업사회의 빈곤과 박탈과 같은 문제에 대한 도덕적 결정을 직면하였을 때 "예수님은 무엇을 하셨을까(What would Jesus do?)"라는 일련의 설교를 하였고, 이를 소설화한 "그의 발자욱을 따라(In His Steps)"은 사회복음의 실질적 창설자로 알려진 라우센부쉬(Walter Rauschenbusch)에 큰 영향을 미쳤다. 라우센부쉬는 그의 저서인 '그리스도교와 사회적 위기(Christianity and the Social Crisis)'에서 어린이 노동 폐지, 주간 노동시간 단축, 생계비 보장, 공장 규제법 제정, 여성노동조건 개선 등과 같은 사회문제의 개선하고, 하나님 나라의 건설을 위한 사회윤리와 사회참여를 주장하였다.[13] 이 시기에 감리교에서는 사회신경(Social Creed)을 발표하기도 하였다.

그러나 20세기 초 말세론이 득세하고, 기독교의 중산층화로 보수성향이 정착되어감에 따라 기독교의 사회참여에 반대하는 일련의 반사회참여 운동이 전개되었다. 신학자 티모씨 스미스(Timothy L. Smith)는 이를 '대반전(The Great Reversal)'이라고 하였다.

1947년 찰스 헨리(Carl F. Henry)는 '현대근본주의의 고통 받는 양심'이란 책에서 복음주의 교회들의 사회적 책임을 상기시켰으며, 1960년대에는 복음주의의 반사회참여적 태도가 변화를 가져왔다. 신학자 마버그(Moberg)는 이를 '대반전의 반전(Reversing the Great Reversal)'이라고 부른다. 그 후 복음주의의 사회참여에 대한 관심은 1966년 휘튼 선언(Wheaton Declaration), 1974년 로잔느 언약(Lausanne Covenant), 1982년 복음전도와 사회책임에 관한 그랜드 래피드 보고서(Grand Rapid Report) 등에서 점차 강하게 나타나고 있다.

일반적으로 선교와 사회봉사에 관한 관계는 크게 전도=선교라는 인식을 갖고 있는 전통적 선교관과 선교=전도+사회봉사라는 통전적 선교관으로 구분할 수 있다(서정운, 1992:35-48). 전통적 선교관은 기독교사회복지의 선교적 가치를 부인하거나 매우 경시하고 있고, 반면 통전적 선교관은 기독교사회복지의 선교적 가치를 매우 중시하고 있다. 서로 상반된 견해를 기독교사회복지에 원용하면 다음과 같다.

(1) 전통적 선교관과 기독교사회복지

전통적 선교관은 근본주의자들이나 보수적 복음주의자들이 주장하는 선교관으로 선교는 전도만을 의미(선교=전도)한다고 보는 견해이다. 즉 일원론적인 견해를 갖고 있다. 따라서 이들에게는 기독교사회복지란 선교영역 밖에 속하는 것으로서 교회가 해서는 안 되는 것이거나 아니면 매우 제한된 의미 속에서 실행되어야 할 활동으로 간주하고 있다. 전통적 선교관의 주장을 요약하면 다음과 같다.

첫째, 교회의 본분은 인간의 영혼을 영원한 형벌로부터 구원하여 영생을 얻도록 하여 주는 것이다. 따라서 교회가 기독교사회복지사업에 참여하는 것은 인간구원이라는 교회의 본분을 벗어난 일이다. 둘째, 기독교사회복지는 나쁜 것은 아니지만 교회

13) http://wikipedia.org

가 복지사업에 종사하게 되면 이로 인해 성도들이 인간의 영혼을 구원하는 데 전력을 다하지 못하게 된다. 셋째, 기독교사회복지는 복지사업을 통해서 사람들을 교회로 인도한다는 점에서 선교에 도움이 된다. 이와 같이 그리스도께 유인하는 그런 차원에서 기독교사회복지는 선교에 도움이 된다. 넷째, 전도와 기독교사회복지와의 관계는 씨와 열매의 관계와 같다. 교회가 먼저 복음을 전파하여 사람들을 변화시키게 되면 변화된 그들이 기독교사회복지사업에 참여하게 된다. 다섯째, 세상이 종말에 임박한 말세에 우선 급한 것은 사람들의 영혼구원이다. 인간구원이 무엇보다 우선되어야 할 이 같은 절박한 말세에 기독교사회복지를 실시할 시간이 없다. 여섯째, 육체, 사회, 이 세상을 영혼, 개인, 저 세상과 구분하고 영혼, 개인, 저 세상을 중시함으로써 이 세상에서 육체적 고통에 시달리는 사람들의 문제를 사회적 차원에서 해결하려는 기독교사회복지의 노력들을 경시하고 있다.

예수는 세상의 모든 문제를 해결하고 모든 욕구를 충족시킬 수 있는 능력을 틀림없이 가지고 있다. 그러나 예수는 배고픈 사람들을 먹였지만 모든 배고픈 사람을 먹인 것은 아니었다. 예수는 병든 자를 치유해 주었지만 모든 병든 자를 치유해 준 것은 아니었다. 예수는 이러한 욕구를 충족시키는 것이 그의 사역의 일부이지 목적이 아니었기 때문이다. 사회문제를 해결하기 위한 사회행동(social action)은 보다 큰 목적을 성취하는 데 도움이 되지만 사도를 만드는 것이 사람들을 먹이는 것보다 궁극적으로는 더 중요하다(Evans, 1997:1-2).

(2) 통전적 선교관과 기독교사회복지

통전적 선교관에 따르면 선교란 전도와 사회봉사를 수행하는 것(선교＝전도＋사회봉사)이다. 전도와 사회봉사는 상호 대등한 관계를 유지하면서 동역적인 관계를 유지한다. 양자 간의 관계는 수레의 두 바퀴와 같은 관계로서 서로 협력함으로서 온전한 기능을 발휘할 수 있다. 따라서 통전적 선교관에서 보면 기독교사회복지는 선교사역을 온전하게 하기 위한 중요한 기능을 일부 수행하고 있다.

통전적 선교관은 1974년 로잔느회의(Lausanne Congress) 이래 주창되기 시작하였다. 로잔느회의는 사회구원에 대한 무관심과 반감을 나타내던 복음주의자들이 사회선교에 대한 책임을 본격적으로 표명하게 되는 계기가 되었다. 거론된 로잔느 협약(Lasanne Covenant) 가운데 기독교사회복지와 관련된 구절들을 일부 인용하면 다음과 같다(Lane, 1988: 515-519).

"우리는 하나님께서 온 인간의 창조주와 심판주가 되심을 확언한다. 그러므로 우리는 인간 사회를 통한 정의와 화해를 위해서, 그리고 온갖 압제로부터 인간을 해방시키기 위해 함께 노력해야 한다. 또한 우리는 우리의 무지로 인해 복음운동과 사회적 관심을 상호 배타적인 것으로 간주했던 것을 참회한다…… 우리는 복음운동과 사회-정치적 참여 모두가 우리 그리스도인의 임무의 하나임을 확언한다. 왜냐하면 하나님과 사람에 대한 두 교리, 이웃에 대한 우리의 사랑과 예수 그리스도에 대한 우리의 순종에 모두 필요한 표현이기 때문이다……"(로잔느 협약 5절)

"우리 모두는 수백만의 가난한 자들로 인해 충격을 받으며, 그것을 야기케 한 불의들로 인해 경악을 느낀다. 풍족한 환경에서 사는 우리들은 구제와 복음 운동 양자에 훨씬 활기차게 기여하기 위해서, 소박한 생활방식을 발전시킬 우리의 의무를 수락한다."(로잔느 협약 9절) 로잔느 협약의 내용들은 사회봉사가, 기독교사회복지가 우리 모든 그리스도인의 임무의 하나임을 깨우치고 있다. 그러나 복음전도와 사회적 책임의 두 관계가 모호성에 관한 논란이 야기되자 1982년 미국 그랜드 래피드(Grand Rapids)에서 "복음전도와 사회적 책임의 관계에 관한 협의회"를 열어 이에 관한 입장을 정리하였다.

그랜드 래피드 보고서는 복음주의자들의 공식적인 사회선교관이라는 점에서 중요성을 지니고 있다(서정운, 1997:88-91). 그랜드 래피드 보고서에서 전도와 사회적 책임과의 관계에 대한 설명하고 있는데 이를 요약하면 다음과 같다. 첫째, 사회봉사가 전도의 결과이지만 그것은 자동적인 결과는 아니다. 교회가 복음전도뿐만 아니라 사회적 책임의 중요성도 가르쳐야 한다. 둘째, 사회봉사는 전도의 교량 역할을 한다. 사회봉사가 복음에 대해 부정적이었던 사람들의 의심과 편견을 불식시키고 그들이 복음에 귀를 기울이게 만드는 계기가 된다. 셋째, 전도와 사회봉사는 동반자의 관계를 갖고 있다. 예수님께서도 말씀을 전파하실 때 어려운 자들을 돌보시는 사랑의 실천을 병행하시었다. 양자는 상호 종속관계가 아니고 독립적으로 동역하는 동반자 관계이다.

존 스타트(John Stott)는 그의 저서 '진정한 기독교(Authentic Christianity)'에서 복음전도와 사회봉사에 관한 세 가지 인식을 다음과 같이 설명하고 있다. "첫째, 복음전도와 사회봉사는 '별개이나 동등한(distinct yet equal) 동반자'라는 인식이다. 복음전도와 사회봉사 어느 하나가 다른 것에 대한 변명이나 핑계 또는 수단이 될 수 없다. 각각은 기독교적 사랑의 표현으로써 독자적으로 존립한다. 양자는 모든 지역교회의 프로그램에 포함되어야 한다. 복음전도와 사회봉사는 동반자의 관계이다. 그 중 어느 것도 상대방에 이르는 수단이거나 심지어 상대방을 나타내는 표현이 아니다. 각각 그 자체가 목적이며, 둘 다 진실한 사랑의 표현이다.

둘째, 복음전도와 사회봉사는 모든 그리스도인의 책임이라는 인식이다. 봉사를 단지 복음전도를 위한 방편으로 간주하지 않고 봉사 자체에 성실하게 반응해야만 한다. 예를 들어 강도의 제물이 된 유대인에 대해 선한 사마리아인의 사역은 그의 호주머니에 전도지를 집어넣는 것이 아니라 그의 상처에 기름을 바르는 것이다.

셋째, 복음전도와 사회봉사는 교회와 그리스도인의 의무이기는 하지만, 하나님은 각 사람을 서로 다른 사역으로 부르시고 그들에게 적절한 은사를 부여하신다는 인식이다. 모든 사람이 모든 것을 할 수는 없다. 어떤 사람은 복음전도자가 되도록, 또 다른 사람은 사회사업가가 되도록, 또 다른 사람은 정치가가 되도록 부름받는다. 우리는 복음전도와 사회봉사의 양극화(polarization)를 거부해야 하지만 전문화(specialization)를 거부하지는 말아야 한다."

그는 사랑과 공의에 대하여 "십자가는 하나님의 사랑뿐 아니라 그 분의 공의를 나타낸다. 바로 그 때문에 자선사업뿐 아니라 사회정의에도 관심을 가져야 한다. 불의한 상황 그 자체를 변화시키기 위해 아무 일도 하지 않으면서 불의의 희생자들을 불쌍히 여기는 것만으로는 충분하지 않다. 공격받고 강도 만난 사람을 도와주기 위해 선한 사마리아인은 언제나 필요할 것이다. 그러나 예루살렘에서 여리고 가는 길에서 산적을 없애 버리면 훨씬 더 좋을 것이다."

존 스타트는 사회봉사의 순수성에 관해 "우리는 예수님처럼 섬기기 위해 세상에 보내졌다. 이것이 이웃에 대한 사랑의 자연스러운 표현이기 때문이다. 우리가 사랑하면 가서 섬기게 되어 있는 것(we love, we go, we serve.)이다. 이 일을 하는 데 숨은 동기란 없어야 한다."(Stott, 1995:444-455) 존 스타트의 견해에 따르면 기독교사회복지는 복음전도와 별개이나 대등한 동반자의 관계이고 양자는 모든 그리스도인의 책임이며, 기독교사회복지의 전문화가 이루어지도록 노력을 기울여야 한다. 존 스타트는 사회봉사(social service)와 사회행동(social action)을 구분하고 있다. 사회봉사는 내용상 인간의 궁핍구제, 자선활동, 각 개인과 가족단위의 도움 추구, 구제행위 등을 포함한다. 반면, 사회행동은 사회의 구조적·제도적 변화를 위한 조직적 활동으로 인간 궁핍의 원인 제거, 정치적 경제적 활동, 사회구조의 변화 추구, 정의 실현 등을 포함한다. 그는 진정한 기독교의 사회참여는 사회봉사와 사회행동을 모두 포함한다고 주장한다(Stott, 1985:26-31). 존 스타트의 사회봉사는 사회구호적 봉사로 자선적 구제를 주로 의미하며, 사회행동은 사회구조적 봉사로 사회문제의 원인을 발견하고 사회구조를 개선하고 변혁시키려는 노력을 말한다.

에큐메니칼 선교신학자들은 교파나 교회간의 장벽을 허물고 서로 연합하여 사업을 추진해 나가자는 교회연합운동을 전개하면서 선교사역에서 사회봉사의 중요성을 강조하였다. 또한 사회복음(social gospel)에 동조하는 사람들도 선교사역에서 사회봉사의 중요성을 강조하였다. 사회복음이란 사회개혁에 의해 구원을 모든 사람에게 가져오려는 운동으로 로체스터신학교의 라우쉔부쉬(Walter Rauschenbusch)가 주도하였다. 그는 하나님의 나라는 개인인 인간을 구원하는 데 있는 것이 아니라 사회의 유기체를 구원하는 데 있으며 지상 생활을 하늘나라의 생활에 조화시키는 데 있다고 주장하였다. 사회복음주의자 매듀(S. Mathews)는 그리스도교는 사회적 조건을 개선하고 비참한 일을 없애고 복리를 증진시킬 때 창조적이 된다고 주장한다.

후켄다이크(Hoekendijk)는 교회가 자기중심적으로 나아갈 때 교회의 벽이 세상을 보는 시야를 차단하기 때문에 교회가 세계 속에서 일어나는 일들을 모르게 되고 무관심하게 되어 세상을 구원하기를 원하시는 하나님의 사역을 하지 못하게 된다. 샬롬은 인간구원 이상의 내용이며 샬롬의 선포와 나눔과 실천을 선교로 볼 때 교회개혁이나 교파선전 형태의 재래식 선교는 극복되어야 한다.

브루너(E. Bruner)에 따르면 기독교가 가난하고 소외된 사람들의 문제에 눈감고 지배계층과 자본가들과 연합해 있을 때, 결국 교회 밖에서 소외된 사람들을 위한 운동이 일어나고, 그것이 교회 밖에서 일어났기 때문에 사랑과 이해가 아닌 증오와 폭력으로 얼룩진 붉은 혁명으로 확산된다. 이 운동의 여파로 젊은이들은 교회를 심하게 비난하게 된다. 마르크스주의는 기존의 기독교에 대한 하나님의 심판이다. 만일 기독교가 이 문제에 대한 죄책을 함께 떠맡기를 거부한다면 그것은 기만일 것이다.

제4절 사회복지의 세속화와 탈세속화

사회복지는 여러 가지로 정의된다. 오늘날 사회복지란 국민의 생활상의 곤란과 다양한 사회문제를 해결하기 위하여 정부나 사회가 각종 재화 서비스 그리고 프로그램을 제공함으로써 모든 국민의 인간다운 삶을 보장하기 위한 국가사회적 노력을 말한다. 오늘날 사회복지는 국가뿐만 아니라 영리단체 비영리단체 그리고 개인에 이르기까지 복지를 제공하는 주체가 확대되어 활발하게 이루어지고 있다. 이러한 복지다원주의 하에서 교회는 사회복지의 제공주체로서 의미 있는 역할을 수행하고 있다. 때로는 교회의 사회사업은 무산노동자운동과 같은 대중운동을 자극하기도 하였다 (Osava, 1996:1-2).

교회가 사회복지를 바라보는 시각은 다소 양립적인 면이 있다. 하나님이 인간을 만드신 근본 목적은 인간으로 하여금 열심히 일해 땅 위의 모든 것들을 지배하여 하나님이 뜻하신 사업을 이 땅 위에서 수행하도록 하게 하기 위함이다. 일하라는 명령을 하나님께서 내렸기 때문에 경제적 성공은 순종에 대한 하나님의 뜻으로 간주한 반면 빈곤은 음주, 나태, 방탕 등의 행위결과로 보아 불순종에 대한 하나님의 뜻으로 보았다. 즉 빈곤의 원인을 사회구조적인 면에서 찾기보다는 개인적 특징에서 찾고 있다. 또한 사회복지사업을 실시하면 사람들이 일을 하지 않고 복지혜택에 영속적으로 종속하게 된다는 비판도 있다. 이러한 견해는 노동지향적인 사회문화를 창조하는 데 기여하기도 했으나 다른 한편으로는 빈민들에 대한 사회적 무관심을 불러일으키기도해 교회가 한편으론 사회복지사업의 주체로서 기능을 수행하면서도 다른 한편으로는 반사회복지적인 태도를 취하기도 하였다. 따라서 교회가 실시하는 사회복지사업은 사회정의나 사회개혁의 차원이 아니라 자선사업의 차원에서 주로 실시가 되고 있다.

교회는 사회복지사업의 많은 분야에서 선도적인 역할을 수행하여 왔다. 특히 자선사업의 경우 대부분 기독교 단체와 많은 관련을 가져왔다. 그러나 오늘날 정부가 주관하는 복지사업이 급격히 성장함에 따라 기독교와 관련된 사회복지기관의 수는 상대적으로 점차 줄어들고 있다. 이러한 현상은 소위 '사회복지의 세속화(secularization of social welfare)'를 의미한다. 세속화(secularization or secularisation)란 일반적으로 사회가 종교기관과 밀접하게 일체화된 관계로부터 종교기관과 보다 분리된 관계로 전환되어가는 과정을 말한다. 사회복지의 세속화란 종교가 주된 주체로서 역할을 수행하던 사회복지의 영역이 국가와 같은 비종교적인 주체가 주된 역할을 수행하는 사회복지의 영역으로 전환되어가는 과정을 의미한다.

전체적으로 사회복지가 세속화되어감에 따라 교회가 사회복지분야에서 수행해온 주도적인 역할은 시대가 지남에 따라 축소되어 정부가 주도하는 공공복지역할을 보완해 주는 역할로 변화하였다. 이러한 현상과 관련해 니버(Reinhold Niebuhr)는 '사회사업에 대한 종교의 기여(The Contribution of Religion to Social Work)'라는 자신의 저서에서 교회는 사회사업을 낳고 키운 어머니였는데 어머니로서 책임을 포기하였기 때문에 세속화를 초래하였다고 주장하면서, 종교는 사회정의를 보다 적절하게 실현할 수 있는 잠재력을 갖고 있기 때문에 사회사업가에게는 하나의 자원이 된다(Patton, 1977).

사회복지에 대한 교회의 태도는 세 가지로 분류되기도 한다. 첫째는 전통적 선교관이다. 전통적 선교관에서는 교회와 사회를 이원적으로 파악해 교회는 전도에만 전념해야 한다고 주장하고 선교사역에서 복지사업을 배제하려고 한다. 둘째는 통전적 선교관이다. 통전적 선교관에서는 전도와 사회적 책임의 실천이라는 두 요소는 불가분적인 관계에 있는 것으로 보고 양자는 마치 마차의 두 바퀴와 같다고 주장한다. 복지사업을 전도의 수단으로 인식하는 입장이다. 셋째는 선성장-후복지사업이란 입장이다. 먼저 교회가 양적으로 성장을 하고 그리고 난 후에 재정적으로 여유가 생길 때 교회가 복지사업을 고려하겠다는 주장이다. 한국의 경우 초기 외국 선교사들의 활동이 활발했을 때 통전적 선교관을 갖고 있었으나 그 후 지나친 복음주의의 영향 때문에 전통적인 선교관을 갖게 되었다. 최근에는 교세 확장을 무엇보다도 앞세우는 대교회 지상주의가 범람하여 선성장-후복지사업이라는 현실적이고 이기적인 태도를 취하는 교회의 모습을 쉽게 찾아볼 수 있다. 이러한 현실에서 우리에게 잘 알려진 독일 루터교 목사이자 신학자이고 반나치운동가였던 본회퍼(Dietrich Bonhoeffer)가 테젤감옥에서 보낸 옥중서신에서 강조한 것과 같이 자기보존만을 위한 싸움에만 급급해 하는 교회가 아니라 '교회가 남들을 위해 존재할 때만이 교회이다'라는 가르침이나 교회도 세상을 위해 존재한다는 바르트의 주장은 오늘날 그 의미하는 바가 크다.

기독교사회복지의 발달과정을 역사적으로 고찰해 보면 사회복지가 점차 세속화되어 가는 모습을 발견할 수가 있다. 세속화에 관한 논쟁은 기독교계 전반에 걸쳐 제기되지만 사회복지 내지 사회봉사 분야에 있어서도 세속화는 계속되고 있다. 과거에는 세속화란 세속적인 목적을 위하여 국가가 교회의 의사에 반하여 교회재산을 몰수하는 것을 가리켜 왔다. 그러나 오늘날 세속화(secularization)란 인간생활의 여러 가지 요소들(의견, 관습, 사회형태, 사물, 인간)이나 혹은 인간생활의 그 모든 것들이 종교에 의하여 결정되지 않게 되는 과정을 가리킨다. 사회복지 세속화에 관한 구체적인 과정은 기독교사회복지의 발달과정에서 자세하게 서술한다. 세속화란 성역(聖域:sacral universe)으로부터 속역(俗域:secular universe)으로 변화해 가는 과정을 말한다. 여기서 성역이란 자연과 사회의 기능이 신적인 면에서 해석되어지는 세계를 말한다. 성역 내에서의 종교는 이중의 기능을 가지고 있다. 종교는 사회의 보존자로서 행하며 동시에 인간이 지적인 면으로도 물질적인 면으로도 지배할 수 없는 그런 세계에 대하여 인간을 보호해 주는 의식을 제공해 준다. 예배는 신이 자기의 의사대로 인간에게 도움을 베풀 수 있도록 통로를 제공한다.

속역이란 자연과 사회의 기능이 그들 자체적인 면에서 해석이 되어지는 세계로 물질계나 인간을 이해하기 위해 신적인 것에 더 이상 도움을 요청해야 할 필요가 없게 된다. 속역 내에서의 종교는 성역 내에서 종교가 행하였던 그 기능들을 상실한다. 생에 대한 공적인 부분으로서의 역할은 포기되어지고 개인적인 경건의 형태들에만 중점을 두는 예배가 된다. 인간이 세계를 지배하게 되면 그는 더 이상 자신의 보호를 바라는 의식들을 필요로 하지 않는다.

탈세속화란 이미 세속화되어 버렸거나 세속화되어 가는 세계를 다시금 종교에 의해 결정되도록 변화시켜가는 것을 말한다. 이러한 탈세속화 작업을 기독교가 주체가 되어 이루어 나갈 때 세계는 기독교화되어지는 것이다. 성경적 정의에 따라 기독교가 주체가 되어 실시하여 오던 사회복지가 기독교계의 소극적인 태도로 말미암아 점차 국가나 비기독교적 기관들이 주체가 되어 수행되어질 때 사회복지는 성경적 정의가 아닌 세속적 정의에 의해 수행되어지기 때문에 사회복지는 세속화되어 가는 것이다. 즉, 사회복지는 탈 기독교화(de-christianization of social welfare)되어 가는 것이다. 이러한 사회복지를 다시금 기독교계가 주체가 되어 성경적 정의(正義)에 따라 실천해 나아갈 때 사회복지는 탈세속화(脫世俗化, desecularization of social welfare)되어지는 것이고 기독교화(christianization of social welfare)되어 가는 것이다.

제2장 기독교사회복지의 성서적 의의

기독교사회복지의 성서적 의의는 크게 구약성서에 나타난 성서적 의의와 신약성서에 나타난 성서적 의의로 구분해 정리할 수 있다. 구체적인 성경 내용들은 해당되는 각론 분야의 장에서 세부적으로 다시 인용되기 때문에 본 장에서는 기독교사회복지와 관련해 통상적으로 인용되는 성경 내용들을 성경 원문에 충실하여 구약과 신약으로 구분해 정리하기로 한다.

제1절 구약성서와 기독교사회복지

사회복지라 함은 모든 사람의 인간다운 생활을 보장하기 위한 국가와 사회의 공동체적 노력이자 가치체계를 말한다. 사회복지가 추구하는 인간의 존엄성, 사랑을 통한 행복권 보장, 봉사를 통한 공동체 건설, 사회연대 등과 같은 기본적 가치는 구약성서에서도 찾아 볼 수 있다.[1)]

1) W.A. Friedlander는 사회복지의 가치로서 인간으로서 가치, 품위, 존엄을 갖고 있다는 개인 존중의 원리, 자발성 존중의 원리, 기회균등의 원리, 사회연대의 원리를 제시하고 있다.

1) 창세기에서의 기독교사회복지 사상

창세기에서의 바라본 기독교사회복지의 의의는 태초에 하나님의 형상(imago dei)으로 창조된 인간의 존엄성을 인식하고 왜곡된 하나님의 형상을 본래의 모습으로 회복시키는 것이다.

태초에 인간은 하나님의 형상에 따라 피조된 존재이다. 따라서 인간은 하나님께서 사람을 창조하시고 보시기에 심히 좋아하셨던 그 모습으로 세상 가운데 아름답고 행복하게 살아가야 한다. "하나님이 가라사대 우리의 형상을 따라 우리의 모양대로 우리가 사람을 만들고(Let us make man in our image, in our likeness)……하나님이 자기의 형상 곧 하나님의 형상대로 사람을 창조하시고(God created man in his own image, in the image of God he created him)……하나님이 그 지으신 모든 것을 보시니 보시기에 심히 좋았더라.(It was very good.)……"(창1:27-31) 최초로 피조된 인간 속에는 악이 없으며 죄가 없고 의로우며 하나님 자신의 존엄성과 유사한 존엄성을 간직하고 있었으며 죽음이 없고 선악과를 제외한 지상의 동식물에 지배권을 가지고 풍요로운 삶을 영위하고 있었다.

그러나 인간은 하나님의 명령에 대한 불순종으로 땅은 저주를 받고 사람은 땀 흘려 종신토록 수고하여야 땅의 소산을 먹을 수 있게 되었다. 불순종한 인간은 타락하고 죄악을 범하게 되고 인간은 아름다움과 존귀의 대상이 아니라 스스로를 하나님의 한탄의 대상, 심판의 대상이 되게 만들어 버렸으며 고통스런 재앙을 초래하게 되었다. "여호와께서 사람의 죄악이 세상에 관영(貫盈)함과 그 마음의 생각의 모든 계획이 항상 악할 뿐임을 보시고 땅 위에 사람 지으셨음을 한탄하사 마음에 근심하시고 가라사대 나의 창조한 사람을 내가 지면에서 쓸어버리되 사람으로부터 육축과 기는 것과 공중의 새까지 그리하리니 이는 내가 그것을 지었음을 한탄함이니라 하시니라."(창6:5-7)

이와 같이 인간의 불순종과 죄악과 악한 계획으로 태초의 인간의 모습인 하나님의 형상은 왜곡되어지고, 고귀한 존엄성은 사라졌으며, 하나님과의 신뢰관계는 상실되고, 심판자와 피심판자의 관계로 바뀌게 되었다. 따라서 인간은 이 모든 죄악을 회개하면서, 주어진 동안의 삶 가운데 하나님의 말씀에 절대 순종하고, 하나님께서 본래

의도하신 인간의 선한 모습을 다시금 되찾고, 천하고 고통스러운 인간의 형상이 아니라 하나님의 형상대로 지음 받은 존엄한 인간의 형상을 회복하고, 하나님과의 관계를 올바로 정립하려는 노력을 기울여야 한다. 기독교사회복지는 이러한 노력을 체계적이고 제도적으로 행하려는 기독교인들의 실천적 의지의 표현이고 가치이자 제도를 말한다. 인간의 존엄성을 회복하려는 공동체의 노력은 사회복지의 기본적 가치의 하나로서 오늘날까지 이어지고 있다.

창세기 사회복지 사상은 이와 같이 인간을 '하나님의 형상'으로 창조하였다는 하나님과의 관계에서 찾아야 한다. 기독교사회복지는 단순히 자선의 차원이 아니라 바로 '하나님의 형상 회복'이라는 구원론적 신앙의 의미를 포함하고 있다.

2) 출애굽기에서의 기독교사회복지 사상

하나님의 언약서인 출애굽기에 나타난 특징 가운데 하나는 기독교사회복지의 구체적인 대상과 방법들을 제시해 주고 있다는 것이다. 출애굽기에서는 기독교사회복지의 구체적인 객체와 실행방법에 대해 가르쳐 주고 있다.

(1) 가난한 채무자를 위한 복지

고대사회의 사회문제 가운데 하나는 당시 사회에서 통용되던 높은 이자 즉 고리와 관련된 문제였다. 당시 이자의 비율이 상당히 높았기 때문에 채무자들은 원금은 물론 제 때 이자를 갚지 못하는 경우가 다반사이었다. 채권자는 채무자가 이자나 빚을 갚지 못하는 경우 채무자와 그의 가족을 노예로 취할 수 있었다. 채권자들은 마음대로 고리의 이자를 거둬들였다. 이러한 관례는 기원전 20세기 것으로 알려진 에쉬눈나(Eshnunna)법전이 제정된 후에는 제한을 받다가, 모세의 율법 이전에 제정되었으나 그 내용이 출애굽기의 내용과 유사한 측면이 있다는 함무라비(Hamurabi)법전이 생기고 난 뒤에는 이자는 원금의 20%로 제한되고, 곡식의 경우 33%로 제한하였다. 약자의 법으로 알려진 출애굽기의 계약법전에는 가난한 채무자들에게 이자를 받지 말고 보호하라는 하나님의 명령이 나타나 있다. "내가 만일 너와 함께 한 나의 백성 중 가난한 자에게 돈을 꾸이거든 너는 그에게 채주 같이 하지 말며 변리를 받지 말 것이며(If you lend money to one of my people among you who is needy, do not be like a money lender; charge him no interest), 네가 만일 이웃의 옷을 전당 잡거든 해가 지기 전에 그에게 돌려보내라. 그 몸을 가릴 것이 이 뿐이라. 이는 그 살의 옷인즉 그가 무엇을 입고 자겠느냐. 그가 내게 부르짖으면 내가 들으리니 나는 자비한 자임이니라."(출22:25-27)

하나님은 자비로운 분이시다. 고통에 신음하는 가난한 채무자의 부르짖음을 들으신다. 채무자라 할지라도 하나님 앞에서는 똑같이 하나님의 형상을 가진 사람이므로 이들의 생존이 위협을 받거나 학대받거나 다른 사람의 노예가 되는 것을 하나님께서는 용납하지 아니하신다. 하나님께서는 가난한 자들에게서 이자를 받는 것을 원하지 아니하신다. 또한 지나친 담보 요구로 인해 하나님의 백성들이 비인간적인 대우를 받는 것을 용납하지 아니하신다. 일교차가 심한 동방에서는 가난한 사람들의 경우 기온이 떨어진 저녁에는 커다란 천 조각으로 되어진 웃옷이 몸을 보호하는 이불의 역할을 하였기 때문에 옷까지 전당잡는 것을 금지하셨다. "사람을 학대하지 아니하며 빚진 자의 전당물을 도로 주며 억탈하지 아니하며 주린 자에게 식물을 주며 벗은 자에게 옷을 입히며 변을 위하여 꾸이지 아니하며 이식을 받지 아니하며……"(겔18:7-8) "가난하고 궁핍한 자를 학대하거나 억탈하거나 빚진 자의 전당물을 도로 주지 아니하거나…변을 위하여 꾸이거나 이식을 받거나 할진대(He lend at usury and take excessive interest) 그가 살겠느냐 살지 못하리니 이 모든 가증한 일을 행하였은즉 정녕 죽을지라. 자기의 피가 자기에게로 돌아가리라."(겔18:12-13)

(2) 이방나그네를 위한 복지

이방나그네(sojourner, ger)란 어떤 나라에서 다소 제한된 시민권을 누리면서 반영구직으로 거주하는 또는 시민권을 갖지 못한 외국인 거주자를 말한다. 이들은 일시적으로 잠시 머무는 외국인과는 대조적으로 다른 민족 사이에서 실제로 거주하는 사람이다. 이방나그네란 말은 이스라엘인들 사이에 거주하는 외국인들에 대해서 뿐만 아니라 애굽에 있는 이스라엘민족과 그 밖의 경우에도 일부 사용되었다. 이스라엘인들 가운데 거주하는 나그네는 보통 나그네가 선대 받는 것과는 비교가 안 되는 많은 특권을 누렸다. 이방나그네는 사회경제적으로 많은 불리한 점이 있기 때문에 이들은 약자와 무기력한 자를 보호하도록 마련되었던 법령에 따라 혜택을 받게 되었다. 이들 대부분은 사유재산도 없고 보호받을 후견인도 없었으며 노동으로 생계를 유지하며 생활하였다. 이스라엘은 과거 애굽에서 그들이 받았던 압제와 학대를 생각하며 이방나그네들에게 호의를 갖고 선대해 줄 것을 명령받았다. 출애굽기에는 나그네를 핍박하지 말고 안식일에는 휴식하게 하라고 규정하고 있다.

"너희는 나그네를 압제하지 말며 그들을 학대하지 말라. 너희도 애굽 땅에서 나그네 이였음이니라."(출22:21) "너는 이방나그네를 압제하지 말라 너희가 애굽 땅에서 나그네 되었은즉 나그네의 정경을 아느니라."(출23:9) "너는 육일 동안에 네 일을 하고 제 칠일에는 쉬라……나그네가 숨을 돌리리라."(출23:12)

출애굽기 이외에도 이방나그네의 보호를 규정하고 있다. "타국인이 너희 땅에 우거하여 함께 있거든 너희는 그를 학대하지 말고, 너희와 함께 있는 타국인을 너희 중에서 낳은 자 같이 여기며 자기 같이 사랑하라. 너희도 애굽 땅에서 객이 되었더니라."(레20:33-34) 또한 추수 때 곡물이나 포도원 열매를 다 거두지 말고 일부 이방나그네들을 위해 남겨 두라는 규정도 있다(레19:9-10).

"이방인을 압제하거나 학대하지 말며 이곳에서 무죄한 피를 흘리지 말라."(렘22:3) "너희는 나그네를 사랑하라. 그에게 식물과 의복을 주시나니."(신10:19) 하나님께서는 이방나그네들을 핍박하지 못하게 하고 계실 뿐만 아니라 그들의 경제적인 삶까지도 보살펴 주시고 계신다. 오늘날 우리에게는 이주근로자(migrant worker), 산업연수생, 다문화 가족의 외국인 등이 이방나그네의 모습에 해당된다.[2] 이들에 대한 사랑과 보살핌은 바로 하나님의 명령이시다.

(3) 가난한 자를 위한 복지

출애굽기는 가난한 자들을 착취하지 못하게 하고 있는 동시에 가난한 자들과 함

2) 외국인근로자는 우리나라에서 사용하는 용어이고, ILO나 UN에서는 migrant worker(이주근로자)란 용어를 사용하고 있다. 그러나 2003년 '외국인근로자의 고용 등에 관한 법률'이 제정되면서 정부는 외국인근로자란 용어를 공식적으로 사용하고 있다.

께 나눌 수 있는 방법들을 서술하고 있다. 이러한 규정의 근저에는 하나님은 가난한 자들의 편에 서시고, 가난한 자들의 보호자이시며, 가난한 자들의 부르짖음을 들으신다는 믿음이 깔려 있다(Hoppe, 1987:17). 안식년에 휴한의 규정을 두어 가난한 사람들의 삶을 보살펴 주고 있고 가난한 사람에게는 변리를 받지 말고 전당잡은 옷은 바로 돌려주라고 규정하고 있다. 또한 가난한 자를 보호하기 위하여 재판관이 가난한 사람을 고의로 부당하게 재판하는 것을 금하고 있다.

"너는 6년 동안 너의 땅에 파종하여 그 소산을 거두고 제7년에는 갈지 말고 묶여 두어서 네 백성의 가난한 자로 먹게 하라. 그 남은 것은 들짐승이 먹으리라. 포도원과 감람원도 그러할지니라."(출23:10-11) "내가 만일 너와 함께 한 나의 백성 중 가난한 자에게 돈을 꾸이거든 너는 그에게 채주같이 하지 말며 변리를 받지 말 것이며, 네가 만일 이웃의 옷을 전당 잡거든 해가 지기 전에 그에게 돌려보내라……그가 부르짖으면 내가 들으리라."(출22:25-27) "너는 가난한 자의 송사라고 공평치 않게 하지 말며……"(출23:6) 그 밖의 에스겔서에도 가난한 자의 학대를 금하고 있다. "가난하고 궁핍한 자를 학대하거나 억탈하거나(commit robbery)…할진대……이 모든 가증한 일을 행하였은즉 정녕 죽을지라."(겔18:12) "땅에는 언제든지 가난한 자가 그치지 아니하겠으므로 내가 네게 명하여 이르노니 너는 반드시 네 경내 네 형제의 곤란한 자와 궁핍한 자에게 네 손을 펼지니라."(신15:11)

(4) 과부와 고아를 위한 복지

과부와 고아도 비록 어려운 처지에 있지만 하나님 앞에선 다 같은 존귀한 존재이다. 이들은 가족해체(family disorganization)상태에서 심리적으로, 경제적으로 많은 어려움을 겪고 있을 뿐 아니라 사회생활 가운데 억울한 대우를 받는 경우가 많다. 이들도 기독교공동체가 돌보아 주어야 할 사회적 약자이고 하나님이 사랑하시는 대상들이다. 하나님은 과부와 고아의 보호자이심을 천명하고 계신다. 이들을 해롭게 하는 자에게는 하나님은 이에는 이, 눈에는 눈으로 복수를 행하는 잔혹한 동해복수법(同害復讐法:Talion의 법)보다 더 무서운 징벌로서 복수를 행하신다.

"너는 과부와 고아를 해롭게 하지 말라. 네가 만일 그들을 해롭게 함으로 그들이 내게 부르짖으면 내가 반드시 그 부르짖음을 들을지라. 나의 노가 맹렬하므로 내가 칼로 너희를 죽이러니 너희 아내는 과부가 되고 너희 자녀는 고아가 되리라."(출22:22-24) "고아와 과부를 위해 신원하시며(defend the cause of the fatherless and the widow)……그에게 식물과 의복을 주시나니." "네 고아들을 남겨두라. 내가 그들을 살려 두리라. 네 과부들은 나를 의지할 것이니라."(렘49:11)

(5) 노예를 위한 복지

노예제도란 사람이 사람을 소유하는 제도를 말한다. 노예는 전쟁포로 노예, 수입된 외국인 노예, 매매된 미성년자 노예, 자원(自願)매매된 노예, 채무불이행으로 인한 노예 등이 있다. 자원매매로 이루어진 노예는 굶주림이나 빚에 쪼들린 나머지 사람들은 자기 자식을, 그 다음에는 자기 자신마저 팔아 스스로 노예가 된 경우이다. 이들 가운데 당시 기본적인 노예공급원은 자유인 태생이면서 고율의 이자로 인한 채무불이행의 결과로 노예가 된 자들이었다. 메소포타미아법에는 채권자가 채무를 불이행한 채무자를 사로잡아 강제노역을 시킬 수 있는 권리를 인정하고 있다. 비록 자유인이지만 채권자의 노예가 되는 일이 이스라엘 안에 허용되었다. 그러나 계약법전은 이들 이스라엘 동족인 히브리 노예들의 학대를 금하고, 7년 되는 해에는 이들을 해방시켜 주고, 보낼 때는 빈손으로 보내지 말 것을 규정하고 있다.

"네가 히브리 종을 사면 그가 6년 동안 섬길 것이요, 제7년에는 값없이 나가 자유할 것이며 그가 단신으로 왔으면 단신으로 나갈 것이요, 장가들었으면 그 아내도 함께 가려니와."(출21:2-4)

"사람이 매로 남종이나 여종을 쳐서 당장에 죽으면 반드시 형벌을 받으려니와"(출21:20) "네 동족 히브리 남자나 히브리 여자가 네게 팔렸다 하자. 만일 육년을 너를 섬겼거든 제 칠년에 너는 그를 놓아 자유하게 할 것이요, 그를 놓아 자유하게 할 때에는 공수로 가게 하지 말고 네 양 무리 중에서와 타작 마당에서와 포도주 틀에서 그에게 후히 줄지니, 곧 네 하나님 여호와께서 네게 복을 주신 대로 그에게 줄지니라."(신15:12-15)

3) 레위기에 나타난 사회복지 사상

레위기는 구출받은 백성들이 점점 하나님의 성품을 닮아 가는 길을 제시해 주는 성결법전이다. 성결법전은 제단과 제물, 그리고 제사장에 관한 의식서와 성결법이 많은 부분을 차지하지만, 빈자들의 권리를 보호하고 제도적으로 보장하려고 노력하는 것을 볼 수 있다.

(1) 가난한 자를 위한 배려

성결법전은 계약법전과 동일하게 극빈자들이 생존을 위해 부자의 자발적 배려를 명령하고 있다. "너희 땅의 수확을 거두어들일 때 밭에서 모조리 거두어들이지 말라. 거두고 남은 이삭을 줍지 말라. 너희 포도원을 속속들이 뒤져 따지 말고 남은 과실을 거두지 말며 가난한 자와 몸붙여 사는 이민자가 따먹도록 남겨 놓아라. 나 여호와가 너희의 하나님이시다."(레19:9-10)

"네 동족이 빈한하게 되어 빈손으로 네 곁에 있거든 너는 그를 도와 객이나 우거하는 자처럼 너와 함께 생활하게 하되, 너는 그에게 이식을 취하지 말고 네 하나님을 경외하여 네 형제로 너와 함께 생활하게 할 것인즉 너는 그에게 이식을 위하여 돈을 꾸이지 말고 이익을 위하여 식물을 꾸이지 말라."(레25:35-37)

(2) 안식일

안식일(Sabbath)에 관한 계명은 단순히 노동으로부터 휴식을 얻는 것 이외에 노동착취를 방지하고 노동에 혹사당하는 사회적 취약계층들에게 안식을 제공하는 사회복지적 의미도 가진다.

하나님께서는 6일 동안 천지만물을 창조하시기 위해 노동을 하시고, 제 7일에는 쉬셨으므로 이날은 여호와의 안식일이다. 안식일에는 어떠한 생업도 종사하지 못하며, 그날에 가족뿐 아니라 남종과 여종 그리고 나아가 소와 나귀와 그 밖의 모든 가축과 집안에 머무는 식객이라도 일을 시키지 못하며, 그들 모두에게 안식을 주어야 한다. 하나님은 모세에게 내린 십계명을 통하여 '안식일을 기억하여 그 날에 안식을 거룩하게 지키라'고 명령하신다.

"제 칠일은 너희 하나님 여호와의 안식일인즉 너나 네 아들이나 네 딸이나 네 남종이나 네 여종이나 네 육축이나 네 문안에 유하는 객이라도 아무 일도 하지 말라. 이는 엿새 동안에 나 여호와가 하늘과 땅과 바다와 그 가운데 모든 것을 만들고 제 칠일에 쉬었음이라. 그러므로 나 여호와가 안식일을 복되게 하여 그 날을 거룩하게 하였느니라."(출 20:10-11)

(3) 안식년

안식년(Shmita or Sabbath year)은 유대 사람이 7년 만에 한 해씩 안식하던 해로 토지 경작을 중단하고, 노예를 해방하고, 이웃의 빚을 탕감해주었던 해로 해방의 기쁨을 누렸던 해이다. 안식년에 휴경한 땅에서 자연적으로 성장하여 열매 맺은 수확물은 그대로 두어 가난한 자나 동물의 식물이 되게 함으로써 모든 피조물이 안식의 기쁨을 누릴 수 있도록 하였음을 보여준다.

"너는 육년 동안 그 밭에 파종하여 육년 동안 그 포도원을 다스려 그 열매를 거둘 것이나, 제 칠년에는 땅으로 쉬어 안식하게 할지니……너의 곡물의 스스로 난 것을 거두지 말고 다스리지 아니한 포도나무의 맺은 열매를 거두지 말라……안식년의 소출은 너희의 먹을 것이니 너와 네 남종과 네 여종과 네 품꾼과 너와 함께 거하는 객과 네 육축과 네 땅에 있는 들짐승들이 그 소산으로 식물을 삼을지니라."(레25:4-7)

"제 칠년 끝에 면제하라. 면제의 규례는 이러하니라. 무릇 그 이웃에게 꾸어준 채주는 그것을 면제하고 그 이웃에게나 그 형제에게 독촉하지 말지니 이 해는 여호와의 면제년이라 칭함이니라. 이방인에게는 네가 독촉하려니와 네 형제에게 꾸인 것은 네 손으로 면제하라. 네가 만일 네 하나님 여호와의 말씀만 듣고 네가 오늘날 내게 행하는 그 명령을 다 지켜 행하면 네 하나님 여호와께서 네게 유업으로 주신 땅에서 네가 정녕 복을 받으리라. 너희 중에 가난한 자가 없으리라."(신 15:1-5)

신명기 법전에는 히브리 노예는 6년 동안 주인에게 봉사한 다음 7년째 되는 해에는 해방되어야 하며, 이때 주인은 이들을 빈손으로 보내선 안 된다고 규정하고 있다.

"네 동족 히브리 남자나 히브리 여자가 네게 팔렸다 하자. 만일 육년을 너를 섬겼거든 제 칠년에 너는 그를 놓아 자유하게 할 것이요, 그를 놓아 자유하게 할 때에는 빈손으로 가게하지 말고 네 양 무리 중에서와 타작 마당에서와 포도주 틀에서 그에게 후히 줄지니, 곧 네 하나님 여호와께서 네게 복을 주신대로 그에게 줄지니라. 너는 애굽 땅에서 종 되었던 것과 네 하나님 여호와께서 너를 속하셨음을 기억하라."(출 15:12-15)

(3) 희년

희년(Jubilee)은 일곱 번째 안식년의 다음 해로 실제로는 49년째 중간부터 시작된다(대천덕, 2003).[3] 희년은 본래의 자기 땅으로 돌아가라는 토지 회복 제도이다. 희년은 7년마다 한 번씩 오는 안식년이 일곱 번 거듭된 다음 해, 즉 50년째의 해로서 속죄일(유대력 7월 10일)에 대제사장이 요벨(수양의 뿔) 나팔을 불어 그 해가 온 것을 알게 하였다. 이 해를 '자유의 해', '나팔의 해(The Year of Trumpet)' 또는 '기쁨'으로 번역되며 다른 해와 달리 거룩하게 구별하라고 규정하여 그 땅의 모든 거주자들에게 '도르르(doror)'(희년에 전국민에게 선포되었던 자유와 해방을 뜻함: 레25:10)를 선포하라고 명령한다. 도르르가 선포되면 토지나 가옥을 팔았던 농민들은 그 기본재산을 다시 돌려받게 되며, 옹색하게 되어 몸을 팔아 노예가 되었던 사람도 노예의 신분에서 벗어나 자유인이 되었다. 희년사상은 안식년과 더불어 빈부격차를 최소한으로 줄이자는 데 의도가 있었으며 종들에게 자유를 줌으로써 세습적인 노예제도를 방지하려 하였다.

"칠월 십일은 속죄일이니 너는 나팔 소리를 내되 전국에서 나팔을 크게 불지며, 제오십년을 거룩하게 하여 전국 거민에게 자유를 공포하라. 이 해는 너희에게 희년이니 너희는 각각 그 기업으로 돌아가며 각각 그 가족에게로 돌아갈지며 각각 그 가족에게로 돌아갈지며, 그 오십년은 너희의 희년이니 너희는 파종하지 말며 스스로 난 것을 거두지 말며 다스리지 아니한 포도를 거두지 말라. 이는 희년이니 너희에게 거룩함이니라. 너희가 밭의 소산을 먹으리라. 이 희년에는 너희가 각기 기업(your own property)으로 돌아갈지라. 네 이웃에게 팔든지 네 이웃의 손에서 사거든 너희는 서로 속이지 말라. 희년 후의 년수를 따라서 너는 이웃에게 살 것이요 그도 그 열매를 얻을 년수를 따라서 네게 팔것인즉....."(레25:9-10)

3) 대천덕, 토지와 경제정의, 홍성사, 2003, pp:15-27.

4) 신명기에 나타난 기독교사회복지 사상

신명기 법전은 계약법전이 이미 성문화한 가난한 자에 대한 복지의 내용을 "안식년 규정"과 "십일조 규정"으로 보다 심화하고 명문화하였다. 신명기 법전은 약자의 권리를 옹호하고 억눌린 자를 동정하며, 고아와 과부와 나그네에 대한 깊은 관심으로 사회정의 사상을 구현하고 있다. 신명기는 가난한 자들을 구제하기 위해 두 가지 방법을 구체적으로 제시한다. 첫째는 삼년에 한번 그 십일조를 중앙성소에 가져오지 않고, 그 지방의 보호를 받아야 할 계층들에게 나누어주는 것이고, 둘째는 수확기에 수확물의 일부를 나누어주는 것이다.

(1) 기독교사회복지사업을 위한 십일조

신명기의 십일조 규정은 기독교사회복지의 의미를 보다 구체적으로 제시해 주고 있다. 십일조(十一條)란 영어의 a tiethe, 히브리어의 야사르로 그 의미는 십분의 일을 바치거나 혹은 취한다는 뜻이다. 십일조는 종교적인 목적과 정치적인 목적으로 바쳐졌다. 종교적인 목적의 십일조는 성전일에 봉사하는 사람들의 생활과 기독교사회복지적인 목적을 위해 사용되었다. 십일조의 기독교사회복지적 성격은 신명기에 구체적으로 나타나 있다.

본래 십일조와 유사한 사례는 종교적 목적 이외에서도 발견할 수 있다. 고대 셈족 이외에 다른 종족들 사이에서는 한 사람이 자기가 노동하여 얻은 것의 한 몫 또는 전쟁에서 얻은 전리품 중의 한 몫을 드리는 것은 널리 알려진 관습이었다. 이집트에서는 백성들은 자기들이 수확한 것의 10분의 2를 바로에게 바치기도 하였다. 그밖에 시리아인의 십일조, 리이아인의 십일조, 바빌로니아인의 십일조 등이 있다. 십일조는 조공이나 세금과 같은 정치적인 성격을 가진 것과 신에게 바쳐지는 종교적인 성격을 가진 것이 있다. 성서 이외의 고대 십일조는 통치자가 피지배 백성에게 혹은 그 자신의 국민에게 부과하는 일종의 현물세이었다. 이스라엘 이외의 다른 나라들은 정치적인 목적이 우세한 반면, 이스라엘에서는 십일조가 종교적인 목적, 즉, 소득 중에서 일부를 하나님께 봉헌하는 것을 의미하였다.

성서에 나오는 십일조의 내용을 살펴보면 십일조에 대한 최초의 언급은 아브라함이 노략질하던 메소포타미아의 왕들을 쫓아가 쳐부수고 돌아와 살렘의 왕 멜기세덱에게 그 얻은 것의 십분의 일을 드린 것에서 시작한다(창14:18-20). 야곱은 에서로부터 도망치면서 하나님이 그를 번성하게 해주신다면 하나님께 십분의 일을 드리겠다고 약속하였다(창28:22). 십일조가 중시된 것은 모세시대에 들어서면서이다. 모세의 율법에서는 땅에서 나는 것의 십일조와 목축의 십일조를 드리는 것은 의무적이었다(레27:30,32). 소나 양을 십일조로 드릴 경우에는 그 가축을 막대기 아래로 통과시켜 매 열 번째로 지나가는 가축을 완전하든 혹은 흠이 있든 간에 십일조 몫으로 갈라놓았다. 이렇게 정해진 몫에는 어떤 바꿔치기도 있을 수 없었다(레32,33절). 곡식은 그 십일조가 하나님께 바쳐지기 전까지는 그 곡식을 사람이 임의로 사용할 수 없게 되어 있었다(레23:14). 하나님께 바쳐진 몫은 제단에서 전부 소모되기도 하고 때로는 그 십일조의 일부만이 소모되는 경우가 있었는데 그 십일조 중의 남은 몫은 제사장들과 그들의 가족들에게 넘겨졌다.

민수기에서 곡식의 십일조를 드리기 전에 반드시 탈곡을 해야 함을 규정하고 있다. 그리고 포도와 감람나무 열매는 그 십일조를 바치기 이전에 포도즙과 기름으로 짜서 바칠 것을 규정하고 있다(민18:27). 레위인들이 이 십일조를 받는 것은 그들이 성소에서 일한 것의 대가요(민:18:21), 또한 그들의 땅을 기업으로 얻는 데서 제외되었기 때문이었다. 제사장은 십일조의 십일조를 받았고(민18:26), 제사장에게 바치고 남은 그 밖의 것은 레위인들이 어디서나 먹을 수 있었다(민18:31). 매3년마다 모든 사람이 바치는 십일조는 그 각자의 성읍의 공공창고에 저장했다가 구제비용으로 사용하도록 되어 있었다. 그리하여 레위인 객 과부 고아는 필요한 것을 구하기 위해 이 마을의 십일조를 비축한 곳으로 나갈 수 있었다(민18:28-29). 이스라엘의 십일조는 하나님의 것이고 그 의무를 이행하지 못하면 하나님의 것을 도적질하는 것이라 하였다(말3:8-9).

신명기에는 십일조를 바치는 것뿐 아니라 사용하는 것도 하나님의 뜻에 합당하게 이루어져야 한다는 것을 강조하고 있다. 신명기에서는 십일조의 중요한 사용 용도 가운데 하나는 기독교사회복지적인 목적에 사용하기 위함이라는 사실을 분명히 규정하고 있다. 십일조는 레위인 객 고아 과부들과 같이 가난하고 소외된 가운데 살아가는 이웃들을 돕는 데 사용하는 것이 그 중심인 것이다. 이때 구제의 수준은 가난한 사람들이 배불리 먹게 즉 그들이 만족할 수준까지 베풀도록 규정하고 있다. 그러나 십일조에 바쳐지는 소득은 하나님께 가증스런 소득의 십일조가 되어선 안 되며 정직한 노력에 의한 소득의 십일조가 되어야 한다. 하나님께서는 우리들에게 우리들의 생존을 위해서 재물을 주셨을 뿐만 아니라 이러한 재물을 하나님의 뜻에 합당하게 현명하게 그리고 자비롭게 사용해서 하나님의 왕국을 실현하시기를 명령하신다. 따라서 인간이 하나님으로부터 받은 것을 어떻게 사용하느냐 하는 것은 하나님과 인간과의 관계에 직접적인 영향을 미치게 된다. 십일조는 단순히 하나님에 대한 복종행위 이상의 것으로 하나의 숭배행위이다(Ballew, 1997:1-7).

"매 삼년 끝에 그 해 소산의 십분의 일을 다 내어 네 성읍에 저축하며 너희 중에 분깃이나 기업이 없는 레위인, 성중에 거하는 떠돌이, 고아와 과부들로 와서 먹고 배부르게 하라."(신14:19-22) "매 삼년 끝에 그해 소산의 10분의 1을 갸출하여 너희 성읍에 저축하고 분깃(allotment:분할 대여된 농지)이나 기업(inheritance)이 없는 레위 사람과 성중에 거하는 객과 고아와 과부로 하여금 와서 배불리 먹게 하라. 여호와 네 하느님이 너희 하는 범사에 복을 주시리라."(신14:28-29)

"이스라엘 여자 중에 창녀(female prostitute)가 있지 못하고 이스라엘 남자 중에 미동(male prostitute)이 있지 못할지니라. 창기의 번 돈과 개 같은 자의 소득은 아무 서원하는 일로든지 네 하나님 여호와의 전에 가져오지 말라. 이 둘은 다 네 하나님 여호와께 가증한 것임이니라."(신 23:17-18)

(2) 여호와의 면제년

신명기에는 여호와의 면제년에 관한 규례가 있다. 이는 여호와를 위한 면제이다. 이스라엘이 여호와께 입은 은혜와 보살피심을 기억하여 감사의 보답으로 그 이웃의 채무를 면제해 주는 해라는 뜻이다. 신명기는 부자들이 자진해서 가난한 자들에게 빌려주었던 것을 받지 않음으로써 부자들의 자기희생을 통해 빈곤문제의 일부를 해결하려고 하고 있다. 채무자가 빚을 갚지 못할 경우 채권자는 채무자를 종으로 삼을 수 있었기 때문에 채권자가 칠 년마다 이스라엘 사람이 다른 사람에게 지고 있는 빚을 자진해서 면제해 주도록 규정함으로써 채무로 인한 노예계층이 이스라엘에서 생겨나지 않도록 노력하고 있다. 면제 대상은 채무변제능력이 없는 이스라엘 형제들이다. 또한 면제년이 가까워 올 때 채권자가 채무자에게 악한 마음을 갖게 되면 이는 죄가 됨을 명시하고 있다. 또한 세상에 빈곤은 항상 존재하므로 빈민들에 대해 손을 펼치라고 명령하신다.

"매 칠년 끝에 면제하라. 무릇 그 이웃에게 꾸어 준 채주는 그것을 면제하고 그 이웃에게나 그 형제에게 독촉하지 말지니 이 해는 여호와의 면제년이라 칭함이니라. 이방인에게는 네가 독촉하려니와 네 형제에게 꾸인 것은 네 손에서 면제하라."(신 15:1-4)

"삼가 너는 마음에 악념을 품지 말라. 곧 이르기를 제 칠년 면제년이 가까웠다 하고 네 궁핍한 형제에게 악한 눈을 들고 아무것도 주지 아니하면 그가 너를 여호와께 호소하리니 네가 죄를 얻을 것이라. 너는 반드시 그에게 구제할 것이요, 구제할 때에는 아끼는 마음을 품지 말 것이라. 이로 인하여 네 하나님 여호와께서 네 범사와 네 손으로 하는 바에 네게 복을 주시리라. 땅에는 언제든지 가난한 자가 그치지 아니하겠으므로 내가 네게 명하여 이르노니 너는 반드시 내 경재 네 형제의 가난한 자와 궁핍한 자에게 네 손을 펼지니라."(신15:9-10)

(3) 종을 놓아주는 안식년

안식년은 히브리 달력의 7년 주기의 마지막 해이다. 이 해는 땅을 쉬게 하고, 가난한 자들을 돌보아 주고, 채무를 면제해 줄 뿐 아니라, 히브리 노예들을 해방시켜 주고, 또한 이들이 터 잡고 살 수 있는 바탕을 마련해 주었다. 안식년은 이스라엘 모든 사람들이 경제적인 어려움에서 해방되도록 규정하여 놓은 한 해를 뜻한다.

"네 동족 히브리 남자나 히브리 여자가 네게 팔렸다 하자. 만일 육년을 너를 섬겼거든 제 칠년에 너는 그를 놓아 자유하게 할 것이요, 그를 놓아 자유하게 할 때에는 공수로 가게 하지 말고 네 양 무리 중에서와 타작마당에서와 포도주 틀에서 그에게 후히 줄지니 곧 네 하나님 여호와께서 네게 복을 주신 대로 그에게 줄지니라."(신15:12-13)

5) 잠언의 기독교사회복지사상

지혜서인 잠언은 기독교사회복지가 하나님을 경외하는 지혜로운 자의 삶이라는 것을 보여준다. 경건하고 의로운 사람은 하나님이 보시기에 지혜로운 사람이기 때문에 지혜로운 삶이 곧 경건한 삶이 된다는 것이다. 반면 어리석은 삶은 의롭지 못한 삶이라는 것을 가르치고 있다.

구제로 인해 더욱 부하게 되고, 그 선행을 하나님이 반드시 갚아주시며, 궁핍한 자를 불쌍히 여기는 것이 하나님을 존경하는 것이고, 가난한 백성을 핍박하지 말고 선대하지 말라고 가르치신다.

"네 손이 선을 베풀 힘이 있거든(when it is in your power to act) 마땅히 받을 자에게 베풀기를 아끼지 말라."(잠3:27)

"흩어 구제하여도 더욱 부하게 되는 일이 있나니(One man gives freely, yet gains even more) 과도히 아껴도 가난하게 될 뿐이니라. 구제를 좋아하는 자는 풍족하여질 것이요(A generous man will porsper), 남을 윤택하게 하는 자는 윤택하여지리라."(잠11:24-25)

"가난한 사람을 학대하는 자는 그를 지으신 이를 멸시하는 자요 궁핍한 사람을 불쌍히 여기는 자는 주를 존경하는 자니라."(잠14:31)

"가난한 자를 조롱하는 자는 이를 지으신 주를 멸시하는 자요 사람의 재앙을 기뻐하는 자는 형벌을 면치 못할 자니라."(잠17:5)

"성실히 행하는 가난한 자(a poor man whose walk is blameless)는 입술이 패려하고 미련한 자보다 나으니라."(잠19:1)

"가난한 자를 불쌍히 여기는 것은 여호와께 꾸이는 것이니 그 선행을 갚아 주시리라."(잠19:!7)

"성실히 행하는 가난한 자는 사곡히 행하는 부자보다 나으니라."(잠28:6)

"가난한 백성을 압제하는 악한 관원은 부르짖는 사자와 주린 곰 같으니라."(잠28:15)

"가난한 자를 구제하는 자는 궁핍하지 아니하려니와 못 본 체하는 자에게는 저주가 많으리라."(잠28:27)

제2절 신약성서와 기독교사회복지

기독교사회복지는 하나님의 형상(Imago Dei)을 회복하는 데 궁극적인 목적이 있다. 인간은 하나님의 형상을 따라 피조된 존재로 하나님께서 의도하신 목적에 맞게 하나님 보시기에 아름답게 존엄성을 유지하며 살아가야 한다. 신약성서에도 구약성서와 마찬가지로 기독교사회복지의 실천을 일관성 있게 강조하고 있다. 신약성서에 따르면 인간은 타락으로 인해 고통 받는 존재로 묘사되고 있다. 인간의 타락은 인간의 역사에 고통의 그림자를 드리우고 있지만 반면에 인간은 예수그리스도를 믿음으로, 하나님 사랑과 이웃사랑을 실천함으로 하나님의 자녀가 되어 영생을 누릴 수 있다. 신약성서에서 기독교사회복지의 객체는 가난한 자, 병든 자, 고아, 과부, 자비를 베풀어야 할 자 등으로 구약성서와 일관되게 소외되고 열악한 처지에서 고통 받는 자들이다. 4복음서와 바울서신 등에 나타난 기독교사회복지 관련 구절들을 인용하면 다음과 같다.

1) 마태복음

하나님의 사람들이 실천해야 할 것은 하나님의 계명을 지키고 우리 이웃의 지극히 작은 자들에 대해 사랑을 실천하는 것이다. 마태복음에서는 특히 병든 자와 가난한 자, 주린 자, 나그네, 헐벗은 자, 옥에 갇힌 자와 같은 지극히 작은 자(the least of persons)들이 고통 속에 신음하고 있는 자들에 대한 사랑의 실천이 하나님의 계명을 지키는 것과 더불어 영생의 조건임을 명시해 주고 있다. 또한 이웃사랑을 실천할 때 어떠한 자세로 실천할 것인가를 가르쳐 주고 있다.

먼저 구제는 위선적이 아니라 은밀하게 행하여야 한다. "사람에게 보이려고 그들 앞에서 너희 의를 행치 않도록 주의하라. 그렇지 아니하면 하늘에 계신 너희 아버지께 상을 얻지 못하느니라. 그러므로 구제할 때에 외식하는 자가 사람에게 영광을 얻으려고 회당 거리에서 하는 것같이 너희 앞에 나팔을 불지 말라. 진실로 너희에게 이르노니 저희는 자기 상을 이미 받았느니라. 너는 구제할 때에 오른손의 하는 것을 왼손이 모르게 하여 네 구제함이 은밀하게 하라. 은밀한 중에 보시는 너의 아버지가 갚으시리라."(마6:1-4)

하나님의 나라는 하나님의 뜻대로 행한 자가 들어간다. "좋은 나무가 나쁜 열매를 맺을 수 없고 못된 나무가 아름다운 열매를 맺을 수 없느니라. 아름다운 열매를 맺지 아니하는 나무마다 찍혀 불에 던지우리라. 그의 열매로 그들을 알리라. 나더러 주여 주여 하는 자마다 천국에 다 들어갈 것이 아니요 다만 하늘에 계신 내 아버지의 뜻대로 행하는 자라야 들어가리라"(마7:20-21)

예수께서는 치유의 사역을 몸소 행하셨고, 제자들을 보낼 때도 치유의 능력을 주셨다. "예수께서 말씀으로 귀신들을 쫓아내시고 병든 자를 다 고치시니 이는 선지자 이사야로 하신 말씀에 우리가 연약한 것을 친히 담당하시고 병을 짊어지셨도다 함을 이루려 하심이더라."(마8:16-17) "예수께서 모든 성과 촌에 두루 다니사 저희 회당에서 가르치시며 천국 복음을 전파하시며 모든 병과 모든 약한 것을 고치시니라."(마9:35) "예수께서 그 열두 제자를 부르사 더러운 귀신을 쫓아내며 모든 병과 모든 약한 것을 고치는 권능을 주시니라…… 이 열 둘을 내어 보내시며 명하여 가라사대…차라리 이스라엘 집의 잃어버린 양에게로 가라. 가면서 전파하여 말하되 천국이 가까웠다 하고 병든 자를 고치며 죽은 자를 살리며 문둥이를 깨끗하게 하며 귀신을 쫓아내되 너희가 거저 받았으니 거저 주어라."(마10:1-8) "예수께서 가라사대 소경이 보며 앉은뱅이가 걸으며 문둥이가 깨끗함을 받으며 귀머거리가 들으며 죽은 자가 살아나며 가난한 자에게 복음이 전파된다 하라."(마11:5)

예수께서는 계명을 지킬 뿐 아니라 자신의 소유로 가난한 이웃에게 자비를 베풂이 영생의 조건임을 가르치신다. "어떤 사람이 주께 와서 가로되 선생님이여 내가 무슨 선한 일을 하여야 영생을 얻으리이까.....네가 생명에 들어가려면 계명들을 지키라.

가로되 어느 계명이오니이까. 예수께서 가라사대 살인하지 말라, 간음하지 말라, 도적질하지 말라, 거짓증거하지 말라, 네 부모를 공경하라, 네 이웃을 네 몸과 같이 사랑하라 하신 것이니라. 그 청년이 가로되 이 모든 것을 내가 지키었사오니 아직도 무엇이 부족하니이까. 예수께서 가라사대 네가 온전하고자 할진대 가서 네 소유를 팔아 가난한 자들을 주라. 그리하면 하늘에서 보화가 네게 있으리라. 그리고 와서 나를 좇으라 하시니……부자는 천국에 들어가기가 어려우니라. 약대가 바늘귀로 들어가는 것이 부자가 하나님의 나라에 들어가는 것보다 쉬우니라 하신대 제자들이 듣고 심히 놀라 가로되 그런즉 누가 구원을 얻을 수 있으리이까. 예수께서 가라사대 사람으로는 할 수 없으되 하나님으로는 다 할 수 있느니라."(마19:16-26)

"네 마음을 다하고 목숨을 다하고 뜻을 다하여 주 너의 하나님을 사랑하라. 이것이 첫째 계명이요, 둘째는 네 이웃을 네 몸과 같이 사랑하라."(마22:37-40)

지극히 작은 자에게 자비를 베푼 자	→	의인	→	영생을 얻음
지극히 작은 자에게 자비를 베풀지 않은 자	→	악인	→	영벌에 처함

우리 사회에 힘들고 어려운 처지에 있는 사람들에게 자비를 베푸는 문제는 그 자체가 선(善)과 악(惡)의 문제이자, 영생(永生)과 영벌(永罰)의 문제이다. 예수 그리스도께서 자기 영광으로 모든 천사와 함께 올 때에 모든 민족을 그 앞에 모으시고 양과 염소를 분별하듯이 의인과 악인을 구별하시고 의인들은 복을 주사 창세에 예비하신 나라를 상속케 하시어 영생(eternal life)을 누리게 하시고, 악인들은 저주하시어 마귀와 마귀의 사자들을 위해 예비하신 영원한 불(eternal fire)에 들어가게 되는 영벌(eternal punishment)을 받게 됨을 천명하고 계신다. 예수께서 말씀하시는 의인은 형제 중에 주린 자, 나그네, 헐벗은 자, 병자, 옥에 갇힌 자와 같은 지극히 작은 자(the least of persons)들이 고통 속에 신음하고 있을 때 이들 하나에게 베푼 자를 의미하고 이들

에게 베푼 것이 곧 자신에게 베푼 것이라 말씀하셨고, 반면에 악인은 이들 지극히 작은 자들이 고통 가운데 있을 때 이들 하나에게 베풀지 아니한 자들을 의미하며 이들 지극히 작은 자 하나에게 베풀지 아니한 것이 곧 자신에게 베풀지 아니한 것이라 천명하셨다(마25:31-46).

2) 마가복음

마가복음에서도 영생을 얻기 위해서는 하나님의 계명을 실천하고 더불어 가난한 자에 대한 사랑을 실천해야 함을 가르치고 계시고, 예수께서 몸소 굶주린 무리에게 자비를 베푸시고 배불리 먹이셨으며, 병든 자들에 대한 치유의 사역을 행하셨음을 보여주고 있다. 또한 예수 자신이 섬기는 자로 이 땅에 오셨음을 천명함으로써 하나님의 일에 참여하는 사람들은 모두 종의 자세로 섬기는 자세로 임해야 함을 가르치고 있다.

"저물어 해 질 때에 모든 병자와 귀신 들린 자를 예수께 데려오니……예수께서 각색 병든 많은 사람을 고치시며 많은 귀신을 내어쫓으시되……"(막1:34)

"한 문둥병자가 예수께 와서 꿇어 엎드려 간구하여 가로되 원하시면 저를 깨끗케 하실 수 있나이다. 예수께서 민망히 여기사 손을 내밀어 저에게 대시며 가라사대 내가 원하노니 깨끗함을 받으라 하신대 곧 문둥병이 그 사람에게서 떠나가고 깨끗하여진지라."(막1:40-42)

"너희 중에 누구든지 크고자 하는 자는 너희를 섬기는 자가 되고 너희 중에 누구든지 으뜸이 되고자 하는 자는 모든 사람의 종이 되어야 하리라. 인자의 온 것은 섬김을 받으려 함이 아니라 도리어 섬기려 하고 자기 목숨을 많은 사람의 대속물로 주려 함이니라.(For even the Son of Man did not come to be served, but to serve.)"(막10:43-45)

"그 즈음에 또 큰 무리가 있어 먹을 것이 없는지라. 예수께서……무리를 불쌍히 여기노라. 저희가 나와 함께 있은 지 이미 사흘이매 먹을 것이 없도다……너희에게 떡 몇 개나 있느냐……가로되 일곱이로소이다. 또 작은 생선 두어 마리가 있는지라……이에 축복하시고 명하사……배불리 먹고 남은 조각 일곱 광주리를 거두었으며 사람은 약 사천 명이었더라……"(막6:31-44,8:1-9)

"예수께서 길에 나가실 새 한 사람이……묻자 오되 선한 선생님이여 내가 무엇을 하여야 영생을 얻으리이까……예수께서 이르시되 네가 계명을 아나니 살인하지 말라, 간음하지 말라, 도적질하지 말라, 거짓증거하지 말라, 속여 취하지 말라, 네 부모를 공경하라 하였느니라. 여짜오되 선생님이여 이것은 내가 어려서부터 다 지키었나이다. 예수께서 그를 보시고 사랑하사 가라사대 네가 오히려 한 가지 부족한 것이 있으니 가서 네 있는 것을 다 팔아 가난한 자들을 주라. 그리하면 하늘에서 보화가 네게 있으리라. 그리고 와서 나를 좇으라……제자들에게 이르시되 재물이 있는 자는 하나님의 나라에 들어가기가 심히 어렵도다……얘들아 하나님의 나라에 들어가기가 어떻게 어려운지 약대가 바늘귀로 나가는 것이 부자가 하나님의 나라에 들어가는 것보다 쉬우니라 하신대 제자들이……말하되 누가 구원을 얻을 수 있는가 하니 예수께서……가라사대 사람으로는 할 수 없으되 하나님으로는 그렇지 아니하니 하나님으로서는 다 하실 수 있느니라."(막10:17-27)

3) 누가복음

예수께서는 가난한 자에게 복음을 전하시려고 이 땅에 오셨음을 천명하신다. 병든 자를 고치시고 가난한 자 굶주린 자에게 천국의 희망을 주기 위해서 오셨다. 회개에 합당한 열매를 맺는다는 것은 자기의 것으로 가난한 자들을 보살펴 주는 것이며 이는 심판의 날 영생을 얻는 조건 가운데 하나임을 말씀하신다. 또한 자비의 구체적 모습을 가르쳐 주시면서 원수까지도 사랑하라고 명령하신다.

예수님은 심판의 날을 기억하며 가진 자가 자신의 부를 갖지 아니한 자에게 나누어 주고, 고통받는 자에게 자비를 베풀어줄 것을 가르치신다. 또한 예수께서는 하나님의 계명을 지키고 동시에 이웃 사랑을 실천할 것을 가르치고 계신다. 보다 구체적으로 성경은 강도 만난 자의 이야기를 통해 무엇을 해야 영생을 얻을 수 있는지를 선포하고 있다. "요한이 세례를 받으러 나오는 무리에게 이르되…… 회개에 합당한 열매를 맺고……이미 도끼가 나무 뿌리에 놓였으니 좋은 열매 맺지 아니하는 나무마다 찍혀 불에 던지우리라. 무리가 물어 가로되 그러하면 우리가 무엇을 하리이까. 대답하여 가로되 옷 두벌 있는 자는 옷 없는 자에게 나눠 줄 것이요 먹을 것이 있는 자도 그렇게 할 것이니라…… 나는 물로 너희에게 세례를 주거니와 나보다 능력이 많으신 이가 오시나니…그는 성령과 불로 너희에게 세례를 주실 것이요, 손에 키를 들고 자기의 타작마당을 정하게 하사 알곡은 모아 곡간에 들이고 쭉정이는 꺼지지 않는 불에 태우시리라."(눅3:7-17) "어떤 율법사가 일어나 예수를 시험하여 가로되……무엇을 하여야 영생을 얻으리이까……예수께서 이르시되 율법에 무엇이라 기록되어 있으며 네가 어떻게 읽느냐. 대답하여 가로되 네 마음을 다하며 목숨을 다하며 힘을 다하며 뜻을 다하여 주 너의 하나님을 사랑하고 또한 네 이웃을 네 몸과 같이 사랑하라 하였나이다. 예수께서 이르시되 네 대답이 옳도다. 이를 행하라, 그러면 살리라 하시니 이 사람이 자기를 옳게 보이려고 예수께 여짜오되 그러면 내 이웃이 누구오니이까. 예수께서 가라사대 어떤 사람이 예루살렘에서 여리고로 내려가다가 강도를 만나매, 강도들이 그 옷을 버리고 때려 거반 죽은 것을 버리고 갔더라. 제사장이……그를 보고 피하여 지나가고, 레위인도……보고 피하여 지나가되, 어떤 사마리아인은……그를 보고 불쌍히 여겨 가까이 가서 기름과 포도주를 그 상처에 붓고 싸매고 자기 짐승에 태워 주막에 데리고 가서 돌보아 주고, 이튿날에 데나리온 둘(two silver coins)을 내어 주막 주인에게 주며 가로되 이 사람을 돌보아 주라. 부비(extra expense)가 더 들면 내가 돌아 올 때에 갚으리라…… 네 의견에는 이 세 사람 중에 누가 강도 만난 자의 이웃이 되겠느냐. 가로되 자비를 베푼 자니이다. 예수께서 가서 이르시되 가서 너도 이와 같이 하라(Go and do likewise) 하시니라."(눅10:25-37) "어떤 관원이 물어 가로되 선한 선생님이여 내가 무엇을 하여야 영생을 얻으리이까?……예수께서 이르시되 네가 계명을 알고 지키었으나 오히려 한 가지 부족한 것이 있으니 네게 있는 것을 다 팔아 가난한 자들을 나눠 주라……하나님의 나라를 위하여 집이나 아내나 형제나 부모나 자녀를 버린 자는……내세에 영생을 받지 못할 자가 없느니라."(눅18:18-30)

예수께서는 가난한 자에게 복음을 전하시고, 병든 자를 치유하시고, 섬김의 자세로 봉사할 것을 말씀하신다. "예수께 선지자 이사야의 글을 드리거늘 책을 펴서 이렇게 기록한데를 찾으시니 곧 주의 성령이 내게 임하셨으니 이는 가난한 자에게 복음을 전하게 하시려고 내게 기름을 부으시고 나를 보내사 포로된 자에게 자유를, 눈먼 자에게 다시 보게 함을 전파하며 눌린 자를 자유케 하고 주의 은혜의 해를 전파하게 하려 하심이라 하였더라."(눅4:18-19) "나사로라 이름한 한 거지가……죽어 천사들에게 받들려 아브라함의 품에 들어가고 부자도 죽어 장사되매 저가 음부에서 고통 중에……고민하나이다. 아브라함이 이르기를 너는 살았을 때에 네 좋은 것을 받았고 나사로는 고난을 받았으니 이것을 기억하라. 이제 저는 여기서 위로를 받고 너는 고민을 받느니라."(눅16:20-26) "예수의 말씀도 듣고 병고침을 얻으려고……많은 백성도 있더라. 더러운 귀신에게 고난 받는 자들도 고침을 얻은지라. 온 무리가 예수를 만지려고 힘쓰니 이는 능력이 예수께로 나서 모든 사람을 낫게 함이러라. 예수께서 눈을 들어 제자들을 보시고 가라사대 가난한 자는 복이 있나니 하나님의 나라가 너희 것임이요 이제 주린 자는 복이 있나니 너희가 배부름을 얻을 것임이요 이제 우는 자는 복이 있나니 너희가 웃을 것임이요."(눅6:17-21) "예수께서 가르치실 때……병을 고치는 주의 능력이 예수와 함께 하더라. 한 중풍 병자를 사람들이 침상에 메고 와서……중풍병자에게 말씀하시되 내가 네게 이르노니 일어나 네 침상을 가지고 집으로 가라 하시매 그 사람이 저희 앞에서 곧 일어나 그 누웠던 것을 가지고 하나님께 영광을 돌리며 자기 집으로 돌아가니."(눅16:2-25) "무릇 네게 구하는 자에게 주며 네 것을 가져가는 자에게 다시 달라지 말며 남에게 대접을 받고자 하는 대로 너희도 남을 대접하라……오직 너희는 원수를 사랑하고 선대하여 아무 것도 바라지 말고 빌리라. 그리하면 너희 상이 클 것이요 또 지극히 높으신 이의 아들이 되리니 그는 은혜를 모르는 자와 악한 자에게도 인자로우시니라. 너희 아버지의 자비하심 같이 너희도 자비하라."(눅6:30-36) "앉아서 먹는 자가 크냐 섬기는 자가 크냐 앉아 먹는 자가 아니냐. 그러나 나는 섬기는 자로 너희 중에 있노라.(I am among you as one who serves.)"(눅22:27)

4) 요한복음

요한복음에서 예수께서는 서로 사랑하라 명령하시고 그리스도 이름으로 무엇이든지 구하면 예수께서 시행하신다고 하신다. 그리고 하나님의 뜻을 행할 때는 하나님의 영광을 위해서 행해야 한다. 여기서도 예수의 치유의 사역이 나타나고 심판의 날에 선한 일을 행한 자는 생명의 부활로 나올 것임을 가르치고 계신다.

"예루살렘에……베데스다라 하는 못이 있는 데 거기 행각 다섯이 있고 그 안에 많은 병자, 소경, 절뚝발이, 혈기 마른 자들이 누워 물의 동함을 기다리니……거기 38년 된 병자가 있더라. 예수께서 그 누운 것을 보시고 병이 벌써 오랜 줄 아시고 이르시되 네가 낫고자 하느냐……일어나 네 자리를 들고 걸어가라 하시니 그 사람이 곧 나아서 자리를 들고 걸어 가니라."(요5:2-8)

"내 말을 듣고 또 나 보내신 이를 믿는 자는 영생을 얻었고 심판에 이르지 아니하나니 사망에서 생명으로 옮겼느니라. 진실로 진실로 너희에게 이르노니 죽은 자들이 하나님의 아들의 음성을 들을 때가 오나니……선한 일을 행한 자는 생명의 부활로, 악한 일을 행한 자는 심판의 부활로 나오리라."(요5:24-29)

"사람이 하나님의 뜻을 행하려 하면 이 교훈이 하나님께로서 왔는지 내가 스스로 말함인지 알리라. 스스로 말하는 자는 자기 영광만 구하되 보내신 이의 영광을 구하는 자는 참되니 그 속에 불의가 없느니라."(요7:17-18)

"유월절 엿새 전에……마리아는 지극히 비싼 향유 곧 순전한 나드 한 근을 가져다가 예수의 발에 붓고 자기 머리털로 그의 발을 씻으니 향유 냄새가 집에 가득하더라. 제자 중 하나로서 예수를 잡아 줄 가룟 유다가 말하되 이 향유를 어찌하여 삼백 데나리온에 팔아 가난한 자들에게 주지 아니하였느냐 하니……예수께서 가라사대 저를 가만 두어 나의 장사할 날을 위하여 이를 두게 하라. 가난한 자들은 항상 너희와 함께 있거니와 나는 항상 있지 아니하리라 하시니라."(요12:1-8)

"내 이름으로 무엇이든지 내게 구하면 내가 시행하리라. 너희가 나를 사랑하면 나의 계명을 지키리라. 너희가 나를 사랑하면 나의 계명을 지키리라."(요14:14-15)

"새 계명을 너희에게 주노니 서로 사랑하라. 내가 너희를 사랑한 것같이 너희도 서로 사랑하라. 너희가 서로 사랑하면 이로써 모든 사람이 너희가 내 제자인 줄 알리라."(요13:34-35)

"내 계명은 곧 내가 너희를 사랑한 것같이 너희도 서로 사랑하라 하는 이것이니라. 사람이 친구를 위하여 자기 목숨을 버리면 이에서 더 큰 사랑이 없나니 너희가 나의 명하는 대로 행하면 곧 나의 친구라."(요15:12-14)

5) 사도행전

사도행전에 따르면 사도들의 말씀에 큰 은혜를 받은 믿는 무리들이 서로 연대하고 친교하며 자기희생과 너그러움을 통해서 빈민들의 고통을 해소하는 모습을 보여주고 있다. 또한 사도들이 말씀에 더욱 정진하게 하기 위해 구제업무를 담당하는 전담요원을 선출했는데 이로 인해 집사제도가 탄생하게 된다. 집사는 구제전담요원이요 오늘날 기독교사회복지사의 기원이라 할 수 있다.

"믿는 사람이 다 함께 있어 모든 물건을 서로 통용하고 또 재산과 소유를 팔아 각 사람의 필요를 따라 나눠 주고(all believers were together and had everything in common. Selling their possessions and goods, they gave to anyone as he had need) 날마다 마음을 같이하여 성전에 모이기를 힘쓰고 집에서 떡을 떼며 기쁨과 순전한 마음으로 음식을 먹고 하나님을 찬미하며 또 온 백성에게 칭송을 받으니 주께서 구원받는 사람을 날마다 더하게 하시니라."(행2:44-47)

"믿는 무리가 한 마음과 한 뜻이 되어 모든 물건을 서로 통용하고 제 재물을 조금이라도 제 것이라 하는 이가 하나도 없더라. 사도들이 큰 권능으로 주 예수의 부활을 증거하니 무리가 큰 은혜를 얻어 그 중에 핍절한 사람(needy persons)이 없으니 이는 밭과 집 있는 자는 팔아 그 판 것의 값을 가져다가 사도들의 발 앞에 두매 저희가 각 사람의 필요를 따라 나눠줌이러라.(it was distributed to anyone as he had need.)"(행4:32-35)

"그 때 제자가 더 많아졌는데 헬라파 유대인들이 자기의 과부들이 그 매일 구제에 빠지므로 히브리파 사람을 원망하는데 열두 사도가 모든 제자 제자를 불러 이르되 우리가 하나님의 말씀을 제쳐놓고 공궤를 일삼는 것이 마땅치 아니하니 형제들아 너희 가운데서 성령과 지혜가 충만하여 칭찬 듣는 사람 일곱을 택하라. 우리가 이 일을 저희에게 맡기고 우리는 기도하는 것과 말씀 전하는 것을 전무하리라 하니 온 무리가 이 말을 기뻐하여 믿음과 성령이 충만한 사람 스데반과 또 빌립과 브로고로와 니가노르와 디몬과 바메나와 유대교에 입교한 안디옥 사람 니골라를 택하여 사도들 앞에 세우니 사도들이 기도하고 그들에게 안수하니라. 하나님의 말씀이 점점 왕성하여 예루

살렘에 있는 제자의 수가 더 심히 많아지고 허다한 제사장의 무리도 이 도에 복종하니라."(행6:1-7)

"욥바에 다비다(Tabitha)라 하는 여제자가 있으니 그 이름을 번역하면 도르가(Dorcas)라. 선행과 구제하는 일이 심히 많더니 그 때에 병들어 죽으매 시체를 씻어 다락에 뉘우니라……베드로가 일어나 저희와 함께 가서 이르매 저희가 데리고 다락에 올라가니 모든 과부가 베드로의 곁에 서서 울며 도르가가 저희와 함께 있을 때에 지은 속옷과 겉옷을 다 내어 보이거늘 베드로가……무릎을 꿇고 기도하고 가로되 다비다야 일어나라 하니 그가 눈을 떠 베드로를 보고 일어나 앉는지라."(행36-40)

6) 로마서

로마서에서는 기독교사회복지를 행함에 있어 실제 어떠한 자세로 임해야 하는가를 가르쳐 주고 계신다. 하나님께서는 믿는 사람들에게 서로 다른 직분을 주시고, 서로가 자기에 맡겨진 직분에 충실하고 협력하여 하나님의 뜻을 서로 하나가 되어 이루시길 원하고 계신다. 믿음의 형제들인 동료를 사랑하고 서로 우애하고 존경하길 서로 먼저 하며 주의 뜻을 행하는 것이므로 부지런히 그리고 열심히 행해야 한다.

"내게 주신 은혜로 말미암아 너희 중 각 사람에게 말하노니 마땅히 생각할 그 이상의 생각을 품지 말고 오직 하나님께서 각 사람에게 나눠주신 믿음의 분량대로 지혜롭게 생각하라. 우리가 한 몸에 많은 지체를 가졌으나 모든 지체가 같은 직분을 가진 것이 아니니……우리에게 주신 은혜대로 받은 은사(gift)가 각각 다르니……혹 섬기는 일이면 섬기는 일로……, 구제하는 자는 성실함으로……긍휼을 베푸는 자는 즐거움으로 할 것이니라. 형제를 사랑하여 서로 우애하고 존경하기를 서로 먼저 하며 부지런하여 게으르지 말고 열심을 품고 주를 섬기라……성도들의 쓸 것을 공급하며 손 대접하기를 힘쓰라."(롬12:-13)

7) 고린도전서

기독교사회복지를 행하는 것은 하나님께서 주신 은사 가운데 하나이다. 하나님께서는 한 몸에 서로 다른 은사를 가진 여러 지체를 주시었고 각 지체는 자신의 일에 충실하면서 서로 협력하여 하나님의 뜻을 이루어야 한다. 각 지체는 각 지체가 행해야 할 기능을 연마하고 발전시켜 각자의 전문적 영역을 개발해 나아가야 한다. 기독교사회복지가 주어진 은사에 보다 충실하고 전문적으로 행해질 때 하나님의 뜻은 보다 효과적이고 효율적으로 이 땅에 실현될 것이다.

"하나님이 그 원하시는 대로 지체를 각각 몸에 두셨으니……몸 가운데서 분쟁이 없고 오직 여러 지체가 서로 같이하여 돌아보게 하셨으니 만일 한 지체가 고통을 받으면 모든 지체도 함께 고통을 받고 한 지체가 영광을 얻으면 모든 지체도 함께 즐거워하나니, 너희는 그리스도의 모이요 지체의 각 부분이라. 하나님이 교회 중에 몇을 세우셨으니……그 다음은 병 고치는 은사와 서로 돕는 것……이라. 다 사도겠느냐, 다 선지자겠느냐, 다 교사겠느냐, 다 능력을 행하는 자겠느냐."(고전12:18-29)

8) 고린도후서

하나님께 억지가 아니라 즐거운 마음으로 물질을 바칠 때 하나님께서 사랑하사 모든 일에 모든 것을 넉넉하게 하시어 더욱 선한 일들을 할 수 있도록 하신다. 우리의 풍성한 연보는 부족한 성도들을 섬기게 되고 그들이 하나님께 감사하게 한다.

"하나님이 능히 모든 은혜를 너희에게 넘치게 하시나니 이는 너희로 모든 일에 항상 모든 것이 넉넉하여 모든 착한 일을 넘치게 하게 하려 하심이라. 기록한 바 저가 흩어 가난한 자들에게 주었으니 그의 의가 영원토록 있느니라 함과 같으니라……너희가 모든 일에 부요하여 너그럽게 연보를 함은 저희로 우리로 말미암아 하나님께 감사하게 하는 것이라. 이 봉사의 직무가 성도들의 부족한 것만 보충할 뿐 아니라 사람들의 하나님께 드리는 많은 감사를 인하여 넘쳤느니라."(고후9:8-12)

9) 빌립보서

기독교사회복지는 겸손한 마음으로 행해야 한다. 예수는 자기의 본체이신 하나님의 영광의 자리를 포기하고 종의 본체를 입으시고 인간들 사이에 들어오신 분이다. 성육신 사건의 핵심은 예수는 인간들 가운데 오셔서, 인간을 섬김으로, 인간을 구속하여, 참된 인간으로 회복시키는 것이다. 예수는 자기를 비우신 분으로 인간의 모습을 입어 인간들과 하나가 되신 분이다. 예수는 세상에서 종으로 섬기는 삶을 사셨다. 예수의 십자가의 삶은 섬기는 삶의 완성이다. 인간들 가운데서 인간을 섬기는 삶을 통하여 타락한 인간의 참 형상을 회복하신 분이시다. '하나님의 형상 회복'이라는 궁극적인 목적을 갖는 기독교사회복지사업에 참여하는 모든 사람은 예수의 이러한 삶을 자기의 삶의 모델로 삼고 살아야 한다.

"그리스도 안에 무슨 권면이나 사랑에 무슨 위로나 성령의 무슨 교제나 긍휼이나 무슨 위로나 성령의 무슨 교제나 긍휼이나 자비가 있거든 마음을 같이하여 같은 사랑을 가지고 뜻을 합하여 한 마음을 품어 아무 일에든지 다툼이나 허영으로 하지 말고 오직 겸손한 마음으로 각각 자기보다 남을 낫게 여기고 각각 자기 일을 돌아볼 뿐더러 또한 각각 다른 사람들의 일을 돌아보아 나의 기쁨을 충만케 하라. 너희 안에 이 마음을 품으라. 곧 그리스도 예수의 마음이니 그는 근본 하나님의 본체시나 하나님과 동등됨을 취할 것으로 여기지 아니하시고 오히려 자기를 비어 종의 형체를 가져 사람들과 같이 되었고 사람의 모양으로 나타나셨으매 자기를 낮추시고 죽기까지 복종하셨으니 곧 십자가에 죽으심이라."(빌2:1-8)

10) 갈라디아서

바울은 당시 기근과 정치적 억압, 착취로 인해 생겨난 예루살렘 교회의 가난한 성도들을 보살펴 주고 선한 일은 행할 기회가 있을 때마다 놓치지 말고 선을 행하기를 권면하고 있다.

"다만 우리에게 가난한 자들 생각하는 것을 부탁하였으니 이것을 나도 본래 힘써

행하노라."(갈2:10)

"우리가 선을 행하되 낙심하지 말지니, 피곤하지 아니하면 때가 이르매 거두리라. 그러므로 우리는 기회 있는 대로 모든 이에게 착한 일을 하되 더욱 믿음의 가정들에게 할지니라."(갈6:9-10)

11) 에베소서

바울은 하나님의 자녀가 된 성도들은 아버지이신 하나님의 성품을 모방해야 한다. 이는 기독교사회복지의 실천방법의 근본인 '하나님을 본받음(imitatio dei)'을 나타내는 것이다. 하나님이 우리를 사랑하신 것 같이 우리도 서로 사랑을 나누어야 한다.

"사랑을 입은 자녀 같이 너희는 하나님을 본받는 자가 되고(Be imitators of God), 그리스도께서 너희를 사랑하신 것같이 너희도 사랑 가운데서 행하라."(엡5:1-2)

12) 디모데전서

바울은 믿음의 아들 디모데에게 보낸 문안에서 참과부인 과부를 경대하며, 매트리큘라(matricula)라 불리는 과부명부에 오를 자를 규정함으로써 오늘날 사회복지의 선별주의에 의한 구제를, 그리고 가족과 친족의 보호를 교회의 보호보다 우선시 하는 보충성의 원리를 가르쳤다.

"참과부(those widows who are really in need)인 과부를 경대하라. 만일 어떤 과부에게 자녀나 손자들이 있거든 저희로 먼저 자기 집에서 효를 행하여 부모에게 보답하기를 배우게 하라. 이것이 하나님 앞에 받으실 만한 것이니라..... 누구든지 자기 친족 특히 자기 가족을 돌아보지 아니하면 믿음을 배반한 자요 불신 자보다 더 악한 자니라. 과부로 명부에 올릴 자는 나이 육십이 덜 되지 아니하고 한 남편의 아내이었던 자로서 선한 행실의 증거가 있어 혹은 자녀를 양육하며 혹은 나그네를 대접하며 혹은 성도들의 발을 씻기며 혹은 환난 당한 자들을 구제하며 혹은 모든 선한 일을 좇은 자라야 할 것이요."(딤전 5:1-11)

제3장 기독교사회복지의 역사적 전개

기독교사회복지와 관련된 신학적 의미와 논쟁은 신학을 연구하는 학자들의 몫으로 돌리고 본 장에서는 기독교사회복지의 전반적인 역사적 흐름을 대표할 수 있는 시대적 사건들과 인물들의 활동을 중심으로 정리하고 이들이 갖고 있는 사회복지적 함의를 분석하기로 한다.

기독교사회복지는 하나님의 이웃사랑과 봉사의 계명을 개별적으로 또는 집단적으로 실천하는 기독교복음활동의 하나이다. 이러한 복음활동은 역사적인 측면에서 살펴보면 다양한 기관과 봉사자가 관련되어 있기 때문에 이들의 모든 활동을 모두 미시적으로 기술하는 것은 불가능하며 또한 자료적 측면에서도 많은 제한이 있다. 따라서 기독교사회복지의 전반적인 흐름에 영향을 미친 인물들의 활동, 제도, 사건 등을 중심으로 기독교사회복지의 역사적 전개 과정을 분석한다. 그러나 기독교사회복지는 언급되지 않은 수많은 평범한 기독교인들과 교회 및 관련 기관들의 보이지 않는 활동들에 의해 상당 부분이 수행되어 왔다는 사실을 존중하여야 하며, 이를 간과하여선 안 된다. 본장에선 기독교사회복지의 전반적인 흐름을 일반적인 역사적 전개과정에 따라 정리해 분석한다.

제1절

고대-중세 이전 기독교사회복지

1) 고대 이스라엘의 복지사업

고대 이스라엘의 복지사업은 구약성서에 나타나는 신도들 간의 단순한 상호부조 활동들을 말한다. 넓은 의미에서 구약의 역사는 천지 창조로부터 바벨론 포로 귀환까지의 시대에 걸쳐 전개되는데 대부분은 이스라엘 민족이나 그 주변 민족들의 활동이 중심을 이루고 있다.

창세기에 인간은 하나님의 형상(imago dei)을 따라 하나님의 모양대로 창조되었다.(God said, "Let us make man in our image, in our likeness.") 인간에 관한 유대교의 기본적인 주장은 인간은 이와 같이 하나님의 형상대로 창조된 인간에 대해 윤리적으로 합당하게 대응해야 한다고 주장하고 있다. 이러한 주장은 종교적으로, 윤리적으로, 도덕적으로 인간행위를 규제하는 기초적인 규범 틀을 형성하였다. 공동체 내에 빈궁한 처지에 있는 사람, 이웃, 일꾼, 장애인, 나그네 등 모두가 거룩하신 하나님의 형상대로 만들어진 고귀한 생명이기에 하나님 여호와를 경외하는 마음으로 인간은 하나님의 의로우심과 사랑을 공동체의 생활 가운데서 실천하여야 함을 보여주고 있다.

랍비 유대교(rabbinic judaism : 예루살렘 성전파괴 후부터 발전된 유대교의 규범적인 형태로 오늘날에 이르기까지 전 세계의 유대인들에 의해 실천되고 있는 예배형식과 생활규율을 제정)에서는 imitatio dei(하나님을 본받음)라는 주제를 발전시켰다. "그의 모든 도를 행하는 것"이 어떻게 가능한가에 대해 랍비들은 "하나님께서 자비로우시고 은혜로우신 것과 같이 너희도 자비롭고 은혜로우라. 하나님께서 의로우신 것과 같이 너희도 의로우라. 그리고 하나님께서 거룩하신 것과 같이 너희도 거룩하라." 고 대답하였다. 하나님은 벗은 자들을 입히시고 병든 자들을 편히 쉬게 해 주시는 분으로 가르침으로써 그들 자신의 의무를 인식하도록 하였다. 유대교의 전통적인 기도서에 열거된 덕행들을 살펴보면 부모를 공경하는 것, 부단한 사랑의 행위, 매일 두 번씩 예배에 참여하는 것, 나그네에게 호의를 베푸는 것, 병자를 방문하는 것, 과부를 돌보는 것, 장례식에 참여하는 것, 기도에 전념하는 것, 공동체생활과 가정생활에서 화목한 분위기를 조성하는 것 등을 들 수가 있다.

이스라엘 민족의 풍습으로는 가진 자들이 갖지 않은 자들에 대하여 베푸는 것을 하나의 미덕으로 간주하여 가난한 자, 고아, 과부, 이방인들을 불쌍히 여기고 이들을 은혜롭게 구제하는 것을 그들의 의무로 삼았다. 이스라엘의 복지사상은 구약성경의 모세(Moses)의 율법과 예언자의 기록에 나타나 있다. 그 중 모세가 시내산(Sinai)에 올라가 여호와 신으로부터 계시를 받은 모세의 율법은 당시의 신성한 의무로서 받아들여지고 있었다. 모세의 율법은 크게 하나님에 대한 의무와 이웃에 대한 의무로 구성되어 있다. 이 가운데 이웃에 대한 의무는 기독교사회복지의 이념적 기초를 제공해 주고 있다. 모세의 율법 가운데 사회복지와 관련된 것들을 정리하면 다음과 같다.

"이방 나그네를 학대하지 마라. 너희도 애급에서 나그네로 있었나니라. 과부나 고아를 해롭게 하지 마라. 만일 조금이라도 그들을 해롭게 하면 내가 반드시 그 부르짖는 소리를 듣고 진노하여 너희를 칼로 죽여 너희 아내를 과부가 되게 하며 너희 자녀도 고아가 되게 하리라."(출22:21-24)

"나의 백성 너희 중에 가난한 자에게 금전을 꾸어 주거든 빚진 자로 대우하지 말며 변리를 받지 말고 이웃의 옷을 전당잡거든 일몰 전에 돌려보내라."(출22:25-27) "6년 동안은 너희 전답에 파종하여 그 산물을 거두고 제 7년에는 묵혀 두어 가난한 백성으로 경작하여 먹게 하고 그 남은 것은 들짐승으로 먹게 하라. 포도원과 감람원도 그러할지니라. 6일 동안은 네 일을 하고 제 7일에는 안식하여 네 소와 나귀도 쉬게 하고 노복과 이방나그네도 휴식하게 하라."(출23:10-12)

유태국 요시아가 기원전 621년에 제정한 신명기에는 모세의 율법에 규정된 복지사상이 더욱 구체적으로 규정되어 있다. "3년마다 그해 소산의 10분의 1을 거출하여 너희 성읍에 저축하고 분깃이나 기업(allotment or inheritance)이 없는 레위 사람과 성중에 우거하는 객과 고아와 과부로 하여금 와서 배불리 먹게 하라. 여호와 네 하느님이 너희 하는 범사에 복을 주시리라."(신명기14:28-29) "매 7년 끝에 모든 채주는 그 이웃에게 꾸어 준 것을 면제하고 이웃에게나 형제에게 독촉하지 말지니 이방인에게는 독촉하려니와 형제에게 꾸어 준 것은 면제하라. 그리하면 여호와 네 하나님이 네게 주신 땅에서 복을 받아 너희 중에 가난한 자가 없으리라"(신명기15:1-4) "무릇 네 이웃에게 꾸어 줄 때에 네가 그 집에 들어가서 전집물을 취하지 말고……그가 가난한 자거든 너는 그의 전집물을 반드시 그에게 돌릴 것이라. 그리하면 그가 그 옷을 입고 자며 너를 위하여 축복하리니 그 일이 네 하나님 여호와 앞에서 네 의로움이 되리라. 곤궁하고 빈한한 품꾼은……학대하지 말며 그 품삯을 당일에 주고 해진 후까지 끌지 말라. 너는 객이나 고아의 송사를 억울하게 말며 과부의 옷을 전집하지 말라…… 네가 밭에서 곡식을 벨 때에 그 한 뭇을 밭에 잊어버렸거든 다시 가서 취하지 말고 객과 고아와 과부를 위하여 버려두라 그리하면 네 하나님 여호와께서 네 손으로 하는 범사에 복을 내리시리라. 네가 감람나무를 떤 후에 그 가지를 다시 살피지 말고 그 남은 것은 객과 고아와 과부를 위하여 버려두라. 네가 네 포도원의 포도를 딴 후에 그 남은 것을 다시 따지 말고 객과 고아와 과부를 위하여 버려두라."(신명기24:10-22) "제 삼년 곧 십일조를 드리는 해에 네 모든 소산의 십일조 다 내기를 마친 후에 그것을 레위인과 객과 고아와 과부에게 주어서 네 성문 안에서 먹어 배부르게 하라."(신명기26:12)

그밖에 잠언과 레위기에도 이웃 사랑에 관한 구절들을 찾아볼 수 있다. "그 이웃을 업신여기는 자는 죄를 범하는 자요 빈곤한 자를 불쌍히 여기는 자는 복이 있는 자니라."(잠언14:21) "가난한 사람을 학대하는 자는 그를 지으신 이를 멸시하는 자요 궁핍한 사람을 불쌍히 여기는 자는 주를 존경하는 자니라."(잠언14:31) "네 동족이 빈한하게 되어 빈손으로 네 곁에 있거든 너는 그를 도와 객이나 우거하는 자처럼 너와 함께 생활하게 하되 너는 그에게 이식을 취하지 말고 네 하나님을 경외하여 네 형제로 너와 함께 생활하게 하라."(레위기25:35-36)

이와 같이 이스라엘에 있어서 복지사상은 그 대상이 과부 고아 노인 이방인 일용근로자 무산자 등 여러 가지 어려움을 겪고 있는 사람들을 포함하고 있다. 이러한 보호의 성격은 개인적이고 사후구제적인 것이 대부분이었으나 빈민계급의 발생을 사전에 방지해야 한다는 예방적이고 적극적인 측면도 있었다. 모세의 율법에서는 가난한 사람을 돌보아 주는 것이 하나님의 뜻에 부합되는 당연한 것으로 간주되었으며, 이것은 일종의 구보주의(救報主義) 신앙적 측면을 보여주고 있다.

2) 초대교회의 기독교사회복지

고대 말기 초대교회의 봉사활동은 기독교사회복지를 제도화(instituti- onalization of christian social welfare)하려는 시도가 나타나기 시작한 시기이다. 초대교회는 AD 30년경부터 기독교가 콘스탄티누스 대제(306~377)하에서 로마의 종교로서 공인을 받기까지의 역사적인 단일성을 가진 시기에 해당한다. 초대교회는 많은 순교자를 배출해 내고 기독교를 가장 순수한 형태로 구현하고 있다고 생각되기 때문에 항상 높은 존경을 받았다. 교회 초기의 젊은 신선함으로 되돌아가는 속에서 교회의 부흥을 구하고자 하는 노력들을 오늘날에도 찾아볼 수 있다.

기독교 운동 초기 초대교회의 사회복지 활동에 대한 내용들은 매우 제한적으로 전해지고 있다. 제한된 지식 가운데 우선적으로 언급되어지는 것은 초기 기독교 공동체이다. 본래 공동체(community)는 예수의 부활에 근거를 두고서 예수께서 하나님 나라의 완성자로 곧 돌아오실 것을 선포하고 그 사건을 기대하며 살았던 팔레스타인의 유대인들로 구성되었다. 이들은 스스로를 '가난한 자' '성도' 그리고 '에클레시아(모임 또는 교회)'라고 불렀다. 이 공동체는 기도하고 서로 권면하고 '떡을 떼기' 위하여 정기적으로 모였다. 이 떡을 떼기에서 공동체의 교제를 위한 기독교인들의 공동식사가 이루어졌으며 성찬식이 유래한 계기가 되었다(Walker, 1993:36-39).

그리스도 이후부터 1세기말까지의 기간을 사도시대(apostolic age)라 부른다. 사도시대에 기독교사회복지를 제도화시킬 수 있는 의미 있는 직제가 교회 내에 탄생되었다. 임시적인 사도, 선지자, 전도자들과 영구적인 장로(presbuteros), 감독(eposcopos) 및 집사(diakonos)등과 같은 교회의 직분이 제도화되었다.

사도라 함은 "보내어진 자 또는 사자"라는 뜻을 지니고 있다. 열 두 사도들과 같이 이들은 그리스도에 의해 직접 선택받아 복음전파와 교회조직 및 이적 시행 등의 일들을 개인적으로 위임받은 사람들이다. 그들은 특별 계시를 받았고 주님으로부터 특별한 권위를 직접 부여받았으며 모든 시대의 교회에게 영감된 말씀을 전달하기 위해 하나님께로부터 능력을 부여받았다.

신약의 선지자들은 현재, 미래 혹은 과거 중 그 어느 것을 다루든지 관계없이 영감 받은 진리의 보도자들로 사도 다음의 계층에 속하였다. 이들은 신약의 정경이 형성되고 훈련된 목사들이 나타나기 이전인 2세기 중반까지 교회에서 상당히 중요한 위치를 점유하고 있었다.

전도자는 교회밖에 있는 사람들에게 복음을 전파하고 교회가 없는 곳에 교회를 설립하였다. 그들의 주요 임무는 주로 죄인을 회개시키는 일과 회중을 모아 그들을 정착 목회자에게 맡겨 주는 일이었다. 전도자들은 도덕적 암흑기와 영적 침체기에 정규목회 사역에 보조 역할을 수행하였다.

장로의 직분은 신약에서 감독, 목사, 교사, 설교자, 봉사자, 청지기 및 사자 등으로 다양하게 묘사된다. 목사란 그리스도의 "양떼의 목자"의 의무를 나타낸다. 감독(episcopos)이란 "하나님의 교회를 쳐야 하는 자"로 장로(presbuteros)와 동일한 직분임을 여러 사실을 통해 나타내고 있다.

집사(diakonos)는 종, 수종자 혹은 사역자의 의미를 지닌 헬라어 디아코노스(diakonos)에서 나온 말이다. 신약성경에서는 가난한 자들을 위한 기부금이나 재산 등을 관리하는 사람을 일컬어 집사(deacon)라는 말을 사용하고 있다. 이 말은 높은 인격을 갖춘 그리스도인들로 구성된 한정된 계층을 일컫는 말이다.

그리스어를 사용하는 디아스포라 유대인들의 생활과 통합된 결과 예루살렘에 거주하고 있던 믿는 자들의 공동체에 어려움이 닥쳤다. 그리스어를 사용하는 유대인 신자들이 그 지방 아람어를 사용하는 예루살렘 그리스도인들에게 불평을 했다. 불평의 이유는 헬라파 유대인들이 자기의 과부들이 매일 구제에 빠지므로 감정이 상했기 때문이다. 공동체의 공동 재산을 관리하기 위하여 일곱 명의 헬라파 사람들을 임명함으로써 이 다툼은 해결되었다. 이러한 분쟁을 해결하고 헬라파 유대인 과부들에게 자선의 양식을 분배하는 열두 제자들을 도움으로써 사도들이 말씀에 전념토록 하기 위하여 기독교사회복지를 전담할 역원으로서 집사제도가 단생하게 된다. 이를 사도행전에는 다음과 같이 기술하고 있다.

'사도들이 날마다 성전에 있든지 집에 있든지 예수는 그리스도라 가르치기와 전도하기를 쉬지 아니할 때 제자가 더욱 많아지게 되었다. 이때 헬라파 유대인들이 자기의 과부들이 매일 구제에 빠지므로(because their widows were being overlooked in the daily distribution of food) 히브리파 사람들을 원망한대 열 두 사도가 모든 제자를 불러 이르되 우리가 하나님의 말씀을 제쳐놓고 공궤를 일삼는 것이 마땅치 아니하니 형제들아 너희 가운데서 성령과 지혜가 충만하여 칭찬 듣는 사람 일곱을 택하라. 우리가 이 일을 저희에게 맡기고 우리는 기도하는 것과 말씀 전하는 것을 전무하리라 하니(It would not be right for us to neglect the ministry of the world of God in order to wait on tables. Brothers, choose seven men from among you who are known to be full of the Spirit and wisdom. We will turn this responsibility over to them and will give our attention to prayer and the ministry of the world..) 온 이 말을 기뻐하여 믿음과 성령이 충만한 사람 스데반, 빌립, 브로고로, 니가노르, 디몬, 바메나와, 니골라를 택해 사도들 앞에 세우니 사도들이 기도하고 그들에게 안수하니라(행6:1-6).

성령과 지혜가 충만한 사람 스데반 등 7명의 집사를 선거하여 구제의 업무를 맡기게 되었는데 이 집사들이 교회 최초의 역원으로서 최초의 구제를 위한 자선위원이 되었다. 교회의 구제위원들은 사도시대 후의 문헌에는 집사의 임무에 관해 집사는 병자, 궁핍한 자, 특별히 과부, 고아, 죄인들을 찾아 방문하고는 그들이 필요로 하는 것을 감독에게 알리고 그들에게 교회의 구제품을 전달하였다. 집사의 이러한 임무는 기독교사회복지사의 기원을 의미하며 이들의 활동은 오늘날 재가복지와 같은 활동을 하고 있었다. 기능주의(functionalism)의 입장에서 분석하면, 사도의 일차적 기능은 기도하고, 말씀을 전파하는 것이고, 집사의 일차적 기능은 구제봉사를 하는 것이다. 사도와 집사가 본연의 기능을 온전히 수행할 때 교회공동체는 안정이 되고 조화가 이루어지고 발전하게 된다.

사도시대에 나타나는 기독교의 복지활동은 그동안 비체계적이고 개인적이고 개별사례중심적인 모습에서 조금 벗어나 점차 제도화(institu tionalization) 특징을 나타내게 된다. 교회의 복지사업들은 봉사의 사명을 담당하는 집사(Diakone) 또는 여집사(Diakonisse)들이 맡아 실시하게 되었다. 교회의 감독이 집사들에 의해 이루어진 사랑의 현장 활동을 지도했고, 동방에서는 여집사들까지 지도했다. 그러나 사도행전에서는 집사라는 명칭을 사용하지 않고, 빈민에게 음식을 나누어주는 그들의 기능을 기술하기 위해 디아코네인이란 말을 사용하고 있다. 집사직에 대한 모범은 바로 예수 자신으로 예수는 섬김을 받으려 함이 아니라 도리어 섬기기 위해서 왔다고 하였다.

기독교복지사업을 담당하는 집사들은 도덕적으로 가정적으로 모범이 되는 자라야 함을 성경은 가르치고 있다. '집사들도 단정하고 일구이언을 하지 아니하고 술에 인박이지 아니하고 더러운 이를 탐하지 아니하고 깨끗한 양심에 믿음의 비밀을 가진 자라야 할지니 이에 이 사람들을 먼저 시험하여 보고 그 후에 책망할 것이 없으면 집사의 직분을 하게 할 것이요 여자들도 이와 같이 단정하고 참소하지 말며 절제하며 모든 일에 충성된 자라야 할지니라. 집사들은 한 아내의 남편이 되어 자녀와 자기 집을 잘 다스리는 자일지니라.'(딤전 3:8-13)

사도시대에는 기독교 공동체 정신 아래 하나님의 사랑을 실천하도록 사도들은 가르쳤으며 이는 교회성장의 밑거름이 됨을 일깨워 주었다. '믿는 사람이 다 함께 있어 모든 물건을 서로 통용하고 또 재산과 소유를 팔아 각 사람의 필요에 따라 나눠주고 날마다 마음을 같이 하여 성전에 모이기를 힘쓰고 집에서 떡을 떼며 기쁨과 순전한 마음으로 음식을 먹고 하나님을 찬미하며 또 온 백성에게 칭송을 받으니 주께서 구원받는 사람을 날마다 더하게 하시니라.'(사도행전 2:42-47) '믿는 무리가 한 마음과 한 뜻이 되어 모든 물건을 서로 통용하고 제 재물을 조금이라도 제 것이라 하는 이가 하나도 없더라. 사도들이 큰 권능으로 주 예수의 부활을 증거하니 무리가 큰 은혜를 얻어 그 중에 핍절한 사람이 없으니 이는 밭과 집 있는 자는 팔아 그 판 것의 값을 가져다가 사도들의 발 앞에 두매 저희가 각 사람의 필요를 따라 나눠줌이러라.'(사도행전4:32-35)

사도시대의 기독교 복지 대상자를 무차별적으로 구제하는 것이 아니라 도움을 받아 마땅한 자(the deserving poor)를 일정한 기준에 따라 선별하여 선별적으로 도움을 주는 시도가 있었다. 즉 일종의 자산조사(means test)뿐만 아니라 신분조사(status test)를 통한 적합한 복지수혜대상자를 선별적으로 선발하는 선별주의(selectivism)의 모습을 찾아 볼 수가 있다. 그 한 예로서 과부명부를 작성한 후 구제한 것을 들 수가 있다. '과부로 명부에 올릴 자는 나이 육십이 덜 되지 아니하고 한 남편의 아내이었던 자로서 선한 행실의 증거가 있어 혹은 자녀를 양육하며 혹은 나그네를 대접하며 혹은 성도들의 발을 씻기며 혹은 환난 당한 자들을 구제하며 혹은 모든 선한 일을 좇은 자라야 할 것이요.'(디모데전서5:9-10)

3세기는 로마세계의 대부분 지역에서 교회가 확대되는 시기이다. 이 발달은 공식적인 사역의 지위와 형성, 개별 교회의 내부 조직, 교회간의 관계에 영향을 주었다. 교회라는 낱말은 일차적으로 특정한 지역, 즉 실제로 도시를 중심으로 하고 변두리 배후지를 포함하는 특정한 폴리스에 있는 그리스도인들의 모임을 가리켰다. 교회의 규모와 복잡성도 도시 규모에 따라 다양했는데 로마와 알렉산드리아와 같은 곳에서는 주변 도시들이 발달하여 후대 '교구(paroecia파로이키아)'와 비슷한 특성을 갖게 되었다(교구는 교회의 소관 관청에 의해 설립된 지역적 단체이다).

3세기에는 교회를 섬기는 직분(헬라어 클레로이, 영어clergy)이나 직위(라틴어 오르디네스, 영어 ordination)가 많아졌다. 이 직분과 성직을 가진 사람들은 비직분자(plebs:평신도, 백성)들과 구분되면서 감독, 집사, 장로 뿐 아니라 성경낭독자, 과부들, 부집사, 동정녀들, 여집사들, 문답교수자, 복사, 구마사, 문지기 등도 포함했다. 이 직분을 가진 자들 가운데 가장 두드러지는 사람은 의심할 여지없이 집사들이다. 집사들은 감독의 개인적인 보조자로 예배의식에 중요한 역할을 맡았을 뿐만 아니라 직접 공동체의 구제활동을 실행하는 책임도 맡았다. 로마에서처럼 이들의 수는 사도행전 6:3에 따라 보통 일곱 명으로 제한되었다. 집사들과 장로들과 함께 소성직계(小聖職階:minor orders)의 구성원들이 교회 생활에서 중심적 역할을 했다. 여집사직은 예배와 행정 일에서 집사들을 돕는 자들이었다. 과부들은 기도와 병든 자와 궁핍한 자들의 심방에 전념함으로써 재가복지활동을 전개하였다.

이스라엘에 있어서의 사회사업적 시설은 과부, 고아, 노인, 나그네, 일용근로자, 무산자 등 광범한 보호에 걸치고 있으며 그것이 농업시대였기 때문에 주로 농업적 방법에 의해 행해진다. 그 구제는 개인적 성질의 것이었으나 빈민계급의 발생을 방지하는 적극적인 면도 적지 않았다.

"잔치를 배설하거든 가난한 자와 병신들 그리고 소경들을 청하라. 그리하면 저희가 갚을 것이 없으므로 네게 복이 되리니 이는 의인들의 부활에 네가 갚음을 받을 것이다."(눅 14:13-14) 가난한 사람을 돌보아 주는 것은 하나님의 명령에 대한 순종이지만 동시에 일종의 죄장(sin and retribution)소멸의 수단으로 간주되고 있다. 즉 이들에 대한 구제는 자신이 지은 죄과를 소멸하고 영생을 얻을 수 있는 조건 가운데 하나가 되고 있음을 가르치고 있다.

성경은 기독교복지활동을 영생을 얻는 길이요 복을 받는 행위라고 가르치고 있다. "잔치를 배설하거든 차라리 가난한 자들과 병신들과 저는 자들과 소경들을 청하라. 그리하면 저희가 갚을 것이 없는 고로 네게 복이 되리니 이는 의인들의 부활 시에 네가 갚음을 받겠음이니라."(누가복음14:13-14) "무엇을 하여야 영생을 얻으리이까라는 관원의 질문에 대해 예수께서 이르시되 간음치 말고, 살인치 말고, 도둑질하지 말고, 거짓 증거하지 말고, 부모를 공경하라는 계명을 지키는 것만으로는 부족하다 이르시고 네게 있는 것을 다 팔아 가난한 자들을 나눠 주라. 그리하면 하늘에서 보화가 네게 있으리라 그리고 와서 나를 좇으라 하셨다."(누가복음18:18-22) 후세에 마틴 폰 투르스는 자신의 모든 소유를 다 팔아 가난한 자들에게 나누어주고 예수를 좇는 사람들을 '완전한 그리스도인'이라고 불렀다.

당시 기독교사회복지에 관한 상황은 258년에 사망한 부제이며 발레리아누스 박해 기간 중 순교한 라우렌티우스(Laurence, St.)에 관한 전승되어 오는 이야기를 통해 알 수가 있다. 당시 로마장관이 라우렌티우스에게 교회의 재물을 내놓으라고 명령하자, 그는 그가 교회의 재산을 분배해 준 가난한 사람들을 모아 놓은 다음 "이들이 교회의 재산입니다"라고 말했다 한다. 이 사건으로 라우렌티우스는 달구어지는 석쇠 위에서 죽음을 당하였다. 이 사건은 당시 교회가 얼마나 빈민들을 구제하였는지를 보여주고 있다.

오리게네스(Origenes, AD185～253)는 초기 희랍교회에 있어서 가장 큰 영향력을 행사하고 신학의 기초를 이룬 신학자이었다. 그는 '빈곤자에게 식물을 주기 위하여 단식하는 자는 행복하다'고 주장하였다.

3) 콘스탄티누스 황제 – 교황 그레고리우스 1세의 기독교사회복지

콘스탄티누스 황제가 기독교를 공인하므로 기독교는 박해를 면하게 되었다. 기원 313년 밀라노(Milano)칙령에 의해 모든 종교에 대해 신앙의 자유를 허용하였으며 기원 392년에 데오도시우스(Theodosius, AD 346～395)대제는 기독교를 로마의 국교로 선포하고 전국민으로 하여금 신봉할 것을 명하였다.

콘스탄티누스 황제가 기독교를 공인한 때부터 교황 그레고리우스 1세 치하에 교황권이 발달하기까지의 300년간의 구제사업 가운데 중요한 새로운 복지시설이 등장했는데 그것은 '사원숙박소'의 설립이다. 사원숙박소는 교회나 수도원에도 소속하게 되었는데 이들 사원숙박소는 주요 교통로에 위치하고 있었다. 기독교 신도들은 여행자나 빈곤자를 환대하려 하여도 개인의 가정에서는 도저히 돌볼 수 없기 때문에 이와 같은 여행자나 빈곤자를 위한 복지시설이 필요하게 되었다. 그러나 사원숙박소는 점차 구제범위를 확대하여 나중에는 구제의 필요가 있는 모든 사람들 즉 고아 과부 노령자 병자 빈곤자 및 나그네를 포함하게 되어 한층 발전된 복지시설로 변모하였다.

대중적 빈곤에 의한 압박감이 매우 심각하던 시기에 영아살해와 무분별한 어린이 유기가 하나의 사회문제로 부각되었다. 콘스탄티누스는 315년에 그의 출생지인 나이수스에서 이탈리아의 모든 도시에 대해 이 문제와 관련된 법률을 제정해 공표하였다. 이 법은 황제의 내탕고(창고)와 개인 소유지는 아버지들이 자녀를 양육할 능력이 없다고 선언한 모든 어린아이들의 생계를 유지하는 데 쓰여야 한다는 것을 내용으로 하고 있다. 그 후 322년에 아프리카에 대해 또 다른 법이 선포되었는데 그 법은 어린이의 매매를 합법화하였으며 유기된 어린이는 보호자의 소유가 된다는 것을 인정하였다. 그것은 가난한 부모의 자녀들에게 더 나은 삶의 기회를 제공하고자 하는 선한 목적에서 비롯된 것이었다.

기독교가 공인된 이래 교회들은 빈곤자의 구제가 더욱 더 필요하다는 것을 인식하게 되었다. 가장 열심히 구제를 주장한 사람은 콘스탄티노플 대사교인 크리소스톰(John Chrysostom, AD347~407)이었다. 황금의 입(크리소스토무스)을 가진 사람이란 칭호를 최초로 받은 탁월한 설교자이자 콘스탄티노플 감독이었고 398년에 주교가 된 크리소스톰은 당시 사치와 향락에 젖어 복음과 향락을 동시에 섬기는 콘스탄티노플에서 성직자들이 부와 재산을 축적하여 마치 부유한 유력자인 것처럼 생활하고, 일부 독신 사제들은 소위 '영적 자매들'과 문란한 생활을 하였으며, 교회의 재정상태는 엉망이었고, 가난한 자들을 돌보지 않았던 당시의 교회에 정면으로 도전하였다. 그는 '영적 자매들'을 사제의 집에서 나가도록 명령하였고 사제들에게는 엄격하고 청빈한 생활을 하라고 하였다. 또한 감독의 저택에 있는 값비싼 장식품들을 팔아 극빈자들에게 식량을 공급하는데 사용하도록 하였으며 평신도들도 복음대로 도덕적이고 검소한 생활을 하도록 촉구하였다.

엄격한 금욕주의와 보잘 것 없는 거친 음식에 익숙해져 있고 허영을 싫어하며 오로지 자신의 거룩한 소명에만 충실했던 크리소스토무스는 주교가 되자마자 주교관에 있는 값비싼 물건들을 팔아서 콘스탄티노플의 가난한 이들과 병원에 희사하였다. 이로 인해 그와 사제들 간의 관계는 날로 악화되어 갔지만 반면 일반 사람들로부터는 많은 존경을 받았다.

크리소스토무스는 "탐욕스런 사람과 부자는 다르다. 탐욕스런 사람은 부자가 아니다. 그는 많은 것들을 바라나, 그러나 그러한 마음의 바람이 없어질 때까지는 그는 결코 부자가 될 수 없다. 탐욕스런 자는 고용인이지 부의 소유주가 아니며, 노예이지 주인이 아니다. 왜냐하면 그는 자신의 묻어 놓은 황금보다 차라리 자기 육체의 일부를 포기하고자 하기 때문이다.... 그렇게 하는 것은 그가 다른 사람들에게 그의 부를 주거나 가난한 자들에게 분배해 줄 능력이 없기 때문이다…… 과연 그가 어떻게 그것들의 소유주라고 말할 수 있겠는가? 그가 자유롭게 쓸 수도 즐길 수도 없다면, 어떻게 그가 소유했다고 할 수 있겠는가?…… 부자란 많이 소유하는 것이 아니라 많이 주는 것이다…… 우리는 우리의 집들을 꾸미기보다는 차라리 우리의 영혼을 가꾸자. 쓸데없이 그리고 전혀 헛되이 우리의 벽들을 대리석으로 입히고, 헐벗은 가난한 자들에게 헌신적이셨던 그리스도를 무시하는 것은 수치스런 일이 아닌가?"(Lane, 1986:81-83)

크리소스토무스는 죄악을 소멸하는 방법에는 회개, 용서, 구제, 기도, 단식의 다섯 가지가 있다고 하였다. 그는 "어떠한 죄악을 저질렀다 하여도 너희 자선은 그 죄악의 모든 것을 대상하고도 남음이 있는 것이다"라고 하였다. 크리소스토무스 대사교는 참회, 타인에 대한 관용, 구제, 기도, 단식을 죄악소멸의 5가지 방법으로 제시하였다. 먼저 세례에 의해 죄과를 씻어 버려야 한다. 그 다음 가장 중요한 죄악소멸 방법은 구제에 의한 것이다. 구제는 성실한 행위에 의해 행해져야지 부정에 의해 행해져선 안 된다. 한 사람을 벌거벗게 하고 다른 한 사람에게 옷을 입히는 행위는 은혜적인 구제를 행하지 않은 것으로써 공덕이 있다고 볼 수 없다.

콘스탄틴 황제의 기독교 개종 때부터 박해시대에 교회가 하던 복지사업을 기독교적이라 자칭하는 국가가 담당하겠다고 나서게 되었다. 이로 인해 황제는 제국교회의 모든 복지사업들을 자기의 과제로 이양시킬 수 있는 기회를 얻게 되었다. 법적인 독립성을 유지하던 당시 교회는 교회가 돈과 노력을 바치는 것이 천국에 가는 데 기여한다고 설교함으로써 복지사업을 위해 필요한 많은 인원과 물질적 수단을 동원할 수 있게 되었다. 그리스도의 말씀을 실천하는 행위가 의롭게 한다는 가르침은 교회의 복지사업을 활성화시키는 계기가 되었으며 마침내 교회의 복지활동이 사회의 모든 복지사업을 그 대상으로 하는 경지에 이르게 되었다.

마틴 폰 투르스(Martin von Tours) 주교나 그레고르(Gregor) 대교황 같은 분들은 헌금은 하나님 앞에 큰 공덕이 된다고 강조함으로써 헌금의 종교적 의미를 강하게 부여하였다. '완전한 그리스도인'이란 개인의 소유를 포기하고, 구호와 원조를 필요로 하는 이웃들에게 자신이 가진 모든 것을 제공하는 사람이라 하였고, 그렇지 못한 세속적인 삶을 사는 사람들을 '불완전한 그리스도인'들이라 구별하였다.

가난과 결핍의 문제가 사회적으로 심각한 문제로 지속되자 그동안 이루어져 왔던 개별적인 구조 활동의 범위를 넘어선 병원이나 빈민구제원 같은 기관들이 설립되기 시작했다. 복지활동이 전문기관에 의해 운영되는 것은 제도적 차원에서 발전적 소득이라 볼 수 있지만, 반면 이웃과 가족에 대한 사회적 구조 활동의 폭이 축소된 것은 손실이었다.

당시의 유스티니아누스 법전(Codex Justinianus)에는 여러 종류의 거처(heime)에 대한 예가 나타난다. 외부인의 숙소(Fremdenherbergen), 고아원, 병원, 양로원 등이 그 예이다. 병원(hospital)은 외래인의 거처로 시작된 것으로 본래 낯선 사람들을 돌보기 위한 시설이었다. 이런 시설들은 주로 여러 자매 형제들의 봉사에 의해 조직적으로 운영되었다. 초기에는 이 시설에 의한 복지사업이 불안정했지만, 승려들이 복지사업과 병든 사람을 돌보는 일을 우선적인 과제로 생각하게 되면서 안정적으로 발전하게 되었다. 로마제국이 망하고 제국교회가 해체되기 이전인 5세기 무렵 사회적으로 변화가 많던 시대에 이미 복지사업을 담당하는 승려족이 확실하게 형성되었다. 이들은 금욕적인 생활을 하면서 고통당하는 사람들을 보살펴야 한다는 신념을 갖고 있었다.

제2절

중세-근대 이전 기독교사회복지

1) 중세의 기독교사회복지

6세기 말에 이르러 유럽에는 그리스 로마· 문화 영향을 받은 새로운 사상 형태가 나타나게 되었다. 중세는 그레고리우스 1세(Gregorius I : 590-604)가 교황의 자리에 오르게 된 590년부터 시작된다. 당시 전쟁과 기근은 이탈리아 전역을 휩쓸고 있었다. 대교황이라고 불리는 그레고리 1세는 앵글로-색슨족을 위주로 해서 게르만족에 대한 전도를 활발히 전개하여 이들이 카톨릭교로 개종하게 됨에 따라 로마의 교황은 동로마황제에 대해 차츰 독립적인 지위를 얻게 된다.

세계사적으로 교황제도 수립과 로마교회의 발전에 큰 영향을 끼친 교황 그레고리우스 대제(Gregorius I)는 하나님의 부르심을 받아 자신을 종교생활에 헌신하였으며 아버지가 죽은 후 상속된 막대한 재산 가운데 일부만을 자신의 소유로 하고 나머지는 자선사업에 투자하였으며, 특히 많은 수도원을 설립하는 데 사용하였다. 그레고리우스는 로마시 내외의 어려움을 타개하기 위해 자신의 재산을 내놓고, 또 서방 및 동방교회의 주교와 그의 성직자들에게 호소하여 그들로부터 기부금을 받아 내어 포로들을 구출하고, 빈민을 구제하기 위하여 막대한 금액을 지출했다. 뿐만 아니라 각 주교로 하여금 이와 같은 구호의 목적을 위해서는 교회의 성스러운 기물들을 팔아도 된다고 허락하였다. 574년에는 막대한 재산을 팔아 빈민 구제와 시실리에 6개의 수도원을 세우는 데 헌납하였다. 596년 교황 그리고리가 그의 친구이자 형제 수도사인 아우구스틴(Augustin)을 영국의 앵글로색슨족을 복음화시키기 위해 로마에서 파송하였다.

(1) 중세의 교구제도

이 시대에는 공공적 구제라고 할 만한 것은 없었으며 교회가 빈곤자 보호의 유일한 기관이었다. 교구는 특히 그 구역 내의 빈곤자를 보호하는 책임이 있었다. 재원은 신자의 헌금, 영지수입 및 생산물의 1할을 헌납하는 10분지 1세 등의 수입을 4등분하여 사교비(司教費), 승려비, 교회수리비 그리고 빈민구제비등으로 나누어 사용하였다. 이 구제비는 교회에서 직접 구제하거나 혹은 사원숙박소의 보호 등에 사용하였던 것이다.

기독교적 자선사업은 교회를 중심으로 교구단위로 행해졌다. 교구(parish)는 하나님 백성의 일부로서 그 나름의 조직체계를 가지고 있다.1) 교구는 본래 1인의 목사를 중심으로 한 교회의 지역적 관할 단위(church province)이다. 교구 내에 거주하는 대부분의 주민들은 관할구역 안에서 태어나서, 세례를 받고, 결혼하고, 생활하고, 사망하고, 묻혔다. 교구의 조직은 목사를 좌장으로 하는 정기적인 교구민대표자회(vestry)와 평신도 중에서 교구를 대표하여 목사를 도우며, 교회당의 유지 및 회계사무를 맡고 있던 교구위원(church warden)으로 구성되었다. 이는 일종의 지방자치단체적 성격을 가졌다. 행정체계와 조직이 발달되지 못했던 당시로서는 각 교회가 관할하는 교구가 그 교구 내 신자들의 신앙의 지리적 단위였을 뿐만 아니라 실제 지방행정단위로서의 구실을 하였다. 11세기 초 구빈세 또는 교구세(poor rates)가 창설되면서 교회 중심의 순수한 종교적 자선사업은 정부의 구빈사업과 결부되어 반관-반종교적(半官-半宗教的) 자선 및 구빈사업으로 변신하였다.

교구는 본래 이교도의 사회에 살고 있는 기독교신도들에 의해 성립되어 있었다. 그러나 기독교가 확장되어 국교로서 승인되었으므로 교구와 그 사회는 더욱 더 동일물이 되었다. 최초의 교구는 상호 경계를 받고 있던 사람들로부터 형성된 상호부조의 집단이며 박해시대에 있어서는 특히 그러하였다. Charles대제 이후에도 각 교구의 10분지 1세가 3등분 내지 4등분되어 그 가운데 하나는 빈민보호를 위하여 분배되어야 한다는 규칙이 있었다.

요크(York)의 대승정 에그버트(Egbert)가 발포한 훈령에는 "목사는 백성으로부터 10분지 1세를 징수하며 피구제자명을 기록한 수령증을 작성하여야 한다. 성자의

1) 교구(教區:parish)는 오랫동안 주교구(主教區:diocese)와 동일한 의미로 사용되었다. 13세기에 와서 비로소 주교구란 말이 주교가 통치하는 공동체를 가리키는 전문용어가 되었다. 주교구란 교회의 소관 관청에 의해 설립된 지역적 단체이다(기독교대백과사전, 1980:24-6).

권위를 따라 신을 두려워하는 사람들 앞에서 그 세금을 분할하여야 한다. 그 제1의 부분을 교회의 존엄을 위하여, 제2의 부분은 빈민 및 외국인구제를 위하여 그들 자신의 손으로 인애(仁愛)를 다하여 분배하여야 하며, 제3의 부분은 목사 자신을 위하여 보유하여야 한다"고 기록하였다.

Charles대제의 제국분열 이후 여행자가 감소하고, 지방적 궁핍은 단순한 근린 혹은 상호부조로서 보충되고 있었으므로 교구목사의 형식적 자선사업이 불필요하게 되었던 것 같다. 12세기 초에는 10분지 1세를 적용하는 규칙은 여러 곳에서 인정되고 있지 않았다. 그러나 중세 말엽에는 교구자선사업이 다소 부흥되는 모습을 보이고 있다.

교회의 재산으로 축적된 소자본이 15세기에 이르러 점차 증가하였다. 이것은 교회위원에 의해 관리되어 온 기금이었다. 위원은 이것을 신용이 있는 사람에게 충분한 보증과 고리로서 대부하여 그 수입에 의해 교회의 수리를 하였고, 또한 빈곤한 교구민을 구제하였다. 16세기에 신교도의 국가에서 교구가 집단단위로서 인정된 것도 사실은 빈민구제를 위한 것이었다(지윤, 1985:84-86).

(2) 중세의 기독교복지기관

843년 찰스대제(Charles, The Great)의 서로마제국이 붕괴함에 따라 통치권은 지방에 분할되어 이것이 근세에까지 계속되었다. 이 당시 기독교복지기관으로는 십자군, 수도원, 기사단, 공익전당포 등이 있었다. 그밖에 집단적수용시설인 구빈원과 일종의 동업조합인 길드가 있었다.

가) 십자군

기독교 성지 예루살렘이 토이기인의 점령 하에 있어서 성지참배자가 부당한 학대를 받거나 학살당하는 일까지 생기게 되어 구라파의 기독교도는 그 성지를 회복하기 위해 군인을 모집하고 진군하게 되었다. 이들 종교적 원정군은 적십자의 휘장을 붙이고 있었기 때문에 십자군(Crusade)이라는 명칭이 붙게 되었다. 십자군이란 말은 그리스도를 본받아 "십자가를 진다"는 말에서 유래하였는데 그때 이에 참가한 기사들이 그의 가슴이나 어깨에 십자가 표시를 하였고 돌아올 때는 등에 표시를 했다. 초기에는 십자군이라는 칭호보다는 성지순례단이라는 명칭이 붙여졌고, 13세기 중엽에야 비로소 십자군이란 칭호가 붙여졌다. 예루살렘 성지순례자들이 박해를 받거나 학살당하기 시작하자 교황 그레고리 7세는 1074년 5만의 군대를 모집하였으나 좌절되었고, 후계자 우르반 2세가 동방 원정길에 오르게 될 때 최초로 십자군 결성을 계획하였다. 그는 사람들을 십자군으로 유인하기 위해 모든 죄의 사면, 죄수의 석방, 부채의 탕감, 세금 면제, 기적적인 구조, 모든 참여자에 대한 영생보장 등을 약속했다(오연수, 1996:254-263).

십자군 운동은 성지를 위해 아무런 성과를 거두지 못한 채 막을 내리고 말았지만 서유럽 사회에 끼친 영향은 지대했다. 십자군 원정에 참여했던 많은 기사들과 귀족들이 돌아오지 못하고, 또 많은 사람들이 십자군 원정을 지원할 기금을 마련하기 위해 자기들의 토지를 팔았기 때문에, 봉건 세력의 경제적 기반이 붕괴되었고 따라서 국왕권이 강화되어 중앙집권화가 촉진되었다. 어떤 자유도시들은 십자군전쟁에 필요한 자금을 충당하려는 제후들의 요구에 따라 대금을 지불하고 자유를 얻었으며, 성지를 수호하려는 새로운 기사 수도단이 설립되기도 하였다.

십자군운동으로 다수의 주민들이 이동하게 되고 대량무역의 상업 활동이 발생하게 되어, 산업도시 발달에 자극이 되었다. 다른 한편으로 십자군운동은 중세 자선사업의 대부분의 동기가 되었다.

나) 기사단

기사단(Orders of Chivalry)이란 중세에 나타났던 여러 종류의 기사조직을 일컫는 말이다. 우르반 2세의 십자군운동의 최초의 성공은 해결해야 할 다른 문제점을 드러내게 되었는데 그것은 숙박시설이 필요하다는 것이었다. 순례자, 가난한 자, 병든 자를 돌볼 수 있는 숙박시설, 성지를 순례하기 위해 온 신자들을 보호할 수 있는 숙박시설, 그리고 재정복한 땅을 지키는 군대를 위한 숙박시설이 필요했다. 예루살렘에서의 자선단체에 대한 필요성은 세례 요한에게 헌정된 예루살렘의 구호기사단에 의해 대부분 충족되었다. 구호기사단은 성 아우구스티누스의 규칙에 기초하였다. 이 기사단은 1113년 자선활동에다가 군사적인 방어활동까지 겸하게 되었다. 기사단은 모두 청빈, 순결, 복종의 세 가지 종교적 서약을 한 사람들이었다. 구호기사단과 튜튼기사단에는 가난한 자와 병든 자를 위해 자선활동에 종사하는 회원들도 포함되어 있었다.

구호기사단(Hospitallers;Knights Hospitaler)의 총본부는 11세기 말에 예루살렘에 있는 세례 요한에게 헌정된 자선병원인 '예루살렘의 성 요한 자선병원 수도회 기사단'이었다. 구호기사단은 구호소를 세웠는데 이 구호소는 병든 자들에 대한 의무를 저버리지 않으면서 한편으로는 그 대원장인 레이몽 뒤 퓌에 의해 군사적 수도회가 되었다(Walker, 1993:319- 328). 1310년 이후에는 로드기사단(Rhodes), 1530년부터는 몰타(Molta)기사단이라 불렀다. 이 수도원은 성지순례자들과 십자군들을 위한 구호를 베풀던 본연의 임무 외에 병자들을 돌보는 일도 맡게 되었다. 이 수도회는 청빈 순결 복종이라는 세 가지 종교서약을 맹세하였고, 전투수사와 구호수사라는 두 부류로 구분되었으며, 구호수사에는 예배와 그 공동체의 영적인 문제를 책임진 종군수사가 딸려 있었다.

기사단에 의한 또 다른 구빈제도는 13세기 독일에서 발달된 튜튼기사단(Teutonic Order)이다. 튜튼기사단은 1229년경부터 팔레스타인뿐만 아니라 독일 동부국경지대에서도 큰 활동을 벌였다. 튜튼기사단은 선교활동을 보호하기 위한 상비군으로서의 활동뿐만 아니라 발틱지방에 여러 개의 거대한 병원을 경영하였다. 각 성원은 빈궁에 참으며 족장에게 복종하며 정절을 보존한다는 세 가지 서약 외에 특히 빈곤자와 병자의 보호에 일생을 헌신하지 않으면 아니 되었다. 각 족장은 부속건물로서 구빈원을 가지고 있었다.

레이몬드 드 푸이(Raymond de Puy)는 기사단 집단을 3부문으로 구분하였다. 이교도에 대하여 영원한 전쟁을 서약한 기사, 필요한 종교적 의식을 집행하여 빈곤자에게 구제품을 분배하는 목사, 빈곤자 및 병자를 보호하는 봉사가 등이다. 기사단은 자기의 청사의 일부를 구빈원으로 확보하기도 하였으며 경우에 따라서는 자기의 청사와 인접한 곳에 구빈원을 설립한 경우도 있었다.

다) 공익전당포

중세 자선사업 중에 가장 특징적이고 건설적인 것이 공익전당포 즉 종교적 금융시설이었다. 공익전당포는 중세 말에 불가피한 경우 돈을 빌려주었던 자선기관이었다. 최초의 전당포는 런던의 주교 미첼 노드버그에 의해 시작되었으나 이자를 청구하지 않았기 때문에 실패로 끝났다. 고리를 탐하는 것은 죄악이라는 교리가 있었음에도 불구하고 대단히 고율의 이자가 요구되고 있었다. 이 폐해를 교정하려고 하는 계획의 하나로서 적정 이율을 가지고 담보 대부를 하는 시설이 1198년 프라이징겐(Freisingen)에 설립되었으나 곧 소멸되었다. 15세기 이태리에서는 다수의 공익전당포의 설립을 보았다. 15세기 중엽 이탈리아의 프란체스코회 수사들은 경비를 위한 적은 기금만을 제공하게 하는 많은 성공적인 전당포를 세웠다. 공익전당포의 실제상의 창설자가 되는 프란씨스코교단(The Franciscans)은 고리에 고통을 받고 있는 영세민을 구제하는 것과 무익한 혹은 불건전한 목적을 위하여 고리업자에게 우둔한 차금을 하여 파산에 빠지는 사람들을 보호하는 것을 목적으로 하였다.

베르나딘 드 펠트레(Bernardin de Feltre)는 공익전당포의 기초가 되는 3원칙을 제안하였다. 즉 대부한 금액보다도 고액인 담보 물건을 기탁할 것, 기한이 지난 후 청구가 없는 담보물의 매각과 입질자에 대한 잔금 반환 및 관리비용 지변을 위한 저율의 이자징수 등이었다. 1488년 팔마의 공익전당포법과 1495년 라 미란도라의 공익전당포법은 공익전당포 시설의 관리에 관한 확실한 사상을 전하였는데 이 관리는 4인의 목사, 3인의 의사, 3인의 상인과 기타 3인의 일반인으로 구성된 관리팀이 맡게 되어 있었다(지윤, 1985:50-52). 오늘날 교회가 운영하는 금융기관인 신용협동조합과 유사하나 운영상 많은 차이를 보이고 있다.

라) 수도원

중세에 와서는 여러 수도원(cloister)들이 생겨남으로써 고대교회의 봉사기관이었던 외부인 숙소, 빈민수용소, 고아원, 유아원, 양로원 등의 사업을 계승할 수 있었다. 3세기 말에 시작하여 4세기가 지나면서 싹이 튼 수도원 운동은 교회의 삶에 제도적으로 뿐만 아니라 영적으로도 새로운 차원을 열어 주었다. 수도원운동은 초기 기독교 금욕주의에 뿌리를 두긴 했지만 도시 중심으로 일어난 기독교와는 달리 기독교와 접촉이 시작되던 농민계층에서 발생했으며 세속에 대한 배척과 심지어 문명과 문화에 대한 경멸을 극대화한 몸짓이었다.

초기 수도원주의의 정신은 이집트의 안토니우스에게서 배울 수 있다. 250년경 이집트인의 후손으로 태어난 그는 20살 무렵에 그리스도가 부자 청년에게 하신 말씀에 큰 도전을 받고 부모에서 받은 유산을 처분한 뒤 고향의 변두리에서 연로한 금욕주의자에게 배우며 은둔 생활을 시작했다. 그는 순교자와 같이 마귀세력에 맞서 영웅적인 투쟁을 벌였으며 쉴 새 없는 노동, 금식, 철야를 하고, 끊임없이 기도와 성경낭독을 함으로써 그리스도의 이름으로 마귀의 세력을 극복하였다. 그는 병자들을 고쳤고 원한을 품은 사람들을 서로 화해하게 했으며 모범적인 생활을 하고 자기가 터득한 지혜를 가르쳤다. 다른 사람들이 그 주위에 모여들어 느슨한 은수자 공동체들이 형성되었으며, 이들은 안토니우스의 지도 아래 자기들의 영혼 구원을 위해 심신을 연마하였다. 이들 공동체 회원을 수도사(cenobite)라 불렀으며, 이는 '공동생활을 하다'라는 뜻이다.

수도원제도는 기독교 안과 밖에서 모두 발전되어 왔다. 기독교적인 수도원의 특징들을 살펴보면 청빈, 순결, 겸손, 복종을 실천해야 할 기본 덕목으로 삼았다. 전도의 목적들을 수행하고 그리스도가 이끄는 삶을 모방하고 그리스도를 따르기 위해서 자기 자신을 버리고 이러한 덕행을 따르는 것이 필요했다. "심령이 가난한 자는 복이 있다."(마5:3) "네가 온전하고자 할진대 네 소유를 팔아 가난한 자들을 주라."(마19:21) "너희가 하나님과 재물을 겸하여 섬기지 못하느니라."(마6:24)

"아무든지 나를 따라 오려거든 자기를 부인하고 자기 십자가를 지고 나를 좇을 것이니라."(마16:24) 초기의 수사들은 자기들의 가진 것을 가난한 사람들에게 모두 주고, 자신들의 노동에 의한 청빈의 삶을 살았다.

구제의 기관으로서 수도원은 중요한 역할을 수행하였다. 봉사(Diakonia)라는 말은 특히 6세기, 7세기에 수도사들이 물질적 수단으로 가난한 사람들을 조직적으로 돕던 수도원의 이름이었다. 수도원제도의 규칙 중에는 빈민에 관한 요구 및 빈궁자 구제에 대한 봉사규정이 있었다. 수도원은 수도원 소유의 토지로부터의 수입금, 기부금, 유언에 의한 기부 및 징수금으로 그 비용의 자원을 삼았다. 수도원에서는 그 입구에 오는 자에게는 누구나 구별 없이 구제를 하였으며 때로는 빈민의 가정을 방문하여 식물을 주기도 하였다. 이러한 가정방문 구제활동은 오늘날 재가복지사업의 한 부분에 해당된다.

교황 사교 및 승려는 개인적으로 빈민명부에 기록된 자에게만 구제를 실시하였다. 이 빈민명부는 매트리큘라(Matricula)라고 불렀는데 이 명부에는 구제할 필요가 있는 사람들의 명단이 기록되어 있었다. 수도원 교구의 교회는 이 명부를 비치하여 놓고 구제대상자를 선별하는 근거로 삼았다. 이는 선별적인 기독교사회복지, 즉 선별주의(selectivism)가 제도적으로 시작되는 계기가 되었다. 선별주의는 주로 소득과 재산이 일정 수준 이하인지 여부를 조사하는 자산조사(means test)와 신분적 지위가 고아·과부·이방나그네·장애인 등과 같이 어려운 처지에 있는지의 여부를 조사하는 상태조사(status test)를 실시하여, 도움을 받을 만한 가치가 있는 사람들을 선별해 도움을 주는 복지제도 실시상의 원리를 말한다. 매트리큘라는 이와 같은 선별주의가 적용된 사례에 해당한다.

선별적 기독교사회복지를 시도하는 또 하나의 것으로서 소개장이 있었다. 당시의 무차별한 자선사업은 태만을 조장하였으며 구제를 받은 사람들 중에는 노예·도망한 수도사·방탕자 등이 섞여 있었다. 그리하여 가능한 한 피구제자를 선발하기 위하여 초면이 되는 사람들에게는 소개장을 구하여 오도록 하였다.

당시 걸식은 일반적인 행사가 되어 있었다. 걸인이 교회의 입구에서 구걸하는 것을 허락한 일도 있었다. 순례자에 대한 환대의 관습, 구제의 종교적 공덕에 관한 설교 그리고 수도원의 문전에서 누구도 차별 없이 시행한 구제는 걸인장려의 원인이 되었다.

의료구제는 보통 사원숙박소에서 행하였다. 사원숙박소는 주로 빈곤한 나그네와 처음 맞이하는 자들의 숙박소로 사용되었다. 여기에 첨가하여 사원숙박소에는 병자의 보호를 위한 병원, 부양을 요하는 아동들에 대한 양육원, 노령자를 위한 양로원과 같은 시설이 있었다.

수도원 공동체의 최초의 위대한 조직자는 북부 이집트 나일 강 타바네시 섬에 수도원을 건립한 파코미우스(Pachomius:292-346)이다. 320년경 파코미우스는 이집트 고지대의 타베니시 마을에 수도원 공동체를 조직하였다. 이 공동체 구성원들은 엄격한 공동생활을 하였다. 수도원의 공동생활, koinos bios에서 영어의 coenobite or cenobite(共住修士:수도원 등에서 공동생활하는 수도사)가 유래되었다. 그들은 노동, 기도, 명상(성경귀절을 암송하는 훈련)으로 이루어진 공동 일과표를 따라 생활하였고, 함께 식사하고 모든 재산을 공유하였다. 원장들에게 엄격히 순종하는 것이 관습이었고, 원장들은 파코미우스가 점진적으로 발전시킨 '수도회칙'(Rule)에 따라 전반적인 수도생활과 소속 수도원들을 다스렸다. 세월이 흐르면서 파코미우스의 "코이노니아"는 수많은 수도원들을 포함하게 되었고 그로써 최초의 수도회를 구성하였다. 이 공동체들은 직접 노동하여 생계를 유지하였고 구원의 도를 훈련하는 일에 서로 돕고 격려하였다.

당시 민중으로부터 가장 존중을 받은 수도원은 프란시스(Francis) 수도단이었다. 그들은 사랑과 절대청빈으로 그리스도를 따르며 둘씩 나가 전도하고 병자들을 돌보며 농부들을 도왔다. 그들은 자기들의 설교나 지식보다도 생활로써 본을 보여주어 복음을 증거하려고 하였다. 프란시스는 빈곤한 생활을 중시해 빈곤이야말로 그리스도가 세상에 계실 때 생활하시고 교훈으로 가르쳐 주신 것이며 초대교회 성도들이 생활한 터전이라고 믿어 빈곤을 어머니, 누이라고 부르며 빈곤을 가장 가까운 벗으로 생각하고 생활하였다. 그들은 고결한 인격과 신앙, 위대한 사랑과 봉사로 당시 사람들에게 큰 감화를 주었다(이대섭, 1985:82-85).

베네딕트 교단(The Benedictine Order)은 529년 이탈리아에서 베네딕트에 의해 설립된 것으로서 규율은 매우 엄격했고 부유한 교단이었다. 그러나 후기에는 타락과 폐습이 있었다. 베네딕트(Benedikt) 교단은 "기도하고 일하라"(ora et labora)는 원칙을 승려들이 따르도록 하였다. 베네딕투스(Benedictus)교단의 각 사원에서는 운반부라고 하는 중간인이 있어서 규칙적으로 금전 의류 및 식료품을 분배하였다. 경축일에는 더 많은 구제품을 분배하였으며 당시 자선가라고 불리는 고승(高僧)은 자기의 의무로서 빈민을 보호하였다. 고승은 병자를 방문하여 병자가 남자일 경우에는 1주일에 한번 정도 그 가정에 가서 조력을 하였으며 만일 부인일 경우에는 자기의 소사(召史)로 하여금 조력하게 하였다. 그러나 14세기 이후부터 수도승은 태만하거나 사치에 빠져서 빈곤자에 대해 냉담하게 되어 문전에서의 무차별한 구제 이외에는 어떠한 업적도 남기지 않았다. 영국에서는 수도원을 전적으로 폐지하기까지 되었다.

클루니 운동(The Cluniac Movement)은 베네딕트 수도원에서 나타난 부패와 열정의 결핍을 바로잡기 위하여 베르논(Bernon)이 프랑스의 클루니에서 시작한 운동이다.

시토회(The Cistercians)는 베네딕트 교단 특유의 엄격하고 순수한 규칙을 지키려했던 수도사들에 의해 시도에 세워졌다. 소박하고 단순한 삶을 목표로 삼았다.

탁발수도회(The Mendicant Orders: 프란시스 교단과 도미니크 교단) 교단들의 회원들은 비천한 신분의 사람들로 이뤄졌으며 그들의 민주적 정신은 큰 호소력을 지녔다. 이탈리아에 세워진 프란시스 교단의 목표는 주님의 본을 따라 청빈한 삶을 사는 것이었다. 그러나 다른 수도원들과 같이 재물과 세상적인 것에 관해 동일한 악순환에 빠졌다. 스페인에 세워진 도미니크 교단은 보통 사람들을 감독시키기 위해 간소하고 엄격한 생활을 주장하였다. 전성기에 각 교단의 수도원들이 농업발전, 학교건립, 빈민구제, 병자와 노약자를 위한 자선사업 등에 크게 기여하였다. 그러나 향후 수도원들은 점차 영적으로 퇴보하여 초기의 이상에서 멀어지게 되었다.

마) 중세의 구빈원(救貧院)

중세교회의 복지사업에는 두 가지 형태가 있었다. 각종 개인들에 대한 무차별 구제와 집단적 수용시설이 있다. 집단적 수용시설에 해당되는 것이 구빈원이다.

구빈원은 최초에는 수도원에 부설된 숙박소를 기원으로 한다. 수도원숙박소는 최초에는 순례자를 접대하는 장소였으나 후에는 노쇠자 병자 과부 고아 기타 구호를 필요로 하는 자들의 주거로 이용되었다. 수도원숙박소는 통상 교회교구와 관계를 가지고 있었으나 시대가 지남에 따라 군대, 사교, 교회의 고위승직 귀족, 국왕, 상인길드, 수공업길드에 의해 설립된 적도 있었다. 나중에는 신흥도시가 그 관리를 인수하거나 설립하여 시민보호에 나서기도 하였다.

수도원숙박소의 시설에는 많은 종류가 있었다. Hospital 또는 Spital이라고도 하였으나 대부분 Maison-Dieu 또는 Domus-Deus라고 불리었다. 영국에서는 Almshouse라고 하였으며 불란서에서는 Aumonerie라고 불렀다. Hospital이라고도 불렸지만 이것은 의료시설이 아니라 종교상의 시설로 치료보다는 보호 즉 영혼의 휴양을 위한 것이다.

구빈원의 조직과 관리는 체계적으로 이루어졌다. 구빈원에 수용하는 것은 교회위원의 판단에 의하는 경우도 있었으나 대부분은 보호자의 의사에 의한 것이었다. 직원의 임명권은 후원자인 사교 귀족 부유시민 혹은 길드와 같은 단체의 대표자에 있었다. 직원과 재원자는 때때로 정절 순종 청빈의 삼종의 서약을 하였다. 예배 및 노동의 경우를 제외하고는 구빈원의 남녀 구별은 엄격하였다. 구빈원 내의 일상생활은 종교적인 것으로서 직원과 재원자 모두 성찬에 참여하여 기도시간을 가져야만 하였다. 기거가 자유로운 자는 모두 예배당에 출석하여야 하며 또한 와상중에 있는 병자도 동일시각에 기도하지 않으면 아니 되었다. 구빈원의 보호는 영혼의 보호에 중점을 두었으나 육체적 보호를 등한시하지는 않았다. 식물에 관하여는 3종이 있었는데 보통으로 수용자의 일상생활에 제공하는 것, 종교적 경축일에 공급하는 것, 일시적 채류자에 공급하는 것이 있었다. 침대는 부족하였으므로 임종이 가까운 구빈원의 후원자 혹은 연금수령자가 사망 후 침대를 구빈원에 기증하곤 하였다. 의복은 직원, 피구제자 및 나환자에 따라 특수한 관습이 있었는데, S. Julian의 나병원의 규칙에 의하면 나환자는 그 행위는 물론 그 복장에 있어서도 천한 인간이라는 태도를 가지며 나환자 이외의 사람들보다 더 한층 초라한 거동을 하여야 한다고 하였다.

구빈원을 유지하기 위한 재정은 기부금, 유언에 의한 기증금품, 자선시(charity bazaar), 입원료, 임의 및 강제의연금 그리고 영국에서는 주장관은 왕령의 수익을 구빈원에 양도할 책임이 있었던 경우도 있었다. 순례자의 기부도 때로는 중요한 수입재원이 되었다. 특히 구빈원이 유명한 성자의 유물이라도 소유하고 있으면 그 유물 앞에서 병의 치료를 기도하는 사람은 금품을 헌납하기도 하였다.

그러나 구빈원은 운영상 폐해도 있었다. 구빈원 자체가 충실하였다 할지라도 그 원외에서 보호를 요하는 사람들의 구제에 관하여는 충분한 구제가 행해지지 못하였다. 종업원이 부식물을 공공연히 판매하기도 하였고, 부랑자는 쉽사리 한 구빈원에서 다른 구빈원으로 배회하여 다량의 빵과 육류를 얻기도 하였다(지윤, 1985:54-64).

바) 중세의 길드(Guild)제도

중세도시의 주민들이 누린 자유는 근대사회의 시민들이 누리고 있는 것과 같은 개인의 자유는 아니었다. 그것은 상인이나 수공업자들이 단결하여 도시의 지배자인 영주로부터 얻어낸 그들 자신의 집단적 자유였다. 시민들은 그들이 획득한 특권적 자유를 그들 이외의 다른 사람에게 확장하기는커녕, 이를 독점하기 위하여 배타적인 조직체를 만들었다. 이것이 곧 길드(guild), 즉 동업조합이다. 처음에 형성된 것은 오늘날

상공회의소와 같은 상인길드(merchant guild)였다. 수공업자들도 처음에는 상인길드 속에 포함되었으나 점차 상업과 수공업의 분화가 뚜렷해지면서 직종별로 그들 자신의 수공업길드(craft guild)를 만들어 나갔다. 종교적 우호단체인 종교길드(Religious Guild)도 등장하였다.

종교길드는 원래 협동하여 영혼을 구제하는 단체이었다. 그들의 합의된 목적은 그 가입자를 위하여 종교적 공덕을 구하는 것이었다. 최초에는 등불을 켜 놓음과 "미사"를 드리는 것에 의하여, 다음으로는 상호부조에 의하여, 최후로는 단체 이외의 사람들에게 구제를 하는 것에 의하여 공덕을 구하려고 하였다. 그리고 그들의 자선적인 행위까지도 종교적 사업의 일부로서 간주되고 있었다. 구제는 단순히 빈곤자 구제의 목적만을 위하여 행하였던 것이 아니라, 동시에 구제하는 자들이 정신적 은혜(위안)를 얻으려고 하는 것에도 있었다.

아슈레는 종교적 우호단체를 "협동교회"라고 설명하였다. 종교적 우호단체는 교회와 꼭 같은 목적을 달성하기 위한 단체이었으나 각자 단독으로 공덕을 이룰 만한 정도로 충분히 부유하지 않은 자들에 의하여 설립되어진 것이다.

종교적 길드는 초기에는 간소하여 조직적이 아니었으나 후에 이르러 구제의 종교적 공덕에 관한 교의의 영향을 받아 일정한 형식을 갖추게 되었다. 극히 서서히 되었으나 이 상호부조는 확대되어져서 길드에 소속하고 있는 사람에게는 물론 길드가입자 이외의 사람에게도 마찬가지로 은혜를 제공하게 되었다. 그러나 일반적으로는 길드에 속하지 않는 개인의 구조는 교회의 시설 혹은 정부기관에 의하여 행해지고 있었다(지윤, 1985:88-96).

(3) 중세 말기의 기독교복지

민족이동 물결이 퇴조하자 교회는 새로 유입된 인구들에게 집중적인 선교활동을 통해 기독교를 믿게 하는 일이 중요했다. 중세 시대가 무르익기 전 칼 대제가 정치적인 면에서 거창한 통합작업을 했다면, 보니화티우스(Bonifatius)는 종교적인 면에서 통합노력을 상당히 기울이면서 봉사적인 의무를 자기 자신의 과제로 받아들였다. 프랑스와 독일, 이태리 등을 포괄하는 제국의 정치적 기관들이 황제의 명령으로 빈민,

병자, 포로나 과부들을 보살피는 의무를 지게 되었다. 지방 영주들에게 그 지역에 속한 모든 사람들 특히 부자유한 자, 예속된 자들을 보살필 책임이 부과되었다.

중세에는 공공구제라고 할 만한 것이 없었으며 교회가 빈곤자를 보호하기 위한 유일한 기관이었지만 고대교회에서처럼 교회가 빈민을 돌보고, 병원 등의 기관이 사랑의 행위를 전하는 중심지가 되지 못했다. 그것은 감독 중심의 봉사활동이 타락한 데도 원인이 있다. 한때는 감독의 빈민구제 담당 보조자로서 큰 역할을 했던 집사장(Archdiakon)이 이제는 법적인 권한을 가진 관직이 되어 버렸다. 집사(Diakon)는 본래의 봉사적 기능을 상실하고 예배의식적인(liturgische) 기능을 가지게 되었다. 한편 목사가 담당하는 독자적인 지역에서의 구제활동은 그 지역 이외의 다른 지역에서 대량으로 밀려오는 걸인들과 빈민들을 돕기에는 역부족이었으므로 이런 사회문제들은 교회와 관련된 봉사시설들(Hospita"ler)이 대처해야만 했다.

중세 말에 와서는 봉사사업이 더 이상 성직자들의 수도회가 기관을 운영하지 않고, 물론 기독교적으로 영향을 받은 형제단, 자매단들이기는 하지만 시민들의 봉사로 운영되었다. 봉사활동은 분열적으로 이루어져 수도원과 수도회(Orden), 또는 도시별로 조직된 조합들의 봉사사업(genossenschaftliche Diakonie)을 통해 활발하게 전개되었다. 그러나 다른 측면에서 살펴보면 개체별 지역교회나 교회조직 전체로는 가난한 자와 병든 자들에 대한 돌봄의 책임을 제대로 수행하지 못하였다. 그리고 가난이라는 것을 극복하는 것이 아니라 신성시하려는 경향도 있었다. 그러나 당시 지배적인 사상은 하늘나라의 상을 받기 위해서, 그리고 영혼의 구원을 받기 위해서 힘써 일하라는 것이었다.

점차 평신도(Laien)들의 봉사활동이 조직되게 되었는데 중세적인 조직체인 수도회(Orden)의 형태로 나타났다. 이는 수도원과 기사단(Ritter)의 요소를 결합한 성격의 단체였다. 수도원에 있는 자선기관들이나 도시와 농촌에 있던 자선기관들이 이제는 평신도 형제들의 손에 넘겨지게 되었다. 평신도들에 의해 이 자선사업들이 운영되게 되자 수도원에 묶여 있던 사업체들이 도시나 지방, 교통망이 잘 연결된 곳으로 필요에 따라 옮겨지게 되었다. 대부분의 자선기관들에서는 거기서 함께 일하는 성직자나 평신도들의 공동생활의 기초로 어거스틴의 규칙이 지켜졌다. 함께 일하는 현장에서는 무엇보다 철저한 수도원적인 공동체 생활이 강조되었으며 여기에는 병든 환자들도 함께 참여할 수 있었다.

그 뒤 도시마다 시민병원(Bu"rgerhospita"ler)들이 생겨났는데 이 당시의 시민병원은 도시봉사사업이나 마찬가지로 시민들이 헌금해서 자선사업기관을 만들고 경건함을 나타내는 일종의 시민운동이었다. 단지 이 기관들은 설립 취지에 맞게 운영되도록 보장하기 위해서 시청에 의해 운영되고 공적인 통제를 받게 하였다. 이렇게 자선기관이 중심이 된 봉사활동은 그 기관에 속해 있는 가난한 자들이나 환자, 노인들에게만 도움을 주는 제한성을 면하기 어려웠다.

국가의 경우에서와 같이 도시에 있어서도 초기의 빈민에 대한 공무적인 활동 가운데 하나는 걸식을 억압하는 것이었다. 당시 제네바(Geneva)에는 노동 불능을 위장한 변장한 빈민들이 넘치고 있었다. 1458년의 승직회의는 다음과 같은 권고를 하였다. "교구장과 구빈원장에게 이들을 추방 또는 과료처분권을 부여하여 이들의 위장빈민이 빈곤과 불행 등을 꾸미는 악습을 은폐하였는가를 조사하도록 한다. 그러나 참으로 빈곤한 자는 은혜로운 마음으로 보호하여야 한다. 교구장은 비정상적인 생활을 하고 있는 걸인 특히 무뢰한 도박자 간첩 완강한 부랑자 등에 관하여 시당국에 보고할 의무를 가지고 있다."

(4) 중세 기독교자선의 공헌과 폐해

가) 기독교 자선사상의 공헌

교회의 설교의 영향은 지대하여 기독교신도들은 개인적 자선을 종교생활의 덕행으로 실천하고 있었다. 1414년 영국 법령에 따르면 많은 구빈원은 이 나라의 고귀한 국왕 제후 및 귀부인의 정신적 또는 현세적 이익으로부터 설립되었다. 그것은 많은 설립자가 영혼의 구원과 공덕을 위하여 신과 성모마리아를 신앙하여 재산을 희사함으로써 구빈원을 설립한 것을 말하는 것이다.

London의 마듀 어네스트(Mathew Ernest)는 1506년 성 던스탄(St. Dunstan)교구의 교회위원은 매주 토요일 5인의 빈민에게 남녀 각각 1페니를 급여하지 않으면 아니 된다고 규정하였다. 자선사업에 관한 종교적 공덕의 기독교사상은 은혜적 감정과 동정심을 환기시키는 데 공헌하였다.

나) 기독교 자선사상의 폐해

기독교자선은 가장 필요한 것을 급여하지 못하였을 뿐만 아니라 걸인 및 태만을 장려하는 결과가 되었다는 비판도 있다. 레온 라루만(Leon Lallemand)은 "관용은 태만을 조장하였으며 또한 진정한 빈민과 교정할 수 없는 태만자를 구별하지 않고 무차별 구제를 실시하였다." 애쉬리(Ashley)는 "15세기에 있어서 또한 14세기에 있어서 때때로 수도원의 승려들은 태만과 사치에 빠져 빈민에 대한 사랑은 냉담하였다. 구빈원과 수도원은 그 지역의 곤궁자뿐만 아니라 구조를 바라는 미지의 사람들에 대하여도 도움을 받을 만한 가치가 있는지에 대한 조사를 실시하지 않고 구제물을 급여하였다. 직업적 걸식은 여하한 엄격한 법률로도 이것을 제어할 수 없었다."(지윤, 1985:67-75)

2) 종교개혁기의 기독교사회복지

(1) 루터의 종교개혁과 기독교복지

마틴 루터는 수도원의 생활과 피상적인 종교의식의 준수를 중시하지 않았다. 교황 레오(Leo) 10세(1475～1521)는 성 베드로 대성당의 건축을 계속하고 자기 자신의 호사스런 취미를 만족시키기 위해 면죄부 판매를 확대하기로 결심하였다. 도미니크파 수도사 테첼(Tetzel)이란 면죄부 상인은 비텐베르그 근처에 그의 상품을 놓고 "동전이 이 상자에 떨어지는 소리가 나는 순간 죽은 자의 영혼이 연옥에서 벗어나 천국으로 튀어 오른다"고 외쳤다(Lane, 1988:253-256). 이에 젊은 신학도 마틴 루터(1482～1546)는 격분하여 면죄부의 발매를 비난하며 기독교의 의는 오로지 성서에 의하지 않으면 아니 된다고 선언하였다.

1517년 만성절(All Saints' Day)에 비텐베르그 교회의 정문에 면죄부는 결코 죄를 사할 수 없고 참되게 회개한 그리스도인은 이미 하나님으로부터 용서를 받았다는 등 95개 조항을 내다 붙였다. 루터의 95개조 논제들 가운데 기독교사회복지와 관련된 것을 간추리면 다음과 같다.

42조. 면죄증의 속죄를 자선사업과 비교하여 생각한다는 것은 교회의 의도가 아니라는 것을 그리스도인에게 가르쳐야 한다.(Christians should be taught that it is not the mind of the Pope that the buying of indulgences is to be in any way compared with works of mercy.)

43조. 가난한 사람을 도와주고 필요한 사람에게 꾸어 주는 것이 면죄증을 하는 것보다도 선한 일이라는 것을 그리스도인들에게 가르쳐야 한다.(Christians should be taught that he who gives to a poor man or lends to a needy man does better than if he buys indulgences.)

44조. 왜냐하면 사랑은 사랑을 베푸는 일로써 성장하고 그 인간은 선을 행하는 사람보다 선하게 되지만, 면죄증으로써는 인간이 보다 선하게 되지 못하고 다만 형벌로부터 보다 자유롭게 되는 것뿐이다.(For by a work of charity, charity increases, and man becomes better, while by means of indulgences he does not become better, but only freer from punishment.)

45조. 가난한 사람을 보고도 본 체 만 체 지나 버리고(요3,17) 면죄를 위해서 돈을 바치는 사람은 교황의 면죄가 아니라 오히려 하나님의 진노를 자아내는 것이라는 것을 그리스도인들에게 가르쳐야 한다.(Christians should be taught that he who sees anyone in need and, passing him by, gives money for indulgences is not purchasing the indulgence of the Pope, but calls down upon himself the wrath of God.)

46조. 풍부한 재산의 여유를 가지지 못한 자라면 자기 가족을 위하여 필요한 것을 저축할 의무가 있으며(딤전5,8) 결코 면죄증 때문에 낭비해서는 안 된다는 것을 그리스도인들에게 가르쳐야 한다.(Christians should be taught that unless they have superfluous wealth, they are bound to keep what is necessary for the use of their own households and by no means to lavish it on indulgences.)

59조. 성 로렌티어스(St. Laurentius)는 가난한 사람들은 교회의 보배라고 말했지만, 그는 그 시대 그 당시에 사용된 어의에 따라 말한 것이다.(St Lawrence said that the treasures of the Church are the poor of the Church; but he spoke according to the use of the word in his time.)

86조. 또한 오늘날 제일 부자의 재산보다도 더 많은 재산을 가진 교황이 가난한 신자의 돈으로 행하는 대신 차라리 자기의 돈으로 성베드로 교회당쯤은 세울 수 있지 않는가?(Again, Why does not the Pope, whose riches are at this day more ample than those of the wealthiest of the wealthy, build the one Basilica of St. Peter with his own money rather than with that of poor believers?)

그 후 1520년 루터는 "독일 귀족들에게 고함(To the Nobility of the German Nation)", "그리스도인의 자유(Concerning Christian Liberty)", "교회의 바벨론 포로(On the Babylonish Captivity of the Church)" 세 책자를 펴냈다. 루터파는 독일에서부터 덴마크, 노르웨이, 스웨덴으로 퍼져 나갔다.

(2) 루터의 자선사업 개혁론

중세의 자선사업은 국가나 사회가 아닌 교회 및 개인의 종교적 동기에 기인해 구제의 대부분이 시여(施輿)의 형식으로 주어졌다. 무분별한 희사의 증가는 일하기 싫어하는 자들에게 일하지 않고 생활할 수 있게 하므로 여러 지방에서 빈민을 증가시켰다. 종교개혁 이후 자선사업의 큰 임무는 중세의 폐해 많은 구제를 개혁하는 것이다.

루터는 1520년에 발표한 그의 선언서 "독일 귀족들에게 고함(To the Nobility of the German Nation)"에서 현재 가장 긴급한 것의 하나는 걸인사회의 전폐에 있다. 만일 우리들에게 충분한 용기와 열심이 있다고 하면 모든 도시가 그 도시의 빈민을 위하여 시설을 설치하여야 한다. 각 도시는 그 자신의 빈민을 부조할 수 있으며 또한 어느 것이 참된 빈민인가를 발견할 수 있어야 한다. 그 곳에는 빈민을 관리하고 평의회에 보고하는 1인의 관리인 혹은 감독자를 두어야 한다.

1523년 루터가 기초한 독일 신교도에 있어서 개혁의 근거가 된 "공동금고의 규정"이라는 저서는 다음과 같은 내용이 규정되어 있다; 걸식은 금지하라. 노령자나 허약자가 아닌 자는 일하여야 한다. 그 교구에 속하지 않는 걸인은 머무는 것을 금하라.

정직한 수공업 또는 농업에 종사하는 가난한 호주에게는 만일 타인으로부터 어떠한 원조도 구하지 못한다고 하면 무이자로 공동금고로부터 자금을 대여하라. 그리고 만일 이 보조금을 갚을 수 없을 때에는 갚도록 하지 말고 그대로 주어라. 금고의 수입은 교회영지의 수입 자유기부로 하며 만일 필요하다면 시민에게 과세하거나 비복(domestic serv- ants)에 대한 소액의 인두세로 충당한다. 이 금고의 관리는 선출된 시민에게 위임하여야 한다.

루터를 지지하여 종교개혁을 행한 지방에서는 교회제도와 구빈제도에 관한 새로운 규정을 설치해 공동금고의 규칙을 교회제도의 일부로서 설치하여 구빈시설의 재원으로 하였다. 이 구빈시설도 과거의 교구에 있어서와 같은 순전한 종교시설에 속하는 것이 아니고 일반 공공단체와 협력하는 공영시설로서 간주하게 되었다. 정부는 공동금고를 설치하여 모든 희사금 위탁금 재단 혹은 수도원의 재산 등을 병합하여 관리하였으며 이 금고의 관리를 위하여 1년 내지 2년 임기의 직원을 3~4명 두고 회계는 시회계와 동등하게 취급하였으며 시에서는 시회, 동에서는 동회 또는 목사가 이를 감독하였다. 피구호자는 진정한 빈민에 한하며 보호의 한도는 생존의 정도에 그치며 신교의 부목사로 하여금 친히 그들과 접촉케 하므로 종교적으로 도덕적으로 향상시키는 의무를 지게 하였다. 빈곤에 빠진 자에게는 경제상의 독립을 가질 수 있도록 강구하며 고아 기아 병자 및 산부의 구제도 별도로 규정하였다.

루터파교회에서는 구빈시설은 직접 교회의 사업으로 보지 않고 구빈사업의 관리는 정부에 일임하여야 한다고 주장하였다. 이에 반하여 칼빈파는 국가와는 독립한 종교적 구빈시설을 이상적으로 생각하였다. 종교개혁 후 각 도시는 그 빈민을 도시의 비용으로 부조하여야 하기 때문에 외래의 걸인을 추방한다는 사상에 의하여 걸인을 억제함과 동시에 한편으로는 빈민을 부조하기 위하여 각 도시는 1522년부터 도시조례가 되는 빈민조례를 제정 실시하게 되었다. 1523년 루터가 제정한 '자선상(慈善箱)'에는 다음과 같은 걸식금지 규정이 있다: "걸인은 엄중히 금지하여야 하며 노쇠자와 허약자가 아닌 자는 모두 노동하여야 한다. 교구에 소속하지 않은 자는 어떠한 걸식이나 체류도 허락하여서는 안 된다."

루터의 종교개혁사상은 사회봉사 면에서도 새로운 시작을 하게 했다. 루터는 봉사나 구조의 행위가 하늘나라를 얻기 위한 업적이라는 사상에서 해방시켰다. 루터는 "그리스도인인 믿음을 통해서 자신을 넘어 하나님께 이르고, 하나님으로부터는 사랑을 통해서 다시금 자신에게로 돌아온다"고 주장하였다. 그는 믿음의 열매가 사랑이라고 하면서 행위의 무리한 요구를 경계하였다. 하나님께서는 우리의 행위나 업적을 보아 의롭게 하시는 것이 아니라, 그의 은총의 말씀으로 대가를 바라지 않고 자비를 베풀어 복주시는 것이라고 하였다.

루터는 신앙과 선행간의 관계를 나무와 열매와의 관계로 비유하면서 "사람이 의롭게 되는 것은 율법의 행위에서 난 것이 아니요, 오직 예수그리스도를 믿음으로 말미암는다"(갈2:16)는 이신득의(以信得意)를 다음과 같이 설명한다; "선행이 없는 신앙은 공상에 지나지 않으며, 아무 쓸모가 없는 잘못된 신앙이다. 열매 없는 나무는 아무 필요가 없듯이, 사랑이 없는 곳에는 신앙도 없다. 비록 사랑한다는 그 선행이 인간을 의롭게 하거나 구원하지는 않지만 이는 신앙의 산 증거와 열매로서 반드시 동반되어야 한다. 나무를 보아 그 열매를 알 수 없다."

한편 루터는 집사들의 짐을 덜어 주기 위해 루터는 이들에게 본래적인 사명에만 충실하라고 부탁하였다. 즉 집사들이 예배시 강단에 올라와 성경을 읽을 필요가 없으며, 그 대신 물질을 나누어주고, 아픈 사람들을 돌아보고 결핍된 자들과 고통당하는 이들을 찾아보라고 하였다. 사회봉사를 직업적으로 담당하는 요원들의 짐을 덜기 위해 루터는 모든 그리스도인들이 자기 교회에서 이웃에 대한 도움의 책임을 나누어야 한다고 강조하였다. 그러나 루터는 "교회는 사회문제를 모두 감당할 인원은 갖지 못하고 있다. 모든 사람이 그리스도인이 되는 그날까지는 국가가 가난한 자들을 돌보는 책임을 져야 한다"고 경고하였다. 루터는 귀족층들에게 보내는 글에서 모든 지역에서 중책을 맡고 있는 귀족들이 가난한 자들을 착취하는 일을 막고, 근원적으로 구걸하는 사람이 없도록 해야 할 의무가 있다고 충고하였다(Turrc, 1992:97).

루터는 사회문제의 책임이 원칙적으로 국가에 있다고 하였다. 그는 종교개혁자로서 교회의 부담을 덜어 주려는 의도도 있었지만 정치적으로 책임을 진 자들이 사회적 책임도 져야 한다는 정당한 원칙을 지적한 것이기도 하였다. 결과적으로 교회의 사회봉사 의무나 사회문제 해결책임이 소홀히 되는 계기가 되었다.

종교개혁시대로의 이행 상황은 여러 지역교회들에 있어 그 상황들이 서로 상이하였다. 한편에서는 사제들의 특권의식과 수도원의 부정들을 고발하고 비판함으로써 루터는 기존 기독교의 폐해를 타파하는 데 크게 기여하였지만 결과적으로 사회봉사 기능을 수행할 수 있는 적절한 대안기관의 설립 없이 그동안 사회봉사의 기능을 수행하던 수도원들이 사라지게 된 것은 기독교의 사회복지가 세속화의 길로 나아가게 되는 하나의 요인이 되기도 하였다. 사회사업기관들 중에 시나 마을에 건립했던 시설들은 교회행정에 예속되지 않아 시의회나 마을행정기관들이 이들을 관리할 수 있게 되었고, 교회가 운영하던 큰 기관들은 점차 사라지게 되었다. 개개 도시나 마을들이 종교개혁을 지지하면서 병원이나 빈민원 등을 자기의 관할 하에 두게 되었다.

새로운 교회법들이 제정되면서(특히 Bugenhagen법) 루터교회들의 사회적 책무를 규정하는 법들이 생겨났다. 1522년 빗텐베르그 헌금규정(Wittenberger Beutelordnung)에서는 예배때 연보대(Beutel)를 돌려 헌금을 모아 빈민원에 있는 사람들을 보조해 주고, 결핍된 자들에게 나누어주라고 명시되어 있다.

루터가 참여해서 만든 1523년 라이스닉 구제함 규정(Leisniger Kasten Ordnung)에 따르면 모든 부동산, 기금에서의 수입 그리고 헌금들을 하나의 함(Kasten)에 모으고 이를 가난한 사람들의 구제에 쓰는데 열 명의 이사들이 관리하도록 규정하고 있다. 이 구제함 법이 유명해지면서 루터는 이를 빈민구제의 모델로 삼으라고 권장했으나 구제함에서 나온 돈만으로는 모든 빈민을 돕는다는 것은 사실상 불가능하였다. 루터의 교리 상의 봉사 가르침들도 개신교회에서 효과적으로 실천되지 않았다. 게다가 개신교회들은 빈민에 대한 봉사의 과제와 함께 학교의 설립이라는 새로운 사명감을 받아들여 교회는 자선사업 이외에 교육사업도 시작하게 되었다. 오늘날 교회의 교육봉사(Erziehungsdiakonie)는 사실 루터가 청소년들의 교육과 인격 형성을 교회의 중요한 과제로 설정한 데에서 유래한다고 볼 수 있다. 종교개혁 이후 목사의 역할은 증가해 자선사업과 교육사업에 대한 교회업무를 감독하는 목사 직책은 목사 부인까지 이에 헌신하도록 요구하였다.

루터교회 교회들이 부겐하겐규정을 받아들인 것처럼 개혁교회서는 붓처(Butzer, 1491～1550)의 봉사규정을 활용하였다. 붓처는 교회의 직책들 가운데 교사, 목사, 관리자 이외에 집사(Diakone)의 직책을 세웠다. 집사들은 교회 안에서 누가 가난하고 어려운지를 알아야 하고, 헌금 등을 성실히 관리해야만 했다. 붓처는 가난한 사람들이 여러 개인들의 노력으로 도움을 받기보다는, 일정한 교회집사들의 봉사를 통해 도움을 받는 것이 좋다고 하였다. 그리고 매 주일 예배시 구제함을 놓아 헌금을 걷어야 한다고 하였다. 주교들은 개교회 단위가 아니라 교구 단위에서 봉사의 일을 협의할 수 있는 장로회의와 집사회의의 기구를 두도록 권고하였다.

Fuller는 1656년 "교회사"에서 수도원의 친절은 자선행위를 그릇되게 하였으며 구제의 필요가 없는 자에게 그리고 이것을 받을 만한 가치가 없는 자에게까지 구제하는 것에 대해 반대하였다. 수도원은 자기가 만든 빈곤자를 단순히 부양하는 것에 지나지 않는다고 주장하였다.

수도원의 구제사업은 빈곤의 악순환(vicious cycle of poverty)현상을 낳았다. 수도원은 부랑인의 자녀에게 구제를 하며 또한 도제로도 삼는다. 이들은 나중에 걸인이 되며 부랑자가 된다. 부랑자의 자식은 부모의 의복을 인수하여 부랑자 동료에게 들어간다. 그들의 태만성은 골육으로부터 뗄 수 없는 고질로서 간주된다.

헨리8세는 수도원의 재산을 두고 법황과 항쟁하는 동안 수도원의 붕괴를 기도하였다. 수도원의 해산을 실행하게 된 것은 빈곤자와 부랑자의 수가 증가하고 있기 때문이다. 그 이유로는 걸인과 부랑자가 이전에는 수도원을 전전하며 살고 있었으나 국왕이 법왕과의 항쟁이 계속되는 동안 이것이 불가능하게 되었으므로 결국 빈곤자의 부담은 일반 백성의 부담으로 돌아가게 되었다.

수도원뿐만 아니라 구빈원 및 교구의 구제사업도 구빈법 입법 이전에 붕괴하였다. 경제적 변화 종교적 혼란 및 기존 자선사업의 실패가 국가 및 사회가 구제관리의 담당자로 등장하게 된 이유를 설명하고 있다.

(3) 칼빈의 기독교사회복지

칼빈(John Calvin)에 있어서 사회봉사는 믿음에서 나오는 행위이다. 믿음이 이웃사랑의 기초를 이루기 때문에 이웃사랑을 실천하는 일은 결국 자기희생을 필요로 하기 때문에 이웃을 사랑하라는 명령권자인 하나님께 순종해야 하고, 이웃을 섬김의 대상으로 받아들일 때 가능하다. 이웃을 섬기며 살아가야 할 그리스도인은 하나님과 이웃을 향하여 자아를 부정해야 한다. 하나님을 향한 자아부정은 자신의 뜻을 따라 이웃을 섬기지 않고 하나님의 뜻에 순종하도록 해야 한다. 이웃을 향한 자아 부정은 도움을 받은 이웃을 멸시하거나 경솔히 생각하지 않고 동료 인간으로 인정하게 한다. 그리스도 인의 이웃사랑은 자기의 의를 좇아 행하는 선한 행실이 아니라 믿음에서 우러러 나오는 봉사가 되어야 한다고 주장하였다(김한옥, 2004: 325-340).

칼빈은 사유재산제도는 신적제도이기는 하지만 기금을 형성하여 곤란에 처한 사람들을 도와서 풍부한 사람도 없고 결핍한 사람도 없는 공동체를 만드는 것이 주님의 뜻이라고 가르쳤다. 그는 빈부격차는 인정하지만 우리의 재물을 가난한 사람들을 위해 사용해야 한다고 주장한다. 그는 또한 "하나님이 인간의 용기를 시험하기 위해 이 세상의 덧없는 재물을 불공평하게 분배해준다. 만일 어떤 사람이 그의 도움을 필요로 하는 사람들에게 선행을 한다면 이는 좋은 증거가 된다. 우리의 도움을 필요로 하는 가난한 사람들은 하나님이 보낸 수납인이며, 우리가 그들에게 자선을 베푼 것을 하나님께 한 일로 간주해 준다. 우리 주님이 우리 앞에 가난한 사람들을 둘 때 우리가 어떤 사람인지를 시험하고자 하며, 우리 안에 친절함이 있는지 아니면 우리가 야수들처럼 잔인한지를 보고자 한다. 우리는 그들이 배고파서 부르짖을 때까지 기다리지 말아야 한다. 하나님이 그의 수입을 거두기 위해 수납인 혹은 대리인을 보냈기 때문이다."라고 가르쳤다(이양호, 1997: 270-271).

칼빈이 '기독교 강요'를 저술하고 1536년 7월 제네바에서 종교개혁운동을 시작한 시기는 재산의 공유제도를 실시하고 신정정치를 실현하려던 뮌스터의 공산주의적 재세례파 공동체가 1535년 종말을 맞은 직후이었기 때문에 칼빈은 공산주의사상을 혐오하고 그에 반대되는 자본주의 사상을 선호하게 되었다. 칼빈은 사유재산 제도를 하나님이 만드신 제도로 인정하고, 상공업과 상공업상의 이윤과 사업자금의 이자를 긍정적으로 평가하고, 근면하게 일하고 검소하게 생활할 것을 강조함으로써, 결과적으로 자본축적을 가능하게 하였고, 절대적 평등을 강조하는 사회주의보다는 자본주의 경제체제를 옹호하고 결과적으로 자본주의 발달에 기여하게 되었다는 평가를 받게된다.(이양호, 1997)

칼빈이 제네바에서 활동하고 있었던 1540년대 중반부터 로마 카톨릭교의 박해를 피하여 많은 망명자들이 제네바로 몰려들어옴에 따라 굶주리고 병든 사람들이 속출하였고, 갑작스런 빈민의 대량유입으로 인해 도시의 기능은 거의 마비될 지경이었다. 이와같은 절대빈곤으로 고통받는 사람들이 급증하자 사회적으로 피난민들을 위한 구호시설이 절대적으로 필요하게 되었다. 칼빈은 새로운 사회적 역경을 회피하지 않고, 스스로 적극적으로 대체하였으며, 동시에 경제적인 궁핍을 헤쳐나기 위하여 교회나 정부의 체계적이고 제도적인 개입방안을 촉구하였다. 칼빈은 빈민구제를 위한 교회의 역할과 정부의 역할에 대해 신학적 논리를 체계화하였으며, 집사제도의 개편, 구빈원제도, 프랑스 기금 등을 통하여 이러한 사회문제를 해결하기 위해 노력하였다.(김한옥, 2004)

칼빈은 그의 '기독교 강요 제 2 권-율법의 요체'에서 하나님을 사랑하는 참된 경건은 사랑의 마음과 실천이며, 국적, 빈부, 친구와 원수를 구별하지 말고 시행되어야 한다고 가르치고 있다.

칼빈은 봉사의 직책에 특별한 관심 보였다. 칼빈은 개혁교회 안에 네 가지 직책을 제정했는데 목사, 교사, 장로, 집사(Diakone)였다. 칼빈은 집사를 이들 '사중 직무'에 속하며, 하나님의 교회를 세우는 목적으로 세워직 직무이고, 부수적인 직무가 하나라 전적으로 교회의 직무이며, 다른 세 직무보다 이웃의 실제적인 삶의 문제에 직접 관여하는 교회의 중요한 봉사직이라고 강조하였다. 다른 집사의 시무기간은 말씀을 가르치는 다른 직책과 달리 일정한 기간으로 제한하였다.

칼빈은 국가의 재정적인 지원이나 제도화되어 있지 않은 교회의 구제만으로는 제네바시로 급증하는 피난민이나 실업자 그리고 빈곤과 질병으로 고통받는 제네바 시민들을 제대로 돌보아 줄 수 없다는 것을 인식하고, 체계적인 교회의 구제활동 대안으로 성경상의 집사 직분과 같은 교회내 집사 직분을 제도화하였다.

앞에서 언급한 바와 같이 칼빈은 개혁교회 안에 목사, 교사, 장로, 집사의 네 가지 직책을 제정하였다. 칼빈의 개혁교회 직책 구성을 기능주의(functionalism) 관점에서 살펴보면 이 네가지 직책은 교회 거버넌스(church governance)를 형성하면서, 각자는 자신의 직책에 따른 본연의 기능을 수행하면서, 서로 합력하여 하나님의 선을 이루는 협력적 통치를 수행하게 된다. 만일 이들 각각의 직책이 응당 수행하여야 할 자신의 기능을 온전히 수행한다면, 교회는 전체적으로 균형과 조화를 이루고 발전하게 된다. 그러나 이들 가운데 어느 하나의 직책이라도 응당 수행해야 할 자신의 기능을 제대로 수행하지 못한다면 교회는 균형과 조화가 깨지고 침체하게 된다.

칼빈에 있어서 집사의 기능은 구제봉사이다. 신약성경에서는 가난한 자들을 위한 기부금이나 재산 등을 관리하는 사람을 일컬어 집사라는 말을 사용하고 있다. 성경에서 집사가 탄생되게 되는 배경에는 기독교사회복지를 전담하는 역원의 필요한 배경 상황이 있다. 그리스어를 사용하는 디아스포라 유대인들의 생활과 통합된 결과 예루살렘에 거주하고 있던 믿는 자들의 공동체에 어려움이 닥쳤다. 그리스어를 사용하는 유대인 신자들이 그 지방 아람어를 사용하는 예루살렘 그리스도인들에게 불평을 했다. 불평의 이유는 헬라파 유대인들이 자기의 과부들이 매일 구제에 빠지므로 감정이 상했기 때문이다. 공동체의 공동 재산을 관리하기 위하여 일곱 명의 헬라파 사람들을 임명함으로써 이 다툼은 해결되었다. 이러한 분쟁을 해결하고 헬라파 유대인 과부들에게 자선의 양식을 분배하는 열두 제자들을 도움으로써 사도들이 말씀에 전념토록 하기 위하여 기독교사회복지를 전담할 역원으로서 집사제도가 탄생하게 된다.(행6:1-6) 집사가 본연의 기능인 구제봉사를 성실히 수행하고, 다른 직책들도 나름의 기능을 온전히 수행할 때 칼빈의 개혁교회는 안정이 되고 조화가 이루어지고 발전하게 된다.

칼빈은 교회에서 집사들이 가난한 이웃들을 위해 물질을 갹출하고 분배하며, 병자들을 간호하고, 지극히 작은 자들에게 구제활동을 전개하는 등 복지활동에 전념하도록 하였다. 중세에는 집사가 부제였으나 칼빈은 집사의 역할을 사제 보좌의 역할이 아니라 오늘날 사회사복지사가 하는 역할을 수행하도록 하였으며, 칼빈은 이와 같이 집사가 구제봉사 활동에 전념하는 것은 '성서적 의미의 집사를 회복하는 것'이라고 하였다.

칼빈은 사도 바울의 집사 직에 대한 가르침을 재해석 하면서 집사의 종류를 '교회를 위해 구제사업을 관리하는 집사들'과 '직접 빈민을 돌보는 집사들'로 구분하였다. 제네바에서는 집사들이 구빈원의 원장직을 맡았으며, 그들은 교회 헌금 외에도 시당국이 배정해주는 예산, 벌금, 기부금, 자선을 위해 헌납된 물건을 판매한 대금 등의 수입원으로 구제활동을 하였다. 구빈원에서 모든 물품을 관리하는 집사는 수납계의 역할을 하여야 하며, 그가 그의 직무를 적절히 수행할 수 있게 하기 위해서는 합당한 임금을 받아야 한다고 가르쳤다.

칼빈은 1540년 프랑스의 복음화를 위해 '프랑스 기금'(Bourse Francaise; Fund for Poor French Foreigners)을 스위스 제네바에 설치하고 빈민을 구호하였다. 프랑스 기금은 기본적으로 프랑스에서 제네바로 피신해 온 가난한 피난민들을 돕기 위한 사회복지 기금으로, 하룻밤 머무르는 여행자를 위한 여비에서부터 질병, 장애, 노환으로 인해 스스로 자활할 수 없는 사람들을 평생 돕는 데 이르기까지 그 사용 범위가 다양하였다. 프랑스 기금은 종합 구빈원과 달리 사적인 기관으로, 기부자들이 선출한 평신도 집사에 의해 운영되었다. 집사들은 프랑스 기금을 자선뿐 아니라 프랑스 복음화를 위해서도 사용하였다. 집사들은 목사회를 대신하여 프랑스로 선교사를 파송하거나, 선교사로 파송된 사람들의 아내들을 돌보는 일에 기금을 사용하였으며, 1550년대 말과 1560년대 초에 선교의 일환으로 성경, 시편 찬송가, 요리문답 등을 프랑스로 운송하기도 했다. 칼빈은 프랑스 기금의 형성에 직접적으로 관여하였고, 정기적으로 기부하였다.(박경수, 2008)

칼빈은 사유재산제도는 하나님이 만드신 제도이고, 빈부간의 격차를 인정하긴 하였지만, 재물은 가난한 사람들을 위해 사용되어야 한다고 주장하였고, 기금을 형성하여 곤란에 처한 사람들을 도와서 풍부한 사람도 없고 결핍한 사람도 없는 공동체를 만드는 것이 하나님의 뜻이라고 가르쳤다. 칼빈은 다음과 같이 천명하였다; "하나님이 우리에게 선을 행할 기회를 주려고 하지 않았다면 왜 이 세상에 빈곤이 있게 하였겠는가? 따라서 우리가 어떤 사람은 부하고 어떤 사람은 가난한 것을 운명의 탓으로 돌리지 않는다... 하나님이 인간의 용기를 시험하기 위해 이 세상의 덧없는 재물을 불공평하게 분배해 준다. 만일 어떤 사람이 그의 도움을 필요로 하는 사람들에게 선행을 행한다면 이것은 좋은 증거이다... 우리 주님이 우리 앞에 가난한 사람들을 둘 때 우리가 어떤 사람인지를 시험하고자 한다."

칼빈은 나태한 삶을 비판하고 근면성을 강조하였으며, 노동을 하나님의 은총에 대한 감사의 응답으로 봄으로써, 인간은 소명(召命, call) 즉 직업을 통하여 자신의 선택과 자신의 구원의 표징을 찾게 되고, 자기가 선택받은 자임을 확신하기 위해 금욕적 노동에 충실하게 된다는 직업소명설을 옹호하였다. 칼빈은 노동은 하나님의 사랑에 감동하여 하나님을 사랑하고 이웃을 사랑하는 구체적인 행위로 보았기 때문에, 일하지 않는 것은 하나님의 사랑에 대한 배신이라고 보았다.

칼빈의 직업소명설에 대한 옹호는 일자리에 대한 관심으로 이어진다. 칼빈은 실업문제를 가장 나쁜 사회악(social evil)으로 간주하고, 실업문제의 해결을 위해 국가나 사회가 적극적으로 노력해야 한다고 주장하였다. 그는 노동이 하나님의 은총에 대한 응답이기 때문에 일자리를 빼앗는 것보다 더 나쁜 일은 없다고 강조하면서, 제네바시당국이 실업자들에게 일자리를 마련해 주고, 일자리가 없을 때는 새로운 사업을 벌여서라도 실업자들에게 일자리를 만들어주어야 한다고 주장하였다.

교회가 불우한 사람들을 위해 복지사업을 수행하기 위해서는 재정이 있어야 한다. 칼빈은 교회 헌금은 고대교회의 관례에 따라 4등분해야 한다고 주장하면서, I) 교직자, ii) 가난한 자, iii) 교회 및 다른 건물들의 보수, iv) 나그네나 가난한 본토민들을 위해 각각 1/4씩 사용하여야 한다고 하였다. 결과적으로 칼빈은 교회 수입의 적어도 절반은 열악한 사람들을 위해 사용되어야 한다고 주장한다. 한 발짝 더 나아가 칼빈은 교회가 가진 것은 그 어떤 것이나 궁핍한 처지에 있는 자들을 위해 사용되어야 한다고 하였다.

칼빈이 피난민과 가난으로 시달리는 제네바시에서 전개한 선교활동 가운데 또 하나의 체계적인 기독교사회복지 활동은 종합구빈원(종합구호원, General Hospital)이다. 구빈원은 본래 여행자, 병자, 가난한 자들을 돌보는 곳이다. 종합 구빈원은 칼빈이 직접 설립한 것은 아니지만 구제 사역과 그 사역을 담당하는 사람들의 역할에 대한 성서적 근거를 마련해주고, 직접 관여함으로써 구빈원의 정립에 기여하였다.

제내바 시에는 종교개혁 이전에 몇 개의 소규모 구빈원들이 활동하고 있었다. 그러나 로마 교회의 주교들과 사제들이 버리고 가 방치된 상태로 남아있었다. 칼빈의 적극적인 참여로 구빈원은 다시 활발한 활동을 시작하였으며, 여행에 지친 자들의 쉼터가 되었고, 병자들이 치료를 받게 되었으며, 노인과 고아와 과부들이 돌봄을 받을 수 있는 체계화된 기독교사회복지기관으로 성장하였다. 제네바시는 1535년 그동안 난립해 있던 구빈원들을 하나로 통폐합하였다.

칼빈은 제네바 시가 임명하는 구빈원 운영위원의 일원으로 구빈원 재정운영을 감독하고, 구빈원 운영에서 집사 역할의 중요성을 강조하면서, 구빈원 원장직의 업무상 전문성을 부각시키는 사회복지행정가로서의 의미있는 역할도 수행하였다. 구빈원의 행정에 관해 칼빈은 다음과 같이 주장한다"

"구빈원의 원장도 역시 집사였다는 사실을 잊어서는 안될 것이다. 그의 일은 전임으로서의 직업이며, 비록 적지만 생활은 충분히 할 수 있는 금액의 봉급을 받는 직업이었다. 일주일에 한 번 주일날마다 그는 구빈원 현황을 보고하였다. 이 구빈원 원장직이 다양한 지식을 필요로 하며, 여러 직업들에 숙달되고 거의 무한한 인내를 요구하는 직업이었다. 그는 모든 고아들, 가난한 사람들, 노인들, 환자들 및 하룻밤 묵어 가는 손님들을 시 예산으로 수용하고 먹이고 교육하고 돌보아주어야 되는 책임을 맡았을 뿐만 아니라 각종 토지들을 감독하고, 가축들을 돌보아야 했으며, 구빈원의 직물업과 도기업도 감독하여야 했다."

칼빈은 구빈원의 중요 직책들을 집사들이 담당하였고, 구빈원 운영에 대한 행정감독의 일환으로 목사들은 집사들과 함께 구빈원 운영실태조사를 실시하였으며, 집사인 구빈원장이 구빈원 재정운영의 대부분을 차지한 시 예산을 관리하고, 농토와 가축 그리고 공장운영의 책임을 맡고 있었다는 사실을 강조함으로써 구빈원 행정에 있어 집사들과 교회의 역할이 차지하는 의미를 부각시켰다.

당시 교회의 구빈시설에 관해 종교개혁자들간에 견해의 차이가 있었다. 루터는 모든 사람들이 그리스도인이 되는 그 날까지는 국가가 구빈사업을 수행해야 한다고 하였다. 따라서 루터파 교회들은 구빈시설을 교회의 직접 사업으로 보지 않고, 교회는 2선에서 후원하고, 그 관리는 정부가 하는 것이 바람직하다고 보았다. 반면 칼빈파 교회들은 국가의 역할도 중요하지만, 국가와는 독립된 종교적 구빈시설을 보다 이상적으로 생각하고, 집사들은 사회복지사와 같이 자신의 재능에 따라 섬기는 역할을 감당해야 한다고 하였다.

(4) 헨리 8세의 수도원 해산

일부 역사가들은 헨리8세(1491-1547)가 행한 수도원 해산은 최초의 구빈법제정에 대한 동기의 주요한 원인이 되었으며, 수도원 및 중세의 종교단체의 구제는 빈민보호의 수단으로서는 전적으로 실패하였으며 또한 걸인의 직업화에 영향을 주었다고 주장한다.

Fuller는 1656년 "교회사"에서 수도원의 친절은 자선행위를 그릇되게 하였으며 구제의 필요가 없는 자에게 그리고 이것을 받을 만한 가치가 없는 자에게까지 구제하는 것에 대해 반대하였다. 수도원은 자기가 만든 빈곤자를 단순히 부양하는 것에 지나지 않는다.

수도원의 구제사업은 빈곤의 악순환(vicious cycle of poverty)현상을 낳았다. 수도원은 부랑인의 자녀에게 구제를 하며 또한 도제로도 삼는다. 이들은 나중에 걸인이 되며 부랑자가 된다. 부랑자의 자식은 부모의 의복을 인수하여 부랑자 동료에게 들어간다. 그들의 태만성은 골육으로부터 뗄 수 없는 고질로서 간주된다.

헨리8세는 수도원의 재산을 두고 법황과 항쟁하는 동안 수도원의 붕괴를 기도하였다. 수도원의 해산을 실행하게 된 것은 빈곤자와 부랑자의 수가 증가하고 있기 때문이다. 그 이유로는 걸인과 부랑자가 이전에는 수도원을 전전하며 살고 있었으나 국왕이 법왕과의 항쟁이 계속되는 동안 이것이 불가능하게 되었으므로 결국 빈곤자의 부담은 일반 백성의 부담으로 돌아가게 되었다.

수도원뿐만 아니라 구빈원 및 교구의 구제사업도 구빈법 입법 이전에 붕괴하였다. 이러한 사실등른 경제적 변화 종교적 혼란 및 기존 자선사업의 실패가 국가와 세속사회가 빈민들의 구제관리담당자로 등장하게 된 과정과 이유를 설명하고 있다.

3) 영국구빈법의 성립과 기독교사회복지

(1) 초기의 구빈법

1536년 헨리8세의 구빈법에 따르면 지방관청은 그 관할구역에 속하는 노동능력이 없는 빈민은 모두 자비심을 가지고 대하여 주며, 또한 구제하며 탐색하여 보호하였다. 이에 필요한 자금은 주일 휴일 혹은 축제일 등의 교회에 있어서 특히 구제금 모금의 목적으로 특별히 설치한 자선상으로부터 지출하도록 규정되었으며, 목사들은 참회할 때는 물론 설교·성경·암송·기도할 때 그리고 신도들이 유언서를 기록할 때도 자선을 보이도록 교도하라고 명함을 받았다. 동법에서는 일반구제 및 공개구제를 금지하였는데 그 이유는 피구제자가 집중하기 때문에 전염병이 전파되며 또한 구제 받을 필요가 없는 자들이 집합하기 때문이었다. 누구든지 공개구제를 하여서는 아니 되며 자선상 및 기부모집 외에는 현금으로 구제하여서는 아니 된다고 명하였다.

1536년 헨리8세의 구빈법의 특색은 첫째 통제방법을 사용하는 반면, 적극적 구제계획도 수립하였다. 둘째, 누구나 구제를 구걸하는 것을 허락하지 않는다는 일반적 원칙을 설정하였다. 빈궁자의 보호를 확실히 할 필요가 있으나 임의구제가 충분하지 않을 때는 강제과세를 실시하였다. 셋째, 건강한 자가 직업을 발견할 수 없을 경우 교구민은 빈곤한 건강자에게 직업을 제공하라고 하였다.

1547년 제정된 법률은 지방관청은 노동능력이 없는 자의 주거를 충당하기 위하여 차가 가옥 혹은 이용하기 쉬운 주택을 활용하도록 규정하였다. 이들 가옥은 그 사회의 공유지 혹은 황무지에 건설되어 장원영주의 동의를 얻어 관리하는 자를 두었으나 재정적 어려움을 겪었다. 1555년 제정된 법률은 만일 자진하여 자선사업을 할 수 있는 사람이 빈민구제를 완강히 거절할 때에는 목사 혹은 교구의 교회위원은 이들을 훈계하여야 한다고 규정하였다. 만일 목사교회위원들의 권고에 응하지 않을 때는 사교가 설득하고, 사교의 설득도 소용없을 때는 1563년에 완고한 자에게 과세하며 구속하는 권한을 부여하였으며, 그리고 자유재량에 의하여 완고한 자에 대하여 그들이 거주하고 있는 교구 내의 빈민들을 위하여 1주간 상당한 금액을 지출하도록 명하였다.

(2) 엘리자베스 1세의 구빈법

빈민구제의 기금 모집에 있어서 그 할당금을 기꺼이 부담하려는 사람은 별로 없었다. 빈민구제를 위해 교구장에게 명하여 강제적으로 지출하려 노력하였으나 교회의 기부금 모집은 성공하지 못하였다. 따라서 1572년 엘리자베스1세의 구빈법은 빈민구제를 완강히 거부하는 사람들에게 1년간 봉사하면서 일정한 금액을 강제로 징수할 수 있는 권한을 가지는 공무원인 기금모집원 혹은 구제위원의 채용을 규정하였다.

1598년에 제정되어 1601년에 수정된 법령인 구구빈법은 빈민에 관한 각종의 규정을 일괄한 기본법이 되었다. 첫째로 구제의 수급자를 3종으로 분류하여 가치 있는 빈민(the deserving poor:노동불능빈민), 가치 없는 빈민(the undeserving poor:건강한 빈민), 빈곤아동으로 구분해 처우하였다. 경비의 재원은 빈민구제의 구제위원이 그 교구의 토지나 가옥의 소유자 혹은 10분지 1세 피과세자로부터 적당하다고 생각되는 금액을 매주 부과하여 징수하였던 것이다. 어떤 교구가 그 빈민의 수에 비하여 과중한 부담을 지게 될 경우에는 동일한 촌락 혹은 군의 다른 교구는 비례에 의하여 이것에 보조하였다. 각 교구에는 다수의 구제위원이 있어서 교회위원은 그 직권에 의하여 그 직에 참여하고 있었으며 다른 3～4명은 교회관구위원회에서 지명되었다. 그러나 구제위원은 종교상의 의무를 지지 않았다(지윤, 1985:146-149).

(3) **정주법**[The Settlement Act of Charles II]

빈민은 구제가 충분하고 용이한 교구로 모여들었다. 소위 복지수혜가 좋은 지역으로 빈민들이 이동해 가는 복지이주현상(welfare migration)이 나타나게 되었다. 동법에 의해 교구는 교구 내에 법률상의 주소를 가진 자들에게만 책임을 지게 되었다. 실제로 빈민의 이동성이 정주법에 의해 해결되지 않으면 아니 되었다. 이 법률에 의해 교구는 교구 내에 법률상의 주소를 가진 자들에게만 책임을 지게 되었다. 신이주지에서 40일 이내에 법률상의 주소를 얻을 수 없는 사람은 본래의 교구에 복귀하는 것을 인정하였다. 신전입자가 독립할 힘이 없거나 혹은 독립할 능력이 없다고 인정될 경우에는 치안재판관은 본래의 주소로 복귀할 것을 명하였다. 또한 신전입자는 교구에 폐해를 끼치지 않겠다는 보증인을 세우는 것이 요구되었다.

제3절 근대 기독교사회복지

1) 17세기 경건주의와 기독교사회복지

근세는 사고가 하나님 중심에서 인간 중심으로 변천되는 시기이다. 슈미트는 유럽의 30년 종교전쟁이 끝나는 1648년부터 현재까지를 근대교회사로 규정하고 있다

(박용규, 1997:11). 17세기는 사회봉사는 매우 미미한 시기이나 30년간의 종교전쟁은 파괴와 결핍을 초래해 봉사활동을 조직하기보다는 나라와 지역사회를 물리적으로 재건하고 회복하기에 급급하였다. 이때 정신적인 부흥을 부르짖으며 나타난 운동이 스페너(Spener, 1635～1705)에 의해 제창된 경건주의(Pietismus)운동이다. 1675년 '경건한 소망(Pia desideria)'이란 글에서 교회와 개인의 그리스도적 삶을 위한 개혁적 소망들을 정리해 프로그램으로 내놓았다. 그는 모든 신도들이 보편적으로 사제의 직분(Priestertum)을 가지고 있음을 강조했으며 평신도들의 활동을 강화해야 한다고 주장하였다. 스페너의 경건주의운동은 프랑케(Francke, 1663～1727)에 영향을 미쳤으며 사회봉사의 새로운 시대를 열었다. 그가 설치한 기관(Anstalten)들은 오늘까지 사회봉사의 조직, 시설의 원형이 되었다. 오늘날 개신교에서 '기관 중심의 봉사활동(Anstalten diakonie)'이라고 부르는 것은 프랑케에 의해 본격적으로 시작된 것이다. 프랑케(Francke)는 할레에서 자신의 이름과 같은 자선기관 창설하였다. 그는 탁월한 목회자이자 교육자이었다. 1695년 그는 가난한 학생을 가르칠 목적으로 목사관에다 임시 학교를 설치했고 이것이 그가 설치한 모든 자선기관의 기초가 되었다. 1696년에는 주로 부모가 도시 밖에서 살고 있는 아이들의 교육을 위해 설립된 학교가 문을 열었고, 동시에 고아원이 세워졌다. 이들 기관의 교육담당진은 대체로 가난한 학생들로 구성되었는데 그들은 수고의 대가로 기숙사를 제공받았다. 1697년 전문 교육을 받을 학생들의 예비교육을 위해 소위 라틴어 학교가 창설되었다. 그가 사망한 해에 2,200명의 아이들이 그의 기관에서 교육을 받고 있었는데, 그들 중에는 고아가 134명이었다. 175명의 교사와 8명의 감독관이 고용되었고, 약 250명의 학생이 기숙사를 제공받았다. 이를 운영하기 위해 원근 각처로부터의 자발적인 기금에 의해 충당되었다.

신앙의 즐거움(Glaubensfreudigkeit)이란 운동으로 프랑케는 고아원을 설립해 사회적이며 교육적이고 선교적인 목적을 동시에 수행하려 하였다. 1천명이 넘는 아동과 청소년들에게 자립정신교육과 직업훈련을 실시했다. 봉사활동이 기존의 상처를 치료하는 데만 매달리는 것이 아니라 예방적인(vorbeugend) 작용을 할 수 있는 것이 되도록 했다. 프랑케의 기관활동은 많은 결핍의 문제를 해결했지만, 교회들의 봉사활동을 활성화시키는 운동으로 나아가지 못했다.

프랑케와는 달리 진젠돌프(Zinzendorf, 1700～1760)는 봉사사업을 기관 중심으로 조직하지 않았다. 그의 '공동체적 기관(Anstalt der Gemein- schaft)'은 한때 루터가 생각했던 것처럼 '봉사적으로 행동하는 교회(diakonisch handelnde Gemeinde)'를 실현하려 하였다. 이를 통해 교회별로 국내 국외선교사업을 추진하게 되었다. 그러나 진젠돌프가 너무 경건성을 강조했기 때문에 많은 교회들이 이에 따르지 않았다(Turre, 1992:99-101).

2) 18세기 게몽운동기의 기독교사회복지

(1) 존 웨스레(John Wesley,1703～1791)의 사회적 공헌

근세 기독교의 특징의 하나는 사회적 구제의 진출이다. 메쏘디스트(Methodist) 교회는 교회 창설 당시부터 사회구제에 전력을 다했다. 이 교회의 창시자 존 웨스레는 18세기를 통해 가장 많이 영국의 사회생활을 개량한 사람 가운데 하나이다.

'빈민의 사도'로서 웨스레는 학생시대부터 빈민구제에 흥미를 가져 옥스포드 대학 내에 '신성구락 부'를 조직하였다. 이 클럽의 규칙 중에는 "클럽회원은 자기의 필요한 것 이외의 모든 것은 빈민구제를 위해 사용되어야 한다"고 명시한 내용이 있다.

메쏘디스트교회는 그의 생존 중에는 공인되지 않았기 때문에 그는 협회를 이용하여 빈민구제사업을 실시하였다. 1740년에 실업자를 구제하기 위하여 사무소에 극빈자 12명을 수용하고 1명의 교사를 두어 솜틀기와 방직을 가르치며 조직적 구제사업을 시작하였다. 런던시를 23구로 분할하여 각 구에 2명씩 방문원을 지명하여 빈민과 병자를 방문하여 구제하였다. 이 방문자에게는 담백하고 이중인격을 갖지 말 것, 온화하며 친절하고 끈기 있게 할 것, 병자에 대하여 청결할 것, 아첨하지 말 것 등을 주의시켰다.

웨슬레는 빈민과 병자를 구제하기 위하여 런던시에 최초의 무료진료사업을 시작하였으며 이것으로부터 의료구호사업이 메도디스트교회의 특색이 되었다. 또한 구제를 받을 정도로 빈곤하지는 않으나 때때로 소자본을 요하는 소액소득자를 위한 융자사업을 계획하여 1746년부터 매주 화요일의 오전 중에 1인에 대하여 일정금액을 3개월을 기한으로 하여 융자해주기로 하였다. 이는 오늘날 빈민구제사업의 하나인 소액대출(micro-credit)사업과 유사하다. 그는 영국 영토 아프리카에 있어서의 노예제도에 반대하였다. 메쏘디스트교회는 1784년 제1회 회의에서 노예제도는 신의 철칙에 위반하는 것이라고 선언하였다.

(2) 감옥개량운동

감옥개량운동은 일종의 교정복지사업이다. 1699년 기독교지식향상협회(Society for Promoting christian Knowledge)가 설립되어 감옥개량위원을 선출하여 위원장에 토마스 브레이 목사(Thomas Bray, 1656～1730)를 임명하였다. 이 조사위원회는 1701～1702년간에 걸쳐 전국감옥상태를 조사하였다. 당시의 감옥은 재판소에 속한 것이 아니고 대부분 영국교회 혹은 개인의 소유에 속하였으며 범죄자는 국법에 저촉되어 처벌된 것이 아니고 부채의 상환을 태만히 하거나 채무의 약속 이행을 하지 못해 투옥된 것이다. 당시 재판소는 그 경중의 여하를 불문하고 대개 일률적으로 중형을 선고하였다. 그리고 부채자는 옥리와 간수의 봉급을 위해 일정액의 감옥세를 지불하지 않으면 출옥할 수 없었다. 브레이 목사는 옥리의 폐해, 불륜행위, 저주, 모독, 고참죄인의 횡포, 종교적 숭배의 방만 등에 관한 상황을 보고해 감옥개량이 사회개량에 있어 매우 중요하다는 것을 보고하였다.

3) 19세기의 기독교사회복지

(1) 영국구빈법의 개정 : 개정구빈법 제정

1832～1834년 영국의회는 구빈법조사위원회를 설치하였다. 아담 스미스(Adam Smith) 국부론(The Wealth of Nations)의 자유방임사상과 토마스 맬더스(Thomas Malthus)의 인구론(An Essay on the Principal of Population)의 영향을 받은 구빈법조사위원회는 빈곤은 하층계급의 도덕적 타락의 결과로서 전적으로 자연법에 의해 지배되는 것이며, 그러므로 빈민구제는 모두 폐지할 수는 없으나 될 수 있는 한 경계하며 할 필요가 있다고 하면서 다음과 같이 구빈법의 일반 방침을 결정하였다; 첫째, 지방자치단체가 아닌 국가의 중앙기관을 설치하여 전국의 구빈행정을 지도·감독케 하므로 구빈행정을 통일할 수 있도록 하였다.

둘째, 노동능력이 있는 자에 대한 구조는 실제상으로나 외견상으로나 함께 최저 계급의 독립노동자 생활수준보다 이하가 되도록 처우하지 않으면 아니 된다는 열등 처우의 원칙(the principle of less eligibility)을 확립하였다.

셋째, 구빈원은 수용자를 완전히 구분하여 그들을 각각 별도의 동에 수용하여 노쇠자·아동·노동능력이 있는 남녀를 각각 따로 취급하였다.

넷째, 작업장(work house) 내에서의 원내구조(in-door relief)를 원칙으로 하였으며 원외구조(out-door relief)로서는 의료구조와 도제교육만 인정하였다.

구빈법위원은 군지구를 여러 개의 지구로 분할하는 권한이 있었으며 그 지구는 구빈연합구(poor law union)라고 칭하여 구빈행전관리의 단위로서 교구를 대신하였다.

(2) **자선조직화 운동**(Charity Organization Society)

빈궁자를 공공구조 혹은 종교적 자선의 보호에 맡겨 두기를 원치 않는 박애주의자들의 일부는 상호 관련이 없는 소단체의 집합체를 구성하여 활동하였다. 이로 인해 집단들이 상호 경시하며 상호 접촉을 가지지 못하게 되어 결과적으로 자선활동이 혼란을 가져오게 되었으므로 자선조직운동이 일어나게 되었다.

영국에서 자선조직협회라 불릴 수 있는 것은 1869년 런던에서 창설되었다. 유니태리안(unitarian)교의 목사 Henry Solly는 1868년 예술협회에서 "런던의 실업빈곤자 및 난폭자 범죄자를 어떻게 할 것인가"라는 논문을 발표하였다. 이 논문으로 인해 런던에 빈민범죄방지협회라는 단체가 설립되었다. 1869년 자선구제빈궁방지조직협회가 설립되고 다음 1870년 자선조직협회(London Charity Organization Society)로 명칭이 변경되었다. 자선조직협회 창립 목적은 중복구빈을 없애기 위해 자선활동을 조정하고, 환경조사를 실시하고 적절한 원조를 제공하며 이를 통해 자력으로 빈곤을 탈피하게 하는 것이다. 이들은 자조윤리를 철저히 추종하였기 때문에 공공구빈정책을 반대하였다. 자조의 미덕은 자선조직협회의 슬로건인 "빈민에게 물고기를 주지 말고 물고기 잡는 방법을 가르쳐 주자."에 잘 나타나 있다. 협회의 서기는 지구위원과같이 무보수로 봉사하였다. 그후 점차 사업의 양이 증가하였으므로 유급의 전임서기를 두게 되었다(한국복지연구회, 1993:66-68).

미국에서도 영국 당시의 자선조직운동과 같은 활동이 있었다. 1874년 Charles G. Ames목사는 런던자선조직협회를 모방하여 협회를 조직하였다. 협회는 구제신청자를 조사하기 위하여 가정방문원을 위촉하였으며 또한 무료급식소(soup kitchen) 연료조합 교회 및 특히 도움이 필요한 요구호자를 위한 시립의 원외구제시설을 이용하여 빈곤 정도에 따라서 시의 구제자금을 활용하여 구제를 하였다. 1875년 빈곤자방문협회가 보스톤시에 조직되었는데 이에 가장 협동적인 사람은 미국인 목사 S H. Gurteen씨였다. 그는 구제의 신청이 있을 경우에는 즉시 조사할 수 있도록 교구사업단체를 조직하였다. 또한 그는 자선의 방법에 관하여 방법에 관하여 강연을 행하며 또한 시의 자선단체에 대하여 중앙연결기관의 설치를 제안하였다(지윤, 1985:210-214).

(3) 인보사업운동(Settlement Movement)

인보사업이라고 하는 것은 실제로 조사하여 해당 지구의 생활 상태를 상세히 알 것과 구제의 필요가 있는 자에게는 구제한다고 하는 두 가지 목적을 가지고 상류계급의 사람들이 빈민지구에 이주해 생활하는 것이다.

이들 세틀러, 즉 빈민거류자들(settler)은 부유한 가정의 쾌락을 버리고 빈곤한 사람들의 친구가 되고자 하였다. 그들은 여가시간을 빈민을 위하여 바치며 일종의 안락과 행복을 경험하고 있었다. 세틀러들은 대등한 인간으로서 빈민지구에 들어가는 것이며 '만일에 빈민계급이 사상 및 처지에 있어서 전적으로 고립하여 생활하게 된다면 모든 계급에 대하여 불행하며 국가에 있어서도 위험한 것'이라고 하는 신념을 가지고 활동하고 있었다. 이들 세틀러는 계급간의 함정에 다리를 놓는 역할을 하였다. 이들은 사회문제를 이론적으로 해결하려고 하는 입법적 행정적 수단이나 빈궁자를 천대시하는 자선사업을 신뢰하지 않고 직접 빈민계급들과 접촉하면서 빈민의 향상을 기도하려 하였다. 직무상이 아니고 한사람의 친구로서 빈민에게 접촉하므로 그들은 단순하게 주는 자만이 아니고 받는 자도 된다고 생각하였다. 기계로서가 아니라 인간으로서 개선되어야 할 상태를 정확하게 인식하고 탁상공론을 신뢰하지 않고 직접경험에 의하여 판단하는 것이 세틀러의 모토였다.

ㄱ) 영국의 인보사업

영국의 인보사업 사상은 John Ruskin, Thomas Carlyle로부터 일어났으며 또한 Frederick Dennison Maurice, Charles Kingsley에 의하여 지도된 기독교사회주의자(Christian socialist)에 의해 일어났다. 기독교사회주의란 기독교 사회적 원리들을 구조적으로 현 사회에 적용할 것을 주장하는 다양한 교리들과 운동들을 지칭해 왔다. 19세기 초 프랑스 철학자 생 시몽(Henri de Saint-Simon)은 '새로운 기독교정신'을 부르짖었다. 그 골자는 가난한 사람의 곤경을 인식하자는 것으로 사회 발전의 핵심적 요인은 종교를 기본으로 하는 협동정신이라고 하였다. 그는 상속권의 폐지를 주장하였으며 그럼으로써 자본이 이기적인 자본가의 손을 떠나 사회의 수중에 있게 된다고 생각하였다. 러드로(John Ludlow)는 산업조직에 기독교적 원리를 적용시키려는 운동을 이끌었다. 가난한 자들의 고통 받는 모습과 작업장의 형편없는 환경에 자극 받은 러들로 그룹은 보수적인 기독교와 자유방임적 개인주의를 비난하고 경쟁을 협조로 대체할 수 있다고 하였다. 그들은 노동자복지향상 협의회를 창설하였고 1854년 런던에 노동자대학(Working men's college)을 세웠다.

Edward Denison은 1867년 런던 시에 학교를 창립하고 종교적 훈화와 강의를 하였다. 이 학교의 학생단 중 하나인 Arnold Toynbee는 1875년 휴가 중 화이트 채플에 있는 바네트(Canon Samuel A. Barnett) 목사의 교구에 있는 자선조직협회를 위하여 조사를 행하며 또한 대학에서 강의를 받은 빈곤문제를 더 자세히 연구할 목적으로 노동자클럽에 가입하였다.

인보운동의 배후에는 강한 종교적 요소가 있었다. 빈민굴에는 Anglican Church에 의해 경영되고 있던 많은 전도소가 있었다. 그곳에서 대학생들은 적극적인 역할을 행하였다. 모든 종교적 사업 중에 가장 유명한 것은 웨스트민스터 사원의 공회평의원이 되었던 바네트 목사에 의해 시작된 인보운동이었다. 바네트 목사는 시의 빈민굴에 가옥을 빌리고 빈민봉사를 희망하였던 대학생들에게 이곳에 사는 것이 좋겠다고 지시하였다. 바네트 목사의 강연에 깊은 인상을 받은 옥스포드대학의 졸업생 및 재학생들이 동부 런던에 대학인보사업(University Colony)을 창설하는 방법을 연구하며 보고하기 위해 위촉되었다. 이 위원들의 결정사항은 즉시 1884년 옥스포드대학 관계자 회의에 제출되었으며 그 결과 하나의 협회가 조직되었고 그 조직을 바네트 목사가 관리하였다. 이것이 Arnold Toynbee의 공적을 기념하는 뜻에서 Toynbee Hall이라고 명명되었다.

바네트는 영국의 사회개혁가로 1869년 '자선운동단체'를 창설했다. 처음 비판도 많이 받았지만 그는 런던 시 동부 빈민가의 종교적 문화적 수준의 개선을 위해 헌신하는 충실한 사제로 인정받게 되었다. 1884～1896년까지는 토인비홀의 초대학장을 역임하였다.

ㄴ) 미국의 인보사업

미국의 인보사업은 1887년 Stanton Coit박사가 창설한 근린조합(Neighborhood Guild)으로 시작하였다. 이는 1891년 대학인보사업협회(University Settlement Society)로 재편성되었는데 본 협회의 사업 목적은 상호의 복지를 위하여 교양 있는 남자 및 부인에게 이 시의 노동자계급과 더 한층 밀접한 관계를 유지시키는 것에 있으며 또한 싼 아파트지구의 대학생과 이 사업을 원조하려고 하는 사람들을 위하여 거주지를 설치하고 그리고 이들은 빈민들과 인접한 방을 가지고 함께 사회적 및 교회적 목적을 위하여 회합할 수 있는 편리를 얻는 것에 있다. 미국 제2의 인보사업은 시카고 시에 Jane Adams와 그녀의 대학친구인 Ellen Gate Starr에 의해 설립된 Hull Houses이다. 이들은 "한층 높은 시민적 및 사회적 생활의 중심이 되게 하며 또한 교회적 및 박애적 사업을 시설하고 또한 이것을 유지하며 공업지구의 생활 상태를 조사하며 개선하는 것" 등을 목적으로 정하고 활동하였다.

이들 인보사업들에서 적어도 다수의 교회사업 및 기타의 종교센터사업을 발견할 수 있다. 대부분의 이들 사업은 일정한 종교적 관계를 가지고 있었으므로 그 사업의 종파적 관계에 의하여 서로 다른 특색을 이루고 있다. 이들은 "종교를 사회화"하려는 노력이었으나, 사회사업의 형태를 단순히 교회에 연결시켜서, 교회의 한 시설로서 교회를 견고하게 하려고 노력하고 있는 것으로 말할 수 있다(지윤, 1985:231 239).

(4) 아동복리운동

19세기 인도주의가 특히 강조한 것은 아동문제였다. 고아원은 일찍부터 기독교회에 의해 설립되어 14세기 상업혁명 후 그 수가 증가하였다. 과거의 시설은 대부분

카톨릭교회에 의해 유지되어 있었으나 프로테스탄트교회도 많은 시설을 설립하였다. 기독교가 아동시설을 설립한 동기의 하나는 아동을 자기들의 신앙으로 인도하려고 하는 바람에서 이루어진 것이다.

미국 최초의 아동양육원은 1729년 낫체스 인디안 학살사건으로 인한 루이지아나 고아를 돌보기 위한 New Orleans의 Ursuline 수도원에서 시작되었다. 1738년 설교자 화이트피일드(George Whitefield)는 Savannah에 Bethesda Orphan House를 설립하였다. 그 후 많은 아동시설들이 설립되었다.

초기에는 18세기 프랑케(Franke)의 모델에 영향을 받은 것으로 보이는 병든 자와 청소년을 돌보는 봉사활동이 진행되었다. 활크(Falk)는 예나와 아우어슈타트전쟁 이후에 방황하던 어린이와 청소년들을 모아서 가르치고 수공업 교육을 실시하였다. 폴머스타인(Von der Volmerstein)은 정신박약자들을 위한 수용시설을 만들었고 사회봉사 남녀 요원들(Diakonissen und Diakone)을 교육하는 시설을 결합시켰다.

오벌린(Oberlin)은 청소년과 아동들을 위한 구제사업의 일환으로 유치원을 설립하였다. 후뢰벨(Fro"bel)은 유치원방법론과 이론을 만들었고 교회나 독일지역을 넘어 유치원 교사 양성에 중요한 바탕을 이루었다. 후뢰벨은 이러한 사업이 가난한 학생들을 돌볼 수 있는 교사들을 양성하는 일과 병행되어야 한다고 절감하였다. 그는 가급적 이런 시설을 작게 유지하고 가족의 원칙을 교육모델로 관철시켰으며 청소년들에게 실업교육을 실시하였다.

(5) 여성봉사활동

19세기 사회봉사는 특히 여성들이 공적봉사활동에 등장함에 따라 수적으로 큰 성장을 이루었다. 영국의 퀘이커신자인 프라이(Elisabeth Fry)는 1817년 여성수형자들을 위한 여성회를 조직하였다. 독일에서는 시베킹(Amalie Siebeking)이 빈민과 병자를 돕는 협회(Verein fur Armen und Krankenpflege)를 함부르크에서 조직했는데 그는 여성들의 자원봉사를 동원해서 병자들을 돌보고 방문하는 일을 하려 하였다.

프리드너(Fliedner, 1800～1864)는 목사가 된 후 메노나이트교회에 있는 여성봉사자(Diakonisse)제도를 안 후 에리자베스 푸라이의 활동에 감명을 받고 독일에서 감옥 수형자들을 돌보는 일을 하였다. 그 후 유치원과 보모들을 위한 세미나도 열었고 병원도 세우고 개신교의 간호원 양성하는 교육기관도 만들었다. 이것이 카이저스베르트의 여성봉사원(Diakoni- ssen)협회가 생기게 된 계기가 되었다. 카이저스베르트의 '어머니의 집'(Mutterhaus)은 신앙과 봉사와 생활의 공동체를 이루는 중요한 모델이 되었다. 여성봉사원들은 월급을 받지 않고 약간의 용돈만 받으면서 일을 하였으며 공동경영을 통해 얻은 수입으로 '어머니의 집'의 활동과 사업에 썼다. 여성봉사원들은 '어머니의 집'에 살면서 철저하게 규칙과 제도를 따랐으며, 목사를 원장으로, 여성봉사원 한 명을 감독(Oberin)으로 두고, 그들의 지도에 따라 필요하다고 인정된 어느 곳에서든지 봉사활동을 실천하였다. 프리드너의 영향으로 어머니의 집 모델이 여러 나라에 확산되었는데 그의 가장 뛰어난 여성제자가 영국에서 병자들의 간호를 현대화시킨 프로렌스 나이팅게일(Florence Nightingale)이었다. 오늘날까지 전세계 99개 '어머니의 집'들이 가입해 활동을 하고 있는데 이들은 교파적인 배경에 고착하지 않고 활동하고 있다.

그 뒤 점차 교파적 배경을 가진 봉사모델이 나왔다. 뢰에(Lo"he, 1808～1872)목사는 1848년 루터교의 성격을 띤 봉사국(Diakoniesches Werk)을 건립하였는데 이는 '루터교적인 외지 및 내지 선교회'란 이름 가졌다. 1853년엔 '루터교 여성봉사협회'가 창립되었다.

여성들을 위해서는 '어머니의 집'이 중심이 되었듯이, 남성들의 봉사활동에는 빅헤른이 창립한 '형제의 집(Bru"derhaus)'이 모체가 되었다. 최초의 형제의 집은 1839년에 건립되었는데 여기서 봉사활동요원들이 전문지식과 함께 인간적, 정신적 교육을 받고 형제적인 삶을 연습하며 실천하는 곳이었다(Turre, 1993:102-104).

(6) 사회선교운동

1842년부터 빅헤른 목사는 '라우헨하우스로부터의 통신'이라는 간행물을 통해 사회선교(Innere Mission)의 사상을 공개적으로 공표하였다. 사회선교라는 새로운 활동을 통해 형식적으로만 교회에 속해 있는 많은 대중들이 교회로부터 점점 소외되고 멀어지는 현실을 극복해 보려 하였다. 사회선교를 통해서 빅헤른 목사는 국가와 교회가 손길을 미치지 못하는 사람들에게 그리스도의 구원의 사랑을 들어내고, 더 이상 교회로부터 떨어져 나가 혁명에서 구원을 찾는 데 빠지지 않도록 도우려 하였다.

맑스의 공산당 선언이 발표되는 1848년 빅헤른은 빗텐베르그의 교회대회에서 유명한 연설을 하였다. “여러분 우리 교회에 한 가지 중요한 결함이 있는데 그것은 바로 교회 전체가, 사회 전체 즉 사회선교가 곧 나의 일이며 교회의 과제라고 인정하지 못하고, 사랑의 실천과 신앙이 같은 것이라는 인식을 하지 못하고 있는 일입니다. 교회는 구원하는 사람을 도구로 해서 믿음의 사실을 증거해야 합니다. 그리스도가 살아 있는 하나님의 백성 속에서 전적으로 자신을 들어내듯이, 그는 하나님의 행위를 통해 선교를 하신 분입니다. 이 행위 중 가장 고귀하고 순수하며 교회적인 것은 구원의 사람입니다.” 빅헤른의 연설에 감명 받아 빗텐베르그에서는 ‘사회선교 중앙위원회(Zentral Ausschuss fu"r die Innere Mission)’가 조직되었다. 이 위원회가 장차 독일교회 전체의 봉사적이고 선교적인 사업과 활동들을 관리하는 중요한 기구가 되었다. 빅헤른은 1856년 베를린 교구에서 감옥개혁사업의 책임자가 되었고, 1858년에는 ‘기독교 요한재단’을 세워 봉사요원을 양성하는 교육기관을 만들었다.

베를린 대교회 목사인 스퇵거(Stoecker, 1835-1909)는 도시선교국장을 맡아 도시선교국을 선교를 실천하는 기구로 만들었다. 남선교회, 여선교회, 청년회 등이 조직되었고, 빈민구제사업, 수형자보호사업, 유치원, 노동자휴게소 등이 설치되어 운영되었으며 기독교적 간병소도 건립되었다. 스퇵거는 사회민주당의 영향에 대항하려 하였다. 1878년에 기독교사회노동당을 창립했으나 별 성과 없었다. 그 후 기독교사회당으로 개칭하고 중산층 정당을 만들었다(Turre, 1993:104-108).

4) 20세기의 기독교사회복지

영국 내에서 20세기 초기 자유교회 출신들이 대거 의회에 진출하는 등 강세를 보이다가 1920년대에 들어서 이들은 현저하게 약화되는 현상을 나타내었다. 거대기업들을 중심으로 경제생활이 집중되고, 국가기능이 점차적으로 증대해 감에 따라 중대한 사회적 정치적 문화적 결정들은 국가나 지역적 차원에서 이루어지게 되었다. 따라서 지역적으로나 전국적인 조직 기반을 가진 교파들만 이러한 문제를 감당하고 효과적으로 의사를 개진할 수 있었다. 이 시대에 로마 카톨릭과 앵글리칸 교회가 세계적인 관점과 견해를 가질 수 있는 조직을 소유하고 있었다. 1차 대전과 2차 대전 사이에 가장 중요한 앵글리칸 지도자는 윌리엄 템플(William Temple)이었다. 그는 공공문제에 교회가 중요한 역할을 담당해야 한다는 이론을 신봉함으로써 기독교 사회사상을 대중화시키는 데 큰 역할을 하였다. 그는 '정치, 경제, 공민권에 관한 총회(C.O.P.E.C)'와 세계교회협의회(World Council of Churches)의 개최와 입안에 크게 기여하였다. C.O.P.E.C.는 전체 영어 사용권에서 사회복음운동이 절정을 이루게 되는 총회였다. 동 총회에서는 현대 세계의 사회적 정치적 경제적 각 분야에 걸친 심각한 문제들에 대하여 기독교적 해답을 제시하고자 노력하였다. 그러나 이러한 문제들이 인도적인 이상주의의 기반 위에서 토론되었으며 기독교적인 권위나 기독교공동체들이 가져야 할 권위에 관한 논의는 거의 없었다.

사회복음주의는 20세기 초엽 20년 동안 미국에서 성행하였다. 1908년 미국에서 있었던 그리스도교회 연합회에서는 '사회신경(Social Creed)'을 발표하고 교회는 다음과 같은 것을 표방해야 한다고 하였다. "교회는 모든 생의 상황에 있는 모든 사람들에게 동등한 권리와 완전한 정의를 구현해야 한다. 모든 사람은 자기 자신의 생계를 위한 기회를 가질 권리가 있다. 모든 노동자들은 산업변화의 급변하는 위기에서 오는 곤경에 대해 보호받을 권리가 있다. 산업 상의 알력 앞에서 화해와 중재의 원리를 가져야 하는데, 아동노동의 폐지, 공동사회의 도덕적 건강과 신체의 보호를 위한 여성의 근로조건 규정, 기아의 감소 등이다." 일반적으로 교회 연합회의를 지지하는 자들은 인간의 역사 속에서 내재하고 활동하시는 도덕적 하나님과 함께 인간의 교육, 선, 그리고 종교적 신앙, 악을 무찌르는 마지막 승리로서의 예배과정으로 협력해야 한다. 이로써 형제답고 그리스도를 닮기 위한 하나님의 통치를 지상에 이룩해야 한다고 주장한다(Praamsma, 1986:252-256).

미국 문화 속에서 기독교 영향력이 점차 감소되었던 모습은 다른 유럽제국들이나 영국에서처럼 뚜렷하게 드러나지는 않고 있었으나 역시 찾아볼 수 있는 모습이었다. 미국에서는 교회등록신자 수가 증가하면서도 거의 형식적으로 교회생활을 하는 신자들이 대부분이었다. 1933년 미국의 사회적 경향에 관해 후버위원회는 교회와 가족 그리고 국민들의 행동양식에 대한 기독교의 영향력이 감소되었는데 반해 산업체와 정부는 더 높은 정도의 영향력을 행사하게 되었다고 보고하였다. 미합중국의 지성적 생활에서의 근본적인 변화는 성경적 권위와 종교적 규범으로부터 과학적이고 사실적인 분야로 그 권위의 근거가 옮겨가고 있다는 점이다. 제1차 세계대전 이후 산업관계와 사회봉사 분야에서 사회복음운동의 지도권은 새로이 조직된 연방회의가 가지고 있었다. 연방회의의 사회봉사위원회가 담당하였던 사역은 당시 부당한 대우를 받고 있었던 노동자계층에게 보여주었던 프로테스탄트 교회의 유일한 관심이었다. 당시 프로테스탄트 교파 중 회중파, 장로교 그리고 성공회 등 가장 잘 훈련받은 교파들의 목회자들은 대부분 특권층 출신이었고, 정치적으로 보수적 경향을 띠고 있었으며, 노동자들에 대하여 별로 동정심을 가지고 있지 않았다. 그러나 사회복음 운동 지도자들은 자기들의 회중들이 별로 관심을 가지지 않았던 소수 집단의 이익을 대변하는 역할을 담당하게 되었다.

대공황(The Great Depression) 이후 미국 교회들은 국가적 회개를 부르짖는 움직임이 일게 되었다. 3년간의 미국 전역에 걸친 고난의 시기가 지난 후 연방회의는 1932년 사회신경(Social Creed)의 개정판을 발행하였다. 아동과 여성 노동자들에 대한 보다 정당한 대우, 위험이 따르는 작업장의 안전시설, 주일 휴식, 사회보험, 정당한 보수 등을 주장하였으며 이윤동기(profit motive)를 탐욕의 결과라고 정의하였다. 이보다는 창조적 작업에서 우러나는 자기성취욕과 이웃에 대한 봉사 등 다른 동기들을 호소하였다. 또한 민간경제에 대한 정부의 간섭과 국가통제 및 계획경제를 찬성하였다. 제2차 세계대전 중에 교회들은 인종차별 상황에 대해 새로운 자각을 하게 되었다. 1946년 연방의회는 인종분리를 공식적으로 복음의 유린이라고 정의하고 그 구성원들에게 인종차별이 없는 교회와 인종차별이 없는 사회를 건설하는 데 노력하도록 당부하였다.

경제공황기까지 사회복음운동의 신앙적 특징은 지성적 이상주의라 할 수 있다. 즉 하나님의 도움으로 세계를 변화시킨다든지, 인간본성의 선성과 역사의 객관적 진보성에 대한 확신이었다. 그러나 경제대공황과 파시스트들과 나치들 그리고 일본 군국주의자들의 확장현상을 겪으면서 이러한 이상주의적 자신감들은 근본적으로 흔들리게 되었다. 이러한 변모의 모습을 가장 확실하게 대표하고 있는 인물은 라인홀드 니이버(Reinhold Niebuhr)였다. 1930년대 중반 미국 신학계의 동향은 기독교의 사회적 책임과 행동을 무시하지 않은 채 사회복음적 자유주의로부터의 반항의 모습이었다. 교회는 변화된 인류의 소망뿐만 아니라 그 능력에 대한 증인이 되어야 한다는 것이었다. 제2차 세계대전 이후 교회 내 경건주의의 쇠락과 복지국가의 도래와 함께 프로테스탄트 공동체 전체의 관계가 새로운 면모를 갖추게 되었다. 1930년대 이후 국가는 공공부조사업과 사회보험사업 기타 복지서비스 등 각종 다양한 사회복지사업을 전개하고 그 기능을 점차 넓히게 되었으며, 이제까지 교회의 고유 분야로 알려져 있던 자선사역까지 담당하게 된다. 공교육은 아동의 인생관 형성을 좌우하게 되는데 국가가 시행하는 교육은 결국 비기독교적인 이념과 이상을 국민들에게 심어 주는 결과를 가져오게 되었다(Nichols, 1994:429-458). 사회문제 해결에 있어 중앙정부나 지방정부의 역할이 증대하고, 국가에 의한 공공복지가 점차 확대되어 감에 따라 사회복지분야에 있어서 교회의 역할은 점차 공공복지를 보완하는 역할로 변해 가고 있다. 사회복지는 종교적 이념과는 관계가 없는 국가가 주도해 가는 사회복지의 세속화 현상(the secularization of social welfare)이 심화되고 있다.

그러나 1980년대 영국의 대처리즘은 '국가는 국민들에게 젖을 주는 보모가 아니다'는 슬로건을 내세우고 '제 발로 서는 사회'를 추구하며 공공복지의 대폭적인 축소를 가져왔다. 공공복지의 축소는 사회복지분야에 있어서 민간의 역할을 중시하게 되었고 이러한 과정에서 교회가 사회복지의 주된 제공주체로서의 역할을 회복할 수 있는 사회적 여건이 조성되었다.

독일은 제1차 대전 후 청소년들과 유아들의 교육(교육봉사활동Erziehung- sdiakonie)을 국가가 교회로부터 빼앗아 국가의 관장 하에 넣어 버렸다. 그러나 전후 빈곤과 궁핍을 극복하는 데 교회봉사기구의 활동은 국가에 도움이 되었다. 바이마르 헌법에 와서는 이러한 사회적 봉사활동의 과제가 국가로 귀속되었다.

국가사회주의(Nationalsozialismus)의 등장으로 사회봉사기구들이 최대 위협을 받게 되었다. 나치국가가 모든 민간복지사업단체들을 제거하고 나치국민복지(Volkswohlfahrt)가 독점해서 활동하려 하였다. 전체주의국가와의 대결은 밖으로는 정신병자나 박약자들을 안락사시키는 프로그램(Euthanasieprogramm)에 대항해 보델슈빙(Bodelschwingh) 목사 같은 이가 투쟁하였다. 교회의 내부적으로 나치의 가치관과 대결하는 것이 더 어려웠다. 기독교 안에서도 많은 사람들이 교육사업이나 사회사업은 정부가 더 잘할 수 있지 않느냐는 나치적 생각과 오류에 감염되어 교회의 복지사업은 크게 위협받았다. 봉사기관들마저 폐허와 빈곤 속에서 스스로 존립을 위해 몸부림쳐야 했다. 제2차 대전 후 독일교회나 사회선교부에 결핍과 곤란이 엄습해 외부원조를 얻어 궁핍문제 해결하려 궁리하였다. 사회주의가 된 동독에서도 교회의 봉사활동은 의료사업과 사회사업에서 확실한 위치를 가질 수 있게 되었다.

20세기 후반에는 사회봉사활동에서도 고도의 전문지식과 경험이 요구되기 때문에 자격 있는 요원을 확보하기가 쉽지 않다. 봉사의욕이나 동기보다는 법률규정이나 전문기술을 잘 아는 것이 우수한 봉사자가 되는 경우가 많다. 사회봉사사업은 커다란 선교적 효과를 항상 가져온다. 교회에서 소외되었던 사람들도 사회봉사만큼은 높이 평가한다. 여기에 선교적 봉사(missionarische Dienst)가 중요하다는 요구가 생기게 된다. 그래서 봉사활동을 하는 요원들에게 말씀의 증거와 실천능력을 부여하는 것이 중요한 과제가 된다. 오고가는 말속에서 바른 말씀과 구원의 말씀이 증거되고 전파되도록 하는 것이 선교적 봉사의 요체(要諦)가 된다(Turre, 1993:102-108).

제4절 한국 기독교사회복지 역사

17세기 초엽 천주교가 종교로서가 아니라 서학으로서 전래되고 1884년 미국선교사 알렌이 장로교를 전래한 후 이듬해 언더우드가 입국하였고, 1885년 아펜젤러가 감리교를 전래한 후 신교는 구교를 압도하며 전파되었다. 이들은 전도의 수단으로 의료사업과 교육사업을 전개하였다. 이들이 설립한 교육기관은 국민의 지식향상과 자유 민주 민족의식 함양에 기여하였다. 선교사가 세운 학교로서 아펜젤러(H.G. Appenzeller)

가 세운 최초의 사립학교인 배재학당(1885), 언더우드(H.G. Underwood)가 같은 해 세운 경신학교(1885), 다음해 5월 스크랜턴(Mary F. Scranton)이 세운 여성교육의 효시인 이화학당(1886), 북장로교파의 엘레스(Annie Ellers)가 세운 정신여학교, 언더우드가 세운 연희전문(1915), 그밖에 미선계 남녀학교로는 숭실, 배화, 숭의, 호수돈 등이 있다(김상태, 1986:290- 291).

이들 학교들은 일반인들을 위한 교육기관이었으나 시각장애인을 위한 특수학교도 설립되었다. 1907년 미국 선교사 포르는 평양에 '평양맹아학교'를 설립하였다. 이 학교는 여선교사 홀 의사가 시각장애인들을 위해 복음전도와 구제사업을 행하던 시설과 합병되어 설립되었다. 이후 서울 맹아학교 전신인 제생원이 1914년 설립되었고, 해방 후 힐 선교사가 청주 맹아학교를 설립하였으며, 루 선교사 부처가 대전에 천광원 맹인직업센터가 설립되었다.

의료기관으로는 미국 북장로교의 한국 최초 의료선교사인 알렌(Allen)이 1885년 정부의 후원으로 최초로 세운 근대병원인 광혜원(뒤에 제중원으로 고침)을 세웠다. 1904년 세브란스(Severance)는 개인병원을 세웠다. 그 해에 적십자 병원도 설립이 되었다(변태섭, 1975:384-391). 세브란스는 기독교 실업가였다. 그는 한국의 의료선교사 애비슨(O. R. Avison)이 뉴욕에서 개최한 국제선교사대회에 참석하여 애비슨이 한국에 근대식 병원설립의 필요성과 의학교육의 중요성에 대해 역설하는 데 감동을 받고 애비슨에게 도합 2만5천 달러를 희사하게 되었다. 애비슨은 그 돈으로 병원 건물을 준공하고 기부자인 그의 이름을 기리기 위해 '제중원'이었던 병원 이름을 '세브란스 병원'으로 명명하였다(기독교대백과사전, 1980:495-498).

스크랜튼 여사는 알렌이 세운 제중원에서 봉사하다가 1885년 9월 민간인 진료소를 개설하였고 1886년 시병원(施病院, Universal Relief Hospi- tal)이란 간판을 걸고 정식 병원으로 개설하였다.

1885년 5월 감리교 최초 선교사의 한사람으로 서울에 들어온 의교선교사 스크랜톤은 그 해 9월에 지금의 정동교회 근처 정동에 감리교 정동병원을 세웠다. 고종 황제도 그의 의료사업을 높이 평가하여 시병원(施病院, Universal Relief Hospital)이란 이름을 하사하여 주었다. 그런데 정동에 있던 시병원은 외국인 거주지로 그의 포부대로 민중의 병원이요 민중을 위한 병원이 되기 위해서는 한국 민중의 중심지고 교통의 중심지인 상동으로 옮겨야 한다고 생각하고 지금의 상동교회 자리를 구입하여 그 곳 우선 상동약국부터 시작하였고 1890년 상동병원으로 개편하여 '선한 사마리아인의 병원'과 같은 병원과 환자 수용소를 겸한 병원을 설립해 본격적인 의료사업을 실시하였다. 그러나 상동병원이 당시 미국 감리교선교부의 예산감축으로 더 이상 지속시킬 수 없어서 1900년 지금의 세브란스병원과 통합되면서 폐지되고 그 자리에 상동교회의 예배당이 들어서게 되었다(상게서, 851-851). 그 후 의료선교는 지방에서도 실시되어 1893년 부산, 평양, 대구, 선천 등지에 병원이 개설되었다. 이들은 한국 환자들을 위해 헌신적으로 봉사하였는데 특히 불우한 처지에 있는 환자들을 위한 무료진료를 통해 의료자선사업을 실천하였다.

해방 전 한국교회는 구제사업과 사회봉사사업을 실시하였다. 구세군은 1928년 한국 최초로 자선남비모금운동을 벌이고 여기서 모금된 것을 걸인에게 식사를 제공하는 등 걸인들을 위하여 사용하였다. 장로교에서는 1936년 윤치호 등이 중심이 되어 '삼동회(三同會)'를 피어선 성경학원 내에 설치하여 구제활동을 실시하였으나 당시의 구제사업은 지속적으로 실시되지는 못하였다. 해주에 구세군요양원을 세운 셔우드 홀(Sherwood Hall)은 미국의 결핵 퇴치를 위한 크리스마스 씰이 발행되던 것을 배운 후 한국에서 결핵퇴치사업을 위한 기금 마련을 위해 씰 판매 모금운동을 실시하였다.

기독교 단체들은 다양한 사회운동을 전개하였다. 장로교 공의회는 여성 인권을 위해 첩 제도 같은 악습을 철폐하는 운동을 실시하였다. 여성복지사업을 주도한 기독교기관은 부녀사회복지관을 주도한 감리교 여선교부였다. 한국의 최초 부녀사회복지관은 1921년 시작된 '태화여자관'이다. 1921년 장로교 면려 청년회(Christian Endeavours)가 조직되었고, 1923년 조선기독교 여자 절제회가 창설되었다. 면려 청년회는 물산장려, 문맹퇴치, 농촌 봉사, 금주, 단연 운동을 펼쳤다. 1903년 설립된 YMCA의 전신인 황성기독교청년회와 같은 기독교단체가 사회적으로 활발한 운동을 전개하였고 이에 자극되어 많은 청년단체가 조직되었다. 이들은 정치나 교육뿐만 아니라, 금주 단연 미신타파 남녀평등 일부일처제 생활간소화 등 여러 가지 사회운동을 전개하였다(이기백, 1986:394-395).

YWCA는 1923년 창설 당시부터 폐창운동을 전개하였는데 폐창운동이란 목사 부인 버틀러가 시작한 운동으로 매매춘여성들의 벗이 되어 그들을 구하려는 운동이었다. 1924년 YMCA도 금주 단연 공창폐지 축첩반대 운동을 전개하였다.

한국에서 개신교(protestantism)의 초기 신앙의 바탕이 된 것은 경건주의와 복음주의이다. 경건주의는 세속과 종교의 분리를 당연시하거나 세속에 무관하게 되는 생태를 갖고 있다. 한국에 들어온 초기의 미국 선교사들은 이러한 경건주의를 신앙적 바탕으로 한 복음주의자들(evangelicals)이었다. 복음주의적, 경건주의적 신앙은 한국인의 신비주의적 정서와 상통하여 개신교가 크게 성장하는 데 기여하였지만, 한편으로는 교회론이 약화되고, 봉사와 전도, 이 세상과 저 세상을 구분하고, 전도와 저 세상을 더 중시하는 이원적인 신앙을 형성하였으며, 사회부재의 영혼구제만을 강조하여 균형감을 상실하는 문제점을 발생시키기도 하였다.(민경배, 2000:144-5, 384-5) 그러나 일제하에서 민중들이 궁핍과 포학에 시달리자 교회의 사회참여 움직임이 시작되었고, 미국 기독교연합회의 사회신경을 받아들이면서 기독교가 사회적 봉사를 실행하기 위하여 정신병자보호원, 고아 양육원, 연로·불구·맹아들의 요양원, 쇠약한 여자의 구호원, 나병과 폐환자를 위한 병원 설립, 빈한자(貧寒者) 구호를 위한 공장노동, 그들을 위한 후생사업 등을 시작하였고, 1925년에는 사회부를 설치하기도 하였다. 그러나 이러한 사회의식의 변화는 전도사업을 수행함에 필요한 한 종류로 인식되었다.

이후 한국교회는 민중들을 비애, 고통, 불의의 세계로부터 구원하려는 사회구원에 점차 많은 관심을 갖게 되는데, 사회구원에 대한 기독교회의 새로운 방향 전환은 사회개혁의 근본 목적이 동포사랑이라는 대전제가 자리잡고 있었다. 사회구원에 대해 기독교회의 새로운 방향 전환은 한국교회사에 있어 일종의 '코페르니쿠스 전회(轉廻)'라고도 불리운다.

1931년 발행된 '기독교조선감리회 교리와 장정'은 총리원 사회국에 관한 규칙을 수록한 후 1919년의 미국 남감리회 사회신경 내용을 축약한 13개조의 사회신경을 부록에 수록하였다. 1932년 9월 제9차 조선예수교연합공의회는 사회부(위원장:김활란)의 사업계획 보고서에서 제출된 '12개조 사회신조' 초안을 접수하고 이를 허락하였다. 사회신조의 전문을 현대어로 정리하면 다음과 같다(민경배, 1981:246-257).

> 우리는 하나님을 아버지로, 인류를 형제로 믿으며, 기독(基督)을 통하여 게시된 하나님의 사랑과 정의와 평화가 사회의 기초적 이상으로 생각하는 동시에 일절의 유물교육, 유물사상, 계급적 투쟁, 혁명수단에 의한 사회개조와 반동적 탄압에 반대하고, 나아가 기독교 전도와 교육 그리고 사회사업을 확장하여 기독속죄(基督贖罪)의 사사(思賜)를 받고 갱생된 인격자로 사회의 중견이 되어 사회조직체 중에 기독정신이 활약케 하고, 모든 재산은 하나님으로부터 받은 수탁물로 알아 하나님과 사람을 위하여 공헌할 것은 믿는 자이다. 이러한 이상에 기하여 우리는 다음과 같이 주장한다:
>
> 1.인류의 권리와 기회균등
> 2.인류 즉 민족의 무차별 대선(待選)
> 3.혼인 신성(神聖), 정조에 남녀 동등 책임
> 4.아동의 인격존중, 소년 노동의 금지
> 5.여자의 교육 즉 지위 향상
> 6.공창(公娼) 폐지, 금주 촉진
> 7.노동자 교육, 노동시간 축소
> 8.생산 즉 소비에 관한 협동조합의 설치
> 9.용인 피용인 간에 협동조직 기관의 설치
> 10.소득세 즉 상속세의 고율적 누진법의 제정
> 11.최저임금법, 소작법, 사회보험법의 제정
> 12.일요일 공휴일 제정, 보건에 관한 입법 즉 시설

이 12개조의 사회신조는 기본적으로 사회주의와 공산주의를 반대하고 있으며, 남녀평등, 여성교육, 노동시간, 협동조합, 노동조합, 최저임금법, 소작법 등과 같은 사회문제에 관해 기독교의 입장을 표명함으로써 농촌문제, 절제운동, 사회구제 등의 사업에 기독교가 참여할 수 있는 신학적 바탕을 형성하는 데 기여하였다(한국기독교역사연구소, 1991:215-222).

그러나 기독교의 사회적 관심은 1935년 당시 교회 농촌운동의 중심이었던 YMCA 신흥우 총무의 적극신앙단 관련 사건 등이 문제가 되면서 교회의 사회운동에 대한 강력한 비판이 일게 되었고 쇠퇴의 길로 접어들었다. 이는 오늘날 기장(基長)의 실질적 신학적 선구자인 송창근의 1933년 글 등을 통해 당시의 비판을 파악할 수 있다; "교회는 결코 사회문제, 노동문제, 평화문제, 국제문제를 논하는 곳이 아니외다. 복음, 즉 예수 그리스도의 복음, 중생의 복음이 우리 교회의 중심이외다..... 농촌운동 등 세속사업을 교회가 아니하여도 세인이 잘하는 일이거니와, 전도는 교인이 아니하면 할 사람이 없다"(민경배, 1981:267-269)

해방 이후 6.25전쟁의 발발은 민족상잔의 상처를 남긴 결과 수많은 전쟁고아와 미망인 그리고 이산가족을 양산하였다. 이때부터 한국 교회는 사회적 요구에 순응하

여 다양한 복지사업을 실시하게 되었다. 1951년 기독교 세계봉사회 한국위원회가 조직되고 난민구조사업이 활발히 전개되었다. 홀트아동복지회가 전쟁고아의 입양사업을 전개하였다.

사회봉사를 활발히 하고 있는 개신교파 가운데 하나는 구세군이다. 구세군의 경우 1865년 감리교 목사이었던 윌리암 부드(William Booth)가 영국 런던에서 기독교 전도회라는 교파로 창립되었으나 후에 1878년 구세군(The Salvation Army)라 개칭한 후 군대식 조직으로 개편하였다. 부든 1878년 그의 아들 브람웰과 그의 친구에게 '기독교 사명은 자원봉사 군대이다(The christian mission is a volunteer army.)'라는 기독교사역 연례보고서를 설교하였다. 그러나 브람웰은 조롱거리가 되었던 빅토리아여왕시대 시간제비정규군대인 자원봉사자들과 비교될 수 있다며 극구 반대하였다. 이에 부드는 자원봉사(volunteer)라는 말을 지우고 구원(salvation)이란 말을 사용하였다. 이렇게 해서 구세군(The Salvation Army)이란 말이 탄생하게 되었다(The Salvation Army International Heritage Center, 1997:1-7).

구세군은 하나님을 믿고 그리스도를 개인의 구주로 고백하며 이웃을 사랑하고 섬기는 사람들로 조직되어 구원의 소식을 모든 사람에게 전하고 사회악에 도전하여 영혼을 구원함으로 하나님 나라를 확장하고자 한다. 1908년 한국구세군이 시작된 이후 사회복지사업은 1918년 독지가의 기부금으로 서울에 아동구제시설인 혜천원을 설립한 것을 시작으로 1926년 매매춘여성을 위한 여자관을 설립하였고 1924년부터는 재난구호사업과 같은 사회복지사업을 실시하였다. 구세군의 선교선언문에는 구세군의 사역은 하나님의 말씀인 성경을 기초로 하며 하나님을 향한 사랑을 근거로 이웃에게 봉사하는 것으로 규정하고 있다. 선교 초기부터 복음전도와 더불어 부랑아 및 행려자 보호사업, 영세민 구호사업 등을 시작한 한국구세군은 67개의 사회복지시설을 통해 전인적 복지를 향한 그리스도의 사랑을 실천해 나가고 있다(한국 구세군, 1997:1-5).

월드비전은 한국동란 때 '크리스천 다이제스트' 잡지사의 종군기자로 참전하였던 미국인 선교사 밥 피얼스 목사가 전쟁고아와 미망인들의 참상을 목격하고 그것을 사진과 영화로 찍어 미국교회에 도움을 호소한 것이 선명회의 시작이다. 피얼스 목사는 한국장로교회의 한경직 목사와 고 강신명 목사의 적극적 협력을 얻어 소외된 이웃들을 위한 구체적 활동을 전개해 나갔다. 초기에는 고아와 과부들을 위한 시설을 짓고 그들을 돌보는 일을 하였고, 화전민과 음성나환자들의 정착사업을 펼쳤다. 70년대 중반부터 농어촌 지역사회개발사업을, 80년대 초반부터는 도시영세민 가정을 위한 사회복지관사업을 하였고 동시에 아동복지사업을 전개하였다. 90년대에는 국내뿐만 아니라 기근과 질병으로 고통 받는 아시아, 아프리카 이웃들을 돕기 위한 사업을 전개하고 있다. 95년부터는 홍수로 피해를 겪고 있는 북한 동포를 돕기 위한 사업을 전개하고 있다(선명회, 1995:1). 한국선명회는 1995년 국내구호활동 위주의 사업을 해외구호사업에도 확대하기 위해 그 이름을 '월드비젼'으로 바꾸었다.

한국복지재단은 기독교사회복지기관으로 기독교아동복리회(Christian Children's Fund), 한국어린이재단 등의 이름을 거쳐 왔다. 1938년 미국 버지니아주 리치먼드에서 장로교 목사 클라크(J.C. Clarke)에 의해 창설되었다. 그는 중국에서 극동구호기관에서 활약하다 전쟁고아 및 극빈아동을 돕기 위해 '중국아동복리회'를 결성하였다. 그러나 중공군이 중국 전역을 장악하게 되자 활동지를 변경하게 되었다. 이에 CCF 해외총무 밀스 목사가 1948년 한국에 왔고, 구세군 로드 사령관, 장로교여선교사 힐 부인, 언더우드 부인 등과 협의하여 한국에서 사업을 시작하였다. 먼저 구세군 혜천원, 후생학원, 기독보육원, 절제회소녀관, 충북희망원 등을 지원하면서 그 명칭을 '기독교 아동복리회'로 정하고 뒤이어 일어난 6.25 사변에서 전쟁고아들을 돌보았다. 1954년 아펜젤러, 피치, 레인, 사워, 아담스, 언더우드, 오긍선, 이용설 등으로 한국위원회를 조직하고 시틀러(A. Sitler)가 초대 한국책임자가 되었다. 1955년 정식으로 재단법인 기독교 아동복리회를 설립하였다. 그 목적은 "세계의 모든 어린이들이 인종, 국적, 계급, 종교에 관계없이 사랑받을 권리가 있음을 인정하고 불우한 어린이에게 후원자를 결연시켜 그들로 하여금 물질적 도움뿐만 아니라 따뜻한 사랑의 교류를 통해 건전한 인격으로 성장하도록 돕는 것"에 두었다. 1979년 단체명을 사회복지법인 '한국어린이재단'을 변경하였고 최근에 다시 '한국복지재단'으로 변경하였다(기독교대백과사전, 1980:133-134).

국제자비단(Compassion International)은 국제적으로 아동복지를 위해 노력하는 기독교 단체이다. 국제자비단은 아동옹호기관으로서 아동들을 영적, 경제적, 사회적, 신체적 빈곤상태에서 벗어나서 책임 있고 성숙한 기독교인으로 성장할 수 있도록 도와주고 있다(Compassion International, 98:1). 한국에서도 전쟁고아들을 위한 복지사업을 실시하였다. 한빛맹아원(전 임마누엘여맹원)과 같은 장애아동시설도 지원해 이들의 직업재활과 사회재활을 돕고 있다. 국제자비단은 영국과 네델란드에서는 비애재단(Tear Fund)이란 이름으로 아동복지사업과 지역사회개발사업을 실시하고 있다 (Tear Fund,1998:1, 한빛맹아원, 1995:1-4).

홀트아동복지회는 심장마비로 죽음에 이르렀다가 하나님의 은혜로 회복된 목재사업가인 미국인 홀트씨 부부(Harry Holt & Bertha Holt)가 1954년 고통받는 한국전쟁 고아들에 관한 다큐멘터리 영화를 보고 한국인 고아 8명을 입양하려 하였으나, 당시 미국 연방법에는 2명 이상 입양하는 것이 불가능하자, 홀트 부부는 의회 앞에서 캠페인을 벌였고, 의회는 두 달 만에 소위 '홀트법안'이라고 명명된 개정안을 통과시켰다. 1955년 10월 8명의 한국전쟁 고아를 입양한 이후 남편은 한국에서, 아내는 미국에서 전쟁고아 입양사업을 시작하였고, 초기에는 주로 전쟁고아의 양육과 해외입양사업을 하다, 1957년부터 국내입양을 시작하였고, 1958년 홀트양자회라는 국제입양사회복지기관을 설립하였으며, 1965년부터 가정위탁사업을, 1972년부터 미혼모상담사업을 시작한 이래 다양한 지역복지사업, 아동일시보호사업, 해외입양아동 모국방문사업, 저소득 아동 장학사업, 문예작품공모, 사회복지논문 공모 등의 사업을 추가하였으며, 오늘날 한국의 홀트아동복지회와 미국의 홀트국제아동복지회로 발전하였다. 서울에 본부를 두고, 경기도 일산에 300여명의 장애인들이 생활하고 있는 홀트일산복지타운 및 홀트요양원을 운영하고 있으며, 뇌성마비 및 정신지체인을 위한 특수학교인 홀트학교를 운영하고 있다.(www.holt.or.kr & www.encyber.com)

제4장 교회의 사회적 기능

교회는 기독교사회복지에 있어서 가장 중심적인 역할을 수행한다. 인류사회의 역사를 통해서 가장 오래된 사회조직 가운데 하나인 교회는 하나님을 섬기는 종교적 실재(religious entity)인 동시에 사람들의 사회생활에 지대한 영향을 미쳐 온 사회적 실재(social entity)로서 존립해 왔다. 종교적으로 교회는 예배공동체로서 제의적 역할을 행하고 복음을 전파하며 구원활동을 실시하는 실재이다. 사회적으로 교회는 이웃사랑을 실천하고, 마음에 상처받은 영혼들에게 상담서비스를 제공해 주고, 하나님 뜻에 합당한 사회구성원으로 양육되어지도록 사회화시키며, 사회적으로 존중받는 지위를 부여하고, 서로 교제할 수 있는 친교의 장을 제공하며, 가진 자의 자발적 희생과 이해를 바탕으로 사회구성원 간에 연대를 도모하고, 사회를 안정시키며, 모두가 거부할 수 없는 규범을 제시함으로써 사회통제적 역할을 수행하고, 부패하고 타락한 사회를 개혁시키며, 구제사업을 통해 궁핍한 자들의 기본적 삶의 욕구를 충족시키고, 이러한 노력들을 통해 하나님의 형상으로 지음받은 인간으로서의 존엄성을 회복시키기는 사회적 실재로서의 역할을 교회는 담당하고 있다. 한국교회는 그동안 종교적 기능에 충실하여 양적 성장을 이루어 왔으나 사회적 기능은 다소 소홀히 해왔다는 비판을 받고 있다.

교회는 종교적 기능과 사회적 기능을 동시에 갖고 있다. 교회가 종교적 기능과 사회적 기능을 갖고 이를 수행하는 것은 하나님께서 교회에 내리신 명령이며 어느 하나 소홀히 할 수 없는 모두 중요한 기능들이다. 본 장에서는 주로 기독교사회복지와 관련된 부분인 교회의 사회적 기능에 대해 서술하기로 한다.

제1절

사회조직체로서의 교회의 특징

교회는 오랫동안 하나님의 뜻을 이 땅에 실천하면서 사회에 유익한 봉사를 행해 온 사회조직체의 하나이다. 일반적으로 사회복지는 공공기관, 비영리기관, 영리기관, 자조집단, 개인의 다섯 주체들에 의해 제공되고 있다. 이 가운데 교회는 사적비영리기관(private not-for-profit organization)에 속하는 조직체이다. 사회조직론적 입장에서 보면 사적비영리기관들은 일반 사적기관(私的機關)들과는 달리 몇 가지 특징을 갖고 있다(Anthony & Herzlinger, 1983:34-60). 이러한 특징들을 사적비영리기관으로서의 교회에 원용하여 재분석하면 교회는 사회조직체로서 다음과 같은 특징을 갖고 있다.

첫째, 교회는 조직의 효과성과 효율성을 양적으로 측정하기가 어렵다. 효과성(effectiveness)이란 목적달성도(degree of goal achievement)를 말한다. 즉, 얼마만큼 의도한 목적을 달성했느냐 하는 것이다. 영적상담을 통해 상처받은 심령을 치유한다고 할 때 의도한 목적인 심령의 치유상태를 어떻게 객관적으로 측정할 수 있느냐 하는 것이다. 효율성(efficiency)이란 비용최소화(cost minimization) 또는 산출극대화(output maximiza- tion)의 개념이다. 효율성을 용이하게 측정하기 위해서는 산출물이 동질이고 동일해야 하나 교회의 경우 산출물이 동질적이지 못하고 동일하지도 않다. 노인대학 운영의 효율성을 논할 때 투입인 운영예산은 일관성 있게 측정할 수 있으나 산출인 졸업노인들의 경우 졸업인원 수는 파악이 가능하지만 졸업자의 질적 상태의 변화는 파악하기가 어렵다. 둘째, 교회는 인적-물적 봉사기관으로서 자본집약적이거나 기술집약적이기보다는 노동집약적이다. 교회는 대부분의 경우 거대한 자본이나 고도의 기술이 요구되는 것이 아니라 신자들 개인의 자발적 봉사를 바탕으로 이루어지고 무엇보다도 봉사자 개인의 육체적인 헌신이 요구되기 때문에 교회는 노동집약적이다.

셋째, 교회는 추구하는 목적과 목적달성을 위한 전략이나 대안을 선택함에 있어 현실적 도덕적 제약이 많다. 교회는 성경의 테두리 안에서 하나님의 도덕률에 바탕을 두고 모든 일을 해야 하기 때문에 목적 자체를 선정하거나 목적달성을 위한 전략이나 대안을 선택함에 있어 교회는 많은 제약을 받는다. 세속적인 사회기관들이 수단과 방법을 가리지 않고 자신의 목적을 달성하거나 이익을 취하려는 그러한 행태를 교회는 취해서는 안 된다.

넷째, 교회는 받은 것에 대해 그에 상당한 것으로 대가를 치러 주어야 하는 응분의 대상(quid pro quo)이 필요가 없다. 일반 사회조직의 경우 응분의 대상은 통상적인 관례이지만 교회의 경우 자발적인 기부와 헌신에 의해 하나님의 사업이 이루어지므로 일반 사회조직과는 달리 응분의 대상이 필요가 없다. 기부와 헌신에 대한 보상은 심판의 날 하나님께서 행하시게 된다.

다섯째, 교회는 조직의 지배계층이 전문가들로 구성되며, 조직구성원 상호간의 책임 한계가 명확치 않고, 형식상의 지도부가 반드시 조직 운영상의 실권을 행사하고 있지 않으며, 보수가 상대적으로 낮은 편에 속하고, 전통적으로 관리통제가 부적절한 특징을 갖고 있다.

여섯째, 교회는 이완조직(organization as loosely-coupled system)으로서의 특징을 갖는다. 즉 조직요소들이 느슨하게 연결되어 있어 각 조직요소들이 상당히 독립적으로 행동하며, 조직의 규칙들이 항상 조직구성원의 행동을 엄격하게 통제하지 못한다.

제2절 교회의 사회적 기능

교회라는 조직은 세상 속에 존재하는 사회적 실재의 하나이다. 일반적으로 사회적 실재는 목적 지향적이고 구분할 수 있는 경계를 가진 의도적으로 구조화된 활동 체계를 말한다. 교회라는 사회적 실재는 여러 가지 목적을 가질 수 있는데 이들 목적은 성도들 개개인의 목적과 다를 수 있다. 조직의 목적과 구성원의 목적이 다르다 할지라도 그 사회적 실재가 계속 존재하기 위해서는 반드시 달성하지 않으면 안 될 몇 가지 목적들이 있다(Daft, 1986:9-15).

상기한 바와 같이 교회는 일정한 사회적 기능을 수행한다. 기능주의자들에 따르면 조직이 현 체계 내에서 생존하기 위해서는 반드시 충족시켜야 할 필수조건이나 욕구들이 있다. 이러한 필수조건이나 욕구를 충족시키기 위해서 조직은 일정한 기능을 수행해야 한다(Scott, 1987:56-57). 길버트와 스펙(Gilbert & Specht)에 따르면 교회를 포함한 모든 지역사회 구성체는 각자 일정한 기능을 수행한다. 이들이 공통적으로 수행하는 사회적 기능은 생산 분배 소비 사회화 사회통제 사회통합 상호부조의 기능들이 있으며 정도의 차이는 있지만 이러한 기능들은 산업체이건 교육기관이건 종교기관이건 어느 기관이건 간에 존재한다고 한다(Gilbert & Specht, 1974:2-9). 사회기관으로서의 교회를 저술한 마버그(Moberg)에 따르면 교회의 사회적 기능들은 보다 구체적으로 세분하고 있다. 마버그의 구분에 따르면 교회는 사회화 기능, 신분부여기능, 친교적 기능, 사회연대기능, 사회안정기능, 사회통제기능, 사회개혁 기능, 사회복지기능, 자선기능을 갖고 있다(Moberg, 1984: 127-158). 본 장에는 마버그의 주장을 중심으로 하고 길버트와 스펙의 주장을 보완하여 교회의 사회적 기능을 설명한다(김기원, 1995:11-45).

1) 생산-분배-소비 기능

교회는 생산-분배-소비의 기능을 갖고 있다. 교회는 두레공동체의 예에서 볼 수 있듯이 협동농장을 직접 운영하거나 노인공동작업장이나 장애인보호작업장 등을 설치하여 재화를 직접 생산해 분배하는 경우를 찾아 볼 수 있다. 이러한 노력들은 공동체 구성원을 자립·자활시키려는 교회의 제도적 노력 가운데 하나이다. 교회는 그들이 생산한 재화나 또는 다른 조직들이 생산한 재화를 소비하는 경우도 있다. 그러나 교회는 재화보다는 서비스의 생산 분배 소비와 더 많은 관계가 있다. 교회는 적어도 매주 한 번 이상은 예배를 통해서 교인들에게 영적 서비스를 정기적으로 제공하고, 청소년이나 가족들에게 상담서비스를 제공하며, 각종 장단기 신앙강좌나 교양강좌를 통해 지적 서비스를 제공하고, 기도원이나 수련원을 설립하여 신앙수련과 함께 여가서비스를 제공하며, 지역사회봉사센터나 복지관 또는 노인시설, 장애인시설, 청소년시설, 아동시설, 모자시설 등을 설립하여 각종 복지서비스를 제공한다. 이러한 서비스는 교회가 직-간접적으로 생산하고 분배하지만 소비에 있어서는 상호수혜조직(mutual-benefit organization)과 같이 일차적 서비스의 수혜대상이 조직구성원이 되는 지역성 내지 폐쇄성의 문제를 안고 있다. 교회의 사회적 기능이 보다 의미 있게 수행되기 위해서는 교회가 갖는 이와 같은 지역성 내지 폐쇄성과 같은 문제점을 수정하고 보편성에 입각해 기능을 수행해야 한다.

2) 사회화 및 재사회화 기능(Socialization-Resocialization function)

페리(Perry)에 따르면 사회화(socialization)란 생물학적 유기체가 인간이 되고, 자아와 주체를 지닌 인격을 습득하며, 그들 사회의 문화를 흡수 동화하는 학습과정을 말한다. 그 목적은 사회생활의 근본원리를 가르치고, 사회가 그들에게 바라는 것이 무엇인가를, 즉, 사회적 열망을 조금씩 주입하며, 사회에서 필요로 하는 기술을 전수시키고, 사회적 역할을 수행하는 방법을 가르치는 데 있다. 달리 표현하면 사회화란 사람들이 그가 속한 사회의 행동기준이나 문화를 수용하고, 전통이나 관습에 어떻게 따를 것이며, 독립된 주체로서 사회목적에 부합된 사회생활을 하는 데 필요한 원리나 기술을 배우는 일련의 학습과정을 말한다(Perry & Perry, 1979:125-167).

사회화 기능은 주로 가족, 학교 그리고 동료들이 주로 담당하지만 교회도 오랫동안 사람들이 다른 사람들과 함께 생활하는 방법을 가르치고 자신의 목적과 목표를 자신이 속한 집단이나 사회의 것과 일치시키고 적응하는 방법을 가르쳐 왔다. 교회는 각 사람들이 자신의 책임을 다하고, 근면하게 생활하며, 부모에 순종하고, 국가의 법을 준수하도록 가르치며, 행위의 귀감이 되거나 결코 따라서는 안 될 개인이나 준거집단(reference group)의 예를 제시하고, 상벌을 통해서 일정한 문화적 가치에 일치하도록 조직적으로 양육함으로써 독자적으로 사회화 기능을 수행하고 있다. 나아가 비행이나 범죄와 같이 이미 바람직하지 못한 형태로 사회화된 사람들의 인격과 지식을 수정하여 하나님의 뜻에 합당하고 사회에 바람직한 형태로 변환시키는 재사회화(resocialization)의 기능도 수행한다. 교회는 재사회화를 통하여 죄인된 인간을 회개시키고 새사람으로 변화시켜 구원에 이르게 한다.

3) 신분부여기능(Status-giving function)

교회는 개인이나 집단에 일정한 신분을 부여하거나 지위를 향상시키는 기능을 수행한다. 교회의 신분부여기능은 대외적인 것과 대내적인 것이 있다. 첫째, 대내적 신분부여기능이다. 어느 교회 또는 교파 소속이냐는 사실은 간접적으로 교인들이 어느 사회계층에 속하고 어떠한 가치관을 갖고 있는가를 인식시켜 주기도 하는 척도가 된다. 미국의 경우 대체로 남침례교인들은 매우 보수적인 반면 카톨릭의 경우 진보적인 경향을 띠고 있다. 또한 교회 내에 장로나 안수집사같이 지도적 위치에서 봉사하는 사람들의 경우 교회 내의 지위로 인해 사회에서도 지도자적 역량을 갖춘 사람으로 높이 평가받는 경향이 있다. 특정 교파 교인이냐 아니냐 하는 사실은 사회에서 고위직에 임명되거나 선거에서 공직에 당선될 가능성에 영향을 미치기도 한다.

해방 이후 우리나라의 지배 엘리트 계층에는 개신교인이 많았다. 미군정기나 자유당 정권 때 사회의 지도자적 역할은 미국인 선교사들로부터 교육을 받은 개신교인들이 주로 담당했으며, 현재의 문민정부 내에서도 정당, 사회단체 간부, 정부 고위관료들 가운데 다수가 개신교인들로 구성되어 있다. 국가 통수권자가 개신교인일 경우 개신교인들이 사회단체의 장이나 고위 공직에 선임되는 경우가 많아 개신교인이라는 사실 자체가 고위직 임명에 긍정적으로 신분부여 역할을 했을 가능성이 있다. 웨버(Weber)는 이와 같이 특정 생활양식 때문에 신분이 특별히 평가받게 되거나, 혜택을 독점하게 되는 일군의 집단들을 칭하여 '신분집단(status group)'이라고 하였다(Runciman, 1988:43-61). 이러한 현상은 엽관주의의 한 요인이 되기도 해 실적주의를 존중하고 엽관주의를 배격하는 민주적 인사행정에 장애가 되기도 한다.

둘째, 대외적 신분부여기능이다. 교회는 사회에 대한 메시지를 통해 사회 내에서 천대받거나 열악한 처지에 있는 사람들의 사회적 지위를 향상시키는 기능을 수행한다. 하나님이 보시기에는 모든 영혼이 다 같이 귀중하다는 기독교의 근본 이념은 교회가 아동, 고아, 장애인, 빈민 등과 같이 상대적으로 열악한 처지에 있는 집단들의 사회적 지위를 향상시키기 위해 노력해야 한다는 의무감을 부여하였다.

기독교인들이 성경적으로 정의로운 상태 즉, 성경적 정의를 실천하기 위해서는 가난한 자, 과부, 고아, 외국거류민, 임금노동자, 노예와 같은 집단들이 사회에서 마땅히 받아야 할 것(due)을 그들이 되돌려 받도록 도와주어야 한다(Hawtrey & et.al., 1990:5). 이러한 성경적 정의를 실현하기 위한 작업은 사회의 다른 단체들과 더불어 일부 수행할 수도 있다.

교회가 이와 같이 열악한 처지에 있는 사람들의 지위를 향상시키려는 노력과는 반대로 교회는 오랫동안 남성우월주의에 집착해 왔으며 그러한 결과로 성차별(sexism) 내지 성계층화(gender stratification)에 적극적으로 대처하지 못했고 여권시장이나 남녀평등에는 긍정적 기여를 하지 못하였다. 교회 내에서도 교인 다수가 여성으로 구성되어 있음에도 교회의 지도자는 대부분 남성 중심으로 구성되어 있어 교회의 중요 결정도 이들에 의해 주로 이루어지고 있다. 여성은 교회 안에서 잠잠하고 남성에 복종하는 것이 미덕으로 여겨지는 가부장적 불평등 관행은 교회가 사회에서 성차별금지나 여권신장에 적극적으로 기여하지 못해 온 원인 가운데 하나이다. 따라서 이러한 추세는 나아가 여성이라는 사실 자체로 인해 여성들이 스스로 사회에서 성공하고 자아를 실현하기 위해 할 수 있을지도 모르는 일들을 하지 못하게 하는 역할함정 내지 역할파멸(role entrapment)에 빠뜨리는 계기가 될 수도 있다.

이와 같이 교회는 대내적으로 소속교인의 사회적 지위에 간접적으로 영향을 미칠 수 있으며, 대외적으로는 사회적으로 열악한 처지에 있는 사람들의 지위향상에 긍정적 기여를 하고 있지만 성차별금지나 여권신장에는 별다른 기여를 하지 못하고 있다.

4) 친교적 기능(Social Fellowship function)

교회는 친교(koinonia)의 장소와 기회를 제공한다. 친교란 본래 어떤 것을 함께 나누어 가지거나 서로 경험하는 것을 뜻하는데 신약에서는 성도가 그리스도의 성령과 종적 관계를 맺고 그 관계를 바탕으로 성도 상호간에 사랑의 영적 교제와 형제애를 함께 나누는 것을 말한다.

현대사회는 전문화된 사회이다. 사람들은 자신이 속한 조직 속에서 톱니바퀴 가운데 하나의 작은 톱니와 같은 역할을 수행하는 직능인으로서 살아간다. 이러한 모습을 공동체의 사망이라고도 표현한다. 그러나 사람들은 기계적으로 움직이는 한 부분으로 인정받거나 계층적 조직체 내에서 명령복종이란 불평등 관계 속에서 인정받기보다는 하나의 독립된 개체로서 대등한 관계 가운데 인정받고 상호 작용하려는 욕망을 누구나 갖고 있다. 기능화된 현대사회가 이러한 욕구를 잘 충족시켜 주지 못하는 가운데 교회공동체는 사람들이 사회적 지위를 떠나 하나의 독립된 인간으로서 평등하게 서로 얼굴을 맞대고 상호교제할 수 있게 하는 집단적 배경을 제공해 준다.

교회의 친교적 기능은 복음전도에도 크게 기여해 오늘날 교회들은 교회 안팎에 공식적 또는 비공식적 친교를 할 수 있는 기회를 적극적으로 제공해주고 있다. 기도회나 간증모임과 같은 친교를 통해 신자들이 자신의 종교적 체험을 함께 나눔으로써 자신의 정서도 정화되는 동시에 집단 전체가 간접적으로 체험을 함으로써 참석한 사람들의 정서도 정화되는 사회적 정서정화(social catharsis)현상이, 나아가 열악한 계층의 삶의 고통을 자신의 고통으로 인식하는 사회적 감정이입(social empathy)이 친교를 통해 이루어지고 있다. 몰인격적인 개인주의가 우리 사회를 지배해 나아감에 따라 서로 얼굴을 맞대고 친근하게 지낼 수 있는 일차집단에 대한 사람들의 욕구는 교회공동체가 친교를 통해 일부 충족시킬 수 있다.

성도간에 생사고락을 함께하는 친교를 통하여 다른 사람이나 계층과 형제감을 느끼게 되고, 유사한 희노애락을 느끼게 됨에 따라 서로가 하나가 되어가는 감정이입(感情移入, empathy)을 하게 된다. 이는 개인적 차원이 아니라 교회공동체라는 사회 안에서 이루어지므로 사회적 감정이입현상(social empathy phenomena)으로 나타나게 된다.

5) 사회연대기능(Social Solidarity function)

교회는 사회연대의 기능을 갖는다. 사회연대란 사회구성원 간 또는 사회내의 계층 간에 집단적 책임의식과 이해를 바탕으로 결속력을 조성하여 전체가 하나가 되도록 하려는 사회적 노력이다. 소위 '더불어 잘 사는 사회'는 사회연대 의식을 한 마디로 잘 표현해 주는 말이다.

예배의 중요한 기능 가운데 하나는 사람들에게 공통의 믿음과 공통의 가치의식을 함양시켜 줌으로써 동질집단(homogeneous group)을 형성하는 기능을 수행한다. 기독교신앙이 갖는 상대적 보편성은 지방색을 타파하고 평화공존을 위해 노력하는 집단들을 증가시켰으며 인종차별주의를 타파하였다. 영미에서 기독교인 세틀러(settlers)들은 빈민지역으로 이주해 빈곤의 원인을 파악하고 극복하려는 인보관 운동(settlement movement)을 전개하면서 빈곤이란 빈부 간 계급적 대립의 표현이라고 인식하고 스스로 계급간의 갭을 연결하여 하나로 묶어주는 다리로서 역할을 수행하기 위해 노력한 사실이 있다.

오늘날 교회는 현실적으로 풍요로운 자들에게도 가난한 자의 고통을 함께 느끼도록 영적 빈곤(the spiritually poor)을 가르치며, 신체가 건강한 정상인에게도 장애인의 고통을 함께 나누도록 영적 장애(the spiritually disabled)를 가르치고, 젊은 사람들에게도 노인들이 겪는 소외감과 어려움을 느끼도록 영적 노령(the spiritually old)을 가르치는 등 사회적으로 서로 다른 처지나 계층의 사람들이 서로 연대하여 하나가 되어 살아갈 수 있도록 하는 데 기여하고 있다.

또한 부자들이 자기희생을 통해 가난한 자들을 보살펴 주어야지만 천국에 갈 수 있다고 가르침으로써, 고아나 과부를 업신여기지 말고 불쌍히 여기라고 가르침으로써, 노인은 지혜의 원천이고 공경 받을 대상이라고 가르침으로써, 사회적으로 소외되고 고통 받는 계층들이 사회 가운데 유리된 채 고립되어 생활하지 않고, 주류사회 구성원들과 더불어 잘 살아갈 수 있도록 적극적으로 노력하고 있다. 이와 같은 성경적 정의를 교인들에게 가르치고 권면함으로써 교회는 사회연대의 기능을 수행하고 있다.

6) 사회안정기능(Social Stability function)

교회는 사회를 안정시키는 기능을 수행한다. 사회안정화란 사회가 붕괴되지 않고, 지속적으로 유지되며, 급격한 변화를 일으키지 않고, 혼란 속에 빠지지 않는 상태를 조성하는 것을 말한다. 오늘날 사회문제의 원인 가운데 하나는 아노미(anomie)현상이다. 즉 무규범(無規範) 상태(normlessness)이다. 사회가 변해 감에 따라 사회구성원들이 지속적으로 따라서 행동할 수 있는 사회규범이 존재하지 못하기 때문에 발생하는 혼란상태이다. 이러한 혼란상태가 발생하는 데는 여러 가지 원인이 있겠으나 그 가운데 하나는 사회가 사회구성원들에게 그들이 일관성 있게 따를 수 있는 규범이나 가치체계를 자신 있게 제시해 주지 못하고 있기 때문이다. 사회구성원들은 자신들이 일관성 있게 따라야 할 규범이나 가치가 없는 현실 아래서 사람들은 방황을 하게 되고 자신의 현실적 이해관계나 개성만을 추구하며 살아가게 된다. 이러한 불안정한 상황 하에선 사회전체의 질서는 일반적으로 법이란 강제규범에 의해 유지되게 된다. 그러나 때로는 법규범 그 자체가 수시로 변해 일관성이 없을 뿐 아니라 권위를 상실해 시민적 저항(civil disobedience)을 불러일으키기도 하며 오히려 사회적 갈등과 혼란의 원인이 되기도 한다.

이러한 불안정한 상황 하에서 교회는 하나님의 절대적 권위와 영원불변한 진리에 바탕을 두고 일관성 있게 전체 사회가 따라야 할 가치와 규범을 제시하고 보존해 줌으로써 무규범 상태에서 발생할 수 있는 혼란과 갈등을 예방하고 사회적 안정에 기여하고 있다.

교회는 이념적 논쟁에 사회가 휩싸일 때도 하나님의 진리의 눈으로 모든 것을 바라봄으로써 당파적 투쟁에 이기적으로 집착하기보다는 하나님께서 의도하신 뜻을 실현하기 위해 노력함으로써 보수주의와 진보주의 간에, 반동주의와 급진주의 간에, 현실주의와 개혁주의 간에 첨예한 대립을 방지하고 사회안정에 기여할 수 있다. 교회는 대립과정에서 발생하는 이념적 논쟁에 대해 성경적 판단을 하여주고, 성경적 대안을 제시해 줌으로써 사회적 혼란에 대한 일종의 완충(buffer) 역할을 할 수 있다.

교회가 사회안정화 기능을 수행하기 위해선 무엇보다도 교회 스스로 교파 간에 대립이나 분열현상을 보이지 않고 사회적으로부터 절대적 신뢰와 권위를 부여받을 때 그리고 동일한 가치나 규범을 사회에 일관성 있게 제시해 주어야 한다. 이러할 때 교회의 사회안정화 기능은 효과적으로 수행될 수 있다.

7) 사회통제기능(Social Control function)

교회는 인간의 행동이나 환경을 통제하는 기능을 수행한다. 사회통제란 사회구성원들에게 법, 도덕, 규칙과 같은 사회규범에 순응하게 하는 것을 말한다. 즉 사회전체의 질서를 유지하기 위해 개인이나 집단이 사회규범을 준수하도록 함으로써 범죄나 탈선 행위를 통제하고 사회의 목적에 부합하는 바람직한 행동을 취하도록 하는 것이다.

교회는 사람들이 성경적으로 올바른 생활을 해 나가도록 그들의 행동이나 생활양식을 통제하여 왔다. 교회가 사용하는 사회통제기술은 소극적인 것과 적극적인 것이 있다. 소극적 통제기술은 바람직하지 않은 행위를 하지 못하게 만드는 것을 의미한다. 소극적 통제기술로는 악한 행위의 결과로 받아야 할 지옥에서의 고통, 파문, 징벌 등을 강조함으로써 그릇된 행위를 하지 못하게 하여 개인이나 집단의 행위를 통제하는 것이다. 교회는 가정파괴, 낙태, 음주, 약물이나 마약사용 등을 금지하고 아동학대, 노동착취 그리고 인권유린 등이 사회에서 일어나지 않도록 통제하여 왔다.

적극적 통제기술은 바람직한 행위를 하도록 만드는 것을 의미한다. 적극적 통제기술은 교회가 선행과 형제애 같이 개인이나 집단이 성경적으로 올바른 행동이나 생활양식을 취하도록 적극적으로 인도함으로써 사회적으로도 바람직한 행동이나 생활양식이 될 수 있도록 개인이나 집단을 통제하는 것이다. 교회는 가이사의 것은 가이사에게 바치라 하여 국가의 권위를 인정하도록 하였고, 부모에 순종하고 노인을 공경하라 하였으며, 모든 영혼은 하나님 보시기에 다 같이 귀하다 함으로써 인권존중을 위해 노력하도록 하였다.

교회는 교회의식을 통해서 사회를 통제하기도 한다. 교회의 장례의식은 현세에 살아 있는 사람들에게 어떻게 살아가는 것이 정의롭고 보람된 일인가를 상징적으로 가르쳐 주고 있다. 또한 결혼의식이나 유아세례를 불신자나 성서적으로 문제가 있는 자에게 거부함으로써 사람들의 행동이나 생활을 통제하는 기능을 수행하기도 한다.

교회의 사회통제기능은 마버그가 주장하듯이 가치의 내면화(internali- zation of values)가 이루어질 때 효과적으로 수행된다. 교회의 가르침이 사람의 마음을 동화시켜 스스로 원해서 따르게 될 때, 즉 자신의 자유의지에 따라 따르게 될 때, 외부의 압력에 의해 강제되는 경우 보다 사회통제는 더 효율적으로 이루어지게 된다.

8) 사회개혁기능(Social Reform)

교회는 사회를 개혁하는 기능을 갖는다. 사회개혁이란 사회에서 잘못되어지고 있거나, 부패한 부분 그리고 불만족스러운 것들을 개선하거나 수정하는 것을 말한다. 일반적으로 사회개혁은 산업화 과정에서 자본주의 체제 내에서 발생하는 모순들을 혁명적 방법이 아닌 점진적 방법으로 개량해 나아가는 것이다.

사회개혁을 위한 노력은 사회복음운동(social gospel movement)에서 찾아볼 수 있다. 사회복음주의자들은 교회가 산업화와 과도한 자본주의에 따른 폐해를 없애기 위하여 그리스도의 투쟁정신을 되찾아 사회정의를 실현해야 한다고 주장한다. 또한 그들은 전통적인 교회의 경건주의는 가난한 사람들의 궁핍을 해결해 주지 못하였으며 사회 전체에 하나님의 왕국을 건설하는 데 실패하였다고 한다. 따라서 사회는 오로지 영혼들을 설득해 성경의 가르침을 실제 문제에 적용해 교회가 사회를 개혁하고 재건설해야 한다고 주장한다.

사회가 산업화되어 감에 따라 물질적 풍요는 이루어졌으나, 소득분배의 불평등으로 인해 빈부 격차는 심해지고, 도시화에 따른 도시빈민계층이 형성되었으며, 기계화에 따른 노동수요의 감축으로 새로운 실업자군을 만들었고, 관료적 조직운영에 따른 인간성 상실이 또 다른 사회문제로 제기되었다. 교회는 산업발전과정에서 나타나는 하나님의 정의에 벗어나는 경제적 사회적 문화적 해악들을 개인적 회개를 통해서, 사회적 회개를 통해서 깨닫고 뉘우치게 하고, 성서의 가르침에 따라 사회구조가 하나님의 선에 입각해 구축되고 운영될 수 있도록 노력해야 한다. 교회는 성서적 가르침을 실제 문제에 적용해 사회구조적인 문제로 인해 부당하게 고통 받는 이웃들이 존재하지 않도록 사회를 개혁하고 재구축해 나아가야 한다.

9) 사회복지기능(Social Welfare function)

초대교회 이래 교회는 사회복지기능을 수행해 왔다. 사회복지란 모든 국민과 자격 있는 국내 거주 외국인들이 인간으로서의 존엄성을 유지할 수 있도록 하기 위해서 개인적, 집단적, 지역사회적, 국가적, 국제적 수준에서 그들이 안고 있는 문제와 생활상의 곤란을 예방-보호-치료-회복시킴으로써 그들의 건강하고 문화적인 생활을 보장하려는 사적, 공적 개입에 의한 활동, 프로그램, 서비스, 제도 등의 총체적 체계를 말한다. 교회의 사회복지기능은 교회가 인간의 행복을 증진하고 존엄성을 유지하기 위해 행하는 노력을 말한다.

오늘날 사회복지는 국가, 영리단체, 비영리단체, 종교단체, 개인 등 다양한 주체들에 의해 제공되고 있다. 이러한 복지다원주의(welfare pluralism)하에서 교회는 오랫동안 사회복지의 주된 제공주체로서 역할을 수행해 왔다. 그러나 교회가 사회복지를 바라보는 시각은 다소 양립적인 면이 있다. 일하라는 명령을 하나님께서 내렸기 때문에 경제적 성공은 순종에 대한 하나님의 뜻으로 간주한 반면 빈곤은 음주 나태 방탕 등 하나님 뜻에 따르지 않은 불순종에 대한 하나님의 뜻으로 보았다. 이는 노동지향적인 사회문화를 창조하는 데 기여하기도 했지만 다른 한편으로는 빈민들에 대한 사회적 무관심을 불러일으키기도 해 교회가 사회복지사업의 주체로서 기능을 수행하면서도 다른 한편으로는 반사회복지적인 모습을 보이기도 하였다. 그러나 하나님께서는 굶주리고 고통 받는 우리들의 가난하고 소외된 이웃을 저버리는 것은 하나님을 저버리는 것이고 이들을 보살피고 도와주는 것은 바로 영생을 얻는 길이라고 분명히 가르쳐 주고 계신다. 또한 열심히 일해 얻은 자신의 소산으로 가난하고 고통 받는 이웃을 도우라고 말씀하신다.

역사적으로 교회는 사회사업의 많은 분야에서 선도적 역할을 하여 왔으나 종교개혁 이후 사회복지 주체로서 교회의 역할이 점점 줄어들고 이에 따른 사회적 문제를 방치할 수 없는 국가가 그 공백을 메꾸어 감에 따라 공공복지가 사회복지의 주된 영역으로 변화되게 되었다. 사회복지의 세속화(Secularization of Social Welfare)가 이루어지게 되었다. 즉 사회복지가 세속화되어 감에 따라 교회가 사회복지분야에서 수행해 온 주도적 역할은 시대가 지남에 따라 축소되어 공공복지를 보완하는 역할로 변화하게 되었다. 그러나 최근 공급경제주의나 대처리즘의 영향을 받은 '작은 정부'의 지향으로 공공분야에서 정부의 역할을 축소하고 민영화 논리가 강하게 제시됨에 따라 사회복지에서 다시금 교회의 역할이 중시되고 있다.

교회가 실시하는 사회복지사업은 일반사회복지기관들의 복지사업에 협력자, 보완자, 비판자의 기능을 수행한다. 정교분리라는 원칙 하에서도 국가는 위탁사업이나 지원사업형태를 통하여 교회와 협력하여 사회복지사업을 실시하였으며, 공급경제하의 작은 정부가 공공복지를 축소하고 동시에 영리를 추구하는 사기업들이 복지사업을 외면함으로써 생기는 복지공백(welfare vacuum)을 교회가 선도적으로 보완해 주었고, 국가나 민간이 복지의무를 태만히 하거나 이행하지 않을 때 교회는 비판자로서의 기능을 수행하였다.

교회는 직접적으로 자선활동이나 복지사업을 실시하기도 하지만 간접적으로 더불어 잘 사는 사회분위기를 조성한다거나, 사회문제에 관한 여론을 환기시키기도 하고, 정부를 상대로 복지로비활동(welfare lobbying)을 전개함으로써 복지예산증액과 복지사업확대를 위해 노력함으로써 직간접적으로 복지기능을 수행하기도 한다.

전략적으로 교회의 사회복지기능은 세 가지로 구분할 수 있다. 첫째, 완화적 기능(alleviative function)이다. 교회는 사회복지활동을 통해서 사회적으로 열악한 처지에 있는 사람들이 겪는 고통을 덜어 주는 기능을 수행한다. 교회의 소년소녀가장을 위한 결연사업, 불우청소년 장학사업, 경로잔치, 재가노인봉사, 노인무료급식사업, 장애인 보장구지급사업 등이 교회의 완화적 기능의 예라 할 수 있다. 둘째, 치유적 기능(curative function)이다. 교회는 사회복지활동을 통해 빈곤의 원인을 제거하는 기능을 수행한다. 빈곤의 원인이 되는 인적자본의 부족을 보충하거나 빈곤에 이르게 하는 주변 환경을 개선하는 것이다. 따라서 스스로 자립할 수 있는 능력을 키워준다든가 빈곤의 악순환을 단절시키는 노력을 기울인다. 빈곤의 악순환을 막기 위한 사업으로는 보육사업이나 공부방이나 독서실사업 등이 있고 그리고 인적자본을 향상시키기 위한 사업으로는 무료진료 직업훈련 취업알선 재활사업 공동작업장 등이 있다. 셋째, 예방적 기능(preventive function)은 앞으로 닥칠 사고나 고통들을 미리 저축해 예방하는 기능이다. 신용협동조합을 통한 저축사업, 가족상담이나 청소년상담 사업을 통해 빈곤이나 가족해체 또는 비행을 미리 예방할 수 있다. 세 가지 기능 가운데 교회는 완화적 기능과 치료적 기능은 효과적으로 수행하고 있는 반면 예방적 기능은 효과적으로 수행하지 못하고 있다.

제3절 교회적 함의

교회는 사회의 한 부분으로서 전체 사회를 위하여 의미 있는 기능을 수행하고 있다. 교회는 사회에 유익한 재화나 서비스를 생산 분배 소비하는 기능을 수행한다. 사회의 행동기준이나 문화를 수용하고 전통이나 관습에 적응시키는 사회화기능을 수행한다. 개인이나 집단에 일정한 신분을 부여하거나 지위를 향상시키는 기능을 수행한다. 사람들이 사회적 지위를 떠나 하나의 독립된 개체로서 평등하게 서로 얼굴을 맞대고 상호교제할 수 있는 집단적 배경을 제공한다. 사회구성원 간 또는 사회내의 계층간에 결속력을 조성하여 전체를 하나로 통합하는 사회연대기능을 수행한다. 사회가 지속적으로 유지되고 혼란 속에 빠지지 않도록 안정시키는 기능을 수행한다. 개인이나 집단이 사회규범을 준수하여 사회의 목적에 부합하는 바람직한 행동을 취하도록 통제하는 기능을 수행한다. 산업화 과정에서 발생하는 모순들을 점진적으로 개량해 나아가는 사회개혁기능을 수행한다. 인간의 행복을 증진시키기 위해 완화적, 치유적, 예방적 사회복지기능을 수행한다. 이러한 기능들은 상호간에 독립적으로 작용하기도 하지만 때로는 상호연관성을 유지하며 작용하고 있다.

교회는 하나님의 목적을 달성하기 위한 하나의 수단이지 그 자체가 목적이 아니다. 교회가 사회적 기능을 수행할 때 무엇보다도 봉사자의 자세로 겸손하게 수행해야 한다.

오늘날 한국의 기독교는 한계에 부딪쳤다는 주장을 많이 한다. 그 이유는 무엇보다도 교회가 스스로 마땅히 수행해야 할 기능들을 오늘날 자칫 망각하고 있거나 소홀히 하고 있어 민중과 교회 간에, 사회와 교회 간에, 하나님과 인간 간에 괴리가 점점 벌어지고 있기 때문이다. 하나님의 뜻을 민중에게 교화시키지 못하고 세상 가운데 실천해 나아가지 못할 때 교회는 이미 교회가 아니요 하나님의 뜻과는 상이한 인간들의 조직체에 불과할 뿐이다.

제5장 현대사회문제와 기독교사회복지

최근 우리 주위에는 새로운 시대적 흐름을 표현하는 용어들이 속속 등장하고 있다. 세계화, 개방화, 서구화, 선진 산업화, 고령화, 정보화, 민영화, 지방화, 핵가족화 등등이 이들 가운데 하나이다. 이러한 용어들은 새로운 시대의 변화와 흐름을 반영하기도 하지만 동시에 구시대에 대한 부정과 반발을 의미하기도 한다. 오늘날 한국의 사회문제는 한편으론 지정학적으로 오랫동안 전래되어 온 문제도 있지만, 다른 한편으론 새로운 시대의 흐름과 기존의 전통간의 마찰에서 파생되어지기도 한다.

성경적으로 살펴보면 현대사회가 안고 있는 사회문제들은 모두가 성경적 정의(biblical justice)에서 벗어난 인간 행위의 결과이다. 즉 죄악의 결과이다. 죄란 하나님의 뜻에 대한 무관심이나 거역, 믿음과 사랑에 대한 거부를 말한다. 이는 하나님으로부터 고립되려는 외면적 내면적 의지이며 하나님의 자리에 이 세상에 속한 것이나 자기 자신을 세워 놓는 것을 가리킨다. 이러한 불신앙은 이기심과 육욕으로 나타난다. 결국 죄란 하나님의 선과 정의로부터 이탈되어 인간의 이기심과 탐욕이 드러난 상태를 말한다.

환경 파괴는 물질만을 중시하는 인간들의 교만과 탐욕의 결과이다. 하나님께서는 더러움과 악함이 없는 아름다운 자연을 창조하시고 보시기에 좋았더라 하셨다. 그러나 이러한 아름다운 자연이 물질만을 중시하는 인간의 탐욕과 교만으로 인해 파괴되어 인간이 보기에조차 흉측스러운 모습으로 바뀌어 가고 있다. 성경은 화평하게 하는 자는 하나님의 아들이라 하여 일치의 사명을 가르쳐 주시지만 오늘날 우리는 밖으로는 남북으로 갈려 대립하고 있고 안으로는 지역감정에 휩싸여 갈등과 긴장을 겪고 있다. 하나님은 남성과 여성 모두 동등하게 자신의 형상을 따라 만드시고 땅위의 모든 피조물을 다스릴 지배권을 동등하게 주셨다. 그러나 오랜 유교적 전통에서 답습되어 온 남존여비 사상은 오늘날 가정폭력과 성차별이란 사회문제를 나타나게 만들었다. 청년들에게 주의 말씀을 지켜 행실을 깨끗이 하라고 성경은 가르치지만 가르침을 받지 않은 청년들은 순간의 쾌락을 추구하고 물질만능사고에 빠져 사회규범을 벗어난 일탈행위를 쉽게 행하게 된다. 노인은 지혜의 원천이니 노인을 경외하라 성경은 가르쳤지만, 생산성을 강조하는 산업사회에서 노인들은 사회에서 점차 소외되어 가고 권위는 사라져 가며, 가족구조의 변화로 홀로 사는 독거노인들이 점차 늘어가고 있다. 가난한 자에게 복음을 전하러 오신 하나님은 가난한 사람에게 사랑을 베푸는 것이 하나님을 사랑하는 것이라 하여 이웃사랑을 강조하시지만, 우리 사회에는 아직도 절대빈곤에 처한 많은 사람들이 사회로부터 소외된 체 살아가고 있다.

현대사회문제는 하나님의 선과 정의에서 벗어난 상태이다. 하나님의 선과 정의에서 이탈된 상태에서 본래의 선하고 정의로운 상태로 돌아가도록 인도하는 것은 교회의 우선적인 사명이 된다. 교회란 여러 가지로 정의되지만 본래 주님에 속한 것을 뜻하는 희랍어의 퀴리아콘에서 유래되었다. 신약성경에서 교회를 뜻하는 에클레시아(ekklesia)는 하나님 앞에 종교적 목적으로 모인 회중을 의미하고 있다. 교회가 성경의 가르침에 따라 인간의 욕심과 죄악의 결과 파생되는 사회문제들을 해결하는 것은 하나님의 정의를 이 땅에 바로 세우는 일이 될 것이다.

제1절

교회구성원의 사회문제인식

사회문제는 다른 사회현상과 마찬가지로 집합적으로 정의할 수도 있고 주관적으로 정의할 수도 있다. 따라서 사회문제란 사회 안에서 개인과 사회의 복지에 영향을 미치는 것으로서, 집합적 정의과정을 거쳐 확인되어지며, 그리고 이러한 현실 상황들과 사회구조나 사회변화와의 관계성에 대한 사회학적인 분석에 따라서 사회문제는 정의된다. 사회문제는 여론을 통해서, 의사결정자들이 바람직하지 못하지만 고쳐질 수 있다고 간주하는 상황일 때, 개인과 사회의 복지에 부정적인 영향을 미치는 상황일 때, 집합적(集合的) 행위나 사회운동이 조직적으로 나타날 때 확인된다(Scarpitti & Andersen, 1989:4-12).

사회문제(social problems)는 사회 구성원인 개인의 문제(personal troubles)와 일치할 수도 있고 다를 수도 있지만 대체로 이들 구성원의 문제가 사회문제로서 정의되기 위해서는 다음의 네 가지 요소들을 갖추고 있어야 한다. 첫째, 개인이나 사회에 대해 물리적 정신적 피해를 끼쳐 온 것으로 인식되어져 왔을 것; 둘째, 어떤 영향력 있는 사회 집단의 가치나 기준을 위반하여 왔을 것; 셋째, 일정 기간 이러한 문제들이 지속되어 왔을 것; 넷째, 제안된 문제의 해결방안이 서로 경합될 것(Parrillo & et.al., 1989:7-13). 또한 사회문제는 일련의 패턴을 유지하면서 전개가 되고 있다. 첫째, 어느 집단이 불쾌하거나 해로운 상황이 존재한다고 주장한다. 둘째, 정부나 다른 영향력 있는 기관이 이에 대해 상투적인 또는 비효과적인 방법으로 반응한다. 셋째, 문제를 제기한 집단은 이러한 정부나 영향력 있는 기관의 불만족스러운 반응에 대해 새로운 요구를 한다. 넷째, 마지막으로 그 집단이 정부나 영향력 있는 기관들에 대해 문제해결을 위한 새로운 대안을 세울 것을 요구한다(Manning, 1985:9-13).

오늘날 우리가 인식하고 있는 사회문제는 매우 다양하지만 일반적으로 일컬어지는 사회문제로는 청소년비행 등과 같은 일탈행위, 빈부격차나 성차별과 같은 불평등의 문제, 노령이나 정신질환 같은 사적 복지의 문제, 민주화나 환경 파괴와 같은 사회변화의 문제 등이 있다. 이러한 사회문제들에 대해서 기독교인들은 다양하게 서로 다른 인식을 갖고 있으며, 동시에 서로 다른 형태로 문제가 해결되기를 선호하고 있다.

본 조사를 위한 표본은 수도권 지역에 소재하는 예장통합교회들을 중심으로 목회자 제직 평신도를 각기 일정수 추출하여 설정하였다. 설문조사는 현직 목회자, 전도사 및 신학생들이 직접 지역교회를 방문하여 면담을 통해 작성되었다. 표본추출 방법은 층화표집방법을 시도했으나 과정상 무작위 표집과 층화표집의 요건들을 충족시키지 못한 점들로 인해 표본이 모집단을 대표하는 데 있어 부족한 측면이 있다. 따라서 본 논문의 분석 결과를 모든 경우에 일반적으로 적용하는 데에는 한계가 있다. 전체 표본의 크기는 436명이었다. 이 가운데 목회자는 168명이었고, 제직이 151명이었으며, 평신도가 117명이었다. 조사도구로는 설문지를 사용하였으며 조사기간은 1996년 5월 1일에서 동년 5월 31일까지였다. 조사된 사회문제 가운데 최근 자주 거론되는 일부 문제에 대한 심각성과 선호되는 해결 방안을 분석 정리한다(김기원, 1997:5-35).

1) 소득격차 문제

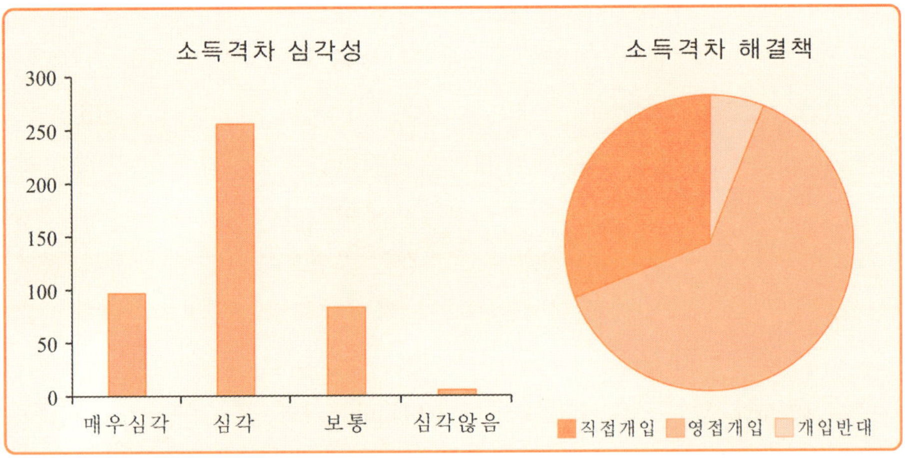

성장 위주의 정부 정책은 국가경제의 크기를 키우는 데는 크게 기여하였지만 성장의 열매가 공평하게 사회계층 간에 분배되지 않아 계층 간 소득격차는 크게 개선되지 않고 오히려 사회적 갈등 요인이 되기도 하였다. 이러한 계층 간 소득격차 문제에 대하여 표본 전체의 22%는 매우 심각하다고 인식하고 있으며, 57.%는 심각한 편으로 인식하고 있는 반면, 1.4%만이 별 문제가 없는 것으로 인식하고 있다. 전체적으로 표본의 대다수인 약 80%가 계층 간 소득격차가 우리 사회의 심각한 사회문제라고 인식하고 있다. 표본 가운데 경제형편이 어려운 사람일수록 빈부 간 소득격차가 보다 더 심각한 사회문제라고 인식하고 있다. 이러한 인식에 있어서 목회자와 평신도 간에 의미 있는 차이는 나타나지 않았다.

계층 간 소득격차의 문제에 대해 교회가 어떻게 대처해야 할 것인가에 대하여 31.2%가 교회가 소득격차의 개선을 위해 직접적으로 개입해야 한다고 생각하는 반면, 63.2%는 영적인 개입만을 해야 한다고 생각하고, 5.3%는 교회가 이에 개입해선 안 된다고 주장하고 있다. 이들 가운데 연령이 적을수록 교회가 직접 나서 개입해 빈부 간 소득격차 문제를 해결하는 데 대해 찬성할 가능성이 큰 것으로 나타났다.

2) 절대빈곤 문제

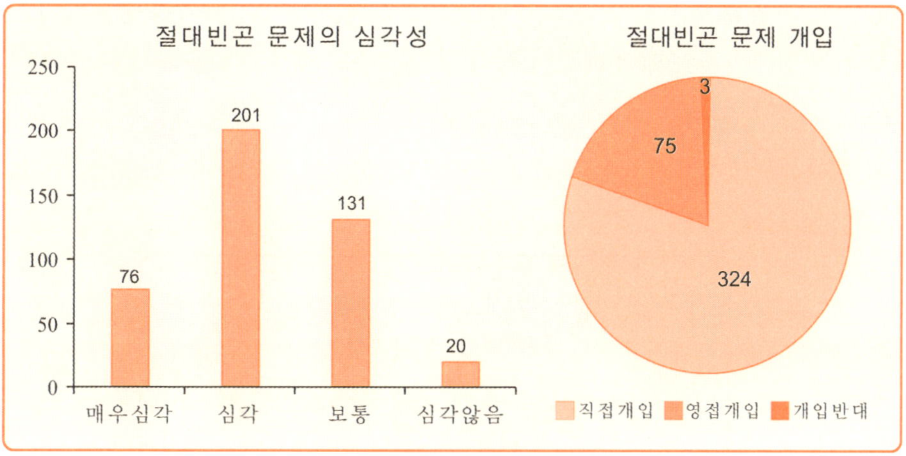

절대적 빈곤이란 의식주 기타 일상생활에 필요한 의료 및 문화생활에 필요한 기초적 자원이 결핍된 상태를 말한다. 60년대 이래 경제성장과 소득증대사업으로 상대적 빈곤은 여전히 존재한다 하더라도 절대빈곤 문제는 많이 개선된 것은 사실이다. 그러나 우리 주위에는 아직도 절대빈곤 하에서 고통을 받는 극빈층들에 대한 사회적 우려는 사라지지 않고 있다. 이러한 절대빈곤의 문제에 대해 전체 표본의 17.8%는 절대빈곤 문제가 아직도 매우 심각하다고 인식하고 있으며, 47%는 다소 심각한 편이라고 인식하고 있고, 30.6%는 보통이라고 인식한 반면, 별문제가 되지 않는다고 인식한 사람은 전체의 4.7%에 불과하다. 표본 가운데 경제형편이 어려운 사람일수록, 그리고 여자가 남자보다 절대빈곤 문제를 더 심각하게 인식하고 있다.

절대빈곤의 문제를 해결하기 위해 교회가 어떻게 개입해야 하는지에 관해서 교회가 직접적으로 개입해 절대빈곤 문제를 해결해야 한다는 인식이 전체의 80.6%로 매우 높게 나타났으며, 영적으로 개입해야 한다는 인식이 18.7%이었고, 개입해선 안 된다는 인식은 0.7%에 불과하였다. 따라서 다른 문제와는 달리 절대빈곤의 문제에 대해서 절대 다수가 교회가 적극적으로 개입해 해결해 주길 바라고 있다. 절대빈곤 문제를 해결하는데 교회가 어떻게 개입해야 하는가에 대해서 신분, 연령, 학력, 경제형편, 가족 수, 출석년수, 성별 등 사회경제적인 요인들의 차이는 교회의 개입방법의 차이에 의미 있는 영향을 미치지 못하고 있어 사회경제적인 처지의 차이에 상관없이 대다수가 교회가 절대빈곤 문제의 해결에 직접 개입해 주길 바라고 있음을 알 수가 있다.

3) 성차별 문제

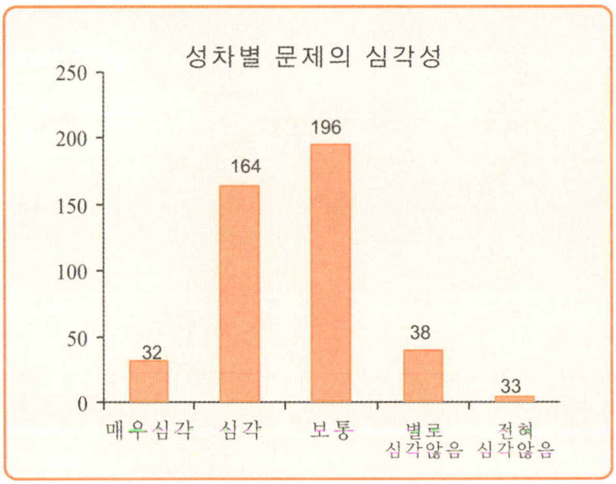

전통적인 유교문화가 오랫동안 영향을 미쳐 온 우리 사회는 아직도 남존여비 사상을 하나의 사회적 관행으로서 의식적으로 때로는 무의식적으로 받아들이고 있다.

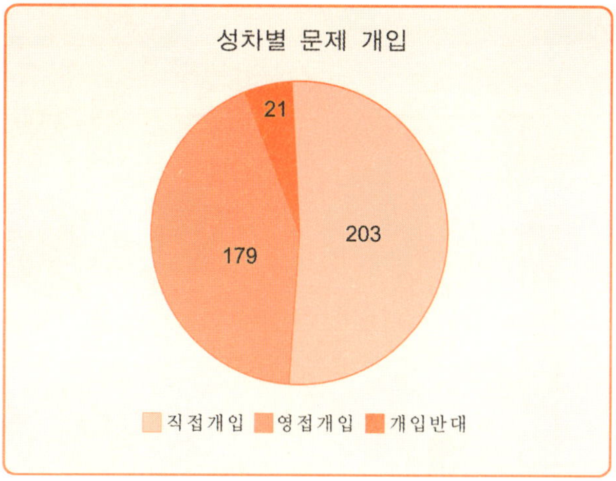

이러한 사회적 관행은 특정한 성의 유형에 대해, 특히 여성에 대해, 사회적 편견을 불러일으키게 되고 나아가 이러한 관행이 인간능력보다 우선적으로 고려됨으로써 여성들이 사회 내에서 일정한 역할을 수행하지 못하게 만드는 일종의 역할함정(role entrapment)에 빠뜨리기도 한다. 표본 가운데 7.3%는 성차별이 매우 심각하다고 인식하고 있고, 37.8%는 다소 심각한 편이라고 인식하고 있으며, 45.2%는 보통이라고 응답한 반면 8.7%는 별 문제가 되지 않는 다고 인식하고 있고, 0.7%는 전혀 문제가 안 된다고 인식하고 있다. 표본들 가운데 성차별 문제에 관해서 목회자가 제직과 평신도들보다 더 심각하다고 인식하고 있으며, 연령이 적을수록 그리고 여자가 남자보다 성차별 문제에 대해서 더 심각하게 인식하고 있다.

성차별에 관한 사회적 문제점들을 제도적으로 해결하기 위해서 교회가 어떻게 개입하여야 하는가에 대하여 교회가 이러한 사회적 관행을 타파하는데 직접적으로 나서야 한다고 생각하는 사람이 전체의 50.4%인데 반해, 영적 개입을 통해 문제를 해결해야 한다는 사람이 44.4%로 나타났고 5.2%는 교회가 이러한 사회문제에 개입해선 안 된다고 생각하고 있었다. 성차별 문제의 해결을 위해 연령이 적을수록, 목회자가 다른 사람보다 교회가 성차별 문제 해결을 위해 직접 개입하는 데 찬성할 가능성이 더 큰 것으로 나타났다.

4) 노인 문제

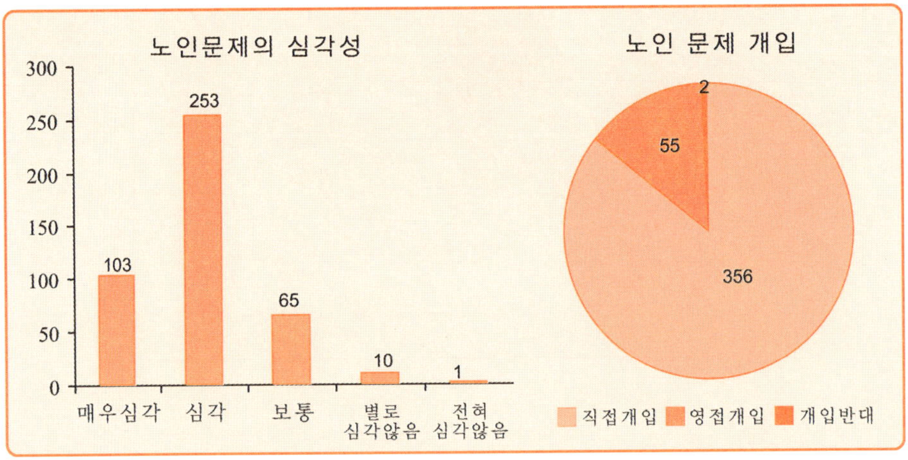

의학기술이 점차 발전되어 감에 따라 우리 사회는 고령화 사회로 변해 가고 있다. 1960년대 65세 이상의 노인 인구 비율이 3.3%였는데 반해 1995년에는 5.7%로 증가하였고, 2000년에는 6.8%, 2020년에는 13.1%로 증가할 것으로 추산되고 있다. 그런데 점차 노인인구가 증가해 감에 따라 우리 사회에서는 '노령은 곧 문제'라는 인식이 점차 증가해 가고 있으며 노령은 개인의 문제가 아니라 사회 전체가 책임져야 할 사회문제로서 받아들여지고 있다. 노인문제에 관해서 표본의 23.8%가 매우 심각하다고 인식하고 있으며, 58.6%가 심각한 편이라는 인식을 하고 있고, 15%가 보통이라고 인식한 반면 2.5%만이 별 문제가 없는 것으로 인식하고 있어 절대 다수인 82.4%가 노인문제가 심각한 것으로 인식하고 있다. 노인문제의 심각성은 목회자가 제직이나 평신도들보다 더 심각하게 인식하고 있으며, 남자보다 여자가 더 심각하게 인식하고 있다.

이러한 노인문제에 대하여 86.2%는 교회가 직접적으로 개입하여 노인문제를 해결해 주길 바라고 있으며, 13.3%는 영적으로 문제를 해결해야 한다고 인식하는 반면, 0.5%는 교회의 개입 자체를 반대하고 있다. 따라서 절대 다수가 노인문제 해결을 위해 교회가 적극적으로 개입해 문제를 해결해 주길 바라고 있는 것으로 나타났다. 표본 가운데 학력이 높을수록 교회가 적극적으로 개입해 노인문제를 해결해 주는 데 찬성할 가능성이 큰 것으로 나타났다.

5) 청소년 문제

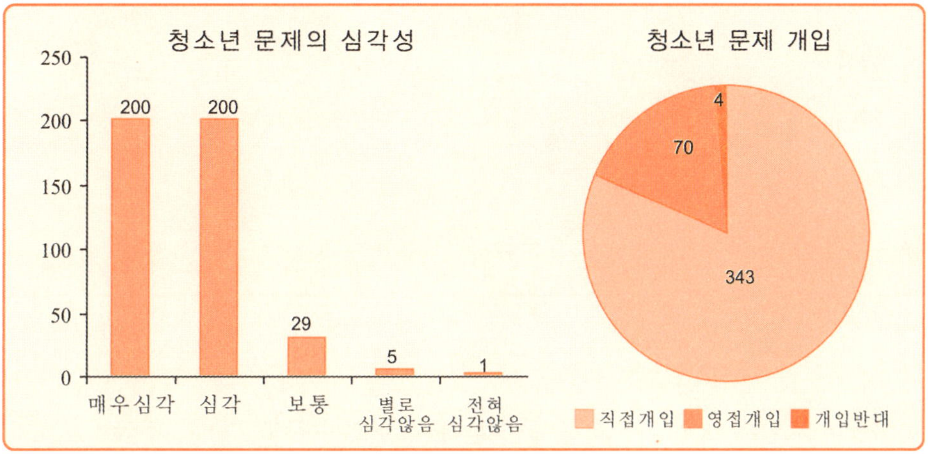

청소년이라 함은 9세 이상 24세 이하의 자를 말한다. 최근 언론매체에서 가장 많이 거론하는 사회문제의 하나는 청소년비행 문제이다. 이러한 청소년 문제에 대하여 표본의 46%가 매우 심각하다고 인식하고 있으며, 46%는 다소 심각한 편이라고 인식하고 있고, 6.7%는 보통이라고 인식하고 있으며, 1.3%만이 별 문제가 없거나 전혀 문제가 없다고 인식하고 있다. 청소년 문제의 심각성에 대해서 목회자가 제직이나 평신도보다, 여자가 남자보다 더 심각하게 인식하고 있는 것으로 나타났다.

청소년 문제에 대해 교회가 어떻게 개입해야 하는가에 대하여 표본의 82.3%가 청소년비행과 같은 사회문제에 대해 직접 개입해 문제를 해결해야 한다고 인식하고 있으며, 16.8%는 직접 개입보다는 영적으로 개입해야 한다고 인식하고 있는 반면, 1%만이 개입 자체를 반대하고 있다. 연령이 적을수록 그리고 학력이 높을수록 청소년 문제의 해결을 위해 교회가 직접 개입하는 데 찬성할 가능성이 크다.

6) 요보호아동

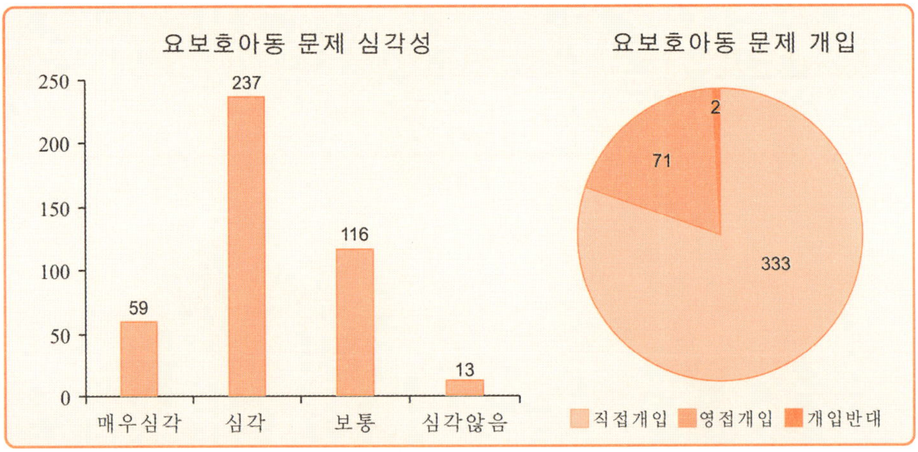

아동이라 함은 18세 미만의 자를 말한다. 요보호아동이라 함은 아동이 보호자로부터 유실-유기 또는 이탈된 경우, 그 보호자가 아동을 양육하기에 부적당하거나 양육할 능력이 없는 경우 또는 기타의 경우에 아동복지법에 의해 보호를 받을 아동을 말한다. 때로는 소년소녀가장, 시설아동, 학대아동 등으로 불리어지기도 하는 이들 아동들의 문제에 대하여 표본의 13.9%가 요보호아동 문제가 매우 심각하다고 인식하였으며, 55.8%는 다소 심각한 편이라고 인식하고 있는 반면, 27.3%는 보통이라고 인식하고 있고, 3.1%는 별 문제가 없다고 인식하고 있다. 아동문제의 심각성에 대해선 젊은 사람들이 고령자보다, 그리고 여자가 남자보다 더 심각하게 인식하고 있다.

요보호아동 문제를 해결하는 데 교회가 어떠한 역할을 해야 하는지에 대하여 표본의 대다수인 82%가 직접적으로 이들 문제의 해결에 개입해야 한다고 인식하고 있으며, 17.5%는 영적으로 개입해야 한다고 인식하고 있고, 0.5%는 개입해선 안 된다고 인식하고 있다. 연령이 적은 사람일수록 교회가 요보호아동 문제를 해결하는 데 직접 개입해 해결하는 데 찬성할 가능성이 큰 것으로 나타났다.

7) 환경문제

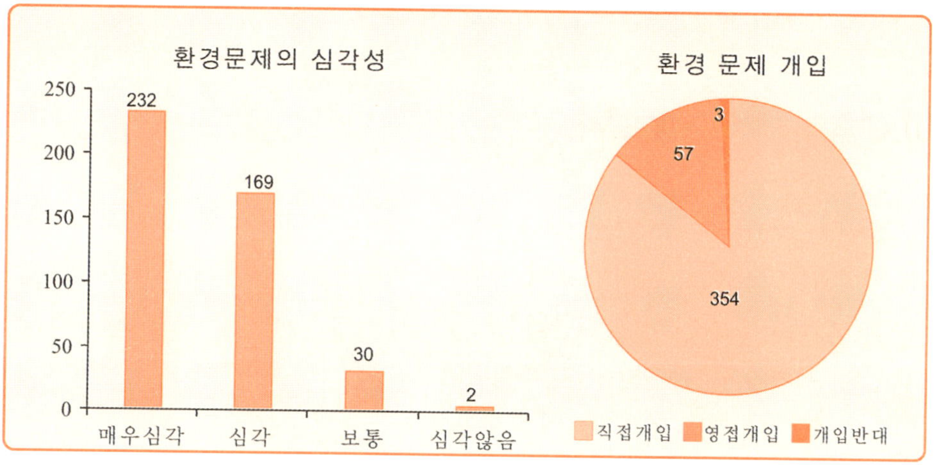

산업화가 진행되어 감에 따라 환경은 오염되거나 훼손되어 가고 악화된 환경은 인간의 삶의 질을 저하시키게 된다. 이러한 환경문제의 심각성에 대하여 표본의 53.6%는 환경문제가 매우 심각하다고 인식하고 있고, 39%는 다소 심각한 편이라고 인식하고 있으며, 6.9%는 보통이라고 인식하는 반면, 0.5%는 별 문제가 없다고 인식하고 있다. 목회자가 제직이나 평신도 보다, 교회출석을 오래 한 사람일수록, 여자가 남자보다 더 환경문제에 대해 심각하게 인식하고 있는 것으로 나타났다.

환경문제의 해결에 대해 교회가 어떻게 개입해야 할 것인가에 대하여 85.5%는 교회가 직접 개입하여 환경문제를 해결해야 한다고 인식하고 있으며, 13.8%는 직접적으로 개입하기보다는 영적으로 개입해야 한다고 인식하고 있고, 0.7%만이 교회의 개입 자체를 반대하고 있다. 교회출석년도가 오래된 사람일수록 환경문제 해결에 교회가 직접 개입하는 데 찬성할 가능성이 크다.

제2절

현대사회문제와 기독교사회복지의 역할

1) 교회의 사명과 사회봉사

교회가 기독교사회복지사업을 수행함에 있어서 고려해야 할 것 가운데 하나는 교회 구성원들이 어떠한 사명이 교회가 우선적으로 수행해야 할 중요한 사명이냐 하는 우선순위에 관한 문제이다. 일반적으로 교회의 사명은 예배, 교육, 전도, 친교, 봉사로 나뉜다. 교회의 구성원들이 어떠한 사명이 교회가 가장 우선적으로 수행해야 할 사명이라고 생각하는지를 정리하면 다음과 같다.

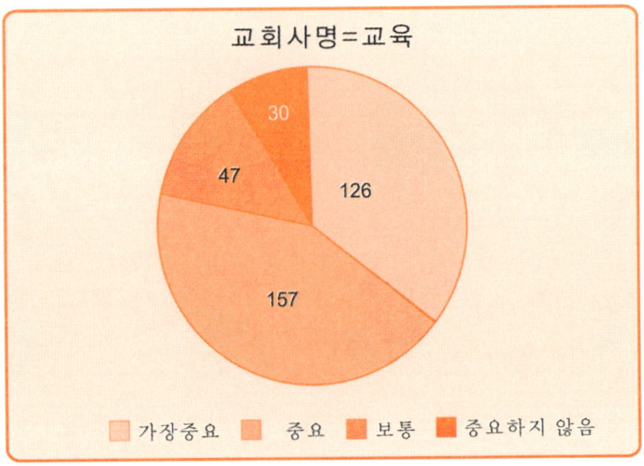

교회의 사명 가운데 교육이 가장 중요한 사명이라고 생각하는 사람이 표본 전체의 34.8%이고, 43.4%는 두 번째로 중요한 기능이라고 인식하고 있으며, 13%는 세 번째로 중요한 사명이라고 생각하고 있고, 9.2%는 네 번째로 중요한 사명이라고 인식하고 있다. 목회자가 제직들보다 더, 그리고 연령이 적을수록 교육이 더 중요한 사명이라고 인식하고 있다.

교회의 사명 가운데 전도가 가장 중요한 사명이라고 인식하는 사람이 표본 전체의 61.7%이고, 두 번째 중요한 사명이라고 인식하는 사람이 33.7%에 달해 대부분 전도가 교회의 중요한 사명이라고 인식하고 있음을 알 수가 있다. 학력이 높을수록, 그리고 교회 출석년수가 적을수록 전도가 교회의 다른 사명보다 더 중요한 사명이라고 인식하고 있다.

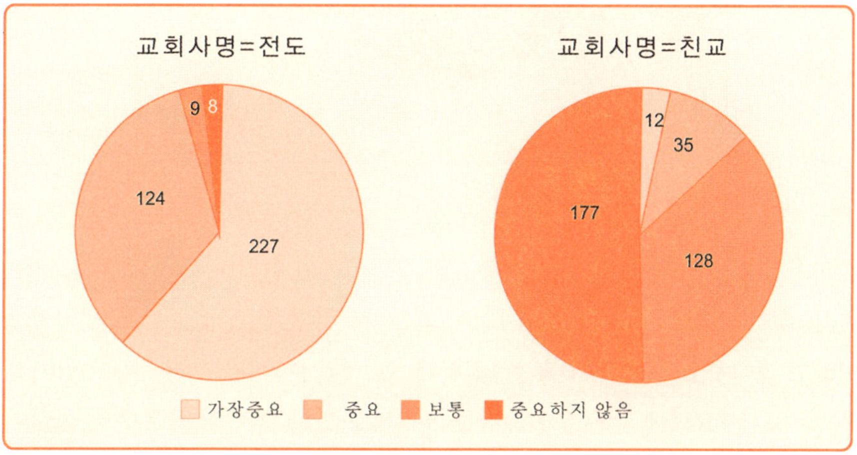

교회의 사명 가운데 친교가 가장 중요한 사명이라고 인식하는 사람은 표본 전체의 3.4%에 불과하였고, 두 번째로 중요한 사명이라고 인식한 사람은 9.9%인 반면, 세 번째로 중요한 사명이라고 인식한 사람은 36.4%이고 네 번째로 중요한 사명이라고 인식한 사람은 50.3%였다. 이러한 인식의 차이에는 사회경제적인 특징들의 차이가 의미 있는 영향을 미치지 못하고 있다.

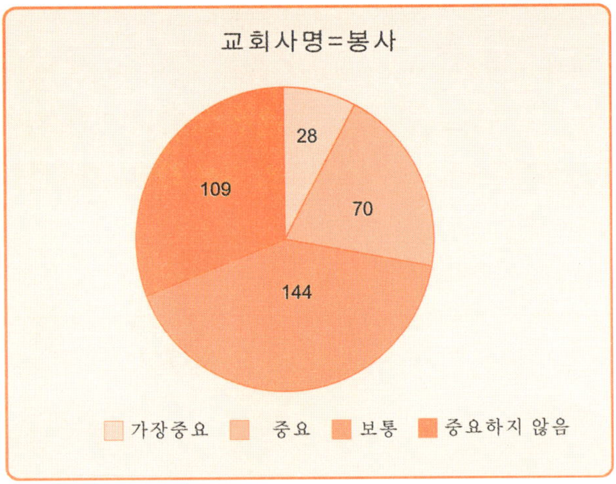

교회의 사명 가운데 봉사가 가장 중요한 사명이라고 인식한 사람은 표본의 8%에 불과하며, 19.9%는 두 번째로 중요한 사명이라고 인식하고 있고, 40.9%는 세 번째 중요한 사명이라고 인식하고 있으며, 31%는 네 번째 중요한 사명이라고 인식하고 있어 대다수가 봉사 사명의 중요성에 낮은 우선순위를 부여하고 있다. 연령이 낮을수록, 학력이 낮을수록, 여자가 남자보다 더 봉사가 교회의 중요한 사명이라고 인식하고 있다. 전체적으로 봉사는 교회의 사명 가운데 전도와 교육 다음으로 세 번째 중요한 사명이라고 인식되고 있어 기독교사회복지사업이 상대적으로 저조한 이유를 간접적으로 알 수가 있다.

2) 사회문제 해결자로서의 교회

교회가 사회문제를 인식하는 정도와 개입 방안에 대해서는 교회 구성원 간에 인식의 차이가 다소 있기도 하지만, 대부분의 현대사회문제가 인간의 탐욕과 교만의 산물임을 고려할 때, 교회가 이 땅에 성경적 정의를 바로 세운다는 의미에서 이러한 사회문제의 해결을 위해 부단한 노력을 해야 할 것이다. 현대사회문제를 해결하는 데 기독교는 다양한 복지사업을 통해 기여할 수 있다.

기독교사회복지란 성경의 가르침에 따라 사회속의 열악한 처지에 있는 사람들의 기본적 욕구를 충족시키고 사회문제를 해결하기 위하여 인적 물적 자원을 확보하고 재화 및 서비스를 제공해 줌으로써 인간다운 삶을 보장해 주려는 가치 및 제도를 말한다. 기독교사회복지는 주로 교회의 사회복지사업을 통해 구체화되어 진다.

교회가 실시하는 복지사업은 일반사회복지기관의 복지사업과 비교해 몇 가지 차이점이 있다. 첫째, 교회의 복지사업은 자원봉사환경 하에서 이루어진다. 따라서 교회는 교회의 복지사업에 호의적일 수도 있고 동시에 저항적일 수도 있는 소규모 자원봉사집단 구성원들을 활용하여 복지사업을 실시해야 한다. 둘째, 교회사회사업은 일반적으로 의료사회사업이나 학교사회사업이 병원이나 학교에서 부수적으로 수행되는 사업이듯이 주된 조직인 교회에서 이차적인 사업으로서 이루어지는 경우가 많이 있다. 셋째, 평신도는 교회사회사업에서 중심적인 역할을 수행한다. 교인들은 그들의 봉사가 피봉사자의 개종을 인도하든지 않든지 간에 그들을 위해 봉사하도록 명령을 받는다. 넷째, 교회는 일반복지기관과는 달리 조정자로서 역할을 수행한다. 교회는 정부가 수행하는 사업이 개인이나 가족의 이익을 침해해 서로 갈등을 빚게 되는 경우, 양자의 마찰을 완화해 주는 완충자의 기능을 수행할 수 있다. 마지막으로, 교회사회사업은 교회 자신의 독특한 문화환경 하에서 수행된다. 교회사회사업은 교회공동체의 문화적 형태와 용어를 사용하고, 또 그 안에서 운영되어야 하므로 성경, 신학, 그리고 기독교 가치와 생활양식이 사회복지사업을 실천하는 데 그 기초와 자원으로 활용되어야 한다.

교회는 복지사업을 통해 현대사회문제를 해결하는 데 있어서 몇 가지 의미 있는 역할을 수행할 수 있다. 첫째, 가치판단자(value-judge)의 역할이다. 최근 많은 사람들의 우려의 대상이 되고 있는 청소년 비행문제, 퇴폐문화, 전통상실 문제 등은 바로 급변하는 사회 속에서 청소년들이 일관되게 따라서 행동할 수 있는 사회규범을 사회가 제공해 주지 못하고 같이 표류하기 때문에 청소년들은 가치의 혼란상태에 빠지게 된다. 이와 같은 아노미적 상황 하에서 청소년들은 감정적 판단에 의해 행동하거나 찰나적 쾌락에 빠지게 될 가능성이 높다. 이러한 무규범의 혼란상황에서 교회가 사회의 가치혼란적 이슈들에 대해 성경적 정의에 근거해 일관성 있게 사회에 대해 올바른 가치와 규범을 제시해 줌으로써, 가치혼란 과정에서 파생되는 사회문제를 예방할 수 있고, 잘못된 기존의 관행들을 교정시킬 수 있을 것이다.

둘째, 이슈제기자(issue-initiator)로서의 역할이다. 이슈란 어떤 문제가 공공의 관심을 집중시켜 공공정책상의 논점으로 제시되어 관련된 사람들의 이해갈등이 나타난 경우이다. 이슈제기자란 일정한 사회문제를 해결하기 위해 그 문제를 제기하고 국민들에게 널리 인식시키는 사람을 말한다. 빈민, 장애인, 노인 등 사회적으로 열악한 처지에 있거나 가정폭력과 같은 사회문제의 대상이 되는 사람들은 대체로 자신의 문제를 감추려는 경향이 있다. 또한 설령 사회에 알리려고 해도 이를 체계적으로 하기 위한 자원과 수단이 없거나 이들 자원과 수단에 접근하기가 어려운 경우가 많다. 따라서 교회는 이들을 대신해서 이들이 겪는 고통과 문제를 정부나 국민을 상대로 인식시키고 공공정책상의 논점으로 끌어갈 수 있도록 이슈제기자로서의 역할을 수행할 수가 있다. 교회의 이러한 역할들은 사회행동가(social actor)로서 그리고 의식집단(conscious group)으로서 수행되어질 수 있다.

셋째, 서비스제공자(service-provider)로서의 역할이다. 경제성장 결과 전반적으로 국민의 소득이 향상되었지만 아직도 절대빈곤 하에 고통을 받고 있는 사람들이 우리 주위에 있으며, 산업화 결과 농어촌의 젊은 인력들이 도시로 떠나 노인촌으로 바뀌어 가고, 집안에 홀로 거주하는 독거노인들이 점차 증가해 가고 있으며, 산업재해로 인해 후천성 장애인들이 많이 발생되고 있다. 이러한 때 교회는 빈민, 노인, 장애인 그 밖에 사회적으로 열악한 처지에 있는 사람들이 겪는 고통을 완화해 주기 위해 인적 물적 서비스를 제공해 주거나 구제사업을 실시함으로써 이웃 사랑을 직접 실천하는 서비스제공자로서의 역할을 수행할 수 있다. 특히 복지다원주의 하에서 그리고 민영화를 지향하는 작은 정부 하에서 기독교는 사회적으로 열악한 처지에 있는 사람들을 위한 사회복지사업에 보다 더 기여해 주도록 주변 환경으로부터 요청을 받고 있다. 성경은 십일조를 레위인, 객, 고아 그리고 과부들을 배불리 먹이는 데 사용하라고 가르치고 있다(신26:11). 객, 고아와 과부들은 바로 고통 받는 우리들의 이웃들로서 교회가 직접 이웃사랑 실천을 통해 보살펴 주어야 할 대상자들이다.

넷째, 사례관리자(case manager)로서의 역할이다. 사례관리자는 수혜대상자를 확인하고, 그들의 욕구를 조사하고, 적절한 서비스를 찾아내고, 서비스 사용계획을 세우고, 수혜대상자와 자원을 연결시키고, 적시에 적절한 서비스가 전달되도록 서비스전달과정을 감독하는 역할을 담당한다. 교회의 인적 물적 자원이 부족한 경우 교회는 직접적인 서비스제공자로서의 역할을 수행하기가 어려운 경우가 많다. 이러한 경우 교회는 지역사회에서 도움이 필요한 자를 확인하고 이들에게 도움을 줄 수 있는 지역사회 자원을 찾아낸 후 당사자들의 동의를 얻어 도움을 필요로 하는 자와 도움을 주고자 하는 자를 연결시켜 주고, 양자 간에 필요한 재화나 서비스가 잘 전달되도록 도와주는 사례관리자의 역할을 수행할 수 있다. 이러한 사례관리를 통해 교회는 고통 가운데 살아가는 이웃에게 힘이 되고, 자원 제공자에게는 선행을 할 수 있는 기회를 제공해 줌으로써 이웃과 더불어 살아가는 공동체를 건설하는 계기를 만들 수 있다.

다섯째, 프로그램 개발자(program developer)로서의 역할이다. 교회는 정부나 사회복지기관들과는 달리 지역사회 주민이 곧 교인이므로 주민의 문제와 욕구를 가장 정확하게 파악할 수 있는 장점이 있다. 문제가 무엇인지, 욕구가 무엇인지, 누가 그 문제로 고통을 받고 있는지, 문제가 얼마나 심각한지, 얼마나 광범위하게 퍼져 있는지, 문제를 발생시킨 원인이 무엇인지, 프로그램은 실현 가능한지 등에 관해서 지역사회의 교회는 정확하게 확인할 수가 있다. 따라서 지역교회는 이러한 정확한 정보에 근거해서 그가 위치한 지역사회의 특성에 가장 적합한 프로그램을 개발해 낼 수 있는 프로그램개발자로서의 역할을 수행할 수 있다. 개발된 프로그램은 지방정부나 지역사회의 복지기관에 제공해 줄 수 있다.

3) 기독교사회복지사업 실천

기독교복지사업은 현대사회문제를 해결하는 데 긍정적인 기여를 할 수 있다. 기독교사회복지사업 실천과 관련된 표본조사 결과를 정리하면 다음과 같다.

표본 가운데 대다수인 95.2%는 교회가 복지사업을 실시하는 것에 대해서 찬성하고 있다. 교회가 복지사업을 실시한다면 어떻게 실시해야 할 것인가에 대해 표본의 45.3%는 교회가 독자적으로 교회예산을 사용하여 복지사업을 실시해야 한다고 생각하였고, 14.6%는 정부의 복지사업의 부족분만을 보완적으로 실시해야 한다고 인식하고 있고, 14.9%는 정부의

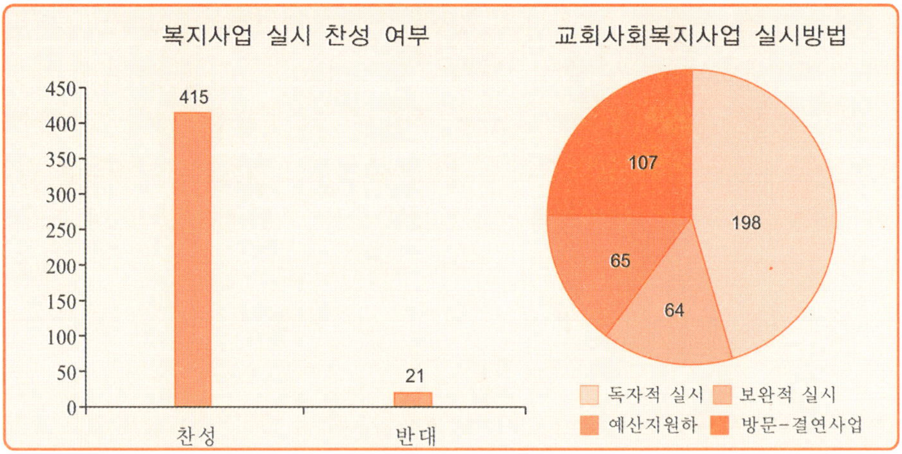

예산 지원을 받아 복지사업을 실시해야 한다고 인식하고 있으며, 24.5%는 복지시설을 위로방문하거나 결연사업을 실시하는 것으로 족하다고 인식하고 있다. 기독교사회복지적 차원에서 보면 제도적인 견해와 보완적인 견해가 공존하고 있음을 보여준다.

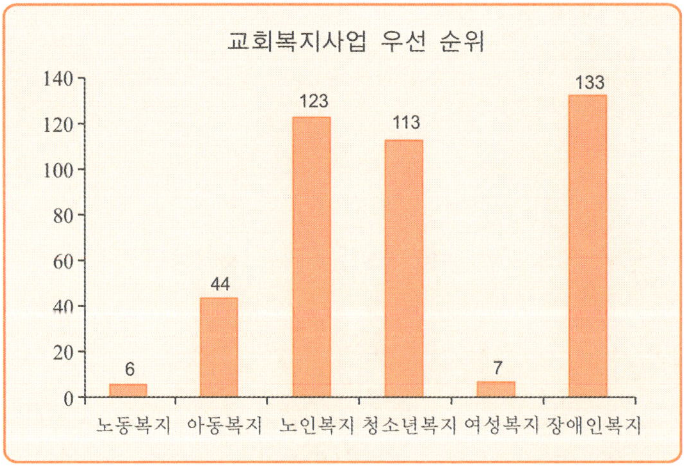

교회가 복지사업을 실시한다면 가장 우선적으로 실시해야 할 복지사업은 표본의 31.2%가 장애인복지사업이라고 인식하고 있고, 28.9%가 노인복지사업이라고 하였으며, 26.5%가 청소년복지사업이라고 하였고, 10.3%는 아동복지사업이라고 하였으며, 1.8%는 여성복지사업이라고 하였고, 1.4%는 노동복지사업이라고 인식하고 있다. 상대적으로 장애인, 노인, 청소년들이 교회가 우선적으로 보호해 주어야 할 대상들이라고 인식하고 있다.

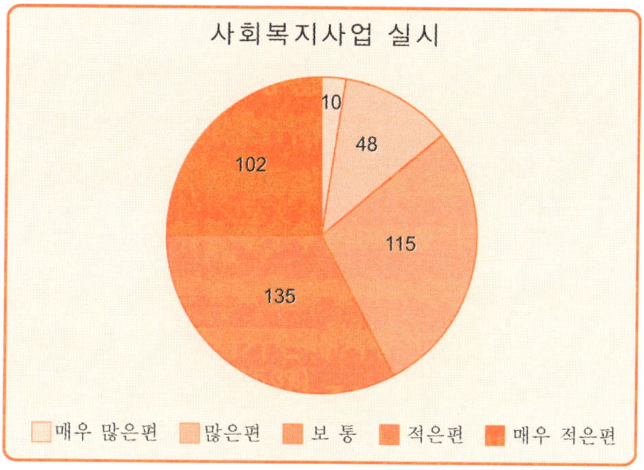

현재 평균적으로 교회예산의 9.74%가 사회봉사예산으로 쓰이고 있다. 교회가 현재 행하고 있는 복지사업에 대하여 표본의 2.4%는 매우 많은 편이라고 생각하고, 11.7%는 다소 많다고 생각하고 있으며, 28%는 보통이라고 생각하고, 32.9%는 적은 편이라고 생각하며, 24.9%는 매우 적은 편이라고 생각하고 있다. 과반수 이상인 58% 가량이 현재 교회가 하고 있는 복지사업이 적다고 생각하는 반면, 많다고 생각하는 사람은 14%에 불과해 대다수가 현재의 복지사업 수준이 만족할 만한 수준에 미치지 못한다고 인식하고 있다.

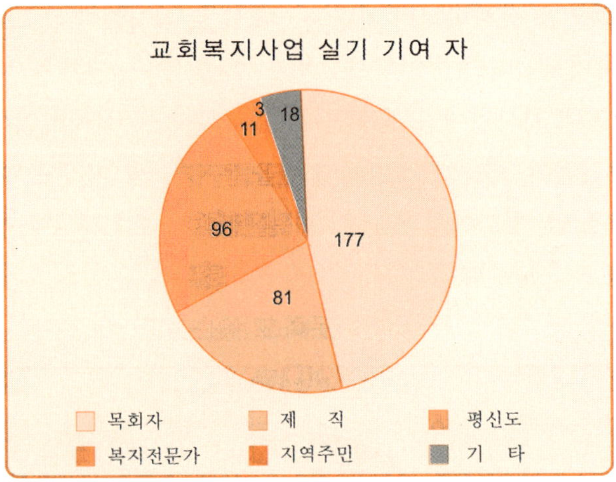

교회가 복지사업을 실시하게 되는 데 가장 큰 기여를 한 사람은 표본의 절반에 가까운 45.7%가 목회자라고 하였으며, 20.9%가 제직이라고 하였고, 24.8%가 평신도라고 하였으며, 기타 복지전문가 공무원 지역주민 등이라고 한 사람은 8.5%인 것으로 나타났다. 따라서 목회자가 교회가 사회복지사업을 실시하는 데 결정적인 역할을 하고 있음을 알 수 있다.

교회가 사회복지사업을 실시하고 있는 데 겪는 가장 큰 어려움은 표본의 44.5%가 재정부족이라고 하였고, 13.3%는 전문지식부족이라고 하였으며, 14.6%는 시설부

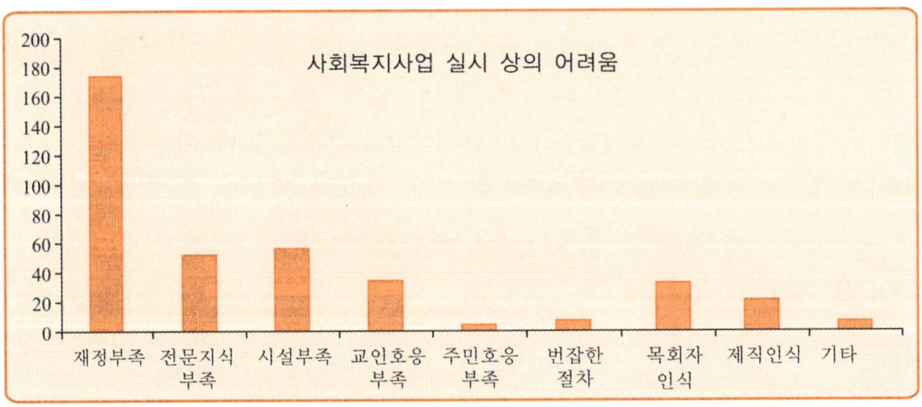

족이라고 하였고, 8.7%는 교인의 호응 부족이라고 하였으며, 8.8%는 목회자의 인식 부족이라고 하였고, 제직의 인식 부족이 5.4%였으며 그밖에 번잡한 행정절차나 주민호응부족 등이 5.1% 가량 되었다. 상당수의 교회가 경제적인 어려움으로 인해 사회복지사업을 수행하는 데 많은 지장을 받고 있는데 이러한 때 교회는 도움이 필요한 자와 도움을 줄 수 있는 자를 연결해 줌으로써 인간다운 삶을 영위해갈 수 있도록 도와주는 사례관리자의 역할을 행할 수 있다.

4) 사회봉사비와 타예산항목 간의 상관관계

예산이란 일정 기간 계획된 지출과 그 지출을 위한 자금조달계획을 서술한 것으로 기관의 사업을 개관할 수 있는 예정표이다. 따라서 교회예산 항목 간 할당된 예산

<표1> 사회봉사와 건축과의 관계

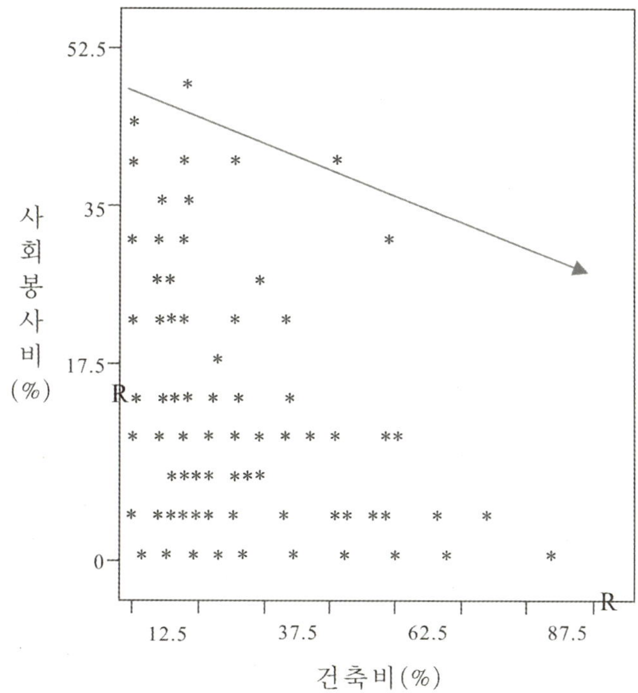

액의 상대적 차이를 비교함으로써 사회봉사사업의 중요성을 비교해 볼 수 있다. 이들 가운데 교회건축비와 사회봉사비, 교회유지비와 사회봉사비와의 관계성만을 살펴보면 다음과 같다.

사회봉사비가 예산 가운데 차지하는 비율과 다른 예산 항목 비율간의 상관관계(correlation)를 살펴보면 건축비와 교회유지비의 경우 사회봉사비와 부정적인 상관관계를 나타내고 있다. 반면 전도비와 사회봉사비 간에는 긍정적인 상관관계를 나타내고 있다. <표1>과 <표2>는 사회봉사비와 건축비 간에, 그리고 사회봉사비와 교회유지비 간에 부정적인 상관관계가 나타나고 있음을 보여주고 있다. RR선은 이들 간의 관계를 대표하는 선이다. 건축비항목과 교회유지비 항목에 많은 예산을 할당하는 교회일수록 사회봉사사업에는 적은 예산을 할당하고 있다. 따라서 교회의 외형적 성장과 유지는 교회의 사회봉사사업에 심각한 저해요인이 되고 있음을 알 수 있다.

<표2> <사회봉사비와 교회유지비와의 관계>

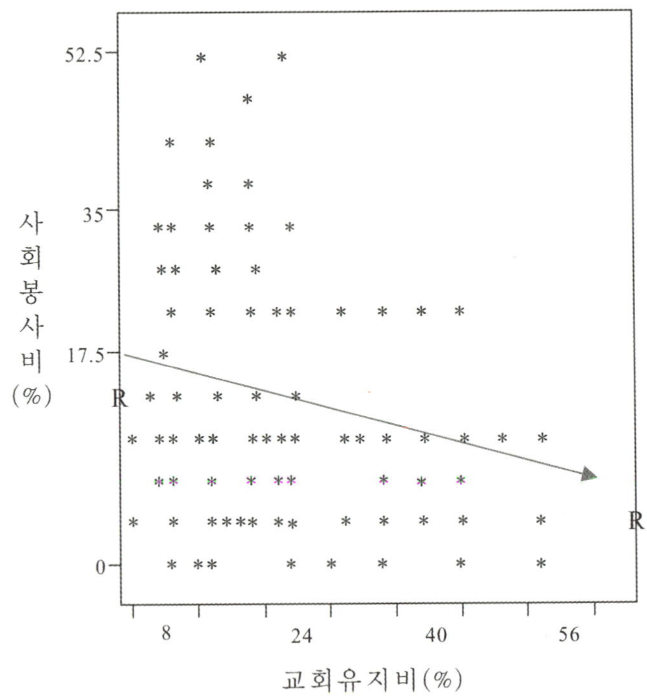

제3절 맺는말

현대사회문제는 성경적 정의에서 벗어난 인간 행위의 결과이다. 기독교사회복지는 성경적 정의를 회복하려는 기독교인들의 제도적 노력 가운데 하나이다. 기독교사회복지란 이웃사랑을 실천함으로써 사회적으로 열악한 처지에서 물질적 정신적으로 고통 받는 사람들의 삶의 질을 양적 질적으로 개선하고 성경적 정의를 실천하려는 제도적 노력이자 가치체계를 말한다. 기독교사회복지는 주로 교회의 복지사업을 통해 실천되어 질 수 있다.

사회문제의 심각성에 대한 인식은 문제유형에 따라 서로 다르게 나타나고 있다. 교회가 사회문제를 해결하는 데 어떻게 개입해야 할 것인가에 대해서도 문제유형에 따라 선호되는 해결책이 서로 다르게 나타나고 있다. 사회문제 가운데 교회가 직접 개입해서 해결하길 바라는 사람이 상대적으로 많은 사회문제들은 절대빈곤의 문제, 노인문제, 요보호아동문제, 청소년문제, 그리고 환경문제이다.

교회의 사명 가운데 봉사의 사명은 상대적으로 낮은 우선순위에 위치해 기독교복지사업이 상대적으로 저조한 원인이 된다. 교회가 우선적으로 실시하고 싶어 하는 복지사업은 장애인복지사업, 노인복지사업, 청소년복지사업 등이다. 교회가 복지사업을 실시하는 데 가장 큰 기여를 한 사람은 목회자이며, 복지사업을 수행하는 데 겪는 가장 큰 어려움은 재정부족인 것으로 나타났다.

사회봉사비와 다른 예산 항목간의 상관관계를 살펴보면 건축비와 교회유지비의 경우 사회봉사비와 부정적인 상관관계를 나타내고 있으며 전도비와 사회봉사비 간에는 긍정적인 상관관계를 나타내고 있다. 따라서 교회의 외형적 성장과 유지는 교회의 사회봉사사업에 큰 저해요인이 되고 있음을 알 수 있다.

교회가 사회복지사업을 통해 사회문제를 해결하는 데 있어서 가치판단자, 이슈제기자, 서비스제공자, 사례관리자, 프로그램개발자로서의 역할을 수행할 수 있다. 교회자원이 풍부한 교회는 서비스제공자로서의 역할을 수행할 수 있지만 반면 교회자원이 부족한 교회는 서비스제공자로서의 역할보다는 사례관리자로서의 역할을 수행함으로써 사회문제 해결에 기여할 수 있다.

현대사회문제는 성경적 정의에서 벗어난 인간 행위의 결과이다. 기독교사회복지는 성경적 정의를 회복하려는 기독교인들의 제도적 노력 가운데 하나이자 가치 체계이다. 기독교인들은 회개하는 마음으로, 말씀에 순종하는 자세로, 겸손하게, 기독교사회복지사업을 수행해야 할 것이다.

제2편

기독교사회복지 각론

제6장 기독교 빈곤자복지

빈곤이란 솔로몬도 해결하지 못한 역사적으로 가장 오랫동안 지속되어 온 사회문제 가운데 하나이다. 사회의 기초 단위인 개인 자신은 물론 가족, 지역사회, 사업체, 종교기관, 정부, 국제기구 등 사회구성원 모두는 빈곤을 소멸시키거나 빈곤으로 인해 사람들이 받는 고통을 완화시키고자 다각적인 노력을 기울여 왔다. 빈곤이란 개념은 시대적 상황과 사회의 소득 수준 그리고 각 사람들의 가치관에 따라 서로 다르게 정의되기 때문에 모든 사람들이 수용할 수 있는 보편적인 정의는 내리기가 어렵다. 절대적 빈곤은 오랫동안 우리 사회의 주된 관심 대상이 되었지만 경제적으로 발전을 이룩한 오늘날에는 계층 간의 빈부 격차에 따른 상대적 빈곤이 새로운 사회문제가 되고 있다. 그러나 성경에서 일관되게 관심을 가져온 것은 상대적 빈곤이라기보다는 절대적 빈곤이다. 즉 일상생활에 필요한 의식주, 의료 및 기초적인 문화생활을 할 수 있는 자원이 결핍된 사람들에게 이웃사랑을 실천할 것을 요구하고 있다.

사회문제론적 시각에서는 빈곤의 원인을 몇 가지로 나누어 구분한다. 기능주의적 관점에서 보면 빈곤은 사람들이 사회에서 필요한 기능을 제대로 수행하지 못하기 때문에 가난하게 된다고 하고 있고, 갈등주의적 관점에서 보면 사회의 일부 계층이 잉여가치를 착취하기 때문에 가난하게 된다고 주장하는 반면 상징적 상호작용주의적 관점에서 보면 사회로부터의 부정적인 낙인과 이에 부응하는 반응이 빈곤의 원인이 된다고 주장하고 있다.

성경적으로는 빈곤의 원인은 사회구조적인 것에 기인하기보다는 대부분 게으름, 음주, 방탕, 질병, 장애 등 개인적 사례에 기인한 것으로 보아 사례빈곤(case poverty)

으로 간주하고 있지만, 빈곤으로 인해 고통을 겪는 사람들을 불쌍히 여기고 그들에게 이웃사랑을 실천하는 것이 영생을 얻기 위한 조건 가운데 하나라고 가르치고 있다.

최근 발표된 "기독교 신앙과 경제에 관한 옥스퍼드 선언(The Oxford Declaration Christian Faith and Economics)"은 하나님과 가난한 자와의 관계에 대해 설명해 주고 있다. 빈곤이란 본래 하나님의 창조물이 아니며, 하나님이 재림하실 때 하나님께서 다시 회복하실 창조의 세계 가운데 어느 부분도 아니다(Poverty was not part of God's original creation, nor will poverty be part of God's restored creation when Christ returns.)라고 선언하고 있다. 모든 형태의 비자발적 빈곤은 인간 타락의 결과이다. 오늘날 인류의 20%는 극심한 빈곤상태에서 살아가고 있어서 하루하루 그들의 생존조차 의심스럽게 되고 있다. 하나님께는 이러한 모습이 매우 모욕적이고 통탄할 모습이 될 것이다. 하나님은 가난한 자의 수호자이다. 가난한 사람을 억압하는 자는 하나님을 모독하는 것이다. 반면 그들을 사랑하는 것은 하나님을 경외하는 것이다. 가난한 사람들에 대한 무관심은 흔히 탐욕으로부터 나온다(Oxford Conference, 1990:1-5).

인간은 하나님의 형상을 따라서 창조되었다. 하나님의 형상으로 창조된 사람으로서의 지위에 합당하게 살아갈 수 있을 정도의 삶을 사람들에게 제공해 주는 것은 사회구성원 모두의 책임이다. 성경적 정의(biblical justice)는 하나님의 도덕률의 기준에 따라서 사람들이 응당 받아야 할 몫(due)을 모든 사람에게 공평하게 제공해 주는 것을 의미한다. 성경적으로 정의는 특히 가난한 자, 과부, 고아, 국내 거주 외국인, 근로자, 노예 등과 같은 집단들이 응당 받아야 할 몫과 관계가 있다. 이들 집단 간의 공통점은 경제적 사회적 결핍으로 인한 무력함이다. 정의란 이들 집단들에게 하나님이 그들을 위해 의도했던 양식들, 즉, 준비하셨던 것들을 회복시켜 주는 것이다. 가난한 사람들이 겪는 하나의 딜레마는 공동체의 상실이다. 즉 주류 사회(mainstream society)로부터의 소외이다. 하나님은 모든 사람들이 사회 속에서 어우러져 함께 살기 원하시고 계시며 혼자 고립되어 사는 것은 하나님이 결코 의도하신 것은 아니다.

기독교사회복지는 성경적 정의를 이 땅에 세우려는 기독교인들의 제도적 노력 가운데 하나이다. 기독교사회복지란 이웃사랑과 봉사를 통해 사회적으로 열악한 처지에서 물질적 정신적으로 고통 받는 사람들의 삶을 양적 질적으로 개선함으로써 성경적 정의를 실천하려는 제도적 노력이자 가치체계를 말한다. 기독교가 사회복지사업을 행함에 있어서 무엇보다 섬김의 자세로 겸손하게 임하여야 한다. 섬김은 기독교의 중심적인 가치요 실천적 목표이다. 섬김의 도는 상대방을 영적으로, 사회경제적으로 노예가 된 상태에서 일으켜 세워 주인이 되게 하는 것이다(김용복, 1994: 6-14).

제1절 빈곤의 개념 및 의의

빈곤이란 개념은 시대와 사회 그리고 사람들의 가치관을 초월하여 보편적으로 합치되기가 어렵다. 빈곤은 일반적으로 정의하면 욕구(needs)가 충분히 만족되지 않은 상태라 할 수 있다. 빈곤은 주로 경제적 측면에서 논의되고 있지만 경제적 빈곤뿐만 아니라 비경제적인 문화적 측면에서 분석되는 문화적 빈곤도 있으며 최근 UN 등에서는 인간적 빈곤을 언급하기도 한다. 경제적 빈곤은 세 가지 형태를 띠고 있다; 객관적으로 결정한 절대적 최저한도보다 적게 가지는 것(절대적 빈곤); 주어진 사회의 다른 사람들보다 상대적으로 적게 가지는 것(상대적 빈곤); 빈곤은 자신이 충분히 갖고 있지 않다고 주관적으로 느끼는 것(주관적 빈곤). 이 가운데 절대적 빈곤과 상대적 빈곤은 객관적인 측정기준이 있기 때문에 객관적 빈곤이다.

<빈곤의 유형>

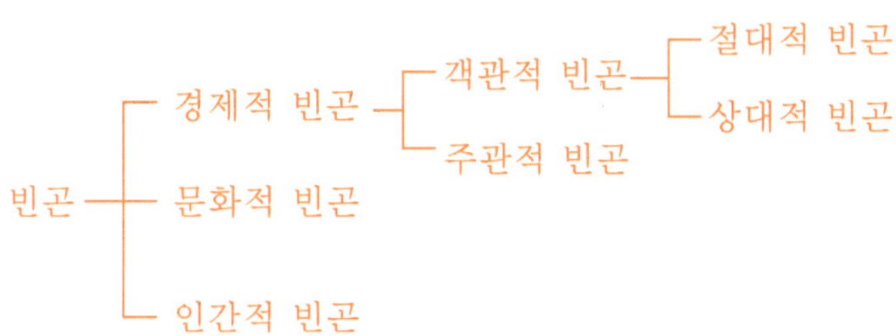

1) 경제적 빈곤

경제적 빈곤은 경제적 측면에서 일정한 생활수준 이하의 삶을 살아가는 상태를 말한다. 경제적 빈곤문제를 해결하기 위해 정부는 공공부조(public assistance)제도를 통해서 국민들이 낸 세금을 재원으로 하여 무상으로 가난한 사람들을 원조해 주고 있다. 공적부조제도의 대표적인 예로는 국민기초생활보호제도가 있다. 국민기초생활보장제도는 헌법에 보장된 인간다운 생활을 할 권리, 생존권, 사회권, 복지권 내지 사회보장수급권 보장에 근거한 제도로서 공공부조수급권을 구체적으로 보장하기 위한 제도이다. 국민기초생활보장법 1조의 목적편에 나타나듯이 헌법 제34조에 근거하여 국가와 지방자치단체가 생활이 어려운 자에게 빈곤의 정도에 따라 필요한 급여를 행하여, 법으로 정한 최저생계비 수준 이상의 생활을 보장하고 자활을 조성하는 것을 목적으로 하고 있다.

국민기초생활보장제도는 생활상 곤궁에 처한 사람들에게 각 자의 처지에 따라 경제적-비경제적 원조를 필요에 따라 행하는 것이다. 국민기초생활보장제도는 생계급여, 주거급여, 의료급여, 교육급여, 해산급여, 장제급여와 같이 생활상 곤란을 완화시켜주려는 소극적, 보완적 의미가 있을 뿐만 아니라, 자활급여를 제공함으로써 빈곤에 처한 사람들이 스스로 자립-자활할 수 있도록 국가가 주도하는 적극적 의미도 갖고 있다.

(1) 객관적 빈곤

객관적 빈곤은 객관적 기준이 절대적이냐 상대적이냐 여부에 따라 절대적 빈곤과 상대적 빈곤으로 나누어진다.

가) 절대적 빈곤

절대적 빈곤은 주로 기본적 욕구 방법(basic needs approach)을 사용하고 있다. 즉, 빈곤을 기본적 욕구를 해결 못하는 상태로 보고 빈곤선을 이러한 욕구를 해결하는 데 드는 비용에서 결정하여 이를 기준으로 빈곤 여부를 결정하는 방법이다. 기본적 욕구는 의식주와 같은 인간의 기본 욕구를 의미하지만 특히 음식욕구를 가장 기본으로 삼아 빈곤 여부를 결정하는 것이 주된 경향이다.

절대적 빈곤 여부를 측정하는 방법에는 전물량(全物量)방식과 반물량(半物量)방식이 있다. 전물량방식과 반물량방식은 공히 시장바구니 방식(market basket approach)을 사용한다. 시장바구니 방식이란 일정한 수준의 생활내용을 구성하는 상이한 지출형태(market basket)를 상정하고 여기에 실효가격을 곱하여 필요생계비를 구하는 방식이다. 일반적으로 '마켓바스켓(market basket)'은 '최소한의 품위기준을 유지하는 데 필요한 합의된 품목(agreed-on set of items necessary for a minimum decent standard)'을 의미한다. 여기서 최저의 품위기준은 기본적 욕구가 충분히 충족된 상태 또는 박탈감을 느끼지 않는 상태를 의미한다. 마켓바스켓의 종류는 의식주 등 인간의 기본적 욕구와 관련해 여러 가지가 있을 수 있다. 예를 들면 식품마켓바스켓, 의복마켓바스켓, 주거마켓바스켓, 의료마켓바스켓 등을 들 수가 있다.

㉮ 전물량 방식

전물량방식은 Rowntree가 사용하였기 때문에 Rowntree 방식이라고도 한다. 전물량방식은 과학적 기준에 따라 각 가계항목별로 기본적 생활을 하는데 필요한 기준을 설정하여 필요한 생활자료의 품목, 수량에 관한 마켓바스켓을 작성한 다음 1개월 당 필요금액을 계산하여 최저생계비를 설정하는 방법이다. Rowntree는 식품, 의류, 연료 등의 마켓바스켓을 활용하여 최저생계비를 산출하였다.

미국에서 개발된 전물량방식의 예로는 기본욕구예산(BNB: Basic Need Budget)방식과 기본적 욕구기준(BSN: Basic Standard of Need)방식이 있다. BNB방식은 식품 의복 주거 보건의료 교통 대인서비스 아동양육과 같은 7개의 마켓바스켓을 사용해 최저생계비를 산출하는 방식이다. BSN방식은 아이다호주의 경우를 보면 식품 월세 교통 대인서비스 신문 세탁 가정용품 가구집기 이발 여가 전화 교육비 교육 관련 용품 장난감 및 책 실용품 등 16개 품목의 마켓바스켓을 사용해 최저생계비를 산출하고 있다.

㉯ 반물량 방식

반물량방식은 엥겔계수(Engel's coefficient)를 사용하기 때문에 엥겔계수 방식이라고도 한다. 반물량방식은 비교적 객관적으로 기준을 정할 수 있는 최소음식물비를 추계한 다음 추계된 음식물비에다 해당하는 가구의 엥겔계수(엥겔계수=총 지출된 식품비/총 소비지출비)를 구하여 최저식품비를 엥겔계수로 나누어, 즉, 엥겔계수의 역수를 곱해(최저식품비/엥겔계수) 최저생계비를 산출하는 방식이다. 미국의 Orshansky는 1955년 농무성에서 조사한 가구식품소비조사에서 3인 이상 가구의 경우 총소비지출의 1/3을 식료품에 지출하고 있다는 조사결과에 따라 최저식품비에 3을 곱하고 여기에 도시소비자물가지수(CPI-U:Consumer Price Index-Urban Area)를 가산해 빈곤선을 산출하였다. 이러한 산출방식은 오늘날 미국정부가 공식적 빈곤선(official poverty line, official poverty index, official poverty threshold)을 산출하는 방식으로 채택해 오고 있다(U.S. Dept. of Commerce, 1991:354-356, Danziger & et.al., 1986:53-57).

【반물량방식에 의한 최저생계비 산출의 실제 예:표준가구 1인당】

식품 품목		소비량(g/1일)	식품비	
			단가(g당/원)	총가격(원)
곡류	백 미	900	1.5	1,350
	라 면	55	1.44	79.2
	밀가루	60	0.38	22.8
감 자		50	0.5	25
당류, 두류, 채소류, 버섯, 과실류, 해조류, 어패류, 등		-	-	-
		-	-	-
합 계				8319.94
최저생계비(빈곤선) 산출(月)		8319.94*30일/(엥겔계수=1/3)=8319.94*30일*3=249,598원		

나) 상대적 빈곤

상대적 빈곤이란 주어진 사회의 다른 사람들보다 상대적으로 적게 가지고 있는 상태를 의미한다. 상대적 빈곤을 측정하는 방법으로는 평균소득(mean income)이나 중위소득(median income)의 일정 수준 이하를 빈곤으로 정의하거나 전체 소득분포

(income distribution)상에서 일정 수준 이하를 빈곤으로 정의하는 방법 또는 상대적 박탈(relative deprivation) 개념을 도입하는 방법이 사용이 된다.

첫째, 평균소득이나 중위소득을 사용한 경우 Townsend는 평균소득의 80%를 빈곤선으로 책정하고 그 수준에 미달되는 소득자들을 빈민으로 정의하였다. Rainwater는 중위소득의 50%를 빈곤선으로 책정하고 그 수준에 미달되는 소득자들을 빈민으로 정의하였다.

둘째, 소득분배상의 일정비율을 사용하는 방법이다. 이 방법은 한 사회의 소득분배 분포상의 가장 낮은 일정비율(예: 하위 10% 혹은 하위 20%)을 정하고 이 비율 이하의 소득자들을 빈민으로 간주하는 방법이다.

셋째, 상대적 박탈(relative deprivation) 개념을 활용해 빈곤을 정의하는 방법이다. 어떤 사람이 그가 거주하는 지역사회의 통상적인 생활양태(style of living)를 누리지 못하고 있으면 그 상태를 빈곤한 것으로 간주하는 방법이다. Townsend는 그러한 생활양태를 측정하기 위해 60개의 지표를 만들고, 어떤 사람이 이러한 지표들 가운데 어떤 하나를 결핍하면 일정한 '박탈점수(deprivation score)'를 주어 총체적인 박탈점수를 계산한 후 일정한 소득수준 이하에서 이러한 박탈점수가 급격히 떨어지게 되면 그 수준(breakdown point)을 빈곤선으로 결정하는 방식이다. 이는 전반적인 사회의 생활수준에 비하여 상대적으로 부족하다는 상대적 박탈 개념을 체계적으로 시도한 것이다.

(2) 주관적 빈곤

주관적 빈곤이란 절대적이건 상대적이건 객관적 기준이 없이 주관적 판단에 근거해 정의되어지는 빈곤을 말한다. 여기에는 여론조사에 의한 방법과 Leyden 방식이 있다.

첫째, 여론조사에 의한 방법은 대표적 형태의 가족(부모와 두 명의 자녀를 둔 가족)이 어떤 지역사회에서 그럭저럭 살아가는 데 필요한 최소비용이 얼마인가에 관해 사람들에게 설문조사를 실시하고 조사된 액수들을 평균하여 빈곤선을 산출하는 방법이다. 갤럽여론조사(Gallup Poll)에 의한 설문조사를 해 빈곤선을 결정하는 것이 한 예이다.

둘째, Leyden 방식이다. 네덜란드 Leyden 대학의 학자들에 의해 처음 개발된 이 방식은 먼저 사람들에게 그들 자신들의 상황을 고려할 때 그럭저럭 살아가는 데 소요되는 최소소득(minimum income)이 얼마인가를 묻고 이를 바탕으로 이 사람들이 판단한 최소소득과 그들의 실제소득(actual income)과의 관계를 분석하여 실제소득과 그럭저럭 살아가는 데 소요되는 최소소득이 일치하는 점을 빈곤선으로 결정하는 방식이다. 이 방식은 일반적으로 개인들의 실제소득이 높아지면 그들이 주관적으로 판단된 최소소득도 높아진다는 점을 바탕으로 한다.

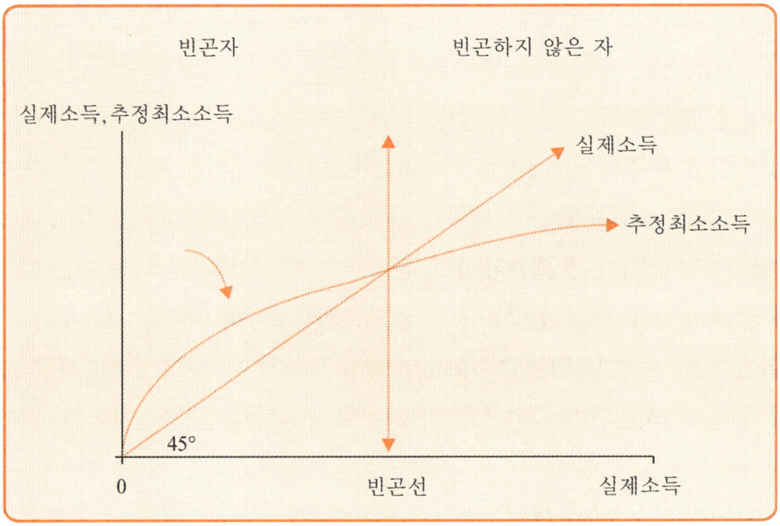

2) 문화적 빈곤

문화적 빈곤이란 문화적 측면에서 정의된 빈곤을 말한다. 문화적 측면 빈곤을 처음 정의한 사람은 Oscar Lewis인데 그는 가난한 사람들은 사회의 지배문화(dominant culture)와 질적으로 다른 하위문화(sub-cul ture)에서 살기 때문에 그들의 대도 가치 행동 등에서 다르고 나아가 그들 특유의 생활양식을 이루어 가며 이러한 생활양식은 사회화의 과정을 통해 빈곤이 세대 간에 전승(intergenerational transmission of poverty)되어 진다. 휘스넡(Whisnat)은 빈곤에 관해 다음과 같은 패러다임을 설정하였다. 빈곤은 동기부여에 대해 문화적 환경적 장애가 되고, 이는 나쁜 건강, 부적절한 교육, 그리고 소득잠재력을 제한하는 낮은 유동성을 초래하며, 이는 빈곤에 이르는 제한된 소득 기회의 원인이 된다(Harrington, 1984: 202-206). 가난한 사람들의 심리적 특징을 살펴보면 개인적이고 구체적인 것에 민감한 경향이 있고, 현실에 사로잡혀 미래에 대한 계획을 별로 하지 않으며, 이기적이고 질투심이 많으며 번창하는 사람들에 대해 적대적인 면이 있다(Haggstrom, 1968:114-115). 빈곤은 가족구성원들에게 생활상의 곤란을 가져오지만 동시에 빈곤가정의 열악한 가정환경과 주변환경은 자녀들의 언어능력에도 부정적인 영향을 미친다. 지역사회의 교회는 자녀들의 열악한 가정환경을 대체할 수 있는 대안장소가 될 수 있다(Kim, 1992:112-119).

빈곤문화의 특징들을 살펴보면 첫째, 빈곤문화는 빈민들이 학교, 교회, 정당, 노조 등 사회의 주된 제도들에 참여하거나 동화하는 것을 막아서 주류사회의 지배적인 가치를 수용하지 못하게 한다. 둘째, 모자가정이나 부자가정과 같은 결손가정이 많으며 합법적 결혼 없이 동거하는 가정이 많다. 셋째, 빈곤문화는 절망감, 의존심, 열등감 등을 배양하여 쉽게 체념하고 운명주의자가 되며 출세에 대한 동기가 매우 약하고 충동을 억제하지 못하여 현재 중심적인 생활을 영위한다. 넷째, 빈곤은 악순환 된다. 빈곤가정의 부적절한 부모(1세대)는 부적절한 아동을 양육하고, 정서적 사회적 지적으로 부적절한 아동으로 성장하며, 이들 아동들은 학교생활에서 적응하는 데 실패하고, 나아가 노동시장에서 실패하여 적절한 직장에 취업하지 못하고 빈곤상태에서 생활하게 되며, 이들은 불안정하고 불만족한 결혼을 하게 되고 가정생활이 이루어지며, 빈곤으로 인해 출산된 아동에게 부적절한 부모(2세대)가 되는 것이다. 즉 1세대의 부적절한 부모에게서 출산된 아동은 부적절한 가정환경으로 인해 학교 적응에 실패하게 되고 노동시장에서 실패하게 되며 경제적 빈곤상태에서 결혼을 하게 되고 이전에 자신들의 부모처럼 자신도 부적절한 부모가 되는 것이다. 이러한 아동양육형태를 거쳐 빈곤(貧困)의 악순환(vicious cycle of poverty)현상이 반복되는 것이다. 이러한 빈곤문화를 타파하기 위한 사회적 노력으로 부적절한 부모들에 대한 심리치료와 부모상담을 통한 아동양육방법 교육, 빈민가정의 아동들을 위한 조기아동교육(Head Start)프로그램, 빈민밀집지역에 사회복지관 설립 운영, 빈민밀집지역의 환경개선사업 등이 전개되고 있다.

3) 인간적 빈곤

최근 UN 등 국제기구는 인간적 빈곤에 대해 언급하고 있다. 인간적 빈곤(human poverty)이란 소득 이외의 인간의 삶의 질에 영향을 미치는 요인들이 결핍된 상태를 말한다. 인간적 빈곤이 고려하는 소득 이외의 요인들은 짧은 수명, 아동의 영양실조, 높은 문맹률, 수질오염 등이 있다. 인간적 빈곤은 인간빈곤지수(human poverty index)로 측정한다. 인간빈곤지수는 생존, 지식, 품위 있는 생활수준이라는 세 가지 박탈영역과 사회적 배제(social exclusion)로 측정된다. 선진산업국가들의 경우 전체 국민의 7%-17%가 인간적 빈곤에 처해있는 것으로 나타났다.

제2절

한국빈곤계층의 특징

최근 발표된 한국의 극빈계층인 기초생활보장수급권자들의 인구통계학적, 사회경제적 특징들에 관한 조사결과를 살펴보는 것은 오늘의 한국 교회가 빈곤구제사업(anti-poverty programs)을 함에 있어 사업을 기획하거나 방향을 설정하는 데 참고가 될 것이다. 우리나라의 빈곤 현황은 빈민에 대한 공식적 정의가 없기 때문에 절대빈곤층들의 수혜대상자인 보건복지가족부의 국민기초생활보장제도의 수급자 현황을 통해 파악할 수 있다. (보건복지부, 2007:12-106)

2008년 현재 우리나라의 기초생활보장수급권자의 범위는 부양의무자가 없거나, 부양의무자가 있어도 부양능력이 없거나 부양을 받을 수 없는 자로서 소득인정액이 최저생계비 이하인 자로 하고 있다. 여기서 소득인정액이란 개별가구의 소득평가액과 재산의 소득환산액을 합산한 금액이며, 최저생계비란 국민이 건강하고 문화적인 생활을 유지하기 위하여 소요되는 최소한의 비용으로서 보건복지가족부장관이 매년 공표하고 있다. 참고로 2008년도 가구규모별 최저생계비는 아래와 같다.(보건복지부, 2007:1-5)

【2008년 최저생계비(원)】

구 분	'08년 최저생계비
1인 가구	463,047
2인 가구	784,319
3인 가구	1,026,603
4인 가구	1,265,848
5인 가구	1,487,878
6인 가구	1,712,186

우리나라의 절대빈곤층인 기초생활보장수급자는 2006년 12월 현재 약 153만 5천명으로, 가구 수로는 83만 2천 가구가 된다. 전체 인구수 대비 기초생활보장수급자의 비율인 수급률은 3.2%로 이를 수급자의 종류별로 구분하면, 일반수급자가 94.5%이며, 시설수급자는 5.5%에 해당한다.

【수급자수와 구성비율(2006년)】 (단위: 명, %)

	계	일반수급자	시설수급자
수급자수	1,534,950	1,449,832	85,118
구성비	100.0	94.5	5.5

일반수급자와 시설수급자를 합산한 기초생활보장수급자의 지역별 수급률(지역의 수급자수/지역의 전체인구 × 100)을 살펴보면 전남이 6.9%로 가장 높고, 울산이 1.8%로 가장 낮으며, 서울은 1.8%로 울산과 경기 다음으로 낮게 나타났다.

【지역별 국민기초생활보장 수급률】 (단위: %)

전국	서울	부산	대구	인천	광주	대전	울산	경기	강원	충북	충남	전북	전남	경북	경남	제주
3.2	2.0	3.8	3.7	3.7	4.2	3.1	1.8	1.9	4.4	3.9	4.1	6.6	6.9	4.9	3.5	4.1

생애주기별 수급자백분율을 살펴보면, 전체적으로, 중년기의 수급률이 32.0%로 가장 많았고, 노년기의 수급률이 25.8%로 다음이며, 청소년기가 21.1%로 그 다음에 해당되었다. 이를 성별로 구분하면, 65세 이상의 노인의 경우, 여자가 33.2%로 남자 15.7%의 거의 두 배가 되었으며, 반면 중년기와 청소년기는 남자가 훨씬 더 높은 것으로 나타났다.

반면, 기초생활수급자를 생애주기별로 살펴보면, 총인구수 대비 비율은, 전체적으로, 65세 이상 노인들이 전체 수급자의 8.1%로 가장 많고, 다음으로 10~19세의 청소년들이 4.6%로 다음이며, 40~64세인 중년들이 3.0%로 그 다음에 해당되었다. 이를 성별로 구분하면 전체적으로 여자가 3.5%로 남자의 2.5% 보다 높았으며, 특히, 65세 이상의 노인의 경우 여자가 10.1%로 남자 5.2%의 두 배에 해당되었다.

【생애주기별1) 수급자 백분율 및 수급률(총괄)】 (단위: %)

		계	영유아기 (0~4세)	학령기 (5~9세)	청소년기 (10~19세)	청년기 (20~39세)	중년기 (40~64세)	노년기 (65세 이상)
수급자 백분율	전체	100.0	2.1	5.9	21.1	13.1	32.0	25.8
	남자	100.0	2.6	7.1	25.1	12.9	36.7	15.7
	여자	100.0	1.8	5.0	18.2	13.2	28.6	33.2
총인구수 대비 비율	전체	3.0	1.3	2.7	4.6	1.2	3.0	8.1
	남자	2.5	1.3	2.7	4.4	1.0	2.9	5.2
	여자	3.5	1.3	2.8	4.9	1.4	3.1	10.1

수급자들의 경제활동 유무 및 고용형태를 살펴보면 수급자 전체의 3/4 이상인 77.9%가 비경제활동인구에 해당하였으며, 경제활동인구에 속한 22.1%의 수급자들 가운데 고용안정계층은 4.0%에 불과하고, 나머지 18.1%는 고용불안정계층에 속하였다.

【수급자의 경제활동 유무 및 고용형태】 (단위: %)

계	15세이상 인구			
	경제활동인구			비경제활동인구
	소계	고용안정	고용 불안정	
100.0	22.1	4.0	18.1	77.9

(*경제활동인구-고용안정: 상시고용, 자영업 및 농수축산업 /경제활동인구-고용불안정: 임시· 일일고용, 실직 및 미취업자 / 비경제활동인구: 만 15세 이상 세대원 중 가사종사자, 학생, 노령, 장애, 사고· 질병 등으로 취업도 실업도 아닌 상태에 있는 자)

수급자의 가구원수별 현황을 살펴보면, 절반이 넘는 58.0%가 1인 가구였고, 2인 가구가 19.6%, 3인 가구가 13.1%, 4인 이상 가구가 9.3%였다.

【수급자의 가구원수별 현황】 (단위: %)

계	1인가구	2인가구	3인가구	4인가구	5인이상가구
100.0	58.0	19.6	13.1	6.6	2.7

수급자들을 일반세대와 취약세대로 구분하여 살펴보면, 전체의 60.6%가 노인, 장애인, 한부모가족(모자가족+부자가족) 등 취약계층이었으며, 취약계층 가운데 노인세대가 29.2%로 가장 많았고, 장애인세대가 17.4%로 다음이었으며, 모자세대가 그 다음이었다. 반면 일반세대는 34.6%를 차지하였다.

【일반세대-취약계층세대 유형별 백분율】 (단위: %)

계	일반 세대	취 약 계 층 세 대						기타
		소계	노인세대	장애인 세대	한부모가족		소년소녀 가장세대	
					모자가족	부자가족		
100.0	34.6	60.6	29.2	17.4	9.8	2.4	1.8	4.8

수급자의 주거유형을 살펴보면, 자가주택 거주자는 17.2%에 불과하였고, 나머지 82.8%는 무주택자이었다. 무주택자 가운데 전월세나 영구임대주택 거주자가 49.8%로 절반을 차지했으며, 가정위탁이나 그룹홈 등 위탁가정의 거주자가 1.1%이었으며, 나머지 31.9%는 부분 또는 전부 무료임차나 무허가주택 또는 비닐하우스 등의 거주자이었다. 무주택자의 비율은 서울 등 대도시지역이 전남 등 농어촌지역보다 상대적으로 높았다.

【주거유형별 백분율】 (단위: %)

계	자가	무 주 택										
		소계	임 차					위 탁				기타
			소계	전세	월세	보증부 월세	영구임대 주택	소계	가정 위탁	보장기관 제공거주자	그룹홈 거주자	
100.0	17.2	50.9	49.8	10.8	18.1	9.5	11.4	1.1	0.3	0.7	0.1	31.9

자가주택 거주자라 할지라도 이들의 주택건축상태는 거의 절반인 48.1%가 개축이나 보수 등이 필요한 상태이었다.

【수급자 중 자가주택자의 건축상태】 (단위: %)

계	양호	개선					
		소계	개축	긴급보수	편의도모보수	도배등환경개선	기타
100.0	51.9	48.1	1.0	0.7	6.8	8.5	31.1

기초생활보장수급자들의 보장기간별 현황을 살펴보면 4년 이상이 36.9%로 가장 많았고, 3~4년 사이가 8.0%로 가장 적은 것으로 나타났으며, 보장기간이 4년 이전까지는 보장기간별 수급자비율이 대체로 감소하는 추세를 보이고 있으며, 4년 미만이 63.1%를 차지하였다.

【수급자의 보장기간별 백분율】 (단위: %)

계	1년 미만	1~2년 미만	2~3년 미만	3~4년 미만	4년 이상
100.0	19.1	20.8	15.2	8.0	36.9

기초생활보장수급자의 소득현황을 살펴보면, 소득이 전형 없는 수급자가 14.6%이었고, 소득이 있으나 20만 원 이하인 수급자자가 절반에 가까운 48.6%로 전체적으로 20만 원 이하 소득자가 전체의 63.2%에 해당하였으며, 40만 원 이하의 소득자가 약 4/5인 81.2%이었다. 반면 소득이 100만원을 초과하는 수급자는 1.4%에 불과해 노동을 통한 빈곤 탈출은 매우 어려운 것으로 보인다.

【수급자의 소득규모별 비율(총괄)】 (단위: %)

계	소득 없음	0원초과~ 20만원이하	20만원초과 ~ 40만원이하	40만원초과 ~ 60만원이하	60만원초과 ~ 80만원이하	80만원초과 ~ 100만원이하	100만원초과 ~ 120만원이하	120만원 초과
100.0	14.6	48.6	18.0	9.7	5.4	2.3	0.9	0.5

소득이 전혀 없는 수급자들의 경우 1인가구가 18.7%, 2인가구가 11.4%, 3인 가구가 7.7%로 가구원의 크기에 반비례하고 있으며, 반면 소득이 60만원을 초과하는 수급자는 1인 가구가 0.6%, 2인 가구가 5.1%, 3인가구가 25.2%로 가구원의 크기에 정비례하고 있다.

【수급자의 가구원수별 소득규모별 백분율】 (단위: %)

가구원 수 소득	계	1인	2인	3인	4인	5인	6인	7인이상
계	100.0	100.0	100.0	100.0	100.0	100.0	100.0	100.0
소득없음	14.6	18.7	11.4	7.7	6.0	4.0	3.2	3.3
0원 초과~10만원 이하	28.2	41.0	16.6	5.9	3.6	2.4	1.8	1.5
10만원초과~30만원 이하	31.5	35.0	37.5	20.5	13.3	9.0	6.3	4.9
30만원 초과~60만원 이하	16.7	4.6	29.4	40.6	34.2	26.5	19.9	14.8
60만원 초과	9.1	0.6	5.1	25.2	42.9	58.1	68.8	75.5

기초생활보장수급자 재산현황을 살펴보면, 재산이 전혀 없는 수급자 가구가 약 1/3인 가구가 32.8%, 500만 이하인 가구가 63.2%, 1500만 원 이하인 가구가 81.5%로 나타났다. 반면, 3500만 원 이상의 재산을 소유한 가구는 3.8%에 불과하였다.

【수급자의 재산규모별 구성비(총괄)】 (단위: %)

계	재산 없음	0원초과~ 500만원이하	500만원초과 ~ 1500만원이하	1500만원초과 ~ 2500만원이하	2500만원초과 ~ 3500만원이하	3500만원초과 ~ 4500만원이하	4500만원초과 ~ 5500만원이하	5500만원 초과
100.0	32.8	30.4	18.3	9.6	5.1	1.9	0.9	1.0

기초생활보장수급자의 수급자격은 자산조사를 통하여 소득인정액이 최저생계비 이하인 자로 하고 있다. 가구원수별·시도별 소득인정액 현황을 살펴보면 3인 가구 이하의 소득인정액은 2003년 이래 점차적으로 큰 차이는 없으나 미약하나마 감소하고 있는 것으로 나타났다. 지역별로는 평균소득인정액이 광주, 전남, 제주가 상대적으로 높은 것으로 나타났다.

【일반수급가구 소득인정액(평균) 현황(단위: 원)】

시 도	계	1인가구	2인가구	3인가구	4인가구	5인가구	6인가구	7인 이상 가구
2003	252,023	126,559	274,498	445,645	577,316	696,275	797,279	933,412
2004	250,788	124,864	273,797	445,388	577,935	694,760	785,890	895,103
2005	242,623	118,921	266,301	438,055	571,101	695,260	799,220	898,606
2006	238,144	114,021	265,666	443,482	575,950	711,457	823,217	919,124
서 울	196,787	82,467	209,885	416,239	540,291	661,446	775,949	882,615
부 산	215,598	96,531	241,685	428,421	568,827	722,407	792,025	870,727
대 구	280,590	127,975	293,581	477,328	606,784	728,750	813,855	897,875
인 천	216,326	93,312	216,991	415,368	538,232	669,740	721,029	796,882
광 주	286,986	111,881	275,028	452,039	595,564	731,899	900,035	1,011,122
대 전	239,574	92,124	240,087	443,627	566,202	704,480	803,963	762,141
울 산	234,625	113,201	281,678	459,198	599,407	797,733	868,086	905,596
경 기	219,730	105,555	242,161	442,306	578,576	692,307	831,422	936,870
강 원	214,647	107,238	258,686	425,604	555,087	696,294	801,372	847,813
충 북	220,039	109,174	260,046	429,414	549,182	671,025	768,589	837,695
충 남	230,726	117,285	273,429	438,929	568,561	725,669	848,238	965,769
전 북	249,015	118,701	276,297	436,314	577,955	717,656	835,488	973,718
전 남	260,091	150,125	312,313	462,837	587,970	713,789	821,577	993,212
경 북	228,404	123,870	278,955	436,451	569,650	694,543	800,659	918,725
경 남	212,459	116,461	258,632	420,860	535,028	677,033	802,007	932,936
제 주	304,712	158,441	331,199	510,782	677,875	778,543	987,182	1,172,281

부양의무자의 현황을 살펴보면 부양의무자가 있는 가구가 72.5%로 부양의무자가 없는 가구의 약 세배에 가깝다. 부양의무자가 있어도 부양능력이 없다고 판정된 가구가 83.6%이었고, 부양능력이 미약한 가구가 15.7%이었으며, 부양능력이 있는 가구는 0.7%에 불과하였다.

【부양의무자 및 부양능력 판정비율】 (단위: %)

수급자 가구수	부양의무자 유무		부양능력 판정			
	부양의무자 있음	부양의무자 없음	부양의무자 가구수	부양능력 있음	부양능력 미약	부양능력 없음
100.0	72.5	27.5	100.0	0.7	15.7	83.6

부양의무자가 있어도 부양을 할 수 없는 부양불능사유로는 부양의무자가 행방불명인 사유가 41.5%로 가장 많았고, 사실상 이혼인 사유가 10.8%로, 해외이주가 8.6% 등으로 나타났다. 부양의무자가 있어도 부양을 거부하거나 기피하는 사유로는 가족관계가 단절된 경우가 75.8%로 대부분을 차지했고, 양자, 양부, 서모, 의부 등의 이유로 부양을 거부하거나 기피하는 경우가 24.2%이었다.

【부양불능, 부양거부·기피 사유별 비율】

(단위: %)

부양불능									부양거부·기피		
계	행방 불명	사실상 이혼	해외 이주	복역	군복무	시설 수급자	사망후 호적 미정리	기타	계	양자양부·서모·의부	기타(가족 관계 단절)
100.0	41.5	10.8	8.6	3.0	3.0	1.3	0.6	31.2	100.0	24.2	75.8

한국복지패널 기초분석 결과에 따르면, 국민기초생활보장 급여를 신청한 이유를 살펴보면, 신청자의 대다수인 71.7%는 기본적인 생계문제를 해결하기 위해서 신청한 경우가 신청자의 대다수인 71.7%이었고, 의료급여를 받기 위해서가 11.7%로 다음이

었다. 반면 취업알선, 창업 등 자활지원 받기 위해서 신청한 경우는 0.9%로 매우 미미한 것으로 나타났다(김미곤 외, 2007:285-6).

신청 이유	비율(%)
기본적 생계문제 해결하기 위해	71.7
의료급여를 받기 위해	11.7
주거비를 지원받기 위해	3.3
자녀 교육비를 지원받기 위해	8.6
취업알선, 창업 등 자활지원 받기 위해	0.9
기타	3.6
무응답	0.2
합계	100.0

이들 신청자가 선정되지 못하고 탈락한 사유를 살펴보면 부양의무자의 소득과 재산이 기준보다 많은 경우가 38.9%로 가장 많았고, 소득이 기준보다 많은 경우가 16.3%로 다음이었다.

신청 탈락 사유	비율(%)
소득이 기준보다 많아서	16.3
자동차가 있어서	9.3
살고 있는 집의 가격이 높아서	9.7
살고 있는 집 이외에 재산이 기준보다 많아서	3.6
부양의무자의 소득과 재산이 기준보다 많아서	38.9
기타	19.9
잘 모르겠다	2.3
합계	100.0

국민기초생활보장 급여를 받게 된 이유를 살펴보면 소득을 올리던 일을 그만 둔 경우가 39.9%로 가장 많았고, 일은 하고 있었지만 수입이 줄어든 경우가 13.8%로 다음이었고, 이혼이나 가구원의 분가 등으로 인해 소득이 있는 가구원이 빠져 나간 경우가 14.0%로 다음이었고, 의료비 지출이 커진 경우가 11.3%로 그 다음이었다.

기초생활보장 급여를 받게 된 이유	비율(%)
일은 하고 있었지만 수입이 줄어서	13.8
소득이 발생하였던 일을 그만 두게 되어서	39.9
도와주던 친인척의 경제적 형편이 나빠져서	6.5
이혼, 가구원의 분가 등으로 인해	14.0
소득이 있는 가구원이 사망해서	8.4
소득은 동일하나 가구원이 증가해서	0.5
의료비 지출이 커져서	11.3
다른 지역으로 이사해서	0.3
기타	4.2
모름/무응답	1.1
합 계	100.0

국민기초생활급여를 더 이상 받지 않게 된 사유를 살펴보면 가구원이 취업을 하게 된 경우가 32.0%이었고, 상속, 증여, 재개발 등으로 재산이 늘어난 경우가 11.8%이었으며, 소득, 재산, 부양의무자의 변화는 없으나 조사결과가 달라져서가 11.7%로 나타났다.

기초생활보장제도 탈퇴 사유	비율(%)
하고 있던 일의 수입이 늘어서	2.8
가구원이 취업을 하게 되서	32.0
상속, 증여, 재개발 등으로 재산이 늘어서	11.8
자동차를 새로 구입해서	8.6
친인척이 좀 더 도와주어서	0.0
사망, 이혼, 부가 등 가구원수가 줄어들어서	0.0
가족의 병이 나아서	1.0
다른 지역으로 이사하여서	6.4
조사 결과가 달라져서	11.7
기타	19.3
모름/무응답	6.4
합 계	100.0

2002년 보건사회연구원에서 중위소득의 60%를 기준으로 60% 미만을 저소득층으로, 60% 이상을 비빈곤층으로 구분하여 한 조사결과에 따르면 비빈곤층과 저소득계층의 인구학적 특징을 다음과 같이 비교할 수 있다(노대명 외, 2003).

【소득계층 간 경제활동상태별 인구학적 특성(2002)】

		비빈곤층				저소득계층			
		전체	취업자	실업자	비경활	전체	취업자	실업자	비경활
성별	남	48.9	60.1	46.3	8.5	44.4	49.2	56.4	32.4
	여	51.1	39.9	53.7	91.5	55.6	50.8	43.6	67.6
	계(수)	100 (14,327)	100 (10,932)	100 (518)	100 (2,877)	100 (2,092)	100 (1,084)	100 (300)	100 (708)
연령	15~19세	0.6	0.5	2.8	0.6	1.1	0.5	3.3	1.0
	20~29세	18.1	18.6	42.8	11.9	10.6	7.2	26.0	8.4
	30~39세	28.9	28.6	19.2	31.9	23.2	22.7	27.3	21.9
	40~49세	28.7	30.2	17.3	25.2	25.7	29.9	23.9	20.5
	50~59세	17.2	16.9	13.0	19.2	20.6	22.1	11.0	22.8
	60~65세	6.4	5.2	4.9	11.2	18.9	17.6	8.5	25.4
	평균(세)	40.7	40.4	35.3	42.8	45.3	46.1	38.4	47.4
학력	무학	2.8	2.4	1.7	4.0	14.7	14.9	5.4	18.4
	초졸	11.1	11.0	6.6	12.1	24.4	27.5	9.7	26.5
	중졸	12.7	12.7	10.1	13.1	19.2	18.8	20.3	19.3
	고졸	43.6	42.5	46.9	47.1	33.7	31.6	50.1	29.3
	전문대졸	7.3	7.8	8.8	5.3	3.1	2.7	6.6	2.1
	대졸	20.2	20.8	23.1	17.7	4.3	3.5	7.0	4.2
	대학원졸	2.3	2.7	2.6	0.8	0.6	0.9	0.9	0.1
장애여부	비장애인	97.1	97.6	97.1	95.3	85.2	91.4	94.5	72.5
	등록장애인	2.3	1.9	2.4	3.7	11.3	7.5	4.0	19.8
	비등록장애인	0.6	0.5	0.5	1.0	3.5	1.2	1.4	7.8
만성질환	있음	8.4	6.8	7.5	14.3	34.6	26.0	19.7	53.1
	없음	91.6	93.2	92.5	85.7	65.4	74.0	80.3	46.9

2003년 고용동향에 따르면 우리나라의 실업률은 1998년 7%대의 실업률이 3.5%로 크게 낮아졌음에도 불구하고 빈곤문제는 외환위기 이전 수준으로 돌아가지 못해, 외환위기 이전보다 소득분배가 오히려 더 악화되어, 하위소득계층은 더욱 가난해지고, 상위소득계층은 더욱 부유해지는 양극화현상이 고착되어가는 것으로 나타났다(석재은, 2002).

만 15세 이상 65세 미만의 근로능력자에 대한 '저소득층 자활사업 실태조사' 결과에 따르면, 가구 월평균소득이 전체 가구 중위소득의 60% 미만인 저소득층과 그 이상인 비빈곤층을 취업자, 실업자, 비경제활동인구로 구분하여 비교한 조사결과에 따르면, 실업자 비율이 저소득층의 경우 남자가 여자보다 실업률이 높은 반면, 비빈곤층은 남자가 여자보다 실업률이 낮게 나타났으며, 비경제활동의 경우 남자 저소득층의 비율이 32.4%인 반면, 남자 비빈곤층의 경우 8.5%에 불과한 것으로 나타났다.[1)]

비빈곤층과 저소득층의 실업자 학력을 비교해보면, 중졸 학력의 비율이 비빈곤

등록장애인-비등록장애인 비율 비교

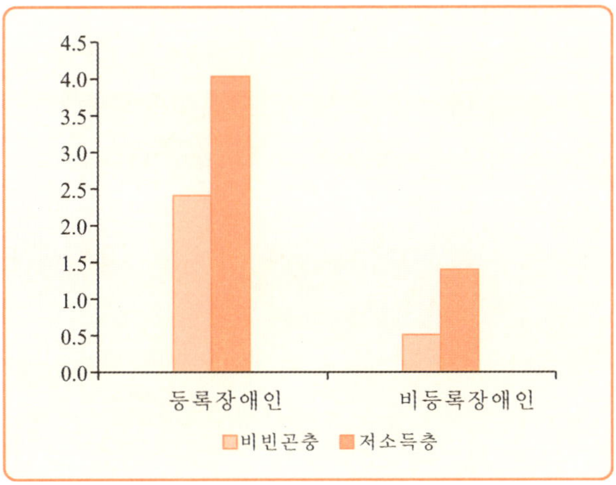

1) 일반적으로 근로능력이 있는 사람은 만 15세 이상 65세 미만의 근로활동을 하고 있는 자나, 근로활동을 하고 있지 않으나 건강상태가 양호한 자, 장애나 만성질환이 있으나 근로활동을 희망하는 자 등을 말한다. 비경제활동인구는 직장 없이 구직활동을 포기한 실망실업자, 가사담당, 보육으로 일할 수 없는 사람, 간병으로 일할 수 없는 사람, 연령이 많아 일할 수 없는 사람, 장애 및 질환 등으로 일할 수 없

저소득층 만성질환 유무

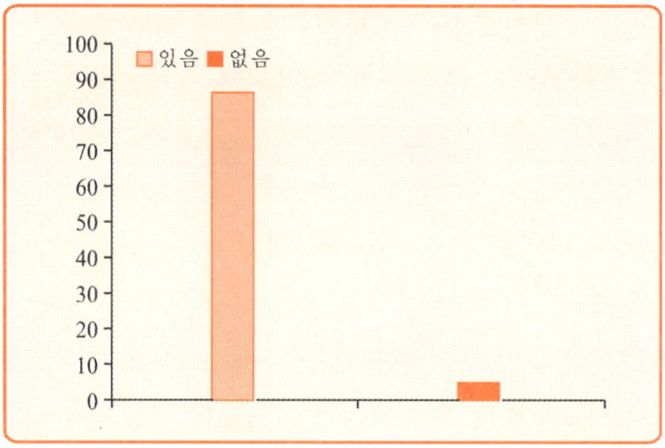

층의 경우 10.1%인데 반해 저소득층의 경우 20.3%로 저소득층이 약 두 배 가량이 높았으나, 반면 대졸의 경우 비빈곤층의 경우 23.1%이었던 반면, 저소득층의 경우 7%로 나타났으며, 대학원졸업의 경우 비빈곤층은 2.6%, 저소득층은 0.6%로 나타나 저학력이 저소득층의 특징으로 나타났다.

비빈곤층과 저소득층 실업자의 장애 유무를 살펴보면, 비빈곤층의 경우 등록장애인이 2.4%이고, 저소득층의 경우 4.0%로 나타났으며, 비등록장애인은 비빈곤층이 0.5%, 저소득층이 1.4%인 것으로 나타나 저소득층의 장애율이 더 높은 것으로 나타났다.

비빈곤층과 저소득 만성질환 여부를 조사한 결과 비빈곤층실업자의 만성질환율은 8.4%인 반면, 저소득층 만성질환율의 비율은 34.6%로 4배 이상 높은 것으로 나타났다. 비경제활동자의 만성질환 유무를 살펴보면, 비빈곤층은 14.3%가 만성질환자인데 반해, 저소득층은 53.1%가 만성질환을 겪고 있는 것으로 나타났다.

1) 빈곤계층의 결핍상황

성서에서 기독교사회복지의 주된 대상은 지역사회의 '지극히 작은 자(the least of

는 사람 등이 포함된다.

people)'이다. 이들은 고아, 과부, 객, 갇힌 자 등 처한 상황은 서로 다르지만 다양한 결핍상태에 놓여있다.

절대빈곤층인 이들 지극히 작은 자들은 인간으로서 품위를 유지하며 생활하는 데 필요한 의식주의료 등 자원이 결핍되어 있을 뿐 아니라 인간자본이나 영적 자원이 결핍되어 있기 때문에 인간의 기본적인 욕구를 충족시키지 못하고 생활하고 있을 뿐만 아니라 빈곤상황으로부터 탈피하는 데 어려움을 겪고 있으며 하나님과 그리고 하나님의 백성과의 온전한 관계를 이루지 못하고 있는 경우가 많다. 기독교사회복지에서 빈곤은 물질이나 인간자본의 부족뿐 아니라 영적인 결핍까지 포함하는 통전적으로 이해되어야 한다(Myers, 2000:117-122).

첫째, 의식주 등 물질적 결핍상황이다. 지극히 작은 자들은 필요한 만큼의 의식주를 갖고 있지 못하다. 지역사회의 빈민들의 주된 문제가 물질적 결핍이라면 교회는 문제해결을 위해 사회사업의 방향을 물질적 원조로 정하고 교회공동체내에서는 물론 교회 밖의 지역사회에서 필요한 물질을 수집하거나 모금하여 전달해주기 위한 구체적 방안을 강구하게 된다.

둘째, 인간자본의 결핍상황이다.

지극히 작은 자들은 영양, 보건, 주거 등에 관한 지식이 결핍되어 있을 뿐만 아니라 경제적 소득을 얻기 위한 지식과 기술 같은 인간자본도 결핍되어 있다. 지식과 기술은 노동시장에 참여할 수 있는 기회를 부여할 뿐 아니라 노동시장에서 임금을 결정하는 요인이 되기도 한다. 교회가 지역사회의 빈민들의 주된 문제가 지식과 기술과 같은 인간자본의 결핍이라고 판단하면 교회는 빈민들의 인간자본을 형성하고 향상시키기 위한 방안을 강구한다. 교회 내에서 노동시장에서 필요한 인간자본을 형성하거나 향상시키는 것은 한계가 있기 때문에 주로 교회 밖의 지역사회자원들에 의뢰하거나 연계하는 방안을 모색한다.

셋째, 영적 결핍상황이다. 기독교사회복지의 대상인 지극히 작은 자들이 기독교인이 아닌 경우 그들은 하나님과 예수 그리스도의 복음에 관한 지식이 부족하다. 이 경우 복음을 선포하는 과제가 기독교사회복지프로그램에 추가된다. 기독교사회복지사업이 실행되는 과정에서 하나님의 사랑과 말씀이 함께 전해져야 한다. 지극히 작은

빈곤의 덫으로부터 탈피하기 위한 개별적 연계

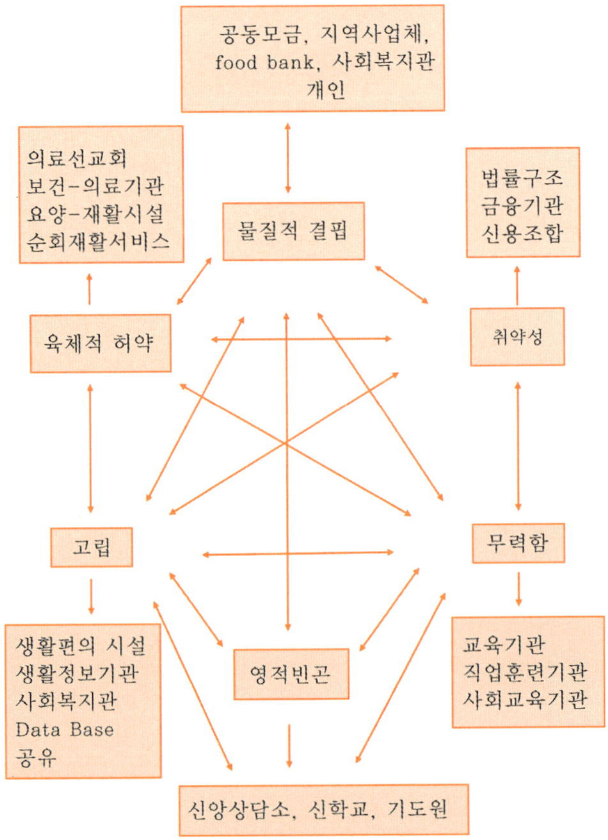

자들이 기독교인인 경우 그들이 현실적 어려움으로 인해 하나님을 원망하거나 성도들을 비난하는 등 하나님과의 관계가 그리고 하나님의 백성들과의 관계가 악화되어 영적으로 곤궁한 상태가 되기도 한다.

넷째, 사회권력의 결핍상황이다. 빈곤은 사회권력에 대한 접근이 결여된 상태라고 한다. 지극히 작은 사람들은 사회의 다양한 권력으로부터 배제되어 있으므로 권력을 부여받을 필요가 있다. 소위 사회적 배제(social exclusion) 상태에 있는 빈곤한 사람들은 국가권력, 정치권력, 사회권력, 경제권력으로부터 배제되어 있다.

Chambers는 빈곤한 자를 '불리한 조건들의 울타리' 안에 사는 사람으로 묘사한다. 빈곤한 가족은 빈곤하여 육체적으로 허약하고, 고립되고, 저항력을 상실하고 무력한 상태에 머문다. 이러한 빈곤의 여러 측면들은 서로 독립적으로 작용하는 것이 아니라 상호간에 서로 연계되어 있는 상호작용체계로 되어 있다.

제3절 성서 속의 빈곤

1) 구약성서와 빈곤

(1) 창세기에서의 빈곤

창세기에서의 바라 본 기독교사회복지의 목적은 태초에 하나님의 형상(imago dei)으로 창조된 인간의 존엄성을 인식하고 빈곤으로 인해 왜곡된 하나님의 형상을 본래의 모습으로 회복하는 데 있다.

"하나님이 가라사대 우리의 형상을 따라 우리의 모양대로 우리가 사람을 만들고(Let us make man in our image, in our likeness)…… 하나님이 자기의 형상 곧 하나님의 형상대로 사람을 창조하시고(God created man in his own image, in the image of God he created him)…… 하나님이 그 지으신 모든 것을 보시니 보시기에 심히 좋았더라(It was very good.)……"(창1:27-31)

창세기 사회복지 사상은 이와 같이 인간을 '하나님의 형상'으로 창조하였다는 하나님과의 관계에서 찾아야 한다. 빈곤에 찌든 고통스럽고 일그러진 초라한 모습이 아니라 창조주 하나님께서 보시기에 참으로 좋았던 그 모습으로, 하나님의 형상을 닮은 그 모습으로 빈민들을 회복시키는 것이 바로 교회의 사명이요 성도들의 의무가 되는 것이다.

(2) 출애굽기에 나타난 빈곤

고대 사회에서는 사회문제 가운데 하나는 당시 사회에서 통용되던 높은 이자 즉 고리와 관련된 문제이었다. 당시 이자의 비율이 상당히 높았기 때문에 빈곤한 채무자들은 원금은 물론 제 때 이자를 갚지 못하는 경우가 다반사이었다. 채권자는 빈곤한 채무자가 이자나 빚을 갚지 못하는 경우 채무자와 그의 가족을 노예로 그 가족을 노예로 취할 수 있었다. 계약법전에는 빈곤한 채무자들을 착취하지 말고 보살피라는 하나님의 명령이 나타나 있다.

"내가 만일 너와 함께 한 나의 백성 중 가난한 자에게 돈을 꾸이거든 너는 그에게 채주같이 하지 말며 변리를 받지 말 것이며, 네가 만일 이웃의 옷을 전당 잡거든 해가 지기 전에 그에게 돌려보내라. 그 몸을 가릴 것이 이뿐이라. 이는 그 살의 옷인즉 그가 무엇을 입고 자겠느냐 그가 내게 부르짖으면 내가 들으리니 나는 자비한 자임이니라."(출22:25-27)

하나님은 자비로운 분이시다. 고통에 신음하는 가난한 채무자의 부르짖음을 들으신다. 채무자라 할지라도 하나님 앞에서는 똑같이 하나님의 형상을 가진 사람이므로 이들의 생존이 위협을 받거나 학대받거나 다른 사람의 노예가 되는 것을 하나님께서는 용납하지 아니하신다. 하나님께서는 가난한 자들에게서 이자를 받는 것을 원하지 아니하신다. 또한 지나친 담보 요구로 인해 하나님의 백성들이 비인간적인 대우를 받는 것을 용납하지 아니하신다. 일교차가 심한 동방에서는 가난한 사람들의 경우 기온이 떨어진 저녁에는 커다란 천 조각으로 된 웃옷이 몸을 보호하는 이불의 역할을 하였기 때문에 옷까지 전당잡는 것을 금지하셨다. "사람을 학대하지 아니하며 빚진 자의 전당물을 도로 주며 억탈하지 아니하며 주린 자에게 식물을 주며 벗은 자에게 옷을 입히며 변을 위하여 꾸이지 아니하며 이식을 받지 아니하며……"(겔18:7-8) "가난하고 궁핍한 자를 학대하거나 억탈하거나 빚진 자의 전당물을 도로 주지 아니하거나… 변을 위하여 꾸이거나 이식을 받거나 할진대(He lend at usury and take excessive interest) 그가 살겠느냐 살지 못하리니 이 모든 가증한 일을 행하였은즉 정녕 죽을지라. 자기의 피가 자기에게로 돌아가리라."(겔18:12-13)

출애굽기는 가난한 자들을 착취하지 못하게 하고 있는 동시에 가난한 자들과 함께 나눌 수 있는 방법들을 서술하고 있다. 이러한 규정의 근저에는 하나님은 가난한 자들의 편에 서시고, 가난한 자들의 보호자이시며, 가난한 자들의 부르짖음을 들으신다는 믿음이 깔려 있다(Hoppe, 1987:17). 안식년에 휴한의 규정을 두어 가난한 사람들의 삶을 보살펴 주고 있고 가난한 사람에게는 변리를 받지 말고 전당잡은 옷은 바로 돌려주라고 규정하고 있다. 또한 가난한 자를 보호하기 위하여 재판관이 가난한 사람을 고의로 부당하게 재판하는 것을 금하고 있다.

"너는 6년 동안 너의 땅에 파종하여 그 소산을 거두고 제7년에는 갈지 말고 묵여 두어서 네 백성의 가난한 자로 먹게 하라. 그 남은 것은 들짐승이 먹으리라. 포도원과 감람원도 그러할지니라."(출23:10-11) "내가 만일 너와 함께 한 나의 백성 중 가난한 자에게 돈을 꾸이거든 너는 그에게 채주같이 하지 말며 변리를 받지 말 것이며, 네가 만일 이웃의 옷을 전당 잡거든 해가 지기 전에 그에게 돌려보내라……그가 부르짖으면 내가 들으리라."(출22:25-27) "너는 가난한 자의 송사라고 공평치 않게 하지 말며……"(출23:6) 그 밖의 에스겔서에도 가난한 자의 학대를 금하고 있다. "가난하고 궁핍한 자를 학대하거나 억탈하거나(commit robbery)…할진대……이 모든 가증한 일을 행하였은즉 정녕 죽을지라."(겔18:12) "땅에는 언제든지 가난한 자가 그치지 아니하겠으므로 내가 네게 명하여 이르노니 너는 반드시 네 경내 네 형제의 곤란한 자와 궁핍한 자에게 네 손을 펼지니라."(신15:11)

(3) 레위기에 나타난 빈곤

레위기는 구출 받은 백성들이 점점 하나님의 성품을 닮아 가는 길을 제시해 주는 성결법전이다. 성결법전은 제단과 제물, 그리고 제사장에 관한 의식서와 성결법이 많은 부분을 차지하지만, 빈자들의 권리를 보호하고 제도적으로 보장하려고 하는 것을 볼 수 있다.

성결법전은 계약법전과 동일하게 극빈자들이 생존을 위해 부자의 자발적 배려를 명령하고 있다. "너희 땅의 수확을 거두어들일 때 밭에서 모조리 거두어들이지 말라. 거두고 남은 이삭을 줍지 말라. 너희 포도원을 속속들이 뒤져 따지 말고 남은 과실을 거두지 말며 가난한 자와 몸 붙여 사는 이민자가 따먹도록 남겨 놓아라. 나 여호와가 너희의 하나님이시다."(레19:9-10)

"네 동족이 빈한하게 되어 빈손으로 네 곁에 있거든 너는 그를 도와 객이나 우거하는 자처럼 너와 함께 생활하게 하되, 너는 그에게 이식을 취하지 말고 네 하나님을 경외하여 네 형제로 너와 함께 생활하게 할 것인즉 너는 그에게 이식을 위하여 돈을 꾸이지 말고 이익을 위하여 식물을 꾸이지 말라."(레25:35-37)

안식년에 자연적으로 성장하여 열매 맺은 수확물은 그대로 두어 가난한 자나 동물의 식물이 되게 함으로써 모든 피조물이 안식의 기쁨을 누릴 수 있도록 하였음을 보여준다.

"제칠년에는 땅으로 쉬어 안식하게 할지니……너의 곡물의 스스로 난 것을 거두지 말고 다스리지 아니한 포도나무의 맺은 열매를 거두지 말라……안식년의 소출은 너희의 먹을 것이니 너와 네 남종과 네 여종과 네 품꾼과 너와 함께 거하는 객과 네 육축과 네 땅에 있는 들짐승들이 그 소산으로 식물을 삼을지니라."(레25:4-7)

(4) 신명기에 나타난 빈곤

신명기 법전은 계약법전이 이미 성문화한 가난한 자에 대한 복지의 내용을 "안식년 규정"과 "십일조 규정"으로 보다 심화하고 명문화하였다.

신명기에는 십일조를 바치는 것뿐 아니라 사용하는 것도 하나님의 뜻에 합당하게 이루어져야 한다는 것을 강조하고 있다. 신명기에서는 십일조의 중요한 사용용도 가운데 하나는 빈민들을 구제하기 위함이라는 사실을 분명히 규정하고 있다.

"매 삼년 끝에 그 해 소산의 십분의 일을 다 내어 네 성읍에 저축하며 너희 중에 분깃이나 기업이 없는 레위인, 성중에 거하는 떠돌이, 고아와 과부들로 와서 먹고 배부르게 하라."(신14:19-22) "매 삼년 끝에 그해 소산의 10분의 1을 갹출하여 너희 성읍에 저축하고 분깃(allotment:분할 대여된 농지)이나 기업(inheritance)이 없는 레위 사람과 성중에 거하는 객과 고아와 과부로 하여금 와서 배불리 먹게 하라. 여호와 네 하느님이 너희 하는 범사에 복을 주시리라."(신14:28-29)

신명기는 부자들이 자진해서 가난한 자들에게 빌려주었던 것을 받지 않음으로써 부자들의 자기희생을 통해 빈곤문제의 일부를 해결하려고 하고 있다. 채무자가 빚을 갚지 못할 경우 채권자는 채무자를 종으로 삼을 수 있었기 때문에 채권자가 칠년마다 이스라엘 사람이 다른 사람에게 지고 있는 빚을 자진해서 면제해 주도록 규정함으로써 채무로 인한 노예계층이 이스라엘에서 생겨나지 않도록 노력하고 있다. 면제 대상은 채무변제능력이 없는 이스라엘 형제들이다. 또한 면제년이 가까워 올 때 채무자에게 악한 마음을 가지면 죄가 됨을 명시하고 있다.

"매 칠년 끝에 면제하라. 무릇 그 이웃에게 꾸어 준 채주는 그것을 면제하고 그 이웃에게나 그 형제에게 독촉하지 말지니 이 해는 여호와의 면제년이라 칭함이니라. 이방인에게는 네가 독촉하려니와 네 형제에게 꾸인 것은 네 손에서 면제하라."(신15:1-4)

"삼가 너는 마음에 악념을 품지 말라. 곧 이르기를 제 칠년 면제년이 가까웠다 하고 네 궁핍한 형제에게 악한 눈을 들고 아무것도 주지 아니하면 그가 너를 여호와께 호소하리니 네가 죄를 얻을 것이라. 너는 반드시 그에게 구제할 것이요, 구제할 때에는 아끼는 마음을 품지 말 것이라. 이로 인하여 네 하나님 여호와께서 네 범사와 네 손으로 하는 바에 네게 복을 주시리라."(신15:9-10)

(5) 잠언에 나타난 빈곤

잠언은 빈곤한 자를 보살피는 것은 의로운 일이라고 가르치고 있다. 기독교사회복지가 하나님을 경외하는 지혜로운 자의 삶이라는 것을 보여준다. 경건하고 의로운 사람은 하나님이 보시기에 지혜로운 사람이기 때문에 지혜로운 삶이 곧 경건한 삶이 된다는 것이다. 반면 어리석은 삶은 의롭지 못한 삶이라는 것을 가르치고 있다.

"네 손이 선을 베풀 힘이 있거든 마땅히 받을 자에게 베풀기를 아끼지 말라."(잠3:27)

"흩어 구제하여도 더욱 부하게 되는 일이 있나니 과도히 아껴도 가난하게 될 뿐이니라. 구제를 좋아하는 자는 풍족하여질 것이요, 남을 윤택하게 하는 자는 윤택하여지리라."(잠11:24-25)

"가난한 자는 그 이웃에게 미움을 받게 되나 부유한 자는 친구가 많으니라. 그 이웃을 업신여기는 자는 죄를 범하는 자요, 빈곤한 자를 불쌍히 여기는 자는 복이 있는 자니라."(잠14:21-22)

"가난한 사람을 학대하는 자는 그를 지으신 이를 멸시하는 자요 궁핍한 사람을 불쌍히 여기는 자는 주를 존경하는 자니라."(잠14:31)

"가난한 자를 조롱하는 자는 이를 지으신 주를 멸시하는 자요 사람의 재앙을 기

빼하는 자는 형벌을 면치 못할 자니라."(잠17:5)

"성실히 행하는 가난한 자는 입술이 패려하고 미련한 자보다 나으니라."(잠19:1)

"가난한 자를 불쌍히 여기는 것은 여호와께 꾸이는 것이니 그 선행을 갚아 주시리라."(잠19:!7)

"성실히 행하는 가난한 자는 사곡히 행하는 부자보다 나으니라."(잠28:6)

"가난한 백성을 압제하는 악한 관원은 부르짖는 사자와 주린 곰 같으니라."(잠28:15)

"가난한 자를 구제하는 자는 궁핍하지 아니하려니와 못 본 체하는 자에게는 저주가 많으리라."(잠28:27)

"네 손이 선을 베풀 힘이 있거든 마땅히 받을 자에게 베풀기를 아끼지 말라."(잠3:27)

"흩어 구제하여도 더욱 부하게 되는 일이 있나니 과도히 아껴도 가난하게 될 뿐이니라. 구제를 좋아하는 자는 풍족하여질 것이요, 남을 윤택하게 하는 자는 윤택하여지리라."(잠11:24-25)

"가난한 사람을 학대하는 자는 그를 지으신 이를 멸시하는 자요 궁핍한 사람을 불쌍히 여기는 자는 주를 존경하는 자니라."(잠14:31)

"가난한 자를 조롱하는 자는 이를 지으신 주를 멸시하는 자요 사람의 재앙을 기뻐하는 자는 형벌을 면치 못할 자니라."(잠17:5)

"성실히 행하는 가난한 자는 입술이 패려하고 미련한 자보다 나으니라."(잠19:1)

"가난한 자를 불쌍히 여기는 것은 여호와께 꾸이는 것이니 그 선행을 갚아 주시리라."(잠19:!7)

"성실히 행하는 가난한 자는 사곡히 행하는 부자보다 나으니라."(잠28:6)

"가난한 백성을 압제하는 악한 관원은 부르짖는 사자와 주린 곰 같으니라."(잠28:15)

"가난한 자를 구제하는 자는 궁핍하지 아니하려니와 못 본 체하는 자에게는 저주가 많으리라."(잠28:27)

2) 신약성서와 빈곤

신약성서에도 구약성서와 마찬가지로 기독교사회복지의 실천을 일관성 있게 강조하고 있다. 신약성서에 따르면 인간은 타락으로 인해 고통받는 존재로 묘사되고 있다. 인간의 타락은 인간의 역사에 고통의 그림자를 드리우고 있지만 반면에 인간은 예수그리스도를 믿음으로, 하나님 사랑과 가난한 이웃에 대한 이웃사랑을 실천함으로 하나님의 자녀가 되어 영생을 누릴 수 있다.

(1) 마태복음

하나님의 사람들이 실천해야 할 것은 하나님의 계명을 지키고 우리 이웃의 지극히 작은 자들에 대해 사랑을 실천하는 것이다. 빈곤한 처지에 있는 자들에 대한 사랑의 실천이 하나님의 계명을 지키는 것과 더불어 영생의 조건임을 명시해 주고 있다.

"어떤 사람이 주께 와서 가로되 선생님이여 내가 무슨 선한 일을 하여야 영생을 얻으리이까. 예수께서 가라사대 어찌하여 선한 일을 내게 묻느냐. 선한 이는 오직 한 분이시니라. 네가 생명에 들어가려면 계명들을 지키라. 가로되 어느 계명이오니이까. 예수께서 가라사대 살인하지 말라, 간음하지 말라, 도적질하지 말라, 거짓 증거 하지 말라, 네 부모를 공경하라, 네 이웃을 네 몸과 같이 사랑하라 하신 것이니라. 그 청년이 가로되 이 모든 것을 내가 지키었사오니 아직도 무엇이 부족하니이까. 예수께서 가라사대 네가 온전하고자 할진대 가서 네 소유를 팔아 가난한 자들을 주라. 그리하면 하늘에서 보화가 네게 있으리라. 그리고 와서 나를 좇으라 하시니……부자는 천국에 들어가기가 어려우니라. 약대가 바늘귀로 들어가는 것이 부자가 하나님의 나라에 들어가는 것보다 쉬우니라 하신대 제자들이 듣고 심히 놀라 가로되 그런즉 누가 구원을 얻을 수 있으리이까. 예수께서 가라사대 사람으로는 할 수 없으되 하나님으로는 다 할 수 있느니라."(마19:16-26)

"네 마음을 다하고 목숨을 다하고 뜻을 다하여 주 너의 하나님을 사랑하라. 이것이 첫째 계명이요, 둘째는 네 이웃을 네 몸과 같이 사랑하라."(마22:37-40)

"예수그리스도께서 자기 영광으로 모든 천사와 함께 올 때에 모든 민족을 그 앞에 모으시고 양과 염소를 분별하듯이 의인과 악인을 구별하시고 의인들은 복을 주사 창세에 예비하신 나라를 상속케 하시어 영생(eternal life)을 누리게 하시고, 악인들은 저주하시어 마귀와 마귀의 사자들을 위해 예비하신 영원한 불(eternal fire)에 들어가게 되는 영벌(eternal punishment)을 받게 됨을 천명하고 계신다. 예수께서 말씀하시는 의인은 형제 중에 주린 자, 나그네, 헐벗은 자, 병자, 옥에 갇힌 자와 같은 지극히 작은 자(the least of persons)들이 고통 속에 신음하고 있을 때 이들 하나에게 베푼 자를 의미하고 이들에게 베푼 것이 곧 자신에게 베푼 것이라 말씀하셨고, 반면에 악인은 이들 지극히 작은 자들이 고통 가운데 있을 때 이들 하나에게 베풀지 아니한 자들을 의미하며 이들 지극히 작은 자 하나에게 베풀지 아니한 것이 곧 자신에게 베풀지 아니한 것이라 천명하셨다"(마25:31-46)

(2) 마가복음

마가복음에서도 영생을 얻기 위해서는 하나님의 계명을 실천하고 더불어 가난한 자에 대한 사랑을 실천해야 함을 가르치고 계시고, 예수께서 몸소 굶주린 무리에게 자비를 베푸시고 배불리 먹이셨을 보여주고 있다.

"그 즈음에 또 큰 무리가 있어 먹을 것이 없는지라. 예수께서…… 무리를 불쌍히 여기노라. 저희가 나와 함께 있은 지 이미 사흘이매 먹을 것이 없도다…… 너희에게 떡 몇 개나 있느냐…… 가로되 일곱이로소이다. 또 작은 생선 두어 마리가 있는지라…… 이에 축복하시고 명하사……배불리 먹고 남은 조각 일곱 광주리를 거두었으며 사람은 약 사천 명이었더라……"(막6:31-44,8:1-9)

"예수께서 길에 나가실 새 한 사람이……묻자오되 선한 선생님이여 내가 무엇을 하여야 영생을 얻으리이까…… 예수께서 이르시되 네가 계명을 아나니 살인하지 말라, 간음하지 말라, 도적질하지 말라, 거짓 증거하지 말라, 속여 취하지 말라, 네 부모를 공경하라 하였느니라. 여짜오되 선생님이여 이것은 내가 어려서부터 다 지키었나이다. 예수께서 그를 보시고 사랑하사 가라사대 네가 오히려 한 가지 부족한 것이 있으니 가서 네 있는 것을 다 팔아 가난한 자들을 주라. 그리하면 하늘에서 보화가 네게 있으리라. 그리고 와서 나를 좇으라…… 제자들에게 이르시되 재물이 있는 자는 하나님의 나라에 들어가기가 심히 어렵도다…… 얘들아 하나님의 나라에 들어가기가 어떻게 어려운지 약대가 바늘귀로 나가는 것이 부자가 하나님의 나라에 들어가는 것보다 쉬우니라 하신대 제자들이……말하되 누가 구원을 얻을 수 있는가 하니 예수께서……가라사대 사람으로는 할 수 없으되 하나님으로는 그렇지 아니하니 하나님으로서는 다 하실 수 있느니라."(막10:17-27)

(3) 누가복음

예수께서는 가난한 자에게 복음을 전하시려고 이 땅에 오셨음을 천명하신다. 병든 자를 고치시고 가난한 자 굶주린 자에게 천국의 희망을 주기 위해서 오셨다. 회개에 합당한 열매를 맺는 것은 자기의 것으로 가난한 자들을 보살펴 주는 것으로 이는 심판의 날 영생을 얻는 조건 가운데 하나임을 말씀하신다. 또한 자비의 구체적 모습을 가르쳐 주시면서 원수까지도 사랑하라고 명령하신다.

"요한이 세례를 받으러 나오는 무리에게 이르되……회개에 합당한 열매를 맺고……이미 도끼가 나무뿌리에 놓였으니 좋은 열매 맺지 아니하는 나무마다 찍혀 불에 던지우리라. 무리가 물어 가로되 그러하면 우리가 무엇을 하리이까. 대답하여 가로되 옷 두 벌 있는 자는 옷 없는 자에게 나눠 줄 것이요 먹을 것이 있는 자도 그렇게 할 것이니라…… 나는 물로 너희에게 세례를 주거니와 나보다 능력이 많으신 이가 오시나니… 그는 성령과 불로 너희에게 세례를 주실 것이요, 손에 키를 들고 자기의 타작마당을 정하게 하사 알곡은 모아 곡간에 들이고 쭉정이는 꺼지지 않는 불에 태우시리라."(눅3:7-17)

"예수께 선지자 이사야의 글을 드리거늘 책을 펴서 이렇게 기록한데를 찾으시니 곧 주의 성령이 내게 임하셨으니 이는 가난한 자에게 복음을 전하게 하시려고 내게 기름을 부으시고 나를 보내사 포로된 자에게 자유를, 눈먼 자에게 다시 보게 함을 전파하며 눌린 자를 자유케 하고 주의 은혜의 해를 전파하게 하려 하심이라 하였더라."(눅4:18-19)

"무릇 네게 구하는 자에게 주며 네 것을 가져가는 자에게 다시 달라지 말며 남에게 대접을 받고자 하는 대로 너희도 남을 대접하라…… 오직 너희는 원수를 사랑하고 선대하여 아무 것도 바라지 말고 빌리라. 그리하면 너희 상이 클 것이요 또 지극히 높으신 이의 아들이 되리니 그는 은혜를 모르는 자와 악한 자에게도 인자로우시니라. 너희 아버지의 자비하심 같이 너희도 자비하라."(눅6:30-36)

"어떤 율법사가 일어나 예수를 시험하여 가로되……무엇을 하여야 영생을 얻으리이까…… 예수께서 이르시되 율법에 무엇이라 기록되어 있으며 네가 어떻게 읽느냐. 대답하여 가로되 네 마음을 다하며 목숨을 다하며 힘을 다하며 뜻을 다하여 주 너의 하나님을 사랑하고 또한 네 이웃을 네 몸과 같이 사랑하라 하였나이다. 예수께서 이르시되 네 대답이 옳도다. 이를 행하라, 그러면 살리라 하시니 이 사람이 자기를 옳게 보이려고 예수께 여짜오되 그러면 내 이웃이 누구오니이까. 예수께서 가라사대 어떤 사람이 예루살렘에서 여리고로 내려가다가 강도를 만나매, 강도들이 그 옷을 버리고 때려 거반 죽은 것을 버리고 갔더라. 제사장이……그를 보고 피하여 지나가고, 레위인도……보고 피하여 지나가되, 어떤 사마리아인은……그를 보고 불쌍히 여겨 가까이 가서 기름과 포도주를 그 상처에 붓고 싸매고 자기 짐승에 태워 주막에 데리고 가서 돌보아 주고, 이튿날에 데나리온 둘(two silver coins)을 내어 주막 주인에게 주며 가로되 이 사람을 돌보아 주라. 부비(extra expense)가 더 들면 내가 돌아 올 때에 갚으리라…… 네 의견에는 이 세 사람 중에 누가 강도 만난 자의 이웃이 되겠느냐. 가로되 자비를 베푼 자니이다. 예수께서 가서 이르시되 가서 너도 이와 같이 하라 하시니라." (눅11:25-37)

"어떤 관원이 물어 가로되 선한 선생님이여 내가 무엇을 하여야 영생을 얻으리이까?…… 예수께서 이르시되 네가 계명을 알고 지키었으나 오히려 한 가지 부족한 것이 있으니 네게 있는 것을 다 팔아 가난한 자들을 나눠 주라…… 하나님의 나라를 위하여 집이나 아내나 형제나 부모나 자녀를 버린 자는……내세에 영생을 받지 못할 자가 없느니라."(눅18:18-30)

예수께서는 하나님의 계명을 지키고 동시에 이웃 사랑을 실천 할 것을 가르치고 계신다. 보다 구체적으로 성경은 강도 만난 자의 이야기를 통해 무엇을 해야 영생을 얻을 수 있는지를 선포하고 있다. 율법사가 예수를 시험하여 가로되 '무엇을 하여야 영생을 얻으리이까?' 예수께서 이르시되 '율법에 무엇이라 기록되었으며 네가 어떻게 읽느냐?' 율법사가 대답하기를 '네 마음을 다하며 목숨을 다하며 힘을 다하며 뜻을 다하여 주 너의 하나님을 사랑하고 또한 네 이웃을 네 몸과 같이 사랑하라.'고 하였나이다. 예수께서 이르시되 '네 대답이 옳도다. 이를 행하라 그러면 살리라(Do this and you will live.).' 율법사가 이웃이 누구인지에 대해 묻자 예수께서는 강도 만나 거반 죽은 자를 바라보고 가서 자비를 베푼 자가 바로 강도 만난 자의 이웃이라고 말씀하신다(눅10:25-37).

"나사로라 이름한 한 거지가……죽어 천사들에게 받들려 아브라함의 품에 들어가고 부자도 죽어 장사되매 저가 음부에서 고통 중에……고민하나이다. 아브라함이 이르기를 너는 살았을 때에 네 좋은 것을 받았고 나사로는 고난을 받았으니 이것을 기억하라. 이제 저는 여기서 위로를 받고 너는 고민을 받느니라."(눅16:20-26)

(4) 요한복음

요한복음에서 예수께서는 심판의 날에 선한 일을 행한 자는 생명의 부활로 나올 것임을 가르치고 계신다.

"내 말을 듣고 또 나 보내신 이를 믿는 자는 영생을 얻었고 심판에 이르지 아니하나니 사망에서 생명으로 옮겼느니라. 진실로 진실로 너희에게 이르노니 죽은 자들이 하나님의 아들의 음성을 들을 때가 오나니……선한 일을 행한 자는 생명의 부활로, 악한 일을 행한 자는 심판의 부활로 나오리라."(요5:24-29)

(5) 사도행전

사도행전에 따르면 사도들의 말씀에 큰 은혜를 받은 믿는 무리들이 서로 연대하고 친교하며 자기희생과 너그러움을 통해서 빈민들의 고통을 해소하는 모습을 보여주고 있다. 또한 사도들이 말씀에 더욱 정진하게 하기 위해 구제업무를 담당하는 전담요원을 선출했는데 이로 인해 집사제도가 탄생하게 된다. 집사는 구제전담요원이요 오늘날 기독교사회복지사의 기원이라 할 수 있다.

"믿는 사람이 다 함께 있어 모든 물건을 서로 통용하고 또 재산과 소유를 팔아 각 사람의 필요를 따라 나눠주고(all believers were together and had everything in common. Selling their possessions and goods, they gave to anyone as he had need.) 날마다 마음을 같이하여 성전에 모이기를 힘쓰고 집에서 떡을 떼며 기쁨과 순전한 마음으로 음식을 먹고 하나님을 찬미하며 또 온 백성에게 칭송을 받으니 주께서 구원받는 사람을 날마다 더하게 하시니라."(행2:44-47)

"믿는 무리가 한 마음과 한 뜻이 되어 모든 물건을 서로 통용하고 제 재물을 조금이라도 제 것이라 하는 이가 하나도 없더라. 사도들이 큰 권능으로 주 예수의 부활을 증거하니 무리가 큰 은혜를 얻어 그 중에 핍절한 사람(needy persons)이 없으니 이는 밭과 집 있는 자는 팔아 그 판 것의 값을 가져다가 사도들의 발 앞에 두매 저희가 각 사람의 필요를 따라 나눠줌이러라(it was distributed to anyone as he had need)."(행4:32-35).

"그 때 제자가 더 많아졌는데 헬라파 유대인들이 자기의 과부들이 그 매일 구제에 빠지므로 히브리파 사람을 원망한대 열두 사도가 모든 제자를 불러 이르되 우리가 하나님의 말씀을 제쳐놓고 공궤를 일삼는 것이 마땅치 아니하니 형제들아 너희 가운데서 성령과 지혜가 충만하여 칭찬 듣는 사람 일곱을 택하라. 우리가 이 일을 저희에게 맡기고 우리는 기도하는 것과 말씀 전하는 것을 전무하리라 하니 온 무리가 이 말을 기뻐하여 믿음과 성령이 충만한 사람 스데반과 또 빌립과 브로고로와 니가노르와 디몬과 바메나와 유대교에 입교한 안디옥 사람 니골라를 택하여 사도들 앞에 세우니 사도들이 기도하고 그들에게 안수하니라. 하나님의 말씀이 점점 왕성하여 예루살렘에 있는 제자의 수가 더 심히 많아지고 허다한 제사장의 무리도 이 도에 복종하니라."(행6:1-7)

(6) 신약성서의 기타 구절

하나님께 억지가 아니라 즐거운 마음으로 물질을 바칠 때 하나님께서 사랑하사 모든 일에 모든 것을 넉넉하게 하시어 더욱 선한 일들을 할 수 있도록 하신다. 우리의 풍성한 연보는 부족한 성도들을 섬기게 되고 그들이 하나님께 감사하게 한다.

"하나님이 능히 모든 은혜를 너희에게 넘치게 하시나니 이는 너희로 모든 일에 항상 모든 것이 넉넉하여 모든 착한 일을 넘치게 하게 하려 하심이라. 기록한바 저가 흩어 가난한 자들에게 주었으니 그의 의가 영원토록 있느니라 함과 같으니라.....너희가 모든 일에 부유하여 너그럽게 연보를 한은 저희로 우리로 말미암아 하나님께 감사하게 하는 것이라. 이 봉사의 직무가 성도들의 부족한 것만 보충할 뿐 아니라 사람들의 하나님께 드리는 많은 감사를 인하여 넘쳤느니라."(고후9:8-12)

"오직 성령의 열매는 사랑과 희락과 화평과 오래 참음과 자비와 양선과 충성과 온유와 절제니 이 같은 것을 금지할 법이 없느니라."(갈5:22-23)

"사람이 선을 행할 줄 알고도 행치 아니하면 죄니라."(약4:17)

"누가 이 세상 재물을 가지고 형제의 궁핍함을 보고도 도와 줄 마음을 막으면 하나님의 사랑이 어찌 그 속에 거할까 보냐. 자녀들아 우리가 말과 혀로만 사랑을 하지 말고 오직 행함과 진실함으로 하자."(요일3:17-18)

제4절 빈곤구제를 위한 교회의 역할

빈곤문제와 관련된 기독교계의 태도는 대체로 일원론적인 태도와 이원론적인 태도로 나뉜다. 이원론적인 사고의 배경에는 영적인 것과 세상적인 것을 구분하여 전도는 영적인 것으로 간주하고 사회봉사는 세상적인 것으로 간주하고 있다. 이들은 영적인 측면을 강조함으로써 전도의 우위성을 강조하고 세상적인 것에 대한 책임을 회피하고 있다. 반면에 일원론적 사고는 전도와 사회봉사는 두 개의 수레바퀴라는 것이다. 즉 전도와 사회봉사는 동시에 추구되어야 할 교회의 본질적인 과제라는 것이다. 사회봉사는 교회의 중요한 영적 활동이고, 제자의 길이며, 교회성장의 디딤돌이다. 가난하고 소외된 이웃을 돌보는 것은 성경의 하나님이 가장 우선적으로 관심을 보이시는 것이기 때문에 이러한 하나님의 뜻을 따르는 것은 교회의 우선적 책임이자 사명이 된다(김명용, 1996:33-38). 예수 그리스도의 가르침은 세상의 굶주림을 종식시키는 열쇠이다(Canad ian Food for the Hungry, 1996:1-2).

기독교사회사업은 주로 교회사회사업을 통해 구체화된다. 교회사회사업과 일반사회사업 간에는 몇 가지 차이점이 있다. 첫째, 교회사회사업은 자원봉사 환경 하에서 이루어진다. 교회사회사업은 지지적일 수도 있고 동시에 저항적일 수도 있는 소규모 자원봉사집단의 구성원들을 대하여야 한다. 둘째, 교회사회사업은 일반적으로 의료사회사업이나 학교사회사업이 병원이나 학교에서 부수적인 사업이듯이 주된 조직인 교회에서 이차적인 기능으로서 이루어지는 경우가 많다. 셋째, 평신도는 교회사회사업에서 중심적인 역할을 수행한다. 교인들은 그들의 봉사가 피봉사자의 개종을 인도하든지 않든지 간에 그들을 위해 봉사하도록 명령을 받는다. 넷째, 교회는 사회조정자로서 기능도 수행한다. 교회는 정부의 사업이 개인이나 가족의 이해를 침해해 서로 갈등을 빚게 되는 경우, 양자의 마찰을 완화해 주는 완충자의 기능을 수행한다. 마지막으로, 교회사회사업은 교회 자신의 독특한 문화환경 하에서 수행된다. 교회사회사업은 교회공동체의 문화적 형태와 용어를 사용하고, 또 그 안에서 운영되어야 하므로 성경, 신학, 그리고 기독교 가치와 생활양식이 사회사업을 실천하는 데 그 기초와 자원으로 활용되어야 한다(Garland, 1992:5-8).

교회가 빈곤문제를 해결하기 위해 사회사업을 실시하는 데는 몇 가지 단계가 있다. 교회는 교회가 소속된 지역공동체에서 빈곤문제가 심각하다면 먼저 교회는 빈곤이 초래되는 복잡한 요인들에 대해 조사를 실시한다. 다음으로, 교회는 성경과 교회의 역사에서 가난한 사람들에 대해 하나님의 사람들이 어떻게 행하여 왔는가를 깊이 생각한다. 마지막으로, 교회가 빈곤문제를 해결하는 데 개입하기로 결정을 한다면 빈곤문제를 해결하기 위한 프로그램을 개발한다. 또한 관련된 빈곤문제들을 이슈화시킬 행동계획을 세워야 한다.

교회는 빈곤문제를 해결하는데 있어서 몇 가지 의미 있는 역할을 수행할 수 있다.(김기원, 1997:5-35) 첫째, 가치판단자(value-judge)로서의 역할이다. 교회는 성경에 기초해 가난한 자에 대해 사람들이 행해야 할 행동규범을 제시해 줄 수 있다. 가난한 자를 멸시하거나 업신여기는 것은 죄를 범하는 것인 반면(잠14:21), 가난한 자를 도와주는 것은 영생을 얻기 위한 조건 가운데 하나를 성취하는 것이요(눅18:22), 그 구제로 인해 구제를 행한 자는 더욱 풍족해질 것이다(잠언11:24). 따라서 궁핍한 형제를 말로만 사랑하지 말고 오직 행함과 진실함으로 자신의 몸과 같이 사랑해야 한다(요일3:18;눅10:25). 사람이 선을 행할 줄 알고도 행치 아니하면 죄가 된다(약4:17). 교회는 이와 같이 빈곤문제와 관련해 선악을 구분해 주는 가치판단자로서의 역할을 수행할 수 있다.

둘째, 이슈제기자(issue-initiator)로서의 역할이다. 이슈란 어떤 문제가 공공의 관심을 집중시켜 공공정책상의 논점으로 제시되어 관련된 사람들의 이해 갈등이 나타난 경우이다. 이슈제기자란 일정한 사회문제를 해결하기 위해 그 문제를 제기하고 국민들에게 널리 인식시키는 주체를 말한다. 빈곤 가운데 살아가는 사람들은 대체로 자신의 문제를 감추려는 경향이 있다. 또한 설령 사회에 알리려고 해도 이를 체계적으로 알리기 위한 자원과 수단이 없거나 접근하기가 어려운 경우가 많다. 따라서 교회는 이들을 대신해서 이들이 겪는 고통과 문제를 정부나 국민을 상대로 인식시키고 공공정책상의 논점으로 끌어갈 수 있도록 이슈제기자로서의 역할을 할 수가 있다.

셋째, 서비스제공자(service-provider)의 역할이다. 경제성장 결과 전반적으로 국민의 소득은 향상되었지만 아직도 절대빈곤 하에 고통을 받고 있는 사람들이 우리 주위에 있다. 교회는 빈민들이 겪는 고통을 완화해 주기 위해 구제사업의 일환으로 직접 인적 물적 서비스를 제공해 줌으로써 이웃 사랑을 직접 실천하는 서비스제공자로서의 역할을 수행할 수 있다. 교회는 빈민들에게 생활비나 생활물품을 지급하거나 대인서비스를 제공해 줄 수 있다.

넷째, 사례관리자(case manager)로서의 역할이다. 사례관리자는 수혜대상자를 확인하고, 그들의 욕구를 조사하고, 적절한 서비스를 찾아내고, 서비스 사용계획을 세우고, 수혜대상자와 자원을 연결시키고, 적시에 적절한 서비스가 전달되도록 서비스전달과정을 감독하는 역할을 담당한다. 교회의 인적 물적 자원이 부족한 경우 교회는 직접적인 서비스제공자로서의 역할을 수행하기가 어려운 경우가 많다. 이러한 경우 교회는 지역사회에서 도움이 필요한 자를 확인하고 이들에게 도움을 줄 수 있는 지역사회 자원을 찾아낸 후 당사자들의 동의를 얻어 도움을 필요로 하는 자와 도움을 주고자 하는 자를 연결시켜 주고, 양자 간에 필요한 재화나 서비스가 잘 전달되도록 도와주는 사례관리자의 역할을 수행할 수 있다. 이러한 사례관리를 통해 교회는 빈곤으로 인한 고통 가운데 살아가는 이웃에게 힘이 되고, 자원 제공자에게는 선행을 할 수 있는 기회를 제공해 줌으로써 이웃과 더불어 살아가는 공동체를 건설하는 계기를 만들 수 있다.

다섯째, 프로그램 개발자(program developer)로서의 역할이다. 교회는 정부나 사회복지기관들과는 달리 지역사회 주민이 곧 교인이므로 주민의 문제와 욕구를 가장 정확하게 파악할 수 있는 장점이 있다. 문제가 무엇인지, 욕구가 무엇인지, 누가 그 문제로 고통을 받고 있는지, 문제가 얼마나 심각한지, 얼마나 광범위하게 퍼져 있는지, 문제를 발생시킨 원인이 무엇인지, 프로그램은 실현 가능한지 등에 관해서 지역사회의 교회는 정확하게 확인할 수가 있다. 따라서 지역교회는 이러한 정확한 정보에 근거해서 그가 위치한 지역사회의 특성과 수혜대상자에 가장 적합한(client-friendly) 빈곤퇴치프로그램이나 빈곤완화프로그램을 개발해 낼 수 있는 프로그램개발자로서의 역할을 수행할 수 있다. 개발된 프로그램은 지방정부나 지역사회의 복지기관에 제공해 줄 수 있다.

여섯째, 사회교육자(social educator)로서의 역할이다. 교회는 사람들이 빈곤에 빠지지 않도록 근면하게 생활할 것을 가르치며, 그가 속한 사회의 행동기준이나 건전한 문화를 수용하고, 독립된 주체로서 사회생활을 해나가는 데 필요한 원리나 기술을 학습시키는 역할을 수행할 수 있다. 교회는 영성교육과 소양교육을 통해 빈곤상황에 빠지지 않도록 도와주거나 현재의 빈곤상태를 탈피할 수 있도록 인도해 줄 수 있다. 청소년 비행은 빈곤의 원인 가운데 하나이다. 특히 비행이나 범죄행위의 결과 보호관찰대상이 된 청소년들에게 일정 시간 필요한 교육을 시키는 수강명령제도의 집행기관으로서 교회는 이들 청소년들에게 성경에 바탕을 둔 사회교육을 실시할 수 있다. 사회교육을 통해서 이미 바람직하지 못한 형태로 사회화된 청소년들의 인성을 수정하여 성경적으로 올바르고 사회에 바람직한 인성으로 변환시키는 재사회화(resocialization)의 기능을 수행할 수가 있다(김기원, 1995:14-15).

일곱째, 재원조달자(fund raiser)로서의 역할이다. 교회는 빈민구제사업을 실시하기 위한 재원을 자발적으로 마련할 수 있는 위치에 처해 있다. 교회의 십일조는 대표적인 예이다. 고아, 과부, 임시체류외국인, 유산이나 재산이 없는 목회자를 돕기 위해 소득의 십분의 일을 봉헌한다(신14:29). 사회봉사주일헌금과 같은 특별헌금도 빈민구제 재원으로 사용될 수 있다. 교회는 빈민구제모금을 위한 특별한 행사를 실시할 수 있다. 미국의 교회들은 '모금을 위한 걷기(CROP Walk)'를 실시해 빈민구제기금을 모금한다. 이 기금은 굶주림에 고통을 받는 사람과 부랑인을 돕기 위한 사업을 실시하는 기관들을 후원해 주는 데 사용되고 있다(Good Shepherd Lutheran Church, 1996:1-2). 때로는 '기아퇴치 위한 걷기(Hunger Walk)'라는 이름으로 모금행사가 전개되기도 한다(St. David's Episcopal Church, 1995:1-2). 또한 자선음악회를 열거나 일일장터를 열어 자선기금을 모금하기도 한다.

여덟째, 자원봉사관리조정자(volunteer manager or coordinator)로서의 역할이다. 일반적으로 자원봉사란 유형적인 이득에 대한 관심 없이 필요가 인식되어졌을 때 강제나 강요 없이 자발적으로 사회적 책임의식에 따라 행동하기를 선택하는 것을 말한다(Dunn, 1995:2483). 교회는 자원봉사의 황금어장이다. 기독교사회복지사업과 일반사회사업과의 차이점 가운데 하나는 기독교사회복지사업은 때로는 사회사업에 지지적일 수도 저항적일 수도 있는 유동적인 자원봉사집단의 인적자원을 활용하여 수행되어진다. 교회는 지역사회 빈민들의 간병활동, 가정봉사, 탁아, 학습지도, 호스피스 등과 같은 분야에서 필요한 자원봉사 수요를 파악하고, 활용 가능한 자원봉사자를 확보한 후, 필요한 곳에 자원봉사자를 공급하여 주는 자원봉사관리조정자의 역할을 수행한다.

아홉째, 위탁운영자로서 역할이다. 교회는 정부나 민간기관의 위탁을 받아 사업을 실시할 수 있다. 개별교회가 정부나 사회단체 또는 중앙총회로부터 일정한 사업을 위탁받아 복지사업을 실시하는 것이다. 최근 지방자치가 활성화되면서 지방정부가 지역차원의 복지사업을 적극적으로 전개하고 있다. 교회가 독자적으로 복지사업을 수행할 능력이 있다면 교회는 시·군·구청 특히 사회복지과와 가정복지과로부터 지역사회복지사업을 위탁받아 지역복지사업을 수행할 수 있다. 지방자치단체의 요청에 의해 교회가 실시하는 경우도 있지만 교회가 자체적으로 지역사회의 문제와 욕구를 사정한 후 지방자치단체에 위탁을 신청하는 적극적인 자세가 필요하다.

여기서 빈곤문제를 해결하기 위해 교회사회사업을 오랫동안 실시해 온 미국의 한 교회가 실시하는 사회사업 내역을 간단히 소개해 본다. 미국 몽고메리지역의 Good Shepherd Lutheran Church는 그들의 사회봉사의 초점을 빈곤을 완화시키고, 집 없는 열악한 처지에 있는 사람들을 도와주고, 다른 사람들을 위해 봉사하는 지역사회조직을 위해 재정적 보조를 하여주고, 옹호를 통해서 그들의 지원을 필요로 하는 항목들에 교인들의 주의를 환기시키도록 고취시키는 데 두고 있다. 미국 교회들이 실시하고 있는 기독교사회복지프로그램을 열거하면 다음과 같다(Good Sherpherd Lutheran Church,1997:1-2, St. Joseph Parish,1997:1, St. David's Episcopal Church,1997:1-2).

- Congregation Based Shelter(일 년에 두 번 한 번에 일주일씩 교회에서 음식과 숙소를 제공)

- Lord's Table Soup Kitchen(교인들이 자발적으로 매달 네 번째 월요일 가난한 사람들을 위해 음식을 만들고 대접해 줌).
- Montgomery County Fair Food Booth(약 200명의 교인들이 몽고메리지방 박람회 기간 10일간 교회음식판매대에서 일함).
- Social Ministry Concert(합창 발표나 연주회 같은 음악회를 열어 지역사회의 가난한 사람들을 돕기 위한 기금을 모금함).
- CROP Walk(사회조직들이 빈곤을 완화시키는 것을 도와주기 위해 교인들이 후원자를 통해 모금함).
- Hunger Walk(CROP Walk과 유사한 프로그램으로 사회에서 굶주림으로 인한 고통을 없애기 위해 걷기모금운동을 실시하고 이를 통한 모금으로 많은 가난한 자들을 돕기 위한 식품저장고(food pantry)와 무료급식시설(soup kitchen)을 지원함).
- Lutheran World Hunger Yard Sale(7월 첫째 토요일 일일장터를 열어 전세계의 기아를 감소시키는 데 사용).
- The National Lutheran Home(교인들이 지역사회 내의 가난한 노인들을 초대해 시간을 함께 함).
- Food For All Seasons Drive(교인들이 가난한 사람을 위해 식품을 수집함).
- Montgomery County Hunger Relief Drive(교인들이 기아 해방을 위한 기금을 모금함).
- Gifts of Hope(교인들이 친척이나 친구를 축하하기 위해 선물을 구입하고 이 선물들의 판매금은 사회봉사활동을 지원하는 데 쓰임).
- St.Joseph Baby Corner(가난한 유아와 아동들 위해서 이유식, 음식 그리고 기초적인 아기용품들을 교회에서 수집해 전달해 줌).
- Committee on Housing and Homelessness(주거가 불안한 사람이나 부랑인들을 돕기 위한 사업을 펼침).

제5절

기독교빈민복지사업

빈곤 문제는 독자적으로 존재하기보다는 다양한 문제들이 서로 연계되어 있다. 이러한 문제를 해결하기 위하여 교회는 지역사회의 자원과 연계하여 사회사업을 실시함에 있어서 지역사회의 인적 자원, 물적 자원, 기관자원과 단독으로 또는 복합적으로 연계할 필요가 있다. 이러한 지역사회 자원과의 연계는 지역사회의 지극히 작은 자들을 둘러싸고 있는 빈곤의 덫으로부터 벗어나도록 함으로써 이들을 위한 기독교사회복지사업이 본래의 목적을 효과적으로 달성할 수 있다.

1) 물질적 빈곤으로부터 벗어나기 위한 기독교사회복지 실천

빈민들을 물질적 빈곤으로부터 벗어나게 하기 위한 교회의 사업을 교회의 자체 재원을 활용하거나 사회적 자원과 연계하여 실시할 수 있다.

(1) 생계지원사업

생계지원사업은 교회나 성도들이 빈민들의 생존을 보호해 주기 위해 그들이 살아가는 데 필요한 금전이나 의식주 관련 재화나 서비스를 제공해 주는 사업을 말한다. 초대교회 이래 전형적인 기독교사회복지는 바로 빈민들의 생존을 위해 성도 개인이나 교회가 교회 내 재원을 사용하여 실시한 자선구제사업이다.

성경에서도 매 삼년 끝에 바치는 십일조는 재산이나 유산이 없는 레위인이나 성중에 거하는 떠돌이, 고아나 과부와 같이 가난한 사람들을 배불리 먹이는 데 사용하도록 명령하고 있다. 매 삼년 끝에 바치는 십일조는 바로 빈민들의 생계를 지원하기 위해 사용된 것이다. 하나님의 명령에 순종하는 자세로 교회는 십일조 헌금을 무엇보다도 우선적으로 빈민들의 생계지원을 위해 사용해야 한다. 성경내용을 산술적으로 적용한다면 교회는 십일조 헌금의 삼분의 일을 빈민들의 생계지원을 위해 사용해야 한다.

교회의 남여전도회나 뜻있는 성도들이 가난한 성도들이나 지역 주민들을 정기적으로 금전이나 물질로 후원해 주는 후원사업이나 특정인과의 결연사업을 통해 생계지원사업을 실시할 수 있다. 교회의 자원봉사자들이 무의탁 빈민들에게 도시락을 배달해 주거나, 일주일에 한두 번 반찬서비스를 해줄 수 있다. 또한 교회가 빈곤한 이웃을 돕고는 싶지만 도와줄 대책을 전혀 세울 수 없는 경우 전국의 읍면동사무소에서 기초생활보장수급권자 관련 업무를 전담하고 있는 사회복지전문요원들이나 지역사회복지관의 사회복지사들에게 연락해 보호조치를 강구할 수 있다.

(2) 사례관리

사례관리(case management)란 복합적인 욕구를 가진 사람들에게 사회생활의 기능이나 복지를 최대한 향유할 수 있도록 하는 목적으로 공식적-비공식적 지원네트워크 조직화하고, 조정하고, 유지하는 것이다(Moxley, 1989). 사례관리에는 대체로 네 가지 모델이 사용된다.: i)확장-중개자 모델(expanded-broker model)이다. 사례관리자는 클라이언트의 욕구를 사정하고 기존의 서비스들을 연결시키지만, 일반적으로 직접적인 개입서비스는 제공하지 않는 단순한 형태이다. ii)개인적 강점 모델(personal-strengths model)이다. 클라이언트의 능력을 먼저 파악하고, 클라이언트가 목적을 달성할 수 있도록 그들의 장점을 최대한 발휘할 수 있는 환경을 만든다. 사례관리자는 직업교육, 사회적지지, 의료보호, 주거시설 등의 자원들을 클라이언트가 획득하도록 도와준다. iii)재활모델(rehabilitation model)이다. 클라이언트의 부족한 점을 파악하며, 그 약점들을 극복할 수 있도록 여러 가지 기술들을 가르친다. iv)완전지지모델(full-support model)이다. 사례관리자는 직접적인 care도 하고, 클라이언트에게 필요한 다른 서비스들을 연계시켜주는 중개자 역할도 한다. 네 가지 모델 가운데 완전지지모델이 가장 이상적이지만 일반적으로 기독교사회복지사업이 교회의 일차적인 주된 사업으로 수행되는 것이 아니라 현실적으로 이차적인 사업으로 수행되는 점을 감안할 때, 그리고 전문사회복지사들이 교회 내에서 활동하고 있는 경우가 매우 적다는 점을 고려할 때, 확장-중개자모델이 현실적으로 가장 가능한 모델이다.

교회는 사례관리사업을 통해서 지역사회자원과 연계하여 도움이 필요한 지극히 작은 자들에게 도움을 줄 수 있다. 교회의 사례관리자는 수혜대상자를 확인하고, 그들의 욕구를 조사하고, 적절한 서비스를 찾아내고, 서비스 사용계획을 세우고, 수혜대상자와 자원을 연결시키고, 적시에 적절한 서비스가 전달되도록 서비스전달과정을 감독하는 역할을 담당한다. 교회의 인적 물적 자원이 부족한 경우 교회는 직접적인 서비스 제공자로서의 역할을 수행하기가 어려운 경우가 많다. 이러한 경우 교회는 한편으로는, 지역사회에서 도움이 필요한 사람과 필요한 도움의 내용을 파악하고, 다른 한편으로는, 지역사회 안팎에서 이들에게 도움을 줄 수 있는 개인이나 단체를 파악하여 상호 연계시켜주고 양자 간에 필요한 재화나 서비스가 잘 전달되도록 도와주는 사례관리자(case manager)의 역할을 수행할 수 있다. 이러한 사례관리를 통해 교회는 빈곤으로 인한 고통 가운데 살아가는 이웃에게 힘이 되고, 자원 제공자에게는 선행을 할 수 있는 기회를 제공해 줌으로써 이웃과 더불어 살아가는 공동체를 건설하는 계기를 만들 수 있다.

최근 교회가 빈민들의 생계지원을 위해 추진하고 있는 사업 중의 하나가 푸드뱅크(잉여식품 나눔은행: food bank)이다. 푸드뱅크란 식품제조기업이나 개인으로부터 먹을 수 있으나 판매할 수 없는 식품(edible but unsalable food)을 기탁받아 결식아동, 독거노인, 재가장애인, 무료급식소, 노숙자쉼터, 사회복지시설 등 소외계층에게 식품을 전달해주는 잉여식품나눔제도이다. 이러한 식품지원복지서비스를 제공하는 푸드뱅크는 2008년 현재 푸드뱅크 중앙조직인 전국푸드뱅크, 전국 16개 시도의 광역푸드

<Saint Mary's Food Bank와 설립자 Van Hengel>

뱅크, 시군구단위의 271개 기초푸드뱅크 총 288개가 운영되고 있으며, 연간 약 130만 명이 식품지원을 받고 있다.

최초의 푸드뱅크는 1967년 미국 아리조나주의 피닉스시에서 은퇴한 사업가인 헨겔(Van Hengel)씨가 자신을 도와준 교회의 이름을 본따서 설립한 성 메리 식품은행(Saint. Mary's Food Bank)이다. 헨겔은 창고를 세우고, 그곳에서 기부받은 식품들을 보관하고 굶주린 사람들에게 식사를 제공하는 자선기관들에게 배분하였던 활동에서 시작되었다. 1976년 헨겔은 성 메리 식품은행을 떠나 식품은행 자문조직인 '제2의 수확(Second Harvest)'을 설립하였으며, 이 조직은 오늘날 200여개의 식품은행의 네트워크로 구성된 미국 최대의 기아구제조직인 '미국 제2의 수확(America's Second Harvest)'으로 불리우며, 전국푸드뱅크의 역할을 하고 있다(Saint Mary's Food Bank Alliance, 2008).

교회는 농수산물센터, 농장, 슈퍼, 호텔, 백화점, 제과점, 레스토랑, 뷔페식당 등에서 판매하고 남은 식용가능한 식품이나 음식물을 수거해 생활이 어려운 사람들이나 시설에 제공해주는 푸드뱅크사업을 실시할 수 있다. 교회가 푸드뱅크프로그램을 실시하기 위해서는 교회는 간단한 식품저장고(교회 내 식당과 냉장시설 활용가능), 운반차량(승합차) 그리고 전화와 자원봉사자가 필요하다. 식품을 기탁하는 방법은 기탁할 식품이 있는 업소의 관계자는 푸드뱅크에 전화를 걸어 기탁 의사를 밝히면 푸드뱅크에서 식품을 직접 가져다가 빈민들에게 전달하거나 기탁자가 가까운 지역의 빈민들을 직접 연결시켜 주고 기탁자가 직접 연결 받은 빈민들에게 식품을 전달해 준다. 교회는 기탁자에게 푸드뱅크나 교회 이름으로 지정기부금 영수증을 발급해 주어 세금감면 혜택을 받도록 해준다. 음식료품회사나 개인이 무상으로 잉여식품활용사업자인 푸드뱅크에 기탁할 경우, 법인세법시행령 제19조와 소득세법시행령 제55조에 의해 기탁한 식품의 장부가액 전액에 대해 100% 손비처리 혜택을 받을 수 있다.

푸드뱅크에 기탁되는 잉여식품이란 신선도가 떨어져 정품판매가 어렵거나 생산과잉으로 남아돌지만 급식 안정성에 문제가 없는 식품으로 유효기간이 지나거나 인체에 유해한 식품은 제외된다. 가장 좋은 것은 식품회사나 제과점에서 나오는 곡류나 가공식품류(통조림 햄 빵)이고, 농수산물센터나 슈퍼 어물전 방앗간 농장에서 나오는

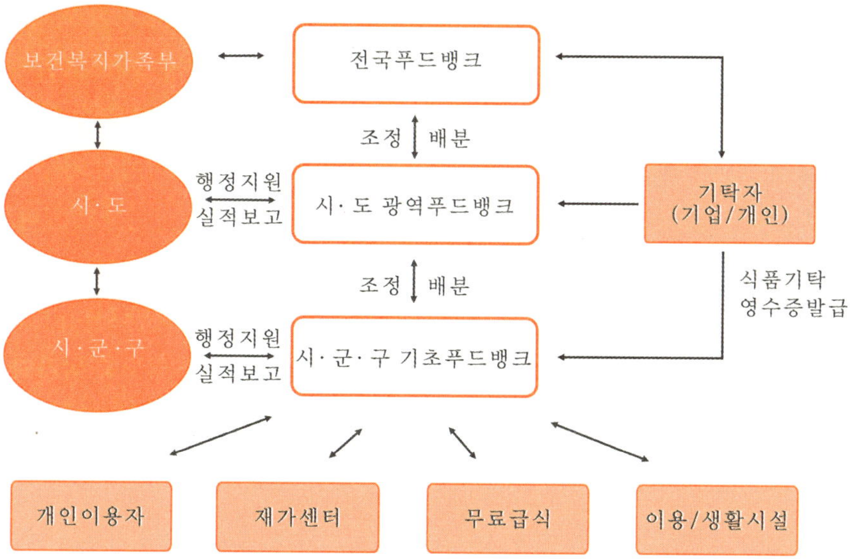

<푸드뱅크 사업 체계>

*출처:한국사회복지협의회 전국 푸드뱅크, 2008.

식자재(채소 곡물 양념 생선)와 패스트푸드점 호텔 연회식당 등에서 나오는 간편식이나 반찬류(패스트푸드 반찬 기타 요리) 등도 가능하다.

(3) 기초생활보장급여 및 기초노령연금 연계

교회는 국민기초생활보장제도의 생계급여제도와 연계함으로써 모든 빈민들에게 최저생계비 수준의 삶을 보장할 수 있다. 교회는 읍-면-동사무소에서 기초생활보장업무를 담당하고 있는 사회복지전담공무원들에게 절대빈곤하에 처하면서 생활하고 있는 절대빈곤층에게 기초생활보장제도에 관한 정보를 제공하여 스스로 급여를 신청하도록 하거나, 신청할 능력이 부족한 취약계층에 대해서는 사회복지전담공무원에게 관련 정보를 알려주어 사회복지전담공무원이 직권으로 조사하여 급여를 받을 수 있도록 할 수 있다.

국민기초생활보장제도는 헌법 제34조에 근거하여 국가와 지방자치단체가 생활이 어려운 자에게 빈곤의 정도에 따라 필요한 급여를 행하여, 법으로 정한 최저생계비 수준 이상의 생활을 보장하고 자활을 조성하는 것을 목적으로 하는 제도로 부양의무자가 없거나 부양의무자가 있어도 부양능력이 없거나 또는 부양을 받을 수 없는 자로서 소득인정액이 최저생계비 이하인 자에 대하여 가구별 최저생계비에서 가구의 소득인정액, 타급여액 및 타법령 지원액을 차감한 금액을 보충적으로 급여하고 있다. 국민기초생활보장제도는 생계급여, 주거급여, 의료급여, 교육급여, 해산급여, 장제급여와 같이 생활상 곤란을 완화시켜주려는 소극적, 보완적 의미가 있을 뿐만 아니라, 자활급여를 제공함으로써 빈곤에 처한 사람들이 스스로 자립-자활할 수 있도록 국가가 주도하는 적극적 의미도 갖고 있다. 급여는 보충성의 원리에 따라 다음과 같이 결정된다.;

급여액 = 최저생계비 − 가구의 소득인정액 − 타급여액 − 타법령지원액

기초생활보장 급여는 다음과 같다: 생계급여는 소득인정액과 가구원수에 따라 차등 지원한다.

【2008년 가구규모별 최저생계비 및 생계급여액】

구분	1인	2인	3인	4인	5인	6인
최저생계비 (A)	463,047	784,319	1,026,603	1,265,848	1,487,878	1,712,186
타 지원액 (B)	75,436	127,775	167,246	206,222	242,394	278,936
현금급여기준 (C=A−B)	387,611	656,544	859,357	1,059,626	1,245,484	1,433,250
주거급여액 (D)	79,859	135,268	177,053	218,314	256,607	295,292
생계급여액 (E=C−D)	307,752	521,276	682,304	841,312	988,877	1,137,958

기초생활보장제도는 절대빈곤층의 자녀에게 적절한 교육기회를 제공함으로써 자립능력을 배양하고, 빈곤의 악순환을 차단하기 위해 다음과 같은 급여를 지급한다.

【2008년 교육급여 내용】

구분	중학생	고등학생	비고
입학금 및 수업료	-	연도별·급지별로 학교장이 고지한 금액 전액	-
교과서대	-	106천원/인	연1회 지급
부교재비	32천원/인	-	연1회 지급
학용품비	44천원/인	44천원/인	연2회 지급(22천원/회)

해산급여로 수급자의 조산(助産) 및 분만 전과 분만 후의 필요한 조치와 보호를 위해 출산여성에게 1인당 50만원을 현금으로 지급하고, 추가 출생아에 대해 1인당 50만원 추가로 지급한다. 쌍둥이 출산 시 100만원을 지급한다.

장제급여로 수급자 또는 차상위 의료급여 수급자가 사망한 경우 근로능력이 없는 자로만 구성된 가구는 50만원, 근로능력이 있는 가구원이 있는 경우 40만원, 차상위 의료급여 수급자의 경우 25만원을 지급한다.

(4) 기초노령연금과 연계

교회는 저소득노인들이 기초노령연금의 혜택을 받을 수 있도록 관련 정보를 제공하여 적극적으로 신청하게 하거나, 스스로 신청하기 어려운 노인들을 동반하여 읍면동 사무소나 가까운 국민연금공단의 지사에 신청하거나, 자녀, 형제자매, 친척, 사회복지시설의 장 등도 대리인으로 하여금 위임장을 작성하셔서 신청하도록 독려할 수 있다.

기초노령연금은 노인이 후손의 양육과 국가 및 사회의 발전에 이바지하여 온 점을 고려하여 생활이 어려운 노인에게 일정 금액을 지급함으로써 노인의 생활안정을 지원하고 복지를 증진함을 목적으로 하는 제도이다. 기초노령연금의 수급권자는 65

세 이상 전체노인 중 소득과 재산이 적은 하위 60%를 선정하는 기준은 혼자 사시는 어르신은 소득인정액(소득평가액과 재산의 소득환산액의 합)이 40만원 이하, 노인부부인 경우는 64만원 이하이어야 한다.

기초노령연금액은 국민연금가입자 평균소득월액의 5%이며, 2008년도에는 1인당 최대 매월 83,640원을 받을 수 있으며, 다만, 소득이 높거나 재산이 많은 경우 감액될 수 있고, 노인 본인과 배우자 모두 연금을 받는 경우에는 연금액의 20%를 감하여 최대 매월 133,820원을 받을 수 있다.

(5) 사회복지공동모금 활용

사회복지공동모금회는 공동모금운동을 통하여 사회복지에 관한 국민의 이해와 참여를 촉진하고 국민의 자발적인 성금으로 공동모금된 재원을 효율적이고 공정하게 관리, 운용함으로써 사회복지 증진에 이바지하기 위해 사회복지공동모금회법에 의해 설립된 사회복지법인으로 민간 사회복지 서비스 재원의 조성, 지역의 사회복지 서비스 프로그램의 질적 향상 및 활성화, 지역주민들의 지역사회 참여의식 강화, 모금된 재원에 대한 배분의 투명성 및 효과성 보장을 목적으로 하고 있다. 사회복지공동모금은 i)사회복지법인 및 비영리법인, 단체 또는 개인이 운영하는 사회복지시설, ii)사회복지사업을 행하는 민간비영리법인 및 단체, iii)사회복지사업법에 근거하여 신고하지는 않았으나 사회복지사업을 행하거나 시설을 운영하는 개인에게 공동모금의 배분을 신청할 수 있다.

사회복지공동모금회의 사업으로는 신청사업, 기획사업, 지정기탁사업, 긴급지원사업, 기금사업 등으로 분류된다.

교회는 사회복지공동모금회와 연계하여 빈민들을 위한 사회사업을 할 수 있다. 비록 사회복지공동모금회의 가장 큰 특성은 특정 기관이나 특정 종교에 제한되는 이웃돕기활동을 하는 것이 아니라 전국의 모든 사회복지기관과 시민단체들을 지원한다는 포괄성과 공정성을 기하고 있지만 교회나 기독교단체의 사회사업도 지원대상이 되고 있다. 예를 들면 가나안복지선교센터의 경우 빈곤상태에 있는 결손가정의 아동을 위해 단기보호센터사업을 사회복지공동모금회의 후원을 받아 실시하고 있다.

공동모금은 사업수행 능력, 사업의 필요성, 사업의 효과성, 사업의 실현가능성, 사업수행기관의신뢰성, 예산의 합리성 등의 심사기준에 따라 배분된다.

참고로 2003년 사회복지공동모금회 중앙회가 빈곤구제와 관련된 사업에 배분한 지원현황은 다음과 같다. 이 가운데 부스러기 사랑나눔회, 기독교세진회, 월드비젼은 기독교 기관이다.

【사회복지공동모금회 사업 분류】

분류	개 념	사 업 구 분	횟수	비 고
신청 사업	-지역사회 개별 기관, 시설에서 정해진 공고에 따라 자유주제공모형태로 신청하는 사업	년3천만원 미만	1회	-지회(중앙회는 신청받지 않음)
기획 사업	-제안기획 : 사회복지현장의 제안에 의해 수시로 신청할 수 있는 기획사업	제안기획 (시설당 연간 3천만원~1억이내)	수시	-중앙회(지회는 신청받지 않음)
	-테마기획 : 기획주제에 따라 지원사업주제·지원규모 및 대상, 신청 및 절차 등은 공고시 별도 지정.	테마기획	수시	-지회/중앙회 -사업내용에 따라 중앙 및 지회 별도 공고
지정 기탁 사업	-기부자의 의도를 살려 지원되는 사업 -사업영역지정(대상별/서비스유형별) -기관시설 지정	일반지정기탁	수시	-지회/중앙회
긴급 지원 사업	-사회복지공동모금회법 제25조(재원의 사용 등) 및 긴급지원시행세칙의 규정에 의한 재난·긴급구호 및 사회복지 영역의 긴급 지원이 필요한 사업. -재난재해구호: 재해·재난으로 인해 피해를 입은 개인 및 단체의 의·식·주를 포함한 의료, 구호 등 긴급한 사회복지 지원사업. -개인긴급지원 : 재해 및 재난에 준하는 사회복지지원이 필요한 개인	재난재해구호	수시	-지회/중앙회
		개인긴급지원		-지회 -개인신청은 받지 않으며 반드시 사회복지기관(복지관, 시설, 단체, 의회, 협회 등) 및 공공기관(사회복지전담공무원)을 통해 신청.
기금 사업	-특정분야의 변화를 위해 지원분야를 명시하여 지속적으로 지원하는 사업		필요 따라 설치	

【사회복지공동모금회 중앙회 빈곤구제사업 지원(2003)】

기관명	사업명	지원액(원)	사업개요
부스러기사랑나눔회	빈곤지역의 지역아동센타를 다니고 있는 빈곤해체가정아동지지와 가족empowerment 강화를 위한 Co w'er 파견사업	88,000,000	빈곤해체가정아동들의 심리정서적 문제해결과 문제행동감소를 위한 서비스를 제공하고 자원연계를 하기 위한 전문인력 양성 및 파견 사업.
기독교 세진회	무의탁 극빈 재소자 교화 및 가정지원	36,655,000	극빈 재소자 교화사업을 통해 가족관계를 향상시키고 가정의 위기상황을 극복하게 지원해 지역사회에서 재소자 가정 지원체계를 구축하는 사업.
(사)한국여성노동자협의회	저소득 불완전 취업 여성을 위한 종합지원 프로그램	56,000,000	저소득 불완전 고용상태인 중장년 여성들을 대상으로 여성친화적인 직종인 가사도우미, 산모도우미, 베이비시터에 대한 기능훈련과 일손파견을 수행하여 생활안정을 지원하는 사업.
민간사회안전망운동범국민협의회	민간사회안전망운동	10,000,000	공적부조에서 제외된 사각지대의 소외계층에게 위안잔치와 집수리를 통하여 쾌적한 주거공간을 제공하고, 지원하는 사업
월드비전	지역사회 지원망구축을 통한 위기가족 지킴이 사업	56,000,000	공적부조 수급대상자 중 심리, 사회적 지원을 필요로 하는 가족과 저소득가족에게 긴급구호서비스와, 위기가족 예방교육실시하여 저소득 위기가족이 위기를 극복하고 건강하게 사회통합을 이루게 하는 사업

2) 육체적 허약으로부터 벗어나기 위한 기독교사회복지 실천

빈민들은 빈약한 건강과 충분하지 못한 영양공급으로 육체적으로 허약한 상태에 있는 경우가 많다. 빈민들의 육체적 허약상태를 회복시키고 질병을 치료하며 재활시키기 위하여 교회의 선교의료자원이나 재원을 활용하거나, 지역사회의 의료자원과 연계하거나, 복지시설에 수용보호를 의뢰할 수 있다.

(1) 의료선교회

간혹 교회 가운데 의료선교회가 있는 경우가 있다. 이 경우에는 의료선교회와 연계하면 보다 효과적으로 빈민들의 질병을 치료하고 건강을 증진시킬 수 있다. 일부 교회의 경우 의료선교회가 인근 지역의 교회를 방문하여 의료봉사를 실시하고 있다. 일부 의료선교회에서는 온라인으로 의료봉사신청을 받고 있기 때문에 온라인으로 연계하여 의료봉사 연계를 할 수 있다.

(2) 간병인 사업

최근 교회들이 자체적으로 또는 외부기관에 위탁하여 교인들에게 간병인교육을 하고, 교육을 이수한 이들이 신체적으로 허약한 사람들과 그 가족을 지원해주고 있다. 본래 간병인은 가족이 감당하기 힘들거나, 사회생활로 간병이 어렵거나, 출장이나 그 밖의 급한 일로 대신 환자를 돌볼 사람이 필요할 경우 일정한 전문교육을 받은 사람들이 가족과 같은 마음으로 환자를 보살펴 주고, 정서적 지지를 제공하며, 필요한 가사서비스를 수행한다(성모간병인협회, 2004).

간병인은 산모간병인, 노인간병인, 입원환자간병인, 교통사고 및 산업재해 등 보험환자 간병인, 중풍-치매간병인, 장애인간병인 등 다양한 분야에서 활동하고 있다. 따라서 교회는 간병이 보다 효과적이고 효율적으로 실시될 수 있도록 간병인을 파견하기 이전에 이들 간병인이 겪고 있는 질병이나 장애에 관한 정보나 주의사항을 사전에 교육할 필요가 있다.

(3) 의료급여제도 활용

정부는 기초생활보장수급자 가운데 질병으로 인해 고통을 겪고 있는 절대빈곤층에게는 공공부조사업의 일환으로 의료급여서비스를 제공하고 있다.

【2008년 의료급여제도 수급대상자】

종별	수급대상
1종	-국민기초생활보장수급권자 : 근로무능력세대, 107개 희귀난치성질환자가 속한 세대, 시설수급권자 -타법적용자 : 이재민, 의사상자, 국가유공자, 중요무형문화재 보유 자, 북한 이탈주민, 5·18민주화운동 관련자, 입양아동(18세미만), 행려환자 -차상위 수급권자(희귀난치성 질환자)
2종	· 국민기초생활보장수급권자(근로능력세대) · 차상위 수급권자(만성질환자, 18세 미만 아동)

교회는 질병이나 장애로 의료서비스가 필요한 절대빈곤층에 대해서는 기초생활보장제도의 의료급여 혜택을 알선하여 줌으로써 육체적 허약을 극복하도록 할 수 있다. 의료급여는 기초생활보장수급자, 이재민, 의사상자 등 생활이 어려운 자에게 의료급여를 실시함으로써 국민보건의 향상과 사회복지의 증진을 도모하고 있다. 최근에는 일반기초생활보장수급자뿐만 아니라 희귀난치성질환· 만성질환 등을 앓고 있는 차상위계층에 대한 의료급여 지원 확대로 저소득층 의료보장을 강화하였다. 부양의무자 기준을 충족하고 소득인정액이 최저생계비의 100% 초과~120% 이하인 가구로서 만성· 희귀난치성 질환 등으로 6개월 이상 치료를 받고 있거나 6개월 이상 치료를 요하는 자에게 개인단위로 의료급여를 지급하고 있다.[2] 의료급여는 저소득 가구의 가구원 및 그 친척, 기타 관계인이 거주지 읍· 면· 동사무소에서 연중 신청할 수 있다.

2) 【2004년 소득인정액(최저생계비) 기준(원/월)】

가구규모	1인	2인	3인	4인	5인	6인
최저생계비	368,226	609,842	838,796	1,055,090	1,199,637	1,353,680
최저생계비의 120%	441,871	731,810	1,006,555	1,266,108	1,439,564	1,624,416

(4) 방문간호사업제도 활용

교회는 빈곤한 육체적 허약자를 위해 보건소의 방문간호사업을 알선함으로써 그들의 건강을 보살펴 줄 수 있다. 보건소의 방문간호사업은 보건기관의 인력이 지역사회에서 경제적, 사회적으로 가족의 건강문제를 스스로 관리할 수 없는 가구를 방문하여 건강문제를 가진 가구를 발견하고, 질병예방 및 관리, 건강증진을 위해 보건의료서비스를 직접 제공하거나, 의뢰·연계함으로써 가족의 삶의 질을 향상시켜 주는 건강관리 사업이다.

교회는 방문간호사에 몸이 불편한 사람들에 대한 신상정보와 질병정보를 제공하고 방분진료를 요청하면, 방문간호사는 허약한 빈민의 삶의 현장을 방문한 후 필요한 의료서비스를 제공하고 보다 전문적인 보건의료서비스 및 복지서비스 등이 필요할 경우에는 관할지역내 보건의료기관, 사회복지기관, 행정기관 등에 의뢰 및 연계한다.

허약한 빈민을 위한 방문간호사 의료지원

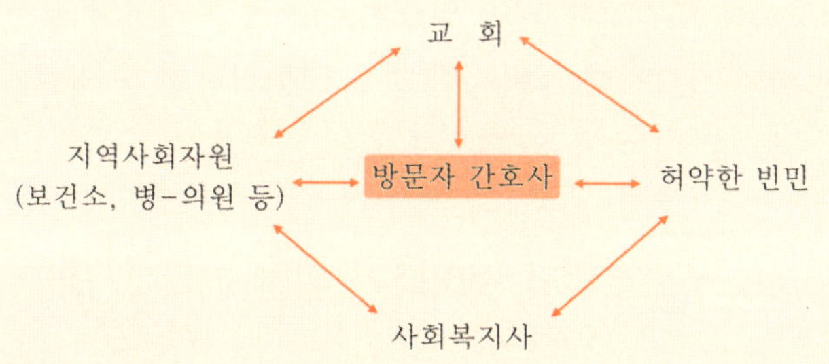

(5) 종교시설활용사업 참여

최근 지방자치가 활성화되면서 지방정부가 지역차원의 복지사업을 적극적으로 전개하고 있다. 교회가 독자적으로 복지사업을 수행할 능력이 있다면 교회는 보건복지부의 노인보건과나 시·도 또는 시·군·구의 특히 사회복지과나 가정복지과로부터 복지사업을 위탁받아 지역복지사업을 수행할 수 있다. 지방자치단체의 요청에 의해 교회가 실시하는 경우도 있지만 교회가 자체적으로 지역사회의 문제와 욕구를 사정한 후 지방자치단체에 위탁을 신청하는 적극적인 자세가 필요하다.

최근 일부 지방정부가 종교시설을 활용하여 치매-중풍노인을 위한 위탁사업을 시범사업으로 실시하고 있다. 지방정부가 시설개선을 위한 비용과 인건비를 부담하여 운영하는 사업으로 기초생활보장대상 치매-중풍노인을 우선적으로 보호해주고 있다. 교회는 이러한 사업을 통하여 치매나 중풍으로 어려움을 겪는 노인들과 그 가족을 보호해줄 수 있다.

(6) 의뢰

가정에서 육체적 허약상태를 대처하기 어려운 경우나 돌보아 줄 가족성원이 없는 경우에 교회는 시장· 군수· 구청장에 이러한 사실을 알려주어 이들을 사회복지시설이나 의료기관에 보호나 치료를 의뢰하도록 할 수 있다. 노인복지법 28조에 따르면 시장-군수-구청장은 65세 이상의 자로서 신체 또는 정신상의 현저한 결함으로 인하여 항상 보호를 필요로 하고, 경제적 이유로 거택에서 보호받기 곤란한 자를 노인의료복지시설에 입소조치를 취하도록 되어 있으며, 장애인복지법상 장애인의 경우도 장애인에 대한 검진 결과 필요하다고 인정된 경우 국공립병원 등 의료기관에 의뢰하여 의료서비스를 받도록 조치해야 함을 규정하고 있다.

3) 고립(isolation)으로부터 벗어나기 위한 기독교사회복지 실천

빈민들의 경우 많은 경우 주류사회로부터 고립되어 생활하는 경우가 많다. 그 이유는 생활편의시설이나 생활정보시설에 대한 정보가 없기 때문에 이러한 시설을 이용하지 못하고 주류사회로부터 유리된 채 지내게 된다.

(1) 복지정보도우미

교회는 지역사회의 가난한 사람들이 자신의 삶에 도움이 되는 기초생활보장, 노령연금, 장애수당 등과 같은 정보를 주기적으로 제공함으로써 이들의 삶의 질을 향상시키는 데 기여하는 복지정보도우미의 역할을 할 수 있다.

교회는 교회의 홈페이지(home page) 상에 지역사회의 생활정보나 복지정보에 관한 자료기지(data base)를 구축하거나, 이들 자료를 소식지에 담아 정기적으로 저소득층에게 전달하여 줌으로써 지역사회와 단절되지 않도록 하고, 생활상에 필요한 도움을 받을 수 있도록 할 수 있다.

(2) 구역제도의 활용

구역(區域)은 교인들이 거주분포를 중심으로 하여 적절히 나눈 교회의 조직이다. 오늘날의 구역회가 유래된 것은 1742년경 영국의 John Wesley가 수십 개의 신도회(society)를 만드는 데서 유래한다. 그의 신도회는 조직적이고 체계적이고 상호유기체적인 성격을 갖고 있으며, Bristol의 경우 신도회를 몇 개의 작은 단위인 속회(class meeting)로 나누고 각 단위에 지도자 한 사람씩 두어 지도 감독하게 하였다. 당시에는 구역회가 매주 한번 한 시간 정도로 저녁시간에 모였다. 모든 회원은 가능한대로 매주 1페니씩 헌금하였고, 이를 가난한 자를 돕거나 순회전도자를 후원하는 데 사용하였다. 이러한 모임을 제안한 존 웨슬리는 구역회 지도자들에게 두 가지 임무를 부여하였다. 첫째는 자기 구역, 속회 내의 사람들을 적어도 일주일에 한번 찾아가서 그들의 영혼이 어떻게 성장하였는가 조사해 보고 기회가 있는 대로 충고하고 위로하고 권고하는 일이다. 또한 그들이 바치는 헌금을 모아서 가난한 자들을 구제하는 데 사용토록 한다. 둘째, 구역장들은 병든 자나 생활이 불안한 자, 그리고 자기 잘못을 깨닫지 못하는 자들을 교역자에게 보고하고 헌금을 전해 준다. 또한 신도회원들을 일주일에 한번 이상 심방하여 신앙 형편을 조사하고 권면, 책망, 위로, 격려, 구제하는 일을 담당한다.

(3) 결연후원사업

교회는 지역사회의 개인과 결연-후원을 통하여 이들의 물질적 결핍을 다소나마 완화시킬 수 있다. 교회는 지역사회의 기초생활보장대상자, 소년소녀가장, 독거노인, 장애인세대 등과 교인이나 교회 내 남녀전도회 등과 직접적인 결연을 맺거나, 지역사회의 기관이나 유지들과 결연을 주선하여 경제적, 정서적 후원이 이루어지도록 할 수 있다. 후원자의 후원금에 대하여는 법인세법과 소득세법에 따라 연말정산시 전액 소득공제를 받을 수 있도록 한다.

후원의 종류에는 i) 결식아동급식비지원, 저소득층도시락-밑반찬배달사업, 노인주간보호프로그램, 방과 후아동교실프로그램, 가정봉사원파견프로그램 등 교회가 실시하는 일정한 복지사업에 대해 정기적으로 후원하는 사업후원 또는 기금후원, ii) 소년소녀가장, 독거노인, 장애인, 모자가정 등과 결연을 통해 매월 정기적으로 일정액 이상을 생계비로 지원하거나 정서적 지지를 제공하는 결연후원, 비정기적으로 후원을 행하는 일시후원, iii) 식품, 생활용품, 재활용품 등을 지원하는 물품지원 등이 있다.

후원방법으로는 후원신청서에 후원자의 성명, 전화번호, 은행명, 계좌번호, 후원금액을 기록하여 자동이체시키는 CMS 자동이체, 은행의 무통장 입금을 통해 직접 이체하여 후원하는 무통장입금, 지로용지를 발급받아 은행에 납부하는 지로납부, 직접 교회에 납부하여 후원하는 직접납부방식이 있다.

교회가 후원사업을 행함에 있어서 주의해야 할 것은 후원을 받는 자가 수치감이나 모멸감을 느끼지 않도록 먼저 후원자들과 후원금품에 관한 정보를 후원을 받는 사람에게 제공해주어 자신이 원하는 후원자로부터 필요한 금품을 후원받을 수 있도록 하는 공개후원제도(open sponsorship)를 시도할 수도 있다.

교회가 저소득층의 국민연금을 대납해줌으로써 그들이 노령이 되었을 때 안정된 생활을 할 수 있도록 도와줄 수 있다. 이 경우 교회는 저소득층의 주민등록번호를 확인한 후 가까운 국민연금관리공단 지사로 연락하여 대납 신청을 하거나 거래 은행을 방문하여 자동이체를 신청하시면 후원자의 통장에서 매월 저소득층의 연금보험료가 자동으로 납부된다. 또는 고지서 수령장소를 후원자의 주소지로 바꿔서 고지서를 대신 수령한 후 연금보험료를 납부할 수도 있다.

교회가 후원을 함에 있어 유명한 복지기관이나 재정적으로 안정된 기관을 후원하기보다는 재정적으로 어려움을 겪고 있는 비인가복지시설이나 소년소녀가장, 저소득 모자가정, 시설보호아동, 빈곤장애인, 독거노인 등과 같은 열악한 개인들을 우선적으로 후원하는 것이 바람직하다.

한국의 일부 교회들도 미국의 교회들과 같이 '모금을 위한 걷기(CROP Walk)'를 실시해 빈민구제기금을 모금한다. 이 기금은 굶주림에 고통을 받는 사람과 부랑인을 돕기 위한 사업을 실시하는 기관들을 후원해 주는 데 사용되고 있다. 때로는 '기아퇴치 위한 걷기(Hunger Walk)'라는 이름으로 모금행사가 전개되기도 한다. 또한 자선음악회를 열거나 일일장터를 열어 자선기금을 모금하기도 한다.

교회의 남여전도회나 뜻있는 성도들이 가난한 성도들이나 지역 주민들을 정기적으로 금전이나 물질로 후원해 주는 후원사업이나 특정인과의 결연사업을 통해 생계지원사업을 실시할 수 있다. 교회의 자원봉사자들이 무의탁 빈민들에게 도시락을 배달해 주거나, 일주일에 한두 번 반찬서비스를 해줄 수 있다.

4) 취약성(vulnerability)으로부터 벗어나기 위한 기독교사회복지 실천

빈민들은 재난과 긴급사태뿐만 아니라 사회적 사고에 대비한 완충장치나 준비물을 거의 소유하고 있지 않다. 또한 경조사나 명절 등과 같은 문화적 요구에 저항할 힘을 갖고 있지 못하다.

(1) 신용협동조합

교회는 신용협동조합의 운영을 통하여 빈민들이 예기치 않게 닥칠지 모르는 사고에 미리 대비하도록 할 수 있다. 본래 신용조합은 '자조· 자립· 협동'의 정신아래 지역· 직업· 종교 등 상호유대를 가진 개인이나 단체 간의 협동조직을 기반으로 하여 자금의 조성과 이용을 도모하는 비영리 지역금융기관으로 서민과 중산층, 자영업자와 상인 그리고 중소기업인 등을 대상으로 하고 있다. 신용협동조합은 조합원으로부터 저축금을 수납하는 수신업무, 대출하는 여신업무, 조합원과 그 가족의 안정된 생활을 보장하는 보험인 공제업무, 조합원 교육사업, 지역사회복지사업, 조합원 상담사업, 조합원간 유대강화 등의 업무를 수행하고 있다. 일부 교회는 신용협동조합을 설립하여 저소득층 교인들의 저축심에 대한 고취와 가난한 교인들에게 금전대출의 편의를 도모하고, 동시에 계나 사채와 같은 사설 금전거래를 방지함으로써 신앙생활에 대한 타격을 방지하고 있다. 이들 교회들은 운영수익을 조합원 자녀에게 장학금으로 지급하거나 선교헌금으로 사용하기도 하며, 각종 지역사회복지사업을 실시하여 지역사회를 위한 교회로 나아가는 데 일조를 함으로써 전도의 매체가 되기도 한다.

사실 기독교사회복지의 역사를 살펴보면 중세에 종교적 금융시설인 공익전당포가 있었다. 공익전당포는 불가피한 경우 돈을 빌려주었던 자선기관으로 고리에 고통을 받고 있는 영세민을 구제하는 것과 무익한 혹은 불건전한 목적을 위하여 고리업자에게 우둔한 차금을 하여 파산에 빠지는 사람들을 보호하는 것을 목적으로 설립된 적이 있다.

15세기 이태리에서는 다수의 공익전당포의 설립을 보았다. 최초의 전당포는 런던의 주교 미첼 노드버그에 의해 시작되었으며, 15세기 중엽 이탈리아에서 많은 성공적인 전당포를 세웠는데 프란씨스코교단은 고리에 고통을 받고 있는 영세민을 구제하는 것과 무익한 혹은 불건전한 목적을 위하여 고리업자에게 우둔한 차금을 하여 파산에 빠지는 사람들을 보호하는 것을 목적으로 공익전당포를 설립하였다(김기원, 2000).

(2) 긴급생계급여

교회는 위기상황에 빠진 사람들을 대상으로 정부의 위기대처제도 가운데 하나인 긴급복지지원제도를 연계할 수 있다. 이 제도는 어느 아동의 굶어 죽은 사건을 기독교기관이 이슈화함으로써 탄생한 제도이다. 환란 이후 가장 극심한 양극화현상을 보이고 있는 우리에게는 '풍요 속의 빈곤'이란 이젠 경제선진국만의 사회적 병폐는 아니다. 빈익빈-부익부 현상이 고착화되어감에 따라 빈부 간에 격차는 더욱 확대되고, 사회는 양극화의 길을 치닫고 있다. 사상 유래 없는 호황을 누리며 더 없이 풍요로운 생활을 하는 계층들이 있는 반면, 성장의 열매를 누리는 과정에서 배제되어 급박한 삶의 위기에 처한 절대빈곤층의 생계형 사고도 빈번히 발생하고 있다.

절대빈곤층의 삶의 위기는 대부분의 국가들이 2차적 사회안전망인 공공부조제도를 통해 충족시키거나 해결하고 있다. 그러나 공공부조는 무기여라는 특징상 선별적으로 이루어지기 때문에 엄격한 자산조사와 상태조사를 실시하게 되며, 이러한 조사과정에서 수급권을 획득하지 못한 사람들은 소위 공공부조의 사각지대에 머물면서 생존의 위기에 직면하게 된다. 그러나 공공부조의 수급권자로 판정이 되더라도 자격

심사에 일정 기간이 소요되기 때문에 급박한 위기상황에 처한 자들의 생계형 사고를 신속하게 대처하기 어렵다. 국민기초생활보장법상 긴급급여제도가 마련되어 있지만, 실제 운영된 실적이 미미하고, 내용상 생계급여에 한정되어 있어 다양한 위기에 처한 절대빈곤층의 삶의 위기를 효과적으로 대처하지 못하고 있다.

긴급복지지원법은 위기상황에 처한 저소득층을 지원하기 위하여 국가 및 지방자치단체의 재정 확보 책임과 서비스 전달 책임을 규정하고 있다. 긴급지원기관은 시장·군수·구청장으로 하며, 긴급지원전담공무원을 지정하도록 되어 있다. 긴급지원의 요청은 지원대상자, 친족, 기타 관계인이 할 수 있도록 되어 있으므로 교회나 기독교 단체의 종사자들도 위기상황을 지원기관에 신고할 수 있다. 긴급지원은 직접지원으로 생계지원, 의료지원, 주거지원, 사회복지시설 이용 지원, 연료비 지원 등 기타 지원으로 구성되어 있다. 이 제도는 위기상황에 긴급히 대처해야 하기 때문에 지원대상자에게 사전조사 없이 선지원이 이루어지고, 지원과정에서 긴급지원담당공무원에게 상당한 재량권이 부여되나 철저한 사후조사와 적정성 심사를 통하여 지원대상자의 도덕적 해이나 긴급지원담당공무원의 재량권 남용을 방지하고 있다.

(3) 법률구조

빈민들이 생활하는 가운데 여러 가지 피해를 당하거나 권익을 손상받았을 때 피해배상, 피해보상 그리고 권익회복과 관련된 법률지식이 없거나 알아도 변호사를 선임할 경제적 능력이 부족하기 때문에 억울한 상태로 지내야 하는 경우가 있다. 교회는 이러한 경우에 공공부조사업의 하나인 대한법률구조공단의 법률구조서비스에 이들을 연계하여주어 이들이 무료로 민형사 관련 법률상담을 받거나 무료변론을 받을 수 있도록 할 수 있다.

대한법률구조공단은 경제적인 이유 등으로 법에 소외되어 있는 국민의 권리를 보호하기 위하여 농·어민, 생활보장수급자, 소년·소녀가장, 장애인, 국가보훈대상자, 모·부자가정, 월평균수입 170만 원 이하이고 재산세미과세 대상자 중 주택임대차보호법에서 정한 소액 임차인, 영세 담배소매인, 가정폭력·성폭력·성매매로 인한 피해를 입은 여성들(국내거주 외국인 여성포함)을 대상으로 무료 법률구조사업을 실시하고 있다.

(4) 연합사업

개별교회가 단독으로 지역사회를 위해 복지사업을 하기가 어려운 경우 수개의 기관들이 연합하여 공동으로 복지사업을 수행하는 것이다. 개별기관들이 단독으로 복지사업을 수행하기에는 재정적으로 부족하고, 또 복지사업을 수행할 필요인력도 제대로 갖추고 있지 못하고 있는 경우가 있기 때문에 지역사회의 몇몇 교회들이 공동으로 재정을 부담하고, 필요한 인력도 상호지원하여 지역사회를 위한 복지사업을 수행하는 것이다. 경우에 따라서는 수개의 교구가 연합하여, 즉, 교구연합(parish union)을 이루어 사업을 수행할 수도 있다. 중세 사회복지의 역사에서 단독으로 구빈원을 세울 수 없는 교구들이 연합하여 구빈원을 세우고 빈민들을 수용하여 노동을 시키며 숙식을 제공하였던 사례를 찾아볼 수 있다.

노회별로 사회복지법인을 설립하고, 소속교회들이 일부재산을 출연하여 복지사업을 공동으로 실시할 수 있다. 연합사업을 위해서는 지역사회 교회들 간에 협력이 필수적이다. 개인주의가 팽배하고 교회 간 경쟁의식이 강한 오늘의 교회들에서는 교회 간의 연합사업은 다각적인 노력이 수반되어야만 그 효과를 올릴 수 있다. 교회의 목회자간의 이해와 협력뿐만 아니라 노회나 중앙총회 차원의 이해와 협력이 필요하다. 교회 간 연합사업보다는 교회와 지역사회의 일반복지기관이나 자치단체와의 연합사업이 오히려 더 용이할 수 있다. 교회가 지역사회의 사회복지시설이나 기관들과 유기적인 서비스망(service network)을 구성하여 운영한다면 지역사회를 위한 기독교사회복지사업은 보다 효과적으로 수행되어질 수 있다.

(5) 기독교사회복지협의회 활성화

교회는 지역사회에 기독교사회복지협의회를 구성함으로써 개교회단위의 독자적인 빈곤구제사업의 취약성을 보완할 수 있다. 지역사회의 기독교사회복지협의회는 지역사회를 위한 사회복지협의회에 상응하는 교회들의 협의체로서 교회들의 지역사회를 위한 기독교사회복지를 원활하게 하기 위해 제안된 범교단적 민간협의체이다. 지역사회에 산재한 교회들이 경쟁적으로 복지사업을 전개하거나 때로는 같은 대상들에게 유사한 복지서비스를 전개하는 경우가 종종 발생한다. 때로는 잉여자원을 갖고 있으면서도 자원이 부족한 기관이나 사업에 사용되지 못하고 기관 자체 내에 적체되어 있는 경우도 있다. 이러한 경우 지역기독교사회복지협의회는 교회간의 중복된 사업이나 갈등적인 관할권을 조정하여 총괄적인 복지서비스를 제공하는 조정자(coordinator)로서, 교회 간 자원의 교류를 원활하게 하도록 하여주는 중개자로서(mediator), 공공기관이나 여타 민간조직 또는 지역사회주민 등과 협력을 행하고 연계사업을 주선하는 협력자(cooperator)로서, 지역사회욕구조사를 수행하여 각 지역 특성에 맞는 복지사업을 수행할 수 있는 자료와 지역사회의 자원봉사인력과 복지관련 정보를 제공하는 정보제공자(informant)로서 그리고 지역사회의 복지사업을 조사 연구하고 방향성을 제시할 수 있는 개발자(developer)로서 역할을 수행하여 교회의 지역사회를 위한 기독교사회복지사업을 활성화시키는 데 기여할 수 있다.

특히 교회는 프로그램 공동개발자(program co-developer)로서의 역할을 직간접적으로 수행할 수 있다. 교회는 정부나 사회복지기관들과는 달리 지역사회 주민이 곧 교인이므로 주민의 문제와 욕구를 가장 정확하게 파악할 수 있는 장점이 있다. 문제가 무엇인지, 욕구가 무엇인지, 누가 그 문제로 고통을 받고 있는지, 문제가 얼마나 심각한지, 얼마나 광범위하게 퍼져 있는지, 문제를 발생시킨 원인이 무엇인지, 프로그램은 실현 가능한지 등에 관해서 지역사회의 교회는 정확하게 확인할 수가 있다. 따라서 지역교회는 이러한 정확한 정보에 근거해서 그가 위치한 지역사회의 특성과 수혜대상자에 가장 적합한(client-friendly) 빈곤퇴치프로그램이나 빈곤완화프로그램을 개발해 낼 수 있는 정보를 관련 지방정부, 관련복지기관, 사회사업협의회에 제공하여 프로그램을 함께 개발해내는 프로그램공동개발자로서의 역할을 직간접적으로 수행할 수 있다.

기독교사회복지협의회를 구성하기 어려운 경우에는 교회의 지도자가 지역단위의 사회복지관련 운영위원회나 자문위원회에 적극 참여하여 지역문제의 예방이나 해결에 기여할 수 있다. 경우에 따라서는 지도위원으로 기여할 수 있다.

최근에는 현재 시, 군, 구의 사회복지위원회를 폐지하고, 민간복지기관 및 단체들을 포함한 지역복지협의체를 구성하는 등 앞으로 지역사회 중심의 사회복지사업이 대폭 추진된다. 이러한 지역복지협의체에 교회도 적극적으로 참여하여 지역자원을 기독교사회복지에 활용하거나 교회가 지역복지사업에 기여할 수 있는 방안을 강구하여야 한다.

5) 무력함(powerlessness)으로부터 벗어나기 위한 기독교사회복지 실천

빈민들은 가족을 둘러싸고 있는 삶과 사회체계에 영향을 줄 만한 지식과 능력을 결여하고 있다. 빈민들의 무력함을 벗어나게 하기 위해서는 그들이 권한과 능력을 함양할 수 있도록 그들을 개발시키고 훈련시켜야 한다. 지역사회의 교육기관이나 직업훈련기관 사회교육기관 등과 연계하여 노동시장에서 유용한 전문기술을 전수하고, 사회적응 훈련 등을 통해 노동력을 복원하고 정상적인 사회인으로서 활동할 수 있도록 하는 기초 여건을 제공해주어야 한다.

(1) **임파워먼트사업**(empowerment work)

클라이언트 스스로가 자신의 삶에 대해 대처능력을 개발해 나가도록 하는 임파워먼트의 형성은 사회복지실천의 중요한 과업 가운데 하나이다. 임파워먼트란 클라이언트의 상황을 환경 안에서 이해하며, 자원과 강점을 찾고자 하는 것으로, 결점에 대한 진단보다는 강점을 강조하고, 문제를 제거하려하기보다는 클라이언트가 가지고 있는 자원, 회복력(resiliency)이 무엇인지를 탐색하여 해결책을 찾아내는데 역점을 둔다.

교회는 빈민들이 처해있는 문제를 빈민들이 자신의 잠재능력을 발휘할 수 있는 기회로 간주하고, 대화를 통해 빈민들이 기존에 가지고 있는 역량 및 자원을 구체화한 후, 빈민들 자신이 가지고 있음에도 불구하고 이를 모르고 있는 자원을 찾아내고, 빈민들의 욕구를 구체화하고 가능성을 발견한 후 개인적 사회적 이용가능한 자원에 대한 정보를 제공하고, 그들이 선택한 자원을 스스로 활용하거나 프로그램에 적극 참여하도록 함으로써 스스로 자기관리능력을 향상시키고 자신의 삶을 대처해갈 수 있는 능력을 개발해 줄 수 있다.

(3) **빈곤로비활동**

교회는 빈곤문제의 해결을 위해 사회행동가(social actor)로서 또는 의식집단(conscious group)으로서 정부나 의회에 빈곤로비활동(Poverty Lobbying)을 전개할 수 있다.[3] 미국의 대표적인 빈곤문제 해결을 위한 로비집단으로서 "전세계인을 위한 빵

(Bread For the World)" 캠페인을 들 수 있다. 이 캠페인은 정부의 의사결정자에게 로비를 함으로써 전세계의 굶주림에 고통 받는 사람들의 고통을 완화시키고 사회정의를 구현하려는 전국적인 기독교 운동이다. 이 운동 참가자들의 활동지침으로는 선거때마다 빈곤문제해결에 관심 있는 사람들에게 투표하기, 빈곤문제를 이슈화시키고 아젠다에 올리기 위해 국회의원이나 언론매체 편집인들에게 편지를 쓰거나 전화를 걸거나 직접 방문하기, 입후보자에 공개질문하거나 공개토론하기, 주의를 환기시키기 위해 단식하거나 빈곤문제를 호소하는 걷기운동에 참가하기 등을 들 수가 있다(Bread for the World, 1996:1-5). 영국의 빈곤로비의 한 예로는 1960년대 빈곤아동들을 위한 아동빈곤행동집단(Child Poverty Action Group)의 활동을 들 수 있다.

(4) 공부방지역아동센터사업

아동공부방은 1970년대 초 가난의 대물림과 교육기회로부터의 소외가 반복되면서 빈곤 아동·청소년들은 경제적, 교육적, 사회 심리적, 문화적 지원의 열악함으로 인해 신체발달의 불균형, 학습능력의 저하, 정서적 불안과 자신감 부족, 사회성 부족 등의 문제와 이로 인한 일탈 및 비행으로 인해 사회적 문제에 대응하기 위해 종교단체나 대학생들이 일종의 사회계몽운동으로서 빈민지역에서 활동하면서 시작되었다. 그 후 IMF 외환위기로 신빈곤층이 급증하고 가족해체, 실직, 가족폭력 등 다중위기에 처한 아동의 수가 급격히 증가하면서 공부방의 사회적 중요성이 다시 부각되었으며, 2004년 아동복지법 개정으로 지역아동센터로 발전하였다(전국지역아동센터협의회, 2008). 아동복지법상 지역아동센터는 지역사회 아동의 보호·교육, 건전한 놀이와 오락의 제공, 보호자와 지역사회의 연계 등 아동의 건전육성을 위하여 종합적인 아동복지서비스를 제공하는 시설을 말한다.

빈곤 아동·청소년들은 경제적, 교육적, 사회 심리적, 문화적 박탈의 문제를 해결하고, 사교육비의 급증으로 교육분야에서의 부익부-빈익빈 현상과 같은 문제를 해결

3) 빈민들의 삶을 위해 노력하는 대표적인 이슈제기자들로는 '기아이익집단(hunger interest group)'을 들 수가 있다. 구체적인 예로는 Hunger Web, Alan Shawn Feinstein World Hunger Program, Canadian Food for the Hungry, World Vision 24 Hour Famine, World Vision's 30 Hour Famine 등이 있다.

하기 위해 교회가 실시할 수 있는 대안 가운데 하나가 교육복지격차를 해소하기 위한 공부방사업이나 지역아동센터 설립이다. 교회가 독자적으로 공부방시설을 운영할 능력이 있다면 교회는 시·군·구청 특히 사회복지과와 가정복지과로부터 공부방사업을 위탁받아 수행할 수 있다. 지방자치단체의 요청에 의해 교회가 실시하는 경우도 있지만, 보다 바람직한 것은 교회가 자체적으로 지역사회의 빈곤아동문제와 욕구를 사정한 후 지방자치단체에 위탁을 신청하는 적극적인 자세를 보이는 것이다. 또한 지역사회복지관과 같은 위탁기관이 교회에게 공부방 운영에 필요한 재정적 지원을 제공하고, 교회가 책임지고 운영할 수 있다. 예를 들면 구청이 달동네에 공부방을 마련하고, 운영은 인근의 지역의 교회에 맡기고, 운영에 필요한 재정을 지원하는 것이다. 경우에 따라서는 교회시설의 일부를 지역사회 아동과 청소년을 위한 공부방으로 전환하여 공부방을 운영할 수 있다.

최근 사회복지공동모금회는 복권기금지원사업의 일환으로 제도적 지원을 받지 못하고 있는 저소득층 시민의 자활과 사회복지서비스를 필요로 하는 시민의 지역사회 보호, 사회복지 서비스를 제공하는데 필요한 지역사회 인프라 확충에 복권기금을 배분하기로 하고 여성쉼터, 공부방 사업을 공모하여 신청을 받아 75억 원의 복권기금을 배분한 바 있다. 이 가운데 아동공부방에 지원을 신청한 332개 공부방 가운데 295개 공부방을 선정하여 공부방별로 500만원의 운영비를 1차로 지원하였다. 아동공부방은 교회가 자체 시설공간을 적절히 활용하여 운영할 수 있는 사업이다.

교회가 사무실·조리실·식당 및 집단지도실을 각각 갖추고, 해당 시설을 모두 합한 면적이 전용면적 82.5제곱미터 이상을 갖출 수 있다면(지역아동센터를 이용하는 일일평균 아동의 수가 20인 미만의 시설은 전용면적 60제곱미터 이상) 아동복지법상 지역아동센터로 신고하여 운영할 수 있다.

지역아동센터는 지역에서 보호를 필요로 하는 아동·청소년에게 지역사회 안에서 사회복지통합서비스를 제공하여 건강하고 안전한 보호를 목적으로 하는 시설로 아동이 가정의 빈곤이나 기타 이유로 적절한 보호를 받기 어려운 환경에 놓였을 때, 아동의 권리를 보호하기 위한 생존권, 복지권, 문화권, 발달권, 학습권이 보장되도록 돕고 있다. 이를 위해 아동·청소년을 위한 열린 문화공간으로서 다양한 프로그램을 제공하여 건강한 성장을 도우며, 교육을 통해 건강한 인성형성뿐만 아니라 간식과 식사를 제공하여 영양을 공급하고 있다.

지역아동센터의 이용대상자는 지역사회 내 보호가 필요한 만18세 미만의 모든 아동, 가정에서 부모에 의한 보호와 양육이 적절히 이루어지기 어려운 상황에 있는 아동, 실직-빈곤의 양극화 등으로 가정의 경제적 어려움 때문에 교육지원이 필요한 아동, 가족의 해체와 기능 상실로 도움이 필요한 아동 등으로, 보호가 필요한 아동(만18세 이하)이나 미취학 아동의 경우 오전부터 이용 가능하며, 보호자가 돌아와 가정에서 안전하게 돌봄을 받을 수 있는 야간까지 이용할 수 있다(전국지역아동센터협의회, 2008).

지역아동센터에서 운영하는 프로그램은 다음과 같다.;

프로그램	내용
보호프로그램	지역사회 방치·방임 아동보호, 급식, 의료지원 등
교육프로그램	생활교육, 아동인권교육, 사회적응력강화교육, 학습지도 등
문화프로그램	문화체험, 특기적성활동(연극, 미술, 음악, 체육, 공동체놀이 외), 견학, 캠프 등
복지프로그램	아동상담, 부모교육 및 가족상담, 결연후원 등
지역사회 연계	지역사회복지자원 Net Work 등

(5)교육급여 활용

교회는 지역사회의 빈민 가운데 중·고등학생이 있는 세대에는 읍면동사무소의 사회복지전담요원과 연계하여 기초생활보장제도의 교육급여가 제공될 수 있도록 알선한다. 현재 교육급여는 중·고생 자녀의 수업료 및 입학금 전액, 교과서대 5만원/인·年(단, 중학교 1·2년생은 부교재비 27천원/인·年)을 지원해주고 있다.

(6)영적 빈곤(spiritual poverty)으로부터 벗어나기 위한 지역사회자원연계

빈민들 가운데 일부는 하나님과 다른 구성원, 공동체, 피조물과의 깨어지고 역기능적인 관계로 인해 고통을 받는다. 이들이 하나님과의 관계를 그리고 하나님의 백성과의 관계를 온전하게 회복하도록 하기 위하여 교회가 사회사업을 진행하는 과정에서 다양한 방법을 통해서 이들을 영적으로 이들을 건강하게 지지해주고 심리적으로 치유해주어야 한다.

교회는 이들 영적으로 곤궁한 상태에 빠진 지극히 작은 자들을 지역사회의 신앙상담소와 연계하면 영적인 도움을 받을 수 있다. 신앙상담소에 연계가 되면 우편이나 전자메일 또는 면접상담을 통해 상담자와 비공개로 상담을 받을 수 있게 된다. 영적인 리더가 필요하거나 영적인 파탄으로 우울증에 빠지거나 삶의 의욕이 없어질 때 상담자들은 하나님의 말씀을 삶이 연결된 구체적이고 실제적인 도움을 준다. 경우에 따라서는 필요에 따라 적절한 심리검사를 받을 수 있다. 최근 온라인상담 또는 사이버상담을 하는 경우가 많은데 온라인상담에는 게시판을 이용한 공개상담실과 비공개상담실의 메일상담이 있다.

그밖에 지역사회의 다른 교회, 선교기관, 신학교 등과 연계하여 영적인 원조를 받도록 할 수 있다.

(7) 자활지원사업

빈민구제의 궁극적인 목적은 단순 구제가 아니라 빈민들이 자신의 힘으로 자립자활할 수 있도록 도와주는 것이다. 이와 같은 노력이 자활지원사업이다. 자활지원사업은 빈민들에게 자영업을 할 수 있도록 사업자금을 대여해 주거나, 직업훈련을 통해 사회가 필요로 하는 기술을 습득하거나, 취업의사가 있으나 기회를 찾지 못하는 사람들을 위해 취업을 알선하는 노력을 말한다.

기초생활보장수급권자들의 경우 가구주가 무학인 경우가 전체의 절반에 가깝고 고졸 이상의 학력자가 전체의 8%에 불과한 것으로 나타났다. 이들 저학력자 빈민층들을 위해서는 사회에서 필요로 하는 단순한 기술들을 습득시켜 노동시장에 진출시키는 것이 매우 효과적인 빈곤탈출 방안이다. 교회가 이들 빈민층을 대상으로 직접 기술교육을 시킬 수 있다면 매우 효과적이겠지만 대부분의 경우 교회가 직접 기술교육을 시키기 어렵기 때문에 이때에는 교회가 포기하지 말고 단기간에 습득할 수 있는 간병, 도배기술, 제빵기술, 제봉기술, 요리, 미용 등을 무료나 저렴한 비용으로 배울 수 있는 지역사회의 사회복지관이나 사회교육기관들을 찾아 빈민들이 그 곳에서 교육을 받도록 알선해 주는 사례관리를 실행할 수 있을 것이다.

교회는 취업알선을 통해 빈민들의 자활을 도와줄 수 있다. 교회는 교회인력은행을 설치해 일할 사람을 찾는 구인정보와 일자리를 찾는 구직정보를 수집하고 양자 간을 적절하게 연결해 주는 취업알선사업을 실시할 수 있다. 고도의 기술을 요구하는 전문직의 알선보다는 파출부, 경비직, 간병인, 주차관리인, 단순노무직, 사무보조인 등과 같이 저기술-단순노동형의 구인정보를 확보하여 이들 정보를 미취업 빈민들에게 적절하게 연결해 줌으로써 이들이 현재 상태 그대로 또는 단기간의 사전 교육을 받고 곧 바로 취업할 수 있도록 도와줄 수 있다.

교회인력은행 실시를 위해서 교회는 우선 빈민들을 위해 취업알선사업을 실시하고 있다는 내용을 교회와 지역사회에 홍보해야 한다. 그리고 취업알선 업무를 담당할 직원이나 자원봉사자를 확보하여 이들로 하여금 구인등록과 구직등록을 접수하고 구인상담과 구직상담에 응하도록 한다. 상담결과를 토대로 구인-구직정보를 정리하고 가장 적절한 직장과 구직자를 찾아 연결시켜 준다. 교회는 양자 간을 연결시킨 후 이

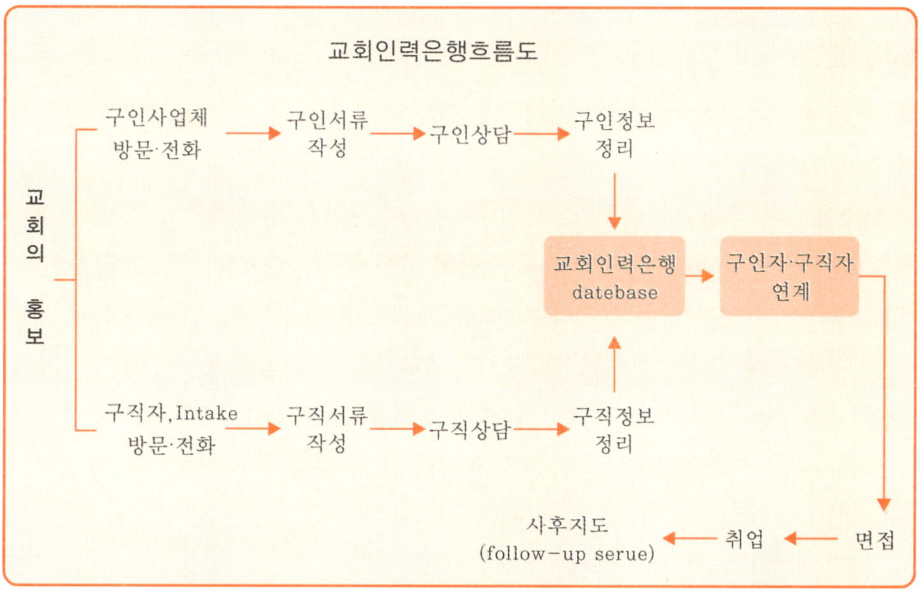

들을 위한 면접 장소로서 교회 내 일부 장소를 할애해 줄 수도 있다. 이들이 직장에 취업한 후에 직장적응을 잘 하도록 도와주고, 애로사항을 상담하고 해결해 줌으로써 고용안정을 기할 수 있도록 사후지도(follow-up service)를 실시한다. 취업담당자는 PC 통신이나 인터넷을 통해서 필요한 구직정보를 수시로 확보해 놓고 구직자들에게 통보해 주거나 게시판에 수시로 게시해 주어야 한다.

최근 시도되고 있는 빈곤퇴치사업 가운데 하나는 자활공동체를 조성하여 빈민공동체가 스스로 빈곤으로부터 벗어나려 노력하는 것이다. 자활공동체의 조성을 위해서는 이를 체계적으로 도와줄 자활지원센터가 필요하다.

자활지원센터란 기초생활보장수급권자 중 근로능력이 있는 자활보호대상자들이 창업 혹은 취업을 하고자 할 때, 초기에 부딪힐 수 있는 각종 위험부담과 초기 비용을 줄임으로써 자영창업 및 취업의 분위기를 조성하고 확산시켜 저소득층의 자활을 촉진하고 조기에 자립 안정할 수 있도록 종합적으로 지원하는 보육센터(incubator center)를 말한다(노인철 외, 1995: 391-405).

자활지원센터의 목적은 일반인 보다 의지, 지식, 자본, 기술, 정보등 다방면에서 경쟁력이 떨어지는 저소득층에 대해 경쟁력이 떨어지는 부족한 부분을 조사하여 적합한 자활교육 및 훈련을 통해 조정 가능한 조건들을 향상시켜 주는 데 있다. 즉 자활지원센터는 저소득층의 장점을 발굴하고, 그 부분에 자원을 집중적으로 제공하여 경쟁력을 가지고 자활할 수 있도록 교육 및 훈련을 제공함으로써 자활효과를 제고하는 데 목적이 있다.

저소득층이 자영창업을 하고자 할 때 가장 애로요인은 사업자금 조달문제이다. 이를 위해 비슷한 뜻을 가진 사람끼리 모여서 만든 동업형태로 사업체를 구성한다. 이때 협업체의 참여자는 적은 자금을 모아 사업자금으로 조성할 뿐만 아니라 근로를 동시에 제공한다. 자활지원센터는 보육기능을 수행한다. 보육기능이라 함은 자활대상자들의 자영창업 및 취업을 지원하기 위한 시설을 갖추고 경영 및 기술에 대한 상담 및 정보의 제공, 자금의 융자 및 알선 등의 업무를 수행하여, 자활을 촉진하고 조기에 자립안정할 수 있도록 종합적으로 지원하는 것을 말한다.

자활지원센터가 하는 사업내용은 아래와 같다.

【자활지원센터의 사업내용】

정보제공	자활교육기능	자금융자 및 알선	협동사업팀 보호 및 육성
-취업정보 및 유망업농 정보제공 -취업정보 창구마련	-자활교육,훈련 및 상담 -자영창업교육 -경영기술지도	-자금융자 -자금알선 -자체기금조성 신용 협동조합 구성	-저소득층 사업팀 연계 조직 -사업팀 교육 -사업팀 사무소

교회는 자활지원센터의 운영주체가 될 수 있다. 자활지원센터의 운영 주체는 공적인 경우도 있지만 민간이 주체가 되어 실시하는 경우도 있다. 교회는 자활지원센터의 사업내용 가운데 정보제공과 같은 일부 사업을 맡아서 실행할 수도 있다. 그러나 이보다는 교회는 빈민들과 필요한 지역사회 자원들을 통합하고 조정하는 조정자 내지 통합자(coordinator)의 역할을 수행하는 것이 좋다. 교회가 자활지원센터와 유사한 기능을 조정자의 입장에서 수행해 복지공동체를 모범적으로 이룩한 예가 활빈교회의 '두레마을공동체'이다. 청계천 빈민촌에서 빈민들을 이끌고 남양만 간척지 소금땅으로 와서 그 곳에 7개의 활빈교회를 세우고 마을개발사업을 펼치게 되었다. 1,200세대 주민들을 대상으로 청계천 빈민촌에서와 같이 남양만 주민회를 조직하였는데 주민회는 주민교육사업, 주민보건사업, 협동조합사업, 농업개발사업, 문화사업을 실시하였다. 활빈교회는 기존의 농촌선교 방식대로라면 농촌과 농민들에게 희망을 줄 수 없다는 것을 깨닫고 진정으로 가난한 농민을 위한 대안을 찾았는데 그것이 활빈교회가 창설한 두레마을공동체이다. 두레마을은 땅을 함께 모으고, 자금과 기술을 모으고, 일손을 합하여 더불어 잘 살아가는 농민공동체를 이룩하기 위해 노력한 결과 상당수의 두레가족들이 이제는 스스로 자립을 할 수 있게 되었다. 이러한 빈민공동체의 성공을 통해서 공동체의 모체인 활빈교회는 더욱 부흥 발전하게 되었다(김진홍, 1993:31-47). 최근에는 굶주린 북한 동포들을 위한 선교 차원에서 북한에 두레농장을 건설하기 위해 노력하고 있다. 두레마을공동체는 빈민공동체, 경제공동체, 농민공동체인 동시에 예수공동체요, 복음공동체, 믿음의 공동체인 것이다. 두레마을공동체는 교회가 우리

의 가난한 이웃들이 믿음 가운데 하나가 되어 근면한 노력으로 빈곤을 탈피하고, 자립자활하여, 하나님께 영광을 바치고, 이제는 자기보다 더 어려운 이웃을 돕기 위해 자발적으로 나서도록 인도하는 훌륭한 사례를 남겼다. 두레마을공동체는 기독교사회복지의 훌륭한 성공사례이다.

제6절

실태조사 : 빈곤의 원인, 문제해결책임 및 복지사업 실시

빈곤의 원인이 무엇인가, 빈곤문제를 해결할 책임이 누구에게 있는가, 또 빈곤문제 해결을 위해 복지사업을 어떻게 실시해야 하는가 등에 관한 교회구성원들의 인식과 이들의 견해에 영향을 미치는 변수들의 특징에 관한 분석은 기독교가 빈곤문제를 해결하고 성경적 정의를 세우는데 중요한 역할을 수행할 수 있다. 본 조사를 위한 표본은 수도권 지역에 소재 하는 예장통합교회들을 중심으로 목회자 제직 평신도를 각기 일정 수 추출하여 설정하였다. 설문조사는 현직 목회자와 신학생들이 직접 지역교회를 방문하여 면담을 통해 작성되었다. 표본추출 방법은 층화표집방법을 시도했으나 표집과정상 문제점으로 인해 무작위 표집과 층화표집의 요건들을 완벽하게 충족시키지 못한 점들로 인해 표본이 모집단을 대표하는 데 있어 부족한 측면이 있다. 따라서 본 논문의 분석 결과가 모든 경우에 일반적으로 적용하는 데는 제한이 이 있다. 전체 표본의 크기는 436명이었다. 이 가운데 목회자는 168명이었고, 제직이 151명이었으며, 평신도가 117명이었다. 조사도구로는 설문지를 사용하였으며 조사기간은 1996년 5월 1일에서 동년 5월 31일까지 실시되었다.[4)]

4) 본 연구를 위한 분석방법은 빈도분석(frequency analysis), 다중회귀분석(multiple regression analysis), 로짓회귀분석(logistic regression analysis) 등이다. 빈도분석을 통해 표본들이 갖는 특징들의 개략적인 측면을 분석하였으며, 다중회귀분석을 통해 사회경제적인 특징들의 차이가 헌금사용 우선순위에 미치는 영향을 분석하였고, 로짓회귀분석을 통해 빈곤 원인과 빈곤 해결책임에 대한 표본의 인식을 분석하였다. 로짓모델에서 종속변수인 빈곤 원인과 빈곤 해결책임은 각기 서로 다른 Dummy variables로 만들

1) 빈곤원인

일반적으로 빈곤의 원인을 개인의 동기부족이나 낮은 열망 수준 무절제 나태 의타심 등에서 찾거나, 가구주 또는 가구원의 사망 질병 장애 노령 저학력 등에서 찾기도 하고, 재산 권력 지식 자원 등의 소유관계나 종속관계 그리고 노동 소외에서 찾기도 한다(김영모, 1996: 2-5). 사람들이 가난하게 되는 원인은 사람마다 서로 다르게 나타난다. 따라서 빈곤은 그 해결 방법이 매우 다양하며 서로 다른 주체들에 의해 특색있게 해결되어야 하는 것은 사실이다. 그러나 본 논문에서는 사회 전체적인 입장에서 대표적으로 거론되는 빈곤의 원인을 중심으로 분류하고 표본집단구성원들의 견해를 정리해 본다.

<빈곤원인>

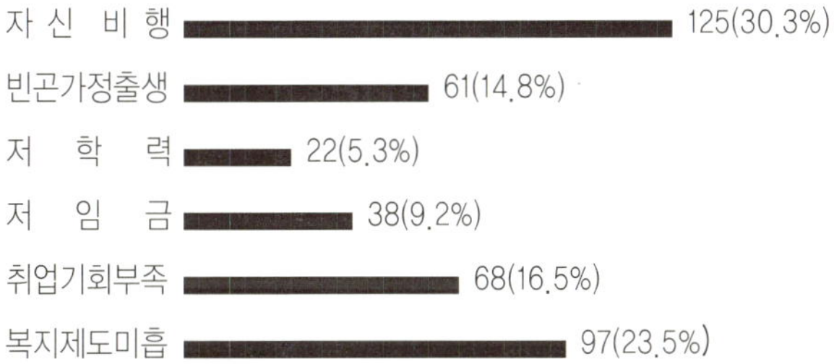

일반적으로 거론되는 빈곤의 원인 가운데 사람들은 나태, 음주, 약물중독 등 자신의 비행 때문에 가난하게 된다는 견해가 전체의 30.3%에 해당되었고, 가난한 가정에서 태어나 빈곤이 세습되게 된다는 견해가 전체의 14.8%였으며, 저학력과 같이 인적자본이 축적되지 않아 노동력이 낮은 평가를 받게 되어 가난하게 된다는 견해가 전체의 5.3%에 해당되었고, 잉여가치의 상실에 따른 저임금과 같은 사회구조적인 문제에 기인한다는 견해가 전체의 9.2%에 해당되었으며, 노동시장에서 고용기회가 부족해

었으며, 독립변수인 신분적 차이는 목회자 제직 평신도로 분류하여 Dummy variables를 만들었다. 여기서 목회자를 기준 더미변수(Dummy-Zero)로 삼았다.

일자리를 얻지 못해 가난하게 된다는 견해가 16.5%로 나타났고, 제도적으로 부를 재분배하여 열악한 처지에 있는 계층의 삶을 온전하게 보장해 주는 사회복지제도가 미흡하기 때문에 가난하게 된다는 견해가 23.5%인 것으로 나타났다.

동 자료를 인과분석한 결과에 따르면 교회의 교인 수가 많을수록, 예산 규모가 적을수록, 제직들이 목회자보다, 연령이 적은 사람일수록, 학력이 높을수록 사회복지제도가 미흡하기 때문에 사람들이 가난하게 된다고 생각할 가능성이 큰 것으로 나타났다.

2) 빈곤문제 해결 책임

앞에서 살펴본 바와 같이 빈곤의 원인에 대해 교회구성원들은 서로 다른 견해를 갖고 있다. 빈곤문제를 해결할 가장 큰 책임이 본인, 정부, 교회, 국민 모두 가운데 누구에게 있다고 생각하는지를 살펴보면, 정부에 있다는 견해와 본인에게 있다는 견해가 비슷했으나 정부에 있다는 견해가 다소 많은 것으로 나타났다.

<빈곤문제 해결 책임>

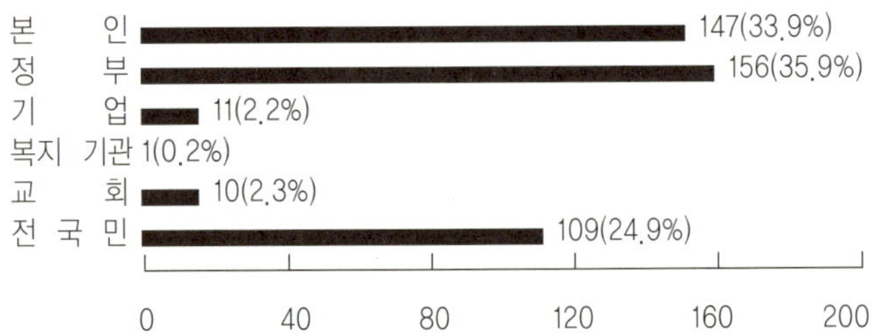

3) 기독교복지사업 실시

<교회의 사회교육 찬성 여부>

<교회의 복지사업 찬성 여부>

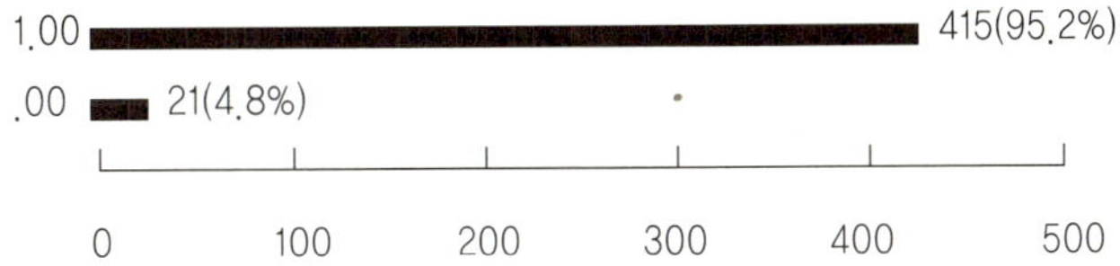

<게을러 가난한 자 구제에 대한 찬성 여부>

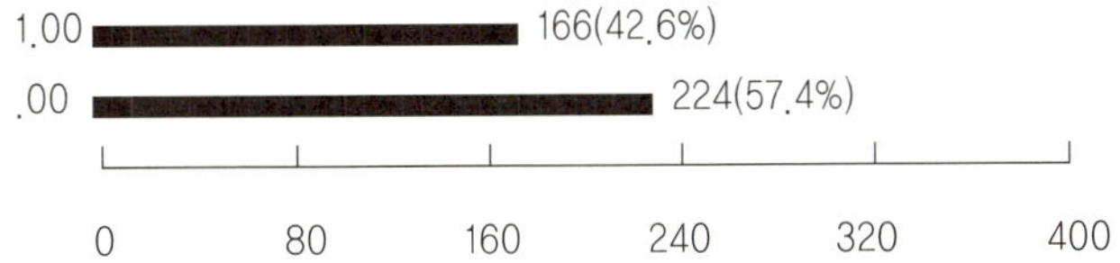

빈곤문제 해결이라는 성경적 정의를 세우기 위해서는 교회가 어떻게 성경적 정의를 세워야 할 것인가를 분석할 필요가 있다. 표본 가운데 교회가 사회교육기관으로서 사람들을 교육시키는 것에 대해 찬성하는 사람이 전체의 88.1%이었고, 사회복지사업을 실시하는 것에 대해서는 대다수인 전체의 95.2%가 찬성하였다. 교회가 게을러서 가난한 사람에게도 구제사업을 실시해야 하는지에 대해서 전체의 42.6%가 찬성한 반면 57.4%는 반대하고 있어 반대하는 사람이 15% 가량 더 많은 것으로 나타났다.

교회구성원들이 교회가 사회복지사업을 실시함에 있어서 어떻게 실시해야 한다고 생각하는가에 대해서 약 절반 가량의 사람들이 교회가 독자적으로 교회예산을 사용하여 복지사업을 실시해야 한다는 의견을 갖고 있었다. 기독교사회복지적 측면에서 보면 다수가 제도적인 기독교사회복지관(institutional view of christian social welfare)을 갖고 있는 것으로 나타났다. 교회구성원의 14.6%는 주된 복지사업은 정부에게 맡기고 교회는 정부가 여러 가지 제한 때문에 실시하지 못하고 있는 복지 분야들에 대해서만 복지사업을 보완적으로 실시해야 한다는 견해를 갖고 있다. 교회 구성원의 14.8%는 교회 자체 재원을 사용하지 않고 정부예산지원을 받아 복지사업을 위탁사업으로 실시해야 한다는 견해를 갖고 있다. 또한 교회구성원의 24.4%는 교회가 복지사업을 실시하지 말고 단지 복지시설을 위로방문하거나 노인 장애인 요보호아동 등 사회적으로 열악한 처지에 있는 사람들과 결연사업을 전개하는 방법으로 복지사업을 실시해야 한다는 견해를 갖고 있었다. 교회가 어떠한 형태의 복지사업이든 이를 실시하는 것을 반대하는 견해는 거의 없었다. 기독교사회복지의 측면에서 보면 교회구성원의 절반 이상이 잔여적 기독교사회복지관(residual view of christian social welfare)을 갖고 있는 것으로 나타났다.

기독교가 사회복지사업을 실시함에 있어 교회구성원들이 갖출 가장 바람직한 형태의 견해는 제도적 기독교사회복지관이다. 표본 가운데 제도적 견해를 갖고 있는 사람들의 특징을 분석해 보면 제도적 견해를 가진 사람의 70%가 남자로 나타났는데 이는 표본 전체 가운데 63%가 남자인 것과 비교해 다소 남자가 많은 편이다. 이 가운데 목회자가 45%, 제직이 40% 그리고 평신도가 20%인 것으로 나타나 표본 전체 가운데 목회자가 38%, 제직이 34%, 평신도가 28%인 것과 비교해 목회자와 제직이 다소 많은 편이다. 또한 이들 가운데 학력이 대졸 이상인 자가 62%, 고졸 이하가 38%로 나타났다. 표본 전체 가운데 대졸 이상인 자가 54%인 것과 비교해 대졸 이상의 고학력자가 다소 많은 편이다.

제7절 맺는말

빈곤이란 교회에서 오랫동안 지속적으로 관심을 가져온 문제 가운데 하나이다. 빈곤이란 개념은 시대적 상황과 사회의 소득수준 그리고 각 사람들의 가치관에 따라 서로 다르게 정의되기 때문에 모든 사람들이 수용할 수 있는 보편적인 정의는 내리기가 어렵다. 성경적으로 빈곤의 원인은 사회구조적인 것에 기인하기보다는 대부분 게으름, 음주, 방탕, 질병, 장애등 개인적 사례에 기인한 것으로 보아 사례빈곤으로 간주하고 있지만, 빈곤으로 인해 고통을 겪는 사람들을 불쌍히 여기고 그들에게 이웃사랑을 실천하는 것이 영생을 얻기 위한 조건 가운데 하나라고 가르치고 있다.

기독교사회복지는 이웃사랑과 봉사를 통해 사회적으로 열악한 처지에서 물질적 정신적으로 고통 받는 사람들의 삶을 영적 질적으로 개선함으로써 성경적 정의를 실천하려는 기독교인들의 제도적 노력이자 가치체계를 말한다. 이는 성경적 정의를 지상에서 실천하려는 기독교인들의 노력이자 말씀에 대한 순종이다. 기독교가 빈민구제사업을 실시함에 있어 교회는 무엇보다도 섬김의 자세로 겸손한 마음으로 행해야 한다.

교회는 빈곤문제를 해결하는 데 몇 가지 의미 있는 역할을 수행할 수 있다. 첫째, 교회는 가치판단자의 역할을 수행한다. 교회는 성경에 기초해 가난한 자에 대해 사람들이 행해야 할 행동규범을 제시해 줄 수 있다. 둘째, 이슈제기자로서의 역할이다. 빈곤문제의 심각성을 사회에 널리 아리고 공공정책상의 아젠다에 오르도록 노력하는 일이다. 셋째, 서비스제공자의 역할이다. 교회는 빈민들에게 직접 인적 물적 서비스나 재화를 제공해 줄 수 있다. 넷째, 사례관리자로서의 역할이다. 지역사회 내의 빈민의 존재와 욕구를 파악하고, 문제 해결에 도움이 될 지역사회자원을 파악하고, 욕구와 자원을 연결시키고, 효율적 효과적으로 전달되도록 감독하는 역할을 수행할 수 있다. 다섯째, 프로그램개발자로서의 역할이다. 지역사회 사정을 가장 잘 알고 있는 교회는 지역사회에 가장 적합한 빈민구제프로그램을 개발할 수 있다. 여섯째, 사회교육자로서의 역할이다. 교회는 성경에 근거해 빈곤에 빠지지 않도록 또는 빈곤으로부터 탈피할 수 있는 방안을 교육할 수 있고 바람직한 인성으로 변화되도록 재사회화시키는 기능을 수행할 수 있다. 일곱째, 재원조달자로서의 역할이다. 교회는 다양한 방법으로 빈민구제를 위한 기금을 모금할 수 있다. 여덟째, 자원봉사관리자로서의 역할이다. 교회는 자원봉사자를 조직하고 관리하고 효과적으로 필요한 곳에 사용되도록 감독할 수 있다.

빈곤의 원인은 다양하지만 표본조사결과 교회구성원들의 대다수가 음주 나태 약물중독 등과 자신의 비행 때문이거나 빈곤은 세대 간에 세습된다고 생각하고 있으며 상당수는 노동시장에서 고용기회가 부족하기 때문에 가난하게 된다고 인식하는 것으로 나타났다. 빈곤문제를 해결할 책임은 주로 정부나 전국민 모두에게 있다고 인식하고 있으며 교회에 있다고 인식하는 사람은 극소수에 불과한 것으로 나타났다. 이와 같은 견해를 갖게 되는 데는 사회경제적 요인들이 서로 다르게 영향을 미치고 있다. 절대 다수가 빈곤문제와 같은 사회문제를 해결하기 위해 교회가 사회교육을 실시하거나 복지사업을 실시하는 것에 대해 찬성하고 있으며 게을러서 가난한 사람을 교회가 구제하는 문제에 대해서는 찬반이 엇갈리고 있어 이에 대한 교회의 일관된 판단이 필요한 것으로 나타났다.

교회구성원들이 교회가 사회복지사업을 실시함에 있어서 어떻게 실시해야 한다고 생각하는가에 대해서 약 절반가량의 사람들이 교회가 독자적으로 교회예산을 사용하여 복지사업을 실시해야 한다는 의견을 갖고 있었다. 기독교사회복지적 측면에서 보면 다수가 제도적인 기독교사회복지관(institutional view of christian social welfare)을 갖고 있는 것으로 나타났다. 반면 복지기관이나 시설을 방문하는 선에서 그쳐야 한다는 견해를 가진 자도 상당수가 있는 것으로 나타났다.

교회의 헌금이 어떻게 사용되어야 한다고 생각하는지에 관해서 서로 다른 교회의 사명에 따라서 의견이 서로 다르게 나타나지만 평균적으로 빈민구제를 위한 사회봉사비의 비율에 미치는 영향을 분석하면 연령이 많을수록, 교회에 오랫동안 출석한 교인일수록 사회봉사에 헌금이 가장 우선적으로 사용되어야 한다고 인식하고 있다. 건축비, 사례비, 교회유지비와 사회봉사비 간의 상관관계를 비교하면 사회봉사비에 부정적인 영향을 가장 크게 미치는 변수는 교회유지비 > 목회자사례비 > 교회건축비 > 예배비의 순이다. 반면 교회봉사비에 긍정적인 영향을 미치는 변수는 전도비와 교육비인데 전도비가 미치는 영향이 다소 큰 것으로 나타났다.

빈곤은 하나님이 창조세계에서 하나님이 결코 의도하신 모습은 아니다. 빈곤구제를 위한 교회의 사회봉사는 교회의 중요한 영적인 활동인 동시에 말씀에 대한 순종이고 위기에 처한 오늘날 교회들이 성장될 수 있는 기반이 된다. 교회가 빈민들에 대해 관심을 소홀히 한다면 종교와는 관련이 없는 정부나 사회기관들이 그 공백을 메우게 되어 사회복지는 세속화되고 사회로부터 외면을 받게 된다. 잃어버린 사회적 위상을 되찾고 하나님의 권위를 이 땅에 다시금 바로 세우겠다는 사명감으로 교회는 사회복지의 탈세속화 작업을, 즉, 사회복지의 기독교화를 위해 혼신의 노력을 기울여야 한다. 이러한 노력을 함에 있어 교회는 세상의 명예나 권위를 얻으려 해선 안 되며 종의 자세로 섬김의 자세로 겸손하게 성경적 정의를 위해 노력하여야 한다.

제7장 기독교 장애인복지

오늘날 우리 사회에는 아직도 주류사회에서 유리된 채 소외되어 살아가는 사람들이 있다. 이들 소외집단 중의 하나가 장애인이다. 장애인들은 신체적으로, 정신적으로, 대부분의 경우 경제적으로 어려운 처지에서 살아가고 있다. 장애인도 하나님이 보시기에는 다 같이 소중한 하나님의 자녀이다. 이들 하나님의 자녀들이 현실적 고통에 괴로워하면서 사회로부터 격리되어 살아가는 것은 하나님께서 원하시는 모습이 아니다. 현실적으로 어려운 처지에서 소외된 채 살아가는 장애인형제들을 위하여 비장애인 형제들이 그들의 손발이 되어 주고, 팔다리가 되어 주고, 눈과 귀가 되어 주고, 입이 되어 줄 때, 즉, 우리가 가진 것으로 우리가 가진 것을 갖지 못한 장애인 형제들에게 사랑을 나누어 줄 때 기독교인들은 하나님의 명령이신 이웃사랑을 실천하게 될 것이다. 교회와 성도 개인 그리고 기독교단체들이 이웃사랑을 실천하라는 하나님의 명령에 순종하는 마음으로 겸손하게 장애인형제들의 현실적 고통을 덜어 주고 그들이 소외된 상태에서 벗어나 주류사회에 통합해 정상적인 삶을 살아가며, 사회로부터 완전한 사회참여와 평등을 보장받고, 하나님께 영광을 바칠 수 있도록 체계적으로 원조해 주는 것이 바로 기독교장애인복지이다.

제1절

장애인의 정의, 권리, 의무

1) 장애인의 정의

장애의 개념은 절대적으로 정의되는 것이 아니라 상대적으로 정의된다. 장애의 개념은 시대에 따라 다르고, 국가에 따라 다르며, 경제성장의 수준에 따라 다르고, 복지국가 발전정도에 따라 다르고, 문화적 차이에 따라 다르고, 의학의 발전에 따라 다르고, 기관의 성격에 따라 다르고, 학자에 따라 달라질 수 있게 된다. 예를 들어, 한국의 기준에서 보면 비장애인인 자들이 미국의 기준에서 보면 장애인이 되는 것이다. 이와 같이 다양한 요인에 따라 장애의 개념이 다르게 정의되지만 일반적으로 사회가 발전되고 경제수준이 향상될수록 장애의 개념은 점차 확대되어 가는 경향이다. 즉 장애의 개념에 포함되는 요인들이 점차 증가해 장애인의 범주에 포함되는 사람의 수가 증가하게 된다. 장애의 정의가 중요한 것은 장애를 어떻게 정의하느냐 여하에 따라 장애인의 범위에 포함되는 장애인 수가 달라지며 정부의 장애인복지정책이나 사회의 대응방안이 달라지게 된다.[1)]

(1) 한국의 장애인 정의

우리나라의 공식적인 장애인에 대한 개념은 장애인복지법 2조에 명시되어 있다. 동법에 의하면 "장애인이란 신체적·정신적 장애로 오랫동안 일상생활이나 사회생활

1) '장애인'의 대응개념으로 우리 사회 일부에서 사용되고 있는 '정상인'이라는 용어는 금지되어야 한다. 왜냐하면 이는 장애인은 곧 비정상인을 의미하게 되기 때문이다. 이러한 용어의 사용은 장애인에 대한 사회적 차별을 야기시키고 모멸감(stigma)을 유발하게 된다. 따라서 장애인의 대응개념으로 '비장애인(非障碍人)'이란 용어가 통용되도록 노력해야 한다. 또한 기독교적 입장에서 '장애인'에 대한 대용개념으로 '장애인형제'라는 용어를 사용할 것을 권한다. 성경상에 나타나는 쩔뚝발이, 벙어리, 귀머거리, 병신, 소경 등의 용어도 차별적이고 수치감을 불러일으킬 수 있으므로 교회에서는 성서의 본래 의미가 훼손되지 않도록 주의를 기하면서 이들을 지칭할 때 사회에서 통용되는 현대적 용어인 지체장애인, 청각장애인, 장애인, 시각장애인 등의 용어를 사용하여 이들의 인간적 존엄성을 보존하여야 한다.

에서 상당한 제약을 받는 자를 말한다. 장애인복지법의 적용을 받는 장애인은 이들 장애인 가운데 주요 외부 신체 기능의 장애, 내부기관의 장애 등과 같은 신체적 장애나, 발달장애 또는 정신 질환으로 발생하는 장애인 정신적 장애에 해당하는 장애가 있는 자로서 대통령령으로 정하는 장애의 종류 및 기준에 해당하는 자를 말한다.

동법 시행령 제2조에 따르면 장애인은 다음과 같이 15개의 종류로 되어 있으며, 향후 그 종류는 더 늘어날 것으로 예상된다. 2008년 현재 “대통령령으로 정하는 장애의 종류 및 기준에 해당하는 자”란 다음과 같다.;

<장애인의 종류 및 기준(2008)>

1. 지체장애인(肢體障碍人) :
   - 가. 한 팔, 한 다리 또는 몸통의 기능에 영속적인 장애가 있는 사람
   - 나. 한 손의 엄지손가락을 지골(指骨 : 손가락 뼈) 관절 이상의 부위에서 잃은 사람 또는 한 손의 둘째손가락을 포함한 두 개 이상의 손가락을 모두 제1지골 관절 이상의 부위에서 잃은 사람
   - 다. 한 다리를 리스프랑(Lisfranc : 발등뼈와 발목을 이어주는) 관절 이상의 부위에서 잃은 사람
   - 라. 두 발의 발가락을 모두 잃은 사람
   - 마. 한 손의 엄지손가락 기능을 잃은 사람 또는 한 손의 둘째손가락을 포함한 손가락 두 개 이상의 기능을 잃은 사람
   - 바. 왜소증으로 키가 심하게 작거나 척추에 현저한 변형 또는 기형이 있는 사람
   - 사. 지체(肢體)에 위 각 목의 어느 하나에 해당하는 장애정도 이상의 장애가 있다고 인정되는 사람
2. 뇌병변장애인(腦病變障碍人)
   - · 뇌성마비, 외상성 뇌손상, 뇌졸중(腦卒中) 등 뇌의 기질적 병변으로 인하여 발생한 신체적 장애로 보행이나 일상생활의 동작 등에 상당한 제약을 받는 사람

3. 시각장애인(視覺障碍人)
   가. 나쁜 눈의 시력(만국식시력표에 따라 측정된 교정시력을 말한다. 이하 같다)이 0.02 이하인 사람
   나. 좋은 눈의 시력이 0.2 이하인 사람
   다. 두 눈의 시야가 각각 주시점에서 10도 이하로 남은 사람
   라. 두 눈의 시야 2분의 1 이상을 잃은 사람
4. 청각장애인(聽覺障碍人)
   가. 두 귀의 청력 손실이 각각 60데시벨(dB) 이상인 사람
   나. 한 귀의 청력 손실이 80데시벨 이상, 다른 귀의 청력 손실이 40데시벨 이상인 사람
   다. 두 귀에 들리는 보통 말소리의 명료도가 50퍼센트 이하인 사람
   라. 평형 기능에 상당한 장애가 있는 사람
5. 언어장애인(言語障碍人)
   - 음성 기능이나 언어 기능에 영속적으로 상당한 장애가 있는 사람
6. 지적장애인(知的障碍人)
   - 정신 발육이 항구적으로 지체되어 지적 능력의 발달이 불충분하거나 불완전하고 자신의 일을 처리하는 것과 사회생활에 적응하는 것이 상당히 곤란한 사람
7. 자폐성장애인(自閉性障碍人)
   - 소아기 자폐증, 비전형적 자폐증에 따른 언어 · 신체표현 · 자기조절 · 사회적응 기능 및 능력의 장애로 인하여 일상생활이나 사회생활에 상당한 제약을 받아 다른 사람의 도움이 필요한 사람
8. 정신장애인(精神障碍人)
   - 지속적인 정신분열병, 분열형 정동장애(情動障碍 : 여러 현실 상황에서 부적절한 정서 반응을 보이는 장애), 양극성 정동장애 및 반복성 우울장애에 따른 감정조절 · 행동 · 사고 기능 및 능력의 장애로 인하여 일상생활이나 사회생활에 상당한 제약을 받아 다른 사람의 도움이 필요한 사람

9. 신장장애인(腎臟障碍人)
   · 신장의 기능부전(機能不全)으로 인하여 혈액투석이나 복막투석을 지속적으로 받아야 하거나 신장기능의 영속적인 장애로 인하여 일상생활에 상당한 제약을 받는 사람
10. 심장장애인(心臟障碍人)
   · 심장의 기능부전으로 인한 호흡곤란 등의 장애로 일상생활에 상당한 제약을 받는 사람
11. 호흡기장애인(呼吸器障碍人)
   · 폐나 기관지 등 호흡기관의 만성적 기능부전으로 인한 호흡기능의 장애로 일상생활에 상당한 제약을 받는 사람
12. 간장애인(肝障碍人)
   · 간의 만성적 기능부전과 그에 따른 합병증 등으로 인한 간기능의 장애로 일상생활에 상당한 제약을 받는 사람
13. 안면장애인(顔面障碍人)
   · 안면 부위의 변형이나 기형으로 사회생활에 상당한 제약을 받는 사람
14. 장루 · 요루장애인(腸瘻·尿瘻障碍人)
   · 배변기능이나 배뇨기능의 장애로 인하여 장루(腸瘻) 또는 요루(尿瘻)를 시술하여 일상생활에 상당한 제약을 받는 사람
15. 간질장애인(癎疾障碍人)
   · 간질에 의한 뇌신경세포의 장애로 인하여 일상생활이나 사회생활에 상당한 제약을 받아 다른 사람의 도움이 필요한 사람

(2) 외국의 장애인 정의

외국의 장애인에 대한 개념은 국제기관별로 그리고 국가에 따라 서로 다르게 정의하고 있다. 어느 한 기준에서 보면 비장애인의 범주에 속하는 사람도 다른 기준에서 보면 장애인의 범주에 속하게 된다.

1975년 UN의 장애인권리선언에 따르면 장애인이란 선천적이든 간에 관계없이

신체적 혹은 정신적 능력의 장애로 인해 일상의 개인 또는 사회생활에 필요한 것을 확보하는데 본인 스스로 완전히 또는 부분적으로 할 수 없는 사람을 말한다.

국제보건기구(WHO)의 정의에 따르면 장애인이란 선천적 또는 후천적으로 신체적 정신적 능력의 불안전으로 인해 일상의 개인 또는 사회활동을 자력으로 완전히 또는 부분적으로 할 수 없는 사람을 말한다. 국제보건기구가 제시한 장애인의 실제 예를 들어보면 운동 및 감각장애인, 정신지체인, 만성알코올중독자 및 약물남용자, 정신병자, 만성심장 및 폐질환자, 만성장기손상자, 피부질환자, 암환자, 만성통증자, 노인 등이다.

국제보건기구는 국제장애분류에서 장애를 세 가지 수준으로 분류하고 있다. 첫째, 신체적 손상(impairment)이다. 심리적 신체적 또는 해부학적 구조나 기능의 일부가 상실된 경우로 장애 그 자체를 말한다. 둘째, 능력저하(disability)이다. 신체손상의 결과로 인해 나타나는 능력저하로 인간의 정상적인 행위능력이 제한을 받거나 결여된 상태를 의미한다. 셋째, 사회적 장애(handicap)이다. 능력저하의 결과에 따라 개인의 사회생활에서 나타나는 불이익을 의미한다. 신체손상-능력저하-사회적 장애는 연속선상에서 이해되어야 한다.

미국 정부가 장애인을 위한 연방지원프로그램의 수혜자격을 결정하는데 사용하는 공식적인 장애인의 정의(定義)를 보면 다음과 같다. “A handicapped person is anyone with any type of physical or mental disability that substantially impairs or restricts one or more such major life activities as walking, seeing, hearing, speaking, working, or learning. Handicapping conditions include but are not limited to cancer; cerebral palsy; deafness or hearing impairment; diabetes; emotional illness; epilepsy; heart disease; mental retardation; multiple sclerosis; muscular dystrophy; orthopedic, speech, or visual impairment; such perceptual handicaps as dyslexia, minimal brain dysfunction and developmental aphasia. The U.S. Attorney General has ruled that alcoholism and drug addiction are physical or mental impairments that are handicapping conditions if they limit one or more of life’s major activities.”(DiNitto & Dye, 1987: 98-99) “장애인이란 상당한 정도로 걷기, 보기, 듣기, 말하기, 일하기 또는 배우기와 같은 주요한 일상생활활동 가운데 하나 이상을 상당한 정도로 손상시키거나 제한하는 신

체적 또는 정신적 장애 유형을 가진 사람을 말한다. 장애상태는 암; 뇌성마비; 귀먹음 또는 청각손상; 당뇨병; 정서질환; 간질; 심장병; 정신지체; 다발성 경화증; 정형외과적, 언어적, 시각적 손상; 난독증, 최소한의 뇌기능 장애, 발달적 실어증과 같은 감각장애를 포함하나 여기에 제한되지 않는다. 미국의 법무장관은 알코올중독과 마약중독도 만일 알코올중독이나 마약중독이 주요한 일상생활의 활동들 가운데 하나 이상을 제한한다면 이는 장애상황에 해당하는 신체적 정신적 손상이라고 판결한 적이 있다."

일본의 경우 장애인이란 신체적 기능장애 또는 정신적 결함으로 인해 일상생활 또는 사회생활에 제한을 받는 자를 의미하고 있다.

이와 같이 장애의 개념과 장애인의 범주는 국가와 국제기관에 따라 차이가 있다. 예를 들어 한국인 당뇨병 환자가 한국에서는 비장애인의 범주에 들어가지만 미국 국적을 획득하게 되면 장애인의 범주에 들어가게 된다.

2) 장애인의 권리와 의무

장애인도 사회의 한 구성원으로서 누릴 수 있는 권리가 있는 반면 이행하여야 할 의무도 있다. 또한 국가와 지방자치단체 그리고 국민은 장애인의 복지를 위해 수행해야 할 책임과 의무가 있다.

장애인의 권리는 장애인복지법 3조에 명시되어 있다. 동법에 의하면 장애인은 존중받을 권리, 차별 받지 않을 권리, 참여의 권리를 갖는다. 첫째, 장애인은 개인으로서의 존엄과 가치를 존중받으며, 이에 상응하는 처우를 받는다. 둘째, 누구든지 장애를 이유로 정치적 경제적 사회적 문화적 생활의 모든 영역에 있어 차별을 받지 아니한다. 셋째, 모든 장애인에게는 국가 사회를 구성하는 일원으로서 정치 경제사회 문화 기타 모든 분야의 활동에 참여할 기회가 보장된다.

장애인도 사회구성원의 하나로서 일정한 의무를 이행할 것을 요구받는다. 장애인복지법 4조는 장애인의 자립노력의무를 규정하고 있다. 동법에 의하면 장애인은 그가 가지고 있는 능력을 최대한으로 활용하여 사회 경제활동에 참여하도록 노력해야 할 의무가 있다.

사회는 장애발생예방의무, 자립지원의무, 복지증진의무를 지고 있다. 장애인복지법 5조에 따르면 국가와 지방자치단체는 장애의 발생을 예방하고, 장애의 조기 발견에 대한 국민의 관심을 높이고 자립을 지원하며 필요한 보호를 실시하여 장애인의 복지를 증진할 책임을 진다. 또한 모든 국민은 장애발생예방, 장애의 조기 발견과 장애인의 복지증진에 협력하여야 한다.

제2절 장애인 현황

정부는 매 5년마다 장애인복지법 제28조에 따라 1980년 이후 장애인구 및 장애출현율과 함께, 장애인의 생활실태 및 복지욕구를 파악하여 장·단기 장애인복지정책의 수립 및 시행을 위한 기초 자료를 제공 하기위해 1980년 이후 매 5년마다 실태조사 실시하고 있다. 가장 최근의 조사결과인 2005년 조사 내용의 일부를 발췌하면 다음과 같다(보건복지부 장애인정책팀, 2006:1-35).

1) 장애인구 및 출현율

(1) 장애인수

2005년 전국의 장애인수는 2,149천명으로 추정되며, 이 가운데 재가장애인 2,101천명, 시설장애인 48천명이다. 이는 장애범주확대, 장애발생요인 증가 등으로 2000년에 비해 699천명이 증가하였으며, 장애출현율(인구 100명당 장애인 수)도 3.09%에서 4.58%로 증가하였다. 국가별 장애인 출현율은 법정장애의 범주 및 정의가 국가마다 다르기 때문에 큰 편차를 보이고 있지만 우리나라의 장애인출현율은 일본과는 유사하나 미국 등 서구국가들에 비해서는 낮은 편이다. 교회나 기독교단체들은 법정장애인의 범주와 정의가 보다 포괄적으로 이루어지도록 국회나 정부를 상대로 적극적으로 복지로비(welfare lobby)를 전개하여, 다른 장애요인으로 인해 고통 가운데 생활하는 '지극히 작은 자들'이 정부로부터 복지혜택을 받도록 노력하여야 한다. 국가별 장애인출현율은 다음과 같다;

【국가별의 장애인 출현율】

(단위: 가구, %)

구분	한국(2005)	일본(2000)	독일(2003)	미국(2000)	영국(2004)
출현율	4.59	4.7	10.2	19.3	19.7

전체 가구원 중 장애인이 있는 가구를 지역별로 살펴보면 읍면지역의 장애인 가구 출현율이 농어촌지역의 고령화 등으로 인해 도시지역보다 높으며, 도시지역 간에는 큰 차이가 없는 것으로 나타났다.

【2005년도 지역별 장애인 가구 출현율】

(단위: 가구, %)

구분	동 지역			읍면 지역
	서울	광역시	중소도시	
전체·가구수	3,295,283	4,117,639	5,275,660	3,176,227
장애가구수	373,355	459,409	575,898	536,129
출현율	11.3	11.2	10.9	16.9

그동안 정부의 재가장애인 위주의 정책 실행으로 재가장애인 수는 2000년에 비해 약 70만 명이 증가한 반면, 시설장애인 수는 오히려 3700명 감소하였다. 재가장애인 수의 증가는 지역사회의 장애인들을 섬겨야 할 교회의 역할과 사회적 기대가 그 만큼 증가하고 있는 것이기도 하다.

【2005년도 전국 장애인 추정 수】 (단위:%. 천명)

구분	2000년			2005년		
	계	재가장애인	시설장애인	계	재가장애인	시설장애인
장애인 수	1,449.5	1,398.2	51.3	2,148.7	2,101,1	47.6
구성비	100.0	96.5	3.5	100.0	97.8	2.2
출현율	3.09	-	-	4.59	-	-

전체 장애인 중 지체장애인은 1,005,618명으로 가장 많고, 안면장애인이 4,394명으로 가장 적은 것으로 나타났으며, 전체 장애인 등록률(=등록장애인 수/실태조사장애인 수)은 77.7%로, 이 가운데 신장장애인의 경우 99%로 가장 높은 등록률을 보인 반면, 심장장애인의 경우 29%로 가장 낮은 등록률을 보이고 있다.

【장애인 등록률(2005)】 (단위: %, 명)

구분		2005년 등록 장애인수	등록률	2005년 실태조사
계		1,669,329	77.7	2,148,686
주된 장애 유형별 장애인 수	지체장애	923,183	91.8	1,005,618
	뇌병변장애	154,614	57.1	270,853
	시각장애	180,526	81.6	221,166
	청각장애	151,184	66.0	229,159
	언어장애	13,874	66.2	20,947
	정신지체	123,868	98.7	125,563
	발달장애	8,754	37.3	23,478
	정신장애	59,223	64.9	91,253
	신장장애	40,288	99.8	40,355
	심장장애	12,226	29.1	42,007
	호흡기장애	10,815	35.8	30,186
	간장애	4,583	34.1	13,443
	안면장애	1,311	29.8	4,394
	장루·요루장애	8,848	57.1	15,508
	간질장애	6,032	40.9	14,756

우리나라는 원칙적으로 등록장애인에 대해서 정부가 법정 복지혜택을 제공하고 있으나, 23%의 장애인들은 등록을 하고 있지 않은 상태이다. 이들이 등록하고 있지 않은 사유를 살펴보면 '등록절차와 방법을 몰라서'가 32.9%로 가장 높은 것으로 나타났고, '장애인이라고 생각하지 않아서'가 28.4%, '등록해도 별 소용이 없을 것 같아서'가 13.5%로 그 다음으로 나타났다. 따라서 장애인과 그 부양가족에 대해 정부가 적극적으로 홍보를 하여야 하며, 교회도 교인들을 대상으로 장애인등록 대상과 서비스 그리고 등록절차에 대해 주보 등을 통해 홍보를 하거나 교육을 실시하고, 동시에 장애인 교인에 대해 장애등록을 적극 권면하고, 필요시 위임장을 받아 대리로 등록을 하여줄 필요가 있다.

【장애인등록을 하지 않은 사유(2005)】

장애인 등록 미등록 사유	비율(%)
등록절차와 방법을 몰라서	32.9
장애인이라고 생각하지 않아서	28.4
등록해도 소용이 없을 것 같아서	18.5
장애인임을 알리기 싫어서	7.8
등록과정이 번거로워서	5.5
생활하는 데 불편이 없어서	3.4
장애상태가 호전될 것 같아서	2.2
등록비용 때문에	1.5
기타	4.7

장애가 발생한 원인을 살펴보면 선천적인 경우는 4%에 불과하고, 나머지 대부분의 장애는 각종 질환 및 사고 등 후천적 원인(89%)에 의해 발생한 것으로 나타나 우리 모두가 장애의 개연성을 갖고 있음을 알 수가 있다. 후천적인 원인 가운데 질환이 52.4%, 사고가 36.6%로 나타났다. 그러나 정신지체, 언어장애, 안면장애, 발달장애 등은 상대적으로 선천적인 원인이 높은 것으로 나타났다.

【장애유형별 장애원인】 (단위:%)

구분		지체	뇌병변	시각	청각	언어	정신지체	발달	정신	신장	심장	호흡기	간	안면	장루요루	간질	계
선천적 원인		1.6	2.2	5.4	3.7	22.8	23.2	13.2	0.9	1.9	10.1	-	-	19.3	-	8.8	4.0
출산시 원인		0.1	2.3	0.3	0.3	-	3.9	7.3	-	-	-	-	-	-	-	-	0.7
후천적 원인	질환	38.3	82.1	50.0	68.2	52.8	20.8	12.3	82.4	92.5	88.1	93.0	100.0	9.6	100.0	33.6	52.4
	사고	58.8	11.5	36.3	18.1	10.1	12.5	1.7	7.3	3.8	0.9	4.1	-	63.9	-	23.7	36.6
미상		1.2	1.9	8.0	9.7	14.3	39.6	65.5	9.4	1.7	0.9	2.9	-	7.2	-	33.9	6.3
계		100.0	100.0	100.0	100.0	100.0	100.0	100.0	100.0	100.0	100.0	100.0	100.0	100.0	100.0	100.0	100.0

장애인들의 일상생활수행능력은 ADL(Activities of Daily Living)으로 평가한다. 장애유형별 ADL 평균점수는 안면장애가 가장 높았고, 청각장애, 정신장애, 시각장애, 간질이 그 다음이었으며, 뇌병변장애가 가장 낮았다.

【장애유형별 ADL 평균점수】 (단위:점)

구분	지체	뇌병변	시각	청각	언어	정신지체	발달	정신	신장	심장	호흡기	간	안면	장루요루	간질	계
평균	95.5	71.1	97.8	98.7	96.0	91.2	88.1	98.4	94.2	94.5	90.7	82.2	99.4	89.9	97.0	92.6

ADL을 동작별 살펴보면 계단 오르기, 목욕하기, 옷 입고 벗기, 보행하기 등이 상대적으로 낮아, 이러한 동작을 보살펴줄 교회의 자원봉사자들이 우선적으로 필요한 것으로 나타났다.

【재가장애인의 동작별 ADL 정도】 (단위:%)

구분	전혀 할 수 없음	대부분 도움이 필요	중간 정도 도움이 필요	일부 도움이 필요	스스로 할 수 있음	계
· 개인위생(양치질, 머리빗기 등)	3.2	2.0	2.1	4.2	88.4	100.0
· 목욕하기	4.9	3.6	4.3	7.1	80.2	100.0
· 식사하기	2.1	1.3	1.3	2.9	92.4	100.0
· 화장실 사용하기	3.5	1.7	1.4	2.5	91.0	100.0
· 계단 오르내리기	6.3	3.2	4.8	8.8	76.9	100.0
· 옷 입고 벗기	4.3	3.2	4.0	7.7	80.7	100.0
· 대변 조절하기(참기)	3.4	1.1	0.9	2.1	92.6	100.0
· 보행하기	4.8	2.7	2.9	7.1	82.5	100.0
· 의자 ⇔ 침상으로 옮겨 앉기	3.2	1.3	1.1	2.1	92.4	100.0

장애인들의 정보통신기기 보유 현황을 살펴보면 정보통신기기의 보유 정도는 휴대폰 55.2%, 컴퓨터(PC) 50%, 인터넷 48.3% 보유하고 있으며, 컴퓨터와 인터넷은 발달장애인이 상대적으로 많이 보유하였고, 휴대폰은 안면장애인과 신장장애인이 상대적으로 많이 보유한 것으로 나타났다.

【정보통신기기 보유 현황】 (단위: %)

구분	지체	뇌병변	시각	청각	언어	정신지체	발달	정신	신장	심장	호흡기	간	안면	장루요루	간질	계
휴대폰	69.7	30.5	63.2	39.5	39.5	20.9	5.3	32.0	73.2	59.0	58.2	57.3	75.2	53.9	45.9	55.2
컴퓨터	53.9	41.9	50.9	41.3	52.8	50.1	78.0	40.1	58.4	46.1	37.8	49.0	66.2	52.3	56.6	50.0
인터넷	52.2	41.0	48.6	41.0	50.9	46.7	78.0	37.1	56.4	44.1	36.5	49.0	66.2	47.3	56.6	48.3

재가장애인의 사회적 특성을 살펴보면, 취학 전 장애아동수(0~6세)는 총 18,553명이며, 이중 13,233명이 보육시설(10,001명)이나 유치원(3,232명)에 다니고 있는 것으로 나타났으며, 보육시설에 다니고 있는 장애영유아의 49.1%가 장애아 전담학교에 다니고 있으며, 일반학교 내 특수반에는 8.0%, 일반보육시설에는 42.9%가 다니고 있는 것으로 나타났다.

유치원의 경우 일반유치원에 76.9%, 유치원과정 특수학교에 23.1%가 다니고 있으며, 고등학교 이하에 재학 중인 장애학생은 65,375명으로 이 가운데 일반학교에 38.8%, 일반학교 특수학급에 35.1%, 특수학교에 26.1%로 나타났다.

재가장애인의 경제적 특성을 살펴보면, 장애인 가구의 월 평균 소득은 157.2만원으로, 도시근로자 가구소득의 52.1%에 불과하였다. 지역별로 보면, 서울시 177.5만원, 광역시 162.2만원, 중소도시 168.1만원, 읍· 면 127.5만원으로 나타났으며, 가구규모별로는 1인 가구는 53.0만원이고, 2인 102.2만원, 3인 160.8만원, 4인 207.8만원으로 나타났다.

전체 장애인 가구 194.5만 가구 중 국민기초생활수급자 가구는 총 26만 가구로, 전체 장애인 가구 수의 13.1%에 해당해 비장애인가구의 국민기초생활보호대상자 비율 6.8%에 비해 2배 정도 높게 나타났다. 이 가운데 일반수급가구가 87%, 조건부수급가구가 6%로 나타났다.

재가장애인의 장애로 인한 추가 비용은 월평균 155.4천원으로 나타났으며, 지출비목별로는 의료비가 90.2천원으로 가장 많고, 다음이 교통비로서 22.9천원으로 나타났다.

15세 이상 장애인의 15세 이상 장애인의 경제활동참가율은 38.2%이며 이 중 실업자 비율은 10.6%로 전체 실업률 3.3%의 세 배에 해당하고, 연령별로는 15～19세가 33%로 가장 높고, 20～29세가 22%, 30～39세가 15%로 나타났다. 성별로는 남성장애인의 인구대비 취업자 비율은 43.5%로, 여성장애인 20.22%의 2배 수준이며, 장애인들이 현재 일하지 않는 주된 이유로 전체 응답자의 45.0%가 '심한 장애로 일하기 어려울 것 같아서'로 가장 높았고, 다음으로 '나이가 많아서'(24.7%), '적합한 직종이 없어서'(10.5%)의 순으로 나타났다. 취업장애인의 취업 분야는 주로 단순노무직이 전국적인 비율의 약 세배가 되었고, 농· 어업, 기능원· 관련 기능근로자가 그 다음이었다.

【재가 취업 장애인의 경제활동 분야】 (단위: %)

구분	의회의원·관리자	전문가	기술공 준전문가	사무 종사자	서비스 종사자	판매 종사자	농·어업	기능원·관련 기능 근로자	장치·기계 조작조립원	단순 노무직	계
비율	1.0	2.6	5.4	6.3	7.2	8.9	19.0	12.3	9.7	27.6	100.0
전국 비율	2.6	8.1	10.1	14.2	12.9	11.5	8.1	10.6	11.1	10.8	100.0

취업장애인의 월평균소득은 114.9만원으로 상용종업원의 월평균 임금 258.0만원의 44.5%에 해당하였으며, 장애유형별로 보면, 간장애인의 월평균소득이 176.6만원으로 가장 높았고, 신장장애인 153.8만원, 지체장애가 125.5만원 등의 순이었으며, 소득이 낮은 장애유형은 간질장애가 43.5만원으로 가장 낮았고, 정신지체가 47.5만원으로 그 다음이었다.

장애인 복지서비스에 대한 인지 및 이용 현황을 살펴보면 정보통신요금 할인이 인지율 및 경험률이 가장 높은 반면, 주택 공급이나 무상 교육 등에 대해서는 인지율 및 경험률이 낮았다.

【복지사업 내용의 인지율·이용경험률】 (단위: %)

구분	인지율	이용경험율
· 장애수당 지급	44.2	12.8
· 장애아동부양수당 지급	12.2	0.4
· 장애인 자녀교육비 지원	16.8	2.8
· 장애인 자립자금 대여	14.1	0.6
· 장애인 의료비 지원	24.9	5.9
· 장애인 등록진단비 지급	11.1	3.7
· 장애인 재활보조기구 무료 교부	16.7	2.6
· 재활보조기구 건강보험(의료급여) 실시	15.8	3.0
· 장애인자동차 표지발급	79.1	35.5
· LPG연료 사용 허용	77.5	25.6
· 승용자동차 관련 세금 면제	67.3	20.7
· 세금 공제 및 면제	46.3	17.1
· 교통관련 요금 감면 및 할인	77.3	46.9
· 통신관련 요금 감면 및 할인	79.9	62.9
· 공공시설 이용시 요금 감면 및 할인	53.0	22.6
· 주택관련 분양알선 및 가산점 부여	19.3	3.3
· 장애인 본인의 무상·의무교육실시(만 3세~만17세)	10.6	2.5

장애인 복지사업 실시기관에 대한 인지 및 이용 현황을 살펴보면 장애인 복지시설에 대한 인지율은 장애인복지관이 가장 높았으며, 이용희망률은 장애인복지관 이외에 재활병의원이 가장 높았다.

【장애인복지관련 사업 실시기관 인지·이용경험·이용희망률】

(단위: %)

구분	인지율	이용경험율	이용 희망율
· 장애인복지관	70.0	13.7	40.1
· 장애인생활시설	31.0	1.7	16.4
· 중증장애인요양시설	38.5	0.7	18.5
· 장애영유아생활시설	17.9	0.4	0.8
· 사회복귀시설	18.6	0.2	3.8
· 그룹홈	11.5	0.8	6.4
· 주간·단기 보호 시설	12.2	3.5	11.9
· 재활 병·의원	45.0	7.9	40.2
· 보호작업장 등 장애인 직업재활시설	31.1	2.7	12.7
· 장애인전용 체육관	17.0	4.3	15.2
· 특수학교 또는 특수학급	63.1	5.9	3.9
· 특수교육지원센터	19.6	2.9	4.7
· 성인장애인을 위한 교육시설	10.9	1.8	11.4
· 점자도서관	28.1	0.9	1.2
· 수화통역센터	29.9	1.0	1.6
· 심부름센터	22.3	1.1	24.5
· 이동지원서비스센터	38.4	3.5	31.5
· 장애인정보화교육기관	16.1	7.2	17.4
· 장애아동보육시설	25.1	2.1	1.3
· 장애인고용촉진공단	33.1	6.7	20.1
· 교통안전공단	18.3	2.5	9.8
· 장애인자립지원센터	18.2	2.6	22.1

장애인이 사회나 국가에 대해 가장 우선적으로 요구하는 사항은 소득보장(48.9%)과 의료보장(19.0%)이었으며, 현격히 차이가 나나 주택보장이 그 다음이었다.

【재가장애인의 사회나 국가에 대한 복지욕구(우선순위)】

(단위: %)

구분	1순위	2순위	3순위
· 소득보장	48.9	9.9	7.5
· 의료보장	19.0	35.9	9.5
· 장애인차별금지법 제정	3.8	3.2	3.8
· 세제지원 확대	1.4	3.8	4.5
· 건물, 도로 등의 편의시설 확대	2.6	3.5	3.6
· 교통수단 이용편의 확대	2.4	5.9	8.0
· 가사지원서비스 (간병인, 도우미 등)	2.3	3.0	5.4
· 주택보장	4.0	8.3	14.9
· 결혼상담 및 알선	0.7	1.1	1.1
· 장애인에 대한 인식개선	2.4	3.2	4.3
· 재활보조기구 및 생활편의용품 개발·보급	1.3	2.5	3.1
· 특수교육의 확대 및 개선	0.6	1.5	1.2
· 문화 및 여가생활 기회의 확대	0.4	1.2	2.4
· 장애인 복지시설의 확충 및 개선	2.3	4.3	9.7
· 장애아 보육시설 및 서비스 확충	0.8	1.6	2.5
· 장애의 조기발견 및 조기치료	3.7	4.3	8.1
· 취업지원서비스 확대	2.5	5.2	6.6
· 없다	0.8	1.5	3.5
· 기타	0.3	0.1	0.2
계	100.0	100.0	100.0

제3절

기독교장애인복지이념

일반적으로 일컬어지는 장애인복지이념은 정상화, 통합화, 인간존중, 주류화이다. 정상화(normalization)란 장애를 가진 사람이 주류사회에서 정상적인 생활을 영위할 수 있도록 생활환경을 현실적으로 조성해 주는 노력을 말한다.

통합화(integration)란 종래와 같이 장애인과 비장애인을 분리해 생활하도록 하는 것이 아니라 양자의 물리적 통합을 통해 장애인이 주류사회에 적응하면서 주류사회에 통합되어 사회통합을 이루어 가는 것을 말한다. 인간존중(humanity)이란 장애인도 하나의 생명을 가지고 인간으로서 품위를 유지하며 생활할 수 있는 복지권을 지니고 있기 때문에 사회는 이들이 건강하고 문화적인 생활을 할 수 있는 최저 수준을 비장애인과 평등하게 보장해 주어야 함을 말한다.

주류화(mainstreaming)란 장애인도 일반공립학교에 배치되어 교육을 받으면서 비장애인 아동들과 상호 작용하도록 통합교육을 실시하는 것을 말한다.

기독교장애인복지의 근본이념은 장애인이 비록 정신적으로 또는 신체적으로 일부 비장애인과 다르거나 부족한 면이 있지만 하나님이 보시기에는 비장애인과 똑같이 귀한 존재이다. 장애인도 하나님의 형상(imago dei)을 본 받아 만들어진 존엄한 존재이다. 하나님의 형상을 본받아 창조된 인간이 신체적 정신적 고통으로 얼룩진 채 주류사회에 적응하지 못하고 소외된 채 살아간다면 그 모습은 하나님께서 결코 기뻐하실 모습이 아닐 것이다. 기독교장애인복지이념은 신체적 정신적으로 고통 받는 장애인들을 하나님께서 기뻐하시는 그 모습으로 회복시켜 주는 것이다. 태초의 인간의 모습인 하나님의 형상으로 회복시키는 것이다.

장애인들이 주류사회에서 소외되지 않고, 주류사회로부터 업신여김을 받지 않고, 존엄한 인간으로서의 가치를 부여받으며, 자신의 행복을 스스로 추구할 수 있고, 아무런 차별 없이, 사회의 한 구성원으로서 평등하게 책임과 의무를 당당히 수행하면서 살아갈 수 있도록 인도해 주는 것이다. 이와 같이 하나님의 형상으로 회복시키는 노력과정에 헌신한 믿음의 사람들은 심판의 날 영원한 생명을 얻게 될 것이다. 이러한 노력 과정을 거쳐 장애인들은 신체적으로 심리적으로 경제적으로 억눌렸던 현실적 고통으로부터 구원되는 삶을 누리게 된다. 장애인형제에게 이웃사랑을 실천한 성도들에게는 영생의 기쁨이, 그리고 장애인에게는 현실적 고통으로부터 벗어나게 되는 기쁨이 함께 하게 된다. 기독교장애인복지는 하나님의 형상회복과 하나님의 구원사업(salvation work)을 실현하는 것이라는 점에 일반장애인복지와 근본적인 차이가 있다.

하나님의 형상회복과 구원이라는 기독교장애인복지이념을 구체화하기 위한 실천이념으로는 인간존중, 정상화, 주류화, 사회형평, 의식화를 들 수가 있다. 장애인도 하나의 생명을 가지고 인간으로서 품위를 유지하며 생활할 수 있는 복지권을 지니고 있다는 인간존중(humanity), 장애인들이 장애를 지닌 채로 불편이 없이 정상적으로 사회생활을 할 수 있도록 생활환경을 현실적으로 조성해 주는 정상화(normalization)이념, 장애인들이 비장애인들과 같은 교육환경 내에서 교육을 받고 서로 교제하는 통합교육을 통해 실천되는 주류화(mainstreaming)이념, 장애인들에게 취업과 진학 시에 일정한 혜택을 부여받아 주류사회에 쉽게 진입할 수 있도록 긍정적 조치(affirmative action)를 취해 주는 사회형평(social equity)이념, 장애인을 업신여기거나 혐오스럽게 생각하거나 부정적으로 생각하는 사람들의 의식을 바꾸어 놓거나 장애인에 대한 올바른 인식을 심어 주는 의식화(consciousness-raising)이념은 기독교장애인복지사업을 구체적으로 실천해갈 때 방향을 제시해 주는 실천이념으로서 현장에 적용된다. 인간존중, 정상화 그리고 주류화이념의 실천을 통해서 장애인형제들이 주류사회에 적응해 하나가 되어 가는 사회통합(social integration)이 이루어지고 사회형평과 의식화이념의 실천을 통해서 사회구성원들이 서로 다른 계층으로 나뉘어져 상호 반목하는 갈등현상을 예방하고 서로 다른 계층들이 자기희생과 양보와 이해를 통해 하나의 무리로 어우러져가는 사회연대가 이루어져 간다. 장애인형제의 사회통합(social integration)과 사회연대(social solidarity)를 통해 하나님의 형상은 회복될 수 있고 이 과정에 헌신한 신실한 성도들은 영생의 기쁨을 누릴 수 있게 된다.

제4절

기독교장애인복지의 성서적 의의

창세기에서의 바라 본 장애인복지사상은 태초에 하나님의 형상(imago dei)으로 창조된 인간의 존엄성을 인식하고 왜곡된 하나님의 형상을 본래의 모습으로 회복시키는 데 있다. 장애인도 비장애인과 마찬가지로 태초에 하나님의 형상에 따라 피조된 존재이다. 인간은 하나님께서 인간을 만들었을 때 의도하신 목적에 맞게 하나님 보시기에 아름다운 모습으로 아름답게 살아가야 한다. 따라서 장애인이 당당히 한 인격체로서 그리고 존귀한 한 생명체로서 그리고 영혼을 부여받은 하나님의 피조물로서 삶을 살 수 있도록 노력해야 한다.

"하나님이 가라사대 우리의 형상을 따라 우리의 모양대로 우리가 사람을 만들고(Let us make man in our image, in our likeness)……하나님이 자기의 형상 곧 하나님의 형상대로 사람을 창조하시고(God created man in his own image, in the image of God he created him)……하나님이 그 지으신 모든 것을 보시니 보시기에 심히 좋았더라(It was very good.)……"(창1:27-31)

장애인은 신약성서에서 기독교사회복지의 주된 객체임을 나타내고 있다. 신약성서에서는 예수님께서 병자와 장애인에 대한 치유의 사역을 보여주고 병든 자와 같이 지극히 작은 자(the least of persons)들에 대한 사랑의 실천이 하나님의 계명을 지키는 것과 더불어 영생의 조건임을 명시해 주고 있다.

"그의 열매로 그들을 알리라. 나더러 주여 주여 하는 자마다 천국에 다 들어갈 것이 아니요 다만 하늘에 계신 내 아버지의 뜻대로 행하는 자라야 들어가리라"(마7:20-21)

"예수께서 말씀으로 귀신들을 쫓아내시고 병든 자를 다 고치시니 이는 선지자 이사야로 하신 말씀에 우리가 연약한 것을 친히 담당하시고 병을 짊어지셨도다 함을 이루려 하심이더라."(마8:16-17)

"예수께서 모든 성과 촌에 두루 다니사 저희 회당에서 가르치시며 천국 복음을 전파하시며 모든 병과 모든 약한 것을 고치시니라."(마9:35)

예수는 제자들을 보낼 때 병 고치는 능력을 주셨다. "예수께서 그 열 두제자를 부르사 더러운 귀신을 쫓아내며 모든 병과 모든 약한 것을 고치는 권능을 주시니라…… 이 열둘을 내어 보내시며 명하여 가라사대……차라리 이스라엘 집의 잃어버린 양에게로 가라. 가면서 전파하여 말하되 천국이 가까웠다 하고 병든 자를 고치며 죽은 자를 살리며 문둥이를 깨끗하게 하며 귀신을 쫓아내되 너희가 거저 받았으니 거저 주어라."(마10:1-8)

"세례요한의 제자가 예수께 당신이 메시야입니까 묻자 예수께서 가라사대 소경이 보며 앉은뱅이가 걸으며 문둥이가 깨끗함을 받으며 귀머거리가 들으며 죽은 자가 살아나며 가난한 자에게 복음이 전파된다 하라."(마11:5)

"예수께서 갈릴리 호숫가 산에 올라가 앉으시니 큰 무리가 절뚝발이와 불구자와 소경과 벙어리와 기타 여럿을 데리고 와서 예수의 발 앞에 두매 고쳐 주시니 벙어리가 말하고 불구자가 건전하고 절뚝발이가 걸으며 소경이 보는 것을 무리가 보고 기이히 여겨 이스라엘의 하나님께 영광을 돌리니라."(마15:30-31)

"네 마음을 다하고 목숨을 다하고 뜻을 다하여 주 너의 하나님을 사랑하라. 이것이 첫째 계명이요, 둘째는 네 이웃을 네 몸과 같이 사랑하라."(마22:37-40)

"예수그리스도께서 자기 영광으로 모든 천사와 함께 올 때에 모든 민족을 그 앞에 모으시고 양과 염소를 분별하듯이 의인과 악인을 구별하시고 의인들은 복을 주사 창세에 예비하신 나라를 상속케 하시어 영생(eternal life)을 누리게 하시고, 악인들은 저주하시어 마귀와 마귀의 사자들을 위해 예비하신 영원한 불(eternal fire)에 들어가게 되는 영벌(eternal punishment)을 받게 됨을 천명하고 계신다. 예수께서 말씀하시는 의인은 형제 중에 주린 자, 나그네, 헐벗은 자, 병자, 옥에 갇힌 자와 같은 지극히 작은 자(the least of persons)들이 고통 속에 신음하고 있을 때 이들 하나에게 베푼 자를 의미하고 이들에게 베푼 것이 곧 자신에게 베푼 것이라 말씀하셨고, 반면에 악인은 이들 지극히 작은 자들이 고통 가운데 있을 때 이들 하나에게 베풀지 아니한 자들을 의미하며 이들 지극히 작은 자 하나에게 베풀지 아니한 것이 곧 자신에게 베풀지 아니한 것이라 천명하셨다"(마25:31-46)

"저물어 해 질 때에 모든 병자와 귀신 들린 자를 예수께 데려오니……예수께서

각색 병든 많은 사람을 고치시며 많은 귀신을 내어쫓으시되 ……)"(막1:34)

"한 문둥병자가 예수께 와서 꿇어 엎드려 간구하여 가로되 원하시면 저를 깨끗케 하실 수 있나이다. 예수께서 민망히 여기사 손을 내밀어 저에게 대시며 가라사대 내가 원하노니 깨끗함을 받으라 하신대 곧 문둥병이 그 사람에게서 떠나가고 깨끗하여진지라."(막1:40-42)

"사람들이 귀먹고 어눌한 자(말 더듬는 자)를 데리고 예수께 나오니 예수께서 손가락을 그의 양 귀에 넣고 침 뱉어 그의 혀에 손을 대시며 하늘을 우러러 탄식하시며 이르시되 '에바다(ephphatha)' 하시니 이는 열리라(Be opened.)는 뜻이라. 그의 귀가 열리고 혀가 풀려 말이 분명하더라."(막7:31-37)

"소경 거지 바디매오가 예수께 다윗의 자손이여 나를 불쌍히 여기소서 하니 예수께서 이르시되 네게 무엇을 하여주기를 원하느냐? 소경이 가로되 선생님이여 보기를 원하나이다. 예수께서 이르시되 가라, 네 믿음이 너를 구원하였느니라."(막10:46)

"예수께 선지자 이사야의 글을 드리거늘 책을 펴서 이렇게 기록한 데를 찾으시니 곧 주의 성령이 내게 임하셨으니 이는 가난한 자에게 복음을 전하게 하시려고 내게 기름을 부으시고 나를 보내사 포로된 자에게 자유를, 눈먼 자에게 다시 보게 함을 전파하며 눌린 자를 자유케하고 주의 은혜의 해를 전파하게 하려 하심이라 하였더라."(눅4:18-19)

"예수의 말씀도 듣고 병 고침을 얻으려고……많은 백성도 있더라. 더러운 귀신에게 고난 받는 자들도 고침을 얻은지라. 온 무리가 예수를 만지려고 힘쓰니 이는 능력이 예수께로 나서 모든 사람을 낫게 함이러라. 예수께서 눈을 들어 제자들을 보시고 가라사대 가난한 자는 복이 있나니 하나님의 나라가 너희 것임이요 이제 주린 자는 복이 있나니 너희가 배부름을 얻을 것임이요 이제 우는 자는 복이 있나니 너희가 웃을 것임이요."(눅6:17-21)

"예수께서 가르치실 때……병을 고치는 주의 능력이 예수와 함께 하더라. 한 중풍 병자를 사람들이 침상에 메고 와서……중풍병자에게 말씀하시되 내가 네게 이르노니 일어나 네 침상을 가지고 집으로 가라 하시매 그 사람이 저희 앞에서 곧 일어나 그 누웠던 것을 가지고 하나님께 영광을 돌리며 자기 집으로 돌아가니."(눅16:2-25)

예수께서는 하나님의 계명을 지키고 동시에 이웃 사랑을 실천 할 것을 가르치고 계신다. 보다 구체적으로 성경은 강도 만난 자의 이야기를 통해 무엇을 해야 영생을 얻을 수 있는지를 선포하고 있다. "율법사가 예수를 시험하여 가로되 '무엇을 하여야 영생을 얻으리이까?' 예수께서 이르시되 '율법에 무엇이라 기록되었으며 네가 어떻게 읽느냐?' 율법사가 대답하기를 '네 마음을 다하며 목숨을 다하며 힘을 다하며 뜻을 다하여 주 너의 하나님을 사랑하고 또한 네 이웃을 네 몸과 같이 사랑하라.'고 하였나이다. 예수께서 이르시되 '네 대답이 옳도다. 이를 행하라 그러면 살리라(Do this and you will live.).' 율법사가 이웃이 누구인지에 대해 묻자 예수께서는 강도 만나 거반 죽은 자를 바라보고 가서 자비를 베푼 자가 바로 강도 만난 자의 이웃이라고 말씀하신다." (눅10:25-37)

"예루살렘에……베데스다라 하는 못이 있는데 거기 행각 다섯이 있고 그 안에 많은 병자(disabled people), 소경, 절뚝발이(the lame), 혈기 마른 자(the paralyzed)들이 누워 물의 동함을 기다리니…… 거기 38년 된 병자가 있더라. 예수께서 그 누운 것을 보시고 병이 벌써 오랜 줄 아시고 이르시되 네가 낫고자 하느냐……일어나 네 자리를 들고 걸어가라 하시니 그 사람이 곧 나아서 자리를 들고 걸어 가니라."(요5:2-8)

"내 말을 듣고 또 나 보내신 이를 믿는 자는 영생을 얻었고 심판에 이르지 아니하나니 사망에서 생명으로 옮겼느니라. 진실로 진실로 너희에게 이르노니 죽은 자들이 하나님의 아들의 음성을 들을 때가 오나니……선한 일을 행한 자는 생명의 부활로, 악한 일을 행한 자는 심판의 부활로 나오리라."(요5:24-29)

"선천성 시각장애인 보고 제자들이 예수께 소경으로 난 것이 누구의 죄이냐, 자기 죄냐 부모 죄냐 묻자 예수께서 누구의 죄도 아니고 그에게서 하나님의 하시는 일을 나타내고자 하심이다. 땅에 침을 뱉어 진흙을 이겨 그의 눈에 바르시고 이르시되 실로암 못에 가서 씻으라. 씻고 눈을 뜨게 되었다."(요9:1) 실로암(siloam)은 보냄을 받았다(sent)는 뜻이다.

"어떤 율법사가 일어나 예수를 시험하여 가로되……무엇을 하여야 영생을 얻으리이까…… 예수께서 이르시되 율법에 무엇이라 기록되어 있으며 네가 어떻게 읽느냐. 대답하여 가로되 네 마음을 다하며 목숨을 다하며 힘을 다하며 뜻을 다하여 주 너의 하나님을 사랑하고 또한 네 이웃을 네 몸과 같이 사랑하라 하였나이다. 예수께서 이르시되 네 대답이 옳도다. 이를 행하라, 그러면 살리라 하시니 이 사람이 자기를 옳게 보이려고 예수께 여짜오되 그러면 내 이웃이 누구오니이까. 예수께서 가라사대 어떤 사람이 예루살렘에서 여리고로 내려가다가 강도를 만나매, 강도들이 그 옷을 버리고 때려 거반 죽은 것을 버리고 갔더라. 제사장이……그를 보고 피하여 지나가고, 레위인도……보고 피하여 지나가되, 어떤 사마리아인은……그를 보고 불쌍히 여겨 가까이 가서 기름과 포도주를 그 상처에 붓고 싸매고 자기 짐승에 태워 주막에 데리고 가서 돌보아 주고, 이튿날에 데나리온 둘(two silver coins)을 내어 주막 주인에게 주며 가로되 이 사람을 돌보아 주라. 부비(extra expense)가 더 들면 내가 돌아 올 때에 갚으리라…… 네 의견에는 이 세 사람 중에 누가 강도 만난 자의 이웃이 되겠느냐. 가로되 자비를 베푼 자니이다. 예수께서 가서 이르시되 가서 너도 이와 같이 하라 하시니라." (눅11:25-37)

"잔치를 배설하거든 차라리 가난한 자들과 병신들(the disabled)과 저는 자들(the lame)과 소경들을 청하라. 저들이 갚을 것이 없는 고로 네게 복이 되리니. 의인들의 부활시에 네가 갚음을 받으리라."(눅14:13)

"베드로가 사방으로 두루 행하다가 룻다에 사는 성도들에게도 내려갔더니 거기서 애니아(Aeneas)라 하는 사람을 만나매 그가 중풍병으로 상 위에 누운 지 팔 년이라. 베드로가 가로되 애니아야 예수 그리스도께서 너를 낫게 하시니 일어나 네 자리를 정돈하라 한대 곧 일어나니." (행9:32-34)

"나면서 앉은뱅이 된 자를 사람들이 메고 와 성전에 들어가는 사람에게 구걸하게 하매 베드로와 요한에 앉은뱅이가 구걸하매 베드로가 은과 금은 내게 없거니와 내게 있는 것으로 네게 주노니 곧 나사렛 예수 그리스도의 이름으로 걸으라 하니 뛰어서 걸으며 하나님 찬미하더라."(행3:1)

"내게 주신 은혜로 말미암아 너희 중 각 사람에게 말하노니 마땅히 생각할 그 이상의 생각을 품지 말고 오직 하나님께서 각 사람에게 나눠주신 믿음의 분량대로 지혜롭게 생각하라. 우리가 한 몸에 많은 지체를 가졌으나 모든 지체가 같은 직분을 가진 것이 아니니……우리에게 주신 은혜대로 받은 은사(gift)가 각각 다르니……혹 섬기는 일이면 섬기는 일로……, 구제하는 자는 성실함으로……긍휼을 베푸는 자는 즐거움으로 할 것이니라. 형제를 사랑하여 서로 우애하고 존경하기를 서로 먼저 하며 부지런하여 게으르지 말고 열심을 품고 주를 섬기라……성도들의 쓸 것을 공급하며 손 대접하기를 힘쓰라."(롬12:-13)

"하나님이 그 원하시는 대로 지체를 각각 몸에 두셨으니……몸 가운데서 분쟁이 없고 오직 여러 지체가 서로 같이하여 돌아보게 하셨으니 만일 한 지체가 고통을 받으면 모든 지체도 함께 고통을 받고 한 지체가 영광을 얻으면 모든 지체도 함께 즐거워하나니, 너희는 그리스도의 몸이요 지체의 각 부분이라. 하나님이 교회 중에 몇을 세우셨으니…… 그 다음은 병 고치는 은사와 서로 돕는 것……이라. 다 사도겠느냐, 다 선지자겠느냐, 다 교사겠느냐, 다 능력을 행하는 자겠느냐"(고전12:18-29)

"피곤한 손과 연약한 무릎을 일으켜 세우고 너희 발을 위하여 곧은 길을 만들어 저는 다리(the lame)로 하여금 어그러지지 않고(not be disabled) 고침을 받게 하라."(히 12:12-13)

제5절

장애인 인권 회복 위한 한국교회 실천강령

지난 1993년 한국기독교회협의회 42회 총회에서는 '장애인의 인간다운 권리를 회복하기 위한 한국교회 실천강령'을 채택하였다. 장애인도 모든 사람과 마찬가지로 하나님의 형상으로 지음받은 존엄한 존재이다. 장애인에 대한 편견이나 차별 또는 이들을 소외시키는 것은 하나님에 대한 죄악이다. 실천강령의 내용은 다음과 같다;

- 장애인들이 자유롭게 예배를 드릴 수 있도록 교회 진입로와 모든 시설을 장애인들이 불편하지 않도록 개선할 것.

- 장애인에 대한 차별적 인식을 극복할 것.
- 장애인의 기본권 보장. 집단 및 지역이기주의로 장애인이 생활 할 집과 일할 건물과 공부할 학교 등을 짓지 못하게 하는 비인간적인 행위를 근절하기 위해 적극적으로 장애인들과 연대하여 행동할 것.
- 장애인들과 교회학교에서 통합교육을 실시할 것.
- 장애인의 의료재활, 교육재활, 직업재활, 사회재활을 적극적으로 도와줄 것.
- 자립할 수 없는 중증장애인에게 구호의 사랑을 나누고 자립할 수 있는 장애인에게는 자립을 돕는 선교를 할 것.
- 장애인교역자도 평등하게 주님의 사역을 할 수 있도록 안수와 청빙문제 등에 있어 선교적 우대와 협력을 강화할 것.

제6절 기독교장애인복지서비스

기독교장애인복지서비스는 하나님의 형상 회복이라는 근본이념과 사회통합과 사회연대를 이룰 인간존중, 정상화, 주류화, 사회형평, 의식화라는 실천이념을 구현할 구체적인 사업대안들을 의미한다. 기독교장애인복지 실천이념에 따라 기독교장애인복지체계를 정리하면 다음과 같다.

기독교장애인 복지체계

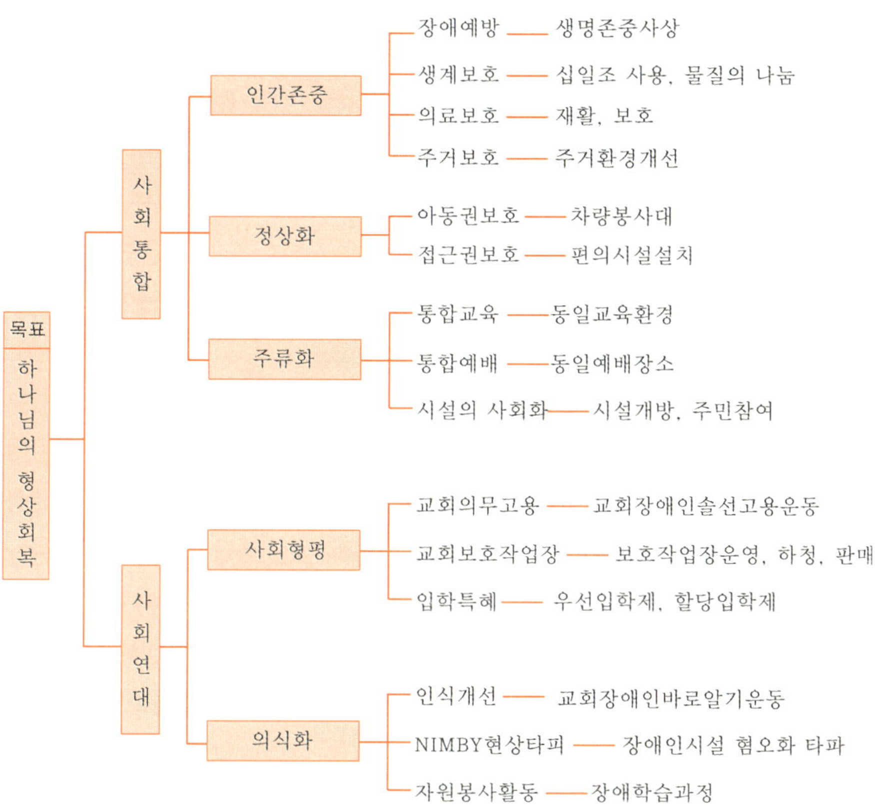

1) 인간존중을 위한 기독교장애인복지사업

인간은 하나님의 형상으로 지음받은 존엄한 존재이다. 장애인도 하나님이 보시기에는 비장애인과 똑같이 귀한 존재이다. 창세기에 하나님의 형상을 본받아 창조된 인간의 생명은 하나님의 것이기 때문에 소중히 간직해야 한다. 인간의 육체는 인간의 것이 아니라 하나님의 것으로 하나님께로부터 받은 성령의 전이다. 인간은 몸으로 하나님께 영광을 바쳐야 한다(고전6:19-20). 이러한 육체의 고귀함과 인간생명의 존엄성을 교회는 교회 안팎에 강조해야 한다. 구체적으로 교회차원에서 실시할 수 있는 복지사업을 서술하면 다음과 같다.; 첫째, 장애예방사업이다. 장애인실태조사에서 살펴본 바와 같이 전체 장애인의 88%가 후천성장애인이다. 존귀한 인간의 육체가 훼손되는 것을 예방할 수 있는 장애예방사업을 실시한다. 각종 보건교육프로그램을 교회 내에서 실시하거나 지역사회의료기관의 보건교육정보를 안내해 주고, 지역사회산업체들에게 생명존중사상을 계몽함으로써 산업안전에 대한 경각심을 일깨워 줄 수 있다.

둘째, 생계지원사업이다. 장애인형제들은 대부분 노동능력이 없거나 비장애인에 비해 뒤떨어지기 때문에 자신의 노동을 통한 생계유지가 어렵다. 장애인실태조사에서 나타났듯이 장애인들이 가장 희망하는 복지서비스 가운데 두 번째 서비스가 생계보장서비스이다. 생계보호는 장애인형제들에게는 참으로 절실한 욕구이다. 교회는 하나님의 형상으로 지음받은 인간이 인간으로서 최소한의 품위를 유지하며 생활할 수 있도록 이들의 생계를 원조해 주어야 한다. 매 삼년 끝의 십일조는 가난한 이웃들을 위하여 사용하도록 하나님께서 명령하셨다. 교회는 하나님의 명령에 순종하는 자세로 십일조의 일부를 가난한 장애인들을 위해 사용함으로써 빈곤장애인들이 인간으로서 품위를 유지하며 살아갈 수 있도록 도와줌으로써 하나님의 형상으로 지음받은 인간의 존엄성을 그들에게 되찾아 주어야 한다. 사회봉사주일 특별헌금을 통해 교인들이 별도로 물질을 바쳐 그들의 생계를 도와주거나, 비장애인교우들이 장애인형제들과 일대일 후원결연사업을 전개한다던가, 푸드뱅크(식품나눔은행)를 신설하거나 연계하여 이들의 생계를 원조해 주는 방안도 있다.

보건복지부에 따르면 불우이웃과 훈훈한 정을 나누는 결연사업이 소년소녀가장, 시설보호 아동 그리고 노인에게만 치중되고 장애인은 외면당하고 있는 것으로 나타났다. 시설보호아동의 경우 대상자 23,842명 가운데 후원자는 20,963명으로 결연율이 87.9%에 달했고 소년소녀가장의 경우 결연대상자 14,440명 가운데 12,550명이 결연을 맺어 결연율 86.9%에 달했으며 시설보호 노인의 경우 결연대상자 6,297명 가운데 4,450명이 결연을 맺어 결연율 70.7%에 달해 상당히 높은 수준의 결연율을 나타내고 있다. 그러나 장애인의 경우 결연율이 극히 부진한 편이다. 거주지에서 보호를 받고 있는 재가장애인의 경우 대상자 24,669명 가운데 결연자는 1,544명 밖에 없어 결연율이 6.3%에 불과했고 복지시설에서 보호 중인 시설보호 장애인의 경우 대상자 13,936명 가운데 결연자는 1,174명으로 결연율이 8.4%에 그쳐 불우이웃결연사업의 혜택이 일부 계층에 너무 치우쳐 골고루 혜택을 받지 못하고 있다. 이와 같은 결연사업 혜택의 계층 간 격차로 인해 장애인이 소외되는 것을 교회가 도와준다면 나름대로 의미가 있을 것이다. 교회가 교인을 대상으로 개인별 결연사업을 적극 홍보해 추진하는 것도 중요하지만, 교회가 교회예산 가운데 장애인결연사업 항목을 넣어 제도적으로 장애인결연사업을 추진해 준다면 그 효과는 더욱 클 것으로 보인다. '1교회 2장애인 결연운동'과 같은 복지사업을 시도해 볼 수도 있을 것이다.

셋째, 의료보호사업이다. 예수님께서는 이 땅에 오셔서 장애인들을 위해 많은 치유의 이적을 행하셨다. 장애인실태조사에서 나타난 바와 같이 장애인들이 가장 희망하는 복지서비스 가운데 첫 번째는 의료혜택인 것으로 나타났다. 장애인들의 의료재활은 장애인들이 전인적인 재활을 이룰 수 있는 첫 단계로서 다른 부문의 재활을 이루는 기초가 된다. 소망교회의 경우 정부와 협력하여 국내에서 가장 큰 직업병 예방-치료 연구병원인 재중병원을 설립하여 직업병근로자를 위한 의료보호사업을 진행 중이다. 교회가 이처럼 직접 장애인재활병원을 설립하거나 물리치료시설을 갖추어 장애인 의료보호사업을 실행할 수도 있겠지만 대부분의 경우 교회 형편상 이를 실행하기가 어렵다. 이러한 경우 교회는 인근 지역의 장애인복지관이나 공공재활기관 그밖에 이웃사랑에 동참하길 자원하는 지역사회의 병원이나 의원들을 파악하고 이들과 지역사회의 장애인형제들을 연계하여 재활치유에 관한 의료보호서비스를 받을 수 있도록 하여주는 중간자의 역할을 수행할 수 있다. 즉, 교회가 의료보호의 필요가 절실한 장애인형제와 그들에게 도움을 줄 수 있는 지역사회의 의료자원을 먼저 파악하고 양자간을 적절하게 연계해 주어 적절한 서비스를 받을 수 있도록 하여주고, 필요한 추가조치가 있다면 이를 강구해 주는 브로커(broker)의 역할을 수행하는 사례관리(case management)를 실시할 수 있다. 또한 최근 외국에서 많이 실시하는 CBR(Community Based Rehabilitation)사업에 교회가 개입해 보는 것이다. CBR사업이란 장애인을 위한 지역사회재활사업으로 재활센터를 방문하기 어려운 재가중증장애인들을 위해 가정에 재활팀(재활전문의, 물리치료사, 작업치료사, 간호사, 운전기사 등)이 직접 방문하여 필요한 재활서비스를 제공해 주는 것인데 현재 우리나라에서도 이동재활병원 형태(예: 이동안과병원)로 유사한 프로그램을 일부 지역과 병원에서 시도하고 있다. 교회는 재활팀에 자원봉사자인 성도를 참여시켜 재활팀을 보조해 주면서 장애인형제에게 하늘나라의 희망을 갖게 하고 정신적으로 위축되거나 불안정한 생활을 하지 않도록 영적서비스를 제공하여 재활팀과 영성팀이 함께 하는 사업이 되게 한다.

넷째, 주거보호사업이다. 장애인실태조사에 따르면 전체 장애인의 97.7%는 주거지에서 생활하는 재가장애인들이다. 그런데 장애인들이 거주하는 주택의 경우 장애인들이 생활할 수 있도록 개조된 장애인전용주택이 아니라 거의 대부분 비장애인들이 생활하는 일반주택에서 생활하고 있다. 따라서 거동이 불편한 장애인들은 자신의 신체적 불편 이외에 주거시설로 인한 불편을 겪고 있는 것이다. 교회가 장애인전용주택을 마련해 장애인들의 주거복지를 실천하기는 거의 불가능한 것이 우리의 현실이다. 이러한 경우 교회가 할 수 있는 일은 장애인전용 공공임대아파트의 입주조건을 확인한 후 복지담당자와 상의해 입주를 알선해 줄 수 있다. 장애인형제들이 현재 거주하는 주택의 내부구조를 일부 개조하거나 간단한 시설을 설치해 주는 주택개량사업을 실시할 수도 있다. 예를 들어 지체장애인의 경우 집안의 문턱을 낮추어 준다던가, 휠체어가 책상 면 아래로 들어갈 수 있도록 여유공간을 만들어 준다던가, 화장실에 손잡이를 설치해 준다던가, 세면대의 높이를 조절해 준다던가, 침대높이를 조정해 준다던가, 현관에 경사로가 필요한 경우 간단한 철제경사로를 설치해 주는 일을 수행할 수 있다.

2) 정상화를 위한 기독교장애인복지사업

한 나라의 문명의 성숙도의 척도 가운데 하나는 장애인들이 얼마나 자유롭게 활동할 수 있느냐로 측정된다고 한다. 장애인이 가지고 있는 장애 요인은 짧은 기간에 치유되거나 본래의 상태로 회복되기 어려운 경우가 많다. 따라서 장애인이 장애를 지닌 상태로 주류사회에서 정상적인 생활을 영위할 수 있도록 생활환경을 현실적으로 조성해 주어야 한다. 장애인실태조사에서 나타난 바와 같이 장애인이 외부활동을 하는 데 겪는 주된 어려움은 교통수단을 이용하는 데서 겪는 불편, 동반자가 없어 겪는 불편, 장애인편의시설이 미비되어 겪는 불편이다. 장애인의 정상화를 위한 기독교사회복지는 장애인의 접근권과 이동권을 보장해 주려는 노력이다.

첫째, 장애인의 이동권을 보호해 주기 위한 노력이다. 장애인들이 외부활동을 할 때 가장 불편은 교통수단을 이용하기가 어렵다는 것이다. 장애인 가운데는 장애인용으로 개조된 차량을 운전하는 경우도 있지만 대부분의 경우 대중교통을 이용하게 된다. 그러나 버스의 경우 시간적으로 장애인이 이용하기가 어렵고 목적지까지 가기 위해서는 몇 번 갈아타야 되며 승하차하기도 매우 불편하게 되어 있다. 지하철의 경우 지하철에 오르기까지가 번잡스럽고 어려울 뿐 아니라 목적지도 제한되어 있다. 영업용택시의 경우 비용이 많이 소요될 뿐만 아니라 일부 기사의 경우 승차거부를 하는 경우도 있다. 따라서 교회가 장애인의 이동권을 보호해 주기 위한 노력으로서 교회가 교회소속의 차량을 이용하여 지역사회의 장애인형제들에게 차량봉사를 하여줄 수 있다. 특히 장애인형제들이 병원에 치료를 받기 위해서 이동해야 할 때 차량봉사는 큰 의미가 있다. 이를 위해서는 교회가 장애인형제들에게 교회차량의 이용가능시간, 이용목적, 이용가능차량종류 등에 관해 장애인형제들과 그 가족들에게 적절한 홍보가 이루어져야 한다. 또 하나는 교회가 차량을 소유하고 또 운전 가능한 교인자원봉사자들과 지역사회자원봉사자들을 중심으로 차량봉사대를 만들어 운영할 수 있다. 교회는 교인들 가운데 봉사를 희망하는 자가운전자와 이에 동참하길 원하는 지역사회자가운전자들을 모집하고, 이들에 대해 필요한 영성교육과 장애인에 관한 교육을 실시한 후, 봉사자의 인적사항 봉사가능 일시와 차량종류에 관한 사항을 정리한 후 목회자가 이들과 함께 차량봉사대를 구성한다. 그런 연후에 교회는 장애인형제들에게 장애인 차량봉사대에 관한 홍보를 한다. 홍보의 내용은 장애인차량봉사대가 이웃사랑을 실천하려는 성도들의 자발적인 모임이며 어떠한 목적으로 언제 어디서 이용 가능한지 등을 포함한다. 무엇보다 장애인들이 아무 부담 없이 편안한 마음으로 이용할 수 있도록 홍보를 해야 한다. 교회는 신약시대 성도들이 혼자서는 이동할 수 없는 장애인을 예수님 앞에서 치유 받게 하기 위해서 이들을 들것에 싣고 나아간 그 정신을 본받아 이웃사랑정신으로 장애인의 이동권을 보호해 주도록 노력을 하여야 한다.

둘째, 장애인의 접근권을 보호해주려는 노력을 해야 한다. 접근권이란 장애인 등이 인간으로서의 존엄과 가치 및 행복을 추구할 권리를 보장받기 위하여 장애인 등이 아닌 사람들이 이용하는 시설과 설비를 다른 사람의 도움 없이 동등하게 이용하고, 장애인 등이 아닌 사람이 접근할 수 있는 정보에 다른 사람의 도움 없이 자유롭게 접근할 수 있는 권리를 말한다(장애인복지과, 1997:4) 장애인들이 목적한 건물 입구까지 이동을 했다 하여도 필요한 서비스를 제공받기 위해 건물 내 서비스 제공부서에 접근하기까지는 건물구조상 여러 가지 불편을 겪게 된다. 따라서 장애인들이 필요로 하는 서비스를 건물 내에서 편리하게 이용하게 하기 위해서는 필요한 편의시설들이 갖추어져야 한다. 정부는 97년 '장애인-노인-임산부 등의 편의증진 보장에 관하 법률'을 제정하여 공공건물 및 공중이용시설, 공동주택, 통신시설, 도로, 공원, 교통수단 등에 경사로, 휠체어리프트, 장애인용 화장실, 장애인용주차장, 유도블록, 장애인용 공중전화대 등과 같은 편의시설의 설치를 의무화하고, 편의시설 미설치 시에는 시정명령을 하고 이에 응하지 않을 경우 3천만 원 이하의 이행강제금과 500만 원 이하의 벌금을 부과하도록 규정하고 있다. 장애인편의시설을 설치함에 있어 적용되는 기본원칙은 장애인 등이 공공건물이나 공중이용시설을 이용할 때 가능한 최단거리로 이동할 수 있도록 편의시설을 설치해야 한다는 것이다.

일반 사회기관들이 장애인의 접근권을 보호하기 위해서 제도적 노력을 하고 있는 현실에서, 하나님의 형상을 부여받은 인간으로서 장애인의 존엄성을 존중하기 위해서 교회는 사회기관보다 더 솔선하여 장애인편의시설을 교회 내에 설치해야 하며 장애인편의시설의 중요성을 교회 안팎에 전해야 한다. 수년전 조사된 결과에 따르면 수도권의 대형교회 가운데 장애인편의시설이 설치되어 있지 않은 사례가 많은 것으로 나타났다. 장애인들이 하나님 앞에 나아오는데 교회 건물의 건물구조나 시설 자체가 하나의 장애요인이 되어서는 안 된다. 지극히 작은 자 하나에게 하지 아니한 것은 곧 하나님께 하지 않은 것이다. 최근 기독교계는 문제의 심각성을 인식하고 교회 내에 장애인편의시설을 갖추려고 노력하고 있다. 새로 건립된 구리시의 K교회는 장애인의 접근과 이동이 편리하도록 특별히 설계하였다. 교회에는 문턱이 없으며 장애인형제들이 차에서 내리면 휠체어를 탄 채 전용엘리베이터로 지하 예배실로 내려갈 수 있다. 예배실 양쪽 경사로를 따라 휠체어를 탄 채로 설교대까지 오르내릴 수 있다. 교회가 우선 본을 보인 후 사회가 그 모습을 보고 뒤따를 수 있도록 교회는 행동하는 믿음을 보여주어야 한다. 교회는 장애인형제에게 '장애가 없는 교회(barrier-free church)'가 되어야 한다.

3) 주류화를 위한 기독교장애인복지사업

장애인들이 비장애인들과 같은 교육환경 내에서 교육을 받고, 같은 예배장소에서 예배를 드리면서 서로 교제하는 통합교육과 통합예배를 통해 주류사회(main-stream society)속으로 통합될 수 있다. 본래 주류화란 교육적 의미로 사용되었다. 주류화(mainstreaming)란 장애아동들이 장애인특수학교나 장애인특수교실에서 분리되어 교육을 받는 것이 아니라 정규공립학교에서 비장애인들과 더불어 같은 교육환경 내에서 교육을 받고, 서로 상호 교제함으로써 장애인들이 필요 이상으로 달리 인식되는 것을 예방하고, 비장애인아동들에게 장애아동들도 그들과 많은 공통점을 갖고 있다는 사실을 배울 수 있도록 하여주는 노력을 의미한다(DiNitto & Dye, 1987: 102-103).

주류화이념은 성경 가운데 이미 실천되고 있었다. 예수님께서 말씀을 전하실 때 많은 장애인들이 비장애인들과 함께 있었다. 예수님은 장애인들을 비장애인과 분리해 놓고 따로 말씀을 전하시지 않으시고 함께 말씀을 전하셨다.

"예수께서 저희와 함께 내려오사 평지에 서시니 그 제자의 허다한 무리와 또 예수의 말씀을 듣고 병 고침을 얻으려고 유대 사방과 예루살렘과 및 두로와 시돈의 해안으로부터 온 많은 백성도 있더라."(눅6:17) "예수께서 갈릴리 호숫가 산에 올라가 앉으시니 큰 무리가 절뚝발이와 불구자와 소경과 벙어리와 기타 여럿을 데리고 와서 예수의 발 앞에 두매 고쳐 주시니 벙어리가 말하고 불구자가 건전하고 절뚝발이가 걸으며 소경이 보는 것을 무리가 보고 기이히 여겨 이스라엘의 하나님께 영광을 돌리니라."(마15:30-31)

예수님의 복음전파 모습에서 우리는 주류화이념이 실천되는 것을 발견할 수 있다. 교회는 예배 가운데 이를 본받아야 한다. 교회는 장애인들을 비장애인들과 분리해서 따로 예배를 드리지 말고, 함께 통합하여 예배를 드려야 한다. 지체장애인 형제들이나 시각장애인형제들은 말씀을 듣는 데 아무 문제가 없다. 다만 청각장애인형제들이 있는 경우 그들을 위해서는 말씀을 중개해 줄 수화통역자가 필요하다. 이를 위해 교회는 수화교육자를 초빙해 전도사나 청년부-대학부의 젊은 성도들에게 수화교육을 실시하거나 청각장애인복지회관 등에 위탁하여 수화교육을 받도록 할 수 있다. 가장 작은 자에게 복음을 전하려고 애쓰는 교회의 모습을 하나님께서는 기쁘게 바라보실 것이다.

일부 교회에서는 장애인형제들을 위한 복지시설을 직접 운영하고 있다. 일부 교회의 경우 복지재단을 설립해 중증장애아동들을 위한 요양시설을 운영하고 있다. 대부분의 기독교장애인복지시설들은 장애인들을 그리스도의 정신에 따라 보살펴 주고 훈련과 치료를 통해 이들의 잔존능력을 개발하여 줌으로써 이들이 인간다운 삶을 누릴 수 있도록 하는 데 목적을 두고 있다. 그런데 이와 같은 시설수용의 경우 수용된 장애인들이 일반사회와 접촉할 기회가 적어 주류사회와 유리된 채 생활하게 되는 문제가 있다.[2)] 장애인형제들이 시설 가운데 고립되어 사회로부터 소외된 채 살아가는 모습은 존엄성을 간직하면서 인간답게 살아가길 원하시는 하나님의 뜻에 부합되지 못하는 것이다. 이러한 문제를 시정하기 위해 교회는 장애인시설을 지역사회에 개방하고 시설운영에 지역주민들이 직간접적으로 참여하도록 함으로써 시설이 지역사회로부터 고립되는 것을 방지하는 시설의 사회화를 위한 노력을 기울여야 한다. 지역사회주민들이 기독교장애인시설을 이용함으로써 교회가 가장 작은 자를 위해 실천하는 사랑을 깨닫게 되고, 주민들이 장애인들과 접촉을 자주 함에 따라 장애인들이 비장애인들과 상호 교제할 수 있는 기회를 갖게 되며, 비장애인들은 장애인들에 대한 편견을 해소할 수 있게 되고, 지역사회는 교회의 장애인시설을 지역사회의 일원으로 간주하게 된다. 이러한 시설의 사회화 노력을 통해 장애인형제들이 주류사회에 통합될 수 있다.

2) 일반적으로 시설수용의 경우 집단생활 능력을 키울 수 있는 장점이 있지만 반면 개인의 자유와 창의성을 제약할 수 있고, 시설이 부과하는 규제와 환경이 이들을 안전하게 보호할 수 있지만 반면 시설에 대한 의존성을 키워 개인의 독립성을 저해하게 되고, 일반사회와 접촉이 결여되어 사회와 유리된 채 생활하게 된다는 문제점이 지적되고 있다.

4) 사회형평을 위한 기독교장애인복지사업

사회형평(social equity)이란 가진 자의 희생과 양보를 통해서 사회적으로 열악한 집단들의 복지를 증진시키려는 사회적 노력을 말한다. Rawls의 정의론 가운데 차등의 원리(difference principle)에 따르면 우리사회에 불평등이 존재한다면 그 불평등의 존재로부터 사회의 가장 열악한 처지에 있는 사람들에게, 즉, 최소수혜자(the least advantaged)에게 최대 이익이 돌아갈 때에 한해서 그 불평등은 합리화될 수 있다고 한다. 사회가 가진 자로부터 누진적인 세금을 거두고 그것을 재원으로 열악한 처지에 있는 사람들을 위해 복지사업을 실시한다면 그것은 사회형평을 위한 노력이 되는 것이다. 누진적 조세제도와 복지제도를 통해서 부가 가진 자로부터 갖지 않은 자에게 이전되고, 가진 자의 희생과 양보를 통해 갖지 않은 자의 삶이 향상되어 더불어 잘 사는 사회가 형성되는 것이다. 장애인들의 경제적 어려움을 해결하기 위해서 생계보조사업을 실시할 수도 있지만 장애인들의 사회적 지위향상(up-ward mobility)을 위해 비장애인들과 차등해서 취업과 진학시에 일정한 혜택이나 우선권을 부여하여 그들이 주류사회에 쉽게 진입할 수 있도록 긍정적 조치(affirmative action)를 취해 주는 것도 사회형평이념을 실현하는 사회적 노력이다,

부족한 신체적 정신적 조건으로 말미암아 사회의 경쟁에서 뒤떨어져 열악한 처지에서 살아가야 하는 장애인형제들에게 교회가 중심이 되어 이들의 사회적 지위향상을 위해 노력하는 것은 하나님의 형상으로 존엄하게 태어난 인간의 모습을 회복시켜 주는 첩경이 될 수 있다.

장애인실태조사에 따르면 15세 이상 전체 장애인의 32%가 취업상태이고 이들 가운데 40%는 자영업에, 31%는 농업에, 23%는 단순노무에 종사하고 있는 것으로 나타났다. 전체의 2/3는 실업상태에 있다. 이들 다수의 실업장애인들을 위한 교회의 노력 가운데 관심을 끄는 것은 '교회가 장애인 솔선고용하기 운동'이다. 교회의 이웃 사랑을 장애인과 함께 하자는 취지에서 교회가 앞장서서 장애인을 교회의 사무직원이나 경비원으로 고용하자는 것이다. 따라서 출석교인 일정 규모 이상 전국의 교회들이 출석교인 수에 비례해서 일정수의 장애인을 솔선해 고용한다면(예를 들어 평균 출석

교인 1,000명 당 1명의 장애인 의무고용) 고용효과도 크겠지만 그보다도 교회가 사회가 외면하는 이웃에게 우선적으로 사랑을 몸소 실천하고 있다는 모습을 사회에 보여주는 계기가 될 수도 있다.[3] 이러한 노력이 개교회 차원보다도 교단적 차원에서 정책적으로 이루어진다면 보다 효과적일 것이다.

일부 교회에서는 장애인들을 위하여 교회가 직접 보호작업장을 만들어 장애인의 자립과 재활을 도와주는 동시에 의존자가 아닌 독립된 근로자라는 사회적 지위를 이들에게 부여해 주고 있다. 그러나 대부분의 교회가 직접 보호작업장을 설치해 운영하기에는 현실적 어려움이 있다. 이러한 경우에는 대다수 장애인보호작업장이 겪고 있는 문제인 일감 부족과 판로개척문제를 도와줌으로써 이들의 사회적 지위 유지에 기여할 수 있다. 교회가 이웃사랑을 실천하는 차원에서 사업을 하는 성도들에게 장애인보호작업장에 하청을 주거나 관련된 품목을 주문하도록 권면한다든가, 장애인보호작업장이 생산한 물품을 성도들이 집단적으로 구입해 사용하거나 바자회 등을 통해서 판매를 지원해 주는 방안도 고려할 수 있다. 이와 같은 사랑의 실천을 통해서 사회로부터 천대받고 업신여김을 받는 장애인형제들이 근로자라는 사회적 신분을 지속적으로 유지할 수 있게 된다.

장애인의 교육수준은 국졸 이하가 61.2%로 심각할 정도의 저학력 문제를 나타내고 있다. 저학력 문제는 사회적응과 취업문제로 연결되기 때문에 이러한 문제를 해결할 제도적 노력이 필요하다. 교계에는 학교법인을 설립해 운영하는 교회나 교단들이 있다. 이들 교회나 교단들은 산하 교육기관들이 정상적인 경쟁절차를 거친다면 진학이 어려운 장애인들을 우선입학시키거나 일정한 혜택을 부여하거나 정원 외 입학을 허용하는 입학제도를 채택하도록 노력해야 한다. 장애인들에게 일정한 가산점을 부여할 수도 있고 정원의 일정 비율을 정해 장애인을 우선입학시키는 제도를 택할 수도 있다. 비장애인들이 보기에는 불평등하게 보이겠지만 이러한 불평등의 존재로부터 사회의 열악한 집단들, 즉, 최소수혜자들이 최대 이익을 누릴 수 있다면 그 불평등은 합리화될 수 있다.

3) 본래 장애인고용촉진제도는 정부기관이나 300인 이상 사업체의 경우 장애인을 상시근로자 총수의 2% 이상 의무적으로 고용하도록 하고 있다. 만일 장애인고용률이 기준고용률 2%에 미달할 경우 미달된 사업체는 일정액의 고용분담금을 납부하도록 되어 있다. 이와 같이 법으로 장애인고용을 규정하고 있지만 현실적으로 장애인고용은 기준고용률에 훨씬 미달되고 있어 장애인 취업은 매우 어려운 입장에 있다.

좀 더 가지고 있고 좀 더 능력이 있는 비장애인 성도들이 하나님의 명령에 순종하는 자세로 이웃사랑을 실천함으로써 좀 덜 갖고 있고 좀 더 능력이 부족한 장애인형제들이 혜택을 입어 더불어 잘 사는 공동체가 이루어진다면 사회는 형평스러워지고 하나로 통합되며 하나님의 형상이 이들 가운데 회복되어질 것이다.

5) 의식화를 위한 기독교장애인복지사업

장애인에 대한 이해의 부족과 잘못된 인식은 오늘날 장애인이 직면하고 있는 가장 큰 어려움 가운데 하나이다. 장애인에 대한 잘못된 이해 가운데 가장 문제가 되는 것은 장애인의 능력이나 일상생활 전반에 대한 잘못된 인식과 장애의 원인에 대한 비과학적이고 미신적인 선입견이다. 장애인에 대한 이해 부족과 그릇된 인식이 장애인에 대한 차별을 낳고 이 차별이 다시 이해의 부족을 낳는 악순환 현상이 나타난다(서광윤, 1996:129-130). 따라서 장애인을 업신여기거나 혐오스럽게 생각하거나 잘못 이해하고 있는 사람들의 의식을 바꾸어 놓거나 장애인에 대한 올바른 인식을 심어 주는 의식화(consciousness-raising)작업이 사회적으로 이루어져야 한다. 교회는 장애인을 비인간적으로 바라보는 비장애인들의 사회적 편견과 이해 부족을 시정하여 장애인이 하나님의 형상을 부여받은 존귀한 존재로서 올바로 인식되고 이해되도록 장애인과 비장애인 모두의 의식을 바로 하는 노력을 기울여야 한다.

교회는 장애인에 대한 인식을 올바로 하기 위한 인식개선사업을 전개해야 한다. 먼저 교회는 가칭 '장애인 바로 알기 운동'을 전개한다. 장애인에 대한 올바른 사실들과 과학적 이론에 근거를 둔 정보를 제공하고, 장애인에 호감을 주고 친밀감을 느낄 수 있는 사례를 전해 주며, 특히 어린 아동들에게 우선적으로 교육한다. 성공한 몇 몇 위대한 장애인의 사례는 그렇지 못한 다수의 장애인을 또 다시 차별하는 결과를 가져올 수도 있으므로 신중을 기해야 한다. 그 보다는 다수의 평범한 장애인들이 살아가고 있는 정상적이고 행복한 삶을 소개해 주어 그들이 친근한 우리의 이웃임을 보여주는 것이 좋다. 교회에서 장애인 음악회나 미술전시회를 개최하는 것도 비장애인들의 인식을 바꾸어 주는 대안이 될 수 있다.

장애인 자신도 자신을 자학하거나 위축되거나 자신을 소외시키지 말고 동등한 사회의 일원으로서 하나님의 귀한 자녀로서 자신의 가치를 인식하면서 떳떳하게 세상 가운데 살아가도록 노력해야 한다. 교회는 장애인형제들이 하나님 앞에 동등하게 존엄한 인간임을 인식할 수 있도록 노력해야 한다. 자신의 장애를 오히려 하나님께 감사하는 시각장애인 헬렌켈러의 자기 고백은 장애인 형제들과 비장애인들에게 교훈이 되고 있다. "하나님이 나에게 이러한 어려운 길을 주신 것을 감사한다. 나는 눈이 없지만 내 속의 눈으로 하나님을 볼 수 있고, 내 속의 귀로 하나님의 말씀을 들을 수 있다. 이렇게 된 것을 하나님께 감사한다."

교회는 지역이기주의에 편승한 님비현상에 대해 적극적으로 대처해야 한다. 님비현상이란 NIMBY(Not In My BackYard)에서 나온 말로서 사회적 혐오시설이 자신이 살아가는 지역사회에 건립되거나 이전해 오는 것을 반대하는 집단이기주의 내지 지역이기주의 현상을 말한다. 불행하게도 우리사회의 일각에서는 장애인특수학교나 장애인복지시설들을 일종의 혐오시설로 인식하고 이들 시설들이 지역사회에 설립되거나 이전해 오게 되면 그 지역의 땅값이나 아파트 값이 떨어져서 지역사회에 많은 손해를 끼치게 된다는 잘못된 인식들이 퍼져 있었다. 교회는 방관자의 자세에서 벗어나서 지역주민들의 잘못된 인식을 바로 잡아 주고 장애인시설이 오히려 지역사회발전에 긍정적으로 기여할 수 있다는 사실들을 이해시켜 주어야 한다. 성경적으로 장애인도 하나님의 자녀로서 우리가 사랑을 베풀어야 할 대상들임을 분명히 천명해야 하며 이웃사랑을 실천할 대상을 거부하는 집단적 이기주의는 성경적 정의에 벗어난 죄악임을 전해야 한다.

교회는 장애인들을 위한 자원봉사활동을 전개하여 장애인에 대한 인식을 개선할 수 있다. 자원봉사활동(volunteerism)이란 어원상 voluntas(자유의지) + eer(사람)의 복합어에서 유래된 것으로서 자원봉사활동이란 모든 사람이 행복하게 살아가는 복지사회를 실현하기 위하여 자유의지를 가지고 자기 스스로 강제받지 않는 상태에서 다른 사람이나 사회를 위해 헌신하려는 개인적 집단적 행위와 활동으로서 인간성을 회복하고 지역사회를 회복하는 계기가 된다(김영호,1996: 37-46, 한국사회복지연구회, 1997: 18-34). 이러한 자원봉사활등의 다른 한 측면은 자원봉사활동이 일종의 체험학습과정이 된다는 것이다. 장애인에 대해 편견을 갖거나 잘못 이해하던 성도들이 장애인들을 위해 자원봉사를 행함으로써 장애인에 대해 올바로 인식하게 되고 편견을 버리게 되며 장애인들을 위해서 자신과 사회가 무엇을 해야 할 것인가를 생각하게 된다. 장애인을 위한 다양한 자원봉사가 있을 수 있지만, 무엇보다 장애인과 직접 만나 신체적 접촉을 하면서, 행하는 자원봉사가 장애인에 대한 거리감이나 거부감을 없애고, 참 모습을 발견할 수 있는 기회가 될 수 있다. 동행봉사나 목욕봉사가 좋은 예라고 할 수 있다.

교회가 자원봉사활동을 전개함에 있어 구역제도를 활용하면 효과적으로 재가장애인을 위한 자원봉사를 실시할 수 있다. 구역회의 유래는 1742년경 영국의 John Wesley가 수십 개의 신도회를 만드는 데서 유래한다. 당시에는 구역회가 매주 한번 한 시간 정도로 저녁시간에 모였다. 모든 회원은 가능한대로 매주 1페니씩 헌금하였고, 이를 가난한 자를 돕거나 순회전도자를 후원하는데 사용하였다. 이러한 모임을 제안한 존 웨슬리는 구역회 지도자들에게 두 가지 임무를 부여하였다. 첫째는 자기 구역, 속회 내의 사람들을 적어도 일주일에 한번 찾아가서 그들의 영혼이 어떻게 성장하였는가 조사해 보고 기회가 있는 대로 충고하고 위로하고 권고하는 일이다. 또한 그들이 바치는 헌금을 모아서 가난한 자들을 구제하는 데 사용토록 한다. 둘째, 구역장들은 병든 자나 생활이 불안한 자, 그리고 자기 잘못을 깨닫지 못하는 자들을 교역자에게 보고하고 헌금을 전해 준다. 또한 신도회원들을 일주일에 한번 이상 심방하여 신앙형편을 조사하고 권면, 책망, 위로, 격려, 구제하는 일을 담당한다. 이와 같이 시작된 구역제도는 전체 장애인의 97.7%인 재가장애인을 위한 봉사매체로서 의미 있는 역할을 할 수 있음을 의미하고 있다.

자기 주거지에서 생활하는 재가장애인들에게 교회의 구역회가 직접 제공할 수 있는 서비스는 빨래 청소 식사준비 등 가사원조봉사, 환자를 위한 병 수발봉사, 약품구입 및 병원안내봉사, 상담봉사, 후원자 결연봉사, 취업알선 및 부업알선봉사 등이 있다. 또한 교회의 구역회가 재가장애인 가족을 위해 제공할 수 있는 서비스로는 장애인가족들이 매일 겪게 되는 장애인수발에서 잠시 벗어나 휴가를 가질 수 있도록 재가장애인을 교회에서 며칠 맡아 주는 장애인가족휴가프로그램과 장애인가족의 아동을 돌보아 주는 탁아프로그램을 들 수가 있다.

제8장 기독교 노인복지

경제가 성장되어 가면서 한국의 사회는 전통적인 농경사회에서 산업사회로 변화되어 왔다. 이러한 사회의 변화는 산업구조나 국민경제상황의 변화뿐만 아니라 사회문화적 그리고 인구학적인 변화도 함께 가져왔다. 경제성장과 더불어 의학이 발달되고 전국민의료보험제도로 의료자원이 대중화되어 감에 따라 평균수명이 증가하고 이와 함께 한국의 노령인구도 점차 증가하는 추세를 보이고 있다. 70년에 3.3%이던 노인인구의 비율이 80년에 3.9%, 90년에 4.7% 95년에 5.3%로 증가해 왔으며 2000년에는 6.3%, 2005년에는 9.3%, 2010년에는 10.9%, 2015년에는 12.9%, 2025년 19.9%에 이를 전망이다. 이런 추세라면 우리나라는 2005년경 고령화사회로 접어든 이후, 2018년 무렵 고령사회로 넘어가며, 2025년 초고령사회로 진입하게 될 전망이다. 일반적으로 65세 이상의 노령인구가 전체 국민의 7% 이상이 되면 그 사회는 고령화 사회(aging society)라고 부르고, 14% 이상으로 증가하면 고령 사회(aged society), 20% 이상으로 증가하면 초고령사회(ultra-aged society)라고 부른다. 그러나 인간은 신체적 정신적으로 노화의 진행 속도가 사람에 따라 다르기 때문에 산술적인 연령을 기준으로 고령화사회니 고령사회니 초고령사회니 하는 것은 합리적이지 못하다.

농경사회에서 산업사회로의 변화되어 감에 따라 노인들의 사회적 지위에도 변화가 일어났다. 농경사회에서 노인들은 생존에 유용한 지식과 경험을 겸비한 사람이자 재산의 소유주로서 가족과 친족과 지역사회에서 중요한 일원으로 인정받았었다. 그러나 산업사회로 바뀌어 감에 따라 산업구조가 바뀌고 핵가족화와 도시화가 이루어짐에 따라 노인들은 가정의 안팎에서 그들이 할 수 있는 일들이 점차 축소되게 되었다. 사람이 누리는 지위와 역할의 중요성은 역U자(inverted-U)현상을 나타낸다. 중년기에 누렸던 지위나 그들이 수행하는 역할의 중요성은 점차 격하되어 노인이 되어서는 어린아이와 같이 보잘 것 없이 된다.

더구나 농경사회에서 미풍양속으로 존중되어 왔던 경로효친사상도 사라져 가고 오히려 젊은 세대들로부터 비난의 대상이 되고 말았다. 산술적 연령을 기준으로 젊은 세대들은 세대교체론을 주장한다. 노인들은 전체 사회를 위해서 활동범위를 축소시키고 젊은 세대들에게 그들의 역할과 지위를 물려주어야 사회는 신진대사가 이루어지게 되고 건강하게 된다고 주장한다. 노인들은 자신의 주위에 있던 절친한 사람들이 사라져 감에 따라 느껴지는 정서적 고독뿐만 아니라 노인을 공경하지 않고 반기지 않는 사회로부터 느껴지는 사회적 고독을 겪게 된다. 한편으로는 가족을 중심으로 한 농경사회에서의 사적부양장치는 점차 약화되어 가고 다른 한편으로는 노인의 역할을 경시하는 사회적 태도로 인해 노인들의 앞날은 불안정하고 불확실하게 되었다.

노인은 수치스러운 비밀이 아니다. 노인은 오랫동안 후손을 양육하고 국가와 사회의 발전을 위해 헌신해 온 계층으로 국가와 사회와 가족으로부터 존경을 받고 건전하고 안정된 노후생활을 보장받아야 할 대상이다. 노인은 사회로부터 고립되어 소외된 생활을 하여서는 안 되며 각자의 능력에 따라 적당한 일에 종사하고 사회활동에 적극적으로 참여할 수 있는 기회가 보장되어야 한다. 노인은 노령에 따른 심신변화를 자각하고 심신의 건강을 유지하기 위해 노력해야 하며 국가와 사회도 이를 위해 노력해야 한다. 노인은 자신의 지식과 경험을 활용하여 사회의 발전에 기여하도록 노력해야 한다. 국가와 사회는 경로효친의 미풍양속이 유지되고 발전되도록 노력해야 한다(한국사회복지협의회, 1991:371).

성경은 노인을 지혜의 원천이고 공경의 대상이며 노인을 공경하는 것은 복 받을 행위임을 가르쳐주고 있다. 사회적으로 소외되고 경제적으로 어렵고 심리적으로 위축되어 고통 가운데 살아가는 노인들을 성서의 가르침대로 공경하고 돌보아 주는 것은 기독교인들의 당연한 의무이다. 기독교인들은 노인을 존경하고 노인의 지식과 경험을 흠모하며 노인들의 생활상의 곤란을 보살펴주고 그들이 평안히 생활을 할 수 있도록 도와주며 사회활동에도 적극적으로 참여할 수 있도록 인도해주어야 한다.

제1절

한국노인 실태

삼국시대이래 노인들은 돌봄의 대상으로 간주되었다. 노인은 사궁(四窮)인 환과고독(鰥寡孤獨: 홀아비, 과부, 고아, 돌보아 줄 사람 없는 노인)의 하나로서 가족과 사회와 국가로부터 보호를 받았다. 노인은 네 가지의 고통을 겪는다고 한다. 전통적으로 한국노인이 겪는 사고(四苦)는 병고(病苦), 빈고(貧苦), 고고(孤苦), 무위고(無爲苦)이다. 병들고, 가난하고, 외롭고, 할 일이 없어 괴로운 삶을 살아가고 있다. 정부는 노인들이 겪는 고통을 완화하기 위해서 노인의 심신의 건강유지 및 생활안정을 위하여 필요한 조치를 강구하고 노인의 복지증진을 위해 제도적인 노력을 하고 있다.

과거의 우리나라의 공적인 노인복지는 일종의 보충성의 원리를 띠고 실행되어 왔다. 자신과 가족의 능력과 적극재산을 모두 활용하고 난 후 그래도 어려울 때 국가가 보충적으로 개입하여 보호하는 '선가족보호-후국가보호'의 형태를 띠고 있다.

인간이 생물학적으로, 사회적으로, 심리적으로 노화가 되면 신체 능력이 떨어지고 직책이 요구하는 필수조건들을 충족시키지 못하게 되거나 기술 변화에 적응하지

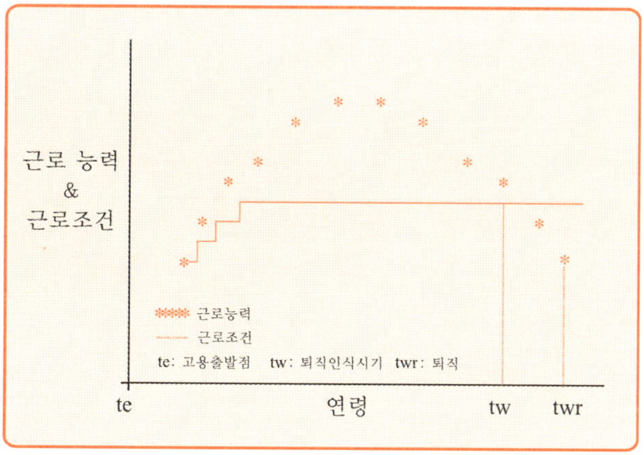

【연령과 근로능력 및 근로조건과의 관계】

못해, 대체로 신체능력, 사회적 유용성, 생산성 등에 있어서 젊은 세대들과 차이가 나게 되고, 이러한 현상을 자신과 직장에서 인식하는 시기가 도래하게 된다.

위 표는 연령과 근로능력과 근로조건과의 관계를 도표화한 것이다. 도표상의 tw → twr로 접어들어 감에 따라 사람은 사회로부터 점차 퇴직이란 사실을 예측하게 된다(Kreps, Juanita M., 1971: 3-9; Ross, 1965: 333-357; Burtless, 1987: 5-11). 이러한 현상은 사람에 따라 서로 다르게 나타나지만 노령이란 사실은 일반적으로 생산현장에서 부정적으로 인식되어 고령인구층 모두에 대한 편견으로 발전하게 된다. 이러한 사회적 편견은 성차별과 인종차별과 마찬가지로 사회로부터 노인차별 또는 연령차별(ageism)이란 사회문제를 파생(派生)시키게 된다(Parrillo & et al., 1989: 204-217; Young, 1992: 227-231). 교회는 tw 시점 전후, 산술적 연령으로는, 대개 50~55세 정도의 교인이나 지역사회주민들 그리고 그들의 가족을 대상으로 퇴직과 노령을 대비하는 교육과 가족의 의무에 관한 교육을 실시하는 것이 좋다. 성경에 나타나는 노인의 모습, 노인의 권리와 의무, 죽음의 의미, 영생을 얻는 길, 지속적으로 사회에 참여할 수 있는 방안, 건강관리, 가족관계, 친우관계 등을 성경에 기반을 두고 교육함으로써 노인들이 성경적으로 건전한 노후생활을 영위할 수 있도록 노력을 해야 한다.

한국의 노인에 관한 실태조사는 그동안 여러 기관에서 서로 다른 표본을 대상으로 실시해 왔다. 조사결과 간 일부 불일치의 측면이 있기 때문에 본 장에서는 정부의 공식적인 통계를 중심으로 고령화시대의 한국노인의 실태를 파악한다(대통령직속 저출산·고령사회위원회, 2006: 74-85, 보건복지부, 2007: 4-15, 정경희 외, 2005: 1-52.).

【노인의 인구학적 특성 (2007년)】

성별	비율	명	노인의 연령구성	비율	명
남자	40.5	2,098,062	65세 이상 70세 미만	41.0	2,121,043
여자	59.5	3,076,236	70세 이상	59.0	3,047,255
전체	100.0	5,168,298	전체	100.0	5,168,298

2007년 정부의 조사에 따르면 우리나라의 노인인구는 5,168,298명이며, 성별로는 남자가 40.5%이고, 여자가 59.5%이다. 이 가운데 60세 이상 70세 미만의 노인은 전체의 41%를 차지하고 있다.

노인가구중 62.5%가 배우자가 없는 독신노인가구이며, 성별로는 여성독신노인가구가 49.5%, 남자독신노인가구가 13.0%로 나타났다. 배우자가 있는 가구 가운데 부부 모두가 노인인 가구는 23.7%이고, 부부 가운데 1인만 노인인 가구는 13.8%로 나타났다. 2004년의 경우 노인 중 47.6%는 자녀와 동거를 하고 있다.

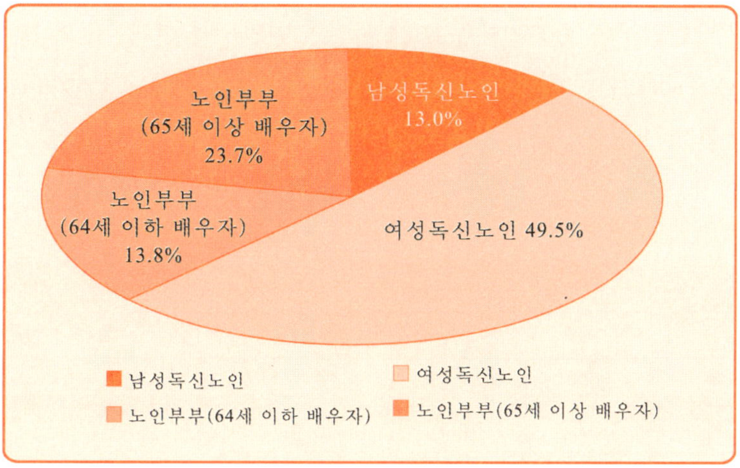

*자료:보건복지부, 2007:5.

노인의 소득과 재산실태를 살펴보면, 노인 중 국세청을 통하여 파악되는 소득을 갖고 있는 노인은 6.8%에 해당하며, 이들 노인의 평균소득은 월 132만 원 정도였다.

【노인인구 증가추세】

	2000년	2005년	2010년	2015년	2020년	2025년	2030년
노인인구비율(%)	7.2	9.3	10.9	12.9	15.7	19.9	24.1
부양비(%)	10.1	12.6	14.9	17.7	21.8	29.1	37.3
노인인구수(천명)	3,372	4,365	5,354	6,445	7,821	9,920	11,899

자료: 통계청, 장래인구특별추계, 2005, 재인용

노인의 인구구성비율은 향후 급격히 증가될 전망이다. 통계청의 통계에 따르면, 우리나라의 노인인구는 2000년에는 65세 이상 노인인구가 전체인구의 7%가 넘는 고령화사회(aging society)로 접어든 이래, 2018년에는 14%가 넘는 고령사회(aged society), 2026년에는 20%가 넘는 초고령사회로 접어들게 된다.

【주요국의 인구고령화 속도】

국가	특정 노인비율 도달연도			소요기간(년)	
	7%	14%	20%	7%→14%	14%→20%
한 국	2000	2018	2026	18	8
일 본	1970	1994	2006	24	12
프랑스	1864	1979	2019	115	40
독 일	1932	1972	2010	40	38
이태리	1927	1988	2008	61	20
미 국	1942	2014	2030	72	16

자료:통계청, 장래인구특별추계, 2005, 재인용

고령화사회에서 고령사회로 넘어가는 데 걸리는 기간이 일본이 24년, 미국이 72년, 독일이 40년, 프랑스가 115년인데 반해 우리나라는 18년밖에 걸리지 않을 것으로 예상되며, 또한 고령사회에서 초고령사회로 이행되는 데 걸리는 기간은 프랑스가 40년,

독일이 38년, 이태리가 20년 미국이 16년인데 반해 우리나라는 8년이 걸릴 것으로 예상되어, 선진국과 비교할 때, 고령화 속도가 매우 빠르게 진행되고 있음을 알 수 있다.

우리나라의 고령화 진행속도가 현재의 추세대로 진행이 될 경우 우리나라는 2030년에는 OECD 국가 가운데 가장 높은 수준의 노인인구비율을 나타낼 것으로 보이며, 2025년이 지나면 바로 노인인구 1천만 명 시대를 맞이하게 될 것으로 예상된다. 이러한 노인인구의 급증은 국가와 사회로 하여금 국민의 노후생활을 보장하기 위한 사회적 부양체제의 확립을 필요로 하고 있으며, 교회 또한 이러한 필요에 부응하여 어르신을 보살피는 '돌봄의 목회'를 기획하고 실천해야 한다.

<인구구조 변동 추이 및 전망>

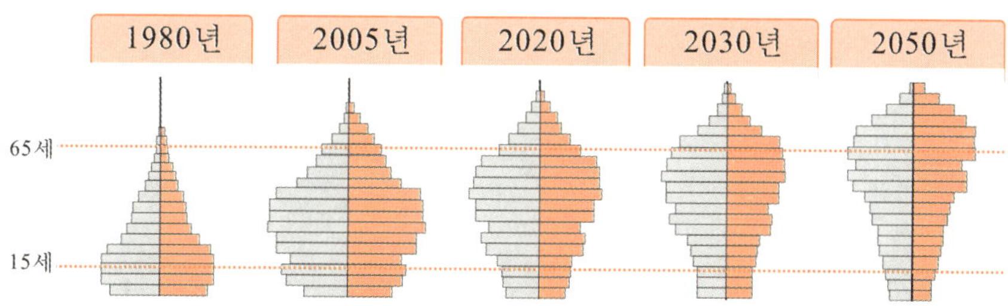

	1980년	2005년	2020년	2030년	2050년
총인구 (만명)	3,812	4,996	4,996	4,933	4,235
생산가능 인구(만명)	2,372	3,369	3,584	3,189	2,276
노인인구 (만명)	146	437	782	1,190	1,579
유소년인구 (만명)	1,295	899	630	554	380

*자료: 대통령직속 저출산-고령화사회위원회, 2006.

이러한 고령화 추세에 따라 한국의 인구구조는 1980년대 노저유다(老低幼多)의 피라미드서, 저출산과 평균수명 증가로 인해 2000년대 초기 생산인구가 많은 항아리형으로 발전되다가, 2020년 이후 노다유저(勞多幼低)의 역(逆)피라미드형태를 나타낼 것으로 예상되고 있다.

보건사회연구원에서 전체 노인 가운데 일부를 표본으로 하여 조사된 결과는 노인의 생활실태에 관한 개괄적인 내용을 전해주고 있다. 그 내용을 요약하면 다음과 같다.;(정경희 외, 2005:208-401)

【노인이라고 생각하는 시기】

연령	60세 미만	60-64세	65-69세	70-74세	75-79세	80세 이상
비율(%)	0.6	12.9	30.8	47.2	4.3	4.3

노인이 노인이라고 생각하는 연령은 70세에서 74세 사이인 경우가 47.2%로 가장 많아 일반적으로 사회가 노인이라고 인정하는 65세 보다 더 높은 것으로 나타났다. 65세에서 69세 사이가 30.8%로 다음이었으며, 국민연금의 완전노령연금 수급연령이 시작되는 60세에서 64세 사이는 12.9%로 그 다음이었다.

【노인의 기혼자녀와 동거 이유】

이유	경제적 능력부족	자녀에 경제적 도움 제공	생활비 절약	가사/양육 도움 제공	따로 살집이 없어서	건강문제	배우자 사망	자녀와 사는 것 당연	기타
합 계 100(%)	20.4	9.0	2.5	20.4	4.7	7.4	4.3	30.2	1.1

노인들이 기혼자녀와 함께 생활하는 이유를 살펴보면, 자녀와 사는 것이 당연하기 때문이라는 경우가 30.2%로 가장 많았으며, 연령이 많을수록 이러한 경향은 더 큰 것으로 나타났다. 다음으로는 경제적 능력이 부족하기 때문이라는 경우와 자녀의 가사나 양육의 도움이 필요하기 때문이라는 경우가 각각 20.4%로 나타났다.

【노인의 기혼자녀와 별거 이유】

이유	거주지 문제	경제 능력	경제 부담	건강 하므로	가사/양육 부담 증가	생활양식 차이	사생활/사회 생활 제한	미혼자녀와 동거	딸이므로	기타
비율 (%)	40.0	2.6	4.7	3.3	1.0	10.7	23.2	6.8	2.2	5.4

노인들이 기혼자녀와 별거하는 이유를 살펴보면, 거주지 문제가 40%로 가장 큰 것으로 나타났으며 이는 교육수준별로는 별 차이가 없는 것으로 나타났다. 사생활이나 사회생활이 제한받기 때문인 경우가 23.2%로 다음이었고, 생활양식이 달라서가 10.7%로 그 다음이었다. 반면 경제적인 이유 때문에 별거하는 경우는 7.3%로 크지 않은 것으로 나타났다.

【노인 상담 제공자】

제공자	배우자	장남/며느리	그 외 아들/며느리	장녀/사위	그 외 딸/사위	부모	형제 자매
비율(%)	46.5	20.7	7.1	8.6	6.2	0.5	0.0
제공자	친척	친구/ 이웃	가정봉사원/ 간병인	성직자	사회복지담 당공무원	119 응급 구조대	기타
비율(%)	1.2	7.2	0.1	0.5	0.0	-	0.1

노인이 걱정거리나 문제가 있을 때 누구와 상담을 하는지를 조사한 결과, 배우자와 하는 경우가 46.5%로 가장 많았고, 장남이나 장남의 며느리와 하는 경우가 20.7%로 다음이었으며, 장녀나 장녀의 사위와 하는 경우가 8.6%로 그 다음이었다. 전체적으로 가족, 친인척 그리고 지인들과 하는 경우가 대다수를 차지하고 있고, 종교기관의 성직자가 상담을 제공하는 경우는 0.5%에 불과하였으며, 제도적인 상담원과 상담을 하는 경우는 거의 없는 것으로 나타났다.

【노인의 상황별 도움 요청 희망자】

도움요청 희망자	없음	배우자	장남/며느리	그 외 아들/며느리	장녀/사위	그 외 딸/며느리	손자녀/배우자	부모
한밤중 비상시	1.6	0.2	30.8	15.9	11.3	8.3	0.2	-
경제적 도움	14.8	5.1	42.7	14.2	10.7	6.4	0.2	-
정서적 도움	6.0	35.2	28.0	7.1	9.7	5.4	0.3	0.1
한밤중 비상시	형제자매	기타 친척	친구/이웃	가정봉사원/간병인	성직자	사회복지담당공무원	119 구조대	기타
한밤중 비상시	2.9	2.7	8.5	-	0.4	0.1	16.7	0.3
경제적 도움	1.5	1.1	3.1	0.0	0.1	0.5	-	0.1
정서적 도움	2.0	0.9	4.9	0.1	0.5	-	0.1	0.1

노인이 도움을 요청하는 희망자를 상황별로 살펴보면, 한밤중 비상시에는 장남이나 며느리에게 도움을 요청하는 대상은 30.8%로 가장 많았고, 119구조대에 요청하는 경우가 16.7% 다음이었고, 그 외아들이나 며느리에게 요청하는 경우가 15.9%로 다음이었다. 경제적인 도움을 요청하는 대상은 장남이나 며느리에게 요청하는 경우가 42.7%로 가장 많았고, 도움을 요청할 대상이 없는 경우가 14.8%로 다음이었으며, 그 외아들이나 며느리에게 요청하는 경우가 14.2%로 그 다음으로 나타났다. 정서적인 도움을 요청하는 대상으로는 배우자가 35.2%로 가장 많았고, 장남이나 며느리에게 요청하는 경우가 28.0%로 다음이었으며, 장녀나 사위에게 요청하는 경우가 그 다음이었다.

【노후 시간 활용 계획】

시간활용	아무것도 않함	취미활동	자아개발활동	자원봉사	소일거리	소득창출	가사/손자녀양육	기타
비율(%)	32.5	16.3	2.4	3.1	14.5	27.8	0.3	3.1

노후의 시간을 어떻게 활용할 것인가에 대하여, 아무 것도 하지 않겠다고 하는 경우가 32.5%로 가장 많았고, 돈을 버는 일을 하겠다는 경우가 27.8%로 다음이었고, 취미활동을 하겠다는 경우가 16.3%로 그 다음이었다. 자원봉사나 자아개발을 하겠다는 경우는 미미한 것으로 나타났다.

【노인의 노후준비 방법】

준비방법	공적연금	개인연금	부동산	저축	기타
비율(%)	67.2	4.8	19.7	38.3	2.9

노인들이 노후를 경제적으로 준비하는지를 살펴보면, 표본 전체 노인의 71.7%는 경제적으로 준비를 하고 있지 않는 반면, 28.3%는 노후를 경제적으로 준비하고 있는 것으로 나타났다. 노후를 경제적으로 준비하는 노인들이 활용하는 방법을 살펴보면(중복 응답), 국민연금이나 공무원연금과 같은 공적연금을 활용하는 노인이 67.2%로 가장 많았고, 저축을 활용하는 노인이 38.3%로 다음이었고, 부동산 구입이 19.7%로 그 다음이었다.

【노인 소득 우선 지출 항목】

선호항목	없음	건강 기구구입	의료/요양서비스 이용	건강증진서비스 이용	외모관리서비스 이용	건강식품 구매	여행/관광	취미활동
비율(%)	4.1	3.8	26.3	17.0	0.8	7.5	13.6	5.9
선호항목	스포츠 활동	저축	보험가입	채권구매	주식투자	주거용 주택 구매	기타 부동산 투자	기타
비율(%)	0.9	14.9	0.1	-	0.0	2.5	0.2	2.3

노인이 소득을 우선적으로 지출하기를 선호하는 항목들을 살펴보면, 의료서비스나 요양서비스를 이용하는 데 사용하기를 원하는 경우가 26.3%로 가장 많았고, 건강을 증진시키기 위한 서비스를 이용하기를 원하는 경우가 17.0%로 다음이었고, 저축하기를 원하는 경우가 14.9%, 여행이나 관광하기를 원하는 경우가 13.6%로 그 다음이었다. 전체적으로 자신의 건강을 위해 사용하기를 원하는 데 우선적으로 소득을 사용하기를 원하는 경우가 절반에 해당하였다.

【노인의 만성질병 수】

질병 수	없음	1개	2개	3개 이상
비율(%)	9.1	17.1	19.0	54.8

노인들의 건강상태를 파악하기 위한 척도로 노인이 3개월 이상 앓고 있는 만성질환유병률을 파악한 결과, 전체 노인의 90.9%가 1개 이상의 만성질환을 갖고 있으며, 3개 이상의 질병을 갖고 있는 경우가 절반이 넘는 54.8%로 가장 많았고, 2개의 만성질병을 갖고 있는 경우가 19.0%로 나타나, 전체적으로 2개 이상의 만성질병을 중복적으로 갖고 있는 노인이 전체의 3/4에 달하였다.

【치매노인수 추계】

(단위 : 천명, %)

구 분	치매노인수					
	1995	2000	2005	2010	2015	2020
치매노인 수	218	280	362	456	571	690
치매유병률	8.3	8.3	8.3	8.6	9.0	9.0

※ 자료 : 노인보건복지사업안내, 보건복지부, 2004

전국적으로 치매를 갖고 있는 노인의 수를 추정하면 2005년 전체노인의 8.3%인 362,000명이 치매를 갖고 있는 것으로 예측되었으며, 이 수는 계속 증가하여 2010년에는 456,000명, 2015년에는 571,000명, 2020년에는 690,000명이 치매를 앓게 될 것으로 예측되고 있다.

노인복지시설은 노인들이 입소해서 무료로 급식과 일상생활의 편의를 제공받는 양로시설, 입소해서 무료로 급식과 일상생활의 편의는 물론 치료까지 제공하는 요양시설, 저렴한 비용에 이러한 서비스를 제공하는 실비양로-요양시설, 일체의 비용을 시장가격에 맞게 입소자로부터 징수하는 유료양로-요양시설 등이 있다. 노인시설 중 노후 또는 협소하거나 목욕탕 등 부대시설이 없는 시설에 대하여는 환경을 개선하기 위해 증-개축비를 지원하고, 노인용양시설에 대하여는 물리치료기구, 목욕장비 등의 장비보강비도 지원하고 있다. 현재 우리나라 노인복지시설은 대부분이 무의탁노인들을 대상으로 하는 무료양로시설이나 무료요양시설이다. 노인들이 자신의 부담능력으로 적정한 복지시설을 선택하여 이용할 수 있는 유료시설의 확충을 위해 민간과 개인이 참여할 수 있도록 법적인 제도적 장치를 마련하고 있다

정부는 2007년 노인장기요양보험제도 도입에 대비하여 기존의 노인복지시설의 종류를 개편하여 노인복지시설에 있어 무료·실비·유료의 구분을 없애고 양로시설, 노인복지주택, 노인요양시설 등으로 구분하고, 노인공동생활가정을 노인복지시설의 종류에 추가하였다. 2006년 현재 시설현황은 다음과 같다;

【노인 주거복지시설 현황(2006년 말)】

구 분	계	주거복지시설				재가노인복지시설		
		무료시설	실비시설	유료시설				
		양 로	양 로	양 로	주 택	가정봉사원 파견	주간보호	단기보호
시설수(개소)	366	145	132	74	15	523	409	113
입소인원(명)	16,074	5,780	2,267	4,462	3,565	42,832	6,557	1,407

2006년 현재 65세 이상의 노인인구 460만 명 가운데 약 1.6%가 노인복지시설에서 보호를 받고 있는 것으로 나타나고 있다. 이 가운데 주거복지시설에서 보호를 받는 노인이 약 0.34%에 해당하였고, 재가노인복지시설에서 보호를 받는 노인이 약 0.93%에 해당하였다.

【노인의료복지시설 현황(2006년)】

종류	무료노인요양시설	실비노인요양시설	실비전문요양시설	노인전문요양시설	계
개소	174	260	24	184	642

유료노인요양 및 전문요양시설을 제외한 노인의료복지시설의 현황을 살펴보면, 노인요양시설의 경우 실비노인요양시설이, 전문요양시설의 경우 노인전문요양시설이 많았다.

【노인여가복지시설 현황(2005년)】

구 분	경로당	노인교실	노인휴양소	노인복지회관
시 설 수	55,504	1,099	3	183

노인여가복지시설의 경우 경로당이 대부분을 차지하고 있다. 경로당은 노인복지시설 가운데 가장 많이 이용되는 시설이다. 경로당은 노인여가시설로서 지역사회의 노인들이 자율적으로 모여 친목을 도모하고, 취미생활이나 오락을 즐기며 여가를 보내는 시설을 말한다. 일부에선 노인보호작입장을 만들어 운영하기도 한다. 그러나 재정적인 어려움과 함께 경로당 이용노인들을 위한 프로그램이나 지도인력 부족으로 인해 운영상 어려움을 겪는 곳이 많다.

제2절
기독교노인복지의 성서적 의의

인간이 범죄로 타락하기 이전에는 인간에게는 죽음이란 것이 없었다. 태초에 하나님께서는 인간이 죽지 않고 영생을 누리며 살 수 있도록 의도하셨다. 인간은 선악을 알게 하는 나무의 실과를 제외하고는 에덴동산의 각종 나무의 실과를 임의로 먹을 수 있었다. 하나님께서는 선악을 알게 하는 나무의 실과를 먹는 날에는 인간은 정녕 죽으리라(You will surely die.)고 하셨다. 에덴동산에 임의로 먹을 수 있는 실과 가운데는 영생을 누리게 하는 생명나무 실과도 있었다. 인간은 생명나무 실과를 따먹고 영원히 죽지 않고 살아갈 수 있었다. 그러나 뱀의 유혹을 받은 인간이 하나님의 명령을 어기고 선악과를 따먹은 이후 인간은 죽음이라는 운명을 맞게 된다. 흙으로 만들어진 인간은 다시 흙으로 돌아가는 운명이 되었다. 인간이 범죄를 저지른 이후 하나님께서 인간을 에덴동산에서 쫓아내시고 에덴동산 동편에 그룹들(cherubim : 지식을 맡은 제2계급에 속하는 천사들)과 두루 도는 화염검을 두어 생명나무의 길을 지키게 하셨다. 에덴동산에서 추방당한 인간은 생명나무 실과를 먹을 수 없게 되었고 죽을 수밖에 없는 존재가 되었다. 현세에서 인간에게는 죽음이 있고 따라서 제한된 생명을 살아가게 된다. 땅에서 사람들이 번성한 이후 하나님께서 가라사대 “나의 신이 영원히 사람과 함께 하지 아니하리니 이는 그들이 육체가 됨이라. 그러나 그들의 날은 일백 이십년이 되리라”(My Spirit will not contend with man forever, for he is mortal; his days will be a hundred and twenty years)(창6:3) 인간은 죽을 수밖에 없는 운명이다(Man is mortal). 죽음에 이르러 가면서 인간의 육체는 점차 쇠약해지게 된다. 쇠약해져가는 그 과정이 노령화의 과정이고 쇠잔해진 그 상태가 노인의 모습이다. 쇠잔해진 노인의 모습은 인간이 범죄를 저지르기 이전 태초에 하나님께서 의도하신 그 모습이 아니다. 하나님의 형상을 따라 하나님의 모양대로 창조된 인간의 모습에서는 쇠잔해진 노인의 형상을 찾아볼 수 없다. 태초에 하나님께서 의도하신 인간의 그 모습으로 인간을 회복시키려는 노력이, 즉, 하나님의 형상(imago dei)으로 회복시키려는 실천적 노력이 바로 기독교노인복지이다.

성서에 나타난 기독교노인복지사상은 인간존중사상, 경로효친사상, 사회참여사상이다. 쇠약한 노인들의 어려운 생활을 돌보아 드리고, 그들을 공경하며, 그들에게 유익한 지혜를 구함으로써 노인들이 경제적 궁핍에서 벗어나고, 모든 것을 잃어버렸다는 자기상실의식과 사회적 고독을 방지하고 그들의 인간다운 삶을 보장해 줌으로써 하나님의 형상을 회복해 주는 것이다. 성서에서 노인은 은총의 상징이요, 존경의 대상이며, 지혜자이고, 보호의 대상으로 나타나 있다. 성서에 나타난 기독교노인복지의 내용들을 정리해 보면 다음과 같다.

1) 공경의 대상

하나님은 부모를 공경하라는 계명을 우리에게 주시었고 노인을 경히 여기지 말 것을 명령하셨다. 부모를 공경하라는 십계명의 의미는 늙은 부모를 공경하라는 특히 물질적으로 돌보아 드리라는 것을 의미한다. 성경은 하나님의 계명을 지키는 자는 복을 받을 것이고 반면 하나님의 계명을 지키지 않는 자에게는 무서운 징벌이 내려질 것임을 밝히고 있다.

"네 부모를 공경(honor)하라, 그리하면 너희 하나님 나 여호와가 네게 준 땅에서 네 생명이 길리라."(출20:12)

"너희 각 사람은 부모를 경외하고 나의 안식일을 지키라. 나는 너희 하나님 여호와니라."(레19:3)

"너는 센 머리 앞에 일어서고 노인의 얼굴을 공경하며 네 하나님을 경외하라."(레19:32)

"무릇 그 아비나 어미를 저주하는 자는 반드시 죽일지니 그가 그 아비나 어미를 저주하였은즉 그 피가 자기에게로 돌아가리라."(레20:9)

"네 부모를 공경하라. 그리하면 너의 하나님 여호와가 네게 준 땅에서 네가 생명이 길고 복을 누리리라."(신 5:16)

"사람에게 완악하고 패역한 아들이 있어 그 아비의 말이나 그 어미의 말을 순종치 아니하고 부모가 질책하여도 듣지 아니하거든 그 부모가 그를 잡아 가지고 성문에 이르러 그 성읍 장로들에게 나아가서 말하기를 우리의 이 자식은 완악하고 패역하여 우리 말을 순종치 아니하고 방탕하여 술에 잠긴 자라 하거든 그 성읍의 모든 사람들이 그를 돌로 쳐죽일지니, 이같이 네가 너의 중에 악을 제하라."(신21:18-21)

"그 부모를 경홀히 여기는 자는 저주를 받을 것이라 할 것이요 모든 백성은 아멘 할지니라."(신27:16)

"아비를 구박하고 어미를 쫓아내는 자는 부끄러움을 끼치며 능욕(shame and disgrace)을 부르는 자식이니라."(잠19:26)

"너 낳은 아비에게 청종하고 네 늙은 어미를 경히 여기지 말라(Listen to your father, who gave you life, and do not despise your mother when she is old.)"(잠23:22)

"아비를 조롱하며 어미 순종하기를 싫어하는 자의 눈은 골짜기의 까마귀에게 쪼이고 독수리 새끼에게 먹히리라."(잠30:17)

"이스라엘 모든 방백(the princes of Israel)은 각기 권세대로 피를 흘리려고 네 가운데 있었도다. 그들이 네 가운데서 부모를 업신여겼으며 ……)"(겔22:6-7)

"하나님이 이르셨으되 네 부모를 공경하라 하시고 또 아비나 어미를 훼방하는 자는 반드시 죽으리라 하셨거늘 너희는 가로되 누구든지 아비에게나 어미에게 말하기를 내가 드려 유익하게 할 것이 하나님께 드림이 되었다고 하기만 하면 그 부모를 공경할 것이 없다 하여 너희 유전(tradition)으로 하나님의 말씀을 폐하는 도다."(마15:4-6)

"네 부모를 공경하라 또 아비나 어미를 훼방하는(curse) 자는 반드시 죽으리라." (마가7:10-12)

"자녀들아 모든 일에 부모에게 순종하라 이는 주 안에서 기쁘게 하는 것이니라."(골3:20)

"자녀들아 너희 부모를 주 안에서 순종하라. 이것이 옳으니라. 네 아버지와 어머니를 공경하라. 이것이 약속 있는 첫 계명이니 네가 잘 되고 땅에서 장수하리라."(엡6:1-2)

"늙은이를 꾸짖지 말고 권하되 아비에게 하듯 하며 젊은이를 형제에게 하듯 하고 늙은 여자를 어미에게 하듯 하라."(딤전5:1-2)

2) 배움의 대상

노인들은 오랫동안 사회와 국가를 위해 헌신을 해 왔기 때문에 그들의 경험과 지식은 사회와 국가발전에 유용하게 기여할 수 있다. 성경은 노인은 지혜로우며 공의를 깨달아 후손들을 훈계하고 올바로 이끌어야 한다고 가르친다. 노인이 지혜자로서 역할을 한 것은 장로의 직분에서 나타난다. 장로는 히브리어로 '자켄'에서 유래된 것으로 본래 뜻은 노인의 얼굴에 있는 긴 수염을 의미하였다. 장로란 가족과 공동체 안에서 발생하는 시시비비를 가려주고, 훈계를 통하여 올바른 삶을 살아가도록 지도하였다.

"옛날을 기억하라. 역대의 연대를 생각하라. 네 아비에게 물으라 그가 네게 설명할 것이요 네 어른들에게 물으라 그들이 네게 이르리로다."(신32:7)

"이스라엘이 여호수아의 사는 날 동안과 여호수아 뒤에 생존한 장로들 곧 여호와께서 이스라엘을 위하여 행하신 모든 일을 아는 자의 사는 날 동안 여호와를 섬겼더라."(수24:31)

"늙은 자에게는 지혜가 있고 장수하는 자에게는 명철이 있느니라."(욥:12-12)

"내가 말하기를 날이 많은 자가 말을 낼 것이요 해가 오랜 자가 지혜를 가르칠 것이라(Age should speak; advanced years should teach wisdom.)하였으나 사람의 속에는 심령이 있고 전능자의 기운이 사람에게 총명(understanding)을 주시나니, 대인이라고 지혜로운 것이 아니요(it is not only the old who are wise) 노인이라고 공의를 깨닫는 것이 아니라. 그러므로 내가 말하노니 내 말을 들으라 나도 내 의견을 보이리라."(욥32:7-10)

"늙어도 결실하며 진액이 풍족하고 빛이 청청하여 여호와의 정직하심을 나타내리로다."(시92:14-15)

"내 아들아 네 아비의 훈계를 들으며 네 어미의 법(teaching)을 떠나지 말라. 이는 네 머리의 아름다운 관이요 네 목의 금사슬이니라."(잠 1:8-9)

"아들들아 아비의 훈계를 들으며 명철을 얻기에 주의하라. 내가 선한 도리를 너희에게 전하노니 내 법을 떠나지 말라. 아버지가 내게 가르쳐 이르기를 내 말을 네 마음에 두라. 내 명령을 지키라 그리하면 살리라."(잠 4:1-4)

"내 아들아 네 아비의 명령을 지키며 네 어미의 법을 떠나지 말고 그것을 항상 네 마음에 새기며 네 목에 매라. 그것이 너의 다닐 때에 너를 인도하며 너의 잘 때에 너를 보호하며 너의 깰 때에 너로 더불어 말하리니 대저 아비의 명령은 등불이요 어미의 법은 빛이요 훈계의 책망은 곧 생명의 길이라."(잠6:20-23)

"백발은 영화의 면류관이라. 의로운 길에서 얻으리라."(잠16:31)

"젊은 자의 영화는 그 힘이요 늙은 자의 아름다운 것은 백발이니라."(잠20:29)

"의인의 아비는 크게 즐거울 것이요 지혜로운 자식을 낳은 자는 그를 인하여 즐거울 것이니라. 네 부모를 즐겁게 하며 너 낳은 어미를 기쁘게 하라."(잠23:24-26)

"그러므로 우리가 낙심하지 아니하노니 겉 사람은 후패하나 우리의 속은 날로 새롭도다."(고후4:16).

3) 보호의 대상

노년기에 접어들면서 인간은 심신이 쇠약하게 되어 노동능력은 격하되며 직장으로부터 퇴직되어 신체적으로, 사회적으로, 경제적으로 고통스러운 처지에 빠지게 된다. 성경은 연약해진 노인들을 업신여기지 말고 돌보아 줄 것을 명령하고 있다.

"만군의 여호와가 말하노라. 예루살렘 길거리에 늙은 지아비와 늙은 지어미가 다시 앉을 것이라. 다 나이 많으므로 각기 손에 지팡이를 잡을 것이요."(슥8:4)

"나는 무리에게 이상함이 되었사오니 주는 나의 견고한 피난처시오니 주를 찬송함과 주를 존중함이 종일토록 내 입에 가득하리이다. 나를 늙은 때에 버리지 마시며 내 힘이 쇠약한 때에 떠나지 마소서."(시72:7-9)

"하나님이여 내가 늙어 백수가 될 때에도 나를 버리지 마시며 내가 주의 힘을 후대에 전하고 주의 능(power)을 장래 모든 사람에게 전하기까지 나를 버리지 마소서."(시72:18)

"너희가 백발이 되기까지 내가 너희를 품을 것이라. 내가 지었은즉 안을 것이요 품을 것이요 구하여 내리라."(이사야 46:3-5)

" 행함이 없는 믿음은 그 자체가 죽은 것이라."(약 2:17)

"참과부인 과부를 경대하라(Give proper recognition to those widows who are really in need)……과부로 명부에 올릴 자는 나이 육십이 덜 되지 아니하고 한 남편의 아내이었던 자로서 선한 행실의 증거가 있어 혹은 자녀를 양육하며 혹은 나그네를 대접하며 혹은 성도들의 발을 씻기며 혹은 환난 당한 자들을 구제하며 혹은 모든 선한 일을 좇은 자라야 할 것이요."(딤전5:3-10) 참과부는 60세가 넘은 가난한 노인과부였다.

제3절 기독교노인복지서비스

인간이 점차 연로해 가면서 정신적으로 육체적으로 쇠약하게 되고, 노동시장에서 이탈되어 경제력도 쇠약하게 되고, 사회생활에 참여할 수 있는 기회는 격감하게 되어 정서적으로도 쇠약하게 된다. 이러한 쇠잔해진 노인의 모습은 인간이 범죄하기 이전 태초에 하나님께서 의도하신 그 모습이 아니다. 태초에 하나님께서 의도하신 인간의 그 모습으로 인간을 회복시키려는 노력이, 즉, 하나님의 형상(imago dei)으로 회복시키려는 구체적인 실천대안이 기독교노인복지서비스이다. 노인복지서비스는 민간분야에서 다양하게 개발되어 왔다(장인협&최성재, 1994:364-373). 교회는 노인들이 속할 가능성이 가장 큰 자원봉사조직이다. 교회는 노인들을 교회예배에 인도하기 위해 교통수단을 제공하고 교회시설을 빌려주고 있는 반면 노인들을 위한 구제사업에는 인색한 측면이 있다. 또한 일부 종교시설에서 운영하는 노인촌의 경우 비용이 너무 비싼 경우가 많다. 목회자들이 노인환자가 입원한 병원이나 가정을 방문하지만 늘 집에 있는 재가노인들을 위한 프로그램을 실시하는 예는 찾아보기 힘들다는 지적도 있다(Huttman, 1985:97-98). 현재 개발된 노인복지서비스를 원용하여 기독교노인복지서비스 측면에서 적용하면 다음과 같다.[1)]

1) 건강지원서비스(health supportive services)

노인의 건강은 직접적인 의료서비스나 그들의 건강에 간접적인 영향을 미치는 영양보충서비스 그리고 항시 보호상태에서 돌봄을 받을 수 있도록 하여주는 서비스를 통해서 유지되고 회복되어질 수 있다. 노인의 건강지원을 위해 교회가 할 수 있는 서비스는 다음과 같다.

1) 여기서 제시하는 기독교노인복지서비스는 장애인의 경우에도 대부분 원용이 될 수 있기 때문에 기독교장애인복지분야에서 별도의 논의를 하지 않았다. WHO의 기준에서 보면 노인도 장애인의 범주에 들어간다.

(1) 주간(晝間)보호서비스(day-care service)

부양가족의 직장출근, 시장보기, 긴급외출 등과 같은 부득이한 사유가 발생했을 때 이로 인하여 가족의 보호를 받을 수 없는 신체적 정신적 장애가 경미한 노인들을 교회에서 교회의 시설을 활용하거나 성도의 가정을 활용하여 낮 시간 동안 보호를 제공해 줌으로써 노인들의 비보호상태를 방지하고 사회와 접촉할 수 있는 기회를 제공해 주며 가족들에게는 직장에서 일하거나 급한 업무를 처리할 수 있도록 도와주는 서비스를 말한다.

(2) 야간보호서비스(night-care service)

부양가족의 야간근무나 야간에 긴급사항이 발생했을 때 이로 인하여 가족의 보호를 받을 수 없는 신체적 정신적 장애가 경미한 노인들을 교회에서 교회의 시설을 활용하거나 성도의 가정을 활용하여 밤 시간 동안 보호를 제공해 줌으로써 노인들의 비보호상태를 방지하여 주는 서비스를 말한다.

(3) 단기보호서비스(short-stay service)

부양가족의 질병이나 출장 등과 같은 부득이한 사유가 발생했을 때 이로 인하여 가족의 보호를 받을 수 없는 신체적 정신적 장애가 경미한 노인들을 교회에서 교회의 시설을 활용하거나 성도의 가정을 활용하여 수일간 보호를 제공해 줌으로써 노인들의 비보호상태를 방지하고 사회와 접촉할 수 있는 기회를 제공해 주며 가족들에게는 질병치료나 직장업무를 처리할 수 있도록 도와주는 서비스를 말한다.

(4) 가정건강원조서비스(home-health aids service)

교회는 자원봉사성도들에게 간단한 건강관리교육을 전문가를 통해 시키고 교육을 받은 성도들을 몸이 불편한 지역사회 노인들에게 심방을 보내 이들에게 체온측정, 혈압측정, 당측정, 투약 등과 같은 간단한 의료서비스를 제공해 주고 필요시 병원이나 다른 의료기관에 연락하여 적절한 의료서비스를 제공받을 수 있도록 안내해 주는 동시에 이들 쇠약한 노인들이 심적으로 불안해하지 않도록 성경말씀으로 위로해 주는 서비스를 말한다. 또는 이러한 의료서비스를 의사나 공중보건의 또는 간호원들의 지시-감독을 받아 행할 수도 있다. 즉 일종의 가정건강보조원의 역할을 하는 것이다.[2)]

(5) **공동급식서비스**(collective meals service)

교회의 자원봉사성도들이 가난한 노인들에게 무상으로 또는 극히 저렴한 식비(예를 들면 100원)를 받고 공동급식서비스를 교회식당을 활용하여 제공함으로써 노인들의 영양을 지켜 주고 공동식사를 하는 과정에서 상호 교제할 수 있는 기회도 제공해 준다.[3)] 그러나 공동식사는 다수의 노인들이 당뇨나 고혈압과 같은 질병을 갖고 있기 때문에 이들에 대해서는 식단 내용을 구성할 때 주의를 기해야 한다.

2) 사회적 지지 서비스(social support services)

사회적 지지는 정상적인 가정생활을 할 수 있고, 사회구성원과 지속적인 접촉을 유지하며, 자신의 문제를 의논하는 가운데 이루어진다. 노인의 사회적 지지를 위해 교회가 할 수 있는 서비스는 다음과 같다.

(1) **가사봉사서비스**(home maker service, home help service, chore services)

교회의 자원봉사자들이 노인들의 가정을 방문하여 신변처리, 식단차리기, 쇼핑, 세탁, 집안청소, 가구이동, 눈쓸기 등의 가사를 도와주거나 허드렛일을 처리해 주는 것이다.

(2) **전화확인서비스**(telephone reassurance)

교회의 성도들이 가족이 없이 홀로 생활하는 독거노인들에게 정기적으로 전화접

2) 가정건강보조원(home-health aids)은 미국 등에서 행해지고 있는 제도로서 유자격 간호원의 지도감독하에 가정을 방문해 건강보호지원을 해주는 일종의 전문직이다.

3) 극히 적은 식비(예를 들면 100원)를 받는 것은 노인들이 급식과정에서 느낄지 모르는 수치감(stigma)을 방지하기 위한 조치이다.

촉을 함으로써 장기간 외부와 접촉을 갖지 못해 발생하는 불행한 사태를 예방하고 이들의 건강상태와 영적상태를 점검하며 적절한 성경말씀을 전해 주고 필요한 도움이 있는 지를 정기적으로 일정한 시간에 확인하는 서비스를 말한다.

(3) 급식배달서비스(meals-on-wheels)

교회나 자원봉사성도들이 가난한 성도나 지역사회주민들에게 식사를 가정에 배달해 주는 봉사활동이다(예:도시락배달사업). 급식 배달서비스는 본래 영국에서 시작하여 구미 각국에 보급되었다. 공동급식서비스와는 달리 급식배달서비스는 노인 각자의 건강상태(고혈압이나 당뇨 등)를 고려해 음식을 조리하여 자동차로 각 가정에 전달해 줄 수 있다. 최근에는 자원봉사인력부족과 밥이 상하는 문제 등으로 인해 일주일에 한 번씩 밑반찬만을 만들어 가난한 노인 가정에 배달해 냉장고에 넣어 주는 반찬배달서비스가 실시되기도 한다. 이와 같은 서비스는 정기적으로 노인들을 접촉할 수 있기 때문에 이러한 접촉을 통해 이들의 건강과 영적상태를 점검해 볼 수 있다.

(4) 우호방문서비스(friendly visiting)

고립된 가정환경에 사는 노인들에게 자원봉사자가 일주일에 하루 혹은 그 이상 정기적으로 방문하여 함께 바둑이나 장기를 두고, 카드놀이하거나, 편지를 써 주며, 쇼핑도 도와주고, 같이 대화를 나누는 일을 해주는 서비스를 말한다. 노인들이 소외된 채 고독하게 살아가는 것을 방지할 수 있고, 복음을 전할 수 있고, 간단한 가사봉사도 해 줄 수 있는 기회가 되기도 한다.

(5) 상담서비스(counseling service)

신체적 정신적 쇠약, 가족과 사회와의 갈등, 역할과 지위의 상실에 따른 자아상실, 다가오는 죽음에 따른 두려움 등에 따른 노인들의 심리적 고통을 완화시켜 주기 위해 이루어지는 원조과정이다. 노인들을 위한 상담은 노인과 그 가족에 관한 상담, 노인의 사회활동에 관한 상담, 취업상담 등이 있다. 상담은 주로 언어를 매개로 이루어지기 때문에 상호 신뢰감의 형성이 중요하며 자유스럽게 감정을 표출할 수 있도록 전개해 나가야 한다. 상담은 가능한 상담전문가가 담당해야 하며 교회 내에서는 목회자나 장로 등 신앙의 연륜 있고 인생경험 있는 사람들이 담당해야 한다. 교회 내에 상담인력이 미비한 경우에는 시군에 배치된 노인복지상담원에게 의뢰하며 상담을 실시하는 방법도 있다.

3) 이동 및 접근 지원 서비스(mobility & access & assistance services)

자신이 가고 싶거나 가야 할 곳으로 이동할 수 있거나 필요한 장소나 서비스에 접근할 수 있는 이동 및 접근에 관한 욕구는 모든 인간의 기본적 욕구 가운데 하나이다. 교회가 노인의 이동 및 접근을 지원하기 위해 할 수 있는 서비스는 다음과 같다.

(1) **교통편의 서비스**(transportation service)

교회의 차량이나 성도들의 차량을 이용하여 노인들이 원하는 곳으로 이동할 수 있도록 도와주는 서비스이다. 특히 병원에 치료받거나 교회행사에 참여하려 할 때 우선적인 도움을 주는 것이 좋다. 가능하다면 대중교통 노선이 없는 지역에 교회버스나 승합차가 일정한 시간에 순회왕복하여 줌으로써 노인과 지역주민들이 정기적으로 자기 업무를 처리하고 또 사회활동에 참여할 수 있도록 교통편의를 제공하는 것도 의미가 있다. 교회나 성도의 차량지원이 어려운 경우 교회가 지역의 택시회사와 계약을 하고 병원방문의 경우에 한해 특별히 선정한 가난한 노인들을 택시회사가 병원까지 태워 드리고 택시비는 교회에 추후 청구하도록 계약을 맺는 방법도 있을 수 있다.

(2) **정보제공서비스**(information-providing service)

교회는 노인들의 삶의 질을 향상시킬 수 있고 영적으로 건강해질 수 있는 내용의 각종 정보를 노인들에게 제공해 줌으로써 무지로 인해 혜택을 받지 못하는 사례가 발생하지 않도록 할 수 있다. 매주 주보의 소식난을 활용하거나 광고시간을 통해서 교회소식과 함께 건강진단이나 복지혜택에 관한 소식을 함께 전하는 것도 한 방법이 될 수 있다.

(3) 의뢰서비스(referral service)

의뢰서비스란 교회가 노인들이 필요로 하는 서비스를 충족시켜 줄 수 없는 경우에 지역사회의 복지기관이나 읍면동사무소의 사회복지전문요원들에게 부탁하여 서비스를 제공받을 수 있도록 도와주는 활동이다. 특히 유기되었거나 학대받은 노인들이 있다면 신속한 보호조치가 취해질 수 있도록 복지기관에 의뢰하여야 한다. 의뢰서비스를 위해서 먼저 교회는 지역사회에서 노인들을 위해 도움을 줄 수 있는 공공기관, 사회단체, 사업체, 개인 등에 관한 정보를 미리 파악해 놓고 필요시에 적절하게 도움을 의뢰해야 한다.

(4) 주택수리 서비스(home repair services)

노인들은 신체가 쇠약해져 있기 때문에 일반주택에서 거주하기가 불편한 경우가 많다. 교회는 교회관리인이나 자원봉사성도들을 활용해 노인들이 거주하는 주택의 출입문이나 부엌 화장실 욕조 등의 구조를 노인들이 생활하기에 편리하게 고쳐 주는 서비스를 할 수가 있다. 그밖에 수도관 수리, 전기수리, 난방수리, 페인트 칠, 지붕수리, 벽지교체 등의 봉사를 할 수 있다.

(5) 법률 서비스(legal services)

노인들은 노년에 생활상에 부당하게 손해를 경험하거나 권익을 침해당하는 경우가 간혹 생길 수 있다. 또한 증여나 상속과 같이 자신의 재산을 처분해야 할 경우도 생기게 된다. 만일 교회 내에 또는 성도 가운데 변호사나 볍률사무소직원이 있다면 이들의 도움을 받아 직접 법률서비스를 제공해 줄 수도 있지만 이렇게 할 수 있는 교회는 많지가 않다. 이러한 때 교회는 '대한법률구조공단'의 도움을 받아 노인들의 법률상 문제의 해결에 도움을 줄 수가 있다. 법률구조공단은 농어민, 월평균 수입 100만 원 이하의 근로자나 영세상인 기타 생활이 어렵고 법을 몰라 스스로 법적 수단을 강구하지 못하는 사람들을 대상으로 무료로 법률상담을 해주고 사건이 화해로 끝난 경우 비용을 받지 않고 있다.

4) 시설 서비스(institution service)

현대산업사회에서 가족구조가 점차 핵가족화되어 가고 독거노인이 증가해감에 따라 이에 따른 문제를 해결하기 위한 사회적 대책의 하나로서 노인복지시설이 제시된다.

노인복지법상 노인복지시설의 종류는 노인주거복지시설, 노인의료복지시설, 노인여가복지시설, 재가노인복지시설, 노인보호전문기관이 있다(노인복지법 제31조). 2007년 개정된 노인복지법상 노인복지시설은 다음과 같다.;

(1) 노인주거복지시설

- 양로시설: 노인을 입소시켜 급식과 그 밖에 일상생활에 필요한 편의를 제공함을 목적으로 하는 시설
- 노인공동생활가정 : 노인들에게 가정과 같은 주거여건과 급식, 그 밖에 일상생활에 필요한 편의를 제공함을 목적으로 하는 시설
- 노인복지주택 : 노인에게 주거시설을 분양 또는 임대하여 주거의 편의· 생활지도· 상담 및 안전관리 등 일상생활에 필요한 편의를 제공함을 목적으로 하는 시설(노인복지주택에 입소할 수 있는 자는 60세 이상의 노인으로 한다. 다만, 입소자격자의 배우자는 60세 미만의 자라 하더라도 입소자격자와 함께 입소할 수 있다.)

(2)노인의료복지시설

- 노인요양시설 : 치매· 중풍 등 노인성질환 등으로 심신에 상당한 장애가 발생하여 도움을 필요로 하는 노인을 입소시켜 급식· 요양과 그 밖에 일상생활에 필요한 편의를 제공함을 목적으로 하는 시설
- 노인요양공동생활가정 : 치매· 중풍 등 노인성질환 등으로 심신에 상당한 장애가 발생하여 도움을 필요로 하는 노인에게 가정과 같은 주거여건과 급식· 요양, 그 밖에 일상생활에 필요한 편의를 제공함을 목적으로 하는 시설
- 노인전문병원 : 주로 노인을 대상으로 의료를 행하는 시설

(3) 노인여가복지시설

- 노인복지관 : 노인의 교양·취미생활 및 사회참여활동 등에 대한 각종 정보와 서비스를 제공하고, 건강증진 및 질병예방과 소득보장·재가복지, 그 밖에 노인의 복지증진에 필요한 서비스를 제공함을 목적으로 하는 시설
- 경로당 : 지역노인들이 자율적으로 친목도모·취미활동·공동작업장 운영 및 각종 정보교환과 기타 여가활동을 할 수 있도록 하는 장소를 제공함을 목적으로 하는 시설
- 노인교실 : 노인들에 대하여 사회활동 참여욕구를 충족시키기 위하여 건전한 취미생활·노인건강유지·소득보장 기타 일상생활과 관련한 학습프로그램을 제공함을 목적으로 하는 시설
- 노인휴양소 : 노인들에 대하여 심신의 휴양과 관련한 위생시설·여가시설 기타 편의시설을 단기간 제공함을 목적으로 하는 시설

(4) 재가노인복지시설

재가노인복지시설은 다음의 어느 하나 이상의 서비스를 제공함을 목적으로 하는 시설을 말한다.

- 방문요양서비스 : 가정에서 일상생활을 영위하고 있는 노인(재가노인)으로서 신체적·정신적 장애로 어려움을 겪고 있는 노인에게 필요한 각종 편의를 제공하여 지역사회 안에서 건전하고 안정된 노후를 영위하도록 하는 서비스
- 주·야간보호서비스 : 부득이한 사유로 가족의 보호를 받을 수 없는 심신이 허약한 노인과 장애노인을 주간 또는 야간 동안 보호시설에 입소시켜 필요한 각종 편의를 제공하여 이들의 생활안정과 심신기능의 유지·향상을 도모하고, 그 가족의 신체적·정신적 부담을 덜어주기 위한 서비스
- 단기보호서비스 : 부득이한 사유로 가족의 보호를 받을 수 없어 일시적으로 보호가 필요한 심신이 허약한 노인과 장애노인을 보호시설에 단기간 입소시켜 보호함으로써 노인 및 노인가정의 복지증진을 도모하기 위한 서비스
- 방문 목욕서비스 : 목욕장비를 갖추고 재가노인을 방문하여 목욕을 제공하는 서비스

– 그 밖의 서비스 : 그 밖에 재가노인에게 제공하는 서비스로서 보건복지부령이 정하는 서비스

(5)노인보호전문기관

국가와 지방자치단체는 노인학대에 관한 다음 각호의 업무를 담당하는 노인보호전문기관을 설치하여야 한다. 다만, 대통령령이 정하는 범위 안에서 다른 노인복지시설을 노인보호전문기관으로 지정한 경우에는 그러하지 아니하다.

– 노인학대의 예방 및 방지를 위한 홍보
– 학대받은 노인의 발견· 상담· 보호와 의료기관에의 치료의뢰 및 노인복지시설에의 입소의뢰
– 노인학대행위자, 노인학대행위자로 신고된 자 및 그 가정 또는 업무· 고용 등의 관계로 사실상 노인을 보호· 감독하는 기관이나 시설 등에 대한 조사
– 노인학대행위자에 대한 상담 및 교육
– 그 밖에 학대받은 노인의 보호를 위하여 필요한 사항

(6) 노인교실과 교회노인학교

노인들은 지혜의 원천이고 훈계자로서 인식되어 왔다. 따라서 노인이 교육의 대상이 된다는 것은 불경스럽게 여겨질 수도 있지만 노인들에게도 배우고 싶어 하는 욕구가 있다. 노인들은 모든 것이 전산화되어 가는 급변하는 사회에 대처하고 싶은 욕구가 있으며, 일정한 집단활동에 참여하고 싶고, 새로운 것을 알게 됨으로써 스스로 성장하는 자아실현의 욕구도 있다. 이러한 노인들의 욕구를 충족시키는 의미도 있지만 교회노인학교는 지역사회선교에 중요한 도구가 되고 있다. 교회노인학교는 교회에 따라서는 노인대학, 경로대학 등으로 불리어지기도 한다.

교회노인학교는 가능한 노인복지법상 노인교실의 규정에 맞게 시설하고 운영하는 것이 좋다. 노인교실 기준을 충족할 경우 정부로부터 지원을 받을 수도 있지만, 정규 노인학교로서 등록된 학교라는 인식이 피교육 노인들에게 교육진행과정에서 긍정적인 영향을 줄 수가 있다. 노인여가시설 등록 기준에 따른 노인교실의 시설기준과 운

영기준은 다음과 같다; 시설기준은 33제곱미터 이상의 강의실에 사무실 휴게실 화장실 등 노인교실의 운영에 필요한 설비를 갖추어야 한다. 운영기준은 이용대상을 60세 이상 노인으로 하고 정원은 50명 이상이며 주1회 이상 교육을 실시하여야 한다(사회복지법전, 1991:401).

교회노인학교는 프로그램운영에 있어서 전담교역자의 지도와 책임 하에 이루어져야 한다. 교회의 성도뿐만 아니라 지역사회의 비기독교인들도 적극 참여하도록 인도해야 한다. 이러한 노력은 교회가 지역사회로부터 지지를 받을 수 있는 계기가 되기도 하지만 교회학교가 전도의 도구가 될 수 있도록 하기 위해서이다. 노인학교의 교육내용은 먼저 노인들의 실태조사와 학습욕구조사를 실시한 연후에 결정해야 한다. 노인들의 현재 상태가 어떠한지를 조사하고, 그들이 무엇을 배우기를 원하는 지에 관한 욕구조사를 실시한 후 여기에 대해서 교회가 성서적 입장에서 어떻게 대처하고 지도할 것인가를 숙고한 후에 교과과정을 결정해야 한다. 통상적으로 노인학교의 교과과정에 포함되는 내용들은 일반교양, 노령화 과정, 가족생활, 노인건강, 사회문제, 노인복지제도, 취미오락, 죽음, 기독교 등이다. 노인학교가 책임 있게 운영되기 위해서는 노인학교가 당회의 지도 감독을 받아야 한다. 개 교회가 노인학교를 단독으로 운영하기 어려운 경우 인근 지역의 몇 개 교회가 연합하여 공동으로 운영할 수도 있을 것이다. 노인학교는 노인들의 사회적 욕구와 교육욕구를 충족시켜 주기도 하지만 무엇보다도 지역사회선교에 중요한 영향을 미치기 때문에 교회의 헌신적 후원과 기도 그리고 교인들의 자발적인 봉사가 뒤따라야 한다.

(7) 교회의 노인주간보호센터 및 재가노인복지시설

노인주간보호센터는 부득이한 사정으로 인해 가족의 부양을 받을 수 없는 심신이 허약한 65세 이상의 노인을 낮 시간 동안 시설에서 보호하면서, 노인의 기능 회복을 도모하는 노인복지시설이다. 최근 일부 교회에서는 교회 시설을 일부 활용하거나 별도의 시설을 활용하여 노인주간보호센터를 운영하고 있다. 맞벌이 부부들이 아동들을 놀이방에 맡기고 일터에 나가는 것처럼 노인을 모시고 있는 저소득 맞벌이 부부들이 노인들을 교회에 부설된 주간보호센터에 맡기고 일터에 나가 생업에 종사하고 일이 끝난 다음 귀가 길에 노인들을 모시고 가정으로 돌아감으로써 일터에 나가 일하는 동안 비보호상태에 있는 노인들을 보호해 주고 부부는 생업에 종사하게 함으로써 경제적 안정을 가져올 수 있도록 교회는 봉사할 수 있다. 교회가 단독으로 노인주간보호센터를 설립하여 자부담으로 운영하는 경우도 있을 수 있고, 지방자치단체가 설립 재원과 운영비를 부담하고, 운영을 교회가 위탁받아 운영할 수 있다.

교회의 주간보호센터는 종종 재가노인복지시설로서의 역할도 수행하고 있다. 노인복지법 시행규칙 제27조에 따르면 재가노인복지시설은 장기요양급여수급자, 심신이 허약하거나 장애가 있는 65세 이상의 자(이용자로부터 이용비용의 전부를 수납 받아 운영하는 시설의 경우에는 60세 이상의 자)에게 방문요양서비스(가정에서의 보호가 필요한 자), 주·야간보호서비스(주간 또는 야간 동안의 보호가 필요한 자), 단기보호서비스(단기간의 보호가 필요한 자), 방문 목욕서비스(가정에서의 목욕이 필요한 자)를 당사자 간의 계약에 의해 제공한다.

제4절

말기노인환자를 위한 하스피스 봉사(Hospice care)

1) 정의, 기원, 목적

하스피스(Hospice)란 환자가 죽을 때까지 평안하게 살아갈 수 있도록 하여주는 대안프로그램이다(Hospice is a program of choice enabling patients to live comfortably until they die)(VNA,1997:1). 하스피스는 의사가 환자에게 더 이상 해줄 것이 없는 약 3~6개월 정도 남아 있는 시한부 말기환자들을 전인적으로 돌보아 주어 남은 삶을 안락하고 고귀하고 존엄성을 유지하며 임종 시까지 살아가도록 도와주고 환자의 가족도 격려하고 지지해 주는 활동을 의미한다.

어원적으로 Hospice는 라틴어의 Hospes에서 유래하는데 이는 손님을 맞아들이는 사람(host)과 손님(guest)의 두 가지 뜻이 있다. 하스피스의 기원은 중세기 예루살렘 성지탈환의 십자군 전쟁 때 예루살렘으로 가는 중에 행려병자나 나그네들이 길에서 비참하게 죽도록 내버려두지 않고 호스피스라는 여인숙에서 편안히 임종하도록 수녀나 여집사들이 그들을 돌본 데서 유래한다. 하스피스가 나그네 인생 여행길의 마지막 길을 걸어가고 있는 사람들 즉, 죽음을 눈앞에 두고 있는 말기환자들을 임종할 때까지 평안하게 돌보아 주며 다음 세상으로의 여행을 잘 준비하도록 도와주는 선종봉사(善終奉仕)활동을 의미한다.

하스피스의 목적은 생명의 고귀함을 재인식하는 것이다. 종말이 가까운 환자들의 남은 삶이 고귀하고 존엄성 있는 것이 되게 하기 위해 만성병 환자, 임종을 앞둔 환자, 노약자들의 여생이 비록 수 일, 혹은 수 시간밖에 남지 않았다 할지라도 그 남은 생을 소중히 여겨 정성껏 보살피고 그들의 남은 짧은 삶을 평안하게 해주기 위하는 데 그 목적이 있다.

2) 말기 환자들의 고통과 심리적 변화

임종말기에 가까운 하스피스 대상 환자들이 통상적으로 느끼는 고통은 죽음이 진행되는 과정에서 사후의 미지의 세계에 대한 그리고 상실되어 가는 것에 대한 고통이다(김규정, 1990:394-395).

첫째, 죽음의 진행과정에서 겪는 고통이다. 말기 환자들이 겪는 대표적인 통증은 신체적 통증이다. 또한 임종이 진행되면서 초라해져가는 자신의 모습이나 비인간적인 대우에서 파생되는 모멸감이나 수치감, 그리고 다른 사람에게 육체적으로 정신적으로 물질적으로 부담을 끼쳤다는 생각 등으로 고통을 겪고 있다.

둘째, 상실되는 것에 대한 고통이다. 죽음이 진행되면서 자기가 다스리던 것들을 포기해야 하고, 자기가 추진하던 일을 완성하지 못하게 되고, 사랑하는 가족과 소유물들을 두고 떠나야 하는 고통을 겪게 된다.

셋째, 사후의 미지의 세계에 대한 고통이다. 육체는 흙으로 돌아가는가, 최후의 심판은 어떤 것인가, 심판의 결과는 무엇일까, 심판의 결과 가야 되는 세계는 어떤 모습인가 등 미지의 세계에 대한 고통이다.

이러한 고통을 겪는 말기환자들은 대체로 몇 단계를 거쳐 심리적 변화를 보이고 있다. 교회는 각 단계마다 성서적으로 합당하게 이들을 위로하고 안락하게 죽음에 이르도록 도와주어야 한다.

첫 번째 단계로, 사람들은 말기암과 같은 진단으로 죽음의 선고를 받게 되면 이를 사실대로 받아들이지 않고 강하게 부인하며 다른 병원을 찾아 나서는 부인의 단계(denial stage)에 이른다. 이때 하스피스봉사자들은 일단 공감을 표시하고 만일의 경우를 가정하며 함께 고민을 한다. 이들에게 성경을 읽어 주며 심리적 동요를 방지한다. "여호와는 나의 목자시니 내가 부족함이 없으리로다. 그가 나를 푸른 초장에 누이시며 쉴만한 물가로 인도하시는도다. 내 영혼을 소생시키시고 자기 이름을 위하여 의의 길로 인도하시는도다. 내가 사망의 음침한 골짜기로 다닐지라도 해를 두려워하지 않을 것은 주께서 나와 함께 하심이라. 주의 지팡이와 막대기가 나를 안위하시나이다. 주께서 내 원수의 목전에서 내게 상을 베푸시고 기름으로 내 머리에 바르셨으니 내 잔이 넘치나이다. 나의 평생에 선하심과 인자하심이 정녕 나를 따르리니 내가 여호와의 집에 영원히 거하리로다."(시23:1-6)

두 번째 단계로, 사람들은 질병이 사실로 판명되면 다른 사람은 괜찮은데 왜 이런 질병을 나한테만 내렸는지 하나님을 원망하는 분노의 단계(anger stage)를 거치게 된다. 하스피스봉사자는 이러한 때 인내심을 갖고 지켜보며 하나님의 선하심에 의지할 것을 권한다. "하나님이 참으로 이스라엘 중 마음이 정결한 자에게 선을 행하시나 나는 거의 실족할 뻔 하였고 내 걸음이 미끄러질 뻔 하였으니 이는 내가 악인의 형통함을 보고 오만한 자를 질시하였음이로다. 저희는 죽는 때에도 고통이 없고 그 힘이 건강하며 타인과 같은 고난이 없고 타인과 같은 재앙도 없나니."(시73:1-5)

세 번째 단계로, 사람들은 자신의 형편을 개선해보기 위해 하나님께 매달리며 타협해 보려는 타협의 단계(bargaining stage)에 이른다. 하나님께 자신이 어떠한 일이라도 할 터이고 무엇이라도 바치겠으니 자신의 질병만을 낫게 해 달라고 하소연 한다. 이러한 때 하스피스봉사자는 말기환자에게 조용히 회개의 시간을 갖고 기도하도록 권면한다. "하나님이여 주의 인자를 좇아 나를 긍휼히 여기시며 주의 많은 자비를 좇아 내 죄과를 도말하소서. 나의 죄악을 말갛게 씻기시며 나의 죄를 깨끗이 제하소서. 대저 나는 내 죄과를 아오니 내 죄가 항상 내 앞에 있나이다. 내가 주께만 범죄하여 주의 목전에 악을 행하였사오니 주께서 말씀하실 때에 의로우시다 하고 판단하실 때에 순전하시다 하리이다. 재가 죄악 중에 출생하였음이여 모친이 죄 중에 나를 잉태하였나이다. 중심에 진실함을 주께서 원하시오니 내 속에 지혜를 알게 하시리이다. 우슬초로 나를 정결케 하소서. 내가 정하리이다. 나를 씻기소서. 내가 눈보다 희리이다."(시51:1-6)

네 번째 단계로, 말기 환자가 이제는 어쩔 수 없구나 하며 자신의 처지를 깨닫고 깊은 좌절에 빠지는 우울의 단계(depression stage)에 빠진다. 이때에 하스피스봉사자는 죽음 너머의 세계를 바라보도록 인도한다. "하나님이여 나를 보호하소서. 내가 주께 피하나이다. 내가 여호와께 아뢰되 주는 나의 주시오니 주밖에는 나의 복이 없다 하였나이다......여호와를 항상 내 앞에 모심이여 그가 내 우편에 계시므로 내가 요동치 아니하리로다. 이러므로 내 마음이 기쁘고 내 영광도 즐거워하며 내 육체도 안전히 거하리니 이는 내 영혼을 음부에 버리지 아니하시며 주의 거룩한 자로 썩지 않게 하실 것임이니이다. 주께서 생명의 길로 내게 보이시리니 주의 앞에는 기쁨이 충만하고 주의 우편에는 영원한 즐거움이 있나이다."(시16:1-2,8-11)

다섯째, 말기환자들이 죽음에 이르는 자신의 처지를 그대로 수용하게 되는 수용의 단계(acceptance stage)에 도달하게 된다. 이때에 하스피스봉사자는 죽음을 실제적으로 준비하도록 하며 남은 여생 의미 있는 일을 찾아 행하도록 인도한다. "나의 영혼아 잠잠히 하나님만 바라라. 대저 나의 소망이 저로 좇아 나는도다. 오직 저만 나의 반석이시요 나의 구원이시오 나의 산성이시니 내가 요동치 아니하리로다. 나의 구원과 영광이 하나님께 있음이여 내 힘의 반석과 피난처도 하나님께 있도다."(시,62:5-8)

3) 교회의 하스피스 봉사

하스피스의 형태는 하스피스가 이루어지는 장소와 운영방법에 따라 나뉘어진다. 하스피스 봉사를 위해 완전히 독립된 시설을 설치하고 그 곳에서 말기환자의 남은 여생을 보살펴 주는 완전독립형 하스피스(free-standing hospice), 독립된 시설을 가지고 있지만 병원에 소속되어 있는 형태의 병원제휴독립형 하스피스(free- standing hospice with hospital affiliation), 병원의 일부 병동을 말기환자 전용으로 만들어 놓고 병원 내 병동형 하스피스(hospice unit within a hospital), 병원에 하스피스팀을 구성해 말기환자를 보살펴주는 병원팀형 하스피스(hospice team with a hospital), 요양원에서 행하는 요양원형 하스피스, 간호기관에서 주관하는 가정하스피스, 요양원에서 주관하는 가정하스피스, 병원에서 주관하는 가정하스피스가 있다. 우리나라의 경우 병원에서 주관하는 가정하스피스가 대부분이다.

교회는 하스피스 봉사를 위해서 몇 가지 의미 있는 일을 할 수가 있다. 첫째, 교회는 직간접으로 하스피스 봉사의 일을 수행할 수 있다. 교회는 교회 내의 일부 공간을 할애해 하스피스 봉사시설을 만들어 직접 운영을 할 수 있다. 교회소속의 하스피스시설을 외부에 만들어 하스피스 봉사를 실시할 수 있다. 교회는 병원 하스피스시설이나 요양원 하스피스시설 또는 독립된 하스피스시설과 연계해 인력과 재정을 지원함으로써 하스피스봉사를 할 수 있다. 교회는 재가말기환자들을 대상으로 일정한 관련 교육을 받은 자원봉사교인을 활용하여 가정하스피스 봉사를 실시할 수 있다. 교회가 독립된 하스피스시설을 교회 외부 또는 내부에 갖추고 하스피스봉사를 할 수 있으면 기독교정신 하에서 효과적으로 운영할 수 있다. 그러나 이런 조건을 갖춘 교회는 극소수이므로 대부분의 교회는 하스피스시설과 결연하여 인적-물적 자원을 원조해 주거나 재가말기환자를 위한 가정하스피스 봉사를 하는 것이 현실적이다.

둘째, 교회는 교회성도들을 대상으로 또는 교회 밖의 일반인을 대상으로 하스피스봉사에 관해 교육하고 실습훈련을 시키는 하스피스교육기관의 역할을 할 수 있다.

셋째, 하스피스선교회를 만들어 병원선교나 지역사회선교활동을 하스피스 봉사와 함께 병행할 수 있다.

4) 하스피스 봉사활동과 봉사시 주의사항

하스피스의 역할은 질병의 종류나 상태가 어떻더라도 의료서비스를 제공하고, 통증이나 증상을 조절하며, 사회적 정서적 영적인 욕구를 충족시켜 주는 것이다(Hospice Service, 1997:1).

(1) 하스피스 봉사활동

하스피스봉사활동은 봉사기관과 환자에 따라 다양하게 이루어질 수 있지만 대체로 언급되는 봉사활동은 다음과 같이 정리할 수 있다.

첫째, 의료 및 요양 보호(medical and nursing care)활동이다. 말기환자를 위해 간단한 체온측정, 혈압측정, 당측정, 관장, 투약보조, 환자상태 기록해 보고하는 것과 같은 일을 의사나 간호원의 지시감독하에 보조적인 일을 실시한다. 그러나 의학적 치료도구를 사용하는 일은 하스피스봉사자가 절대 해서는 안 된다.

둘째, 통증 및 증상조절(pain and symptom management)활동이다. 냉온찜질, 욕창간호, 마사지, 안마, 수동관절운동, 능동관절운동 등을 행한다.

셋째, 개인적 서비스(personal service)활동이다. 세수, 양치, 머리감기, 목욕, 손발톱 깎기, 머리손질, 옷 입고 벗기, 좌욕, 신변처리, 구토물 처리, 침상체위변경, 휠체어 운전, 보행 외출 시 동행, 편지 써주기 등의 봉사를 한다.

넷째, 가사서비스(home maker service, home help service, chore services)활동이다. 하스피스봉사자들이 말기환자의 식사보조, 식이요법 시행, 침대정리, 휴지통 비우기, 식수준비, 소지품 정돈, 집안청소, 가구이동, 세탁, 생필품 구입, 잔심부름 등의 가사를 도와주거나 허드렛일을 처리해 주는 것이다.

다섯째, 정서적 지지(emotional support)활동이다. 임종을 맞는 사람을 그가 죽는 순간까지 가능하면 편안하고 안정된 삶을 누리도록 지지하고 도와준다. 죽음에 따른 슬픔이나 고독 그리고 사는 동안 했던 일에 대한 후회 등으로 정서적으로 불안하고 초조해 할 때 편안하게 환자의 이야기에 귀 기울이며 함께 평안한 대화를 나누고 손을 잡아주거나 어깨를 감싸주고 조용히 기도를 한다.

여섯째, 상담서비스(grief and other counseling service)활동이다. 신체적이고 심리적인 문제, 심판에 대한 불안, 평소 걸리는 일 그리고 가족이나 유산에 관한 문제 등 말기환자가 불안해하거나 안타까워하는 것에 대한 문제를 상담을 한다. 시시비비를 논하는 식의 응답은 가능한 피하고 단지 환자의 이야기를 잘 들어주고, 환자 스스로 해답을 찾도록 도와주며, 심적으로 안정을 되찾도록 노력한다. 성경의 이야기를 전해 주고, 구원을 다시금 확신시켜 주며, 그리고 구원받은 자의 영원한 행복에 관해 이해하기 쉽게 전해 준다.

일곱째, 자원봉사 원조(volunteer assistance)활동이다. 말기환자의 남은 가족들이나 집안일 기타 환자가 임종하기 전에 처리하거나 해결해야 할 일들을 도와줄 자원봉사자들을 물색하여 자원봉사자들이 이러한 일들을 도와줄 수 있도록 한다.

여덟째, 영적 보호(spiritual care)활동이다. 인간은 생명에 위협을 느낄 때 영적으로 갈급한 상태에 이르게 된다. 하나님의 사랑을 절실히 갈망하고, 왜 인간이 죽어야 하는지, 사는 게 무엇인지 생각하게 되며, 자신이 지은 죄에 대해 용서를 구하게 된다. 하스피스봉사자는 말기환자의 이 같은 영적인 욕구에 대해 성경적으로 잘 대처해 평안히 주님께 나아가도록 인도해야 한다.

아홉째, 사례관리(case management)활동이다. 사례관리란 노인과 같은 사회적으로 열악한 처지에 있는 사람들을 대상으로 지역사회나 가족 친지들의 가능한 지원을 받아 요보호대상자들의 욕구를 충족시킬 수 있는 서비스를 제공하는 상호협조활동이다(Moxley, 1993:18). 하스피스봉사자는 자신과 병원이 도와줄 수 없는 말기환자의 욕구가 있을 때 이를 지역사회 등의 가능한 자원과 연결시켜 욕구의 충족이나 문제의 해결을 받도록 하는 중간자(broker)의 역할을 한다.

열째, 환자간호 가족훈련(family training in patients care)활동이다. 말기환자의 가족들이 환자를 돌봄에 있어서 유의해야 할 사항이나 그밖에 알고 있어야 할 내용들에 대해서 가족들을 훈련시킨다.

열한째, 휴식보호(respite care)활동이다. 재가말기환자의 가족들의 질병이나 출장 등으로 부득이 환자가 비보호상태에 있게 될 때 이들에게 주간(晝間)보호(day care), 야간(夜間)보호(night care), 일시(一時)보호(temporary admittance) 등을 가정이나 하스피스시설에서 실시한다.

열두째, 임종상담(bereavement counseling)활동이다. 말기환자가 피할 수 없는 현실을 받아들이고, 죽음에 따른 공포감 불안감 절망감 비애를 완화시키고, 초연한 자세로 다가오는 죽음을 맞이할 수 있도록 도움을 주어야 한다.

(2) 하스피스 활동시 주의사항

하스피스봉사는 말기환자들에게 신체적으로, 정신적으로, 영적으로 돌보아 주는 것이다. 이러한 봉사를 함에 있어서 몇 가지 주의할 사항이 있다.

첫째, 하스피스는 동기가 순수해야 한다. 봉사과정에서 물질 명예와 같은 세상욕심에 빠지거나 유혹받지 않도록 조심해야 한다.

둘째, 하스피스 활동은 협동심이 필요하다. 개인적으로 이루어지는 것이 아니라 목회자, 의사, 간호사, 상담가, 자원봉사자, 등으로 구성된 팀이 구성되어 이루어지므로 자기주장만을 내세우거나 다른 구성원의 권한이나 업무를 침해해서는 안 된다.[4)]

셋째, 하스피스봉사는 포용력을 갖고 임해야 한다. 봉사자의 인격을 상호 존중해 주고 상대방의 권한과 책임을 인정해야 한다. 다른 사람의 이야기를 경청하는 태도가 필요하다.

넷째, 하스피스 봉사자는 정서적으로 성숙되어야 하며 또한 온화한 성품을 가지고 있어야 한다. 말기환자나 가족들의 인격을 마음으로부터 존중해 줄 수 있어야 한다. 봉사의 결과 교만해지지 않도록 마음자세를 늘 바르게 해야 한다.

다섯째, 하스피스봉사에는 신뢰감을 유지하는 것이 중요하다. 봉사활동과정에서 알게 된 환자나 가족들의 비밀이나 정보를 지켜 주어야 한다.

여섯째, 하스피스봉사자는 환자나 가족의 사생활에 경솔하게 관여해서는 안 된다.

일곱째, 하스피스봉사자는 유머 감각이 필요하다. 그러나 품위가 떨어지지 않도록 말과 행동을 조심해야 한다.

여덟째, 하스피스봉사자는 무엇보다 자신부터 영적으로, 정신적으로, 신체적으로 건강해야 한다.

제5절

교회노인능력은행

노인능력은행은 노인취업상담과 알선을 통해서 노인들에게 여가를 선용하게 하

4) 미국의 Willow Way Hospice의 경우 하스피스 팀이 주치의가 적절한 치료를 제공하도록 도와주는 하스피스 의사(hospice physician), 간호원(nurse), 상담자(counselors), 유자격 간호보조원(certified nursing assistant), 목사(chaplain), 자원봉사자(volunteer), 임종상담가(bereavement counselor)로 구성되어 있다 (Willow Way Hospice, 1997:2).

고 소득을 올리게 할 수 있는 기회를 부여하는 기능을 수행하는 봉사센터이다. 최근의 조사에 따르면 노인들이 취업을 희망하는 이유는 생계유지를 위해서가 가장 많고 그 다음이 용돈마련, 건강유지, 소일 등으로 전체의 2/3 가량이 경제적인 이유로 취업을 희망하고 있는 것으로 나타났다. 미취업 노인 가운데 85%는 일하고 싶어도 적당한 일자리가 없기 때문에 취업을 하지 못하는 것으로 나타났다(고령자취업알선센터, 1995:67-69) 교회가 이들 가난한 노인들에게 물질적 지원을 해주어 이들의 경제적 고통을 완화시켜 주어야 하겠지만 교회 형편상 이를 충분히 실행하기가 어려운 교회들이 많이 있다. 교회는 이들 취업의사가 있는 다수의 가난한 노인들을 위하여 일자리를 알선해 줌으로써 교회가 이들의 경제적 고통을 일부라도 완화시켜 주는 역할을 간접적으로 행할 수 있다. 교회가 취업의사가 있는 노인들을 위해서 적성과 능력에 맞는 일거리를 발굴해 취업을 알선함으로써 노인들의 소득증대에 기여하고, 사회참여기회를 제공하며, 정신적 신체적 건강증진에 도모하고, 사회적 지위를 유지하게 할 수 있다. 이러한 대안의 하나로서 제시되는 것이 교회노인능력은행이다. 개별교회가 단독으로 교회노인능력은행을 설립하는 것도 좋지만 지역사회의 몇 개 교회가 공동으로

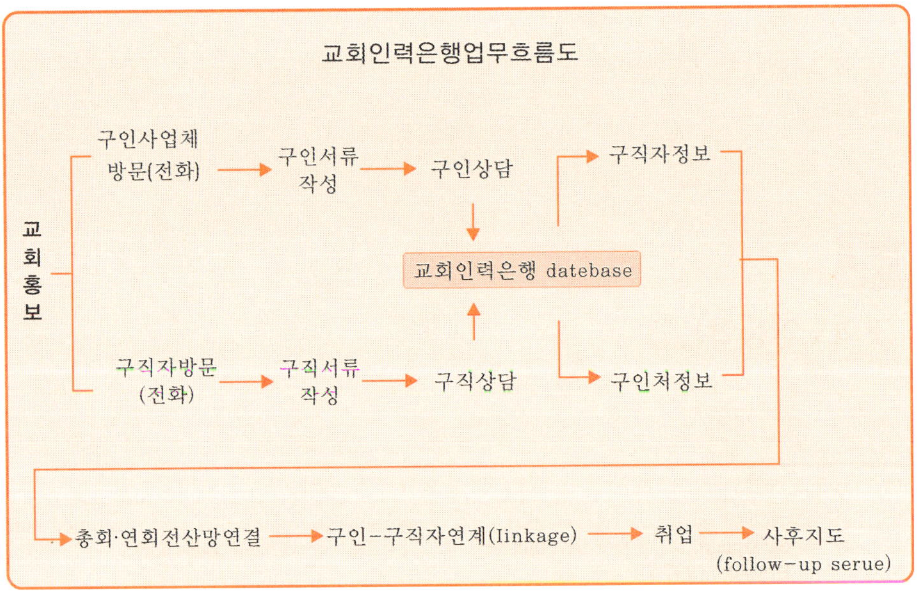

설립하면 더 효율적이다. 노회별로 설립하는 것도 대안 가운데 하나이다.

만일 교회가 노인인력은행을 운영하고자 한다면 우선 필요한 것은 노인인력은행의 실제적 운영을 담당할 직원과 전산시설의 확보이다. 교회가 기존의 교회직원이나 자원봉사자를 활용할 수도 있겠지만 가능하면 구인구직상담을 담당할 사회복지사를 고용하여 업무를 담당하게 하는 것이 효과적이다. 기본 인력과 설비가 갖추어지면 먼저 구인구직에 관한 자료(data base)를 구축해야 한다. 취업을 희망하는 노인들의 인적사항, 희망직종, 희망지역, 경력, 자격증 소지 여부 등에 관한 구직정보를 입력한다. 또한 노인들에게 일자리를 제공해 줄 수 있는 사업체나 개인들에 관해 구인직종, 구인조건, 사업자등록번호, 전화번호, 직장위치 등에 관한 구인정보를 입력한다. 입력한 정보는 총회전산망에 송신하여 자료를 관리토록 한다. 서울시의 경우 서울의 전체 교회의 정보가 총회나 연회전산망에 입력되게 되고 총회나 연회에서는 구인자와 구직자간의 희망조건을 비교하여 적절히 연계되는 경우를 찾아 구인처와 구직자에 직접 연락하거나 해당 교회에 연락하여 이들에게 다시 연락하게 한다. 만일 교회가 충분한 구인-구직정보를 갖고 있다면 총회나 연회전산망에까지 가기 전에 교회 자체적으로 구인자와 구직자를 연계할 수 있다(김기원, 1996:4-15).

노인을 고용하려는 구인에 관한 정보가 구직정보보다 많을 것이므로 이때에는 교회나 총회 · 연회가 지방자치단체가 구축해 놓은 취업정보전산망을 통해 고령자취업 중앙본부와 접속하여 취업정보를 송-수신할 수 있다. 또한 교회는 교회내의 자원봉사자를 활용하여 직업상담과 취업알선을 직간접적으로 도울 수가 있다.

교회는 양자 간에 면담이 이루어지도록 주선한다. 면접장소가 적절치 못한 경우 교회에서 면접이 이루어지도록 권한다. 만일 취업이 확정되면 노인들이 직장에 잘 적응하도록 또 영적으로 이들이 건강하도록 정기적으로 사후지도(follow- up service)를 실시한다.

제9장 기독교 아동복지

가족구조가 확대가족에서 핵가족화되어 가고 정부의 적극적 인구정책으로 아동 인구는 계속 줄어 들어가고 있다. 한편으로는 사회가 서구화되어 가고 개인주의가 심화되어 감에 따라 부모의 이혼, 별거, 가출 등으로 인한 가족해체 사례가 증가하고 있다. 또한 직장생활이나 사회생활에서 부모들이 긴장을 받는 경우가 증가하고, 각종 재해의 증가로 인해 가정에서 정상적으로 살아가던 아동들이 악화된 가정환경으로 인해 심리적 갈등을 일으키고 정서적으로 우울해지거나 불안상태에 빠지게 된다. 아동들이 이러한 상태를 일시적으로 벗어나기 위해서 가정을 이탈하거나 비행을 범하게 되는 탈선적 행위를 하게 된다. 또한 일부 아동들은 부모로부터 방임되거나 유기되고 때로는 신체적 학대를 받는 등 사회적으로 보호와 교정이 필요한 상태에 놓이게 된다.

정부는 아동의 복지를 보장하기 위한 법적 제도적 장치를 마련하고 모든 아동들이 건전하게 출생하여 행복하고 건강하게 육성되도록 노력하고 있다. 또한 모든 국민은 아동을 보호하고, 건전하게 양육하며, 미래에 사회를 이끌어 갈 성원으로서 사회생활에 잘 적응되도록 육성할 책임을 지고 있다. 국가와 지방자치단체는 아동의 보호자와 더불어 아동을 건전하게 육성할 책임을 공동으로 지고 있다. 그러나 정부와 가족만으로는 아동에 대한 보호를 충족시키는 데는 한계가 있다. 정부는 예산과 인력의 한계가 있고 요보호아동들은 부모들이 이혼이나 별거 가출 등 문제가 있어 교육과 양육이 어렵거나 가족경제가 곤란한 문제가 있다. 아동복지는 정부와 가족과 사회 종교단체 모두가 힘을 합쳐 실행해야 한다.

성서는 기독교 성도들에게 요보호아동들에게 우선적으로 사랑을 베풀 것을 명령하고 있다. 하나님께서는 고아와 어려운 처지에 있는 요보호아동들을 멸시하지 말고 이들에게 필요한 물질과 사랑과 필요한 보호를 베풀 것을 명하신다. 또한 아동들은 또한 성서에서 아동들은 교육의 대상이고, 훈계의 대상이며, 긍휼의 대상이고, 겸손의 상징으로 나타나 있다. 교회나 기독교단체 그리고 성도들은 성서의 가르침을 따라서 아동들을 보호하고 양육시켜야 할 책임이 있다.

우리나라의 아동복지사업은 주로 고아나 기아를 보호하는 차원에서 시작하였다. 6.25동란 이후 전쟁고아 수용시설이 범람하게 되고 외원에 의해 유지되었으며 이들 대부분은 기독교 관련 기관들에 의해 운영되었다. 그 후 경제개발로 인한 산업화, 도시화로 가출아 부랑아 미아 기아 일반가정의 아동문제가 사회의 주목을 끌기 시작했고 이에 따라 요보호아동을 건전하게 육성하기 위한 대책을 수립하기 시작하였다. 최근에는 아동복지의 대상을 요보호아동에서 전체 아동으로 확대하여 아동의 건전 육성을 위해 노력하고 있다.

제1절 기독교 아동복지의 정의

아동복지법상 아동이란 18세 미만의 자를 말한다.[1] 요보호아동(要保護兒童)이란 아동이 그 보호자로부터 유실 유기 또는 이탈된 경우 그 보호자가 아동을 양육하기에 부적당하거나 양육할 능력이 없는 아동을 말한다. 아동복지란 모든 아동들이 가족 및 사회의 일원으로 육체적으로, 지적으로, 정신적으로 건전하고 안전하게 성장하고 발달할 수 있도록 위험으로부터 지키고 인간다운 삶을 보장해 주기 위해 공적 사적 기관들과 일반국민 모두가 협력하여 노력하는 체계적인 활동을 말한다. 아동은 건전하

1) 연령을 기준으로 할 때 아동복지법상 아동의 정의는 18세 미만의 자로 규정하고 있는데 이는 현행 영유아나 청소년의 연령기준과 일부 중복이 되고 있다. 영유아보육법상의 영유아(嬰幼兒)란 6세 미만의 취학 전 아동을 말한다. 청소년육성법 상의 청소년은 9세 이상 24세 이하의 자를 말한다.

게 출생하여 행복하고 건강하게 육성될 권리가 있다. 모든 국민은 아동을 보호양육하고 사회생활에 적응하도록 육성할 책임을 진다. 국가와 지방자치단체는 보호자와 더불어 아동을 건전하게 육성할 책임을 진다(한국사회복지협의회, 1991:420).

아동복지의 객체는 신체적 정신적 장애를 갖고 있거나 경제적으로 어려운 요보호아동은 물론 일반아동을 포함한 모든 아동이 객체가 된다. 우리나라의 국적을 갖고 국내에 거주하는 아동들이 우선적 대상이 되나 최근 상호주의 원칙에 의해서 다른 나라가 그 곳에 체류하는 우리나라 아동들에게 일정한 복지혜택을 제공할 경우 우리나라도 국내거주 외국인 아동에게 상응하는 복지혜택을 제공하는 것이 국제적 관례로 되어 있다. 또한 인도주의적 차원에서 상호주의와 관계없이 기아와 질병에 고통 받는 해외의 요보호아동들에게도 구제의 손길을 펼치고 있어 광의로는 우리나라 국내 거주 아동뿐만 아니라 해외의 요보호아동들도 아동복지의 객체가 되고 있다. 아동복지의 제공 주체는 모든 국민이다. 복지다원주의(welfare pluralism) 하에서 어느 한 사회주체만이 주체가 되는 것이 아니라 가족, 친족, 지역사회, 기업, 종교단체, 교육기관, 지방정부, 중앙정부, 국제기구 등 모두가 아동복지의 주체가 된다.

복지다원주의 하에서 교회나 기독교단체들도 아동복지의 주된 공급주체로서의 역할을 수행하고 있다. 그러나 기독교는 성서적으로 아동들의 복지를 증진시키기 위해 노력해야 할 사명을 갖고 있다. 태초에 인간은 하나님의 형상(imago dei)으로 존귀하게 창조되었다. 태초의 인간에게는 배고픔과 질병에 고통 받고 학대받아 일그러진 그러한 모습을 찾아볼 수가 없었다. 타락 이전에 하나님의 보시기에 좋았던 그 인간의 모습으로 모든 인간을 회복시키는 것이 즉, 왜곡된 하나님의 형상을 본래의 모습으로 회복시키는 것은 기독교가 이 땅에서 행해야 할 사명이다.

성서적으로 기독교 아동복지란 타락 이전에 하나님의 보시기에 좋았던 그 인간의 모습으로 고통에 시달리는 아동들을 회복시키려는 즉, 왜곡된 하나님의 형상을 본래의 모습으로 회복시키려는 기독교인의 체계적 노력을 말한다. 사회복지적으로 기독교 아동복지란 모든 아동들이 가족 및 사회의 일원으로 육체적으로나 정신적으로 건전하게 성장하고 발달할 수 있도록 교회나 기독교단체 또는 기독교인 개개인이 성경의 이웃사랑을 실천하는 정신으로 어려운 처지에 있거나 어려운 처지에 빠질 가능성이 있는 아동들의 삶을 보호하고 질적 양적 향상을 위해 필요한 사업을 계획하며 실행에 옮기며 상실된 가족의 기능을 회복시키려는 기독교인들의 조직적 활동을 말한다.

제2절 한국아동복지의 실태

아동복지는 모든 아동의 인간다운 삶을 보장하고 사회적 위험으로부터 보호하기 위한 국가-사회적 노력이다. 보건복지부(현 보건복지가족부)에서 발표한 통계치를 원용하여 우리나라 아동복지의 실태를 정리하면 다음과 같다(보건복지부, 2007, 보건복지부, 1997:286-301).

【아동인구추계】 (단위:천 명)

	80년	85년	90년	2000년	2010년	2020년
아동인구	15,621	15,253	13.704	12,037	11,666	9,967
비율(%)	41.0	37.2	29.6	25.7	23.5	19.7

우리나라의 아동인구는 점차 축소되어 가는 추세에 있다. 1980년도에 전체인구의 41%이던 아동인구가 2000년 25.7%로 줄어들고, 2010년에는 23.5%, 2020년에는 20%미만으로 떨어질 것으로 예측된다. 저출산 추세로 인한 아동인구의 감소추세는 당분간 지속될 것으로 전망된다.

아동복지법상 아동학대라 함은 보호자를 포함한 성인에 의하여 아동의 건강·복지를 해치거나 정상적 발달을 저해할 수 있는 신체적·정신적·성적 폭력 또는 가혹행위 및 아동의 보호자에 의하여 이루어지는 유기와 방임을 말한다. 이러한 아동학대에 대한 입법적 정의는 아동에 대한 적극적인 가해행위는 물론, 소극적인 유기와 방임행위까지 아동학대의 범주에 포함함으로써 아동의 신체적·심리적 발달을 저해하는 모든 행위를 포함하는 광의적 개념이다.

아동학대(child abuse)는 다양한 형태로 발생하는 데 일반적으로 신체학대, 정서학대, 성학대, 방임, 유기와 이러한 학대가 중복적으로 발생하는 중복학대로 구분할 수 있다.2) 신체학대(physical abuse)는 아동에게 우발적인 사고가 아닌 상황에서 신체적 손상을 입히거나 또는 신체손상을 입도록 한 모든 행위를 말한다. 성학대(sexual abuse)는 성인의 성적 충족을 목적으로 미성숙한 아동과 청소년을 그들이 동의할 수 없는, 그리고 사회적 금기를 어기는 이해하지 못하는 성적활동에 개입시키는 것을 말한다. 정서학대(emotional abuse)는 보호자나 양육자가 아동의 인격이나 존재를 말과 행동으로 멸시하거나 부당한 대우를 하는 행위로 언어적, 정신적, 심리적 학대라고도 부른다.3)

방임(neglect)이란 보호자가 고의적, 반복적으로 아동양육과 보호를 소홀히 함으로써 아동의 건강과 복지를 해치거나 정상적인 발달을 저해할 수 있는 모든 행위를 말한다. 방임에는 물리적·교육적·의료적·정서적 방임이 있다. 물리적 방임이란 아동에게 의식주를 제공하지 않거나 아동을 장시간 위험하고 불결한 주거 환경에 그대로 방치하는 것이다. 교육적 방임이란 학교에 무단결석하여도 고의적으로 방치하거나 취학연령이 되었음에도 불구하고 학교에 보내지 않는 행위, 저학년 아동의 숙제 및 준비물을 챙겨주지 않는 행위를 말한다. 의료적 방임이란 예방접종을 제때에 하지 않거나 필요한 의료적 처치를 소홀히 하는 것을 말한다. 정서적 방임이란 아동과 대화를 하지 않거나 안아주지 않는 등 아동이 필요로 하는 애정표현과 적절한 정서적 지지를 제공하지 않는 것, 신체적 접촉을 회피하는 것, 아동과의 약속에 무관심한 것, 정서적 결핍을 주는 행위를 말한다.

유기(遺棄, abandonment)란 가족해체 등으로 인해 아동에 대해 종래에 관습적으로 이루어진 보호를 제공하지 아니하고 보호를 받지 못하는 상태로 내버려두는 것을

2) 아동학대문제연구소, http://www.goodneighbors.org/child/abuse/type.asp

3) 정서학대의 사례: i) 아동의 인격, 존재, 감정, 기분을 심하게 무시하거나 모욕하는 행위, ii) 고의적으로 의식주를 제공하지 않는 행위, iii) 좁은 공간에 장기간 혼자 가두어 놓는 행위, iv) 원망적, 거부적, 적대적 또는 경멸적 언어폭력, v) 아동이 보는 앞에서 심하게 부부싸움 하는 행위

말한다. 유기의 사례로 아동보호의 의무가 있는 사람이 타인의 가정이나 교회의 문 앞에 남몰래 아동을 버리는 행위를 들 수 있다. 중세에는 교회의 문 앞에 아이들을 유기하면 교회가 아이들을 맡았다가 양육가정을 찾아 맡기기도 하였다.

아동학대를 방지하기 위한 세계 최초의 아동보호기관은 1875년 미국의 개혁가인 게리와 버그(Elbridge Thomas Gerry and Henry Bergh)에 의해 설립된 기독교단체인 미국 뉴욕의 뉴욕잔학행위방지협회(The New York Society for the Prevention of Cruelty to Children, NYSPCC)이다. 이 아동보호기관은 1874년 양육부모(foster parents)로부터 학대와 방임으로 인해 사망의 위기에 처했다가 앵겔(Etta Angell)이라는 사회사업가의 도움으로 살아난 9살의 엘렌(Mary Ellen)양 사건을 계기로 탄생하였다.[4]

당시 엘렌의 학대 이야기는 미국 사회를 경악시켰지만, 가해자인 양육부모를 처벌할 법적 근거가 없어서 동물학대법을 적용하였다는 사실은 또 다른 사회적 충격을 주었다. 그 후 미국에서는 아동학대에 관한 법적인 장치들이 마련되었다. 우리나라에서도 친부모가 종교의식으로 암 치료가 가능하다고 믿고 병원치료를 거부하여 몸무게 20kg에 종양이 5kg인 채로 학대받고 있다는 사실이 사회적 이슈가 되었고, 그 후

NYSPCC Shelter

4) New York Society for the Prevention of Cruelty to Children (NYSPCC), http://www.nyspcc. org/index.htm

병원에서 종양 제거수술을 받고 가정위탁 보호 조치를 받았으나 후유증으로 3년 후 사망한 김신애 양의 사건이 계기가 되어 아동복지법을 대폭 개정하고 아동학대로부터 아동을 보호하기 위한 법적 대응방안이 마련되었다.

우리나라는 1989년 UN의 아동권리협약에 가입하고, 1991년 국회의 비준절차를 거침으로써 아동권리의 네 가지 4원칙으로 불리는 무차별의 원칙, 아동 최선의 이익 원칙, 아동생존 보호발달 원칙, 아동 참여 원칙을 지켜야 하는 국제법상 의무를 지게 되었다. 우리나라 아동복지법상 아동학대라 함은 보호자를 포함한 성인에 의하여 아동의 건강· 복지를 해치거나 정상적 발달을 저해할 수 있는 신체적· 정신적· 성적 폭력 또는 가혹행위 및 아동의 보호자에 의하여 이루어지는 유기와 방임을 말한다.

아동학대예방기관으로는 한국복지재단 산하 아동학대상담센터를 들 수 있다.[5] 1948년 미국 기독교아동복리회(CCF) 한국지부의 아동복지사업을 시작으로 성장한 국내 최대의 민간사회복지기관인 한국복지재단은 전국에 8개의 아동학대상담센터를 두고 있다. 한국복지재단은 미국 버지니아주 리치몬드에 본부를 둔 기독교아동복리회(Christian Childrens Fund, Inc.)의 지원을 받아 불우아동들을 도와주는 사업을 실시하였으며, 1948년에 한국지부로 설치되어 부산에서 불우아동들을 위한 구호사업을 주로 미국 기독교인들의 헌금으로 추진하였으며, 1994년 이전에는 한국어린이재단의 이름으로 활동하였다.

한국복지재단은 1989년부터 아동학대와 방임을 예방하는 사업을 전개해 오고 있으며, 학대를 받고 있거나 학대의 위험에 놓여있는 아동의 권리와 안전보장을 도모하고 이를 기반으로 하여 건강한 사회적 단위로서의 가족과 건전한 가족기능의 유지를 돕고 있다.

굿네이버스 또한 아동학대예방사업을 운영하는 대표적인 기독교 NGO기관으로 기독교 정신에 입각하여 가난하고 소외된 이웃들의 고통을 전문적으로 해결하고, 원조하기 위해 1991년에 설립된 국제비영리단체로 아동학대문제연구소를 설립하여 전문적인 아동학대문제의 해결방안을 강구하고 있다.[6]

5) 한국복지재단, http://www.kwf.or.kr/

6) 굿네이버스, http://www.goodneighbors.org/

보건복지부의 전국아동학대현황보고서에 따르면, 우리나라의 경우 아동학대사례는 매년 증가하고 있는 추세이다.

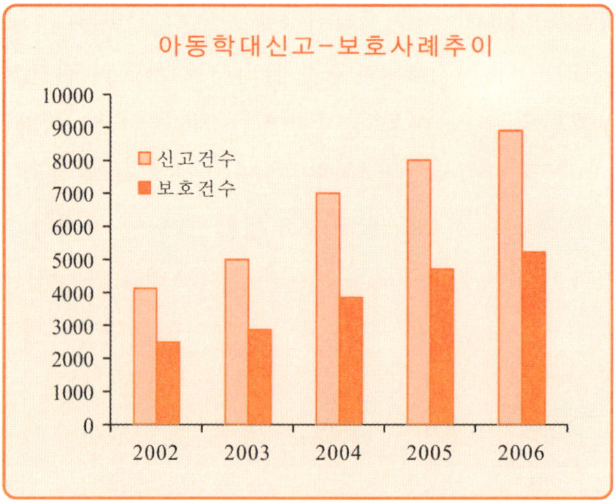

【아동학대 신고건수 및 학대아동 보호건수】 (단위 : 건, %)

구 분	아동학대 신고 건수	학대아동보호 건수	인구 천명당 신고율	인구 천명당 학대아동보호율
2002년	4,111	2,478	0.35	0.21
2003년	4,983	2,921	0.44	0.26
2004년	6,998	3,891	0.62	0.35
2005년	8,000	4,633	0.72	0.42
2006년	8,903	5,202	0.82	0.48

자료 : 보건복지부, 「전국아동학대현황보고서」, 2006.

2002년 이래 아동학대의 신고건수는 4,111건이었던 것이 2006년에는 2배 이상으로 증가하여 8,903건에 달하였으며, 학대아동 보호 건수도 2002년 2,478건에서 2006년 5,202건으로 증가하였다.

【아동학대 사례유형】 (단위 : 건, %)

유형＼년도	2002년	2003년	2004년	2005년	2006년
신체학대	254(10.3)	347(11.9)	364(9.4)	423(9.1)	439(8.4)
정서학대	184(7.4)	207(7.1)	350(9.0)	512(11.1)	604(11.6)
성 학 대	65(2.6)	134(4.6)	177(4.5)	206(4.4)	249(4.8)
방 임	814(32.8)	965(33.0)	1,367(35.1)	1,635(35.3)	2,035(39.1)
유 기	212(8.6)	113(3.9)	125(3.2)	147(3.2)	76(1.5)
중복학대	949(38.3)	1,155(39.5)	1,508(38.8)	1,710(36.9)	1,799(34.6)
계	2,478(100.0)	2,921(100.0)	3,891(100.0)	4,633(100.0)	5,202(100.0)

자료 : 보건복지부, 「전국아동학대현황보고서」, 2006.

아동학대의 사례 가운데 방임의 사례가 가장 많았고, 그 다음으로 중복학대, 정서학대, 신체학대, 성학대, 유기의 순으로 나타났다. 이 가운데 방임의 사례가 전체의 약 40%에 해당하였다.

아동학대행위자는 전체의 83.2%가 부모로 나타나 대부분을 차지하고 있다. 따라서 아동학대를 예방하기 위해서는 부모들의 인식 전환을 위한 교육이 매우 절실함을 알 수가 있다. 그 다음으로 아동학대행위자는 타인, 조부모, 친인척, 형제/자매 등의 순으로 나타났다.

아동학대의 발생 원인을 살펴보면, 부모의 양육태도 및 방법이 부족한 경우가 전체의 29.9%로 가장 많았고, 사회경제적 스트레스 및 고립이 25.0%로 다음이었으며, 그 다음으로 알코올이나 약물 중독 및 질환, 성격이나 기질의 문제, 가족이나 종교문제, 어릴 적 학대경험이나 폭력성, 성 문제나 아이를 원치 않은 경우의 순이었다.

【요보호아동의 발생유형(2006)】

계(명)	기아	미혼모아 등	미아	비행, 가출, 부랑	빈곤, 실직, 학대 등
9,034	230	3,022	55	802	4,925

*자료: 요보호아동현황(2007), 보건복지부.

보건복지부에 따르면 2006년 우리나라의 요보호아동은 9,034명이었으며, 빈곤이나 실직 학대 등으로 인한 사례가 54.5%로 가장 많았고, 미혼모아 등의 사례가 33.4%로 다음이었으며, 비행 가출 부랑으로 인한 사례가 8.9%이었고, 굶주림으로 인한 경우도 2.5% 있었다.

【요보호아동 보호내용(2006)】

계(명)	시설보호				가정보호			
	소계	아동시설	장애아 시설	미혼모 시설	소계	소년소녀 가정책정	입양	위탁 보호
9,034	4,366	4,313	53	-	4,668	308	1,259	3,101

*자료: 요보호아동현황(2007), 보건복지부.

이들 요보호아동들은 아동시설, 장애아시설, 미혼모시설과 같은 시설에서 보호를 받는 경우가 48.3%로 나타났으며, 시설보호아동의 거의 대부분인 98.8%는 아동시설에서 보호를 받고 있었다. 요보호아동 가운데 51.7%는 소년소녀가정 책정, 입양, 위탁보호와 같은 가정보호를 받고 있었으며, 이들 가정보호아동 가운데 66.4%는 위탁보호를 받고 있었다.

【아동복지 시설 수 및 보호아동 현황(2007)】

구분	시설수	종사자	입소자	퇴소자	보호아동
2006	282	5,120	6,564	6,898	18,817
2007	282	5,239	5,874	6,265	18,426

* 자료:보건복지부, 2007.

【아동상담 내용(2007)】

	계	비행·부랑아 선도	성격이상·심리검사	미아상담	미혼모 상담	이성·성문제	진로·취업	생계곤란·요보호	심리및 정서장애 등
2005	28,242	4,158	2,884	252	668	432	1,215	8,056	10,577
2006	23,532	6,095	3,170	195	1,643	113	691	6,147	5,478
2007	27,349	2,705	2,045	241	2,380	143	483	8,982	10,370

*자료: 아동상담현황, 보건복지부, 2007.

전통적으로 한국의 아동복지는 가족에 의존하였으나 가족해체 등으로 인해 가족 내에서 보호를 받지 못하는 요보호아동들에 대한 문제가 심각한 사회문제로서 대두되고 있다. 요보호아동들의 문제는 아동들의 현실적인 고통을 완화시켜 주기 위한 사업과 요보호아동들이 산출되는 가족의 문제를 해결하기 위한 사업이 동시에 시행되어야 한다. 요보호아동들을 보호하기 위해서 정부는 아동 및 임산부 그리고 그 가족에 관해 상담을 실시하고 전문적 기술적 지도를 시행하며 적절한 보호를 실시하는 아동상담소, 아동복지에 관한 상담과 지도를 담당하는 공무원인 아동복지지도원, 아동의 생활상태와 가정환경을 상세히 파악하고 필요한 원조와 지도를 행하는 명예직인 아동위원 등을 통해 이들을 보호-양육하고 있다. 보건복지부의 아동상담 내용에 관한 자료에 따르면 2007년의 경우, 심리 및 정서장애 등으로 인한 상담이 전체의 37.9%로 가장 많았고, 생계곤란으로 인한 보호요구에 관한 상담이 32.8%로 다음이었으며, 비행이나 부랑으로 인한 선도상담이 9.9%로 그 다음이었다.

【아동상담조치 결과(2007)】

상 담 조 치 결 과						
	계	귀가·연 고자인계	시설입소 (관계기 관의뢰)	취업알선· 후원자 연계	가정위탁 보호	상담 진행등 기타
2005	28,242	11,630	4,163	346	1,702	10,401
2006	23,532	6,514	5,476	185	2,838	8,519
2007	27,349	6,095	8,925	246	4,285	7,798

*자료: 아동상담현황, 보건복지부, 2007.

보건복지부의 아동상담조치 결과에 관한 자료에 따르면, 2007년의 경우 시설에 입소시키거나 관계기관에 의뢰한 사례가 32.6%로 가장 많았고, 상담을 계속 진행하는 등의 사례가 28.5%로 다음이었으며, 귀가시키거나 연고자에 인계한 경우가 22.3%, 가정위탁보호를 실시한 경우가 15.7%로 그 다음이었으며, 취업알선을 하거나 후원자에 연계한 경우는 0.8%로 미미하였다.

【입양현황(2007)】

구분	입양기관			입양아동		
	계	국내	국내.국외	계	국내	국외
2005	24	20	4	3,562	1,461	2,101
2006	25	21	4	3,231	1,332	1,899
2007	24	20	4	2,652	1,388	1,264

요보호아동들이 정상적인 가정생활을 영위하고 건전하게 양육되게 하기 위한 적절한 조치 가운데 하나가 입양제도이다. 입양은 지난 30년간 꾸준히 추진되어 왔으나 입양아동의 수는 전체적으로 점차 감소 추세를 보이다가 1991년 이래 안정세를 보이고 있다(보건복지부, 1997:383). 국내입양의 경우 입양 희망 가정은 불우한 아동의 건

전 육성보다는 혈연에 의한 가계 계승의 관습에 따른 가계 계승의 수단으로 입양을 원하고 있는 등 입양에 대한 인식이 아직 우리 사회에 부족한 편이다. 그동안 정부는 국내입양을 촉진하기 위해 입양기관을 중심으로 다양한 홍보활동을 전개하고 있으며 양부모 자격기준에서 연령 및 자녀수 제한을 완화하고 학력 제한을 폐지하였다. 국내입양 가운데 장애아동 입양은 거의 없는 편이며 장애아동은 대부분 국외로 입양되고 있다. 한 때는 장애아 수출국이란 불명예를 받기도 하였다.

2007년 현재 우리나라에 입양기관은 24개로 그 가운데 국내입양기관이 20개소, 국내외 입양기관이 4개소가 있으며, 전체 입양아동 가운데 국내입양이 차지하는 비율은 52.3%로 처음으로 국외입양보다 많게 나타났다. 이는 국내입양의 증가에 기인하기보다는 국외입양이 감소되어 상대적으로 국내입양이 차지하는 비중이 증가한 것이다.

【소년·소녀가장 세대현황】

(단위: 명, 세대)

	세대주	세대원1)	재 학 상 태 별				
			미취학	초등학생	중 학 생	고등학생	기 타
2005	2,755	4,332	85	901	1,343	1,923	80
2006	2,086	3,271	39	572	1,031	1,570	59

자료 : 보건복지부, 「보건복지통계연보」 각 년도

보건복지부에 따르면, 우리나라의 소년·소녀가장 세대는 1997년 IMF 때 9,544세대를 정점으로 지속적으로 줄어들어 2007년에는 1,630세대로 83% 감소하였다. 2006년 이들의 재학상태를 살펴보면 고등학생이 1,570명으로 가장 많고, 중학생이 1,031명으로 다음이며, 초등학생이 572명이었다.

【소년소녀가장 현황(2007)】

연도	총 계	주거형태 현황						발생유형 현황					
		자가	전세	월세	친지	영구임대	기타	부모사망	폐질 심신장애	가출·행불	이혼	노령	기타(복역등)
2005	2,755	490	293	304	921	442	305	490	293	304	921	442	305
2006	2,086	264	324	274	608	294	322	264	324	274	608	294	322
2007	1,630	240	218	214	498	232	228	240	218	214	498	232	228

*자료:보건복지부, 보건복지자료실, 2008.

소년소녀가장세대란 부모의 사망, 폐질, 심신장애, 이혼, 가출 등으로 만 20세 이하의 소년-소녀가 가족의 생계를 이끌어 가야 하기 때문에 생활이 어려운 세대를 말한다. 소년소녀가장은 법률적으로 가장의 역할을 하는 것은 아니며 단지 사회에서 또는 행정 편의상 보호대상자를 선별하기 위해 편의상 부르는 용어이다. 소년소녀가장세대는 생활보호대상자로 우선 책정되어 정부로 부터 생계보호, 의료보호, 교육보호를 받게 되며, 이러한 보호를 통하여 가정생활을 영위하면서 학업 등을 계속할 수 있도록 도움을 받고 있다. 이외에도 피복비, 영양급식비 및 학용품비, 교통비 등을 추가로 지원 받고 있으며, 지역사회 인사와 결연을 통해 정서적 지지와 생활상의 원조를 받고 있다. 2007년 소년소녀가정의 주거형태를 살펴보면, 친지의 집에 거주하는 경우가 498세대로 가장 많았고, 전월세가 432세대, 영구임대주택이 232세대였으며, 자가의 경우도 240세대이었다. 소년소녀가정이 발생하게 된 유형을 살펴보면, 이혼의 경우가 498세대로 가장 많았고, 부모의 사망이 240세대, 노령의 경우가 232세대, 폐질이나 심신장애로 인한 경우가 218세대, 부모의 가출이나 행방불명으로 인한 경우가 214세대였으며, 복역 등 기타 사유가 228세대였다.

【사회복지시설 및 아동복지시설 현황(2006)】

시설구분	시설수	생 활 인 원			종사자
		계	남	여	
전체시설	1,851	103,225	46,582	56,643	35,281
아동복지시설	282	18,817	10,789	8,028	5,120

* 자료:보건복지통계연감, 보건복지부, 2007.

우리나라에는 1851개의 사회복지시설에서 약 10만 명이 생활하고 있는 데 이 가운데 아동복지시설은 282개소로 약 1만 명의 아동들이 생활하고 있다. 아동복지시설에는 아동양육시설, 아동일시보호시설, 아동보호치료시설, 아동직업훈련시설, 자립지원시설, 아동단기보호시설, 아동상담소, 아동전용시설, 아동복지관, 공동생활가정, 지역아동센터가 있다.

정부는 보호자가 없거나 보호조치가 적합하지 아니한 아동들에 대하여는 아동복지시설에 입소시켜 양육과 보호를 행하고 있다. 영아시설에는 3세 미만의 아동이, 육아시설에는 3세 이상 18세 미만의 아동을 입소시켜 보호-양육하고 있으며, 아동직업보도시설에는 12세 이상의 시설수용아동과 빈곤 아동들에게 자활에 필요한 지식과 기능을 습득시키고 있고, 교호시설에는 불량행위를 하거나 불량행위를 할 우려가 있는 아동들을 입소시켜 건전한 국민으로 선도하고 육성하고 있다. 자립지원시설은 시설퇴소아동에게 취업준비기간 또는 취업 후 일정 기간 숙식을 실비로 제공하고 있다. 아동들에 대한 대부분의 시설보호조치는 영아와 육아를 위한 시설보호이다.

【불우아동 결연 후원실적】

	90	92	94	96
결연아동(명)	39,426	35,247	41,618	33,200
후원금액(백만원)	4,882	6,297	8,236	8,172
후원자수(구좌)	70,703	82,228	73,938	74,925

소년소녀가장이나 아동복지시설에 수용되어 있는 아동들의 후원결연사업이 민간복지기관들과 언론기관의 참여 하에 실시되고 있다. 후원결연사업은 일반인들의 불우아동에 대한 관심을 고조시키는 의미도 있지만 정부의 아동복지예산을 일부 보조해 주는 의미도 있다. 후원결연사업은 양적으로 증가되고 있는 추세이다.

【보건복지가족부 보육지원과(2007)】

(단위: 개소)

구분	계	국·공립 보육시설	법인 보육시설	민간보육시설			부모협동 보육시설	가정 보육시설	직장 보육시설
				소계	법인외	민간개인			
2005	28,367	1,473	1,495	13,748	979	12,769	42	11,346	263
2006	29,233	1,643	1,475	13,930	1,066	12,864	59	11,828	298
2007	30,856	1,748	1,460	14,083	1,002	13,081	61	13,184	320

*자료:보건복지부, 보건복지자료실, 2008.

보육시설이라 함은 보호자가 근로 또는 질병 기타 사정으로 영유아를 보호하기 어려운 경우에 보호자의 위탁을 받아 영유아를 보호하는 시설을 말한다. 영유아라 함은 6세 미만의 취학 전 아동을 말한다. 보육사업은 아동의 건전한 보육과 맞벌이 가정의 자립생활지원이란 취지에서 사회적 지지를 받고 있다. 2007년 말 현재 전국에는 30,856개소의 보육시설에 1,344,132명의 아동이 보호를 받고 있으며, 보육시설수와 보육아동 수는 지속적으로 증가하는 추세에 있다.

제3절

성서 속의 기독교 아동복지

성서에서 요보호아동들은 우선적인 구제의 대상으로 나타난다. 또한 성서에서 아동들은 교육의 대상이고, 훈계의 대상이며, 긍휼의 대상이고, 겸손의 상징으로 나타나 있다. 성서는 아동들의 양육에 대해 가족의 책임을 강조하고 있다.

"너는 과부와 고아를 해롭게 하지 말라. 네가 만일 그들을 해롭게 함으로 그들이 내게 부르짖으면 내가 반드시 그 부르짖음을 들을지라. 나의 노가 맹렬하므로 내가 칼로 너희를 죽이리니 너희 아내는 과부가 되고 너희 자녀는 고아가 되리라."(출22:22-24)

"고아와 과부를 위해 신원하시며(defend the cause of the fatherless and the widow)……그에게 식물과 의복을 주시나니."(신10:18)

"네 고아들을 남겨두라. 내가 그들을 살려 두리라. 네 과부들은 나를 의지할 것이니라."(렘49:11).

"매 삼년 끝에 그해 소산의 10분의 1을 각출하여 너희 성읍에 저축하고 분깃(allotment:분할 대여된 농지) 이나 기업(inheritance)이 없는 레위 사람과 성중에 거하는 객과 고아와 과부로 하여금 와서 배불리 먹게 하라. 여호와 네 하느님이 너희 하는 범사에 복을 주시리라."(신14:19-22, 28-29)

"실로 재가 내 심령으로 고요하고 평온케 하기를 젖 뗀 아이가 그 어미 품에 있음 같게 하였나니 내 중심이 젖 뗀 아이와 같도다."(시, 131:2)

"비록 아이라도 그 동작으로 자기의 품행의 청결하며 정직한 여부를 나타내느니라. 듣는 귀와 보는 눈은 다 여호와의 지으신 것이니라."(잠20:11-12)

"마땅히 행할 길을 아이에게 가르치라. 그리하면 늙어도 그것을 떠나지 아니하리라." (잠22:6)

"아이의 마음에는 미련한 것이 얽혔으나 징계하는 채찍이 이를 멀리 쫓아내리라."(잠22:15)

"아이를 훈계하지 아니치 말라. 채찍으로 그를 때릴지라도 죽지 아니하리라. 그

를 채찍으로 때리면 그 영혼을 음부에서 구원하리라."(잠23:13-14)

"채찍과 꾸지람이 지혜를 주거늘 임의로 하게 버려두면 그 자식은 어미를 욕되게 하느니라……네 자식을 징계하라. 그리하면 그가 너를 평안하게 하겠고 또 네 마음에 기쁨을 주리라."(잠29:15, 17)

"여인이 어찌 그 젖 먹는 자식을 잊겠으며 자기 태에서 난 아들을 긍휼히 여기지 않겠느냐. 그들은 혹시 잊을 지라도 나는 너를 잊지 아니할 것이다."(사49:15)

"어미가 자식을 위로함같이 내가 너희를 위호할 것인즉 너희가 예루살렘에서 위로를 받으니라."(사66:13)

"에브라임은 나의 사랑하는 아들 기뻐하는 자식이 아니냐. 내가 그를 책망하여 말할 때마다 깊이 생각하노라. 그러므로 그를 위하여 내 마음이 측은한즉 내가 반드시 그를 긍휼히 여기리라. 여화와의 말이니라."(렘31:20)

"예수께서 한 어린아이를 불러 저희 가운데 세우시고 가라사대 진실로 너희에게 이르노니 너희가 돌이켜 어린아이들과 같이 되지 아니하면 결단코 천국에 들어가지 못하리라. 그러므로 누구든지 이 어린아이와 같이 자기를 낮추는 그이가 천국에서 큰 자니라. 또 누구든지 내 이름으로 이런 어린 아니 하나를 영접하면 곧 나를 영접함이니 누구든지 나를 믿는 이 소자 중 하나를 실족케 하면 차라리 연자맷돌을 그 목에 달리우고 깊은 바다에 빠뜨리우는 것이 나으니라……실족케 하는 그 사람에게는 화가 있도다."(마18:1-6)

"내가 진실로 너희에게 이르노니 누구든지 하나님의 나라를 어린아이와 같이 받들지 않는 자는 결단코 들어가지 못하리라 하시고 그 어린아이들을 안고 저희 위에 안수하시고 축복하시니라."(마10:15-16)

"제자 중에서 누가 크냐 하는 변론이 일어나니……누구든지 내 이름으로 이 어린아이를 영접하면 곧 나를 영집힘이요 또 누구든지 니를 영접히면 곧 나 보내신 이를 영접함이라. 너희 모든 사람 중에 가장 작은 그이가 큰 자니라."(눅9:46-48)

"어린아이들이 내게 오는 것을 용납하고 금하지 말라. 하나님의 나라가 이런 자의 것이니라. 내가 진실로 너희에게 이르노니 누구든지 하나님의 나라를 어린아이와 같이 받들지 않는 자는 결단코 들어가지 못하리라."(눅18:16-17)

"사람이 자기 집을 다스릴 줄 알지 못하면 어찌 하나님의 교회를 돌아보리요."(딤전2:5)

"만일 어떤 과부에게 자녀나 손자들이 있거든 저희로 먼저 자기 집에서 효를 행하여 부모에게 보답하기를 배우게 하라."(딤전5:4)

"성경은 가족의 가치를 강조하고 있다. 누구든지 자기 가족을 돌아보지 아니하면 믿음을 배반한 자요 불신자보다 더 악한 자니라."(딤전5:8)

제4절

기독교 아동복지사업

성서에서 요보호아동들은 우선적인 구제의 대상임을 보여준다. 또한 성서에서 아동들은 교육의 대상이고, 훈계의 대상이며, 긍휼의 대상이고, 겸손의 상징으로 나타나 있다. 교회나 기독교단체 그리고 성도들은 성서의 가르침을 따라서 아동들을 보호하고 양육시켜야 할 책임이 있다. 이러한 책무를 구체적으로 실천하고자 하는 구체적인 노력이 기독교 아동복지사업이다. 기독교 아동복지의 대상인 아동 가운데 일반아동은 교육과 훈계의 대상으로, 그리고 요보호아동들은 교육과 훈계 이외에 구제와 양육의 대상으로 성경은 가르치고 있다.

성경은 가족의 가치를 강조하고 있다. 성경은 자기의 가족을 돌아보지 아니하는 것은 악이라 규정하였다. 교회는 상실된 가족의 가치를 회복시키는 노력을 해야 한다. 최근의 아동복지서비스는 가족의 가치를 존중하는 방향으로 전개되고 있다. 1980년 이후 아동복지서비스는 그 전달 방향이 아동가족의 최소한의 관여만을 허용하는 엄격한 아동보호접근방법(a strict child protection approach)에서 아동중심적이고 가족집중적인 접근방법(a child-centered, family-focused approach)으로 전환되기 시작했다. 아동중심적, 가족집중적 접근방법은 대부분의 아동들이 자신의 부모들과 함께 살고 싶어 할 뿐만 아니라 아동들이 정서적인, 물리적인 위해만 없다면 아동들은 그들의 가족과 함께 사는 것이 더 건전하다는 사실을 중시하고 있다(Liederman, 1995:424-433).

기독교 아동복지사업 가운데 가정에서 부모의 능력을 지지하거나, 보완하거나 대신할 수 있는 몇 가지 사업을 열거하면 다음과 같다.

1) 아동상담사업

상담(counseling)이란 문제를 갖고 있거나 있을 가능성이 있는 개인이나 가족 집단들에 대하여 문제예방과 해결을 위해 조언을 해주고, 구체적인 대안을 제시하며, 자신이 추구해야 할 목표를 스스로 확실히 할 수 있도록 도와주고, 필요한 지식이나 정보를 제공함으로써 개인, 가족, 집단, 지역사회를 올바로 인도하는 절차이다. 아동상담은 아동과 상담자 사이에 상호적인 심리작용을 통해 이루어지지만 필요한 정보제공이나 조언에서부터 심리치료에 이르기까지 다양한 내용을 포함할 수 있다.

교회는 아동들이나 아동의 가족들이 갖고 있는 문제를 해결하기 위해서 생활상담과 신앙상담을 실시할 수 있다. 목회자는 훌륭한 상담자이다. 교회는 목회자가 직접 또는 청년-아동담당 전도사나 교사 그밖에 신앙의 연륜과 경험이 풍부한 자원봉사성도들을 활용해 아동상담사업을 실시할 수 있다. PC통신이 가능한 아동상담을 전담할 수 있는 책임자가 있다면 더 효과적이다.

교회에서 아동상담에 임하는 상담자는 무엇보다 아동에게 안락하고 따뜻한 분위기를 조성해 주어야 한다. 아동과의 상담이라고 해서 일방적인 자세를 취해서는 안 되며, 진실되게 아동의 입장을 받아들이려는 수용적인 자세를 보이고, 아동의 입장에 공감하고자 하고 이해하려고 노력하는 긍정적인 태도를 보여야 한다. 상담자는 유연한 자세를 취해야 하며 아동에게도 경직된 자세에서 벗어나 자신의 과거와 환경을 바라볼 수 있도록 인도해야 한다. 상담이 끝난 후 아동이 상담 전과 비교해 건전하고 훌륭하게 변화된 모습을 이야기 해주어 아동이 자신에 대해 자신감을 가질 수 있도록 도와준다. 주의할 것은 교회의 아동상담은 상담내용뿐만 아니라 과정상의 모든 것이 성경의 가르침에 합당하게 이루어져야 한다는 것이다.

교회는 아동들을 위해 온라인상담(on-line counseling)을 적극 활용할 수 있다. 아직까지는 직접 아동과 만나서 면담하거나 서신 전화 팩스로 이루어지는 상담이 주로 이루어지고 있지만 최근에는 PC통신을 통한 온라인상담이 적극 활용되고 있다. 이러한 온라인상담(on-line counseling)의 장점은 상담을 받는 아동이 주저하지 않고 상담을 할 수 있다는 것이다. 상담대상아동들은 상담내용이 자신의 치부이고 약점이라고 수치스럽게 생각하기 때문에 이러한 문제를 다른 사람에게 드러내고 이야기하지 않으려 한다. 그러나 온라인상담은 피상담자의 신분이 직접 드러나지 않고 컴퓨터 화면상에서 대화가 이루어지기 때문에 피상담자가 자신의 신분이나 모습을 드러내지 않아도 되고 또 직접 육성으로 전해야 할 필요도 없기 때문에 편안한 마음으로 상담에 응할 수 있다. 면접상담이나 전화상담과 같이 상담이 신속히 이루어질 수 있다는 장점도 있다. 또한 필요한 자료를 참조해 가면서 면접에 응할 수 있어 정확한 상담이 이루어질 수 있다. 그러나 PC통신 가능자와 PC통신시설을 이용할 수 있는 자에 한해서 가능하다는 제한점이 있다. 이와 같이 익명성, 용이성, 신속성, 정확성, 제한성이 온라인상담의 특징이 될 수 있다.

2) 학대-방임아동보호사업

성경은 어려운 처지에 있는 아동을 해롭게 하지 말라고 가르치고 있다. 또한 어린 아동을 실족케 하면 화가 있을 것이라 경고하고 있다. 성경은 어린 아동들을 학대하지 말고 실족하게 하지 말 것을 분명히 선포하고 있다.

아동학대(child abuse)와 아동방임(child neglect)은 통상적으로 함께 정의내려진다. 양자를 구분해 보면 아동학대는 아동에 대한 부적절한 의도와 해로운 행동을 의미하는데 반해 아동방임은 아동의 욕구가 충족되지 않은 상태를 의미한다(Brissett-Chapman,1995:356). 아동방임은 아동이 부모로부터 양육을 거부당하거나 방치된 상태, 즉 보호상태에서 비보호상태가 된 것이다.

아동학대(child abuse)는 신체적 학대, 비신체적 학대, 사회적 학대로 나뉘어진다. 신체적 학대란 보호자가 결과를 고려하지 않고 아동에게 고통을 주고 상처를 입히고 완력을 사용하는 것을 말한다. 비신체적 학대란 애정결핍, 영양실조, 불충분한 의료보호, 위협적인 언어, 필요한 오락이나 교육기회 금지, 성(性)적인 이용 등을 말한다. 사회적 학대는 아동이 생활하는 주위에 아동의 건전한 발달과 양육에 해를 끼치는 업소나 시설이 설치되어 운영되거나 대중매체를 통해 전달되도록 허용하거나 방치하는 것을 말한다. 주택가나 학교 주위에 유해한 오락시설이나 유흥업소가 적법하게 운영되는 것이 한 예이다. 아동복지법에서는 다음과 같은 행위를 아동학대사례로 보고 이러한 행위를 금지하고 있다; 불구기형의 아동을 공중에 관람시키는 행위, 아동에게 구걸을 시키거나 아동을 이용하여 구걸하는 행위, 공중의 오락 또는 흥행을 목적으로 14세 미만의 아동에게 곡예를 시키는 행위, 14세 미만의 아동에게 주점 기타 접객영업에 종사시키는 행위, 아동에게 음행을 시키거나 음행을 매개시키는 행위, 정당한 권한을 가진 알선기관 외의 자가 아동의 양육을 알선하고 금품을 취득하는 행위, 아동에게 유해한 흥행 영화 기타 이에 준하는 흥행물을 관람시키는 행위, 아동에게 유해한 유기(遊技)를 시키거나 유해한 유기를 행하는 장소에 출입시키는 행위, 자기의 보호 또는 감독을 받는 아동을 학대하는 행위, 아동을 위하여 증여 또는 급여된 금품을 그 목적 외의 용도에 사용하는 행위, 아동의 덕성을 심히 해할 우려가 있는 도서 간행물 광고물 기타의 내용물을 제작하거나 이를 아동에게 판매 배포 공여 교환 전시 구연 방송하거나 하게 하는 행위.

교회는 아동학대-방임사례에 대해 직간접적으로 대처할 수 있다. 교회가 아동학대-방임사례에 대해 적절하게 대처하기 위해서는 무엇보다도 목회자들이 아동학대-방임사례와 원인 및 대처방안에 관한 지식을 갖추어야 한다. 목회자는 설교시간이나 성경공부시간 또는 지역사회세미나를 통해 비성서적인 아동학대사례를 질타하는 메시지를 성도나 지역사회에 전할 수 있다. 교회는 아동학대 관련 사회단체의 협조를 얻어 교회 내에서 아동학대에 관한 사진전시회나 사례발표회를 개최하여 아동학대에 대한 교인들의 관심을 이끌 수 있다.

교회는 주일학교 교사나 아동부전도사를 통해 아동학대사례를 보고 받고 상황을 조사하고 분석한 후 가해자에 대해 그리고 피해아동을 위해 적절한 대처방안을 강구할 수 있다. 교회가 직접 대처하기가 어려운 경우 시군구에 근무하는 아동복지지도원이나, 지역사회의 아동상담소에 근무하는 상담원, 아동학대방지 관련 사회단체, 지역사회복지관의 사회복지사, 읍면동의 사회복지전문요원, 경찰 등에 연락하여 적절한 조치가 이루어질 수 있도록 노력할 수 있다.

교회는 학대아동 가운데 부모로부터 일시적으로 또는 영구히 분리시키는 것이 아동을 위해서 옳다고 판단되면 아동복지지도원이나 아동상담소의 지원을 받아 교인 가운데 희망하는 가정을 위탁가정(foster home)으로 지정해 일정 기간 아동을 보호할 수 있다. 위탁가정이 되기 위해서는 경제사회적으로 안정된 30~55세 사이의 일반가정으로 결혼 후 3년이 경과되어야 한다. 위탁보호기간은 통상적으로 1~5년 사이이다. 일정 기간이 아니라도 하루나 이틀 같이 단기간 학대아동을 임시적으로 교회나 교인가정에서 숙식을 제공하며 돌보아 줄 수 있다. 부모로부터 오랫동안 방치되거나 부모에게 심각한 문제가 있어 아동을 부모로부터 영원히 아동을 분리시키는 것이 옳다고 판단될 때는 아동복지상담원이나 아동상담소와 상의한 후 홀트아동복지회와 같은 입양전문기관과 연락해 건전한 가정에 입양될 수 있도록 의뢰할 수 있다. 양친이 될 자격요건은 국내입양의 경우 25~54세의 혼인중인 자로서 자녀수는 입양아동을 포함하여 5인 이내를 원칙으로 하고 있다. 양친가정은 시군구의 가정조사기관이 양친가정, 직장, 이웃 등을 2회 이상 직접 방문하여 조사하고 이를 통해 입양적격여부를 결정한다.

3) 소년소녀가장세대 후원결연사업

소년소녀가장세대는 부모의 사망 질병 심신장애 가출 이혼 수형 등으로 인하여 만 20세 이하의 소년소녀가 가정생활을 이끌어 가야 함으로써 정부의 보호가 필요한 세대로 생활보호대상자 선정기준에 적합한 자이다. 이들은 생활보호대상자로 책정되어 보호되며 정부로부터 생계보호비, 연료비, 난방비, 학용품비, 중고생교통비, 피복비 등 공적부조서비스를 지원받는다. 그러나 이러한 공적부조서비스만으로는 이들이 경제적으로 정상적인 생활을 영위하는 데 많은 어려움이 있다. 이러한 경제적인 어려움을 일부 덜어주기 위해 실시하는 사업이 후원결연사업이다. 현재 소년소녀가장을 위한 후원결연사업은 각 시군구, 한국복지재단, 사회복지관 등에서 전개하고 있다.

성경은 일관성 있게 가난한 이웃을 위해 사랑을 실천할 것을 강조하고 있다. 특히 아직 노동능력이 부족한 계층들에 대한 이웃사랑은 우선적으로 실천되어야 한다. 이러한 계층 가운데 하나가 소년소녀가장세대이다.

교회는 교회적 차원에서 그리고 성도 개인적 차원에서 소년소녀가장세대를 위한 결연사업을 실시할 수 있다. 교회적 차원에서 교회는 매달 십일조 가운데 일정액을 소년소녀가장세대를 물질적으로 후원할 수 있다. 십일조는 하나님의 것으로 십일조에 관한 성경적 가르침에 합당하게 사용되어야 한다. 교회는 성도 개개인의 차원에서 소년소녀가장세대와 후원결연을 맺을 수 있다. 교회는 한국복지재단이나 시군 또는 지역사회복지관에 후원금을 보내어 후원결연사업에 참여할 수 있다. 또는 후원결연에 참여하고자 하는 교인들과 소년소녀가장세대의 인적사항을 파악한 후 후원을 희망하는 교인이 선호하는 소년소녀가장세대를 선택하도록 할 수 있다. 가장 바람직한 방법은 후원결연을 희망하는 성도들의 인적사항과 후원내용에 관한 정보를 소년소녀가장세대에게 제공하고 소년소녀가장이 후원자를 선택하게 하는 "공개후원결연제도"를 실시하는 것이다. 공개후원결연제도는 소년소녀가장세대 후원사업과정에서 제기되는 문제 가운데 하나인 소년소녀가장의 열등감과 정신적 피해의 문제를 해결할 수 있고, 또한 후원자에게는 무차별적인 진정한 이웃사랑을 실천할 수 있는 기회를 제공해 주기 때문이다. 소년소녀가장세대 후원사업을 전개함에 있어서 결코 해서는 안 되는 일은 이들 아동들을 각종 후원기념행사에 동원하거나 후원자의 공명심을 드높이려는 수단으로 이용해서는 안 된다는 것이다. 아동에게 마음의 상처를 주지 않고 후원자의 순수한 마음을 훼손하지 않도록 교회는 후원결연사업을 전개해야 한다.

4) 보육사업

사회가 산업화되면서 가족구조가 확대가족에서 핵가족으로 바뀌어 가고 맞벌이 부부가 늘어가면서, 또 이혼 등 가족해체로 인해 어머니와 자식으로 구성된 모자가정과 아버지와 자식으로 구성된 부자가정이 증가하고 있다. 이러한 환경 하에서 부모가 직장에서 근무하는 동안 기존의 영아시설과 육아시설에 비싼 보육료 때문에 맡길 수 없는 가정의 자녀들은 비보호상태에 방치되게 된다. 본래 보육사업은 근로여성자녀들의 보육을 위해 시작되었다. 보육사업은 프랑스의 Oberlin 목사가 1767년 농촌지역에서 농사일에 종사하여야 하는 어머니들의 자녀들을 하루 종일 돌보아 주기 위해서 탁아소(day nursery)를 설립한 데서 시작되었다.

교회는 보육시설을 직접 설립해 저소득 맞벌이부부 모자가정 부자가정과 영세민 자녀들을 보호하고 양육하기 위해 무료 또는 실비를 받고 보육서비스를 제공해 줄 수 있다. 영유아보육법상 보육시설의 명칭은 "○○어린이집"으로 하고 있다. 보육대상은 3세 미만의 영아반과 3세 이상의 유아반을 동시에 운영함을 원칙으로 하고 생활보호대상자 자녀를 우선 입소 대상으로 하고 있다. 기독교인과 비기독교인 모두를 대상으로 하여야 한다. 교회가 보육시설을 운영하기 위해서는 교회는 보육시설의 입지조건, 시설규모, 종사자 자격기준 등이 영유아보육법상 적합한지 여부를 먼저 확인해야 한다.

교회가 어린이집을 운영할 때 몇 가지 기본원칙 하에 운영되어야 한다. 일반적인 원칙 이외에 교회의 어린이집은 기독교적인 차별성이 있어야 한다. 첫째, 하나님 사랑이다. 교회가 운영하는 보육시설은 어린 아동들을 하나님의 사랑 안에서 보살피고 하나님의 사랑을 느낄 수 있도록 운영되어야 한다. 인위적으로 교과과정에 기독교 관련 과목을 편성하는 것보다는 보육과정에서 하나님의 사랑이 전해지고 느껴질 수 있도록 하는 것이 효과적이다. 둘째, 비영리성이다. 교회의 보육사업은 보육의 대상을 저소득 영세민들을 우선적인 보육대상으로 하여야 한다. 생활보호대상자들은 정부로부터 보육비 전액을 지원받지만 생활보호대상자에 편입이 되지 않은 빈민들도 상당수 있다. 교회는 열악한 처지에서 소외되고 고통스럽게 살아가는 우리의 이웃들을 우선적인 보육대상으로 하고 무료로 또는 최소한의 실비만을 받고 보육서비스를 제공해 주어야 한다. 교회는 이웃사랑을 실천하는 자세로 보육사업에 임해야 한다. 셋째, 봉사성이다. 교회는 교회의 보육시설이 교인들에게 봉사의 기회를 제공하는 봉사의 장이 되도록 하여야 한다. 봉사를 원하지만 봉사의 기회를 찾지 못하거나 용기가 부족한 교인들을 위해 그들이 헌신할 수 있는 기회로 활용되도록 노력한다. 넷째, 일반성이다. 교회의 보육사업은 보육기관들이 일반적으로 채택하는 보육원칙들을 수용해야 한다. 일반보육시설과 마찬가지로 교회의 보육시설은 영유아의 신체적 사회적 정서적 지적 및 언어적 발달에 기여할 수 있는 경험을 제공하고 유능하고 존중받는 사람으로서 자기 존중감을 발달시킬 수 있도록 도와주어야 한다. 규칙적인 식사와 간식의 제공으로 충분하고 균형 있는 영양을 공급해 주고 바른 식습관을 가지도록 도와주어야 한다. 영유아의 신체적 정서적 건강을 위하여 예방적 서비스를 제공하고 현재 가지고 있는 건강문제를 발견하여 치료케 하여야 한다. 보육시설 종사자는 안전관리의 중요성을 인식하고 실천하여야 하며 영유아 스스로 자신의 안전을 보호할 수 있는 능력과 기술을 가지도록 도와주어야 한다. 부모들의 보육과정에 대한 참여와 이해를 통해 보육효과를 높이도록 노력하여야 한다. 보육활동에 지역사회의 적극적 참여를 유도하고 또한 지역사회시설을 적극 활용하도록 노력한다.

교회가 어린이집을 설립해 보육사업을 실시할 수 있다면 매우 효과적이지만 상당수의 교회가 현실적으로 어린이집을 설립할 수 없는 형편에 있다. 이러한 때 교회는 포기하지 말고 시군구에 설치된 보육정보센터에 근무하는 보육전담 공무원인 보육지도원이나 읍면동사무소의 사회복지전문요원에게 연락하여 성도 가운데 또는 지역사회에 보육의 필요성이 있으나 보육혜택을 받지 못하고 있는 빈민가정자녀들을 위하여 이들이 보육혜택을 받을 수 있도록 도와줄 수 있다.

5) 시설보호사업

교회는 직접 아동복지시설을 설립해 운영할 수 있다. 그러나 교회의 현실적인 형편상 이러한 시설을 직접 설립해 운영하는 것은 어려우므로 교회는 이들 시설을 재정적으로 지원을 하거나 자원봉사자를 보내어 지원을 할 수 있다. 또한 이들 시설의 아동과 교인들이 후원결연을 주선하여 이들의 복지에 일부 도움을 줄 수 있다. 교회가 직접 운영이 가능하거나 지원할 수 있는 아동복지법상의 아동복지시설은 다음과 같다.

(1) 아동양육시설 : 보호를 필요로 하는 아동을 입소시켜 보호, 양육하는 것을 목적으로 하는 시설

(2) 아동일시보호시설 : 보호를 필요로 하는 아동을 일시보호하고 아동에 대한 향후의 양육대책수립 및 보호조치를 행하는 것을 목적으로 하는 시설

(3) 아동보호치료시설 : 불량행위를 하거나 불량행위를 할 우려가 있는 아동으로서 보호자가 없거나 친권자나 후견인이 입소를 신청한 아동 또는 가정법원,

지방법원소년부지원에서 보호위탁된 아동을 입소시켜 그들을 선도하여 건전한 사회인으로 육성하는 것을 목적으로 하는 시설

(4) 아동직업훈련시설 : 아동복지시설에 입소되어 있는 만15세 이상의 아동과 생활이 어려운 가정의 아동에 대하여 자활에 필요한 지식과 기능을 습득시키는 것을 목적으로 하는 시설

(5) 자립지원시설 : 아동복지시설에서 퇴소한 자에게 취업준비기간 또는 취업 후 일정기간 보호함으로써 자립을 지원하는 것을 목적으로 하는 시설

(6) 아동단기보호시설 : 일반가정에 아동을 보호하기 곤란한 일시적 사정이 있는 경우 아동을 단기간 보호하며 가정의 복지에 필요한 지원조치를 하는 것을 목적으로 하는 시설

(7) 아동상담소 : 아동과 그 가족의 문제에 관한 상담, 치료, 예방 및 연구 등을 목적으로 하는 시설

(8) 아동전용시설 : 어린이공원, 어린이놀이터, 아동회관, 체육, 연극, 영화, 과학실험전시시설, 아동휴게숙박시설, 야영장 등 아동에게 건전한 놀이·오락 기타 각종 편의를 제공하여 심신의 건강유지와 복지증진에 필요한 서비스를 제공하는 것을 목적으로 하는 시설

(9) 아동복지관 : 지역사회 아동의 건전육성을 위하여 심신의 건강유지와 복지증진에 필요한 서비스를 제공하는 것을 목적으로 하는 시설

(10) 공동생활가정 : 보호를 필요로 하는 아동에게 가정과 같은 주거여건과 보호를 제공하는 것을 목적으로 하는 시설

(11) 지역아동센터 : 지역사회 아동의 보호·교육, 건전한 놀이와 오락의 제공, 보호자와 지역사회의 연계 등 아동의 건전육성을 위하여 종합적인 아동복지서비스를 제공하는 시설

이 가운데 최근 빈부격차해소와 빈곤아동의 교육적 소외 문제가 사회적 이슈로 떠오르면서 주목을 받고 있는 아동복지시설 가운데 하나는 지역아동센터이다. 지역아동센터를 아동복지법상 시설로 포함시키는 데 주도적인 역할을 한 기관은 기독교사회복지단체인 부스러기사랑나눔회이다.

부스러기사랑나눔회는 부설사업의 일환으로 서대문지역아동센터, 신월동지역아동센터, 안산예은신나는집의 3개의 아동중심 지역아동센터와 2개의 1318 해피존(서대문과 울산) 청소년 전용지역아동센터를 운영하고 있다(부스러기사랑나눔회, 2008).

이 가운데 서대문지역아동센터의 경우 도심 한가운데에 위치하여 아이들이 유해환경이나 비행에 더욱 쉽게 노출될 수밖에 없고 빈부의 격차가 매우 심한 지역의 특성을 고려하여, 이 지역에서 가족과 지역사회로부터 방치되어 충분한 교육의 기회를 갖지 못하는 한부모 가정, 장애인부모 가정, 빈곤 가정의 아동들을 위해 보호· 교육· 양육 등 가정의 역할을 보완하는 통합적인 서비스를 제공하고 있다. 1318 해피존 서대문은 지역사회와 긴밀히 연계되어 운영되는 청소년전용지역아동센터로 청소년들을 위해 진로탐색 프로그램, 동아리 특별프로그램, 지역사회네트워크 형성 및 유관기관 연계, 개별· 집단 상담 등을 실시하고 있습니다.[7)]

7) 부스러기사랑나눔회는 그밖에 결손, 위기, 학대, 유기, 가출 가정에서 방임과 폭력에 노출되었던 아이들이 건강하게 자랄 수 있도록 보호받으며 생활하는 중 · 단기 쉼터로 민들레 쉼터를 운영하고 있으며, 이곳에서 아동들은 학교와 학원을 다니며 교육을 받고 심리 치료도 받고 있다. 또한 성학대로 인해 보호가 필요한 초등학교 여자아이들이 생활하면서 몸과 마음의 상처를 치유하는 쉼터인 로뎀나무집도 운영하고 있다.

제10장 기독교 청소년복지

산업화가 이루어져 감에 따라 산업구조에 큰 변화가 생겼다. 산업구조의 변화는 그 자체적 변화로 그치는 것이 아니라 우리 사회구조에 많은 변화를 가져왔다. 빈부간에 격차가 심해지고, 농촌사회가 공동화되어 가고, 도시에 인구가 집중되고, 부부가 함께 직장생활을 하는 경우가 많아지고, 그에 따라 가족의 기능이 점차 위축되어 가고, 산업화와 더불어 서구의 자유주의사상이 점점 확산되어 가고, 이혼이나 별거 등 가족이 해체되는 사례가 많아지고, 상업적인 방송매체는 사회윤리보다는 흥미위주의 편성을 하게 되고, 무절제한 인쇄물의 범람은 사회적으로 금지되어야 할 내용의 정보를 여과하지 않고 제공하고, 인터넷이나 PC통신의 발달은 누구나 국내와 해외의 비도덕적인 사이트에 제한 없이 접속할 수 있게 되었다. 이러한 사회적 변화에 따라 제기되는 문제 가운데 하나가 청소년양육환경 악화, 청소년비행 그리고 청소년비복지의 문제이다. 따라서 사회적 환경변화에 따른 청소년양육환경 악화, 청소년비행 그리고 청소년비복지의 문제를 해결하기 위해 가족과 사회와 국가는 서로 협력하여 체계적인 노력을 기울이고 있다.

교회는 산업화에 따른 악화된 양육환경과 청소년의 비행 그리고 비복지의 상태가 하나님의 뜻에서 벗어난 죄악의 상태이며, 결코 하나님께서 태초에 의도하신 인간의 모습이 아니라는 사실을 분명히 지적하여야 한다. 따라서 교회는 악화된 청소년양육환경, 방탕한 청소년 자신의 모습, 그리고 비복지 상태에서 고통 가운데 살아가는 그 모습으로부터 태초에 하나님께서 만드시고 보시기에 아름답다고 말씀하신 그 모습으로 변화시키기 위해 노력해야 한다. 이러한 교회와 기독교단체 그리고 기독교인의 노력 가운데 하나가 기독교청소년복지이다.

제1절 기독교 청소년복지

청소년복지지원법상 청소년복지는 청소년이 정상적인 삶을 영위할 수 있는 기본적인 여건을 조성하고 조화롭게 성장·발달할 수 있도록 제공되는 사회적·경제적 지원을 말한다. 이를 위해 가족과 사회와 국가는 청소년들의 인간다운 삶을 유지하고 향상시키기 위해 그들의 생계를 보호하고, 고용기회를 확충하며, 교육의 기회를 보장하고, 건강을 유지하며, 사회활동참여기회를 확충하고, 가족의 가치를 회복하며, 건전한 문화생활의 기회를 보장하고, 잘못 사회화된 청소년들이 바람직하게 재사회화될 수 있도록 다각적이고 지속적인 노력을 기울여야 한다.

청소년기본법에 따르면 청소년은 미래사회의 주역으로서 풍부한 지식을 바탕으로 개인적으로는 건강하고 정서와 용기가 충만하고, 이웃과는 예절과 협동을 바탕으로 공동체적 삶을 실천하며, 사회와 국가와 인류공영에 이바지할 줄 아는 밝고 능동적인 주체로서 자라나야 한다.[1)] 이를 위하여 국가와 사회는 청소년의 복지를 증진하고 수련활동을 지원하며 청소년교류를 진흥하고, 사회여건과 환경을 청소년에 유익하도록 개선하여 청소년의 균형 있는 성장을 도와야 한다.

청소년은 안전하고 쾌적한 환경 속에서 자기발전을 추구할 수 있어야 하며 정신적 신체적 건강을 해치거나 해칠 우려가 있는 모든 형태의 환경으로부터 보호되어야

1) 청소년기본법상 청소년은 9세 이상 24세 이하의 자를 말한다. 그러나 청소년보호법은 청소년을 19세 미만의 자로 규정하고 있고, 아동복지법에서는 18세 미만의 자를 아동으로 규정하고 있으며, 소년법에서는 20세 미만의 자를 소년으로, 민법에서는 20세 미만의 자를 미성년으로 규정하고 있어 법에 따라 청소년 또는 청소년과 유사한 계층의 범위가 달리 규정되고 있다. 본 장에서는 청소년기본법의 정의에 따르면서 일부 청소년보호법의 정의를 사항에 따라 활용한다.

한다. 청소년 자신은 자신의 능력개발과 건전한 가치관의 확립에 힘쓰고 가정 사회 국가의 구성원으로서의 책임을 다하도록 노력하여야 한다.

가정은 청소년이 개성과 자질을 바탕으로 자기발전을 실현하고 국가와 사회의 구성원으로서의 책임을 다하는 후계세대로 성장할 수 있도록 노력하여야 한다. 모든 국민은 청소년이 일상생활 속에서 즐겁게 활동하고 더불어 사는 기쁨을 누리도록 도와주어야 한다. 모든 국민은 청소년의 사고와 행동양식의 특성을 인식하고 사랑과 대화로써 청소년을 이해하고 지도하여야 하며, 청소년의 탈선을 방임하지 아니하는 등 그 선도에 최선을 다하여야 한다. 모든 국민은 청소년을 대상으로 하거나 청소년이 쉽게 접할 수 있는 장소에서 청소년의 정신적 신체적 건강에 해를 끼치는 행위를 하여서는 아니 되며, 청소년에게 유해한 환경을 정화하고 유익한 환경이 조성되도록 노력하여야 한다. 모든 국민은 경제적, 사회적, 문화적, 정신적으로 어려운 상태에 있는 청소년들에게 특별한 관심을 가지고 이들이 보다 나은 삶을 누릴 수 있도록 노력하여야 한다.

국가 및 지방자치단체는 수련활동, 교육, 직업훈련, 의료보호 등의 시책을 추진함에 있어서 경제적, 정신적, 신체적으로 특별한 보호 지원을 필요로 하는 청소년에 대하여는 우선적으로 배려하여야 한다.

성서는 청소년은 여호와를 찬양하고, 하나님의 일을 수행하며, 하나님의 말씀을 경외하고, 깨끗한 행실을 유지하면서 악을 행하지 말며 노인을 긍휼히 여기고 섬겨야 한다고 가르친다. 그러나 청년이 자기가 원하는 대로 절제하지 못하는 생활을 하게 되면 하나님의 심판이 이르게 된다. 술취함과 방탕함은 재앙에 이르게 된다고 경고하고 있다. 가난한 청소년은 다른 가난한 사람과 마찬가지로 이웃사랑을 실천할 대상이다.

기독교 청소년복지의 근본이념은 청소년을 태초(太初)에 하나님의 형상(imago dei)으로 창조된 인간의 모습으로 회복시키는 데 있다. 경제적으로, 신체적으로, 정신적으로 고통 받는 괴로운 모습이 아니라, 사회로부터 비난받고 소외된 모습이 아니라, 사회적 위험 상태에 방치되어 방황하는 모습이 아니라, 하나님의 형상으로 지음받은 인간으로서의 품위를 유지하며, 온갖 현실적 고통으로부터 벗어나서, 하나님의 뜻에 합당하게 건전하고 안정된 사회생활을 영위하며, 사회적 책무를 훌륭하게 수행할 수 있도록 교육되어 하나님이 보시기에 아름다운 모습으로 청소년들을 회복시켜 주어야 한다. 주의 권능의 날에 주께 나아오는 새벽이슬 같은 청년의 모습으로 회복시키는 것이다. 이를 위한 기독교인들의 체계적이고 제도적인 노력이 기독교 청소년복지이다.

제2절 한국의 청소년 실태

청소년은 사춘기와 청년기를 거치는 과정에 정신적으로 신체적으로 많은 변화를 경험하게 된다. 사회가 산업사회로 발전되어 감에 따라 청소년들은 이전과는 다른 형태로 사회에 적응해야 한다. 청소년들을 둘러싼 사회환경의 변화는 새로운 기회를 제공하지만 다른 한편으로는 갈등과 방황의 원인이 되기도 한다. 청소년백서에 나타난 우리나라 청소년들의 실태 가운데 일부를 살펴보면 다음과 같다(국가청소년위원회, 2007:72-227).

1) 청소년 인구

2007년 7월 1일 현재 9~24세의 청소년 인구는 1,066만 명으로 전체인구의 22.0%를 차지하고 있다. 성별로는 남자 560만 명, 여자 506만 명이며 성비는 110.8이다.(보건복지부, 2008) 연령별 구성비는 24세가 7.1%로 가장 많은 비율을 차지하고, 다음 23세가 6.6%이며, 17~20세는 5.7~5.9%로 낮은 비율을 차지하고 있다. 연령별 성비는 24세가 106.6으로 가장 낮았고, 13세가 114.7로 가장 높고, 다음이 17세 114.1이며, 23,24세는 107.4, 106.6으로 낮은 편이다.

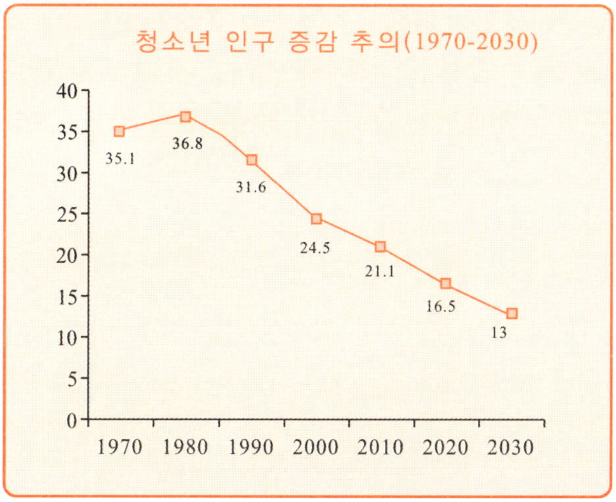

자료: 통계청, 「인구주택총조사보고서」, 각 년도

우리나라의 청소년 인구(9～24세)는 1960년에 전체인구의 31.8%인 796만 명을 기록한 이후 계속 증가하여 1980년에는 전체인구의 36.8%인 1,401만 명으로 가장 높은 수준을 기록하였다. 그 후 서서히 감소하기 시작하여 2007년에는 전체인구의 22.0%인 1,066만 명을 기록하고 있는 것으로 나타났다. 향후에도 서서히 감소하는 추세를 유지하여 2010년에는 21.1%(1,029만 명), 2020년에는 16.5% (812만 명), 2030년에는 13.0%(633만 명)가 될 것으로 전망되고 있다.

우리나라의 연평균 총인구증가율은 1960～1965년 2.79%의 높은 수준에서 급격히 감소하여 1985～1990년 0.99%로 1% 이하로 낮아졌으며, 2000～2005년에는 0.48%를 기록하고 있다. 이후에도 서서히 낮아져 2015～2020년에는 0.02%, 2020～2025년에는 감소상태인 －0.09%를 기록할 것으로 전망되고 있다.

반면 청소년 인구증가율은 1960～1965년 2.77%로 총인구증가율과 비슷한 수준을 기록했으나, 6.25전쟁 이후 베이비붐의 영향으로 태어난 인구가 청소년연령층에 도달한 1965～1970년에는 4.43%로 월등히 높은 수준을 기록했다. 그 후 1975～1980년 1.69%로 총인구증가율과 거의 유사한 수준을 보였으나, 베이비붐 시기에 태어난 인구가 청소년연령층을 벗어난 1980~1985년의 경우 －0.06%로 감소하기 시작하여 1995~2000년 －2.04%로 가장 큰 감소율을 기록했다. 가장 최근인 2000~2005년에는 －0.84%를 기록했다. 향후에는 청소년인구 감소율이 2005~2010년 －1.4%를 보이고 2020~2025년에 －3.1%로 큰 감소율을 보이다가 그 이후는 －1~－2% 수준을 유지할 것으로 전망되고 있다.

지역별로 보면 대체로 다른 시·도는 청소년 인구가 감소 혹은 정체하는 경향을 보이고 있으나 경기도와 인천은 꾸준한 증가추세를 보이고 있다. 가장 큰 비중을 차지하는 서울과 경기도의 경우 서울의 청소년 인구는 감소하고 있는 반면 경기도는 꾸준히 증가하고 있어 두드러진 대조를 이룬다.

2)청소년 쉼터

청소년기는 아동과 성인의 중간과정에 속하는 시기로 신체적으로나 정신적으로 다양한 변화를 겪게 되는 역동적인 시기이다. 이러한 청소년들의 다양한 욕구를 충족시키고, 문제들을 해결하기 위하여 다양한 청소년복지시설과 프로그램들이 다양한 주체들에 의해 제공되고 있다. 가장 대표적인 시설은 청소년 쉼터이다.

청소년쉼터는 가출청소년의 생활보호뿐만 아니라 상담, 자립역량 강화, 고충처리, 문화 및 활동프로그램 기회제공 등의 서비스를 제공하는 청소년종합선도시설이다. 청소년복지지원법 제14조에 따르면 국가 및 지방자치단체는 가출청소년의 일시적인 생활지원과 선도, 가정·사회로의 복귀를 지원하기 위하여 청소년쉼터를 설치·운영할 수 있으며, 국가 및 지방자치단체는 예산의 범위에서 청소년쉼터의 설치·운영 및 활동에 소요되는 경비의 전부 또는 일부를 지원할 수 있다. 동법 시행규칙 제13조에 따르면 청소년쉼터의 설치기준은 숙식 시설(침실·식당 및 욕실을 포함), 단체활동실 1개소, 상담실 1개소, 사무실 1개소를 갖추어야 하고, 청소년지도사, 청소년상담사, 사회복지사중 2명 이상을 확보·유지하여야 한다. 청소년쉼터는 가출청소년의 일시적인 생활지원과 선도 및 가정·사회로의 복귀를 지원하기 위하여 i)가출청소년의 일시보호 및 숙식제공, ii)가출청소년의 상담·선도·수련활동, iii)가출청소년의 학업 및 직업훈련 지원활동, iv)청소년의 가출 예방을 위한 거리상담활동, v)그 밖에 청소년복지지원에 관한 활동에 관한 사업을 수행한다.

2007년 현재 일시쉼터 9개소, 단기쉼터 46개소, 중장기쉼터 24개소가 있다. 청소년쉼터 중에서 가장 역사가 오래된 곳은 1992년 설립된 서울YMCA쉼터이다.

【쉼터의 종류 및 기능】

구 분	일시쉼터(drop-in center)	단기쉼터	중장기쉼터
기 간	24시간 이내 일시보호	3개월 내외의 단기보호	3개월 이상 중장기보호
이용 대상	일반청소년, 거리생활청소년	가출청소년	자립의지, 특별지원 가출청소년
기 능	-위기개입상담, 진로지도, 적성검사 등 상담서비스 제공 -가출청소년 구조·발견, 청소년쉼터와 연결 -먹거리, 음료수 등 기본적인 서비스 제공 등	-가출청소년 문제해결을 위한 상담·치료서비스 및 예방활동 전개 -의식주 및 의료 등 보호서비스제공 -가정 및 사회복귀를 위한 가출청소년 분류, 연계·의뢰 서비스 제공 등	-가정복귀가 어렵거나 특별히 보호가 필요한 위기청소년을 대상으로 전환형, 가족형, 자립형, 치료형 등 특화된 서비스 제공
위 치	이동형(차량), 고정형(청소년유동지역)	주요도심별	주택가
지향점	가출예방, 조기발견, 조기개입	보호, 가정 및 사회복귀	자립지원

자료 : 국가청소년위원회

3) 학교폭력

학교폭력예방 및 대책에 관한 법률에 따르면 학교폭력이란 학교 내외에서 학생간에 발생한 상해, 폭행, 감금, 협박, 약취·유인, 명예훼손·모욕, 공갈, 강요 및 성폭력, 따돌림, 정보통신망을 이용한 음란·폭력 정보 등에 의하여 신체·정신 또는 재산상의 피해를 수반하는 행위를 말한다.

학교폭력은 일반적으로 사회의 복합적 요인에서 발생하는데, 그 피해유형을 살펴보면 금품 피해가 가장 많고, 협박 피해, 집단 괴롭힘, 신체적 폭행 피해가 그 뒤를 잇고 있다.

【학교폭력 피해 유형 현황】 (단위 : %)

구 분	신체적 폭행 피해	협박 피해	금품피해	집단괴롭힘
‘05	2.60	3.58	5.00	2.99
‘06	2.86	4.26	5.23	3.21

출처 : 시·도교육청

2006년의 학교폭력의 피해 장소를 살펴보면, 신체폭력이나 협박의 경우 등하교길이 가장 많았고, 교내, 놀이터나 공원 등, 학원 주변, 오락실이나 PC방 등이 그 뒤를 잇고 있다. 금품 갈취의 경우도 등하교길에서 발생하는 경우가 가장 많았고, 오락실이나 PC방, 학원 주변, 놀이터나 공원 등, 교내 등이 그 뒤를 잇고 있다.

【학교폭력 피해장소】

분야	년도	교 내	등·하교길	학원(주변)	오락실 PC방	놀이터, 공원 등	기타
신체적 폭력 또는 협박	‘05	21.40	23.80	13.56	12.49	15.36	13.39
	‘06	20.45	26.48	15.26	11.26	14.23	12.32
금품 갈취	‘05	13.30	26.50	14.36	13.44	15.36	17.04
	‘06	10.01	23.25	17.35	19.20	16.35	13.84

출처 : 시·도교육청

학교폭력 가해자에 대한 조치로는 2006학년도의 경우‘학교에서의 봉사’조치 비율이 46.2%로 가장 높고, 그 다음은‘사회봉사’(19.8%), ‘피해학생에 대한 서면사과’(10.7%) 순으로, 주로 봉사활동과 서면사과이었고, 출석정지는 4.7%, 퇴학은 1.1%에 불과하였다.

학교폭력에 대한 대응방안으로 정부, 학교 그리고 사회는 사회복지관과 학교의 연계를 통한 부적응 학생문제 해소, 학교폭력 예방 및 요보호·부적응 학생을 위한 교육복지 서비스 제공, 사회복지사의 학교 배치, 지역사회단체·상담자원봉사자·학부모 등 다양한 전문가를 활용, 학교 주변과 교내에서의 각종 안전지도 및 학생들의 비행이나 일탈 예방을 목적으로 순찰활동 중심의 배움터 지킴이 배치, 학생대상 상담의 활성화를 위한 전문상담순회교사 배치, 보호관찰 처분을 받은 학생을 위한 멘토링 사업, 비행 학생을 위한 대안교육기관 위탁교육, 학교 부적응 학생을 위한 대안교실 운영, 민간 보안회사와의 협약을 통한 신변보호서비스 사업, 학교폭력에 관한 상담지원 및 분쟁조정을 행하는 '학교폭력 SOS 지원단' 운영 등의 대안을 강구하여 시행하고 있다.

【1388 청소년지원단 역할 및 참여기관】

지원단 \ 단계별		역할	참여기관
발견 지원단		청소년의 심리적, 신체적, 기타 위기상황을 현장에서 발견하고 이에 대한 정보를 상담센터에 연계	약국, 인터넷PC문화협회, 찜질방, 노래방, 교총 및 전교조 소속 교사 등
구조 지원단		보호가 필요한 위기청소년을 지정된 장소로 동행, 이송	경찰지구대, 콜택시조합, 교통봉사대, 아마추어무선연맹
서비스 지원단	의료	폭력, 성폭행, 질병 등으로 치료가 필요한 위기청소년에게 건강검진, 심리검사 등 의료서비스 제공	지방의료원연합회, 정신과, 치과, 정형외과 등
	법률	폭력, 비행 등에 연루된 청소년에게 조언, 상담 등 법률서비스 제공	변호사, 검찰, 법원
	자립	직업체험 기회를 제공하여 자립의지를 고취	꽃집, 편의점, 인테리어, 카센터, 주유소, 직업전문학교

자료 : 국가청소년위원회

위기청소년을 조기에 발견하고 위험에 노출된 청소년을 지원하는 등의 역할을 수행하기 위해 지역사회 약국, 병원, pc방, 게임방, 노래방, 택시회사, 학원 등의 자발적 참여로 운영되고 있는 민·관협력 부문 중 기독교가 참여할 수 있는 민간사회안전망으로 '1388청소년지원단'을 들 수 있다. 지원단의 활동 가운데 특히 교회는 발견지원단의 역할을 훌륭히 수행할 수 있다.

국가청소년위원회에 따르면, 1990년대 중반부터 우리나라에는 북한을 탈출하여 국내에 입국한 새터민들의 국내 입국이 급격하게 증가하였으며, 국제결혼의 급증으로 다문화가정이 증가하였고, 이주노동자도 증가하고 있다. 2007년 현재 새터민은 10,705명이며, 이 가운데 10세 이상 19세 이하의 청소년들이 1,408명에 달하고 있다. 다문화 가정의 7세 이상 18세 이하의 청소년들은 17,813명으로 이 가운데 어머니가 초중고 학생인 청소년은 11,825명에 달하고 있으며, 초등학생인 경우가 10,387명으로 가장 많이 차지하고 있다. 이들 새터민 청소년이나 다문화가정의 청소년들의 건전한 성장을 위한 교육적, 문화적, 심리적, 정서적 지원을 체계적으로 하기 위해 정부와 사회는 집중적인 보살핌이 필요한 청소년에 대해 유관기관들이 협력하여 상담·긴급구조·의료·법률·학습·자활지원 등 종합서비스를 원스톱으로 제공하는 지역사회 청소년 통합지원체계(community youth safety-net, CYS-Net)를 구축하고 있다. 새터민·다문화가정 청소년들이 주체가 되어 스스로 삶을 변화시키고, 청소년 일반의 다문화 역량을 강화하기 위해 CYS- NET 중심의 맞춤형 서비스를 제공하고, 새터민·다문화가정 청소년들을 위한 종합정보시스템을 구축하여 one-stop 서비스를 제공하는 선도기관인 '무지개청소년센터'를 운영하고 있다.

한국청소년상담원이 개인/전화상담, 게시판 상담, 채팅상담을 실시한 결과를 토대로 청소년들의 문제유형을 살펴보면 다음과 같다;

【문제유형별 상담실적】

(단위: 명, %)

상담방법	구분	가정	비행	학교 부적응	진로	성	대인 관계	성격	정신 건강	생활 습관태도	기타 상탐	계
개인/ 전화상담	건수	3,071	2,222	2,089	430	2,163	2,367	603	1,189	634	4,210	18,978
	비율	16.2	11.7	11.0	2.3	11.4	12.5	3.2	6.3	3.3	22.1	100
게시판 상담	건수	1,228	80	940	717	406	3,255	381	245	144	689	8,085
	비율	15.2	1.0	11.6	8.9	5.0	40.3	4.7	3.0	1.8	8.5	100
채팅 상담	건수	189	23	153	127	108	686	88	87	25	559	2,045
	비율	9.2	1.1	7.5	6.2	5.3	33.6	4.3	4.3	1.2	27.3	100
계	건수	4,488	2,325	3,182	1,274	2,677	6,308	1,072	1,521	803	5,458	29,108
	비율	15.4	8.0	10.9	4.4	9.2	21.7	3.7	5.2	2.8	18.7	100

자료 : 국가청소년위원회

전체적으로 문제유형을 살펴보면, 대인관계 문제가 21.7%로 가장 많았고, 가정문제가 15.4%, 학교부적응 문제가 10.9%, 성적인 문제가 9.2%, 비행 문제가 8.0%이었으며, 그 다음으로 정신건강 문제, 진로 문제, 성격 문제, 생활습관이나 태도 문제 등의 순이었다.

전국 청소년활동진흥센터를 통해 본 청소년 자원봉사의 활동현황을 분야별로 살펴보면, 전체의 약 40%가 일손 돕기를 하였으며, 지역사회개발이 약 18.9%이었고, 환경시설 보존이 16.1%이었으며, 그 다음으로 캠페인, 지도활동, 위문활동 등의 순이었다.

활동터전을 살펴보면, 전체의 60% 이상이 공공기관이나 단체에서 봉사활동을 하였으며, 사회복지시설에서 봉사활동을 한 경우는 15.7%로 나타났으며, 그 다음으로는 행사장, 공공시설, 하천이나 산, 농어촌 등의 순으로 나타났다.

【청소년자원봉사 활동분야별·활동터전별 활동현황】

분야별 봉사활동		활동터전별 봉사활동	
구 분	인 원(%)	구 분	인 원(%)
일 손 돕 기	435,276(39.9%)	공공기관 및 단체	661,861(60.7%)
위 문 활 동	39,270(3.6)	사 회 복 지 시 설	171,860(15.7)
지 도 활 동	41,599((3.8)	공 공 시 설	45,402(4.2)
캠 페 인	69,740(6.4)	행 사 장	65,477(6.0)
자 선 구 호	4,240(0.4)	농 어 촌	12,546(1.1)
환 경 시 설 보 존	175,828(16.1)	하 천 · 산	34,705(3.2)
지 역 사 회 개 발	206,476(18.9)	기 타	98,934(9.1)
기 타	118,356(10.9)		
합 계	1,090,785(100%)	합 계	1,090,785(100%)

자료: 국가청소년위원회, 2007. 10.31

학교 수업 후 홀로 시간을 보내는 저소득·맞벌이·한부모 가정의 청소년들을 대상으로 청소년시설을 활용하여 학습능력을 배양하고 다양한 체험활동과 특기적성 계발활동 및 급식·건강관리·상담 등 종합적인 지원을 제공하는 방과 후 아카데미가 시범사업으로 운영되고 있다. 국가청소년위원회(2007)에 따르면 방과 후 아카데미는 대상 연령에 따라 초등학생 모형(4-6학년)과 중학생 모형(1-2학년)으로 구분된다. 거점 시설에 의한 분류로는 수련시설중심형(시설활용 80% 이상)과 지역사회연계형(시설활용 40% 이내, 지역자원연계)으로 구분되며, 국가의 예산지원형태에 의하여 맞벌이 가정의 자녀를 중점 대상으로 하고 수익자부담으로 운영되는 일반형(수익자형), 기초생활수급대상자나 실직 등으로 가정형편이 어려운 청소년을 중점 대상으로 전액무료로 운영되는 지원형(전액지원형), 유료참가청소년과 무료참가청소년이 절반씩 혼합되어 운영되는 혼합형(수익과 지원혼합형)으로 구분되는데, 이 가운데 지원형이 93%를 차지하고 있다.

제3절 성서속의 기독교 청소년복지

성서는 청소년은 여호와를 찬양하고, 하나님의 일을 수행하며, 하나님의 말씀을 경외하고, 깨끗한 행실을 유지하면서 악을 행하지 말며 노인을 긍휼히 여기고 섬겨야 한다고 가르친다. 그러나 청년이 자기가 원하는 대로 절제하지 못하는 생활을 하게 되면 하나님의 심판이 이르게 된다. 술취함과 방탕함은 재앙에 이르게 된다고 경고하고 있다. 가난한 청년은 다른 가난한 사람과 마찬가지로 이웃사랑을 실천할 대상이다. 성서에서는 방탕과 음란과 호색과 같이 정욕을 위하여 육신의 일을 도모하는 자는 심판의 날에 영벌을 받게 된다고 천명하고 있다. 육신의 정욕을 도모하는 청소년비행은 죄악으로서 하나님께서 엄히 징벌하실 대상임을 교회는 청소년들과 성도들 그리고 사회에 전파해야 한다. 또한 성서에서는 약물(drug)인 술은 사람의 정신을 혼미시켜 사물이 괴이히 보이게 하고 마음에 망령된 생각을 갖게 하며 감각을 무디게 만든다고 약물의 부작용을 가르치며 술을 좋아하는 자는 재앙과 근심과 분쟁과 빈곤에 빠지게 된다고 경고하고 있다.

"하나님이 가라사대 우리의 형상을 따라 우리의 모양대로 우리가 사람을 만들고(Let us make man in our image, in our likeness)……하나님이 자기의 형상 곧 하나님의 형상대로 사람을 창조하시고(God created man in his own image, in the image of God he created him)……하나님이 그 지으신 모든 것을 보시니 보시기에 심히 좋았더라(It was very good.)……"(창1:27-31)

"여호와께서 사람의 죄악이 세상에 관영(貫盈)함과 그 마음의 생각의 모든 계획이 항상 악할 뿐임을 보시고 땅 위에 사람 지으셨음을 한탄하사 마음에 근심하시고 가라사대 나의 창조한 사람을 내가 지면에서 쓸어버리되 사람으로부터 육축과 기는 것과 공중의 새까지 그리하리니 이는 내가 그것을 지었음을 한탄함이니라 하시니라."(창6:5-7)

"너는 6년 동안 너의 땅에 파종하여 그 소산을 거두고 제 7년에는 갈지 말고 묵여두어서 네 백성의 가난한 자로 먹게 하라. 그 남은 것은 들짐승이 먹으리라. 포도원과 감람원도 그러할지니라."(출23:10-11)

"이스라엘 자손의 청년들을 보내어 번제와 소로 화목제를 여호와께 드리게 하고"(출24:5)

"그 백성이 하나님의 사자를 비웃고 말씀을 멸시하며 그 선지자를 욕하여 여호와의 진노로 그 백성에게 미쳐서 만회할 수 없게 하였으므로 하나님이 갈대아 왕의 손에 저희를 다 붙이시매 저가 와서 그 성전에서 칼로 청년을 죽이며 청년 남녀와 노인과 백발 노옹을 긍휼히 여기지 아니하였으며"(대하36:16-17)

"그 기골이 청년같이 강장하나 그 기세가 그와 함께 흙에 누우리라."(욥20:11)

"주의 권능의 날에 주의 백성이 거룩한 옷을 입고 즐거이 헌신하니 새벽이슬 같은 주의 청년들이 주께 나오는 도다."(시110:3)

"청년 남자와 처녀와 노인과 아이들아 다 여호와의 이름을 찬양할 지어다."(시148:12-13)

"가난한 자를 불쌍히 여기는 것은 여호와께 꾸이는 것이니 그 선행을 갚아 주시리라."(잠19:17)

"포도주는 거만케 하는 것이요, 독주는 떠들게 하는 것이라. 무릇 이에 미혹되는 자에게는 지혜가 없느니라."(잠20:1)

"연락을 좋아하는 자는 가난하게 되고 술과 기름을 좋아하는 자는 부하게 되지 못하느니라."(잠21:17)

"술을 즐겨 하는 자와 고기를 탐하는 자로 더불어 사귀지 말라. 술 취하고 탐식하는 자는 가난하여질 것이요, 잠자기를 즐겨 하는 자는 해어진 옷을 입을 것임이니라."(잠23:20)

"재앙이 뉘게 있느뇨, 근심이 뉘게 있느뇨, 분쟁이 뉘게 있느뇨, 원망이 뉘게 있느뇨,……술에 잠긴 자에게 있고 혼합한 술을 구하러 다니는 자에게 있느니라. 포도주는 붉고 잔에서 번쩍이며 순하게 내려가나니 너는 그것을 보지도 말지어다……네 눈에는 괴이한 것이 보일 것이요 네 마음은 망령된 것을 발할 것이며……나를 때려도 나는 아프지 아니하고 나를 상하게 하여도 내게 감각이 없도다."(잠23:29-35)

"청년이여 네 어린 때를 즐거워하며 네 청년의 날을 마음에 기뻐하여 마음에 원하는 길과 네 눈이 보는 대로 좇아 행하라. 그러나 하나님이 이 모든 일로 인하여 너를 심판하실 줄 알라. 그런즉 근심으로 네 마음에서 떠나게 하며 악으로 네 몸에서 물러가게 하라. 어릴 때와 청년의 때가 다 헛되니라. 너는 청년의 때 곧 곤고한 날이 이르기 전, 나는 아무 낙이 없다고 할 해가 가깝기 전에 너의 창조자를 기억하라."(전11:9-12:1)

"어떤 사람이 주께 와서 가로되 선생님이여 내가 무슨 선한 일을 하여야 영생을 얻으리이까. 예수께서 가라사대……선한 이는 오직 한 분이시니라. 네가 생명에 들어가려면 계명을 지키라……그 청년이 가로되 이 모든 것을 내가 지키었사오니 아직도 무엇이 부족하니이까. 예수께서 가라사대 네가 온전하고자 할진대 가서 네 소유를 팔아 가난한 자들을 주라. 그리하면 하늘에서 보화가 네게 있으리라. 그리고 와서 나를 좇으라 하시니 그 청년이 재물이 많으므로 이 말씀을 듣고 근심하며 가니라. 예수께서 제자들에게 이르시되 내가 진실로 너희에게 이르노니 부자는 천국에 들어가기가 어려우니라."(마16-23)

"너희는 스스로 조심하라. 그렇지 않으면 방탕함과 술취함과 생활의 염려로 마음이 둔하여지고 뜻밖에 그 날이 덫과 같이 너희에게 임하리라."(눅21:34)

"밤이 깊고 낮이 가까왔으니 그러므로 우리가 어두움의 일을 벗고 빛의 갑옷을 입자. 낮과 같이 단정히 행하고 방탕과 술 취하지 말며 음란과 호색하지 말며 쟁투와

시기하지 말고 오직 주 예수 그리스도로 옷 입고 정욕을 위하여 육신의 일을 도모하지 말라."(롬13:12-14)

"너희도 이것을 정녕히 알거니와 음행하는 자나 더러운 자나 탐하는 자 곧 우상 숭배자는 다 그리스도와 하나님 나라에서 기업을 얻지 못하리니."(엡5:5)

"투기와 술취함과 방탕함과 또 그와 같은 것들이라. 전에 너희에게 경계한 것같이 경계하노니 이런 일을 하는 자들은 하나님의 나라를 유업으로 받지 못할 것이요."(갈5:21)

제4절

기독교 청소년복지사업

1) 빈곤청소년 경제적 지원사업

소년소녀가장세대를 포함한 빈곤청소년을 위한 경제적 지원사업은 교회적 차원에서 실시하는 것과 성도 개인적 차원에서 실시하는 것으로 구분할 수 있다. 교회적 차원에서 교회는 매달 십일조 가운데 일정액을 빈곤청소년에게 물질적으로 후원할 수 있다. 십일조는 하나님의 것이므로 하나님의 뜻에 합당하게 사용되어야 한다.

교회는 성도 개개인의 차원에서 빈곤청소년과 후원결연을 맺을 수 있다. 교회는 한국복지재단이나 시군 또는 지역사회복지관에 후원금을 보내거나 또는 교회가 직접 교회 이름으로 빈곤청소년과 후원결연을 맺어 후원결연사업에 참여할 수도 있다. 교회는 후원결연에 참여하고자 하는 교인들과 빈곤청소년의 인적사항을 파악한 후 후원을 희망하는 교인이 자신이 선호하는 빈곤청소년을 선택하도록 할 수 있다. 가장 바람직한 방법은 후원결연을 희망하는 성도들의 인적사항과 후원내용에 관한 정보를 빈곤청소년에게 제공하고 이들이 후원자를 직접 선택하게 하는 "공개후원결연제도"를 실시하는 것이다. 공개후원결연제도는 빈곤청소년들이 후원사업이 전개되는 과정에서 제기되는 문제 가운데 하나인 빈곤청소년의 열등감과 정신적 피해의 문제를 해결할 수 있고, 또한 후원자에게는 자신의 도움이 필요한 사람에게 무차별적인 진정한 이웃사랑을 실천할 수 있는 기회를 제공해 주기 때문이다.

교회는 빈곤청소년의 의식주 문제와 교육문제를 해결하기 위해 일 년에 수차례 빈곤청소년을 물질적으로 돕기 위한 사회봉사주일을 설정하고 특별헌금을 통해 이들을 도와주기도 한다.

2) 교육지원사업

청소년을 위한 교육지원사업으로는 장학관사업, 장학금지급사업과 공부방운영사업으로 나눌 수 있다. 장학관사업은 청소년들을 위한 숙사를 교회가 설립하고 청소년들에게 숙식을 제공함으로써 청소년들의 학업성취를 원조하는 사업이다. 대부분의 교회가 농어촌교회 교역자 자녀들과 지방교회 출신 학생들 가운데 본 교회에서 봉사가능한 청소년을 우선입소 대상으로 하고 있다. 그러나 보다 바람직한 것은 교회가 이러한 기준을 벗어나 숙식조차 해결하기 어려운 빈곤청소년들에게 우선입소의 기회를 제공한다면 고통 받는 이웃에게 사랑을 실천하는 자세로서 보다 합당할 것이다.

장학금지급사업은 교회가 청소년들에게 학비를 제공해 줌으로써 청소년들이 지속적으로 학업을 할 수 있도록 도와주는 사업이다. 교회 내에 장학위원회를 설치하고 장학기금을 형성하여 기금의 이식이나 기금 일부를 사용하거나, 특정 교인이 특정 청소년이나 집단을 지정해 장학금을 지급할 수 있다. 장학기금의 조성은 특별헌금을 통해 적립할 수 있고, 구좌형태를 통해(예:1구좌 1만원) 뜻있는 성도들이 일 년에 일정구좌를 가입하는 식으로 조성할 수 있다. 장학금 지급의 우선순위를 결정함에 있어 교회봉사나 성적 등을 고려하는 경우가 많으나 우선 경제적 이유로 고통 받는 청소년들을 우선적으로 고려함이 타당하다.

가정의 교육환경은 청소년의 지적 정서적 발달에 직간접적인 영향을 미친다. 빈곤청소년의 경우 가정에 공부할 수 있는 독립된 학습공간과 적절한 가정학습원조자가 결여된 경우가 많다. 적절한 가정학습공간의 결여는 빈곤청소년들의 방과 후 학습

기회를 손상시킬 뿐만 아니라 이들이 방과 후 귀가하지 않고 방황하다 비행에 빠지게 할 가능성도 있다. 또한 빈곤가정 부모의 경우 상당수가 저학력으로 청소년들의 적절한 가정학습원조자가 되지 못하는 경우가 많다. 공부방운영사업은 방과 후에 적절한 학습장소가 결여된 지역사회 청소년들을 위하여 학습공간을 마련해 주고 능력 있는 학습지도자를 통해 학습원조를 받게 함으로써 가족의 부족한 기능을 보완해 주고, 청소년들의 지적발달을 도모하며, 청소년비행을 사전에 예방할 수 있는 기능을 수행할 수 있다. 청소년공부방은 교인인 청소년뿐만 아니라 지역사회의 비교인인 청소년들도 활용할 수 있도록 개방하여야 한다. 교회의 공간이나 시설들은 비신자들이 하나님께 다가올 수 있는 계기가 되도록 적극 활용되어야 한다.

교회가 복지사업을 실천함에 있어서 주의해야 할 것은 교회가 일반 사회기관과 같이 조직의 구성원이 일차적인 수혜대상이 되는 일종의 상호수혜조직(mutual benefit organization)이 되어서는 안 된다는 것이다. 하나님의 사업은 성도들의 자발적인 희생과 봉사를 통해 그 의미를 이룰 수 있다.

3) 청소년상담사업

상담(counseling)이란 문제를 갖고 있거나 있을 가능성이 있는 개인이나 가족 집단들에 대하여 문제예방과 해결을 위해 조언을 해주고, 구체적인 대안을 제시하며, 자신이 추구해야 할 목표를 스스로 확실히 할 수 있도록 도와주고, 필요한 지식이나 정보를 제공함으로써 개인, 가족, 집단, 지역사회를 올바로 인도하는 절차이다. 통상적으로 상담은 개별상담, 집단상담, 집단교육, 가족치료, 지역사회조직을 통해 실시된다.

교회는 청소년들이 가족들이 갖고 있는 문제를 해결하기 위해서 생활상담과 신앙상담을 실시할 수 있다. 목회자는 훌륭한 상담자이다. 교회는 목회자가 직접 또는 청년부전도사나 교사 그밖에 신앙의 연륜과 경험이 풍부한 자원봉사성도들을 활용해 청소년상담사업을 실시할 수 있다.

청소년상담은 전화상담, 면접상담, 서신상담 등을 통해서 이루어지고 있으나 최근에는 통신설비를 갖춘 컴퓨터를 활용한 온라인상담(on-line counseling)이 일부 활용되고 있다. 온라인상담의 장점은 익명성을 보장할 수 있고, 편안한 마음으로 쉽게 상담할 수 있으며, 신속한 상담이 이루어지고, 자료를 참조하면서 정확한 상담을 할 수 있으나 상담자와 피상담청소년 모두 통신설비를 갖춘 컴퓨터를 갖고 있거나 이를 활용할 수 있어야 상담이 가능하다는 제한성이 있다.

청소년상담에 있어 의미 있는 상담유형의 하나는 "청소년 또래상담(peer counseling)"이다. 교회는 청소년또래상담 교육기관으로서 역할을 수행할 수 있다. 청소년기에 동료는 심리적 발달에 중요한 역할을 수행한다. 동료와의 관계 속에서 청소년들은 착잡한 자신의 감정이나 문제점, 호기심, 의문점, 장래 희망 등에 관해서 동료와 상의하고 의견을 교환할 수 있다. 이러한 상호작용과정에서 청소년들은 자신의 고민을 해결하고 희망을 새로이 다지면서 더 나은 미래를 위해 충실한 생활을 계속할 수 있는 힘을 얻게 된다. 또래인 동료가 훌륭한 상담자의 역할을 하는 것이다. 이와 같이 청소년동료의 문제를 상담해 줄 수 있는 또래상담자를 교회는 양성할 수 있다. 교회는 청소년또래상담 희망자들이 자아열등감, 학교폭력, 학업부진, 비행 등의 여러 가지 문제를 가지고 있는 청소년 동료들을 효과적으로 상담하여 문제의 예방과 해결에 도움을 줄 수 있도록 이들에게 필요한 교육과 훈련을 시켜 청소년또래상담자를 육성할 수 있다. 이러한 교육과 훈련을 받은 청소년또래상담자들은 또래청소년들의 문제의 예방과 해결에 도움을 줄 뿐만 아니라 상담자 자신의 자기성장을 이루고 봉사정신을 함양할 수 있으며 공동체의식을 배양할 수 있는 기회를 가질 수 있다(서울YMCA, 1994:36-37).

4) 비행청소년 구원사업

청소년비행(juvenile delinquency)이란 사회에서 규제하는 규범이나 규칙을 위반하는 일체의 행위를 말한다. 이는 소년법상의 범죄행위, 형사미성년자(12-13세)의 범죄행위인 촉법행위, 형법을 범할 우려가 있는 우범행위뿐만 아니라 음주 흡연 흉기소지 싸움 부녀희롱 등 자기 또는 타인의 덕성을 해치는 불량행위도 포함한다. 미성년자보호법에서는 미성년자들에게 흡연, 음주, 선량한 풍속을 해하는 행위, 풍기를 문란하게 하는 행위, 미성년자 출입제한구역에 출입하는 행위를 비행행위로 규정하고 이를 금지하고 있다. 97년 3월에 제정된 청소년보호법에 따르면 청소년에게 유해한 매체물과 약물 등이 유통되는 것과 청소년이 유해한 업소에 출입하는 것을 규제하고 있다.2)

약물은 의학적으로는 고통을 완화하거나 질병을 치료 또는 예방하기 위한 물질인데 반해, 사회학적으로 약물이란 뇌 또는 신경계에 직접 영향을 주는 습관성 물질로 화학물질이나 마약뿐만 아니라 문화적으로 허용되는 약물인 담배나 술도 포함한다. 사회문제로서 약물남용을 가져올 수 있는 약물은 마약, 신경안정제, 흥분제, 환각제, 대마초, 본드나 가스, 술, 담배 등이 있다.

약물남용(drug abuse)이란 일정 기간 의사의 처방 없이 자신의 정신적 쾌락을 추구하기 위해 약물을 사용하는 것을 말한다. 약물중독(drug addiction)이란 약물에 대한 신체적 반응을 지칭한다. 약물중독은 내성, 금단증상, 습관화의 세 가지 차원에서 설명된다. 내성(tolerance)이란 해당 약물의 복용량을 증가시키고 싶어 하는 신체적 욕구를 말한다. 금단증상(withdrawal symptom)이란 특정 약물의 사용을 중단했을 때 예측 가능한 신체적 반응을 말한다. 습관화(habituation)란 특정 약물을 계속 사용하고 싶다는 억제하기 힘든 욕구 즉 정신적 의존상태를 말한다.

성서에서는 방탕과 음란과 호색과 같이 정욕을 위하여 육신의 일을 도모하는 자는 심판의 날에 영벌을 받게 된다고 천명하고 있다. 육신의 정욕을 도모하는 청소년비행은 죄악으로서 하나님께서 엄히 징벌하실 대상임을 교회는 청소년들과 성도들 그리고 사회에 전파해야 한다. 또한 성서에서 약물(drug)인 술은 사람의 정신을 혼미시켜 사물이 괴이히 보이게 하고 마음에 망령된 생각을 갖게 하며 감각을 무디게 만든다고 약물의 부작용을 가르치며 술을 좋아하는 자는 재앙과 근심과 분쟁과 빈곤에 빠지게 된다고 경고하고 있다. 교회는 성서의 가르침에 따라 타락한 죄인을 구원한다는 믿음으로 그리고 선량한 청소년들의 죄악의 늪에 빠져 영벌을 받는 것을 방지한다는 믿음으로 청소년들의 비행을 방지하고 치유해야 한다.

2) 청소년보호법상 청소년 유해매체물이라 함은 선정적이거나 음란한 것, 폭악성이나 범죄충동을 일으키는 것, 폭력행사나 약물남용을 자극하거나 미화하는 것, 반사회적이나 비윤리적인 것, 정신적 신체적 건강에 해를 끼칠 우려가 있는 것을 말한다. 매체물이란 음반 및 비디오물, 전자유기기구, 영화 연극 등 오락적 관람물, 음성정보 영상정보 및 문자정부, 방송프로그램, 신문 잡지, 옥외광고물 등을 말한다.

교회나 기독교단체 및 성도들이, 특히 교회가, 할 수 있는 비행청소년구원사업은 청소년들이 비행에 빠지지 않도록 미리 예방하는 사업과 일단 비행에 빠진 청소년을 사후적으로 구원하는 사업으로 나눌 수 있다.

(1) 비행청소년 사전적 구원사업

교회는 청소년비행을 예방하기 위해 사전적 구원사업을 전개할 수 있다. 교회의 사전적 예방사업으로 교회는 청소년들과 성도들에게 청소년들이 비행에 빠진 결과 감당해야 되는 법적인 책임, 사회적 비난, 신체적 고통, 정신적 혼란 등에 관해 교육해야 하고 무엇보다 비행에 빠지는 것 자체가 곧 죄악으로서 비행자는 영벌의 대상이 된다는 것을 주지시켜야 한다. 교회는 방학기간 동안 청소년수련회나 문화행사를 개최하여 청소년들이 신앙수련과 함께 건전한 여가생활을 즐기고 비행에 빠지지 않도록 노력할 수 있다. 또한 청소년상담기관이나 쉼터 등 관련기관에 교회의 청소년들의 비행 관련 교육을 의뢰함으로써 청소년비행을 예방할 수 있다.

교회는 지역사회에 청소년에게 유해한 매체물과 약물들이 유통되는 것을 감시하고 발견시 이를 관련기관에 연락해 신속한 조치가 취해질 수 있도록 노력할 수 있다. 또한 청소년유해업소에 청소년들이 출입하지 않도록 이들 업소에 대해 방문지도를 할 수 있다.

교회는 교회시설 내에 또는 교회 밖 청소년 밀집지역에 청소년 쉼터를 만들어서 청소년들이 건전한 휴식을 취하고, 필요한 경우 상담을 받을 수 있도록 하여줌으로써 청소년들이 비행에 접촉할 수 있는 가능성을 차단할 수 있다. 또한 이미 가출하였거나 가정폭력 방임 유기 등으로 상처받은 청소년들에게 수일에서 수개월 동안 안식처를 제공하여 줌으로써 이들이 비보호상태에 방치된 채 또 다시 비행에 빠져드는 것을 예방할 수 있다. 청소년 쉼터는 청소년의 유해환경에 대한 접촉을 막고 가정, 학교, 사회에 잘 적응하도록 도움으로써 청소년비행을 예방하는 활동을 수행한다(서울YMCA, 1994:13-14).[3]

3) 청소년 쉼터의 사업내용으로는 가출청소년 일시보호(무료숙박, 기본적 활동 유지하기 위한 용돈 지급, 의료서비스 제공), 청소년 상담활동(전화상담, 면접상담, 심리검사), 청소년 교육활동(진료교육,

교회의 성도들이 경찰서장의 지도감독을 받아 청소년비행과 범죄예방 노력을 기울이는 청소년지도위원이나 소년부지원이나 서울가정법원을 중심으로 정신과 의사, 청소년 전문가, 교육자, 기업인 등이 주축을 이루는 소년자원보호자의 일원으로 또는 문화체육부 소속의 청소년보호선도위원으로 활동함으로써 청소년비행 예방에 기여할 수 있다.

(2) 학교폭력 예방사업

교회는 지역사회에서 학교폭력을 예방하기 위한 효과적인 역할을 수행할 수 있다. 학교폭력은 가해자와 피해자 모두의 심성을 멍들게 하는 사회악의 표본이다. 97년도 발생한 범죄수준에 달하는 학교폭력이 지난해보다 훨씬 증가한 것으로 나타났다. 대검찰청이 발표한 청소년 범죄 동향 자료에 따르면 97년도 8월까지 발생한 학교폭력 사범은 모두 28,285명으로 지난해 1년 동안 발생한 학교폭력사범 18,185명보다 55%가 증가한 것이다. 정부는 학교폭력에 대해 피해 당사자는 물론 목격자 친구 가족등 제삼자도 이를 신고할 수 있도록 하는 '그린포스트카드제(Green Postcard:학교폭력피해 신고엽서제)를 98년도부터 도입하기로 하였다. 그린포스트카드는 학교폭력피해 사실의 신고 또는 상담에 필요한 항목이 미리 인쇄된 녹색 우편엽서로 신고자는 해당란에 표기, 우체통에 넣기만 하면 수신자 부담으로 민간 청소년단체에 배달된다. 이들 단체는 신고자의 인적사항 등 모든 관련 사실에 대한 비밀을 보장하면서 문제해결을 위한 선도 지도 등의 조치를 취하게 되고 조직적 범죄행위에 대해서는 검찰과 경찰에 고발하거나 수사를 의뢰하게 된다.

최근 사회에서는 '자녀 안심하고 학교 보내기 운동'이 사회 전반적으로 전개되고 있다. 전국 52개 일선 지검과 대검찰청에 신고전화를 설치하고 그린훼밀리운동연합 등 민간단체와 교육청 경찰 등과 함께 지방별로 지역대책협의회를 구성해 학교폭력 추방을 위한 유기적인 협조관계를 유지하기로 하였다. 또한 교육부는 교육정보전산

정서교육, 또래상담자교육, 위탁교육), 청소년 문화활동(영화감상, 음악감상, 공동체놀이, 견학, 특별 프로그램), 청소년문제 예방활동(조사연구 세미나 캠페인 정책제언), 홍보-협력활동(언론매체, 사회단체, 학교 지역사회 등에 홍보) 등이 있다.

망인 '에듀넷'에 학교폭력신고센터를 개설해 운영하고 있다. 신고된 피해 사례는 전국 16개 시도교육청별로 접수돼 피해 조사가 이뤄지며 비밀 보장과 함께 처리 결과가 개인에게 통보된다. 서울시에서는 그린훼밀리운동연합 소속 녹색소년단 대표들이 심각해져가는 학교폭력 추방결의대회를 갖고 자연을 지키는 '자연환경 파수꾼' 활동 이외에 청소년 유해환경을 감시하는 '사회환경 파수꾼' 활동을 전개하기로 하였다.

학생모니터제도는 초중고교학생들을 모니터요원으로 선발해 약물남용 성폭력 폭주족 등 청소년문제나 주변 생활불편사항 등을 시청에 신고하도록 하는 제도이다. 청소년지킴이순찰대는 매일 오후 5시～10시에 5～6명씩 조를 만들어 우범지대를 순찰하며 불량학생지도와 유해환경시설 감시 등을 수행한다. 지킴이 업소는 청소년범죄가 자주 발생하는 지역 부근의 업소들로 구성되어 유사시 청소년들이 찾아오면 도움을 주고 있다.

외국에서도 학교폭력은 심각한 사회문제가 되고 있다. 프랑스 정부는 학교 주변 폭력 퇴치를 민생치안의 최우선 과제로 삼고 전문안전요원을 배치하여 대대적인 학교폭력 근절 대책을 마련하였다. 프랑스 교육부는 3만 명의 안전요원을 모집하고 내무부 소속 8천여 명의 보조요원을 활용하여 학교당 평균 93명의 보호요원을 학교 주변에 배치하고 학생들의 교내생활과 등하교까지 철저히 감시하고 있다.

교회는 심각한 학교폭력을 예방하기 위해 의미 있는 역할을 수행할 수 있다. 교회는 청소년들에게 성서적인 인성교육을 시키고 형제애를 강조함으로써 청소년들의 심령변화에 의한 학교폭력 예방을 할 수 있다. 교회는 학교폭력에 시달리는 학생들이나 가해 학생들과의 상담을 통해서 학교폭력이 계속되는 것을 예방할 수 있다. 교회는 가정의 교육적 기능을 회복시켜 부모들의 자녀교육을 통해 학교폭력을 예방할 수 있다. 교회는 목회자나 성도들이 학교폭력예방을 위한 청소년지킴이 순찰대와 같은 각종 자원봉사운동에 적극 참여하거나 함으로써 학교폭력을 예방할 수 있다.

(3) 비행청소년 사후적 구원사업

비행청소년의 사후적 구원사업은 일단 법적 처분을 받은 청소년들의 구원사업이다. 교회는 교정선교를 지원하거나, 자매결연사업을 전개하거나, 수강명령 위탁교육을 담당하거나, 교정자원봉사활동을 하거나, 자조집단과 같은 치료공동체를 형성함으로써 비행청소년들의 구원활동을 사후적으로 전개할 수 있다. 교회는 교정사업에 참여함으로써 이미 비행을 저지르고 법적인 처분을 받은 비행청소년들에게 그들의 잘못을 바로잡고 사회에서 정상적인 삶을 살아가도록 인도하는 교정사회사업에 참여할 수 있다. 이미 잘못 사회화된 청소년들을 올바른 길로 재사회화(resocialization)시키는 것이다.

첫째, 교회의 목회자가 재소자의 신앙생활지도, 예배인도, 종교상담 자매결연 등을 행하는 종교위원이나 성경학교나 세례 등 종교의식을 맡아 하는 종교지도위원으로서 봉사할 수 있다. 또는 노회나 총회차원에서 소년원 선교를 전담하는 교정목사를 파송하고 개교회들이 협력하여 이들의 생활비와 활동비를 지원해 줌으로써 교정선교를 간접적으로 도울 수 있다.

둘째, 교회가 소년원 재원자들과 자매결연을 맺고 이들을 위해 기도하며 정기적인 면담이나 서신교환을 통해 지속적 관심을 표명하고 기독교서적들과 생활필수품을 일부 제공해 준다. 재원자의 가정을 방문 위로하며 하나님께 전적으로 의지하도록 하고 자녀의 회생을 위해 함께 기도한다.

셋째, 교회는 목회자나 성도들이 교정자원봉사자로서 활동함으로써 교정사회사업을 일부 수행할 수 있다. 교정자원봉사란 비행청소년이 사회에 복귀하여 잘 적응하고자 할 때 자신들의 개인적-환경적인 장애를 넘을 수 있도록 이들이나 이들의 가족을 돕는 한편, 비행과 범죄의 예방을 위해서 교정현장의 실무자로부터 지도를 받으며 교정사업에 참여하는 활동이다.

교회의 목회자나 성도들이 참여할 수 있는 교정자원봉사활동 가운데 실현가능성이 높은 것은 범죄예방 자원봉사위원활동을 들 수 있다. 범죄예방자원봉사위원은 1996년 7월 1일부터 출소자와 퇴원생을 사후관리하고 경제적 지원을 해주는 갱생보호위원, 선도조건부기소유예 대상 청소년의 재활을 돕는 소년선도위원, 보호관찰 대상 청소년의 재활을 돕는 보호선도위원을 통합해 만든 위원이다. 현재 인구 1000명당 1인의 범죄예방위원을 위촉하고 각 지방검찰청 혹은 지청에 범죄예방 지도협의회를 두도록 규정하고 있다. 범죄예방지도협의회는 학교폭력예방지도, 상담, 보호관찰, 취업알선 및 재정지원 및 의료지원을 담당하는 5개 분과위원회로 구성되어 있다. 목회자나 뜻있는 성도들은 범죄예방 자원봉사위원으로서 활동하면서 소년원 퇴원생들이 하나님 뜻에 합당한 새로운 삶을 살아갈 수 있도록 도와주어야 한다.

넷째, 교회는 보호관찰 대상자 중 단기보호관찰(6개월) 및 장기보호관찰(2년) 대상자들에 대해 병합처분으로 내려진 수강명령을 위탁교육하는 기관으로서 역할을 수행할 수 있다. 보호관찰이란 범죄자에 대하여 획일적인 형집행보다 개선 가능한 범죄인에게 자유로운 사회생활을 허용하면서 보호관찰관 또는 보호위원으로 하여금 선도교화케 하여 선량한 사회인으로 복귀시키는 사회 내 처우로서 형사정책의 획기적인 발전제도이다. 수강명령은 보호관찰기간이 6개월인 단기보호관찰의 경우 50시간, 보호관찰기간이 2년인 장기보호관찰의 경우 200시간 이내의 기간 정신교육 및 준법교육 등 강의를 수강토록 하여 올바른 시민으로 육성시키고자 실시하는 처분이다. 수강명령은 지역사회의 청소년관련기관에 위탁하여 실시하고 있다. 현재 수강명령을 위탁시행하는 기관들을 보면 아동상담소, 적십자회관, 사회복지관, 청소년회관 등이다. 교회도 이들 사회기관들과 더불어 수강명령을 위탁교육하는 기관으로서 역할을 수행할 수 있다. 교회의 목회자나 청년부 전도사 또는 교사가 약물이나 비행예방 및 치료에 관한 일정한 교육을 받고 수강명령 대상 청소년들의 교육을 보호관찰소로부터 위탁받아 실시할 수 있다. 또는 비행이나 약물관련 교육은 외부강사를 초빙해 실시할 수 있다. 교회가 수강명령을 위탁교육할 경우 일반 사회기관과는 달리 비행 그 자체뿐만 아니라 청소년들의 도덕교육과 영성교육을 효과적으로 수행할 수 있는 이점이 있다.

다섯째, 교회는 비행청소년들을 위한 치료공동체(therapeutic commu- nity)인 자조집단(self-help group)을 위한 장소가 될 수 있다. 자조집단이란 공통의 문제나 욕구를 가진 청소년들이 스스로 모여 집단적으로 상호 작용하면서 기존의 사고방식과 행동의 변화를 도모하고 자신들이 공통으로 당면한 문제를 해결하기 위해 스스로 노력하는 자발적인 공동체를 말한다. 자조집단에는 공식적인 조직체계가 존재하지 않으며 유일한 회원가입조건은 약물이나 흡연 도박 등의 행위를 단절하려는 소망뿐이다. 자조집단은 집단운영을 위한 지원을 집단성원에게만 의지하며 외부의 기부는 받지 않고 있다(DiNitto & Dye, 1987:135-136).

자조집단은 약물이나 비행 등에 관한 풍부한 정보의 원천이므로 집단 성원들에게 필요한 정보를 보급(information dissemination)하는 기능을 하게 되고, 자조집단 구성원 간에 형성된 친밀한 대인관계로부터 상호간에 지지(support)를 제공하고, 외부 관련기관과 연대해 같은 처지의 사람들을 옹호(advocacy)하는 기능을 수행할 수 있다(Powell ,1995:2116-2121). 예를 들어 교회는 알코올중독자 자조모임(단주모임: Alcoholic Anonymous)의 장소가 될 수 있다. 알코올중독청소년들이나 성인들이 교회가 제공한 교회 내 시설에서 일정 기간 회합하여 알코올중독에 관한 정보를 서로 나누고 서로를 격려하면서 자신의 모든 것을 하나님께 맡기고, 술에 관한 성서의 가르침을 봉독하면서, 참회의 기도 가운데 사고와 행동의 변화를 도모하여 알코올중독 상태를 스스로 벗어나려고 하는 노력을 도와줄 수 있다. 교회는 이들의 자가치료노력에 인위적 환경을 조성하거나 개입하지 말고 단지 모임장소와 필요한 자료나 정보의 제공에 그치는 것이 오히려 이들의 치유노력을 도와주는 것이 된다. 단지 자조모임이 오용되지 않도록 각별히 관심을 가지고 관찰해야 한다. 그밖에 교회는 흡연이나 약물중독 이혼 등에 관한 자조모임의 장소로 활용되어질 수 있다. 약물중독자 자조모임(Drug Anonymous)은 본드나 부탄가스 기타 약물상습자들이 스스로 약물중독으로부터 벗어나고자 노력하는 자조모임이다. 흡연자조모임(Tobacco Anonymous)은 담배를 끊기를 원하는 청소년이나 성인들의 자조모임이다. 부모자조모임(Parents Anonymous)은 장애인 자식을 둔 부모들이 모여서 장애청소년이나 장애아동들의 문제들을 서로 이야기하고 정보를 교환하며 서로 위로하는 자조모임이다. 그밖에 이혼자를 위한 이혼자조모임(Divorce Anomymous) 등이 있다.

(4) **대안학교**(Alternative School)

최근 학교에 부적응하는 청소년들을 위한 대안학교의 설립이 기독교계에 확산되고 있다. 본래 대안학교는 미국에서 공립학교의 '적은 교사에 많은 학생'이라는 과밀학급 교육환경에 반발하는 부모들이 중심이 되어 공립학교에 대한 대안으로서 설립한 학교이다. 대안학교의 유형에는 공립학교 공간을 빌려 운영하거나 주정부의 승인을 얻어 별도의 학교를 운영하는 전세학교(charter school), 성서나 기독교를 가르치는 종교학교(religion school), 그리고 청소년을 학교에 보내지 않고 부모가 별도의 프로그램을 지원받으며 어린이를 가르치는 가정학교(home school)가 있다(Homeschool House,1998:1-6, CER Charter Schools,1998:1-4).

현재 기독교계에서 실시하는 대안학교는 주로 학교에 적응하지 못해 중도에서 학업을 중단한 청소년들을 위해 기숙학교 형태로 설립되는 경우가 많다. 개교회 차원에서도 설립할 수 있지만 몇 개의 교회가 연합하여 설립하면 보다 효율적이다. 대안학교의 설립인가는 시도교육청으로부터 받아야 한다. 이들 대안학교들은 일반 학교로부터 부적응학생을 위탁받아 소규모 학급을 편성하고 지식위주의 교육보다 전인교육, 환경친화적 교육을 하면서 기독교의 이웃사랑을 몸소 실천할 수 있는 자질을 함양시키는 데 노력하고 있다. 대안학교의 장점 가운데 하나는 소규모 전인교육이 가능하다는 점 외에 비슷한 경험이나 문제를 갖고 있는 청소년들이 함께 모여 교육을 받음으로써 일반학교에서 받았던 위화감 편견 차별로부터 벗어날 수 있으며, 이들의 문제해결을 위해 집중적인 노력을 기울일 수 있다는 점이다. 교회는 대안학교를 통해서 사회로부터 소외받고 심리적으로 위축되어 생활하던 청소년들에게 하나님의 사랑과 말씀 가운데 교육을 함으로써 자신의 존귀함을 다시 깨닫게 되며 정상적으로 사회생활을 할 수 있는 사회인으로 양성할 수 있다. 미국의 한 대안학교가 실시하는 약물교육내용은 별첨과 같다.

(5) 기독교교정복지사업 : 기독교교도소, 기독교소년원

기독교 각 교단의 총회나 규모가 큰 교회 기타 기독교선교단체들은 종교교도소의 일환으로 기독교교도소나 기독교소년원과 같은 교정시설을 운영함으로써 기독교교정복지사업을 할 수 있다. 물론 재소자나 재원자의 위로방문이나 결연사업을 통해서도 기독교교정복지사업을 전개할 수 있지만 이와 같이 간헐적이고 비체계적인 방법으로는 근본적으로 이들을 바꾸기는 어렵다. 보다 근본적이고 적극적인 기독교교정복지사업 대안으로서 최근 미국 등에서 실시되고 있는 기독교교도소(종교교도소) 운영사업이 있다. 교회나 기독교기관들은 기독교교도소를 통해서 이미 죄를 범한 사람들에게 회개와 구원의 기회를 제공하여 건전한 시민으로서, 진실한 신앙인으로서 재사회화(resocialization)시켜 세상 가운데 새로이 살아갈 수 있도록 인도할 수 있다. 특히 청소년과 같이 일시적 판단 착오나 충동심에 의해 범죄를 저지른 경우 공공교정기관의 교정교육보다는 기독교정신으로 교육하고 훈계하고 치유하고 사랑으로 하나님께 인도함으로써 다시 죄악의 세계에 빠지지 않고 오히려 하나님의 정의를 이 땅에 세우는데 기여할 수 있는 일꾼으로서 변환시킬 수 있는 기독교교정교육이 보다 효과적일 수 있다.

종교교도소는 공공교도소의 운영과 관련된 문제점들을 시정하기 위한 교정정책 대안으로서 미국 등 선진국에서 채택되어 운영되고 있다. 그동안 범죄자에 대한 교정업무는 정부의 고유 영역이었다. 그런데 막대한 운영경비와 재소자 인권침해 비합리적인 교정교육 등의 문제를 해결하기 위해서 하나의 대안으로서 사설교도소제도가 제안되었고 종교교도소는 사설교도소의 한 유형이다. 기독교교도소는 교회나 기독교 단체들에 의해 운영되는 종교교도소이다. 사설교도소제도에 대한 찬반이 있지만 찬성하는 이유들 가운데 일부를 소개하면 다음과 같다; 사설교도소는 간소화된 경영체계로 동질의 교정서비스를 적은 비용으로 제공할 수 있다. 시설운영에 필요한 재원조달을 신속히 할 수 있어 과밀수용문제를 효과적으로 해결할 수 있다. 정부가 부담하여야 할 교도소 신축과 운영에 소요되는 막대한 재정지출을 방지할 수 있다. 사설교도소는 수용인구의 변동이나 특수문제를 소지한 재소자의 처우에 유동적으로 대처할 수 있다. 새로운 아이디어와 교정프로그램을 효과적으로 도입할 수 있다. 교정상담이나 교육면에서 보다 나은 서비스를 제공할 수 있다.

기독교교도소는 종교교도소로서 사설교도소 모델의 하나이다. 기독교교도소를 운영하려는 교단 총회나 교회는 처음에는 시험적으로 수용규모 300명 미만의 수준에서 시작하는 것이 좋다. 직업교육과 교정교육을 하기 에 충분한 교육공간이 마련되어야 하고, 일과시간 이후 취침시간까지 다양한 교정교화교육을 해야 하기 때문에 야간에도 통제가 가능하도록 건축되어야 한다. 무엇보다도 신앙교육이 실시될 수 있을 만큼 평안하고 친근감을 주는 건축물이 되어야 한다.

기독교교도소의 운영은 관민 합동으로 구성된 가칭 기독교교도소 운영위원회가 교정당국과의 계약에 의해 결정된 범위 속에서 최대한 자율적으로 운영하되 필요한 지도감독은 받는다. 기독교교도소의 재소자는 원칙적으로 실형이 확정된 자이거나 일반 교도소에 수용된 재소자 가운데 잔여 형기동안 기독교교도소에서 수용될 것을 자원하는 자로서 본인과 후견인이 기독교 교정교육과 프로그램에 따라 교화 개선되겠다는 의지를 명백히 서약한 자로서 운영위원회의 인정을 받은 자에 한한다. 교정직원은 교정공무원 가운데 자원하는 자로서 법무부 교정당국의 승인을 받은 자 가운데 기독교 세례교인들을 원칙으로 하며 기독교 신앙이념에 따른 교정교육과 프로그램을 성실히 실행할 것을 서약한 자로 한정한다(김용진, 1996:60-62, 148-152).

재소자의 교육과 각종 교회프로그램의 수준과 종류는 운영위원회가 결정하여 운영하되 교정당국과 사전 협의를 거친다. 교육수준은 일반사회의 수준과 동일한 프로그램이 실시될 수 있도록 한다. 기독교교도소는 재소자들이 출소 이후 자신의 생활대책을 체계적으로 세우도록 하고 이에 적합한 교정교육이 체계적으로 이루어질 수 있도록 함으로써 가능한 재소자 중심의 교육과 프로그램(inmate- centered education and program)이 운용될 수 있도록 적극 노력해야 한다. 또한 지역사회의 교회나 기독교단체들의 협조를 얻어 심도 있는 신앙상담을 실시하고 신실한 신앙생활을 유지할 수 있도록 최대한 노력을 한다.

별첨

Pace Alternative School(Milwaukee Wisconsin)

Alcohol

[1] How do you know when you have a drinking problem?

When a person drinks and can't stop until he or she is totally drunk.

Change in personality.

High tolerance(it takes a longer time get drunk)

Blackouts

Using alcohol to escape problems at home or in relationships

[2] What does alcohol do?

Alcohol is considered a depressant.

Alcohol blocks messages going to your brain and effects your;

walking(Alcohol makes you clumsy)

emotions(Alcohol changes the way you feel happy, sad, angry.

thinking(it blocks your thinking, making you act like someone else)

talking and hearing(it makes your speech slurred and can make it hard to hear)

vision(Alcohol can make you see things, or make your vision blurry)

Alcohol effects your organs, including your liver, heart, brain, stomach.

[3] Long term effects of alcohol

Physical--loss of appetite, stomach ailments, liver damage, brain damage, heart and central nervous system damage, memory loss.

Emotional--tired all the time, sick, depressed

[4] Short term effects of alcohol

Physical--distorted vision, hearing, and coordination; altered perceptions and emotions; impaired judgment; bad breath; hangovers

Emotional--happy or angry; having a good time or feeling like you want to be left alone; on top of the world to suicidal; friendly or mean

Tobacco

[1] Facts about smoking

Each year more Americans die from smoking-related diseases than die from AIDS, drug abuse, car accidents and homicide-combined.

390000 Americans die each year from the effects of cigarette smoking.

Smoking has been responsible for 16% of all deaths in the U.S. each year.

Cigarette smoking is the major cause of emphysema, lung cancer, chronic bronchitis.

In 1988 US Surgeon General reported that nicotine is just as addictive as heroin and cocaine.

A 'hit' of nicotine reaches the brain in seven seconds, twice as fast as a syringe of heroine injected in the vein.

Approximately 4.5 million youths age 12-17 were current smokers in 1995.

The rate of smoking among youths age 12-17 was 20% in 1995.

The majority of teenage smokers expect to quit smoking within a year, but three-quarters of those who try to quit are unsuccessful.

A survey found that proportional increase in smoking is greatest among the eighth graders, who are 13 to 14 years old.

Cigarette smoking and marijuana smoking are very highly correlated; cigarette smoking usually comes first.

[2] Effects of cigarette smoking

Smoking can cause things like cancer and heart disease, but symptoms start to develop as soon as you smoke your first cigarette--no matter how young you are.

Smoking can cause shortness of breath, coughing, nausea, dizziness, and 'phlegm production.'

According to the Surgeon General, symptoms like wheezing and coughing have been found in kids who smoke just one cigarette a week.

Kids who smoke are 3 times more likely to use alcohol.

Young smokers are 8 times more likely to smoke marijuana, and 22 times more likely to use cocaine.

When quitting smoking, they might experience "frustration, anger anxiety, difficulty concentrating, restlessness, and decreased heart rate.

[3] Effects of smokeless tobacco

Smokeless tobacco can cause bleeding gums and sores of the mouth that never heal.

Eventually you might end up with mouth cancer.

It stains your teeth a yellowish-brown color.

It gives you bad breath.

It can make you dizzy, give you hiccups, even make you throw up.

According to the Surgeon General's Report, kids who use smokeless tobacco are more likely to start using cigarettes, too.

[4] Benefits of quitting smoking

People who stop smoking are reported to live longer than those who continue smoking.

Those who quit before age 50 have one half the risk of dying in the next 15 years of those who keep smoking.

Smoking cessation may represent the single most important step smokers can take to enhance the length and quality of life.

Studies reveal that ex-smokers are more likely to be physically active than smokers, possibly because improved lung function makes exercise more enjoyable.

[5] Tips for quitting smoking

Set a date for quitting.

Remove cigarettes, ashtrays, smoking matches and lighters from your home, office, and car.

Keep a supply of low calorie snacks handy.

Sped more time in places that don't allow.

Tell everyone you're going to stop smoking.

Plan what you'll do instead of smoking.

Call a friend if you need help.

Contact your local American Lung Association for help to stop smoking.

Decide that smoking any number or kind of cigarettes is not an option.

Write down your most important personal reason to quit.

Realize that beating the addiction to smoking will take effort.

Be encouraged that half of all adult smokers have quit.

제11장 기독교 매매춘여성복지

매매춘의 문제는 오랫동안 우리사회에 일종의 피해자가 없는 범죄로, 때로는 하나의 필요악으로도 인식되어 왔다. 일제에 의해 시도되었던 공창제는 해방 이후 과도정부에 의해 폐지되었다. 그 후 6.25전쟁으로 인해 가족을 잃어버린 무의무탁한 여성들, 가족부양의 수단을 찾는 전쟁미망인들 그리고 서구의 개방된 성문화는 국민의 보수적인 성도덕을 문란시켜 전통적인 선량한 미풍양속을 손상시키고, 성의 상품화를 초래하여 인간의 존엄성을 침해하는 사례가 급증하고, 성병감염 등으로 국민보건을 해치며, 청소년문화와 교육환경을 저해한다고 우려하는 사회적 인식이 증가하게 되었다. 또한 개인적으로도 매매춘행위에 종사하는 여성들이 성병이나 만성골반출혈증 등으로 건강을 크게 해치며, 때론 알코올이나 마약에 중독되는 사례도 있고, 매매춘행위과정에서 비인간적인 학대를 받거나 소득의 상당량을 착취당하고 있으며, 심한 열등감이나 고독감으로 인해 사회적으로 소외되곤 하였다.

매매춘행위와 직·간접적으로 관련된 사회문제들에 대처하는 노력은 그동안 일방적인 통제위주의 정책 하에 실시되어 왔다. 정부는 1961년 11월 9일 '윤락행위등방지법'을 제정 공포하여 매매춘행위에 관련된 자에 대해 처벌 조항을 마련하고 오늘날까지 약간의 수정을 거쳐 실행하고 있다. 본 법에 따르면 누구라도 타인에게 윤락행위의 상대자가 되기를 유인하거나 권유하는 행위를 하지 못하며 이를 위한 처소를 제공하지 못하도록 금지하였다. 또한 윤락행위의 상습이 있는 자와 윤락행위를 할 우려가 있는 자를 선도 보호하기 위한 보호지도소를 설치하고 동시에 이러한 요보호여성에 대해 자립갱생의 정신과 능력을 함양해 주기 위해 필요한 곳에 직업보도시설을 설치하고 직업교육을 실시하고 있다. 그러나 이러한 직업보도시설의 수용교육환경은 극히 억압적이고 일종의 감옥으로도 인식되고 있으며 기술교육의 내용도 시대에 뒤떨어진 것이라는 지적도 있다.

본 장에서는 최근 조사된 자료를 활용하여 매매춘여성들의 실태와 문제점을 파악하고 이를 바탕으로 기독교가 구속사업의 하나로써 이들을 건전한 사회 속으로 통합시키기 위해 수행할 수 있는 역할이 무엇인가를 실증적으로 분석한 결과를 정리한다. 이를 위해 먼저 매매춘 행위에 대한 성경적 가르침과 매매춘 행위 과정에 대한 흐름도를 소개하고 매매춘여성들의 인구통계학적, 사회경제적인 특징과 매매춘행위와 관련된 특징들 그리고 사회 개입적 요인들을 개괄적으로 살펴본다. 매매춘 행위와 사회 개입적 요인에 어떠한 변수들이 어떻게 영향을 미치고 있는지를 분석하고 이를 바탕으로 기독교가 어떠한 개입과정을 통해 어떻게 이들을 건전한 사회 속으로 통합시키는 데 기여할 수 있는 지를 서술한다.

제1절

매매춘에 관한 관점

매매춘을 바라보는 사회학적 관점은 대체로 페미니즘, 사회생물학, 기능주의, 사회주의, 매매춘옹호론 등으로 구분할 수 있다(변화순&황정임, 1998:24-33).

페미니즘(feminism)은 남녀평등을 주장하며 여성의 지위와 역할이 남성에 비해 불평등하게 부여된 원인과 결과를 분석하며 여성해방과 여성의 지위와 역할의 향상을 도모하는 사회이념으로 여성주의라 불리우기도 한다. 이러한 페미니즘에서는 매매춘을 남성에 대한 여성의 종속으로 파악하고 매매춘여성들을 가부장적 사회에서 남성 탐욕을 충족시키기 위한 사회적 억압의 희생자로 인식하고 있다. 페미니즘 가운데 자유주의 페미니즘은 매매춘을 하나의 직업으로 간주하고 공정한 가격에서의 깨끗한 거래를 내세운다. 마르크스적 페미니즘에서는 임금노예의 비열하고 강제적인 속성을 강조하면서 자본이 임금노동자인 매매춘여성을 착취한다고 한다. 급진적 페미니즘에서는 사회적 성(gender)으로서 여성이 정치적으로, 사회적으로 예속되어 있다고 봄으로써 여성이 경제적 필요에 의해 비자발적으로 매매춘에 유입된다고 주장한다.

사회생물학(social biology)은 다윈의 진화론에 기초한 이론으로 사회다윈주의(social Darwinism)로도 불리운다. 사회생물학에서는 매매춘을 여성의 입장에서는 자기의 육체를 파는 도덕적으로 죄가 되는 행위로 간주하고, 남성의 입장에서는 남자의 성적 충동에 응하기 위한 사회적 필요라고 간주한다.

기능주의(functionalism)는 다양하게 설명되어지고 있으나 핵심적인 주장은 사회는 여러 제도나 부분들로 구성되어 있으며, 각각의 제도나 부분들은 나름대로 일정한 기능을 수행하고 있다는 것이다. 매매춘과 관련하여 기능주의자들은 남녀간의 성적 관계를 통해 발생하는 제도가 어떤 점에서는 사회에 기능적이라고 파악한다. 그러나 이러한 매매춘의 기능은 결혼과 같은 건전한 사회제도의 기능과 충돌되는 문제를 발생시킨다.

사회주의(socialism)는 사유재산제도와 자본주의 시장원리를 부정하고 생산수단의 공유화를 통하여 착취가 없는 평등사회를 건설해야 한다고 주장하는 학설이다. 사회주의자들은 자본주의 사회에서 성을 소유물과 교환하는 시스템이 탄생하고, 이로부터 누군가는 이익을 보고 있으며, 그 과정에서 착취가 발생하고 있다고 보면서, 창조성, 자유, 행복이 인간해방의 궁극적인 목표인데, 매매춘은 '사랑에 의한 축복과 신성함이 없는 섹스'이기에 이는 악덕이고, 따라서 쾌락과 창조성이 없는 착취적인 노동관계이므로 이는 악이라고 주장한다. 사회주의자들은 매매춘종사자들을 거의 일도 하지 않고 취업의사도 없으며 일정 거주지도 없이 살아가는 최하층 프롤레타리아트인 룸펜프롤레타리아트(lumpenproletariat)의 범주에 포함시키면서, 매매춘여성은 자본주의제도의 희생자로 궁핍과 빈곤 가운데 살아가는데도 사회가 그들을 낙인화하고 범죄시 하고 있다고 본다.

매춘옹호론자(pro-prostitutionist)들은 매매춘을 성과 화폐를 교환하는 노동의 한 행위로 간주하고, 매매춘을 성노동(sex work), 매매춘 종사자들을 성노동자(sex worker)라고 표현한다. 이들은 남성지배적 사회구조에서 남성고객은 성적으로 장애가 있는 사람이므로, 매매춘이 이들에게 일종의 성치료적 서비스를 제공하고 있다고 주장한다.

제2절

성경에서 본 매매춘

매매춘(윤락 또는 매매음)여성이란 불특정인으로부터 금전, 기타 재산상의 이익을 수수하는 약속을 하거나 기타 영리의 목적으로 성행위를 하는 여성을 말한다. 즉 성을 상품으로 거래하는 여성을 매매춘여성이라 한다.

매매춘 행위에 대한 성경적 경계는 구약과 신약 모두에 나타나고 있다. 인류사회에서 가장 오랜 역사를 지닌 직업 중의 하나인 매매춘 행위는 고대 셈족 세계에 이미 널리 행하여진 악습이라고 알려진다. 이 당시에는 오늘날 우리가 알고 있는 통상적인 매매춘여성 이외에 신전에 소속하는 성스러운 신전매매춘여성도 있었다(Williams, 1992:145-146). 이것은 자연의 생식력을 신성시해 온 가나안 지역의 토착종교에서 유래한 관습으로 부인들은 이것을 행함으로써 신에게 봉사하는 것으로 생각하였다. 이 신전매매춘여성들은 성스러운 여자를 의미하는 '케데샤'라고 불려 지기도 했다. 가나안에 들어간 이스라엘 민족은 이러한 가나안의 잘못된 관습을 타파하기 위해 싸워야만 했다. 구약에 있어서 매매춘행위는 종종 이스라엘 민족이 유일신인 여호와를 떠나 이방신을 예배하는 종교적 간음을 뜻하는 것으로 여겨졌다.

구약성경에서 매매춘행위와 관련된 구절의 일부를 소개하면 다음과 같다: 유다가 자부를 매매춘여성으로 오인(창세기38:14-22), 이스라엘 여자 중에 창기가 있지 못할 것이요 이스라엘 남자 중에 미동이 있지 못할지니 창기의 번 돈과 개 같은 자의 소득은 아무 서원하는 일로든지 네 하나님 여호와의 전에 가져오지 말라(신명기23:17-18), 음녀로 인하여 사람이 한 조각 떡만 남게 됨이며 음란한 계집은 귀한 생명을 사냥함이니라(잠언6:26), 아들들아 나를 듣고 내입의 말에 주의하라. 네 마음이 음녀의 길로 치우치지 말며 그 길에 미혹치 말지어다. 대저 그가 많은 사람을 상하여 엎드러지게 하였나니 그에게 죽은 자가 허다하니라. 그 집은 음부의 길이라 사망의 방으로 내려가느니라(잠언7:7-27). 재저 음녀는 깊은 구렁이요 이방 여인은 좁은 함정이라. 그는 강도 같이 매복하며 인간에 궤사한 자가 많아지게 하느니라(잠언23:27-28).

신약시대의 팔레스티나에서도 직업적 매매춘은 사회적으로 통제를 받고 있었다. 그러나 그리스나 소아시아에서는 신전매매춘이 의연히 행해지고 있었기 때문에 초대교회가 신전매매춘을 없애기 위해선 많은 노력을 할 필요가 있었다. 신약에 나오는 매매춘 행위 관련 구절의 일부를 살펴보면 다음과 같다. 아버지의 살림을 창기와 함께 먹어 버린 이 아들이 돌아오매……(누가복음15:30-31), 그리스도의 지체를 가지고 창기의 지체를 만들겠느냐 결코 그럴 수 없느니라. 창기와 합하는 자는 저와 한 몸인 줄을 알지 못하느냐 일렀으되 둘이 한 육체가 된다 하셨나니(고린도전서8:15-19), 일곱 천사 중 하나가 와서 말하여 가로되…… 큰 음녀의 받을 심판을 네게 보이리라. 땅의 임금들도 그로 더불어 음행하였고 땅에 거하는 자들도 그 음행의 포도주에 취하였다 하고……열 뿔과 짐승이 음녀를 미워하여 망하게 하고 벌거벗게 하고 그 살을 먹고 불로 아주 사르리라(요한계시록17:1-17).

한편 신·구약을 통해서 매매춘여성들도 의로운 일로 쓰임 받거나 회개에 의해서 천국에 들어 갈 수 있으며 구원의 대상이 될 수 있음을 보여주고 있다. 이러한 가르침은 다음과 같은 성경 구절에서 찾아 볼 수가 있다: 여호수아가 싯딤에서 보낸 두 정탐꾼을 여리고왕의 명령을 받은 군사들로부터 숨겨 주어 도와준 라합(Rahab)이라는 매매춘여성의 이야기(여호수아2:1-22)가 한 예이다. 그리고 요한이 의의 도로 너희에게 왔거늘 너희는 저를 믿지 아니하였으되 세리와 창기는 믿었으며 너희는 종시 이것을 보고도 종시 뉘우쳐 믿지 아니하였도다. 세리와 창기들이 너희보다 먼저 하나님의 나라에 들어가리라(마태복음21:31).

성경은 일관성 있게 매매춘행위 자체를 심히 징계하고 심판의 날 무서운 징벌이 가해짐을 가르치고 있지만 매매춘여성들이 성경의 가르침을 따르고 새로운 삶을 살아갈 때 이들도 구원받아 천국에 갈 수 있음을 보여준다. 따라서 이들이 매매춘 세계를 떠나 하나님 뜻에 합당한 새로운 인생을 안정적으로 살아갈 수 있도록 인도해 주는 것이 바로 구원의 길로 인도하는 것이요 오늘날 교회가 해야 할 과업의 하나이다. 매매춘여성들이 매매춘 행위에 종사하는 것을 그만두게 하고 그들을 일반사회에 통합시키는 것이 죄의 세계에서 벗어나 구원의 길로 나아가게 하는 가장 효과적인 대안이 될 수 있다. 세상에서 버림받은 여성들을 구원하고 참된 삶을 찾도록 도와주는 것이 기독교의 사명이고 그리스도의 참사랑이 될 것이다(전우섭, 1993:300).

제3절 매매춘여성의 사회통합

1) 사회통합방법

매매춘여성의 사회통합(social integration)이란 정상적인 사회에서 유리되어 살아가는 매매춘여성들을 정상 사회 속의 집단이나 개인과 서로 적응시켜 살아가도록 함으로써 하나의 집합체로 통합시켜 나아가는 과정이다. 이러한 사회통합은 다양한 개인적·사회적 노력을 통해 이루어질 수 있는데 그 내용을 살펴보면 다음과 같다.

첫째, 의료적 노력을 통한 사회통합이다. 질병은 일상생활에서의 활동능력이나 기능을 저하시키고 취업이나 직무수행을 어렵게 하여 사회일원으로 통합되는 데 장애요인이 된다. 매매춘여성을 사회에 통합시키기 위한 가장 기본적인 전제조건은 이들이 갖고 있는 질병을 예방하고 치료해 주는 것이다. 이들이 갖고 있을 가능성이 있는 질병으로는 만성골반출혈증, 임질, 매독, 위장병, 장염, 간염, 신경통, 불면증 등이 있다. 이러한 질병의 예방과 조기발견은 물론 수술과 치료를 통해 매매춘 세계에서 벗어나 결혼생활이나 새로운 직장에 잘 적응해 살아갈 수 있도록 의료적 측면에서 지원해 주는 것이 필요하다.

둘째, 교육적 노력을 통한 사회통합이다. 매매춘여성들에게 사회생활에서 필요한 다양한 지식과 시대에 뒤떨어지지 않는 기술을 함양시키고 동시에 이들이 갖고 있는 능력을 적극 활용시키거나 향상시켜 일반 노동시장에서 필요로 하는 인적자본을 갖추도록 함으로써 사회에 통합될 수 있는 바탕을 마련해 주는 것이다.

셋째, 심리적 노력을 통한 사회통합이다. 매매춘여성 대부분이 일상생활에서의 긴장, 불안감, 소외감, 열등감, 욕구불만, 자기학대, 좌절감 등으로 자신에 대해 비관하거나 상당한 심리적 고통을 겪고 있다. 이러한 심리적인 문제는 적극적이고 진취적이며 안정적이고 사교적이며 자신을 존중하고 희망적인 정신자세를 요구하는 현실 사회로 통합되는 데 걸림돌이 된다. 따라서 이들이 현실 사회 속에 적극적으로 통합되기 위해선 이들이 겪고 있는 심리적 문제들을 상담이나 심리치료 등을 통해 교정해 주어야 한다.

넷째, 사회적응 노력을 통한 사회통합이다. 매매춘여성들을 가정이나 사회에 복귀시켜 사회의 일원으로서 정상적으로 살아가도록 하기 위해선 건전한 사회에서 일반적으로 통용되는 사회적 통념 가치 윤리 도덕 등을 새로이 인식시켜 주어야 한다. 건전한 여가선용, 결혼생활, 성윤리, 종교생활, 대인관계, 조직생활 등과 관련해 필요한 내용들이 다양한 사회모임과 교양프로그램의 참여를 통해 학습될 수 있도록 노력해야 한다.

다섯째, 취업을 통한 사회통합이다. 매매춘여성들을 사회에 통합시키려 할 때 당면하는 가장 어려운 문제의 하나는 매매춘 활동을 대체할 수 있는 새로운 직장을 확보해 주는 것이다. 매매춘여성들에게 삶의 대안을 확보해 주지 않고 매매춘 사회에서 강제적으로 이탈시켜 일반사회로 진출시킬 때 이들은 대부분 사회가 요구하는 특별한 기술을 갖추지 못하고 있기 때문에, 설령 이들이 기술원 등에서 기술을 습득했다 하더라도, 생활터전인 직장을 얻는 데는 많은 어려움을 겪게 된다. 적절한 직장을 찾지 못하거나 사회가 이들을 수용하지 않을 때 이들은 다시금 매매춘 사회로 돌아가게 될 것이다. 취업을 통해서 이들을 사회에 통합시키기 위해선 이들이 갖고 있는 능력과 가능성을 면밀히 평가하고 필요한 직업 및 기술교육을 실시하며 그 결과에 따라 적합한 직장을 알선하고 취업을 한 이후에도 이들이 직장에 잘 적응할 수 있도록 사후지도를 실시하는 것이 필요하다.

이상과 같은 매매춘여성들의 사회통합을 위해 필요한 요소나 접근방법들은 다양하다. 이들의 진정한 사회통합을 위해선 어느 한 요소나 접근방법만을 이용해선 안 되고 이들 모두의 요소와 접근방법을 통합적으로 활용해야만 진정한 매매춘여성의 사회통합이 이루어질 수 있게 된다.

2) 매매춘여성 사회통합 활동

매매춘여성의 사회통합을 위해서 프로그램을 운영하거나 사회운동을 전개하는 기독교 단체나 교회는 우리사회 가운데서 많이 찾아 볼 수가 없다. 현재 적극적으로 이러한 활동을 전개하고 있으며 본 조사를 실제 수행하고 있는 단체들과 이들의 활동을 소개하면 다음과 같다.

(1) 다비타의 집

다비타의 집은 매매춘여성들의 인권과 복지를 위해 가장 적극적으로 활동하는 선교기관이다. 동두천 지역에 위치한 다비타의 집은 매매춘여성들을 위해 선교적 차원에서 관련된 여러 가지 사회병리현상들을 공동체 생활을 통하여 예방하고 치유하며 사회 속으로 재활시키려고 노력하고 있다. 믿음, 희망, 사랑의 공동체인 다비타의 집은 사도행전 9:36 이하에 나오는 착한 일과 구제와 신앙의 절개를 지킨 여인 다비타의 이름에서 유래 되었다. 본 공동체는 주님의 말씀에 입각하여 모든 건전한 주의 몸된 교회를 섬기며 교파에 관계없이 가난하고 억눌린 지역주민들과 특히 기지촌 중심으로 일하는 자매들과 더 나아가서는 국내의 이와 같은 계층에서 일하는 모든 여성들을 대상으로 그리스도 안에서 하나의 공동체를 형성해 나아가는 곳이다. 다비타의 집에서 매매춘여성들과 그 자녀들을 위해 실시하고 있는 프로그램들을 살펴보면 매주 화요일과 주일날 중보기도를 중심으로 신앙과 실천을 통해 새로운 삶을 추구하는 공동체 예배를 드리고 있다. 기지촌 여성과 거처가 없는 사람들이 편히 쉴 수 있도록 제공된 안식처로서 평화의 방을 운영한다. 미취학 아동과 초중고학생들을 대상으로 탁아와 방과 후 학습지도 및 인격향상을 위한 전인교육을 실시하는 놀이방과 공부방을 운영하고 있다. 정형외과, 내과, 소아과, 치과, 산부인과, 피부과, 한방과 등 지역병원들의 협조를 받아 매매춘여성들의 육체적 고통과 질병을 치유하는 의료선교프로그램을 실시하고 있다. 매매춘 세계를 탈피하여 전업을 희망하는 여성들에게 대체 작업을 마련하고 갱생의 길을 열어주기 위해 수익사업을 운영하는 직업복지사업을 운영하고 있다. 가난하고 소외된 노인들과 어린이들에게 1일 2식 선교적 차원에서 무료급식을 실시한다. 그밖에 장학사업, 교도소선교사업, 연구사업 등을 실시하고 있다(전우섭, 1994:1).

(2) 두레방

두레방은 '하나님의 선교(Missio Dei)' 신학을 기초로 기지촌 여성들과 국제 결혼한 여성들이 함께 모임으로써 공동체를 형성하고 서로 도움으로써 자신들의 억눌린 삶을 해방하고 하나님의 주신 본래의 인간다운 삶을 살아가도록 돕는 것을 선교적 사명으로 한다. 이곳에서는 월1회 정기예배를 드리고 부활절예배, 추수감사절예배, 성탄절예배를 드린다. 예배프로그램을 통해 신앙을 갖게 하고 영적으로 건실한 시민으로서 독립할 수 있도록 도와준다. 매매춘여성들의 답답하고 억울한 사정과 어려움을 함께 나누고자 개인상담, 부부상담, 자녀상담을 실시하며 새로운 공동체를 형성하기 위해 집단상담도 실시하고 있다. 이들이 종사하는 일의 특수성 때문에 제때 식사를 할 수 없는 매매춘여성들을 위해 공동식사를 제공함으로써 이들이 함께 식사하고 정을 나누면서 공동체의식을 형성할 수 있도록 하고 있다. 대화의 단절로 인한 갈등을 해소하고 미국인 남편과 동등한 인격체로서 건강한 결혼생활을 할 수 있도록 영어-한국어 교실을 운영한다. 이들 여성들의 취미와 교양을 위해 요리교실, 도자기교실, 뜨개질교실을 운영하고 있다. 이들 여성의 자녀들의 아동양육과 학습을 위하여 두레놀이방과 공부방을 자원봉사자들의 도움을 받아 운영한다.

(3) 한국교회여성연합회

한국교회여성연합회는 8개의 여신도회 전국연합회의 연합체로 다양한 교파로 나누어진 교회여성 사이에 화해와 일치의 연합정신을 뿌리내리고, 협력과 상호이해 위해 초교파 여성들이 힘을 합쳐 민족의 아픔을 치유할 대 사회적 선교활동과 교회갱신운동 그리고 국제적 여성연합활동을 전개하고 있다. 1967년 창설된 이래 초기에는 윤락여성미연방지사업 등 여성문제에 대한 활동을 전개했고, 70년대에는 기생관광 반대운동 등의 활동을 하였으며, 80년대에는 정신대 문제를 폭로함으로써 여론화하였고, 90년대에는 정신대 문제의 해결을 위해 정신대문제대책협의회를 결성해 일본 정부에 대한 진상규명과 국가배상 등의 활동을 전개하고 있다. 연합회 가운데 교회와 사회위원회는 인간다운 삶을 억압당하고 착취당하는 매매춘여성들의 문제를 근절하기 위해 다양한 활동을 전개하고 있다.

(4) 참사랑 쉼터

참사랑 쉼터는 경기도 송탄시 기지촌에 위치하고 있다. 기지촌 주변에서 매매춘여성들의 문제, 이들 여성들의 자녀양육문제 등을 함께 해결하고 개선하기 위해 다양한 프로그램을 운영하고 있다. 참사랑 쉼터가 실시하고 있는 프로그램들을 살펴보면 6세 이상 초등학교 혼혈아동들의 탁아와 방과 후 학습지도를 위해 매일 오후 2시에서 7시까지 공부방을 운영하고 있으며 매매춘여성들의 원활한 의사소통을 위해 어머니 영어교실과 한글교실을 운영하고 있다. 또한 이들의 영적으로 구원받은 성도로서 온전한 생활을 할 수 있도록 선교프로그램을 운영하고 있다. 또한 취미교실, 상담전화, 쉼터 도서관 등을 마련하고 있다(두레방 외, 1995:77-80).

그밖에 서울시 용산지역에서 매매춘여성들의 억압된 삶으로부터 휴식처를 제공해주는 막달레나의 집과 성북구 하월곡동지역에서 매매춘여성들의 복지와 교육서비스를 제공해주는 사마리아의 집이 선교적 차원에서 매매춘여성들이 인권과 복지를 위해 활동하였으나 최근 이들의 활동은 잘 알려지지 않고 있다.

이들 매매춘여성들을 위한 단체들은 순수한 선교단체로서 정부의 지원 없이 사회의 어두운 곳을 밝히려고 노력해 나아가고 있다. 이들은 '한소리 회'라는 공동모임을 마련하여 한(恨)많은 매매춘여성들이 사회에 건전하게 통합되고 사회로부터의 갖은 학대와 착취를 방지하고 이들의 인권을 수호해 주기 위해 한 목소리로 노력하고 있다.

제4절

매매춘과정 흐름도

가출이나 매매춘과 같은 비행에 관한 이론들은 여러 가지가 있다. 그 가운데 비행의 원인을 다룬 이론에 따르면 비행자와 정상인과는 개인적으로 차이가 있다는 개인주의 이론과, 그들이 생활하는 사회적 환경에 의해 영향을 받는다는 환경주의 이론, 그리고 자신의 이익에 반대되는 입장을 비행이라 일컬을 수 있는 사회의 지배적인 위치에 있는 집단들에 의해 비행이 결정된다는 명명주의 이론 등이 있다(정우식, 1986: 117-145). 또한 비행을 범하는 것을 억제할 수 있는 사회통제적인 힘이 약화되었기 때문에 비행이 발생된다는 사회통제이론, 인간은 일탈적인 타인과의 친밀한 접촉을 통한 관찰과 보상에 의해 비행을 학습하게 된다는 사회학습이론, 비행자들은 비행행위를 정당화하고 매력적인 것으로 생각하며 궁극적으로는 비행행위를 요하게 되는 그러한 문화적 환경 속으로 사회화된다는 문화적 일탈이론 등도 있다(이윤호, 1991:39-59).

매매춘여성들이 매매춘행위에 종사하게 되는 과정과 그 이후 나타나는 역동적인 상황과 사회통합과정을 다음과 같이 요약할 수 있다.

매매춘 과정의 흐름을 살펴보면 먼저 매매춘을 허용하는 사회가 있고 그에 종사하는 개인이 있으며 그 과정에 빠져들게 만드는 가정환경이 있고 매매춘을 통제하는 사회통제기관의 약화 등이 있다. 첫째, 유교문화 아래서의 전통적인 우리사회가 서구화되어 감에 따라 성문화도 보수적인 모습을 점점 잃고 개방적으로 변해 왔다. 이러한 개방적인 성문화가 극단적으로 전개되면 노동시장에서 사람들이 자신의 인적자본을 하나의 상품으로서 서로 사고 팔 듯이 성을 하나의 상품으로 간주하고 이를 사고파는 행위를 당연하게 생각하게 되며 이에 종사하는 것도 떳떳한 사회적 직업으로 인식하게 된다. 둘째, 매매춘 행위에 이르게 되는 개인적 특징을 개인지향주의 이론자들의 주장에 따라 살펴보면 매매춘 행위에 종사하는 여성들은 남다른 육체적 정신적 특이성을 생래적으로 타고났거나 남달리 일찍부터 학교나 사회에서 비행청소년들과의 상호 교제함으로써, 즉 차별교제(differential association)함으로써, 또는 개인적으로 실

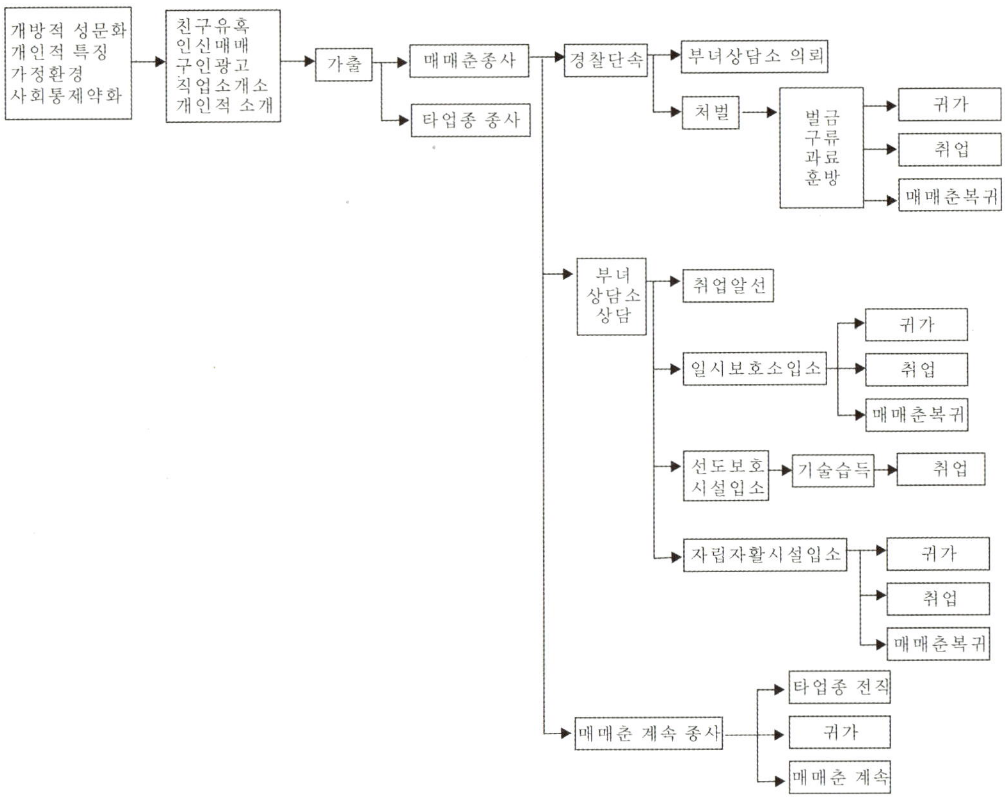

매매춘과정

연당하거나 성폭행을 당함으로써 매매춘 행위에 종사하게 될 가능성을 가지고 있다고 본다(지광준, 1992:94). 셋째, 매매춘여성들의 가정환경이 그들로 하여금 매매춘에 이르게 하는 요인이 될 수가 있다. 극심한 빈곤, 학대, 근친상간, 결손가정, 가정불화 등은 어린 소녀들로 하여금 가출을 하게 하는 계기가 될 수 있다. 넷째, 매매춘 통제기관의 약화를 들 수가 있다. 경찰단속, 법원의 판결, 종교기관의 의미 해석, 학교의 성교육, 정부의 매매춘 관련 정책, 매매춘 관련 법령 등 매매춘행위를 직·간접적으로 통제할 수 있는 통제요소들이 약화되었느냐 강화되었느냐 여부에 따라 매매춘행위는 영향을 받게 된다. 매매춘에 이르게 하는 이러한 개인적, 사회적, 문화적인 요인들이 존재할 때 매매춘여성들은 가출을 함으로써 매매춘행위에 종사하게 된다. 이들이 가출하여 매매춘행위에 종사하게 된 계기는 비행 친구의 유혹에 빠지거나, 매매춘 업소의 구인광고를 보거나, 직업소개소를 찾아가거나, 방황하다가 인신매매를 당하게 되어 매매춘행위에 종사하게 된다(한국형사정책연구소, 1993:115).[1] 매매춘행위에 종사하는 동안 이들은 경찰의 단속에 적발되기도 한다. 초범인 경우는 여성복지상담소(부녀상담소)와 같은 보호지도소에 의뢰하여 적절한 선도를 받게 하고 재범의 경우 벌금, 구류 또는 과료에 처한다. 이들은 처벌을 받은 후 귀가하거나 다른 직장에 취직하거나 매매춘행위에 다시 종사하게 된다. 경찰의 단속을 받지 않은 매매춘여성들과 초범으로 경찰에 단속된 후 여성복지상담소(부녀상담소)에 의뢰된 매매춘여성들은 여성복지상담원(부녀상담원)의 선도조치를 받게 된다.[2] 여성복지상담원(부녀상담원)은 매매춘여성의 성격 가정 또는 주변 환경 등에 대해 요인을 탐구하고 필요한 지도 및 상담을 행하며 필요시 직업보도시설 등에 임시로 수용보호하고 선량한 직업을 알선하거나 실정에 따라 가정이나 연고자에 귀가조치를 시킨다(한국사회복지협의회, 1991:624-635).

일시보호소에서는 매매춘여성에 대한 일시보호와 상담을 실시하고, 선도 보호시설에서는 선도 보호의 필요가 있는 20세 미만의 매매춘여성을 6개월 이상 1년 미만의 기간 내에서 교과과정에 따라 선도보호조치를 실시한다. 선도보호의 내용은 상담 및 치료, 개인의 정서안정과 인격 향상을 위한 교육, 사회적응에 필요한 기술교육 및 취업안내, 의료보호 건강관리 및 생활지도 등을 실시한다. 자립자활시설에서는 매매춘여성 또는 선도보호시설에서 퇴소한 자 중에서 사회적응이 곤란하거나 거주할 곳이 없는 자로서 본인이 희망할 경우 6월의 범위 내에서 숙식, 직업알선 등을 제공함으로써 사회적응을 용이하게 하여 준다.

선도보호시설은 그동안 직업보도시설 또는 기술원이라 불리며 매매춘여성의 자립갱생의 정신과 능력을 함양하기 위하여 설치되었으나 종종 지나친 통제와 감시 그

1) 가출 횟수가 많을수록 매매춘행위에 종사할 가능성이 높은 것으로 나타났다.

2) 윤락행위등방지개정법률(법률 제 4911호)에 의해서 부녀상담소와 부녀상담원은 여성복지상담소와 여성복지상담원으로 대체되었다.

리고 시대에 뒤떨어진 기술교육 등으로 비난을 받고 있다. 직업보도시설을 나온 여성들은 습득한 기술을 활용해 취업을 하기도 하였지만 사회적 편견이나 취득한 기술자격증에 표시가 나는 등으로 인해 취업에 어려움을 겪어 사회에 통합되지 못하고 다시금 매매춘행위에 복귀하게 되는 경우가 많았다. 경찰의 단속이나 부녀상담원의 선도를 받지 않은 매매춘여성들은 매매춘행위를 지속하거나 다른 직장을 찾아 나가기도 한다.

제5절 매매춘 현황

매매춘 종사자들의 현황을 파악하기는 현실적으로 매우 어려운 측면이 있다. 제한된 기존의 연구를 재정리하고, 매매춘여성의 사회통합을 위해 기독교가 어떠한 역할을 어떻게 수행할 수 있는가를 체계적으로 파악하기 위해 표집활동을 통해 추출된 표본들의 인구통계학적, 사회경제적 특징들을 살펴보고 이들 특징이 갖고 있는 기독교사회복지적 함의를 분석해 본다.

1) 매매춘여성 추정치

음성적으로 활동하는 매매춘 종사자들에 관한 내용을 파악하기란 매우 어려운 측면이 있기 때문에 제한된 자료를 토대로 추정치를 발표하는 경우가 있다. 이러한 추정치를 정리하여 소개하면 다음과 같다.

【산업형 매매춘여성 추정치】

가능업소	추정 종사자 수
티켓다방	45,486
단란주점	16,500
룸사롱, 요정, 나이트클럽	338,260
증기탕	1,192
퇴페이발소	9,189
안마시술소	4,280
계	514,907

*자료:한국여성정책연구원,1998.

한국여성정책연구원은 전국의 식품접객업소, 공중접객업소, 안마업소 등의 전국 현황을 파악한 후 이들 가운데 매매춘 가능업소를 분류하고, 이들의 향락화비율을 산정한 후 매매춘 가능업소수를 파악하고, 업소당 평균 종사자 수를 곱하여, 산업형 매매춘여성종사자 수를 추정하고 있다. 이 추정치에 따르면 매매춘여성종사자는 룸살롱 요정 나이트클럽과 같은 유흥주점에 종사하는 경우가 전체의 약 66%로 가장 많았고, 티켓다방의 경우가 약 9%를 차지하고 있으며, 다음으로 단란주점, 퇴폐이발소, 안마시술소, 증기탕 등의 순으로 나타났다(한국여성개발원, 1998:130).

2)표본조사

매매춘 현황을 파악하기 위한 표본조사는 1993년 2월부터 1994년 5월까지 매매춘 지역에서 선교활동을 벌이는 선교단체의 상담원들에 의해 조사. 수집되었다. 설문조사에 참여한 선교단체는 주한미군상대 기지촌지역인 동두천의 다비타의 집, 의정부의 두레방 그리고 내국인 상대의 매매춘지역인 용산의 막달레나의 집, 미아리의 사마리아의 집이다. 매매춘여성과 같이 행위주체를 파악하기 어려운 대상들은 일반적인 무작위 표본추출 방법을 사용할 수는 없다. 따라서 이들과 관계를 맺고 있는 각 선교단체에 근무하는 상담원들이 직접 매매춘여성 하나씩 직접 면담하여 조사를 실시하는 snow-ball sampling 방법이 이용되었다. 조사된 표본의 총수는 70개였다.

3) 표본의 특징

표본 매매춘여성들의 특징은 사회경제적인 특징, 비행적인 특징, 매매춘 현황, 사회개입적 특징 등으로 크게 분류가 된다. 이들의 특징은 평균, 표준편차, 최소치, 최대치, 해당 표본수로 분석이 되는데 먼저 평균치를 통해선 각 변수들의 개별적인 분산의 중심을 알 수가 있으며 Dummy variable인 경우에는 변수내용의 상대적 비율을 알 수가 있다. 표준편차를 통해 표본들의 분포나 동질성(homogeneity) 여부를 알 수가 있으며 최소치와 최대치를 통해 표본 특징들의 분포된 범위(range)를 알 수가 있다.

(1) 사회경제적 특징

사회경제적 특징이라 함은 일반적으로 사회구성원으로서의 개인이 가지는 가족, 혼인, 교육수준, 종교, 정당, 직업, 소득 등과 관련된 특징들을 말한다.

본 연구를 위해 표본으로 선정된 매매춘여성들의 사회경제적 특징을 살펴보면 다음과 같다.

표본들의 연령분포를 살펴보면 60%가 20세에서 29세 사이에 속했으며 35세 이상의 중년 여성들도 28%나 되었다. 이들의 평균연령은 약 27세이다. 표본들이 주로 성장한 출생지를 살펴보면 서울과 경기지역에서 성장한 사람들이 50%에 해당되었고 특히 경기도 지역 출신들이 전체의 40%가 되었다. 나머지 절반은 원거리 지역으로부터 이주한 사람들이다. 표본들의 교육수준을 살펴보면 평균적으로 중학교 졸업 정도의 학력을 가졌으며 빈도상으로는 고등학교를 중퇴한 사람이 38%로 가장 많았다. 이들 가운데 중학교나 고등학교를 도중에 그만둔 사람들이 전체의 약 60%에 해당되었는데 학업진행과정에서 중도에 탈락한 학생들에 대한 지속적인 교육의 부재와 사회의 냉대가 이들을 매매춘행위의 길로 접어들게 만드는 것으로 추정된다.

<종 교>

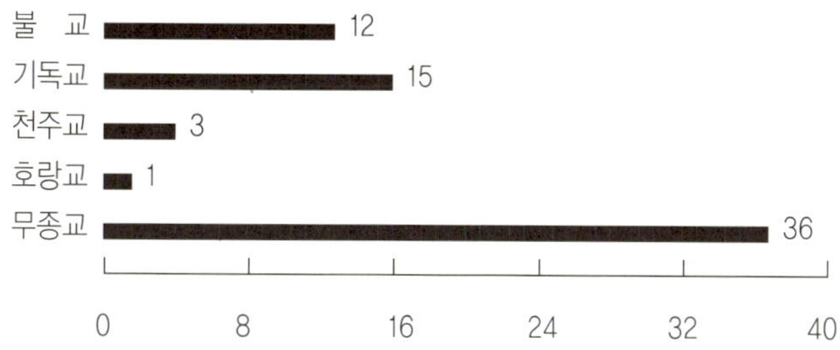

표본들의 종교생활을 살펴보면 전체의 47%가 종교생활을 하고 있었는데 표본 전체 가운데 기독교인이 21%, 천주교인은 6%를 차지했고, 불교신자는 16%, 남미호랑개교가 1%였다. 표본들의 가족사항을 살펴보면 부모가 모두 있는 사람은 전체의 29%였고 남편이 있는 사람은 13%였다.

<부모 직업>

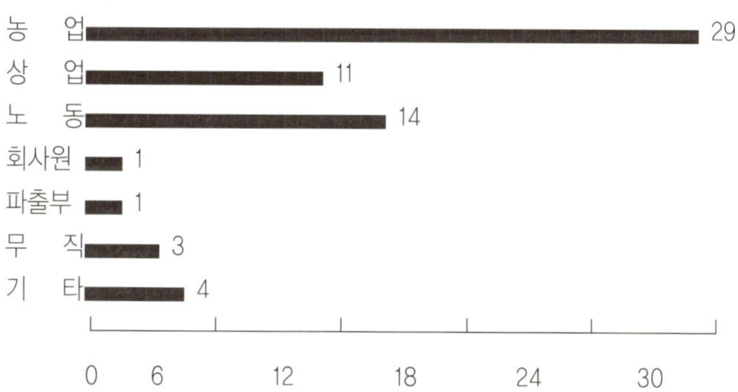

부모의 직업을 살펴보면 농업이 45%로 가장 많았는데 이는 표본 매매춘여성의 다수가 농촌 출신임을 알 수가 있다. 그 밖에 상업이 19%이었고 노동이 22%이었으며 회사원이거나 파출부인 경우는 극히 소수에 불과하였고 부모가 직업이 없는 경우는 2%에 불과하였다. 부모의 직업을 통해 살펴볼 때 소득이 불안정한 부모들 아래서 자라난 청소년이 대다수임을 알 수 있으며 가정환경적인 요소가 매매춘행위에 종사하는 계기가 되고 있음을 추정할 수 있다.

<매매춘 이전 직업>

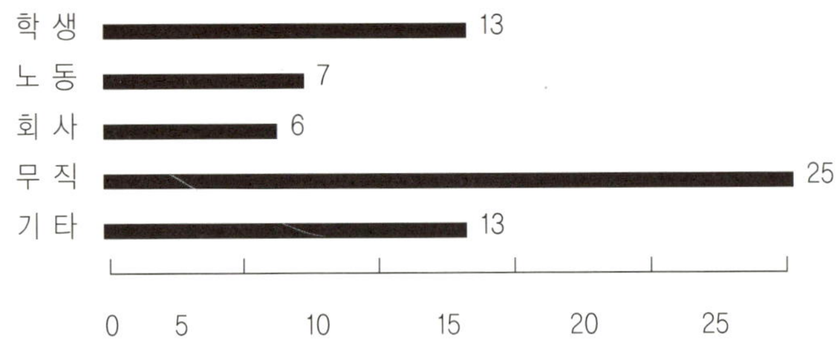

표본들이 매매춘여성이 되기 이전에 종사했던 직업을 살펴보면 직업이 없던 상태에서 매매춘에 종사한 경우가 전체의 37%로 가장 많았고 학생신분이었던 경우가 21%이었으며 노동현장이나 회사에 근무하였던 경우가 21%였다.

<집안의 경제적 사정>

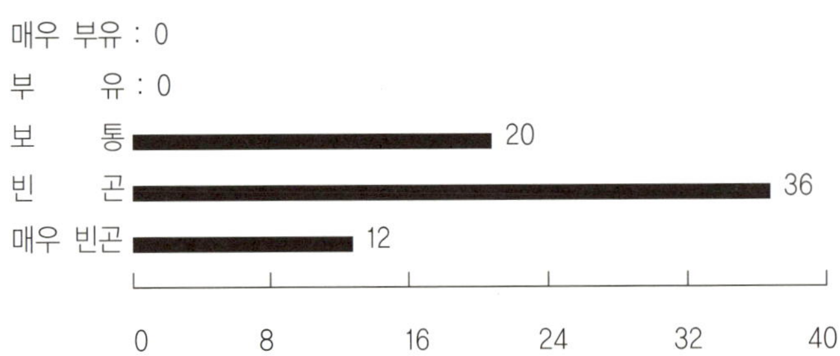

현재 가족의 경제적 형편은 52%가 어려운 편에 속했으며 중류층이 31%였고 아주 어려운 가정이 17%였다. 이들 가운데 자신의 가정이 잘 사는 편이라고 생각하는 사람은 단 한 사람도 없어 대부분 경제적으로 열악한 가정에서 생활하였음을 알 수가 있나.

표본의 혼인 여부를 살펴보면 전체의 36%가 미혼인 반면 30%가 동거 중이며 16%가 결혼생활 중이고 11%가 결혼 후 이혼을 하였다. 응답자의 50%가 부양가족을 가지고 있었으며 부양가족의 42%는 부모님이었고 50%는 자녀들이었다.

(2) 비행적 특징

비행적인 특징은 가출 여부, 음주, 마약 복용, 성경험 등을 들 수가 있다.

표본여성들이 가출을 하게 된 동기를 살펴보면 경제적으로 집안이 가난하여 돈을 벌기 위해서 가출한 경우가 39%로 가장 많았다. 남자 친구에게 순결을 잃었거나 근친상간 또는 성폭행을 당해서 가출한 경우가 전체의 24%에 달했으며 그 밖에 가정불화가 심하여서 가출한 경우가 20%였다. 그러나 이들은 가출 이후 매매춘행위를 하면서도 가족들과 연락관계를 대체적으로 유지하고 있는 것으로 나타났다. 이들 가운데 36%는 지속적으로 연락을 취하고 있고 48%는 가끔씩 연락을 취하고 있으며 전혀 연락을 취하고 있지 않는 사람은 15%에 불과하다.

<가출동기>

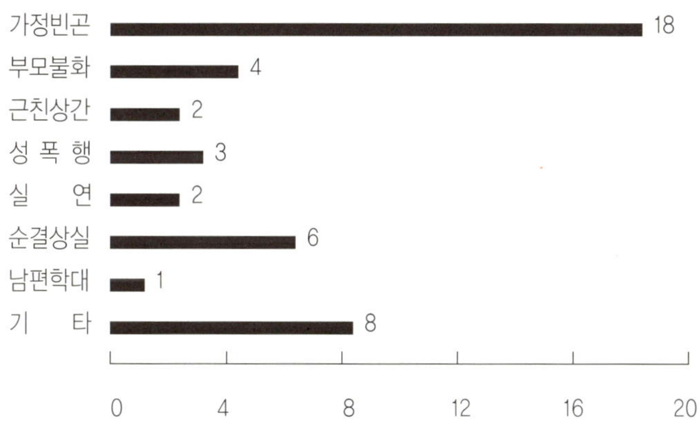

성교를 처음으로 경험한 연령은 평균적으로 19세였는데 19세 이하가 전체의 약 70% 가량을 차지하고 있다. 가장 어린 연령은 12세였다. 최초의 성교 대상이 된 상대방의 54%는 애인이나 친구이었고 26%가 강간을 당한 경우이고 나머지는 근친이나 아저씨 등이었다. 이들 가운데 88%가 임신을 한 경험이 있고 이들 가운데 85%는 인공유산을 한 경험이 있다. 평균횟수는 4회였는데 최고 35회까지 인공유산을 하였다. 마약이나 환각제의 사용 경험을 살펴보면 약 70%가 마약이나 환각제를 사용해 본 경험이 있다. 마약이나 환각제를 복용한 이유를 살펴보면 정신적인 괴로움을 잊기 위해서

복용한 경우가 약 60%로 가장 많았고 중독이 된 경우가 26%였으며 일시적 쾌락을 위한 경우는 극히 드물었다. 이들이 복용한 마약이나 환각제의 종류는 안티민 아나렉신 옵타이놀 레미날과 같은 항생제가 가장 많았고 그밖에 본드, 부탄가스, 수면제, 감기약 등이었고 마약을 복용한 경우는 극히 예외적인 경우이었다.

(3) 매매춘 현황

매매춘 현황은 매매춘 행위에 종사하게 된 계기, 시작연령, 종사기간, 수입, 소개비율 등이다.

< 매매춘 계기 >

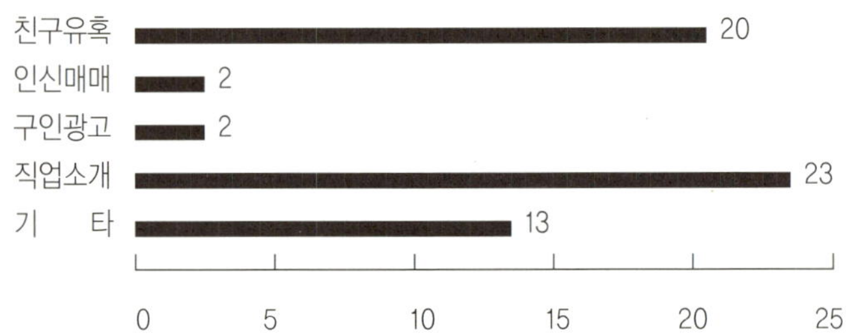

매매춘행위를 시작하게 된 계기를 살펴보면 직업소개소를 통해서가 응답자의 38%이고, 친구의 유혹에 의한 경우가 33%, 인신매매나 구인광고에 의한 경우는 각각 3%이었으며 다른 경로를 통해 매매춘행위에 종사하게 된 경우도 22%가 되었다.

<매매춘 시작 연령>

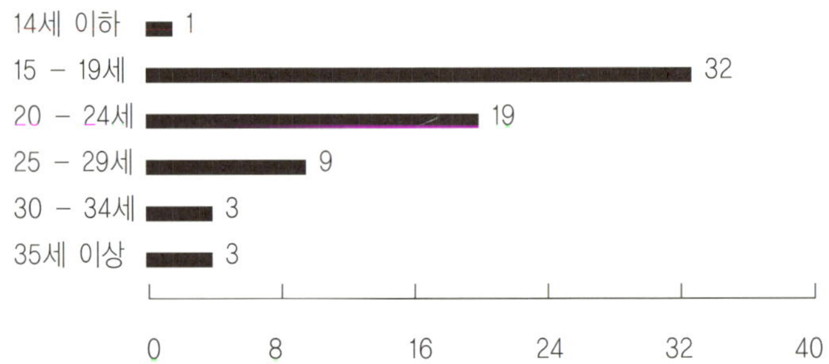

매매춘 현황을 살펴보면 매매춘행위를 시작한 연령은 평균적으로 20세인데 15세에서 19세 사이에 시작한 경우가 전체의 48%이고 20세에서 29세 사이에서 시작한 경우가 44%이다. 매매춘행위에 종사한 기간은 평균 약 3년이었다. 매매춘행위로 벌어들인 소득 가운데 부모님이나 형제자매에게 생활비를 보내 주고 있는 사람은 전체의 52% 가량 되었는데 그 가운데 11%는 정기적으로 생활비를 보내고 있다. 정기적으로 보내는 생활비는 평균적으로 39만 원 가량 되었으며 필요시마다 부정기적으로 보내는 경우 평균 생활비는 33만 원 가량 되었다. 자녀가 있는 경우 가장 힘들어하는 경우는 주변 환경이 자녀 교육에 좋지 않고 그리고 아이를 데리고 돈을 벌며 생활하는 것을 힘들어하였다.

표본들이 매매춘 행위에 종사한 평균 연수는 약 10년 정도가 되었는데 3년간 종사한 경우가 31%로 가장 많았고 2년에서 5년 사이가 65%가 되었다. 이들은 한 지역에서 지속적으로 매매춘 행위에 종사하는 것이 아니라 86%가 다른 지역으로 옮겨 매매춘행위를 계속하고 있었다. 옮긴 이유를 살펴보면 부채 때문에 옮긴 경우가 26%로 가장 많았고 경찰의 단속을 피해서 옮긴 경우가 12%였다.

매매춘여성들이 매매춘 행위로 번 소득 가운데 업주나 소개자에게 주는 비율은 평균적으로 약 44.6%였으며 최저 25%에서 최고 80%까지 주었다. 이들 가운데 50%를 주는 경우가 전체의 38%로 가장 많았고 30%와 40%를 주는 경우가 각기 21%였으며 60%를 주는 경우도 10%에 달하였다.

매매춘 행위에서 얻은 소득에서 업주나 소개자에게 주는 비용을 뺀 이후의 월 순소득은 평균적으로 61만 원 가량 되었으며 순소득이 40만원인 경우가 전체의 30%로 가장 많았고 순소득이 50만 원 이하인 경우는 전체의 63%에 달해 전반적으로 경제적으로 어려운 생활을 하고 있는 반면 순소득이 100만 원 이상인 경우도 30% 가량 되었다.

< 매매춘 부재시 견해 >

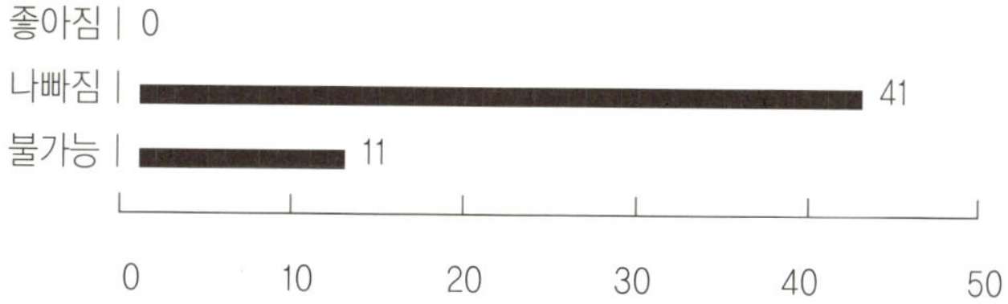

표본들의 절대 다수인 93%가 현재 종사하고 있는 매매춘행위를 직업이라고 생각하고 있었으며 만일 직업여성이 없다면 어떻게 될 것인가에 관해 절대 다수인 83%가 가정불화시 남자들이 해소할 곳이 없어 성폭행이 더욱 심해질 것이라고 생각하였고 11%는 직업여성이 없어진다는 것은 있을 수 없다고 주장한 반면 인권침해나 성병 그리고 인신매매범이 없어져 훨씬 좋아진다고 생각하는 사람은 거의 없었다. 이를 보면 직업여성 대다수가 그들이 종사하는 매매춘 행위가 어떤 면에서 사회에 순기능을 하고 있다고 주장해 직업의식이 뚜렷한 것으로 나타났다.

< 장래희망 >

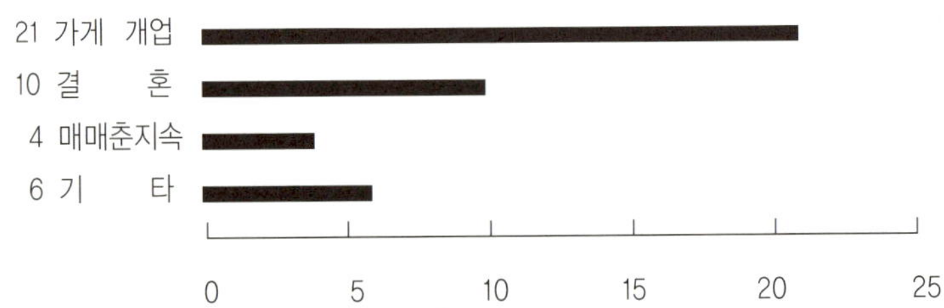

앞으로의 희망은 돈을 벌어서 가게를 내기를 원하는 사람이 55.2%로 가장 많았고 결혼해서 정상적으로 살아가기를 원하는 경우가 28%였으며 당분간 이 일을 계속하고 싶다는 사람은 표본 전체의 7%에 불과하였다.

(4) 사회개입적 특징

사회적 개입이란 사회적 비행이나 매매춘 행위의 방지나 예방 또는 치유를 위해 정부나 사회가 직·간접적으로 개입하는 일련의 조치를 말한다. 먼저 정부기관이나 사회단체가 실시한 성교육은 절반인 50% 정도밖에 받지 않은 것으로 나타나 매매춘 행위에 종사하는 이들로서는 성교육 참여가 매우 부진한 것으로 나타났다. 성병검사는 대체적으로 미흡한 것으로 나타났는데 과반수가 넘는 55%는 정기적으로 검사를 받지 않고 이상이 있을 때만 받고 있으며 43%는 적어도 한 달에 한번 이상 검사를 받고 있다. 소수이지만 전혀 검사를 받아 본적이 없는 사람도 있었다.

성병검사는 거의 대다수인 96%가 보건소에서 검사를 받고 있었다. 표본 전체 가운데 91%가 아파서 의사의 진찰을 받아 본 경험이 있으며 진단 결과 나온 질병 가운데 위장병으로 판단된 경우가 56%로 가장 많았고, 불면증을 겪는 경우가 40%였으며, 장염이 36%, 신경통이 26%, 임질이 26%, 매독이 11%이고 표본 가운데 에이즈를 갖고 있는 매매춘여성은 없었다. 이들 가운데 의료보험 혜택을 받고 있는 사람은 표본 전체의 41%에 해당되었으며 나머지 61%가 혜택을 받고 있지 못하는 이유는 집을 나올 때 의료보험증을 갖고 나오지 못했거나, 집에 알리길 꺼려하거나, 별거 중인 남편과 정식 이혼이 되지 않았거나, 보험료를 납부하지 못했기 때문인 것으로 나타났다. 표본들 가운데 81%가 종교나 개인이 운영하는 복지기관의 도움을 받아본 적이 있는 것으로 나타나 대체적으로 이들 기관의 여성복지사업에 호의적인 것으로 보인다.

< 매매춘여성만 처벌 견해 >

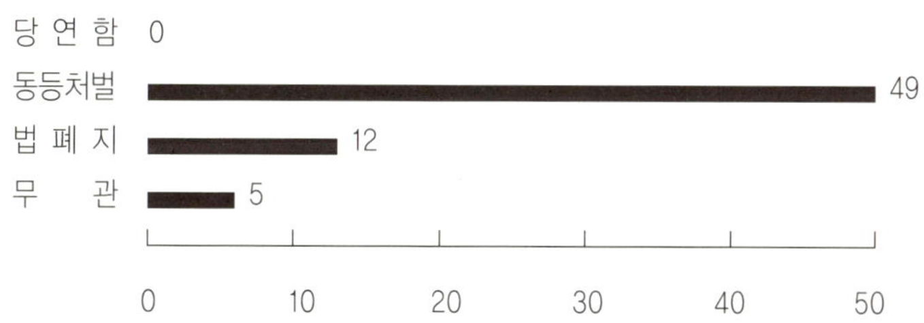

윤락행위방지법에 대해서는 68%가 들은 적은 있지만 잘 모른다고 하였고 22%는 전혀 모르고 있었으며 단지 10%만이 알고 있었다. 종전의 윤락행위방지법에 규정된 것과 같이 매매춘행위를 하다가 적발이 되면 직업여성들만 처벌받도록 한 규정은 대부분 부당하게 생각하고 있었다. 표본 전체의 76%는 남녀 모두 똑같이 처벌받도록 해야 한다고 주장했고 17%는 법의 실효성이 없으므로 법 자체를 없애야 한다고 주장하였고 그중 7%는 법 내용에 무관심하였던 반면 현실적으로 당연한 규정이라고 응답한 사람은 단 한 사람도 없어 종전의 윤락행위방지법에 대한 강한 불만을 나타내고 있었다.

<기술원 생활>

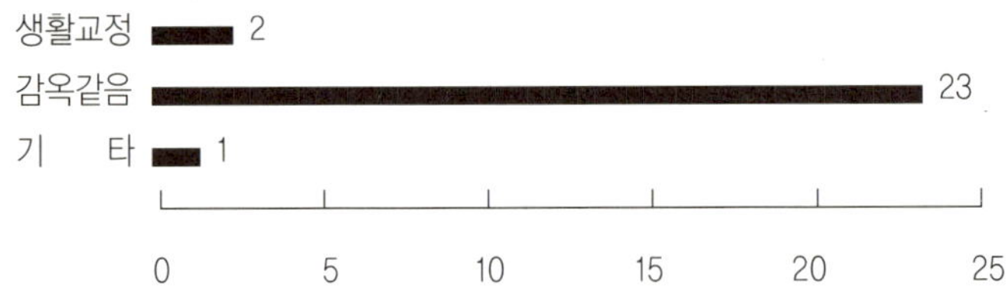

<기술원 존재가치>

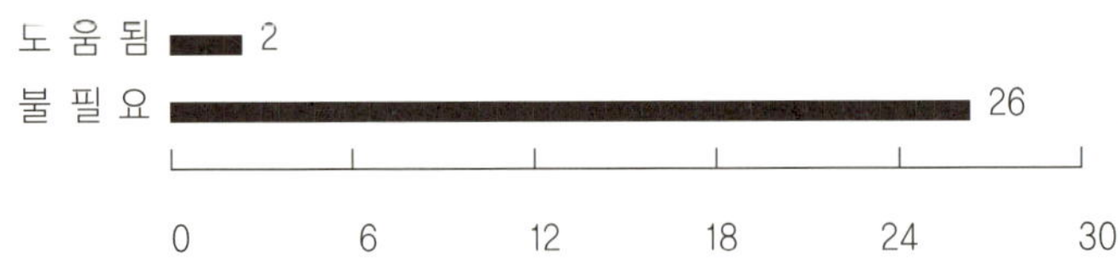

<기술원 기술교육>

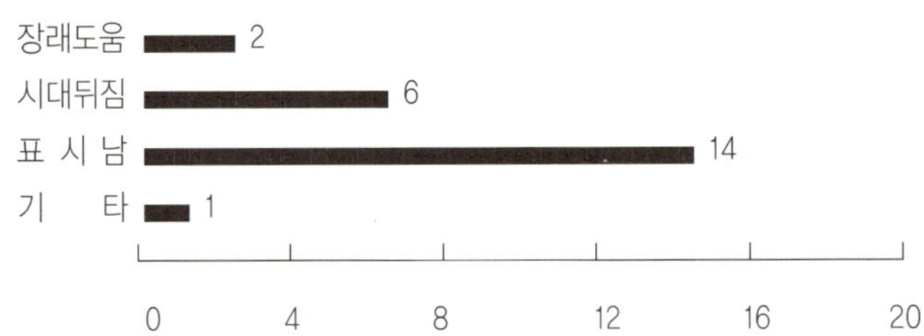

정부는 매매춘여성들의 자립갱생과 사회복귀를 위해 직업보도시설을 운영하고 있다. 서울 소재의 서울여자기술원, 경기 소재의 경기여자기술원, 인천 소재의 협성원 등이 있다. 이들의 입소과정은 두 가지로 나눠는 데 관계 당국의 단속에 의한 경우와 부모 의뢰에 따라 자원 입소하는 경우가 있다. 표본들 가운데 여성복지상담원, 아동상담원 또는 경찰에 의해 단속되어 직업보도시설인 기술원에 수용된 적이 있는 사람은 전체의 31%이었고 단속에 적발된 적이 없는 매매춘여성이 59%이었으며 10%는 단속에 걸렸지만 돈으로 해결한 것으로 나타났다. 기술원에서의 생활에 관하여 수용경험자 전체의 90% 가량은 기술원생활이 개인의 자유를 너무 구속하고 감옥과 같았다고 해 사회복귀를 위한 사회재활 프로그램의 운영에 문제가 있는 것으로 보인다. 따라서

이들 대다수가 기술원이 전혀 도움이 되지 못하고 불필요하다고 주장한다. 기술원에서의 기술교육에 대해서는 절반인 50%가 기술은 배웠지만 자격증이 표시가 나서 실제 취업에 도움이 안 된다고 하였으며 약 40% 가량이 기술교육 내용이 시대에 뒤떨어져 별 도움이 되지 않는다고 해 실제 기술교육을 받은 매매춘여성의 90%가 직업보도시설의 직업교육에 대해 회의적인 것으로 나타났다.

<정부건의 사항>

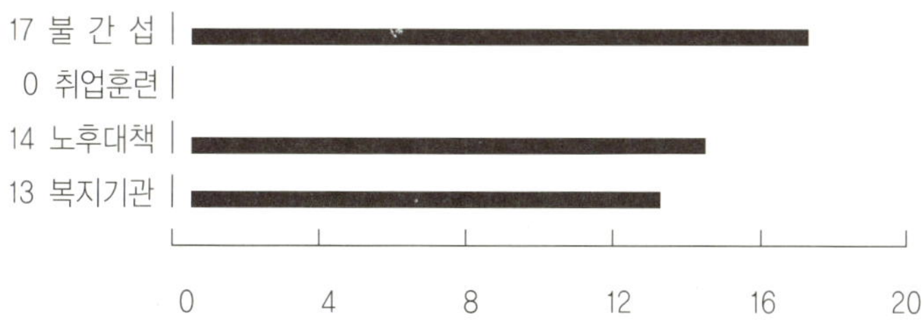

매매춘여성들이 정부의 부녀복지와 관련해 요청하고 있는 것을 살펴보면 정부에게 매매춘행위에 대해 간섭하지 말고 그냥 내버려두길 원하는 사람이 표본 전체의 41%로 가장 많고 나이가 든 직업여성에 대해 대책을 마련해 주길 바라는 사람이 29%였고 직업여성들을 위한 복지기관의 설립이나 지원을 바라는 사람이 27%인 반면 취업훈련 시켜 주기 바라는 사람은 없었다.

제6절 기독교의 개입

표본 매매춘여성 가운데 기독교 종교를 갖고 있는 사람은 전체의 21%이다. 이들 기독교 신자들은 매매춘행위를 하나의 직업으로 인식하고 있으며 정부가 매매춘행위에 대해 간섭하지 않기를 바라고 있다. 매매춘행위에 대한 이러한 식견을 갖고 있는

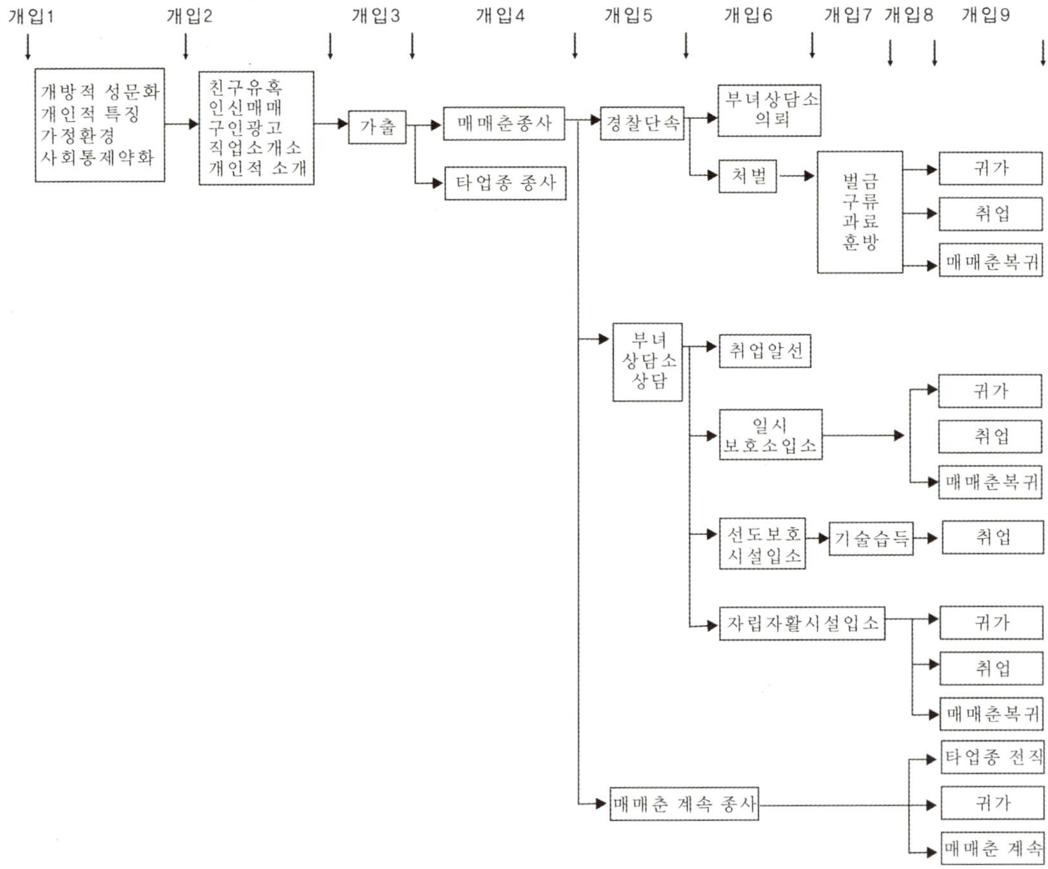

<매매춘과정과 기독교 개입시점>

매매춘여성들에 대한 기독교의 개입은 개입시점에 따라 그 역할이 달라질 수가 있다. 인과분석 결과 기독교는 매매춘 시작 연령, 매매춘종사기간, 매매춘 부재시의 문제점에 관한 견해, 장래 희망 등에 통계상 의미 있는 영향을 미치지 못하고 있다. 그 이유는 여러 가지가 있겠지만 현재 기독교가 매매춘여성의 사회통합을 위해 별 다른 역할을 하지 못하고 있는 데도 그 이유가 있다. 이러한 현실에서 기독교가 매매춘여성의 사회통합을 위해 기여할 수 있는 방안을 개입시점에 따라 제안해 본다.

매매춘행위를 방지하고 매매춘여성들을 사회에 통합시키는데 기독교는 여러 시점에 개입함으로써 다음과 같이 기여할 수 있다:

개입1 : 초기 단계에서의 교회의 개입이다. 표본들에 관한 자료 분석에서 나타났듯이 매매춘여성들이 매매춘행위에 종사하게 된 배경에는 빈곤, 학대, 차별적 교제, 비윤리적인 가정, 개방된 성문화, 미약한 사회통제 등의 요인들이 있다. 이러한 요인들을 통제하는 데 있어 기독교의 가능한 개입을 살펴보면 다음과 같다: 성경은 매매춘에 대한 부도덕성을 강조하고 파멸의 길로 나아가게 됨을 강조하고 있다. 이를 통해서 기독교 사회는 물론 일반사회에 대해 타락해 가는 성윤리에 경종을 울릴 수 있으며 성문화 자체를 건전하게 조성할 수 있다. 교회는 청소년들에 대한 상담이나 영성교육을 통해 청소년 비행을 방지하며 건전청소년 모임을 적극적으로 주선하고 지원하여 비행청소년과의 차별적 교제를 사전에 방지할 수 있다. 교회는 가정의 가치에 대한 성경적 가르침을 통해서 부모의 이혼, 별거, 가정불화, 학대 등을 방지하고 건전한 가정생활이 이루어질 수 있도록 기여할 수 있다. 교회는 청소년의 매매춘행위에 직·간접적으로 영향을 미칠 수 있는 다음과 같은 내용들이 입법화되어질 수 있도록 적극적으로 사회운동을 전개하여 사회통제의 강화에 기여할 수 있다: 학교나 청소년 이용시설 주변의 유흥업소에 대한 규제, 퇴폐유흥업소의 청소년 출입과 비행조장행위의 철저한 금지, 청소년에 대한 주류 연초 도색서적 판매 금지, 매매춘업소나 유흥업소 밀집지역에 대한 청소년 출입금지, 청소년심야통행금지시간(예: 오후 11시 ~ 오전 4시) 등(김기원, 1995: 11-29).

개입2 : 지나치게 개방화되어 버린 성문화를 건전한 성문화로 전환시키기 위해서 교회는 성에 관한 기독교 윤리교육과 사회운동을 전개할 수 있다. 부모의 이혼이나 가출 등으로 인한 결손가정이나 불우한 가정의 청소년들을 위해 이들과 결연사업이나 후원사업을 실시하여 어려운 처지의 청소년들에게 경제적 심리적 안정을 가져다줌으로써 매매춘 연결고리와 접촉을 사전에 방지할 수 있다. 또한 인신매매의 사례, 구인광고의 허구성, 직업소개소의 변칙적 영업, 잘못된 주변의 유혹 등에 관하여 청소년들에게 교육하여 줌으로써 이들이 매매춘과정에 빠져드는 것을 예방할 수 있다.

개입3 : 매매춘과정에 이를 수 있는 연결고리에 접촉한 청소년들을 위한 개입이다. 교회는 구인광고 업소나 직업소개소에 대한 방문 서신 또는 전화 등을 통하여 청소년들이 매매춘 업소에 소개되지 않도록 지도함으로써 가출유혹을 받고 이들 단체에 구직을 문의하거나 찾아온 청소년들을 가정, 학교, 교회, 청소년상담소 등에 돌려보내거나 연락해 주도록 지도할 수 있다. 또한 가출 유혹으로 갈등을 겪는 청소년들을 상담하거나 영성치료를 하여줌으로써 건전한 사회로 복귀시키는 데 기여할 수 있다.

개입4 : 가출한 청소년들에 대한 교회의 개입이다. 교회는 가출한 청소년이나 성인여성들을 찾아 이들이 가정으로 돌아갈 수 있도록 인도해 주어야 한다. 특히 이들이 매매춘행위에 종사하지 않도록 선도해 주어야 하며 가정복귀가 불가능하거나 가정복귀가 이들 자신에 오히려 불이익한 경우 관련된 사회복지시설에 의뢰하거나 건전한 직장을 알선해 매매춘행위에 종사하게 되는 것을 예방해 주어야 한다.

개입5 : 매매춘행위에 이미 종사하고 있는 여성들에 대한 개입이다. 이는 개별적인 전도와 상담을 통해 이루어질 수 있으나 보다 조직적으로 헌신하는 교회들의 활동을 살펴보면 이들은 주로 공동체 생활을 통해 매매춘여성들의 구원과 사회통합을 이루려 하고 있다. 매매춘여성들이 함께 모여 공동체를 형성하고 서로 도움으로써 자신들의 억눌린 삶을 해방시키며 하나님이 주신 본래의 인간다운 삶을 살아감으로써 건전한 사회의 일원으로 통합될 수 있도록 도와주고 있다. 이들이 활동하는 예를 구체적으로 살펴보면 예배나 전도 성경공부를 통한 선교활동, 상담 계몽 교육 등을 통한 예방활동, 공동체 생활 쉼터 의료 등을 통한 치유활동, 기술위탁교육 취업알선 장학사업 수익사업 놀이방 공부방 등을 통한 재활활동, 법률상담 범죄신고 가혹행위신고 부당차취신고 등을 통한 인권활동, 기타 문제점과 개선방향에 대한 연구활동 등이 있다.

개입6 : 매매춘여성들이 사회통제기관과 접촉이 된 이후의 개입이다. 경찰에 단속되거나 부녀상담소(여성복지상담소)의 상담원과 면담한 경우 교회는 경찰서 유치장이나 부녀상담소를 방문하여 이들에 대한 상담선도를 함께 할 수 있다.

개입7 : 매매춘여성들이 경찰에 단속되어 처벌을 받거나 부녀상담소에 선도를 의뢰한 경우 또는 부녀상담원의 선도가 시행된 경우의 교회의 개입이다. 교회는 처벌 받은 매매춘여성들이 가정에 복귀하거나 새로운 직장을 알선해 줌으로써 다시금 매매춘행위에 복귀하지 않도록 선도해 주어야 한다. 또한 선도보호시설에 위탁된 매매춘여성들이 그 곳에서 수용적 자세를 가지고 사회에 적응하는 데 필요한 기술과 교육을 받도록 권면해 주어야 하며 선도보호시설에 대해선 시대에 뒤떨어지지 않는 기술교육이 실시될 수 있도록 시설지원을 해주거나 필요한 정보를 제공해 줄 수 있다. 자립자활시설에 입소해 있는 여성들에 대해선 방문상담을 하면서 이들이 다시 매매춘 세계로 돌아가지 않도록 영적서비스를 제공하거나 습득한 기술을 잘 활용해 사회에 통합될 수 있도록 도와주어야 한다.

개입8 : 사후지도(follow-up service)의 단계이다. 매매춘여성들이 여러 사회통합단계를 거쳐 가정에 복귀하거나 새로운 직장에 종사한 경우 이들이 가정이나 직장에 잘 적응해 다시는 일탈되지 않도록 지속적인 사후지도를 해야 한다. 매매춘 세계에 다시 돌아간 매매춘여성들은 근본적인 원인을 분석하여 매매춘이 악순환 되지 않도록 하는 데 기여해야 한다.

기독교의 사회적 개입은 이상과 같이 각 시점마다 개별적으로 이루어 질 수 있지만 이 보다는 교회나 교단이 매매춘 업소 밀집지역에 요보호 여성을 위한 복지회관을 직접 건립하여 전문적이고 체계적으로 매매춘여성들의 사회통합에 기여하는 것이 보다 더 효과적일 수가 있다. 개별 교회에서의 복지회관 건립이 재정적으로 어렵다면 다수의 교회가 연합하여 건립할 수도 있고 각 노회나 교단의 차원에서도 건립할 수가 있을 것이다. 요보호여성을 위한 복지회관은 총무부서와 복지부서 이외에 보건부서, 기술 및 재활부서, 종교부서, 연구 및 기획부서 등을 갖추고 종합적으로 매매춘 문제를 다루어야 한다(전우섭, 1993:314-315). 사회복지와 관련된 많은 활동에 있어서 교회는 전문적 사회복지기관과 활동상 중복이 된다. 양자 간에는 가끔 나타나는 경쟁과 전문적 질투를 지양하고 협력관계가 이루어질 수 있도록 노력해야 한다(Moberg, 1984:149-154).

제7절

맺는말

전국에 산재한 매매춘여성들에 대한 정확한 파악은 현실적으로 불가능하다. 윤락행위등방지법에 의해 금지되고 있는 현실에서 매매춘 행위는 음성화될 수밖에 없어 이들에 대한 정확한 실대를 파악하는 데는 여러 가지 어려움이 뒤따른다. 조사된 표본들에 관한 특징 가운데 몇 가지 주목할 만한 것들이 있다. 학교교육과 관련해서 볼 때 중학교나 고등학교를 도중에 중퇴한 사람이 전체의 약 60%에 해당되었다. 이는 학업진행과정에서 중도에 탈락한 학생들에 대한 지속적인 사회교육의 부재와 사회의 냉대가 이들을 매매춘의 길로 쉽게 빠져들게 하는 하나의 계기가 되고 있음을 보여준다. 매매춘여성 가정의 경제적 형편은 거의 대부분 어려운 편이었으며 가출동기로서 돈을 벌기 위함이 가장 많았다. 성폭행으로 인한 경우도 전체의 사분의 일에 해당해 여성에 대한 성교육도 중요하지만 남성에 대한 성윤리교육도 이와 마찬가지로 중요한 것으로 보인다. 이들이 사용하는 마약이나 환각제의 사용은 육체적 쾌락을 위해서 보다는 정신적 고통을 잊기 위한 경우가 많아 이들이 호의적으로 참여할 수 있는 상담체계가 마련될 필요가 있는 것으로 보인다.

매매춘 수입 가운데 업주에게 주는 비율이 거의 절반에 해당한 것으로 나타났는데 이는 매매춘행위가 불법으로 규정되어 음성화되어 있기 때문이다. 업소 환경상 매매춘여성 자신이 이 같은 착취를 없애기는 어려우므로 어떤 형태로든 업주나 소개소에 대한 지도감독이, 매매춘행위 자체가 물론 불법행위이긴 하지만, 필요한 것으로 보인다. 표본의 절대 다수가 매매춘행위를 하나의 직업으로 생각하고 있으며 자신의 행위가 성폭행을 감소시키는 등 사회에 순기능을 하고 있다고 생각하고 있어 이들의 사고 전환을 위한 노력이 있어야 한다.

정부가 매매춘여성들의 사회복귀를 위해 지원하고 있는 직업보도시설은 매매춘여성 거의 대다수가 매우 부정적인 반응을 보이고 있다. 따라서 지나치게 폐쇄적인 직업보도시설의 교육환경을 개선하고 시대 변화에 맞는 기술교육을 실시하며 취득한 자격증이 사회에서 차별받지 않고 사용될 수 있도록 강구되어야 한다. 폐쇄적인 환경에서 받은 시대에 뒤떨어진 낙후된 교육내용으로 매매춘여성들을 자유롭고 개방적이고 선진기술지향적인 현실 사회로 복귀시킨다는 것은 이율배반적인 논리이다.

매매춘여성들의 낮은 의료보험사용률을 높여야 한다. 매매춘여성 대다수는 의료적 욕구와 필요성이 누구보다도 높은 계층이다. 그런데 이들이 여러 가지 이유로 다수가 의료보험사용을 하지 못하고 있다. 무엇보다도 순수입이 낮은 계층일수록 의료보험의 혜택을 받지 못하고 있는 것으로 나타났다. 따라서 이들이 의료보험이 아닌 정부가 진료비를 거의 부담하는 저소득층을 위한 공적부조프로그램인 '의료보호'의 혜택을 받게 할 수 있도록 하는 방안을 모색해야 한다.

이상과 같이 조사된 매매춘여성들의 실태와 문제점을 바탕으로 교회가 이들을 사회적으로 통합시키기 위해 수행할 수 있는 역할이 무엇인가를 검토할 때, 실증적 분석결과에 따르면, 그동안 기독교는 실질적으로 매매춘여성의 사회통합에 큰 기여를 하지 못하고 있는 것으로 나타났다. 이러한 현실에서 기독교가 매매춘여성의 사회통합에 보다 적극적으로 기여하기 위해선 다양한 개입시점에 따른 적절한 개입활동이 이루어져야 한다. 기독교의 개입은 각 시점마다 개별적인 프로그램을 활용하여 독자적으로 이루어질 수 있지만 이보다는 교회나 교단이 매매춘 업소 밀집지역에 요보호여성을 위한 복지회관을 건립하고 종합적이고 체계적으로 매매춘여성들의 사회통합을 위한 프로그램을 운영하는 것이 보다 더 효과적이고 효율적일 수가 있다. 개별 교회에서의 복지회관 건립이 재정적으로 어렵다면 다수의 교회가 연합하여 건립할 수도 있고 각 노회나 교단의 차원에서도 건립할 수가 있을 것이다. 교회나 노회 교단을 통한 기독교의 개입 전략은 치료적, 완화적, 예방적 전략으로 구분할 수 있다. 치료적 전략은 기독교가 매매춘의 원인을 없애거나 건전한 삶을 살아가는 데 있어서 장애가 되는 요인을 치료해 주는 것이고, 완화적 전략은 매매춘의 결과 파생되는 정신적 신체적 고통을 경감시켜 주는 것이며, 예방적 전략은 청소년들이 매매춘행위에 빠지지 않도록 사전에 방지해 주는 것이다. 이러한 기독교의 개입전략이나 구체적 실행방법은 항상 성경적 가르침에 어긋나지 않도록 주의를 기울여야 한다.

매매춘행위는 실정법상 불법행위로 금지되어 있는 것은 사실이지만 그 행위가 불법이건 합법이건 간에 사회통합을 통한 구원적 차원에서 매매춘여성들이 겪는 여러 가지 고통을 경감시킬 수 있는 조치가 기독교 교회 노회 또는 교단의 차원에서 마련되어야 한다. 또한 매매춘의 길로 빠져들게 하는 동기나 원인을 치유하는 제도적 노력이 필요하며 나아가 새로운 윤락여성의 탄생을 막을 수 있는 예방적 조치도 함께 이루어져야 한다. 세상에서 버림받고 죄 가운데 소외되어 살아가는 여성들에게 죄의 세계를 떠나 구원의 세계로 나아가도록, 즉, 건전한 사회로 통합되도록 인도해 주는 것이 기독교가 수행해야 할 사명 가운데 하나이다. 교회는 이들의 피난처가 되고 안식처가 될 수 있도록 노력해야 한다.

제12장 기독교 근로자복지

자본주의하에서는 생산수단을 소유한 기업가와 생산수단을 소유하지 못하고 기업가와 체결한 근로계약에 따라서 노동을 제공하고 그 대가로 임금을 받는 근로자 간의 상호관계는 때로는 평화적이고 상호 협조적으로 원만히 이루어지지만 때로는 노사 간의 대화와 협상이 단절되고 노사 간의 갈등이 심화되어 산업평화가 깨어지는 사태에 이르기도 한다. 이처럼 때로는 우호적이고 때로는 비우호적인 노사 간의 관계 속에서 주로 문제가 되는 것은 양자 간의 관계에 있어서 상대적으로 약한 처지에 있는 근로자들의 생존과 인권과 복지의 문제이다. 특히 저임금과 열악한 노동환경에 시달리고, 임금체불이나 기업도산과 같은 극한 상황 하에서 좌절하기도 하고, 때로는 산업재해나 물리적 정신적 가혹행위 성폭행등과 같은 인권유린 사례들은 하나님의 형태로 지음 받은 인간의 존엄성마저 근본적으로 상실되게 하고 있다. 기독교 단체나 교회는 산업현장에서 인간의 존엄성이 훼손되고 근로자들의 인간다운 삶이 유린되는 상황을 간과해선 안 되며 이들이 태초에 하나님이 부여하신 존엄성을 회복하고 인간다운 삶을 살아갈 수 있도록 체계적이고 적극적인 노력을 기울여야 한다.

최근에 유가인상, 고환율정책, 내수침체 등으로 인해 극심한 경기침체를 겪고 있으며, 한편으로는 공기업의 민영화, 기업 간의 구조조정, 부실기업과 금융기관의 퇴출, 노사정 합의에 의한 정리해고 등의 시책이 시도되고 있다. 이러한 과정에서 근로자들의 대량실업이 필연적으로 발생하게 되고 이들과 이들 가족의 생존의 문제가 심각한 사회문제로서 대두되고 있다. 정부는 대규모 공공근로사업, 각종 융자사업, 직업훈련, 창업지원사업 등을 통하여 대량실업에 대한 충격을 완화하기 위해 노력하고 있지만 정부 혼자만의 힘으로는 위기를 극복하는 데 역부족이다. 이러한 때 기업이나 사회는 물론 경제적으로 심리적으로 위축된 근로자들과 실직근로자들의 자립자활과 영적인 안정을 위해 교회나 기독교단체 그리고 성도들은 나름대로 노력을 해야 한다. 나그네처럼 방황하고 불안한 상태에서 살아가는 우리의 이웃들에게 사랑을 베푸는 것은 성서의 가르침을 준행하는 기독교인들의 참다운 모습이다. 교회는 소외되고 고통받고 방황하는 사람들에게 안식처가 되어 주고 피난처가 되어 주어야 한다.

제1절 기독교 근로자복지

근로복지란 근로자와 그 가족의 인간다운 삶을 보장하기 위하여 임금 근로시간 등 기본적인 근로조건과 부가적인 근로조건을 개선하고 실업 산재 질병 노령과 같은 사회적 사고에 대비함으로써 근로자와 그 가족의 생활을 안정시키고 향상시키기 위해 실시하는 모든 시책이나 사업을 말한다. 근로복지의 실시 주체는 정부 및 공공단체가 주체가 되어 시행하는 공공근로복지, 기업이 주체가 되어 실시하는 기업근로복지 그리고 노동조합이나 근로자단체가 주체가 되어 근로자들이 자주적으로 행하는 자주근로복지로 나뉜다(근로복지공단, 1996:425-429). 여기서 근로자란 직업의 종류를 불문하고 사업 또는 사업장에 임금을 목적으로 근로를 제공하는 자를 말한다. 근로라 함은 육체노동과 정신노동을 의미한다(근로기준법14,16조).

근로자복지기본법에 따르면 근로자복지정책은 근로자의 경제· 사회활동에의 참여기회 확대, 근로의욕의 증진 및 삶의 질 향상을 그 목적으로 함을 기본원칙으로 하되, 중소· 영세기업에 근무하는 근로자, 저소득 근로자 및 장기근속 근로자가 우대될 수 있도록 하여야 한다(동법 제3조). 국가 또는 지방자치단체는 근로자복지정책을 수립· 시행함에 있어 근로자복지정책의 기본원칙에 따라 예산· 세제상의 지원을 함으로써 근로자의 복지증진이 이루어질 수 있도록 노력하여야 할 책무가 있다(동법 제4조). 사업주는 당해 사업장 근로자의 복지증진을 위하여 노력하여야 하며, 당해 사업장 근로자의 복지증진을 위하여 사내근로복지기금을 설치할 수 있다. 노동조합 및 근로자는 근로의욕 증진을 통하여 생산성 향상에 노력하고 근로자복지정책에 협력하여야 한다(동법 제5조).

반면, 기독교근로복지의 목적은 모든 근로자들이 태초에 하나님의 형상(imago dei)으로 창조된 존엄성을 가진 개체임을 인식하고 모든 근로자들이 하나님 보시기에 아름다운 모습으로 일하고 그 가족과 함께 인간답게 살아갈 수 있도록 하기 위한 교회 기독교단체 기독교인들의 체계적인 노력이다. 성서에서 하나님께서는 인간에게 노동을 하라고 명령하시었다. 인간은 노동의 소산으로 여호와를 경외하고 매 삼 년 끝에 소산의 십분의 일을 가난하고 소외된 사람들을 위해서 사용하도록 하시었다. 하나님께서는 가난한 근로자를 학대하거나 임금을 지급하지 않거나 체불하는 것은 죄가 된다고 하셨으며 노동으로 생계를 유지하는 이주근로자를 학대하지 말고 사랑하라고 가르치신다.

하나님께서는 가난하고 소외된 근로자들의 삶과 그들의 인권을 유린하는 것을 죄악시하신다.

성서에 나타나는 기독교근로복지의 근본정신은 통상적인 근로복지와 관련된 측면도 다소 있어 보이나 그보다는 산업사회에서 하나님의 형상을 회복하여 성서적 정의를 구현하는 데 중점을 두고 있다. 노동은 모든 인간에 내려진 하나님의 명령이며, 그 소산으로 단정하고 빈곤하지 않는 생활을 하며, 또한 하나님을 공경해야 한다고 가르치신다. 노동현장에서 인간은 하나님의 정의가 실현되도록 노력해야 한다. 노동현장에서 가난한 근로자의 임금을 보호해 주고, 노동에 대한 정당한 대가를 지급하고, 신체적 정신적 학대를 금하고, 산업평화가 이룩되며, 노사 간에 사랑이 실천되어야 한다. 기독교근로복지는 노동현장에서 하나님의 정의가 실현되도록 하기 위해 교회, 기독교단체, 기독교인들이 행하는 체계적인 노력이다. 기독교근로복지는 산업현장에 하나님의 사랑의 메시지를 전하는 산업선교적 의미와 근로자의 인간다운 삶을 보장함으로써 인간의 존엄성을 유지해 준다는 의미가 있다.

제2절 한국 근로 실태

한국의 근로복지는 공공근로복지 기업근로복지 그리고 자주근로복지로 구분된다. 성서에 나타나는 근로복지의 정신은 기업근로복지와 관련된 측면이 다소 보이나 그보다는 약자인 근로자들의 착취를 방지하고 권리를 보장하며 위한 하나님의 정의의 실현이라는 측면에서 전개되고 있다. 한국의 노동 상황과 근로복지 실태를 일부 정리해 보면 다음과 같다(노동부, 1995).

【경제활동 현황:1985-1997】 (단위:1000명, %)

	15세이상 인구	경제활동 인구	취업자	실업자	경제활동 참가율	취업률	실업률
1985	27,553	15,592	14,970	622	56.6	96.0	4.0
1990	30,887	18,539	18,085	454	60.0	97.6	2.4
1995	33.558	20,797	20,377	419	62.0	98.0	2.0
2000	36,186	22,134	21,156	979	61.2	95.6	4.4
2005	38,300	23,743	22,856	887	62.0	96.3	3.7

*자료:통계청, 한국의 사회지표, 2005.

경제활동인구란 만 15세 이상 인구 중 취업자 또는 취업을 위하여 구직활동을 한 사람을 말한다. 조사기간 중 수입을 목적으로 한 시간 이상 일하거나 가족종사자로서 주당 18시간 이상 일한 자를 포함한다. 지난 IMF 경제위기 상황에서 구조조정과 기업파산에 따른 대량실업의 발생이 본격화되면서 2000년 실업률은 5년 전의 1995년과 비교해 2배 이상 급증하였으나 그 후 점차 하락세를 보이고 있다.

경제활동인구 가운데 실업자가 차지하는 비율은 2005년이 2000년보다 낮은 3.7%로 나타났으며, 2008년 4월 현재 실업률은 3.2%로 감소하였으나 최근 고유가-고

물가-경기침체 등의 경제사정의 악화로 실업률은 다시 증가할 조짐을 보이고 있다(통계청, 2005:101).

【학력별 실업률 (2008)】 (단위: %)

	평균	초졸	중졸	고졸	대졸
1980	5.2	2.7	6.3	9.3	6.2
1985	4.0	1.5	4.1	5.9	6.6
1990	2.4	0.7	1.8	3.4	4.4
1995	2.0	0.7	1.6	2.5	2.6
2007	3.2	1.3	2.3	3.7	3.5
2008	3.5	2.2	3.0	4.1	3.2

*자료:통계청, 국가통계포털, 2008.

학력별 실업률을 비교해보면 '저학력-저실업, 고학력-고실업' 현상이 1980년대 이래 일관성 있게 진행되고 있다. 2007년의 경우 대학졸업자 실업률이 초등학교 졸업자 실업률보다 약 3배 가량이 되고 있어 고등실업자의 문제가 새로운 사회문제로 등장하고 있다(통계청,1997:181). 실업률만을 고려할 때 이러한 형상은 인간자본론의 기초이론과 상반되는 결과를 나타내고 있다.

우리나라 여성들의 경제활동참가율에 관한 통계치들을 재분석하면 다음과 같다(노동부, 2008:11-13).

【연도별 여성 경제활동참가율 추이】

연도	1990	1995	2000	2005	2007
경제활동참가율(%)	49.9	51.4	51.9	54.4	54.8

자료 : 통계청, 경제활동인구조사, 각 년도

우리나라 15세 이상 64세 이하의 여성의 경제활동참가율은 1995년 이후 매우 완만하지만 약간의 증가세를 보이고 있다. 1990년 49.9%이었던 여성의 경제활동참가율이 점차 증가하여 2007년에는 54.8%에 이르고 있다. 그러나 이는 OECD국가 평균인 60.8%보다는 아직 낮은 수준이다.

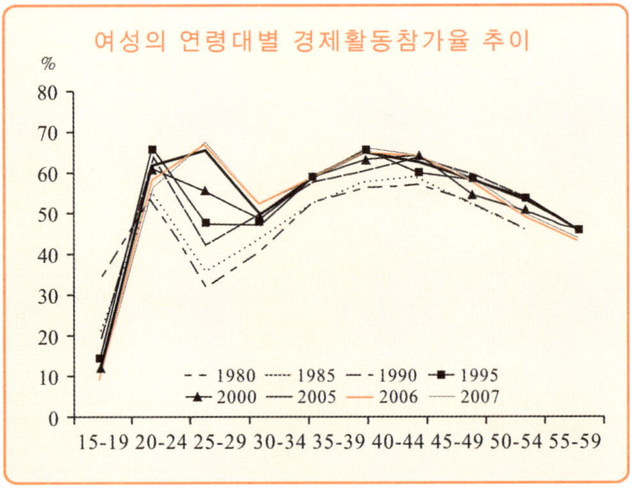

자료 : 통계청, 경제활동인구조사 원자료 재인용, 재인용

지난 수년간의 연령대별 여성의 경제활동참가율을 살펴보면 여성근로자들이 결혼, 출산, 육아부담 등으로 인해 경제활동을 중단하는 사례가 빈번하여 대체로 M자형의 특징을 나타내고 있다.

연령에 따른 성별 경제활동참가율을 비교해 보면 남자의 경우 대체로 역U자(inverted-U)의 특징을 보이는 반면, 여자의 경우, 앞에서 언급한 바와 같이, M자의 특징을 보이고 있다. 이러한 특징으로 인해 20대 초반에는 남녀 간이 경제활동참가율이 큰 차이가 없는 반면, 20대 중반을 넘어서면서 양자 간의 차이가 증가하여 30대에 차이가 가장 크게 나타나며, 그 이후에는 양자 간에 일정한 간격을 유지하면서 진행되고 있다.

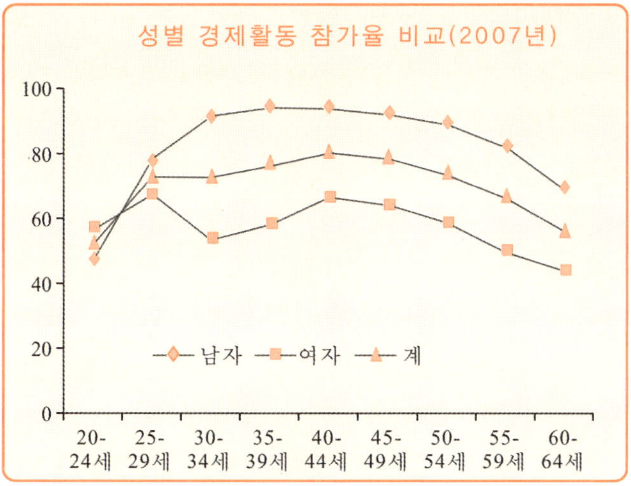

자료 : 통계청, 경제활동인구조사, 2007, 재인용

【여성취업 장애요인】

사유/연도	'98년	'06년
육아부담	29.3%	45.9%
사회적 편견과 관행	28.2%	18.5%
불평등한 근로여건	12.5%	11.6%
능력부족	14.3%	5.9%

자료 : 통계청, 『사회통계조사』, 각 년도, 재인용

이와 같이 여성의 취업률이 저조한 이유를 살펴보면, 2006년의 경우, 육아부담이 45.9%로 가장 많은 것으로 나타났는데 이는 이전보다 육아부담으로 인해 취업을 하지 못하는 경우가 크게 증가하였고, 사회적 편견과 관행을 인해 취업을 하지 않는 경우는 이전 보다 낮아졌으며, 불평등한 근로여건인 경우는 큰 차이가 없는 것으로 나타났고, 능력부족으로 인한 경우는 이전보다 크게 낮아진 것으로 나타났다.

과거의 전통적인 빈곤층은 근로능력이 없거나 매우 취약하여 노동시장에 참여하지 못하는 계층으로 대변되었으나, 최근에는 노동시장에 참여하여 일을 하더라도 빈곤을 벗어나지 못하는 소위 '근로빈곤층(working poor)'이 상당수 존재하여 새로운 사회적 이슈가 되고 있다.

통계청의 자료를 정리하여 근로빈곤층의 규모를 산정한 연구결과에 따르면, 2003년의 경우, 취업집단에 속하나 빈곤한 근로자인 근로빈곤층이 차지하는 비율은 임금근로자의 9.9%, 비임금근로자의 12.1%, 전체 근로자의 11.4%에 달하였다. 임금근로자 가운데 일용직의 경우 근로빈곤층은 21.3%였으며, 임시직의 경우는 12.2%였고, 상용직의 경우에는 4.9%로 근로빈곤층으로 전락하는 원인이 임시직이나 일용직과 같은 불안정 고용이 그 원인임을 알 수 있다. 비임금근로자의 경우 자영자가 14.4%, 무급종사자가 13.0%, 고용주가 6.7%로 나타났다. 실업자 가운데 근로빈곤층은 35.8%였다.[1)]

【근로빈곤층 현황(2003)】

취업집단 구분		근로빈곤층(%)
임금근로자	소 계	9.9
	상용직	4.9
	임시직	12.2
	일용직	21.3
비임금근로자	소 계	12.1
	고용주	6.7
	자영자	14.4
	무급종사	13.0
실업자		35.8
전 체		11.4

1) 이현주, 김미곤, 노대명, 강석훈, 손병돈, 유진영, 임완섭(2006),. 우리나라 빈곤실태와 정책적 함의 - 구조분석을 중심으로, 한국보건사회연구원.

근로빈곤층이 발생하는 주된 원인은 근로의 형태가 비정규직이라는 데 있다.[2] 정부의 국정과제보고서에 따르면, 2005년의 경우, 비정규직은 임금근로자 전체의 36.6%로 2001년에 비해 약 1.5배 증가하였다. 한시적 근로자는 24.2%, 기간제 근로자는 18.2%, 시간제근로자는 7.0%였다.

【비정규직 근로자 현황】 (단위 : 천명)

년도	비정규직(순계*)	한시적 근로		시간제 근로
			기간제	
2001	3,635(26.8%)	1,865(13.8%)	1,477(10.9%)	878(6.5%)
2005	5,483(36.6%)	3,615(24.2%)	2,728(18.2%)	1,044(7.0%)

2005년의 경우 비전형근로자는 임금근로자 전체의 12.7%를 차지하고 있다.

【비전형근로 형태】 (단위 : 천명)

계	파견 근로	용역 근로	특수고용형태	가정내 근로	일일(단기근로)
1,907(12.7%)	118(0.8%)	431(2.9%)	633(4.2%)	141(0.9%)	718(4.8%)

비전형근로 형태 가운데 일일근로가 임금근로자 전체의 4.8%, 특수고용형태근로자가 4.2%, 용역근로자가 2.9%, 가정 내 근로자가 0.9%, 파견근로자가 0.8%로 나타났다.

'장애인고용촉진 및 직업재활법'에 따르면 국가·지방자치단체와 상시 50인 이상 근로자를 사용하는 사업주는 2% 이상 장애인을 의무적으로 고용할 것을 규정하고 있다. 만일 상시 100인 이상 민간기업과 공공기관이 고용의무를 이행하지 못할 경우는 부담금을 납부하여야 한다. 특히 국가·지방자치단체의 경우 장애인공무원이 2%에 도달할 때까지 신규채용 인원의 5%를 장애인으로 채용하도록 하고 있다.

2) 사람입국·일자리 위원회(2006) '비정규직 실태 및 정책과제', 제73회 국정과제회의 보고서.

【장애인 의무고용 현황 (2007년)】 (단위:개소, 명, %)

구 분	대상사업주	적용대상인원	고용의무인원	장애인수	고용률
계	20,462	5,807,665	107,012	89,546	1.54
정부 기관	87	822,590	16,497	13,142	1.60
공공 기관	250	288,331	5,643	5,650	1.96
민간 기업	20,125	4,696,744	84,872	70,754	1.51

*자료:노동부, 민간기업장고용의무현황,2007.

노동부의 통계에 따르면 장애인의무고용은 1991년 0.43%였던 것이 2007년 1.54%로 증가하였다. 이러한 증가에는 장애인에 대한 사회적 인식의 변화나 장애인 스스로의 노력도 있었지만 무엇보다 장애인의무고용제의 실시가 큰 영향을 미치었다. 2007년 장애인의무고용률은 1.54%로 대상사업체에 89,546명이 고용되어 있다. 대상사업별로는 공공기관이 1.96%로 가장 많았고, 정부기관이 1.60%, 민간기업이 1.51%로 나타났다.

민간기업의 장애인고용률을 살펴보면 50~299인의 사업체의 경우 1.69%, 300~999인의 사업체의 경우 1.51%, 1000인 이상의 경우 1.30%로 나타나 사업체의 규모가 클수록 장애인의무고용률은 낮은 것으로 나타났다. 장애 정도를 기준으로 장애인고용률을 살펴보면 경증장애인이 전체의 81.5%를 차지하는 반면, 중증장애인이 18.5%를 차지하고 있다. 장애유형별 장애인근로자 비율을 보면 지체장애인이 72.2%로 대부분을 차지하고 있으며, 청각장애인이 9.0%, 시각장애인이 8.4%였으며, 정신장애인이나 뇌병변장애인이 그 다음을 차지하고 있다. 성별로는 남성장애인근로자가 전체의 87.4%를 차지하고 있으며, 직종별로는 단순노무종사자가 26.7%로 가장 많고, 기능원 및 관련 기능종사자가 17.5%, 사무종사자가 16.7%로 그 뒤를 차지하고 있다.

【산재근로자 수 및 재해율】

구 분	2008. 3월말		
	근로자수	재해자수	재해율
총 계	12,944,059	22,343	0.17
광 업	15,150	381	2.51
제 조 업	3,120,187	8,827	0.28
전기·가스·수 도 업	54,730	28	0.05
건 설 업	3,212,714	4,236	0.13
운수·창고·통 신 업	700,123	1,179	0.17
기타 산업	5,841,155	7,692	0.13

*자료:산업안전보건국, 2008.

2008년 우리나라에는 22,343명의 산재근로자가 있으며, 재해율은 전체근로자의 0.17%에 달하였다. 업종별로는 광업의 재해율이 2.51%로 가장 높았다. 우리나라 산재보험의 보험료율은 업종별 보험료율을 원칙으로 하고 있으며, 일부 경험료율을 통하여 개별사업장의 산재발생실적을 보험료율 결정에 반영하고 있다.

【미지급임금 발생 및 처리 현황】

(단위 : 개소, 명, 억 원)

구분	발 생		
	사업체	근로자	금액
'98	7,035	311,965	12,185
'99	4,458	136,221	5,704
'00	4,222	161,079	6,118
'01	4,638	180,711	8,897
'02	4,374	109,410	3,461
'03	7,689	155,023	5,211
'04	100,607	301,032	10,426
'05	101,101	292,329	10,291
'06	98,920	277,355	10,297

* 자료:노동부, 2007.

노동부의 미지급임금 발생과 관련한 자료에 따르면 2006년의 경우 임금 체불이 발생한 사례는 98,920개 사업체에서 277,355명의 근로자가 임금을 지급받지 못했으며, 미지급임금은 10,297억 원으로 1인당 평균 약 370만 원에 달하였다(노동부, 2007:5-8). 정부는 임금체불로 인해 고통 받는 근로자들을 위해 임금채권보장제도를 실시하여 기업의 도산으로 인하여 퇴직한 근로자가 임금 등을 지급받지 못한 경우 정부가 사업주를 대신하여 일정 범위의 미지급 임금 등을 지급해주고, 사업주에 대해서는 구상권을 행사하고 있다.

【이주근로자 유입현황(1996)】

	전문기술인력	단순기술인력	계
취업 및 기술연수	10.003	48,780	58,783
합법취업	10,003	10,003	-
해외투자등 기술연수	-	13,790	13,790
중기협 산업연수생	-	34,990	34,990
불법취업	-	95,589	95,589
계	10,003	144,369	154,372

1996년 4월 현재 이주근로자는 154,372명인 것으로 나타났다. 이 가운데 불법취업자는 95,589명으로 나타나 이들에 대한 대책이 심각히 대두되고 있다. 중소기업협동조합중앙회의 추천으로 중소제조업체에 허용된 연수생들의 상당수가 사업체를 이탈해 불법체류상태로 전환되는 예가 많이 있다. 또한 산업연수생들과 불법 취업한 이주근로자들에 대한 폭행 임금체불 등 인권유린사례가 심각한 사회문제가 되기도 하였다(국회사무처, 1996:1-2).

2004년 정부는 산업연수생제도를 폐지하고, 외국인단순기능인력에 대해 고용허가제를 실시하였다. 2007년 말까지 고용허가제를 통해 취업한 인력은 일반외국인 97,489명, 외국국적 동포가 193,884명으로 총 291,333명의 외국인이 합법적으로 산업현장에서 노동을 하고 있다. 과거 산업연수생제도와 비교하면, 산업연수생은 국내민간단체가 송출국가 현지 민간기관을 통해 도입하였는데 현지의 송출과정에서 많은 문제를 파생시켰다. 반면 고용허가제는 정부 대 정부 간(G to G)에 선발과 도입이 이루어져 투명성이 제고되었으며, 고용허가제하에서는 국내의 노동관계법이 그대로 적용됨으로써 임금체불이나 인권문제가 현격하게 줄어들었고, 외국인근로자들도 급여수준, 근로시간, 작업환경, 상사-동료관계 등에서 만족도가 크게 높아졌다. 실례로 산업연수생제도 당시에는 임금체불률이 36%에 달했으나, 고용허가제를 도입한 이후에는 임금체불률이 9%로 줄어들었다(노동부, 2008:69-91).

제3절 성서속의 기독교 근로자복지

하나님의 창조의 역사도 일로 표현된다. 하나님께서는 세상을 창조하시고 인간에게 모든 생물을 다스리라는 명령을 내리셨다. 아담과 그 아내의 범죄 이후 인간은 땀을 흘리고 종신토록 일을 하여야 소산을 먹을 수 있게 되었다. 노동에는 그 대가가 있어야 하며 그 대가를 제 때 지불하지 않으면 화를 입게 된다. 노동의 대가로 얻은 소산물로 하나님을 공경해야 한다.

"하나님이 자기의 형상 곧 하나님의 형상대로 사람을 창조하시되 남자와 여자를 창조하시고 하나님이 그들에게 복을 주시며 그들에게 이르시되 생육하고 번성하여 땅에 충만하라, 땅을 정복하라, 바다의 고기와 공중의 새와 땅에 움직이는 모든 생물을 다스리라 하시니."(창1:27-28)

"하나님이 일곱째 날을 복 주사 거룩하게 하셨으니 이는 하나님이 그 창조하시며 만드시던 모든 일을 마치시고 이 날에 안식하였음이더라."(창2:3)

"아담에게 이르시되 네가 네 아내의 말을 듣고 내가 너더러 먹지 말라 한 나무 실과를 먹었은즉 땅은 너로 인하여 저주를 받고 너는 종신토록 수고하여야 그 소산을 먹

으리라.....네가 얼굴에 땀이 흘러야 식물을 먹고 필경 흙으로 돌아가리니."(창3:17-19)

"너는 이방 나그네를 압제하지 말며 그들을 학대하지 말라. 너희도 애굽 땅에서 나그네이었음이니라."(출22:21)

"너는 이방 나그네를 압제하지 말라 너희가 애굽 땅에서 나그네 되었은즉 나그네의 정경을 아느니라."(출23:9)

"너는 육일 동안에 네 일을 하고 제 칠일에는 쉬라. 네 소와 나귀가 쉴 것이며 네 계집종의 자식과 나그네가 숨을 돌리리라."(출23:12)

"타국인이 너희 땅에 우거하여 함께 있거든 너희는 그를 학대하지 말고, 너희와 함께 있는 타국인을 너희 중에서 낳은 자 같이 여기며 자기 같이 사랑하라. 너희도 애굽 땅에서 객이 되었더니라."(레20:33-34)

"제 칠년에는 땅으로 쉬어 안식하게 할지니……너의 곡물의 스스로 난 것을 거두지 말고 다스리지 아니한 포도나무의 맺은 열매를 거두지 말라……안식년의 소출은 너희의 먹을 것이니 너와 네 남종과 네 여종과 네 품꾼과 너와 함께 거하는 객과 네 육축과 네 땅에 있는 들짐승들이 그 소산으로 식물을 삼을 지니라."(레25:4-7)

"너희는 나그네를 사랑하라. 그에게 식물과 의복을 주시나니."(신10:19)

"매 삼 년 끝에 그 해 소산의 십분의 일을 다 내어 네 성읍에 저축하며 너희 중에 분깃이나 기업이 없는 레위인, 성중에 거하는 떠돌이, 고아와 과부들로 와서 먹고 배부르게 하라."(신14:19-22) "매 삼 년 끝에 그해 소산의 10분의 1을 갹출하여 너희 성읍에 저축하고 분깃(allotment:분할 대여된 농지)이나 기업(inheritance)이 없는 레위 사람과 성중에 거하는 객과 고아와 과부로 하여금 와서 배불리 먹게 하라. 여호와 네 하느님이 너희 하는 범사에 복을 주시리라."(신14:28-29)

"이스라엘 여자 중에 창녀(male prostitute)가 있지 못하고 이스라엘 남자 중에 미동(female prostitute)이 있지 못할지니라. 창기의 번 돈과 개 같은 자의 소득은 아무 서원하는 일로든지 네 하나님 여호와의 전에 가져오지 말라. 이 둘은 다 네 하나님 여호와께 가증한 것임이니라."(신 23:17-18)

"곤궁하고 빈한한 품꾼은 너의 형제든지 네 땅 성문 안에 우거하는 객이든지 그를 학대하지 말며, 그 품삯을 당일에 주고 해진 후까지 끌지 말라. 이는 그가 빈궁하므로 마음에 품삯을 사모함이라. 두렵건대 그가 너를 여호와께 호소하면 죄가 네게로 돌아갈까 하노라."(신24:4-5)

"네가 네 손이 수고한 대로 먹을 것이라. 네가 복되고 형통하리로다."(시128-2)

"네 재물과 네 소산물의 처음 익은 열매로 여호와를 공경하라. 그리하면 네 창고가 가득히 차고 네 즙틀에 새 포도즙이 넘치리라."(잠3:9-10)

"게으른 자여 개미에게로 가서 그 하는 것을 보고 지혜를 얻으라……먹을 것을 여름 동안에 준비하며 추수 때에 양식을 모으느니라……좀더 자자, 좀더 졸자, 손을 모으고 좀더 눕자 하면 네 빈궁이 강도같이 오며 네 곤핍이 군사같이 이르리라."(잠6:6-11)

"게으른 자의 정욕이 그를 죽이나니 이는 그 손으로 일하기를 싫어함이니라."(잠22:25)

"……이방인을 압제하거나 학대하지 말며 이곳에서 무죄한 피를 흘리지 말라."(렘22:3)

"불의로 그 집을 세우며 불공평으로 그 다락방을 지으며 그 이웃을 고용하고 그 고가를 주지 아니하는 자에게 화 있을진저."(렘22:13)

"그러므로 염려하여 이르기를 무엇을 먹을까 무엇을 마실까 무엇을 입을까 하지 말라. 이는 다 이방인들이 구하는 것이라. 너희 천부께서 이 모든 것이 너희에게 있어야 할 줄을 아시느니라. 너희는 먼저 그 의 나라와 그의 의를 구하라. 그리하며 이 모든 것을 너희에게 더하시리라. 그러므로 내일 일을 위하여 염려하지 말라. 내일 일은 내일 염려할 것이요 한 날 괴로움은 그 날에 족하니라."(마6:31-34)

"예수께서 가라사대 내가 진실로 진실로 너희에게 이르노니 너희가 나를 찾는 것은 표적을 본 까닭이 아니요 떡을 먹고 배부른 까닭이로다. 썩는 양식을 위하여 일하지 말고 영생하도록 있는 양식을 위하여 하라. 이 양식은 인자가 너희에게 주리니 인자는 아버지 하나님의 인치신 자니라. 저희가 묻되 우리가 어떻게 하여야 하나님의 일을 하오리이까, 예수께서 대답하여 가라사대 하나님의 보내신 자를 믿는 것이 하나님의 일이니라."(요6:26-29)

"깨어 믿음에 굳게 서서 남자답게 강건하여라. 너희 모든 일을 사랑으로 행하라. 형제들아 스데바나의 집은……성도 섬기기로 작정한 줄을 너희가 아는지라. 내가 너희에게 권하노니 이 같은 자들과 또 함께 일하며 수고하는 모든 자들에게 복종하라."(고전16:13-16)

"우리가 너희와 함께 있을 때에도 너희에게 명하기를 누구든지 일하기 싫어하거든 먹지도 말게 하라 하였더니, 우리가 들은즉 너희 가운데 규모 없이 행하여 도무지 일하지 아니하고 일만 만드는 자들이 있다 하니 이런 자들에게 우리가 명하고 주 예수 그리스도 안에서 권하기를 종용히 일하고 자기 양식을 먹으라 하노라."(살전3:10-12)

"너희에게 명한 것 같이 종용하여 자기 일을 하고 너희 손으로 일하기를 힘쓰라. 이는 외인을 대하여 단정히 행하고 또한 아무 궁핍함이 없게 하려 함이라."(살전4:11-12)

제4절

기독교 근로자복지사업

성서에 나타나는 근로복지의 정신은 기업근로복지와 관련된 측면이 다소 보이나 그보다는 하나님의 정의의 실현이라는 측면에서 전개되고 있다. 노동은 모든 인간에 내려진 하나님의 명령이며, 그 소산으로 단정하고 빈곤하지 않는 생활을 하며, 또한 하나님을 공경해야 한다고 가르치신다. 노동현장에서 인간은 하나님의 정의가 실현되도록 노력해야 한다. 노동현장에서 가난한 근로자의 임금을 보호해 주고, 노동에 대한 정당한 대가를 지급하고, 신체적 정신적 학대를 금하고, 서로 사랑해야 한다.[3] 기독교근로복지는 노동현장에서 하나님의 정의가 실현되도록 하기 위해 교회, 기독교단체, 기독교인들이 행하는 체계적인 노력이다. 교회는 가난하고 상대적으로 열악한 처지에 있는 소외된 근로자의 복지를 위해 다양한 사업을 전개할 수 있다.

1) 기독교근로복지 로비 사업

교회나 기독교단체들은 가난한 근로자의 복지에 직간접적으로 영향을 미치는 국가사회적 움직임에 대해 근로자의 이익을 위해서 사회단체, 기업, 정부, 국회를 설득

3) 근로에 대한 기독교적 의의는 별첨의 옥스포드 선언을 참조.

할 수 있다. 근로현장에서 근로자의 이익은 대부분 노동조합이 대변하게 된다. 근로자 대표인 노동조합과 기업주나 정부 측이 서로 상반된 이해갈등을 겪는 문제를 놓고 대립하게 될 때 경우에 따라서는 노사가 조금씩 양보하여 원만한 합의를 이루는 경우도 있지만 간혹 첨예한 대립을 벌이는 경우가 있다. 이러한 때 기독교단체나 목회자들이 양자를 중재하여 저소득 근로자들의 이익이 우선적으로 보호받을 수 있도록 설득할 수 있다.

또한 교회나 기독교단체는 저임금 근로자들의 인간다운 삶을 보장하기 위한 법안의 제정이나 현재 시행중인 법안이 실질적으로 효과를 발휘할 수 있도록 법안의 개정을 위해 기독교복지로비활동(Christian Welfare Lobbying)을 전개할 수 있다. 예를 들어 최저임금에 관한 법이 현재 장애인근로자들에게는 적용이 되지 않고 있는데 이 법안의 예외규정을 개정하여 장애인근로자도 혜택을 받을 수 있도록 국회의원이나 정부를 설득하거나 최저임금심의위원들을 적극 설득한다. 또한 최저임금이 실질적으로 근로자들의 최소한의 인간다운 삶이 보장받을 수 있는 수준에서 상향 책정될 수 있도록 사업주 대표와 공익 대표들을 설득할 수 있다. 또한 매년 예산 책정시 근로자복지를 위해 가능한 많은 예산이 배정되도록, 특히 가난하고 소외된 근로자들에게 우선적으로 많은 혜택이 돌아가도록 노력할 수 있다. 이러한 빈민계층을 위한 종교계의 복지로비활동(welfare lobbying)은 외국의 경우 많은 사례를 찾아볼 수 있다.

2) 기독교근로복지 이슈화 사업

교회와 기독교단체들은 근로자복지 문제를 사회적으로 이슈화시키는 활동을 할 수 있다. 이슈란 어떤 문제가 공공의 관심을 집중시켜 공공정책상의 논점으로 제시되어 관련된 사람들의 이해 갈등이 나타난 경우이다. 이슈화란 일정한 사회문제를 해결하기 위해 그 문제를 제기하고 국민들에게 널리 인식시키는 활동을 말한다. 저임금근로자, 장애인근로자, 이주근로자(migrant worker)들의 경우 대체로 불안정고용상태에 있는 경우가 많기 때문에 근로현장에서 발생한 자신의 문제를 드러내지 않고 감추려는 경향이 있다.[4] 또한 이들은 설령 사회에 알리려고 해도 이를 체계적으로 알리기 위한 자원과 수단이 없거나 접근하기가 어려운 경우가 많다. 따라서 교회는 이들을 대신해서 이들이 겪는 고통과 문제를 이슈화시켜서 공공정책상의 논점으로 끌어갈 수 있도록 이슈화시켜주는 사업을 전개할 수 있다.

최근 많은 사회적 논란이 되고 있는 이주근로자들에 대한 문제가 하나의 좋은 예이다. 성경은 나그네를 학대하지 말라고 명령하셨다. 당시 나그네들은 대부분 재산도 없이 노동으로 생계를 연명하던 사람들이었다. 오늘날의 이주근로자들인 것이다. 우리나라 근로기준법에도 "성별, 국적, 신앙, 또는 사회적 신분을 이유로 차별대우를 할 수 없다."(5조)고 규정하고 있다. 우리나라는 1991년 11월 단순노동자 인력부족현상을 해결하기 위해 산업기술연수생제도를 시작하였다. 한국 내 이주근로자는 출입국관리법상 법적 신분에 따라 합법취업 이주근로자, 불법 체류 이주근로자, 산업기술연수생으로 나눌 수 있다(박석운, 1998:3-10). 그런데 이 가운데 산업기술연수생의 상당수가 사업장 내에서 폭행 등 인권유린피해를 당했으며 견디다 못한 이주근로자들이 사업장을 이탈해 불법체류자로 남게 되었다. 이주근로자들 사이에 회자되는 말 가운데 하나는 '법은 없고 주먹만이 있다.'는 말이다. 이주근로자들에 대해 자행되는 사업장내 폭행을 지칭하는 말이다. 또한 조악한 작업환경 하에서 일을 하다 산업재해를 당한 이주근로자들은 당시 산업재해보상보험의 적용을 받지 못해 제대로 치료도 받지 못하고 팔다리가 손상된 채 생활하는 등 심각한 사회적 문제를 초래하였다. 이러한 상황 하에서 일부 교회와 기독교단체들은 이들을 일시보호해주면서 인권유린 실상을 언론에 알리고 사회와 정부에 호소하는 등 적극적인 이슈화사업을 전개하였다. 정부는 문제의 심각성을 인식하고 1995년 2월 '외국인산업기술연수생의 보호 및 관리에 관한 지침'을 마련하였다. 이에 따라 산업기술연수이주근로자들은 근로기준법, 최저임금법, 산업재해보상보험법, 산업안전보건법 등 이들이 근로현장에서 인간다운 삶을 살아가기 위해 필요한 법의 보호를 받게 되었다.

4) UN에서는 외국인근로자(foreign labor)란 용어를 사용하지 않고 이주근로자(migrant worker)란 용어를 사용하고 있다. 그러나 우리나라에서는 2003년 '외국인근로자의 고용 등에 관한 법률'을 제정함으로써 외국인근로자란 용어가 정부의 공식 용어가 되었다. 동법에 따르면 "외국인근로자"라 함은 대한민국의 국적을 가지지 아니한 자로서 국내에 소재하고 있는 사업 또는 사업장에서 임금을 목적으로 근로를 제공하고 있거나 제공하고자 하는 자를 말한다.

3) 소외근로자 계층을 위한 상담소 운영

교회는 소외근로자 계층을 위한 상담소를 운영하거나 상담에 응할 수 있다. 정부는 주로 공업단지 내 근로자의 경제, 사회, 문화적 생활향상과 복지증진을 위하여 근로복지회관을 설치하도록 되어 있다. 근로복지회관은 근로자상담실 운영, 예식장 이-미용실 운영, 구판장 운영, 취미생활지도, 기타 공단근로자를 위한 복지후생사업 그리고 무료직업안내사업 등을 운영하도록 되어 있다. 복지회관은 주로 자치단체에서 운영하나 비영리법인에게 전부 또는 일부를 위탁해 운영할 수도 있도록 되어 있다. 이 가운데 교회는 교회의 복지법인이나 종교법인의 명의로 근로자상담소를 위탁받아 근로자상담사업을 실시할 수 있다. 이와 같은 근로자상담사업은 산업선교적인 의미와 기독교 근로자복지사업 수행이라는 의미를 모두 내포하고 있다.

교회는 일반근로자들의 상담도 수행해야 하지만 특히 소외근로자계층들이 편안한 마음으로 상담을 받을 수 있도록 노력해야 한다. 저임금근로자, 장애인근로자, 불법체류 이주근로자들은 상당수가 불완전고용상태이거나 불법체류상황이기 때문에 자신의 문제를 은폐하거나 드러내는데 매우 소극적이다. 정부가 지방노동사무소 내에 근로자상담실과 외국인근로자상담실을 설치하고 있지만 전문상담인력 부족과 관료병리현상, 그리고 근로자들의 심리적 거부감 등으로 효율적으로 활용되고 있지는 못하고 있다. 이러한 때 교회는 소외근로자계층을 위한 피난처가 되고 안식처가 되어 주어야 한다. 이들과 상담을 통해 문제를 확인하고 문제해결을 위해 성서적으로 올바른 대안을 제시하고 필요한 원제를 제공해 줄 수 있다. 근로자상담실에서 근로자를 상담할 때 근로자의 인적사항이나 희망하는 상담내용을 미리 신청을 받을 때 파악해 놓는 것이 좋다. 상담자는 적절한 원조자나 필요한 정보를 상담 전에 준비해 놓을 수 있다. 상담을 신청하는 방법은 구두신청, 서면신청, 서신신청, 방문신청 등이 있다. 면담상담이 주종을 이루나 전화상담이나 PC통신이나 인터넷을 활용한 온라인(on-line)상담도 최근 활용되고 있다. 직접 얼굴을 대하면서 상담하기를 꺼려하거나 거부하는 근로자를 위해 비대면상담실을 마련해 놓고 직접 얼굴을 대하지 않고 상담에 응하는 것도 한 방법이다.

4) 근로복지시설운영사업

교회는 근로자종합복지관을 설립하거나 위탁받아 운영하거나 근로자종합복지관의 운영을 위해 인적 물적 자원을 지원할 수 있다. 교회가 직접 근로자종합복지관을 공단이나 근로자 밀집지역에 설립해 운영한다면 매우 효과적일 수 있으나 현실적으로 어려운 경우가 많다. 이러한 때 지방자치단체로부터 운영을 위탁받아 근로자종합복지관을 운영할 수 있다. 근로자종합복지관은 지방자치단체가 주관하여 설치하도록 되어 있으며 건축비의 50%를 국고에서 보조받는다. 근로자종합복지관은 지방자치단체가 직접 국고지원과 자체부담으로 설립하고 직접 운영하는 경우도 있지만 비영리법인에 위탁해 운영하는 경우도 있다. 일부 지역의 경우 지방자치단체가 노동조합에 위탁하여 운영하고 있지만 부실운영이라는 비판을 많이 받고 있다. 교회는 교회의 복지법인이나 종교법인의 명의로 근로자종합복지관을 위탁받아 산업현장에 대한 선교의 기회로 삼고 동시에 근로자들의 삶의 질을 향상시키는 데 기여할 수 있다.

교회가 중소기업체가 밀집한 인근 지역에 중소기업체의 저임금독신근로자들을 위한 근로청소년기숙사를 건립하여 무료 또는 저렴한 비용으로 이용케 하여 이들 근로자의 경제적 어려움을 덜어주고 한편으론 기숙사생활프로그램 가운데 영성프로그램을 운영하여 기숙사가 근로자들에게 경제적 도움을 주고 그들의 삶의 질을 향상시키기 위한 노력일 뿐만 아니라 산업선교의 장으로서 적극 활용할 수 있다.

교회는 산업재해를 입었거나 직업병을 앓고 있는 근로자들을 위한 복지프로그램을 수행할 수 있다. 산재지정병원이나 다른 병원에 입원 중인 근로자들을 방문 위로하거나 간병서비스를 제공해 줄 수 있다. 집에서 요양 중인 산재근로자들을 위해서 교회는 구역회나 자원봉사자를 활용해 가사서비스, 대인서비스, 간병서비스를 제공해 줄 수 있고 산재근로자 자녀들의 학업유지를 위해 장학사업을 전개할 수 있다. 산업재해근로자 가운데 산업재해보상보험 혜택을 제대로 받지 못하거나 산재의료 혜택을 누리지 못하는 근로자의 실태를 파악하고 이들이 법적인 혜택을 누릴 수 있도록 근로복지공단에 적극적으로 민원을 제기함으로써 산재근로자를 위한 옹호활동(advocacy)을 행할 수 있다.

교회는 근로자의 문화복지를 향상시킬 수 있다. 교회의 체육문화시설이나 여가시설을 근로청소년들에게 개방하여 이들의 건전한 문화생활과 여가생활을 지원할 수 있다. 근로자문화예술제, 근로자 백일장 등의 행사를 기독교단체나 교회가 지원하거나 유치하여 근로자들의 정서 함양을 도모할 수 있다.

교회는 근로자들을 위해 약물교실을 운영할 수 있다. 알코올중독이나 약물중독은 신체적 정신적 부작용을 가져올 뿐만 아니라 근로자의 노동능력을 저하시키고 직장생활을 불안정하게 만들며 결국 직장에서 이탈되어 실업상태에 빠지게 하는 계기가 된다. 교회는 알코올이나 약물 관련 교실을 운영함으로써 근로자들이 알코올중독이나 약물중독에 빠지는 것을 미리 방지하는 노력을 할 수 있다.

교회는 근로청소년들을 위해 근로청소년회관이나 근로청소년학교를 운영할 수 있다. 교회는 별도의 시설에 또는 교회시설의 일부를 활용하여 의식주 및 심리적 정신적으로 고통 받는 불우청소년들의 안식처가 되어줄 수 있다. 불우근로청소년들을 위한 영성 및 일반 프로그램들을 운영하고 일정한 휴식 및 숙식 공간을 마련해 줌으로써 이들의 경제적 정신적 신체적 고통을 완화시켜주고 건전한 신앙인으로서 독립된 민주시민으로서 생활할 수 있도록 도움을 줄 수 있다.

교회의 근로청소년회관에서는 영적으로 나태해졌거나 방황하는 청소년들을 위해 영성세미나와 정기적인 영성교육을 실시한다. 가정환경이 불우한 청소년들의 문제를 사전에 예방하고 이미 잘못 사회화된 청소년들의 재사회화를 위해 보호관찰 대상 청소년들에게 수강명령을 시키는 등 청소년교정사업을 실시한다. 근로청소년들의 교우관계, 가족관계, 진로 및 진학 등에 관해 지도상담을 실시한다. 근로청소년을 위한 교양교육을 실시하고 일정한 거처가 없거나 있어도 주거가 불안정한 청소년들을 위해 무료 또는 실비로 기숙시설을 제공한다. 근로청소년들을 위해 교회 시설의 일부를 개방하여 회의나 집회장소로 활용할 수 있도록 한다(서울근로청소년회관, 1990:10-13).

교회의 공간을 활용하여 야간학교 형식으로 학업의 기회를 갖지 못했거나 중도에 포기한 근로청소년들을 위하여 중고등학교 과정의 교육을 실시하고 이들이 검정고시를 통해 학력을 인정받거나 상급학교에 진학할 수 있도록 야간 근로청소년학교를 개설한다.

5) 실직자를 위한 사업

IMF 외환위기를 겪으면서 우리사회는 대규모 구조조정과 도산이라는 사회변화를 겪으면서 대량실업의 발생이라는 피할 수 없는 막대한 경제적 고통을 감내하고 있다. 실업이란 소득원의 상실로 인해 가족경제가 붕괴되는 문제도 있지만 근로자의 자아상실감과 가족환경의 변화도 심각한 문제가 되고 있다. 최근 실직자를 대상으로 한 실태조사에 따르면 부모의 실직으로 인한 경제적 위기상황이 아동학대 및 방임과 아내학대에 이어지고 있는 것으로 나타났다. 아버지의 실직으로 인한 어머니의 취업 또는 가출로 인해 저녁시간에 집안에 혼자 방임된 아동이 절반에 달하고 있는 것으로 드러났다. 부모의 관심과 보호를 받지 못한 채 방임된 아동들은 정서적 장애를 겪거나 유해환경에 노출되어 비행에 빠질 가능성이 있다.

교회는 사회적 위험에 노출되었거나 노출될 가능성이 많은 이러한 위기상황에 실직자들과 그 가족들을 위한 사업을 전개하고 있다. 교회가 교회 내 일정 시설을 할애해 실직자들을 위해 쉼터를 마련해 주고 실업으로 인한 정신적 육체적 고통을 잠시 잊을 수 있도록 도와줄 수 있다. 쉼터에서는 PC통신이나 인터넷을 활용해 노동부와 지방자치단체의 구인정보망과 항상 연결하고 새로운 구인정보를 신속히 게시하여 실직자들의 취업을 도와줄 수 있다. 또한 지역사회의 구인가능사업체와 주기적으로 연락하여 구인 여부를 확인하고 구인을 원할 때는 적절한 실직자에게 연락해 줌으로써 이들의 실업문제해결에 기여할 수 있다. 최근 일부 기독교 교단들은 교단 차원에서 실직자직장주기 운동을 전개하고 있다. 개교회는 교회 성도들이 경영하는 기업으로부터 구인신청을 받아 전상망을 통해 교단 중앙상담소에 구인정보를 송신하고 또한 개교회 내에서 구직을 희망하는 실직자들에 관한 구직정보를 중앙상담소에 송신하여 구인정보와 구직정보가 적절하게 연결이 되면 소속교회에 연락을 취하거나 구인사업체와 구직성도에게 직접 연락을 취해 취업이 이루어지도록 하는 전산망을 구축하고 있다. 일부 교회에서는 실직자구제기금운동을 전개하여 실직자들에게 물질적 지원을 일부 해주고 있다.

교회는 실직자들을 심리적으로 지지하여 줄 수 있다. 극도의 자아상실감을 느끼고 있는 이들 실직자들에게 적절한 정서적 지지를 제공해 주고 심적으로 위로가 될 수 있는 성서 구절들을 정리해 나누어 줌으로써 말씀에 의지하여 다시 일어설 수 있도록 심리적 지지를 해준다. 또한 상실된 가족성원간의 지지가 다시 회복될 수 있도록 실직자와 그 가족들을 대상으로 상담을 한다.

교회는 실직자를 위한 무료급식사업을 할 수 있다. 교회의 식당시설을 활용해 실직자들에게 식사를 제공해 줌으로써 실직으로 인한 굶주림으로 이들의 건강이 훼손되지 않도록 도와줄 수 있다. 방학기간 동안에는 실직아동들이 학교에서 무료급식을 받을 수 없으므로 교회 식당을 활용하여 이들 아동들에 대해서도 무료급식을 제공해 주거나 음식점을 경영하는 교인이나 자원하는 성도들이 자기 구역 내의 실직아동들에게 점심식사를 제공해 줄 수 있다.

조사에서도 나타났듯이 실직자 가정의 아동 가운데 절반이 저녁시간에 혼자 방임된 채 방치되고 있다. 이들을 위해 교회는 저녁시간에 교회의 일정 공간을 어린이 공부방이나 일시보호시설로 마련하여 줌으로써 부모의 보호가 결여되어 있는 아동들을 하나님의 사랑 가운데 머물 수 있도록 하여 줄 수 있다.

별첨

The Oxford Declaration on Christian Faith(1990)

[1] Work and Human Nature

Work involves all those activities done, not for their own sake, but to satisfy human needs. Work belongs to the very purpose for which God originally made human beings. In Genesis 1:26-28, we read that God created human beings in his image "in order to have dominion over... all the earth". Similarly, Genesis 2:15 tells us that God created Adam and placed him in the garden of Eden to work in it, to "till it and keep it". As human beings fulfil this mandate, they glorify God. Though fallen, as human beings go forth to their work(Psalm 104:23) they fulfil an original purpose of the Creator for human existence.

Because work is central to the Creator's intention for humanity, work has intrinsic value. Thus work is not solely a means to an end.

For Christians, work acquires a new dimension. God calls all Christians to employ through work the various gifts that God has given them. God calls people to enter the kingdom of God and to live a life in accordance with its demands. When people respond to the call of God, God enables them to bear the fruit of the Spirit and endows them individually with multiple gifts of the Spirit. As those who are gifted by the Spirit and whose actions are guided by the demands of love, Christians should do their work in the service of God and humanity.

In the Bible and in the first centuries of the Christian tradition, meeting one needs and the needs of one's community was an essential purpose of work. The deepest meaning of human work is that the almighty God established human work as a means to accomplish God's work in the world.. As Genesis 2:5 suggests, God and human beings are collaborates in the task of preserving creation.

God gives talents to individuals for the benefit of the whole community. Human work should be a contribution to the common good(Ephesians 4:28). In order to make the pursuit of the common good possible, Christians need to seek to change both the attitudes of workers and the structures in which they work. Discrimination in work continues to oppress people, especially women and marginalised groups. Because of race and gender, people are often push into a narrow range of occupations which are often underpaid, offer little status or security, and few promotional opportunities and fringe benefits. Women and men and people of all races are equal before God and should be recognized and treated with equal justice and dignity in social and economic life. The God of the Bible condemns exploitation and oppression. God's liberation of the Israelites from their oppression served as a paradigm of how God's people should behave towards workers in their midst (Leviticus 25:39-55).

Since work is central to God's purpose for humanity, people everywhere have both the obligation and the right to work. Given the broad definition of work suggested above, the right to work here should be understood as part of the freedom of the individual to contribute to the satisfaction of the needs of the community. The right involved is the right of the worker to work unhindered. The obligation is on every human being to contribute to the community. It is in this sense that Paul says, "If a man will not work, let him not eat." The right to earn a living would be a positive or sustenance right. Such a right implies the obligation of the community to provide employment opportunities.

[2] Poverty and Biblical Justice

Poverty was not part of God's original creation, nor will poverty be part of God's restored creation when Christ returns. Involuntary poverty in all its forms and manifestations is a result of the fall and its consequence. Today one of every five human beings lives in poverty so extreme that their survival is daily in doubt. We believe this is offensive and heart breaking to God. We understand that the God of the Bible is one who in mercy extends love to all. At the same time, we believe that when the poor are oppressed, God is the defender of the poor(Psalm 146:7-9).

Faithful obedience requires that we share God's concern and act on it. "He who oppresses a poor man insults his maker, but he who is kind to the needy honours Him"(Proverbs 14:31). Neglect of the poor often flows from greed. Furthermore, the obsessive or careless pursuit of material goods is one of the most destructive idolatries in human history(Ephesians 5:5). It distracts individuals from their duties before God, and corrupts personal and social relationships.

The causes of poverty are many and complex. They include the evil that people do to each other, to themselves, and to their environment. The causes of poverty also include the cultural attitudes and actions taken by social, economic, political and religious institutions, that either devalue or waste resources, that erect barriers to economic production, or that fail to reward work fairly. Furthermore the forces that cause and perpetuate poverty operate at global, national, local and personal levels. It is also true that a person may be poor because of sickness, mental or physical handicap, childhood, or old age. Poverty is also caused by natural disasters such as earthquakes, hurricanes, floods, and famines. We believe it is the responsibility of every society to provide people with the means to live at a level consistent with their standing as persons created in the image of God.

Biblical justice means impartially rendering to everyone their due in conformity with the standards of God's moral law. Paus uses justice or righteousness in its most comprehensive sense as a metahpor to describe God's creative and powerful redemptive love. In Biblical passages which deal with the distribution of the benefits of social life in the context of social conflict and social wrong, justice is related particularly to what is due to groups such as the poor, widows, orphans, resident aliens, wage earners and slaves. The common link among these groups is powerlessness by virtue of economic and social needs. The justice called forth is to restore these groups to the provision God intends for them. God's law express this justice and indicates its demand. Further, God's intention is for people to live, not in isolation, but in society. The poor are described as those who are weak with respect to the rest of the community; the responsibility of the community is stated as "to make them strong" so that they can continue to take their place in the community(Leviticus 25:35-36). One of the dilemmas of the poor is their loss of community(Job 22:5). Indeed their various needs are those that tend to prevent people from being secure and contributing members of society. One essential characteristic of Biblical justice is the meeting of basic needs that have been denied in contradiction to the standards of scripture. Justice requires special attention to the weak members of the community because of their greater vulnerability. Justice requires conditions such that each person is able to participate in society in a way compatible with human dignity. Absolute poverty denies people the basic economic resources necessary for just participation in the community. Corrective action with and on behalf of the poor is a necessary act of justice. This entails responsibilities for individuals, families, churches, and government.

제13장 기독교 의료사회복지

의료란 의식주 다음으로 인간에게 필수적인 것이라 하여 의료를 '제4의 수요'라 부른다. 인간이 건강하지 않으면 일상생활을 정상적으로 할 수 없거니와 노동을 하는 데 지장을 초래하기 때문에 가정경제의 안정을 해치게 된다. 건강이란 신체의 생명기능이 제대로 발휘되고 외부의 반응에 대해 적절히 대응함으로써 신체적 조화를 이룩하는 상태를 말한다. 질병이란 이러한 신체의 생명기능이 장애를 일으킨 상태이다. 질병이란 옛날부터 인생의 네 가지 고통(四苦) 가운데 하나로 전해지고 있다.

자본주의사회에서 의료의 수요는 개인의 경제력에 의존하지만 공급은 유자격 의사에 의해서만 공급된다. 따라서 의료의 제한된 생산성과 구매력의 차이에 따른 의료혜택의 차이가 새로운 의료문제를 파생시키게 된다. 이러한 문제와 관련해서 최근 의료의 사회화란 용어가 자주 사용된다. 의료의 사회화란 국민 모두에게 필요한 의료를 국가적으로나 사회적으로 제공함으로써 모든 국민들에게 의료혜택의 기회를 동등하게 마련해주려는 국가와 사회의 제도적 노력을 말한다.

의료복지란 모든 국민들의 인간다운 삶을 보장하기 위해 국민 의료에 관련된 사회문제들을 해결하고 상병으로부터 고통 없는 사회를 위하여 실시하는 사회제도 및 관련 프로그램들을 말한다.

질병은 인간의 생존 그 자체를 위협하고 인간의 노동력을 손상시키기 때문에 질병으로부터 사회구성원 모두를 보호하고, 모든 사회구성원들에게 공평하게 의료기회를 분배하는 것은 의료복지의 중심과제이다.

태초에 하나님이 세상을 창조하실 때에는 아무 질병도 죽음도 존재하지 않았으나 인간의 죄악으로 인해 죽음에 이르는 과정으로서 또는 일시적 고통으로서 상병이 발생하게 되고 상병의 결과 고통 가운데 살아가고 있다. 상병으로 고통 받는 모습들은 하나님이 보시기에 아름다운 세상의 모습이 아니다. 예수님은 세상에 오시어 상병으로 고통 받는 사람들에게 치유의 이적을 보이셨고 제자들을 세상에 보내어 말씀을 전하게 하실 때도 병 고치는 능력을 제자들에게 주시어 치유의 이적을 행하도록 하셨다.

제1절 기독교 의료사회복지

하나님께서 창조하신 태초의 세계에는 노령이나 죽음이 본래 의도되어 있지 않았다. 하나님이 태초에 창조하신 세계에는 생명나무 실과가 있었고 인간은 그것을 먹고 영원한 생명을 누릴 수 있었다. 하나님께서 창조하시고 보시기에 좋았더라 하신 그 세계에는 병들어 고통스러워하는 인간의 모습은 존재하지 않았을 것이며 죽음에 이르는 질병 또한 존재하지 않았다. 그러나 아담과 그의 아내가 뱀의 유혹에 빠져 하나님께서 절대로 금하신 선악과를 따먹고 에덴동산에서 쫓겨난 이후 인간은 죽음이라는 피할 수 없는 운명을 맞게 된다. 에덴동산에서 쫓겨난 인간 세상에는 죄악이 너무 크고 인간의 모든 계획이 항상 악할 뿐임을 보시고 하나님께서는 인간을 지었음을 한탄하시고 지면에서 쓸어버리시겠다고 하셨다. 하나님께서는 율법의 모든 말씀을 지켜 행하지 아니하고 하나님 여호와를 경외하지 아니하면 멸망하기까지 모든 질병과 재앙을 내리겠다 하셨다. 그러나 여호와 하나님의 말씀을 청종하고 의를 행하며 계명에 귀를 기울이고 규례를 지키면 어떠한 질병도 인간에게 내리지 않으시겠다고 하셨다. 하나님은 우리를 치료하시는 여호와이심을 천명하셨다.

인간의 질병은 죄악의 결과이다. 인간의 질병은 하나님의 말씀을 지켜 행하지 않고 하나님을 경외하지 않은 결과로 하나님께서 인간에게 내리신 징벌이다. 그러나 하나님 말씀을 청종하고 구원을 갈구하는 인간에게 예수님은 질병을 치유해 주셨다. 또한 제자들을 세상에 보내실 때 제자들에게도 모든 병과 모든 약한 것을 고치는 권능을 주시어 병든 자를 고치고 귀신을 쫓아내도록 하셨다. 이 모든 것은 거저 행하도록 하셨다. 하나님은 부상이나 질병으로 고통 받는 이웃들을 돌보지 않고 자기만 돌보는 목자들에게 화를 내리신다고 하셨다.

기독교 의료사회복지란 하나님께서 태초에 하나님의 형상을 따라 지으시고, 지으신 후 보시기에 좋았던 그 모습으로 죄악의 결과 질병의 고통에 신음하는 인간들을 회복시키려는 교회, 기독교단체, 기독교인들의 체계적인 노력이다. 하나님은 치유의 하나님이시다. 여호와 하나님을 경외하고 말씀에 순종하면서 죄악의 결과 인간이 받은 질병으로부터 고통 받는 인간을 구원하여 하나님께 영광을 바칠 수 있도록 기독교 의료사회복지는 수행되어야 한다.

기독교 의료사회복지는 인적 물적 자원의 한계 때문에 실천과정에 있어서 우선순위를 정해야 한다. 하나님께서도 마땅히 받을 자(those who deserve it.)에게 선을 베풀기를 아끼지 말라고 하셨다. 성서에서 이에 관해 뚜렷한 기준을 제시하지는 않지만 성경말씀을 상고해 볼 때 귀머거리 앉은뱅이, 절뚝발이, 소경, 혈기 마른 자, 문둥이, 귀신들린 자, 중풍병자, 혈루증 환자, 가난한 자의 이야기가 예수님의 치유사역 가운데 또는 고통 받는 자의 예로 등장하고 있다. 즉, 장애인, 정신질환자, 악성성병환자, 극빈자들이 기독교사회복지 우선적인 수혜자라고 말할 수 있다. 이러한 신체적 경제적 조건과 더불어 하나님 말씀을 청종하고 간구하는 믿음을 가져야 한다는 영적인 조건도 종종 제시되고 있다.

제2절 한국의 의료실태

한국의 의료실태 가운데 의료에 관한 전반적인 거시적인 지표와 저소득계층의 의료에 관한 예 실태를 일부 인용해 재정리한다.

의료보험이 도입되기 전 우리나라 국민의료비는 70년대 초반까지 국내총생산의 2~3%에 불과했다. 그러나 제4차 경제개발 5개년 계획으로 1977년부터 생활보호대상자 등에 대해서 의료보호가 실시되고 국민부담능력상 실시가능한 소득계층부터 의료보험을 적용하게 됨에 따라 매년 30-40%의 증가율을 보였다. 1980년대 초에는 국내총생산의 4%를 차지하게 되었으며 1989년 전국민을 대상으로 의료보험이 확대되면서 국민의료비는 국내총생산의 5%에 이르고 있다. 그러나 우리나라의 1인당 국민의료비는 선진국에 비해 적은 편이다. 이는 그만큼 공적인 의료혜택이 적다는 것을 의미한다. 우리나라 국민의료비를 OECD국가의 국민의료비와 비교해 보면 1992년을 기준으로 볼 때 우리나라는 $379인데 비해 OECD국가의 평균 국민의료비는 $1,374였다. 미국의 경우 $3,094이었고 일본의 경우 $1,376인 것으로 나타나 우리나라의 1인당 국민의료비는 상당히 낮은 것으로 나타났다. OECD국가의 국내총생산 대비 평균 국민의료비는 7.6%인데 비해 우리나라의 경우 5.4%인 것으로 나타났다(보건복지부, 1997:110-116).

보건사회연구원의 통계자료에 따르면, 2005년 우리나라 국민의 평균수명은 78.59세로 OECD 국가 전체의 평균 수명 78.6세와 거의 비슷한 수준이다(보건사회연구원, 2005). 성별로는 남자의 평균수명은 75.1세로 OECD 국가 전체의 남자 평균수

【국민의료비 및 국내총생산:1985-1993】

연도	국민의료비		GDP		GDP 대비(%)	1인당 국민의료비	
	억원	증가율(%)	억원	증가율(%)		천원	$
1985	38,145	-	820,621	-	4.7	93.6	107
1989	73,531	23.8	1491,647	12.0	4.9	173.4	258
1991	106,526	17.1	2,157,344	20.2	4.9	246.3	336
1992	127,920	20.1	2,403,922	11.4	5.3	293.0	275
1993	143,466	12.2	2,671,580	11.1	5.4	325.6	406
1994	163386	13.9	3,059,702	14.5	5.3	367.6	457

【OECD 주요 국가 평균수명(단위: 세) 및 영아사망률】

	평균수명(단위:세)			영아사망률 (출생 1000명당)
	전체	남자	여자	
호주	80.9	78.5	83.3	5.0
캐나다	80.2	77.8	82.6	5.3
덴마크	77.9	75.6	80.2	4.4
핀란드	78.9	75.5	82.3	3.0
프랑스	80.3	76.7	83.8	3.6
독일	79.0	76.2	81.8	3.9
일본	82.0	78.5	85.5	2.8
한국	78.5	75.1	81.9	5.3
네덜란드	79.4	77.2	81.6	4.9
뉴질랜드	79.6	77.5	81.7	5.1
노르웨이	80.1	77.7	82.5	3.1
스웨덴	80.6	78.4	82.8	2.4
스위스	81.3	78.7	83.9	4.2
영국	79.0	76.9	81.1	5.1
미국	77.8	75.2	80.4	6.8
평균	78.6	75.7	80.4	5.4

*자료: 한국보건사회연구원, 2005.

명 75.7보다 약간 낮은 수준이나, 여자의 평균수명은 81.9세로 OECD 국가 전체의 여자 평균수명 80.4세보다 1.5세 가량 높은 편이다.

영아사망률의 경우 우리나라 영아사망률은 출생 영아 1000명 당 5.3명으로 OECD 평균 영아사망률보다 약간 낮은 수준이나 일본의 2.8명보다는 약 두 배 가량 높은 편이다.

OECD 주요 국가별 총 보건의료비를 일부 발췌하여 정리하면 다음과 같다(보건복지부, 2005).

【OECD 주요 국가별 총 보건의료비】

(단위:100만 달러)

국 가	1975	1985	1995	2000	2002
Australia	7,482	12,834	30,699	34,964	-
Canada	11,860	28,790	53,429	63,496	69,795
Denmark	3,453	5,191	14,793	13,235	15,243
Finland	1,795	3,911	9,794	7,985	9,630
France	22,880	43,449	147,991	121,400	139,700
Germany	36,565	57,222	260,807	197,117	217,043
Japan	28,229	90,662	360,969	358,880	-
Korea	-	3,839	20,981	23,609	27,910
Netherlands	6,548	9,715	34,822	30,162	38,258
New Zealand	896	1,179	4,399	4,069	4,944
Norway	1,904	4,216	11,723	12,801	18,301
Sweden	5,785	9,066	20,214	20,230	22,256
United Kingdom	12,853	26,742	79,502	104,912	120,328
United States	126,515	418,531	973,127	1,280,667	1,518,702

자료 : OECDHealth Data 2004.

2000년을 기준으로 국가별 보건의료비를 살펴볼 때, 국가별로는 미국이 가장 많은 것으로 나타났고, 일본도 3천6백 억 달러 이상을 지출하고 있으며, 우리나라는 약 236억 달러 정도를 지출하고 있으며, 이는 일본의 6.6% 정도에 불과한 것으로 나타났다.

앞에서 언급한 OECD 주요 국가별 총 보건의료비 가운데 공공보건의료비가 차지하는 부분을 발췌하여 정리하면 다음과 같다(보건복지부, 2005).

【OECD 주요 국가별 총 공공보건의료비】

(단위:100만 달러)

국 가	1975	1985	1995	2000	2002
Australia	5,470	9,163	20,461	24,027	-
Canada	9,040	21,751	38,130	44,679	48,752
Denmark	2,950	4,445	12,208	10,909	12,642
Finland	1,411	3,075	7,401	5,998	7,286
France	17,851	34,128	112,951	92,036	106,219
Germany	28,882	44,274	210,001	155,285	170,412
Japan	20,336	64,120	299,707	291,692	-
Korea	-	1,409	7,649	11,141	14,547
Netherlands	4,449	6,883	24,738	-	-
New Zealand	660	1,026	3,395	3,175	3,852
Norway	1,832	3,615	9,874	10,879	15,273
Sweden	5,217	8,193	17,515	17,173	18,994
United Kingdom	11,707	22,935	66,671	84,843	100,300
United States	51,929	166,843	440,922	569,211	681,819

자료 : OECDHealth Data 2004.

2000년을 기준으로 하여 살펴볼 때, 공공보건의료비는 미국이 약 5,690억 달러 가량으로 가장 많고, 일본은 약 2,920억 달러 가량이었으며, 우리나라는 약 111억 달러로 일본의 약 3.8% 정도에 해당하였다.

【주요 OECD 국가의 국민의료비 현황】

(단위 : %, $)

	호 주	프랑스	일 본	스웨덴	영 국	미 국	한 국
국민의료비/GDP	9.6	10.5	8.9	9.1	8.1	15.3	5.6
의료비 증가율('03/'04)	5	3.1	3.1	0.8	6.8	4.1	4.8
1인당 국민의료비(USD)	3,120	3,159	2,249	2,825	2,508	6,102	1,149
(공공/국민)의료비	67.5	78.4	81.5	84.9	86.3	44.7	51.4

※ 공공의료비에는 정부지출, 건강보험, 의료급여 등 포함, 2004년 기준
※ 출처 : OECD HEALTH DATA 2006

보건복지백서에 따르면, GDP 대비 국민의료비는 5.6%로, 미국의 15.3%, 독일의 10.6%와 비교할 때 크게 우려할 정도는 아니나 인구노령화와 각종 의료보장제도의 확충으로 의료이용이 증가하여, 2010년이면 일본의 8.0% 수준에 도달할 것으로 예측되고, 2020년에는 11.4%, 2030년에는 16.8%에 달할 것으로 예측되므로 향후 그에 대한 국가사회적 대비가 필요하다.(보건복지부, 2007) 1인당 국민의료비는 $1,149로 미국의 약 20%, 일본의 약 50% 수준이며, 국민의료비 대비 공공의료비의 비중은 우리나라의 경우 51.4%로 미국의 44.7%보다는 높은 편이나 일본의 81.5%보다는 낮은 편이다.

【건강상태】

(단위:%)

특 성 \ 구분	전체	저소득	일반
매우 건강함	18.2	10.8	20.1
건강함	49.5	32.2	53.9
보통	16.5	19.1	15.8
건강하지 않음	13.2	30.5	8.8
매우 건강하지 않음	2.5	7.3	1.3
모름/무응답	0.1	0.1	0.1
계	100	100	100

보건사회연구원에서 저소득층과 일반 가구에 대해 실시한 설문조사에 따르면, 우리나라 국민들은 전체적으로 약 2/3 가량이 자신이 건강한 편이라고(매우 건강함+건강함) 생각하고 있는 것으로 나타났으며, 반면 건강하지 못한 편이라고(건강하지 않음+매우 건강하지 않음) 생각하는 국민은 15.7%로 나타났다(한국보건사회연구원, 2007). 그러나 저소득층을 구분하여 살펴보면, 건강한 편이라고 생각하는 사람은 43.0%이고, 반면 건강하지 않은 편이라고 생각하는 사람은 37.8%로 나타나 건강하지 않은 사람이 일반 국민의 세 배 이상인 것으로 나타났다. 빈곤과 국민건강이 밀접한 관계임을 알 수 있다.

【연간 1인당 이환 및 활동제한일수(1995)】

	0-19	20-29	30-39	40-49	50-59	60-69	70+	전체
이환율	34.1	37.3	48.8	60.5	92.3	122.8	132.7	56.6
활동제한일	2.5	2.6	3.9	5.5	11.0	20.1	30.5	6.5

우리나라 국민들의 1인당 평균이환율과 이로 인한 평균 활동제한일수를 살펴보면 연령이 많을수록 양자 모두 증가하고 있음을 발견할 수 있다. 이환율(罹患率:morbidity)이란 일정한 조사기간 중에 새로이 발생한 상병건수를 인구수로 나누어 이를 비율로 나타낸 수치이다. 조사기간 이전부터 있어 온 상병건수는 포함시키지 않는다.

국민들의 이환에 따른 활동제한으로 발생한 기회비용인 생산성 손실은 GDP의 약 0.8%로 추산된다. 여기에 의료대기시간, 교통소요시간, 간호에 따른 기회비용을 고려하면 생산성 손실은 GDP의 1%를 상회할 것으로 판단된다. 현재 직접적인 국민의료비가 GDP의 5%선인 점을 고려하면 이환에 따른 국민경제적 손실은 GDP의 6%선에 달하고 있다(서문회, 1995:19-22). 상병으로 인한 국민경제적 손실이 막대함을 알 수가 있다.

【성인 흡연율 국제 비교】

(단위 : %)

국 가	남 성	여 성	전 체
호 주	18.9	16.5	17.7
캐나다	17.0	13.0	15.0
프랑스	28.0	19.0	23.0
미 국	19.0	15.1	17.0
일 본	46.9	13.2	29.4
한 국	52.3	5.8	28.9

※ 자료 : OECD. Health Data. 2006. 한국은 2005년 국민건강영양조사 자료임

흡연은 흡연자뿐만 아니라 간접흡연자의 건강도 손상시키는 요인이다. 우리나라 성인 흡연율은 남성의 경우 52.3%로 북미나 유럽 국가들에 비해 매우 높고 일본보다는 약간 높은 반면 여성의 흡연율은 5.8%로 상대적으로 매우 낮은 편이다.

【연령별 한센사업대상자 현황】

(단위 : 명)

구 분	계	0~19	20~29	30~39	40~49	50~59	60세이상
등록보호자수	15,239	2	15	145	867	2,691	11,519
구 성 비	100%	0.01%	0.1%	0.95%	5.69%	17.66%	75.6%

※ 주 : 한센사업대상자 중 남자 8,383(55%)명, 여자 6,856(45%)명임.

우리나라의 한센병장애인이나 양로자로 등록된 보호대상자는 전국적으로 15,239명이며, 이들 가운데 75.6%가 60세 이상의 노인이고, 50대가 17.6%로 그 다음이며 40대가 약 5.7%, 30대가 약 1%로 그 다음을 차지하고 있으며, 연령이 적을수록 보호대상자 수가 적어 한센병은 점차 우리나라에서 사라지고 있음을 알 수 있다.

【정신보건관련시설 현황】

(단위 : 개소, 병상, 명)

구 분	기관수	병상/정원/이용자수
계	1,327	-
정신보건센터	135	36,142/연
사회복귀시설	147	914(입소) 3,591(이용)
알코올상담센터	26	2,688(등록)
정신의료기관	1,097	64,609
정신요양시설	57	14,224

보건복지백서에 따르면 2006년 우리나라의 정신보건시설은 1,462개소로 연간 122,168명이 이용하였다. 이 가운데 급성 정신질환자를 대상으로 의료서비스를 제공하는 정신의료기관이 전체의 약 75%에 해당하였으며, 퇴소한 정신질환자 대상 사회복귀훈련 실시하는 사회복귀시설이 약 10%, 지역사회정신보건사업을 기획하고 조정하는 정신보건센터가 약 9%, 정신요양시설, 알코올상담센터가 그 뒤를 차지하고 있다.

【의료보장 적용 현황】

(단위 : 만명, %)

구 분		적용인구	구 성 비
계		4,924	100
건강보험	소 계	4,741	96.3
	직 장	2,845	57.8
	지 역	1,896	38.5
의료급여	소 계	183	3.7
	1 종	103	2.1
	2 종	80	1.6

1989년 전 국민을 대상으로 의료보험제도가 실시된 이래 국민 모두가 의료보장의 혜택을 받고 있다. 2006년 말 현재 사회보험인 건강보험의 보장대상자는 직장가입자가 57.8%인 2,845만 명이고 지역가입자는 38.5%인 1,896만 명으로 전체의 96.3%를 차지하고 있으며, 저소득층을 위한 의료보장제도인 의료급여의 보장대상자는 3.7%로 183만 명이다. 저소득층의 건강상태의 악화는 노동능력을 상실시켜 자립자활하기가 어렵기 때문에 빈곤이 장기간 지속되는 원인이 될 수 있다. 특히 만성병 이환율의 증가는 저소득층의 빈곤을 더욱 장기화시킬 수 있다.

【저소득층 병원진료 포기 이유】

	서울시	농어촌	중소도시	대도시	전국
경제적 어려움	80.0	51.3	55.9	53.2	52.7
일중단에 따른 수입감소	1.2	20.3	14.7	14.7	18.7
치료효과 기대 어려움	4.2	13.5	16.1	16.1	13.8
식구들 돌봐줄 사람 없음	–	4.1	7.8	7.8	5.0
기타	14.6	10.8	8.2	8.2	9.8

저소득층이 병원진료를 포기하는 이유는 여러 가지가 있지만 그 가운데 하나는 의료기회의 불평등이다. 의료기회의 불평등에 영향을 주는 중요한 요인은 개인 경제력의 차이, 개인의 의식구조, 의료공급체계의 문제 등이 있다. 이들 가운데 저소득층의 경우 가장 중요한 이유는 경제적 이유이다. 조사결과에 따르면 절대빈곤층은 자신의 건강을 유지하는 데 필요한 최소한도의 영양을 섭취하는 데도 어려움을 느낀다. 경제적 빈곤층일수록 위생관념이 철저하지 못하고 건강관리를 소홀히 해 질병에의 높은 이환율을 보인다. 경제적 빈곤은 질병을 치유하기 위한 수단에 접근가능성을 제한함으로써 질병치유율이 낮게 된다. 경제적 빈곤층이 많이 거주하는 지역에는 의료에 대한 유효수요가 부족해 의료자원이 절대적으로 부족한 형편이다(김규수, 1986:27-31).

상기 표에서 나타난 것처럼 저소득층들 가운데 상병이 발생하였음에도 여러 가지 이유로 인해 병원진료를 포기하는 경우가 많이 있다. 이러한 이유를 살펴보면 농촌과 도시 모두 대다수의 저소득층들이 가난하기 때문에 병원진료를 포기한 것으로 나타났다. 다음으로는 병원에 다니게 되면 일을 못해 돈을 벌 수 없기 때문에 병원진료를 포기한 것으로 나타났으며, 치료 효과를 기대하기가 어려워 포기한 경우도 상당수가 되었다. 경제적 어려움이나 일 중단에 따른 수입 감소가 전체의 70-80%에 이르는 것으로 나타나 결국 의학적 사유가 아니라 경제적 사유로 인해 즉 소득이 없거나 소득 중단을 우려해 병원진료를 포기한 것으로 나타났다(노인철 외, 1995:126-129).

【우리나라 치매노인수 및 유병율】 (단위:명, %)

	1995	2000	2005	2010	2015	2020
65세 이상 인구	2,640,205	3,370,568	4,252,919	5,032146	5,846,461	6,899,269
치매노인 수	218,096	277,748	351,025	433,918	527,068	619,132
치매유병률(%)	8.3	8.2	8.3	8.6	9.0	9.0

고령화시대에 국민의료문제 가운데 하나는 치매(dementia)이다. 한국의 사회지표에 따르면, 1995년 우리나라 65세 이상 노인의 치매유병률은 8.3%로 2000년까지 그 수준을 유지하다 2010년에는 8.6%로 상승할 것으로 추산되고 있으며, 2015년 이후에는 9.0% 수준을 유지할 것으로 추정되고 있다(통계청, 2005:316).

제3절
성서 속의 기독교 의료사회복지

하나님이 태초에 만드신 세상은 생로병사(生老病死)의 고통이 없고 더러움과 악함이 없는 아름다운 세상이었다. 그러나 아담과 그 아내의 죄악으로 인간은 생로병사의 고통을 누구나 다 운명적으로 받을 수밖에 없게 되었다. 에덴동산에서 쫓겨난 인간 세상에는 죄악이 너무 크고 인간의 모든 계획이 항상 악할 뿐임을 보시고 하나님께서는 인간을 지었음을 한탄하시고 지면에서 쓸어버리시겠다고 하셨다. 하나님께서는 율법의 모든 말씀을 지켜 행하지 아니하고 하나님 여호와를 경외하지 아니하면 멸망하기까지 모든 질병과 재앙을 내리시겠다 하셨다. 그러나 여호와 하나님의 말씀을 청종하고 의를 행하며 계명에 귀를 기울이고 규례를 지키면 어떠한 질병도 인간에게 내리지 않으시겠다고 하셨다. 하나님은 우리를 치료하시는 여호와이심을 천명하셨다.

인간의 질병은 죄악의 결과이다. 인간의 질병은 하나님의 말씀을 지켜 행하지 않고 하나님을 경외하지 않은 결과로 하나님께서 인간에게 내리신 징벌이다. 그러나 하나님 말씀을 청종하고 구원을 갈구하는 인간에게 예수님은 질병을 치유해 주셨다. 또한 제자들을 세상에 보내실 때 제자들에게도 모든 병과 모든 약한 것을 고치는 권능을 주시어 병든 자를 고치고 귀신을 쫓아내도록 하셨다. 이 모든 것은 거저 행하도록 하셨다. 하나님은 부상이나 질병으로 고통 받는 이웃들을 돌보지 않고 자기만 돌보는 목자들에게 화를 내리신다고 하셨다.

"하나님이 가라사대 우리의 형상을 따라 우리의 모양대로 우리가 사람을 만들고(Let us make man in our image, in our likeness)……하나님이 자기의 형상 곧 하나님의 형상대로 사람을 창조하시고(God created man in his own image, in the image of God he created him)……하나님이 그 지으신 모든 것을 보시니 보시기에 심히 좋았더라(It was very good.)……"(창1:27-31)

"여호와께서 사람의 죄악이 세상에 관영(貫盈)함과 그 마음의 생각의 모든 계획이 항상 악할 뿐임을 보시고 땅 위에 사람 지으셨음을 한탄하사 마음에 근심하시고 가라사대 나의 창조한 사람을 내가 지면에서 쓸어버리되 사람으로부터 육축과 기는 것과 공중의 새까지 그리하리니 이는 내가 그것을 지었음을 한탄함이니라 하시니라."(창6:5-7)

"여호와께서 또 모든 질병을 네게서 멀리 하사 너희가 아는바 그 애굽의 악질이 네게 임하지 않게 하시고 너를 미워하는 모든 자에게 임하게 하실 것이라.

"여호와께서 가라사대 너희가 너희 하나님 나 여호와의 말을 청종하고 나의 보기에 의를 행하며 내 계명에 귀를 기울이며 내 모든 규례를 지키면 내가 애굽 사람에게 내린 모든 질병의 하나도 너희에게 내리지 아니하리니 나는 너희를 치료하는 여호와임이니라."(출15:26)

"네가 만일 이 책에 기록한 이 율법의 모든 말씀을 지켜 행하지 아니하고 네 하나님 여호와라 하는 영화롭고 두려운 이름을 경외하지 아니하면 여호와께서 네가 두려워하던 애굽의 모든 질병을 네게로 가져다가 네 몸에 들어붓게 하실 것이며 또 이 율법책에 기록치 아니한 모든 질병과 모든 재앙을 너의 멸망하기까지 여호와께서 네게 내리실 것이니."(신28:58-61)

"여호와의 말씀에 자기만 먹이는(only take care of themselves) 이스라엘 목자들은 화 있을진저……너희가 그 연약한 자를 강하게 아니하며 병든 자를 고치지 아니하며 상한 자를 싸매어 주지 아니하며 쫓긴 자를 돌아오게 아니하며 잃어버린 자를 찾지 아니하고 다만 강포(強暴)로 그것들을 다스렸도다."(겔34:2-4)

"나 주 여호와가 말하노라. 내가 친히 내 양의 목자가 되어 그것들로 누워 있게 할지라. 그 잃어버린 자를 내가 찾으며 쫓긴 자를 내가 돌아오게 하며 상한 자를 내가 싸매어 주며 병든 자를 내가 강하게 하려니와 살찐 자와 강한 자는 내가 멸하고 공의대로 그것들을 먹이리라."(겔34:16)

"네 손이 선을 베풀 힘이 있거든 마땅히 받을 자에게 베풀기를 아끼지 말라(Do not withhold good from those who deserve it.)."(잠3:27)

"예수께서 손을 내밀어 저에게 대시며 가라사대 내가 원하노니 깨끗함을 받으나 하신대 즉시 그의 문둥병이 끼끗하여진지라."(마8:3)

"예수께서 베드로의 집에 들어가사 그의 장모가 열병으로 앓아누운 것을 보시고, 그의 손을 만지시니 열병이 앓아누운 것을 보시고 그의 손을 만지시니 열병이 떠나가고 여인이 일어나서 예수께 수종 들더라. 저물매 사람들이 귀신들린 자를 많이 데리고 예수께 오거늘 예수께서 말씀으로 귀신들을 쫓아내시고 병든 자를 다 고치시니 이는 선지자 이사야로 하신 말씀에 우리 연약한 것을 친히 담당하시고 병을 짊어지셨도다 함을 이루려 하심이더라."(마8:14-17)

"인자가 세상에서 죄를 사하는 권세가 있는 줄을 너희로 알게 하려 하노라 하시고 중풍병자에게 말씀하시되 일어나 네 침상을 가지고 집으로 가라하시니 그가 일어나 집으로 돌아가거늘 무리가 보고 두려워하며 이런 권세를 사람에게 주신 하나님께 영광을 돌리니라."(마9:6-8)

"예수께서 이르시되 건강한 자에게는 의원이 쓸데없고 병든 자에게라야 쓸 데 없느니라......내가 의인을 부르러 온 것이 아니요 죄인을 부르러 왔노라."(마9:12-13)

"열두 해를 혈루증으로 앓는 여자가 예수의 뒤로 와서 그 겉옷가를 만지니 이는 제 마음에 그 겉옷만 만져도 구원을 받겠다 함이라. 예수께서 돌이켜 그를 보시며 가라사대 딸아 안심하라 네 믿음이 너를 구원하였다하시니 여자가 그 시로 구원을 받으니라."(마9:20-22)

"예수께서 모든 성과 촌에 두루 다니사 저희 회당에서 가르치시며 천국 복음을 전파하시며 모든 병과 모든 약한 것을 고치시니라."(마9:35)

예수는 제자들을 보낼 때 병 고치는 능력을 주셨다. "예수께서 그 열 두제자를 부르사 더러운 귀신을 좇아내며 모든 병과 모든 약한 것을 고치는 권능을 주시니라…… 이 열둘을 내어 보내시며 명하여 가라사대……차라리 이스라엘 집의 잃어버린 양에게로 가라. 가면서 전파하여 말하되 천국이 가까웠다 하고 병든 자를 고치며 죽은 자를 살리며 문둥이를 깨끗하게 하며 귀신을 쫓아내되 너희가 거저 받았으니 거저 주어라."(마10:1-8)

"예수께서 가라사대 소경이 보며 앉은뱅이가 걸으며 문둥이가 깨끗함을 받으며 귀머거리가 들으며 죽은 자가 살아나며 가난한 자에게 복음이 전파된다 하라."(마11:5)

"저물어 해 질 때에 모든 병자와 귀신 들린 자를 예수께 데려오니……예수께서 각색 병든 많은 사람을 고치시며 많은 귀신을 내어 쫓으시되 ……"(막1:34)

"한 문둥병자가 예수께 와서 꿇어 엎드려 간구하여 가로되 원하시면 저를 깨끗케 하실 수 있나이다. 예수께서 민망히 여기사 손을 내밀어 저에게 대시며 가라사대 내가 원하노니 깨끗함을 받으라 하신대 곧 문둥병이 그 사람에게서 떠나가고 깨끗하여진지라."(막1:40-42)

"예수께 선지자 이사야의 글을 드리거늘 책을 펴서 이렇게 기록한데를 찾으시니 곧 주의 성령이 내게 임하셨으니 이는 가난한 자에게 복음을 전하게 하시려고 내게 기름을 부으시고 나를 보내사 포로된 자에게 자유를, 눈먼 자에게 다시 보게 함을 전파하며 눌린 자를 자유케하고 주의 은혜의 해를 전파하게 하려 하심이라 하였더라."(눅4:18-19)

"예수의 말씀도 듣고 병 고침을 얻으려고……많은 백성도 있더라. 더러운 귀신에게 고난 받는 자들도 고침을 얻은지라. 온 무리가 예수를 만지려고 힘쓰니 이는 능력이 예수께로 나서 모든 사람을 낫게 함이러라. 예수께서 눈을 들어 제자들을 보시고 가라사대 가난한 자는 복이 있나니 하나님의 나라가 너희 것임이요 이제 주린 자는 복이 있나니 너희가 배부름을 얻을 것임이요 이제 우는 자는 복이 있나니 너희가 웃을 것임이요."(눅6:17-21)

"마침 그 시에 예수께서 질병과 고통과 및 악귀 들린 자를 많이 고치시며 또 많은 소경을 보게 하신지라. 가라사대 너희가 가서 보고들은 것을 요한에게 고하되 소경이 보며 앉은뱅이가 걸으며 문둥이가 깨끗함을 받으며 귀머거리가 들으며 죽은 자가 살아나며 가난한 자에게 복음이 전파된다 하라."(마7:21-22)

"어떤 율법사가 일어나 예수를 시험하여 가로되……무엇을 하여야 영생을 얻으리이까……예수께서 이르시되 율법에 무엇이라 기록되어 있으며 네가 어떻게 읽느냐. 대답하여 가로되 네 마음을 다하며 목숨을 다하며 힘을 다하며 뜻을 다하여 주 너의 하나님을 사랑하고 또한 네 이웃을 네 몸과 같이 사랑하라 하였나이다. 예수께서 이르시되 네 대답이 옳도다. 이를 행하라, 그러면 살리라 하시니 이 사람이 자기를 옳게 보이려고 예수께 여짜오되 그러면 내 이웃이 누구오니이까. 예수께서 가라사대 어떤 사람이 예루살렘에서 여리고로 내려가다가 강도를 만나매, 강도들이 그 옷을 버리고 때려 거반 죽은 것을 버리고 갔더라. 제사장이……그를 보고 피하여 지나가고, 레위인도……보고 피하여 지나가되, 어떤 사마리아인은……그를 보고 불쌍히 여겨 가까이 가서 기름과 포도주를 그 상처에 붓고 싸매고 자기 짐승에 태워 주막에 데리고 가서 돌보아 주고, 이튿날에 데나리온 둘(two silver coins)을 내어 주막 주인에게 주며 가로되 이 사람을 돌보아 주라. 부비(extra expense)가 더 들면 내가 돌아 올 때에 갚으리라…… 네 의견에는 이 세 사람 중에 누가 강도 만난 자의 이웃이 되겠느냐. 가로되 자비를 베푼 자니이다. 예수께서 가서 이르시되 가서 너도 이와 같이 하라 하시니라."(눅11:25-37)

"예수께서 가르치실 때……병을 고치는 주의 능력이 예수와 함께 하더라. 한 중풍병자를 사람들이 침상에 메고 와서……중풍병자에게 말씀하시되 내가 네게 이르노니 일어나 네 심상을 가지고 집으로 가라 하시매 그 사람이 저희 앞에서 곧 일어나 그

누웠던 것을 가지고 하나님께 영광을 돌리며 자기 집으로 돌아가니."(눅16:2-25)

"예루살렘에……베데스다라 하는 못이 있는데 거기 행각 다섯이 있고 그 안에 많은 병자, 소경, 절뚝발이, 혈기 마른 자들이 누워 물의 동함을 기다리니……거기 38년 된 병자가 있더라. 예수께서 그 누운 것을 보시고 병이 벌써 오랜 줄 아시고 이르시되 네가 낫고자 하느냐……일어나 네 자리를 들고 걸어가라 하시니 그 사람이 곧 나아서 자리를 들고 걸어 가니라."(요5:2-8)

"내게 주신 은혜로 말미암아 너희 중 각 사람에게 말하노니 마땅히 생각할 그 이상의 생각을 품지 말고 오직 하나님께서 각 사람에게 나눠주신 믿음의 분량대로 지혜롭게 생각하라. 우리가 한 몸에 많은 지체를 가졌으나 모든 지체가 같은 직분을 가진 것이 아니니……우리에게 주신 은혜대로 받은 은사(gift)가 각각 다르니……혹 섬기는 일이면 섬기는 일로……, 구제하는 자는 성실함으로……긍휼을 베푸는 자는 즐거움으로 할 것이니라. 형제를 사랑하여 서로 우애하고 존경하기를 서로 먼저 하며 부지런하여 게으르지 말고 열심을 품고 주를 섬기라……성도들의 쓸 것을 공급하며 손 대접하기를 힘쓰라."(롬12:-13)

제4절

기독교 의료사회복지사업

기독교 의료사회복지사업이란 하나님께서 태초에 하나님의 형상을 따라 지으시고, 지으신 후 보시기에 좋았던 그 모습으로 죄악의 결과 질병의 고통에 신음하는 인간들을 회복시키려는 교회, 기독교단체, 기독교인들의 체계적인 실천적 사업을 말한다. 하나님은 치유의 하나님이시다. 여호와 하나님을 경외하고 말씀에 순종하면서 죄악의 결과 인간이 받은 질병으로부터 고통 받는 인간을 구원하여 하나님께 영광을 바칠 수 있도록 기독교 의료사회복지는 수행되어야 한다. 성서에서 예수님의 치유사역에 나타나는 계층들을 위주로 기독교 의료사회복지 사업내용을 서술하면 다음과 같다.

1) 장애인-직업병환자를 위한 기독교의료복지사업

예수님께서는 이 땅에 오셔서 장애인들을 위해 많은 치유의 이적을 행하셨다. 장애인 실태조사결과 장애인들이 가장 희망하는 복지서비스 가운데 첫 번째는 의료혜택인 것으로 나타났다. 장애인들의 의료재활은 장애인들이 전인적인 재활을 이룰 수 있는 첫 단계로서 다른 부문의 재활을 이루는 기초가 된다. S교회의 경우 정부와 재정적인 협력을 하여 국내에서 가장 큰 직업병 예방-치료 연구병원인 재중병원을 설립하여 직업병근로자를 위한 의료보호사업을 진행 중이다. 또한 교회 내에 의료선교회가 구성되어 있다면 의료선교회가 장애인들의 가정이나 병원을 방문해 직접적인 의료서비스를 제공해 줄 수도 있다.

교회가 이처럼 직접 장애인재활병원을 설립하거나 물리치료시설을 갖추어 장애인들에게 의료복지사업을 수행하거나 의료선교팀을 파송할 수도 있겠지만 대부분의 경우 교회 형편상 이를 실행하기가 어렵다. 이러한 경우 교회는 인근 지역의 장애인복지관이나 공공재활기관 그밖에 이웃사랑에 동참하길 자원하는 지역사회의 병원이나 의원들을 파악하고 이들과 지역사회의 장애인형제들을 연계하여 재활치유에 관한 의료복지서비스를 받을 수 있도록 하여주는 중간자의 역할을 수행할 수 있다. 교회가 의료보호의 필요가 절실한 장애인형제와 그들에게 도움을 줄 수 있는 지역사회의 의료자원을 먼저 파악하고 양자 간을 적절하게 연계해 주어 적절한 서비스를 받을 수 있도록 하여주고, 필요한 추가 조치가 있다면 이를 강구해 주는 브로커(broker)의 역할을 수행하는 사례관리(case management)를 실시할 수 있다. 교회는 장애인들의 의료재활을 도와 줄 휠체어와 같은 보장구를 구입해 제공하거나 보장구 구입비용을 일부 또는 전부 지원해 줄 수 있다.

최근 외국에서 많이 실시하는 CBR(Community Based Rehabilitation)사업에 교회가 개입해 보는 것도 새로운 시도이다. CBR사업이란 장애인을 위한 지역사회 재활 사업으로 재활센터를 방문하기 어려운 재가중증장애인들을 위해 가정에 재활팀(재활전문의,물리칠사,작업치료사,간호사,운전기사 등)이 직접 방문하여 필요한 재활서비스를 제공해 주는 것인데 현재 우리나라에서도 이동재활병원 형태(예,이동안과병원)로 유사한 프로그램을 일부 지역과 병원에서 시도하고 있다. 교회는 재활팀에 목회자나 자원봉사성도를 참여시켜 재활팀을 보조하는 일을 수행하면서 다른 한편으로는 장애인형제에게 하늘나라의 희망을 갖게 하고 정신적으로 위축되거나 불안정한 생활을 하지 않도록 영적으로 지켜 줌으로써 재활팀과 영성팀이 함께 하는 CBR 사업이 되게 할 수 있다.

특히 산업화 과정에서 발생하는 산업재해로 인한 상해나 직업병 환자들에 대한 사회의 관심이 고조되고 있다. 정부는 업무상 재해를 입은 근로자의 부상이나 질병을 신속하게 치료하여 신체기능을 회복하게 해주고 직업재활 및 사회복귀를 촉진하기 위한 각종 서비스를 제공하고 있다. 그러나 앞의 통계에서 나타난 바와 같이 산재근로자들의 의료복지수준은 아직 크게 미흡한 형편이다. 만일에 교회가 병원설립을 계획한다면 의료과잉공급현상을 빚는 일반병원보다는 절대적으로 전문시설이 부족하고 근면성실하게 노동을 하다 피해를 입은 산재근로자들을 위한 산재전문병원이나 직업병전문병원을 설립하는 것이 의미가 있다. 특히 태백과 같은 탄광촌에서 일부 병원들이 타산이 맞지 않아 문을 닫고 있는 현실에서 교회가 이들 병원을 인수해 운영하는 것도 의미가 있다. 교회가 독자적으로 설립하기가 어려운 경우 몇 개의 교회가 연합하여 설립하거나 정부와 재정적으로 서로 일부 분담해서 설립할 수도 있다. 병원설립이 어려운 경우 교회는 산재환자들을 위한 의료복지시설이나 장비의 일부를 물질적으로 지원할 수도 있다. 또는 교회의 자원봉사자들이 산재병원을 방문해 산재나 직업병 환자들에게 대인서비스나 허드렛일서비스를 제공해 주고, 정신적으로 갈등하고 불안해하는 이들에게 심리적 안정을 찾을 수 있도록 영적으로 도와주며, 이들이 그리스도를 구세주로 영접해 구원의 확신을 가질 수 있도록 병원선교도 병행해야 한다.

2) 정신질환자를 위한 기독교의료복지사업

예수님의 공생기간 동안 곳곳에서 귀신들린 자들을 치유해 주시었다. 귀신들린 자는 오늘날 정신질환자 또는 정신장애인을 의미한다. 정신보건법에 따르면 정신질환자란 정신병, 인격장애 기타 비정신병적정신장애를 가진 자를 말한다. 모든 정신질환자는 인간으로서의 존엄과 가치를 보장받으며, 최적의 치료를 받을 권리를 보장받고, 부당한 차별대우를 받지 아니하며, 자발적 입원이 권장되어야 하고, 자유로운 입원환경이 보장되어야 하며, 다른 사람과 자유로이 의견교환을 할 수 있도록 보장되어야 한다. 정신보건시설로는 정신병(의)원과 같은 정신의료기관, 정신질환자를 정신의료기관에 입원시키거나 정신요양시설에 입소시키지 않고 사회복귀촉진을 위한 훈련을 행하는 정신질환자사회복귀시설, 만성정신질환자를 입소시켜 요양과 사회복귀촉진을 위한 훈련을 행하는 정신요양시설이 있다(정신보건법2-3조).

정신질환의 예를 살펴보면 간질, 치매, 정신분열증 등이 있다. 가운데 최근 논란이 많이 되고 있는 분야는 노인성 치매(痴呆:dementia)이다. 우리나라도 노인들의 평균수명이 점차 증가하고 사회 전체적으로 머지않아 고령화사회로 접어들게 된다. 이에 따라 치매노인의 절대수도 증가하고 있으나 치매에 관한 역학적 조사가 거의 이루어지지 않고 있다. 치매는 고령화사회에 나타나는 새로운 사회문제로 떠오르고 있다.

치매란 기억력, 사고력, 지남력, 이해력, 계산능력, 학습능력을 포함하는 여러 고위피질 기능의 장애가 있는 만성 또는 진행성의 뇌질환에 의한 증후군이다. 그러나 환자가 치매인지 아닌지를 결정하는 것은 매우 어렵다. 미국정신의학협의의 치매에 관한 진단기준(DSM-III-R:Diagno- stic and Statistical Manual of Mental Disorder-III-R)은 다음과 같다; 단기와 장기의 기억장애가 두드러짐; 추상적 사고의 장애 판단 및 충동자제의 장애 인격의 변화 기타 실어증 실행증 같은 고위피질의 기능장애; 사회적 혹은 직업적 기능에 지장이 올 정도로 이미 획득한 지적능력이 붕괴됨; 중독이나 섬망(delirium:환각, 망상, 정서불안을 동반하는 혼돈상태)의 기간에만 나타나는 것이 아닐 것. 치매의 정도는 DSM-II-R의 분류에 의해 경증 중등증 중증으로 나눌 수 있다. 경증의 치매는 사회생활이나 직업능력이 상실되더라고 아직 독립적인 생활을 할 수 있고 적절한 개인위생을 유지하며 비교적 온전한 판단력을 보유하고 있는 상태이다. 중등증 치매는 독립적 생활이 매우 위험하고 타의에 의한 부분적 감독과 간호가 필요한 상태이다. 중증 치매는 일상생활능력이 심하게 감퇴되어 지속적인 감독이 필요한 상태로 최소한의 개인위생도 유지할 수 없고 지리멸렬한 언어를 구사하거나 함구적인 상태이다(서미경외, 96:27-39).

치매환자들은 재가서비스, 노인요양시설, 병원 등을 이용해 치료를 받을 수 있다. 일반적으로 경증이나 약한 중등증 치매노인들은 재가서비스의 대상이 될 수 있으나 심한 중등증이나 중증치매노인의 경우는 정신보건의료기관이나 정신요양시설에서 보호를 받는 것이 효과적이다. 교회는 자체적으로 운영하는 정신보건의료기관이나 정신요양시설에 치매병동을 별도로 만들어 중증치매노인들을 대상으로 의료복지서비스를 제공할 수 있다. 그러나 교회 형편상 이러한 시설을 설립 운영하기가 어려운 경우가 대다수이므로 이때에는 교회의 구역모임이나 자원봉사자를 활용하여 치매노인을 위해 집에서 재가서비스를 제공할 수 있다. 교회의 각 구역회는 구역 내에 치매노인이 있는지를 확인하고 치매노인이 있을 경우 증상과 보호자 여하에 따라 시설서비스를 할 것인가 재가서비스를 할 것인가를 판단한다. 시설보호가 필요할 정도로 증상이 심하다면 구역장은 목회자에게 우선 연락을 취하고, 목회자는 구역장과 협력하여 가족이 있을 경우 가족과 협의를 거친 후 적절한 정신보건의료기관이나 정신요양시설을 찾아 서비스를 의뢰한다. 보다 구체적인 정보를 얻기 위해서는 정신보건임상심리사, 정신보건간호사, 정신보건사회복지사와 같은 정신보건전문요원의 도움을 받는다. 쇠사슬로 묶어 두는 등 인권을 유린하는 일부 무인가 기도원에 치매노인들이 의뢰되지 않도록 목회자와 구역장들은 주의를 기울여야 한다.

만일 증상이 심하지 않은 경우 교회는 구역회를 단위로 구역회원들이 중심이 되어 치매노인에게 재가서비스를 제공해 줄 수 있다. 특정 구역회원이 전담해서 치매노인을 위해 봉사할 수도 있고 구역회원들이 윤번식으로 돌아가면서 가정봉사원의 역할을 할 수 있다. 이들 가정봉사원의 역할을 하는 구역회원들이 제공할 수 있는 재가서비스의 내용은 다음과 같다.; 가사지원서비스(식사시중, 청소, 세탁, 생필품 구매, 잔심부름), 개인활동지원서비스(목욕, 세수, 위생관리, 용변관리, 외출시 동행), 우애서비스(말벗, 상담, 전화문안), 간호보조서비스(안마, 병간호, 수발, 관장, 투약보조, 욕창간호, 관절운동)(서미경, 1996:60).

구역회원들이나 교회의 자원봉사자들이 치매노인들에게 재가서비스를 제공할 때 봉사자가 갖추어야 할 다음과 같은 자세가 있다.; ① 식사 배설 수면 청결 등 모든 면이 노인에게 적합한 방법으로 충족되도록 한다. ② 치매노인은 주변 환경을 올바로

자각하는 능력과 신체기능이 저하되므로 이들이 위험에 빠지지 않도록 주의한다. ③ 자극이 없는 생활은 치매를 악화시키기 때문에 노인으로 하여금 오랫동안 혼자 있게 하지 말아야 한다. ④ 노인의 실수에 대해 나무라거나 비웃어선 안 된다. ⑤ 항상 유머 감각을 가지고 노인을 대하고 연장자로서 대접해야 한다. ⑥ 노인의 상황에 맞추어 유연한 임기응변 자세를 취해야 한다. ⑦ 노인의 시력이나 청력이 저하되지 않는지 주의하고 노인과 얘기할 때는 얼굴을 마주보고 눈높이를 맞춰 천천히 명확하게 한 가지씩 짧게 얘기한다. 치매노인은 상황에 대한 이해능력이 떨어지기 때문에 항상 현재 상황을 알려주는 것이 좋다. 예를 들어 "12시니까 점심 드시지요." "7시예요. 일어나시지요." ⑧ 청소나 정원관리와 같이 그 속에서 가치나 역할을 인정받을 수 있는 적절한 활동을 하도록 권한다. ⑨ 일상생활을 규칙적으로 꾸려 나간다. ⑩ 누워만 있는 것은 치매상태를 악화시킨다. ⑪ 치매노인과 부질없는 말다툼이 생기지 않도록 주의한다. ⑫ 치매노인들이 자신의 과거를 회상토록 하고 노인의 말에 공감하는 태도를 보인다. ⑬ 강한 인내심을 갖고 유연성 있는 태도로 접촉한다.

3) 노인질환자를 위한 기독교의료복지사업

교회가 노인전문병원을 설립하여 노인들의 의료복지사업을 전문적으로 수행할 수 있다. 단독으로 어려운 경우 수 개 병원이 협력하여 설립할 수 있다. 병원설립이 어려운 경우 노인병원의 운영을 재정적으로 지원하거나 일부 장비를 지원할 수 있다.

현재 일부 교회에서는 노인요양시설(nursing home)을 설립해 운영하고 있다. 노인요양시설은 노인들을 입소시켜 무료 또는 저렴한 요금으로 일상생활의 편의와 함께 치료서비스를 제공하고 있다. 신체적 정신적으로 현저한 장애가 있어 수시로 간호를 필요로 하지만 자택에서 치료와 간호를 받기 어려운 노인들을 수용해 치료와 보호를 하고 있다. 주로 만성질환자에게 장기적인 보호를 제공하고 있다.

교회는 사례관리기법을 활용하여 노인들의 질병치유나 건강유지를 도와 줄 수 있다. 사례관리의 개념은 아직 정립단계에 있지만 일반적으로 사례관리란 클라이언트의 욕구를 사정하고(assessing), 적절한 서비스 급부 기회를 찾아내며(identifying),

서비스에 대한 포괄적인 계획을 발전시키고(developing a comprehensive plan), 서비스에 대해 클라이언트가 손쉽게 이용할 수 있도록 옹호하며(advocating), 서비스의 절절하고 효과적인 전달을 위해 감독하고(monitoring), 평가함으로써(evaluating) 클라이언트의 욕구를 충족시키고 문제를 해결해 주려는 노력이다(Moxley, 1993:50). 교회는 먼저 지역사회나 교회 내 노인들의 건강문제나 욕구를 조사하여 현상을 파악한다. 둘째, 지역사회에서 또는 다른 지역에서 노인들을 위해 의료봉사를 자원하는 의료기관들을 파악한다. 이를 기초로 전반적인 계획을 수립한다. 의료서비스의 이용이 시간적으로나 장소적으로 어려울 경우 노인들이 손쉽게 서비스를 받을 수 있도록 의료기관들을 설득한다. 노인들과 자원봉사 의료기관 사이에 의료서비스가 적절하고 효과적으로 전달되는지 관심을 갖고 지켜본다. 서비스가 종료된 후 노인들의 서비스 만족도와 의료기관의 봉사만족도에 관해 조사하고 문제점이 있으면 개선안을 마련한다. 이와 같은 사례관리방법을 통해서 교회는 노인들의 의료복지에 기여할 수 있다.

의료결연사업을 통해 교회는 노인들의 의료복지에 기여할 수 있다. 교회는 지역사회에서 봉사를 희망하는 노인질환 진료가 가능한 의료기관을 선정해 이들과 요보호노인들의 결연을 주선한다. 의료기관의 형편을 고려해 일정 수의 노인을 할당해 결연을 맺도록 한다. 일반가정의뿐만 아니라 치과, 신경외과, 정형외과 등도 포함시킨다. 결연의료기관들은 노인들을 정기적으로 무료검진하고 필요한 경우 치료서비스를 제공한다. 결연의료기관에 대해 교회는 이들의 봉사정신을 기리고 정신적 만족을 느낄 수 있도록 가칭 '노인결연병(의)원 또는 효도병(의)원'이란 스티커를 만들어 병원문에 붙여 주거나 유사한 내용의 임명장이나 감사장을 만들어 의료기관에 달아준다.

교회는 노인들의 건강을 지원함으로써 의료복지에 간접적으로 기여할 수 있다. 교회는 재가노인들을 위해 가정건강원조서비스(home-helath aids service)를 제공할 수 있다. 교회는 자원봉사성도들에게 간단한 건강관리교육을 전문가를 통해 시키고 교육을 받은 성도들을 몸이 불편한 지역사회 노인들에게 심방을 보내 이들에게 체온측정, 혈압측정, 당측정, 투약 등과 같은 간단한 의료서비스를 제공해 주고 필요시 병원이나 다른 의료기관에 연락하여 적절한 의료서비스를 제공받을 수 있도록 안내해 주는 동시에 이들 쇠약한 노인들이 심적으로 불안해하지 않도록 성경말씀으로 위로해 주는 서비스를 말한다. 또는 이러한 의료서비스를 의사나 공중보건의 또는 간호사들의 지시-감독을 받아 행할 수도 있다. 즉 일종의 가정건강보조원의 역할을 하는 것이다.

교회는 말기 암과 같은 질병을 갖고 시한부 인생을 살아가는 노인들을 위하여 하스피스봉사(Hospice care)를 할 수 있다. 하스피스의 목적은 생명의 고귀함을 재인식하는 것이다. 종말이 가까운 환자들의 남은 삶이 고귀하고 존엄성 있는 것이 되게 하기 위해 만성병 환자, 임종을 앞둔 환자, 노약자들의 여생이 비록 수일, 혹은 수 시간밖에 남지 않았다 할지라도 그 남은 생을 소중히 여겨 정성껏 보살피고 그들의 남은 짧은 삶을 편안하게 보살펴 주기 위하는데 그 목적이 있다.

교회는 하스피스 봉사를 위해서 몇 가지 의미 있는 일을 할 수가 있다. 첫째, 교회는 직간접으로 하스피스 봉사의 일을 수행할 수 있다. 교회는 교회내의 일부 공간을 할애해 하스피스 봉사시설을 만들어 직접 운영을 할 수 있다. 교회소속의 하스피스시설을 외부에 만들어 하스피스 봉사를 실시할 수 있다. 교회는 병원 하스피스시설이나 요양원 하스피스시설 또는 독립된 하스피스시설과 연계해 인력과 재정을 지원함으로써 하스피스봉사를 할 수 있다. 교회는 재가말기환자들을 대상으로 일정한 관련 교육을 받은 자원봉사교인을 활용하여 가정하스피스 봉사를 실시할 수 있다. 교회가 독립된 하스피스시설을 교회 외부 또는 내부에 갖추고 하스피스봉사를 할 수 있으면 기독교정신하에서 효과적으로 운영할 수 있다. 그러나 이런 조건을 갖춘 교회는 극소수이므로 대부분의 교회는 하스피스시설과 결연하여 인적-물적 자원을 원조해 주거나 재가말기환자를 위한 가정하스피스 봉사를 하는 것이 현실적이다.

둘째, 교회는 교회성도들을 대상으로 또는 교회밖의 일반인을 대상으로 하스피스봉사에 관해 교육하고 실습훈련을 시키는 하스피스교육기관의 역할을 할 수 있다.

셋째, 하스피스선교회를 만들어 병원선교나 지역사회선교활동을 하스피스봉사와 함께 병행할 수 있다.[1)]

1) 하스피스봉사에 관한 구체적인 내용은 노인복지편 참조.

4) 기타 의료소외계층을 위한 기독교의료복지사업

빈곤이란 공통의 경험, 지식, 가치 미래에 대한 기대 등에 근거한 하나의 생활양식이다. 결과적으로 빈민들은 질병과 건강의 문제를 부유계층들과 다르게 생각하고 있다. 질병에 관한 정의도 고소득집단과 저소득집단은 서로 다르게 정의하고 있다. 따라서 이러한 서로 다른 견해는 질병 발생시 초기 치료 싸이클에 들어가는 시기에 중요한 영향을 미친다(Eichhorn & Ludwig, 1966: 178-180).

최근 저소득층을 대상으로 한 실태조사에 따르면 저소득층의 이환율이 일반인들보다 더 높은 것으로 나타났다. 또한 저소득층 가운데 상병이 발생하였음에도 여러 가지 이유로 인해 병원진료를 포기하는 경우가 많이 있다. 병원진료를 포기한 이유를 구체적으로 살펴보면 대다수의 저소득층들이 돈이 없어서 또는 병원에 다니게 되면 일을 못해 돈을 벌 수 없기 때문에 병원진료를 포기한 것으로 나타났다. 결국 의학적 사유가 아니라 경제적 사유로 인해 즉 소득이 없거나 소득 중단을 우려해 병원진료를 포기한 것으로 나타났다. 정부는 저소득 계층의 의료복지를 위해 의료보호제도를 만들어 실시하고 있다. 거택 및 시설 보호대상자가 대부분인 1종보호대상자의 경우 외래와 입원 모두 전액 무료로 서비스를 제공하고 있고 자활보호대상자의 경우 외래 입원시 약간의 본인부담하에 서비스를 제공받게 된다.

저소득층에 대한 정부의 공공의료복지는 선별주의(selectivism)하에서 실시되고 있다. 정부는 자산조사(means test)와 신분조사(status test)를 거쳐 의료보호 수혜대상자를 선별하고 있다. 자산조사는 소득과 재산을 조사하는 것이고 신분조사는 주로 근로능력과 부양가족 유무를 판단하기 위한 것으로 국적 연령 장애 임신 세대구성 특수신분(이재자, 국가유공자, 인간문화재, 의사상자, 탈북자 등)소지 여부를 조사하는 것이다. 따라서 경제적으로는 어렵지만 이러한 자산조사와 신분조사를 통과하기 어렵거나 불가능한 계층들이 있다. 중간연령층(18～64세)의 부랑인, 불법채류 이주근로자, 법적으로는 부양가족이나 재산이 있으나 현실적으로 경제생활하기가 매우 곤란한 자 등이 그 예이다. 또한 이러한 기준에 적격하다 하더라도 개인적으로 절망감 우울증 방황 수치감 나태 등으로 인해 수혜를 포기하는 경우가 상당수 있다. 최근 심각한 사회문제가 되고 있는 실직자들과 경제적으로 급격히 몰락한 세대들이 그 예이다. 따라서 이들은 현실적으로 의료혜택을 받을 수 없는 의료사각지대 즉 의료복지의 공백상태(welfare vacuum of medical welfare)에 빠지게 된다. 만일 사회의 누군가가 이들을 위해 의료조치를 취하지 않는다면 이들은 오랫동안 질병과 부상의 고통 가운데 살아가거나 살아갈 가능성이 크다. 교회가 공공의료복지도 받기 어렵고 또한 가족의 의료지원을 받을 수도 없는 우리 주위의 고통 받는 이웃들을 위해 의료복지사업을 전개하는 것은 성서적으로나 사회적으로나 의미가 있다. 통상적으로 교회들이 이들 계층을 위해 하고 있는 사업은 교회내외의 의료선교회를 활용한 의료봉사이다. 이들은 빈민밀집지역, 무의촌, 도서지역, 외국인근로자교회나 숙소, 실직자 쉼터, 부랑인 밀집지역 등을 방문해 일반 내과-외과진료, 피부병검진, 정신과검진, 영양상태검진, 소아진료사업, 결핵진료사업, 치과검진, 의약품 제공 등의 사업을 전개한다. 또한 현장에서 치료가 불가능한 경우 치료가 가능한 의료기관에 이들을 의뢰한다. 대부분의 의료선교회는 어려움을 많이 겪고 있다. 우선 의료인력이 절대 부족하고 의료장비가 매우 비싸고 중환자를 치료할 때 비용이 많이 들어가기 때문이다. 교회는 이들 의료선교회를 위해 기도하고, 재정적으로 후원하고, 의료자원봉사의 참여를 권고하는 노력이 뒤따라야 한다.

또 하나의 교회 내에 또는 교회관련시설에 가칭 '주사랑의료센터'를 설립하는 것이다. 교회가 자체적으로 의료센터를 설립하는 것은 현실적으로 어려우므로 정부 및 사회기관과 협의하여 정부가 공중보건의와 보건진료원을 파견하고 기초적인 의료시설과 의약품을 제공하며(의약품과 의료기기는 제약회사나 의료기제작사 등 사회기관의 지원을 받을 수도 있음) 교회는 일정한 '주사랑의료센터'를 위한 장소제공과 청소 등 시설관리업무만 담당함으로써 교회와 사회와 국가가 서로 협력하여 선을 이루는 사랑의 의료공동체를 실현해 보는 것이다.

최근 국내에서도 국제적인 의료복지선교회들이 일종의 비정부기구(NGO: Non-Governmental Organization)로서 활동을 전개하고 있다. 한 예로 'Global Care'라는 단체는 세계시민의식을 가지고 지구촌의 가난하고 소외된 이웃에게 의료봉사활동을 전개함으로써 예수 그리스도의 사랑과 소망을 전해 주고 있다. 이 단체는 국내에서 무의촌과 도시빈민 외국인 근로자들을 위한 무료진료와 몽골 중국 베트남 르완다 등 해외에서 의료봉사활동을 실시하고 있다. 최근에 이 단체가 실시하고 있는 의료복지 사업을 살펴보면 다음과 같다.; 첫째, 실직자를 위한 의료사업을 실시하고 있다. IMF 사태로 인한 실직자들과 그 가족들에게 전국의 회원병원 네트워크를 구축하여 의료비를 할인하여 주고 무료진료를 실시하고 있다. 둘째, 노숙자 진료사업을 실시하고 있다. 이 단체는 매주 1회 노숙자들을 위해 회원병원의 의사들과 자문위원들이 무료진료를 실시하고 취업이나 가정문제 의료문제 등에 관하여 상담서비스를 실시하고 있다. 셋째, 재가의료복지사업을 실시하고 있다. 가정에서 보호를 요하는 장애인, 무의탁 노인, 소년소녀가장, 결손가정세대의 가정을 의사들이 월 2~3회 직접 찾아가 의료서비스와 간병 및 가사 서비스를 제공하고 있다. 넷째, 북한 동포를 위한 의료사업을 실시하고 있다. 이 단체는 식량난과 함께 질병으로 고통을 당하고 있는 북한주민과 어린이들의 건강을 위한 의약품 지원사업을 대한적십자사를 통해 실시하고 있다. 또한 북한의 결핵예방병원과 결핵요양소에 있는 결핵환자를 위해 결핵약과 의료기구, 검진차량 등을 지원하는 사업을 실시하고 있다. 다섯째, 해외의료복지사업을 실시하고 있다. 베트남에서 이 단체의 회원 성형외과 전문의들과 마취과 전문의들이 베트남 국립병원에서 선천성 기형아동들을 수술하였으며 몽골을 방문하여 현지 의료선교사와 함께 한방, 치과, 이비인후과 등의 의료복지를 실시하였다(글로벌케어, 1998:1-4).

5) 약물남용 및 중독자를 위한 기독교의료복지사업

의학적으로 약물은 신체적 정신적 고통을 완화하거나 질병을 치료 또는 예방하기 위한 물질인데 반해 사회과학적으로 약물이란 뇌 또는 신경계에 직접 영향을 주는 습관성 물질로 화학물질이나 마약뿐만 아니라 문화적으로 허용되는 약물인 담배나 술도 포함한다. 사회적으로 문제가 되는 약물남용을 가져올 수 있는 약물은 마약, 신경안정제, 흥분제, 환각제, 대마초, 본드나 가스, 술, 담배 등이 있다.

약물중독(drug addiction)이란 약물에 대한 신체적 반응을 지칭한다. 약물중독은 내성, 금단증상, 습관화의 세 가지 차원에서 설명된다. 내성(tolerance)이란 해당 약물의 복용량을 증가시키고 싶어 하는 신체적 욕구를 말한다. 금단증상(withdrawl symptom)이란 특정 약물의 사용을 중단했을 때 예측 가능한 신체적 반응을 말한다. 습관화(habituation)란 특정약물을 계속 사용하고 싶다는 억제하기 힘든 욕구 즉 정신적 의존상태를 말한다. 성서에서는 방탕과 음란과 호색과 같이 정욕을 위하여 육신의 일을 도모하는 자는 심판의 날에 영벌을 받게 된다고 천명하고 있다.

약물중독을 치유하는 방법에는 의사가 주체가 되어 진단 치료 및 투약을 행함으로써 증상을 제거하는 의학적 모델, 사회환경을 변화의 주체로 삼고 지역사회자원을 활용하는 사회적 모델, 자신을 변화의 주체로 삼고 자아로 이상행동을 치유하는 심리적 모델이 있다. 교회가 의학적 모델을 택하기에는 현실적 어려움이 있다. 의학적 모델에는 의사가 약물중독자의 영양학적 불균형을 교정해 주거나, 24시간 약효가 있고 내성은 없으나 중독성은 있는 대용약물인 메타돈(methadone)을 제공함으로써 약물 없이 생활할 수 없는 중독자의 생존을 도모하거나, 영국에서처럼 약물중독자를 범법자가 아닌 환자로 간주하고 정부의 관련 사무소에 등록한 후 합법적으로 의사의 처방 아래 약물복용량을 점차 줄여 가도록 하는 방법이 있다. 교회가 직접적 약물중독치료센터나 전문병원을 설립해 의학적인 치유책을 실시한다면 매우 효과적이나 현실적으로 어려움이 많이 있다. 이러한 때 교회는 교회 내에 구역단위 내에 또는 지역사회에 약물중독자가 있는지 확인하고 그들의 치유욕구를 조사한 후 문제해결을 위한 계획을 세우고 적절한 치유와 보호를 받을 수 있도록 한국마약퇴치운동본부나 산하 지부, 약물중독전문치유기관, 약물남용예방기관 등 관련 기관에 의뢰하여 보호와 치유를 받을 수 있도록 의뢰하는 사례관리(case management)를 할 수 있다.

교회가 실현하기 용이한 모델은 사회적 모델이다. 교회는 집단과정을 통해 약물남용자의 사고방식과 행동양태의 변화를 도모함으로써 약물중독자를 치유하기 위한 치료공동체(therapeutic communities)의 역할을 수행 할 수 있다. 대표적인 사례가 자조집단(self-help group)이다. 교회는 알코올중독자 자조모임(Alcoholics Anonymous, Al-Anon), 마약중독자 자조모임(Narcotics Anonymous, Synanon), 도박중독자 자조모임(Gamblers Anonymous) 등 자조모임들의 만남을 위한 효과적인 물리적 환경을 제공할 수 있다(Evangelical Lutheran Church, 1997:1-2). 자조집단이란 공통의 문제나 욕구를 가진 청소년들이 스스로 모여 집단적으로 상호작용하면서 기존의 사고방식과 행동의 변화를 도모하고 자신들이 공통으로 당면한 문제를 해결하기 위해 스스로 노력하는 자발적인 공동체를 말한다. 자조집단 구성원들은 상부상조하고, 같은 처지에 있는 사람들을 도와주는 자원봉사자들이다. 자조(self-help)라는 것은 문제해결을 위한 주된 서비스를 대체하는 것이 아니라 보완해주는 것이다(Healy, 1998:104-108).

자조집단은 비공식적인 조직으로 운영되며 가입조건은 약물사용을 단절하길 원하는 것뿐이다. 자조집단은 약물에 관한 풍부한 정보의 원천이므로 집단 성원들에게 필요한 정보를 보급(information dissemination)하는 기능을 하고 되고, 자조집단 구성원 간에 형성된 친밀한 대인관계로부터 상호간에 지지(support)를 제공하고, 외부 관련기관과 연대해 같은 처지의 사람들을 옹호(advocacy)하는 기능을 수행할 수 있다(Powell, 1995: 2116-2121). 예를 들어 교회는 알코올중독자 자조모임(단주모임:Alcoholic Anonymous)의 장소가 될 수 있다. 알코올중독자들이 교회가 제공한 교회 내 시설에서 일정 기간 회합하여 알코올중독에 관한 정보를 서로 나누고 서로를 격려하면서 자신의 모든 것을 하나님께 맡기고, 술에 관한 성서의 가르침을 봉독하면서, 참회의 기도 가운데 사고와 행동의 변화를 도모하여 알코올중독상태를 스스로 벗어나려고 하는 노력을 도와줄 수 있다. 교회는 이들의 자가치료노력에 인위적 환경을 조성하거나 개입하지 말고 단지 모임장소와 필요한 자료나 정보의 제공에 그치는 것이 오히려 이들의 치유노력을 도와주는 데 더 효과적이다. 단지 자조모임이 오용되지 않도록 각별히 관심을 가지고 관찰해야 한다. 그밖에 교회는 흡연이나 도박 이혼 장애아동양육 등을 위한 자조모임의 장소로 활용되어질 수 있다. 마약을 단절하기 원하는 사람들을 위한 단마약모임(Narcotics Anonymous), 흡연을 단절하기 원하는 사람들을 위한 단흡연자조모임(Tobacco Anony- mous)이 있다.[2]

2) 그밖에 이혼자를 위한 이혼자조모임(Divorce Anomymous), 도박에 중독된 사람들을 위한 단도박모임(Gamblers Anonymous)이 있고 장애인부모들이 장애아동의 양육 및 재활을 위해 서로 일정 기간마다 모여 정보를 나누는 장애아양육자조모임(Parents Anonymous) 등이 있다(DiNitto & Dye, 1987:134-136).

제14장 기독교 지역사회복지

지역사회란 사람들이 생활하는 지역적 공동체이자 인간적 공동체이고 사회적공동체이자 문화적 공동체이다. 지역사회란 한 지역을 구성하는 사람들과 기관들의 지리적 집합체이자 공동의 관심과 역할을 함께하는 사람들의 집단이기도 하다. 지역사회는 지역사회주민들의 구체적 삶의 현장이자 생활의 터전이기도 하지만 교회로서는 선교의 현장이고 이웃사랑을 실천의 장이기도 하다. 그동안 교회가 지역사회 선교정책으로서 영혼구혼사업은 활발히 전개하였지만 고통 받는 이웃들을 위해 사랑을 실천하는 데는 다소 소홀하였다는 지적도 있다. 교회가 자신이 속한 지역사회를 위해 선교활동을 전개하는 것은 무엇보다 중요한 일이지만 지역사회선교를 보다 효과적으로 수행하기 위해서는 지역사회가 당면한 문제를 지역주민과 함께 고민하고 해결방안을 모색하며 동시에 가난하고 소외된 지역사회주민들의 고통을 완화시키기 위해 이웃사랑을 실천하는 데 보다 적극적으로 임해야 한다.

지역사회에서 성경적 정의에 벗어난 사회문제들을 조사-확인하고, 그 문제를 해결하기 위한 성서적으로 올바르고 실현가능한 대안들을 강구하며, 이들 가운데 적절한 대안을 택해서 도움필요성의 우선순위에 따라 인적 물적 영적 자원을 사용하고, 그 결과 가난하고 소외된 이웃들의 고통을 완화시키고, 성경적 정의에서 벗어난 지역사회의 문제들을 해결하는 것은 지역사회 교회들의 책임 가운데 하나이다.

이러한 노력을 위한 구체적 대안으로서 교회와 성도들이 자신이 속한 지역사회 내에 사랑의 현장을 갖는 것은 구체적이고 실천적인 선교사역활동에 임하는 것이며 봉사의 현장을 갖는 것이고 이웃사랑을 실천함으로써 교회가 세상의 소금이고 빛의 역할을 수행하는 계기가 되는 것이다.

제1절

기독교 지역사회복지

지역사회란 하나님의 백성들이 서로 의존하고 사는 삶의 터전이고, 신앙공동체를 출산시킨 모체이며, 구체적인 일터이고, 이웃과의 교제의 장이며, 복음을 심어야 할 밭이다. 지역사회는 하나님의 구원의 역사가 펼쳐지는 하나님 나라의 무대이다(박종삼, 1989:41-43). 지역사회복지란 전문인력이나 비전문인력이 지역사회 수준에 개입하여 지역사회에 존재하는 각종 제도에 영향을 주고, 지역사회의 문제를 예방하고 해결하고자 하는 일체의 사회적 노력을 의미한다(최일섭, 1992:25). 달리 표현하면 지역사회복지란 지역사회 주민들의 욕구와 그들이 가진 문제를 확인하고 이를 해결하기 위해 관련된 지역사회의 동원 가능한 자원의 존재를 확인하며 이를 체계적이고 조직적으로 동원하고 이해관계를 조정해 나감으로써 지역공동체를 이룩하고 궁극적으로는 지역사회 통합을 이루려는 지역사회의 실천적 노력을 말한다.

지역사회 문제를 해결하려는 사회적 노력의 하나로서 시도되는 것이 지역사회 조직(community organization)이다. 지역사회 조직은 개인, 집단 그리고 조직들이 사회문제에 영향을 미치기 위해서 계획된 행동에 참여하는 개입방법을 의미한다. 지역사회 조직은 계획과 조직이라는 두 개의 주요 과정을 통해 이루어지며 지역사회를 풍요롭게 하고, 개발하고 사회제도를 변화시키려는 노력과 관련이 있다(Brager & et.al., 1987:53-56).

성서에서 지역사회란 이웃의 개념에 해당된다. 히브리어에서 이웃을 의미하는 단어로는 레아(동료, 동료시민, 단순히 상호 관계가 있는 상대방), 카루브(가까운 사람), 샤켄(주민, 거주자), 아미트(친구, 친척, 동료) 등이 있다. 헬라어에서 이웃이란 단어는 게이톤(근처에 사는 같은 나라 사람), 페리오이코스(근처에 사는 사람), 플레시온 (근방 또는 가까운 사람) 등이 있다.

이웃이란 말의 본래 의미는 지리적인 의미가 있었다. 이웃이란 말은 가까이 있는 사람, 곧 동향인을 의미했기 때문이다. 이웃 간의 정이라는 것이 유대교의 사회 윤리에서는 중요한 위치를 차지하고 있는데, 그 이유는 유대교에서는 이웃에 대해 엄격한 의무가 요구되고 있으며 또한 그 의무를 수행하도록 강력히 권고되고 있기 때문이다.

신약성서에서 이웃에 대한 관계가 새로운 차원에 들어선다. 신약에서는 '이웃 사랑하기를 네 몸과 같이 하라'고 명함으로써 이웃사랑은 황금률로서 모든 율법의 완성으로 보았다. 예수는 천국에 들어가기 원하는 자들에게 있어서 근본적인 요구는 하나님을 향한 사랑임을 가르치신다. 그는 유대인의 윤리적 전통을 넘어서서 사랑을 다른 모든 계명을 내포하는 새로운 수준으로 끌어올린다. 예수께서는 모든 율법과 선지자들이 하나님과 이웃에 대한 이 기본적인 사랑의 개념 속에 요약된다고 지적하신다. 하나님에 대한 사랑은 단지 고조된 종교적 감정만이 아니라 그것은 바로 인간에게 그 본질상 인간에게 사랑을 표현하게 되는 하나님과의 관계이다. 하나님에 대한 사랑과 이웃에 대한 사랑 사이에는 불가분의 관계가 성립된다. 선한 사마리아인의 비유에서 예수께서는 이웃을 정의하시고 배타적인 이웃의 개념을 넘어서서 새 의미를 부여하고 있다. 천국의 선한 이웃은 지역적, 인종적, 지리적 의미에 의하여 제한을 받지 않는다. 오히려 천국의 선한 이웃은 도움을 필요로 할 때는 언제라도 사랑과 동정의 감정이 우러나와야 하는 것이다. 사마리아인은 강도들을 만나 쓰러진 그 사람을 이웃으로 인정하는 데 하등의 문제가 없으며, 그를 그처럼 행동하게 해준 동기가 다름 아닌 이웃 사랑이었기에 그처럼 고결하게 행동하였다. 사랑에 기초한 기독교 신자의 산 믿음은 모든 사람에게 좋은 이웃이 되는 행동을 요구하고 있다(기독교대백과사전, 1980:1373-1374).

기독교 지역사회복지란 하나님께서 명령하신 이웃사랑을 실천함으로써 지역사회 구성원 모두가 하나님의 형상으로 지음받은 인간의 존엄성을 유지하며, 하나님 보시기에 아름다운 지역공동체를 형성하려는 교회 기독교단체 기독교인들의 체계적인 노력을 말한다. 하나님께서는 이웃을 멸시하거나 압제하거나 늑탈하지 말고, 곤궁한 이웃을 도와주고 이웃을 기쁘게 하고 이웃을 자신의 몸과 같이 사랑하라고 명령하신다. 진실된 이웃사랑은 모든 제물보다도 나으며 영생을 얻기 위한 조건임을 가르치신다.

현대사회에서 발생하는 사회문제의 대부분은 인간 죄악의 결과이다. 즉, 성경적 정의(biblical justice)에 벗어난 상태이다. 교회는 지역사회에서 성경적 정의에 벗어난 사회문제들을 조사-확인하고, 그 문제를 해결하기 위한 성서적으로 올바르고 실현가능한 대안들을 강구하며, 이들 가운데 적절한 대안을 택해서 도움필요성의 우선순위에 따라 인적 물적 영적 자원을 사용하고, 그 결과 고통 받는 이웃들의 욕구가 얼마나 충족되었고, 지역사회문제가 얼마나 해결이 되었으며, 하나님의 정의가 얼마만큼 실현되었는가를 평가하고, 그런 연후 보다 나은 개선책을 강구함으로써, 지역사회 가운데 인간의 존엄성과 성경적 정의를 체계적으로 구현할 수 있다.

제2절 지역사회복지문제 현황과 해결주체

1) 지역사회복지서비스 기관 현황

지역사회 복지사업은 주로 지역사회복지관과 재가복지봉사센터에 의해 수행되고 있다. 이들의 설치 운영 현황은 다음과 같다(보건복지부, 1997:270-274).

(1) 사회복지관 현황

사회복지관은 저소득층 등 취약 계층의 사회문제와 가정 문제 발생을 사전에 예방하기 위해 1982년부터 각 시군구 단위로 종합사회복지관을 설치 운영되기 시작했다. 그 후 사회복지관은 전국적으로 크게 증가하여 2007년에는 397개소에 이르렀다. 법인 유형별 사회복지관 현황은 다음과 같다(사회복지관협회, 2007:1-16).

구 분	개 소 수
사회복지법인	289
재 단 법 인	50(1)
사 단 법 인	11
학 교 법 인	25
지방자치단체 직영	22
총 계	397

*자료: 한국사회복지관협회, 2007.

전국의 사회복지관의 약 73%는 사회복지법인에 의해 운영되고 있으며, 재단법인에 의해 운영되는 경우가 약 13%이고, 그 다음이 학교법인, 지방자치단체, 사단법인의 순으로 운영되고 있다. 교회는 독자적으로 사회복지법인을 설립해 사회복지관을 운영하거나 총회 사회복지법인이나 유지재단 등의 명의를 사용하여 사회복지관을 운영하고 있다.

(2) 재가복지봉사센터 현황

정부는 지역사회 내에서 장애인 노인 소년소녀가장 모자가정 등 요보호대상자에게 가사 원조, 간병, 정서적 지원, 결연 등의 제반 복지서비스를 제공하기 위해 1992년부터 재가복지봉사센터를 설치해 운영하고 있다. 재가복지봉사센터에서는 자원봉사자를 모집, 교육하여 가정에서 보호를 요하는 장애인, 노인, 불우아동 및 저소득층의 가정을 직접 방문하여 간병 진료 급식 정서적 지원 가사보조 등 일상생활에 필요한 각종 서비스를 제공하거나 결연사업이나 후원사업을 전개하고 있다.

재가복지봉사센터는 기존의 사회복지관이나 장애인복지관 등에 전담 인력을 배치하고 장비 등의 사업비를 추가 지원하여 복지관 부설 형태로 설치해 운영하고 있다. 1997년 말 현재 약 92%가 사회복지관에 부설되어 운영되고 있다. 나머지는 사회복지협의회 시도지부에서 운영하고 있다.

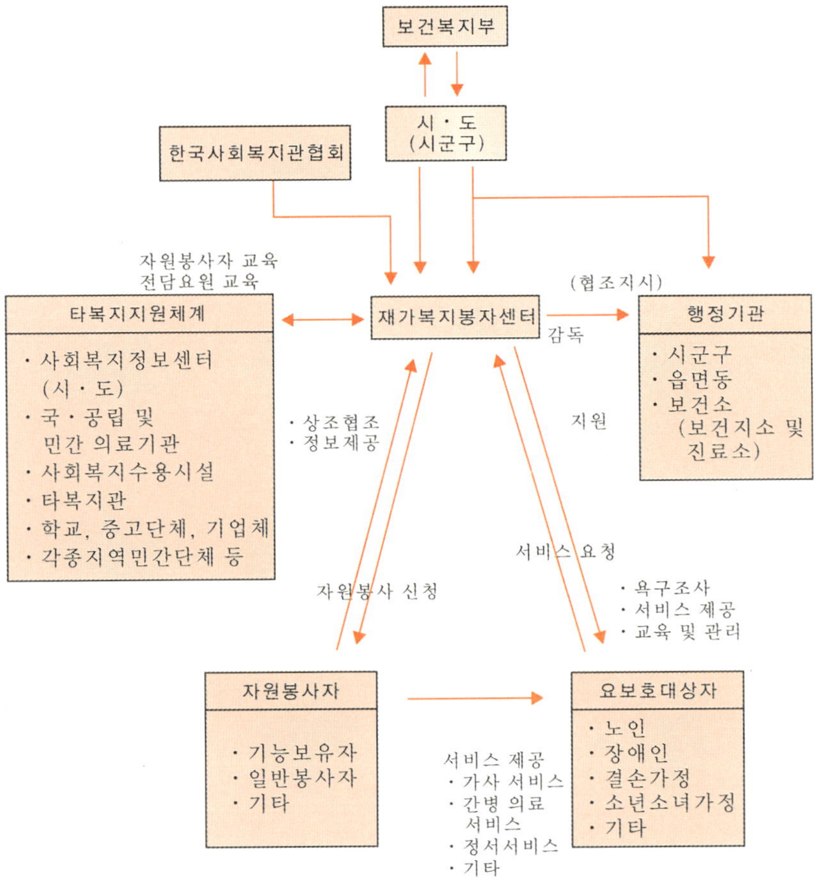

제가복지봉사센터 서비스 전달체계

출처: 한국사회복지관협회, 2003

제3절

성서 속의 기독교 지역사회복지

성서 속의 기독교 지역사회복지는 이웃사랑에 관한 하나님의 가르침을 구체적으로 실천하는 것으로 나타난다.

"하나님이 가라사대 우리의 형상을 따라 우리의 모양대로 우리가 사람을 만들고 (Let us make man in our image, in our likeness)……하나님이 자기의 형상 곧 하나님의 형상대로 사람을 창조하시고(God created man in his own image, in the image of God he created him)……하나님이 그 지으신 모든 것을 보시니 보시기에 심히 좋았더라(It was very good.)……"(창1:27-31)

"내가 만일 너와 함께 한 나의 백성 중 가난한 자에게 돈을 꾸이거든 너는 그에게 채주같이 하지 말며 변리를 받지 말 것이며, 네가 만일 이웃의 옷을 전당 잡거든 해가 지기 전에 그에게 돌려보내라. 그 몸을 가릴 것이 이 뿐이라. 이는 그 살의 옷인즉 그가 무엇을 입고 자겠느냐 그가 내게 부르짖으면 내가 들으리니 나는 자비한 자임이니라."(출22:25-27)

"너는 네 이웃을 압제하지 말며 늑탈하지 말며 품꾼의 삯을 아침까지 밤새도록 네게 두지 말며"(레19:13)

"원수를 갚지 말며 동포를 원망하지 말며 이웃 사랑하기를 네 몸과 같이 하라."(레19:18)

"네 동족이 빈한하게 되어 빈손으로 네 곁에 있거든 너는 그를 도와 객이나 우거하는 자처럼 너와 함께 생활하게 하되, 너는 그에게 이식을 취하지 말고 네 하나님을 경외하여 네 형제로 너와 함께 생활하게 할 것인즉 너는 그에게 이식을 위하여 돈을 꾸이지 말고 이익을 위하여 식물을 꾸이지 말라."(레25:35-37)

"매 칠년 끝에 면제하라. 무릇 그 이웃에게 꾸어 준 채주는 그것을 면제하고 그 이웃에게나 그 형제에게 독촉하지 말지니 이 해는 여호와의 면제년이라 칭함이니라. 이방인에게는 네가 독촉하려니와 네 형제에게 꾸인 것은 네 손에서 면제하라."(신15:1-4)

"지혜 없는 자는 그 이웃을 멸시하나 명철한 자는 잠잠하느니라."(잠11:12)

"가난한 자는 그 이웃에게 미움을 받게 되나 부요한 자는 친구가 많으니라. 그 이웃을 업신여기는 자는 죄를 범하는 자요, 빈곤한 자를 불쌍히 여기는 자는 복이 있는 자니라."(잠14:21-22)

"각기 이웃을 도우며 그 형제에게 이르기를 너는 담대하라 하고."(사41:6)

"너희 중에 누구든지 크고자 하는 자는 너희를 섬기는 자가 되고, 너희 중에 누구든지 으뜸이 되고자 하는 자는 너희 종이 되어야 하리라. 인자가 온 것은 섬김을 받으려 함이 아니라. 도리어 섬기려 하고 자기 목숨을 많은 사람의 대속물로 주려 함이니라."(마20:26-28)

"네 마음을 다하고 목숨을 다하고 뜻을 다하여 주 너의 하나님을 사랑하라. 이것이 첫째 계명이요, 둘째는 네 이웃을 네 몸과 같이 사랑하라."(마22:37-40)

"그 즈음에 또 큰 무리가 있어 먹을 것이 없는지라. 예수께서……무리를 불쌍히 여기노라. 저희가 나와 함께 있은 지 이미 사흘이매 먹을 것이 없도다……너희에게 떡 몇 개나 있느냐……가로되 일곱이로소이다 또 작은 생선 두어 마리가 있는지라……이에 축복하시고 명하사……배불리 먹고 남은 조각 일곱 광주리를 거두었으며 사람은 약 사천 명이었더라……"(막6:31-44,8:1-9)

"마음을 다하고 지혜를 다하고 힘을 다하여 하나님을 사랑하는 것과 또 이웃을 제 몸과 같이 사랑하는 것이 전체로 드리는 모든 번제물과 기타 제물보다 나으니라."(막12:33)

"어떤 율법사가 일어나 예수를 시험하여 가로되……무엇을 하여야 영생을 얻으리이까……예수께서 이르시되 율법에 무엇이라 기록되어 있으며 네가 어떻게 읽느냐. 대답하여 가로되 네 마음을 다하며 목숨을 다하며 힘을 다하며 뜻을 다하여 주 너의 하나님을 사랑하고 또한 네 이웃을 네 몸과 같이 사랑하라 하였나이다. 예수께서 이르시되 네 대답이 옳도다. 이를 행하라, 그러면 살리라 하시니 이 사람이 자기를 옳게 보이려고 예수께 여짜오되 그러면 내 이웃이 누구오니이까. 예수께서 가라사대 어떤 사람이 예루살렘에서 여리고로 내려가다가 강도를 만나매, 강도들이 그 옷을 버리고 때려 거반 죽은 것을 버리고 갔더라. 제사장이……그를 보고 피하여 지나가고, 레위인도……보고 피하여 지나가되, 어떤 사마리아인은……그를 보고 불쌍히 여겨 가까이 가서 기름과 포도주를 그 상처에 붓고 싸매고 자기 짐승에 태워 주막에 데리고 가서 돌보아 주고, 이튿날에 데나리온 둘(two silver coins)을 내어 주막 주인에게 주며 가로되 이 사람을 돌보아 주라. 부비(extra expense)가 더 들면 내가 돌아 올 때에 갚으리라……네 의견에는 이 세 사람 중에 누가 강도 만난 자의 이웃이 되겠느냐. 가로되 자비를 베푼 자니이다. 예수께서 가서 이르시되 가서 너도 이와 같이 하라 하시니라."(눅11:25-37)

예수께서는 하나님의 계명을 지키고 동시에 이웃 사랑을 실천할 것을 가르치고 계신다. 보다 구체적으로 성경은 강도 만난 자의 이야기를 통해 무엇을 해야 영생을 얻을 수 있는지를 선포하고 있다. 율법사가 예수를 시험하여 가로되 '무엇을 하여야 영생을 얻으리이까?' 예수께서 이르시되 '율법에 무엇이라 기록되었으며 네가 어떻게 읽느냐?' 율법사가 대답하기를 '네 마음을 다하며 목숨을 다하며 힘을 다하며 뜻을 다하여 주 너의 하나님을 사랑하고 또한 네 이웃을 네 몸과 같이 사랑하라.'고 하였나이다. 예수께서 이르시되 '네 대답이 옳도다. 이를 행하라 그러면 살리라(Do this and you will live.).' 율법사가 이웃이 누구인지에 대해 묻자 예수께서는 강도 만나 거반 죽은 자를 바라보고 가서 자비를 베푼 자가 바로 강도 만난 자의 이웃이라고 말씀하신다(눅 10:25-37).

"하나님이 세상을 이처럼 사랑하사 독생자를 주셨으니 이는 저를 믿는 자마다 멸망치 않고 영생을 얻게 하려 하심이니라."(요3:16)

"예수께서 그의 우는 것과 또 함께 온 유대인들의 우는 것을 보시고 심령에 통분히 여기시고 민망히 여기사……예수께서 눈물을 흘리시더라."(요11:33-35)

"믿는 사람이 다 함께 있어 모든 물건을 서로 통용하고 또 재산과 소유를 팔아 각 사람의 필요를 따라 나눠주고(all believers were together and had everything in common. Selling their possessions and goods, they gave to anyone as he had need.) 날마다 마음을 같이하여 성전에 모이기를 힘쓰고 집에서 떡을 떼며 기쁨과 순전한 마음으로 음식을 먹고 하나님을 찬미하며 또 온 백성에게 칭송을 받으니 주께서 구원받는 사람을 날마다 더하게 하시니라."(행2:44-47)

"믿는 무리가 한 마음과 한 뜻이 되어 모든 물건을 서로 통용하고 제 재물을 조금이라도 제 것이라 하는 이가 하나도 없더라. 사도들이 큰 권능으로 주 예수의 부활을 증거하니 무리가 큰 은혜를 얻어 그 중에 핍절한 사람(needy persons)이 없으니 이는 밭과 집 있는 자는 팔아 그 판 것의 값을 가져다가 사도들의 발 앞에 두매 저희가 각 사람의 필요를 따라 나눠줌이러라(it was distributed to anyone as he had need)."(행4:32-35).

"우리 각 사람이 이웃을 기쁘게 하되 선을 이루고 덕을 세우도록 할지니라."(롬 15:2)

"오직 사랑으로 서로 종노릇하라. 온 율법은 네 이웃 사랑하기를 네 몸같이 하라 하신 한 말씀에 이루었나니."(갈5:13-14)

"각각 은사를 받은 대로……서로 봉사하라."(벧전4:10) 모든 성도는 자기가 받은 은사를 가지고 세상에 종의 형체로 오신 예수를 따르는 제자들로서 곧 봉사자 섬기는 자가 되어야 한다.

누구를 섬겨야 하나? 먼저 하나님을 섬기는 수직적 봉사가 우선순위가 되고, 다음으로 이웃을 섬김으로 봉사하는 수평적 봉사를 해야 한다. "지극히 작은 자에게 한 것이 곧 내게 한 것이니라."(마25:40) 이웃을 잘 섬겨야 한다. 구체적으로 주린 자, 목마른 자, 나그네 된 자, 헐벗은 자 , 병든 자, 옥에 갇힌 자, 소외된 자 등이 우리의 이웃이요 봉사의 대상이요 섬김의 대상이다.

교회는 교회가 위치한 지역사회를 위해서 봉사해야 한다. 교회가 지역주민들의 존경의 대상이 되고 칭송의 대상이 될 때에 전도의 문이 열리고 성장 발전한다. 사도행전에 나오는 초대교회의 성장은 구성원 하나 하나가 자기가 있는 위치에서 열심히 봉사에 동참하는 것이다.

제4절 기독교 지역사회복지 전략

대한예수교장로회는 1984년 69회 총회에서 사회선교지침을 채택한 바가 있다. 여기서 채택한 사회선교지침은 거의 그대로 기독교 지역사회복지 분야에 적용할 수 있는 의미 있는 사회선교전략이 포함되어 있다(대한예수교장로회총회사회부, 1991:23-24).

이를 활용하여 기독교사회복지전략을 제시하면 다음과 같다.

기독교 지역사회복지를 효과적으로 수행하기 위해서는 지역사회의 절실한 문제가 무엇이고, 지역주민들의 욕구가 무엇인지를 정확히 파악해야 한다. 이를 기초로 하여 지역사회문제를 해결함에 있어 그리고 지역주민의 욕구를 충족시킴에 있어 어떻게 지역사회 구성원과 성도들의 협조를 구해 내고 기존에 있는 지역사회자원들을 어떻게 활용할 수 있을 것인가를 강구해야 한다. 기독교 지역사회복지의 전략은 지교회 전략, 노회의 전략, 총회의 전략으로 계층화되어 있으나 상호 밀접한 관계를 맺고 있다.

첫째, 지교회 차원에서의 기독교 지역사회복지전략은 목회 현장에 직접 적용할 수 있는 전략이다. 지교회는 지역사회의 특성에 맞추어 빈민, 장애인, 노인, 청소년, 매매춘여성, 근로자, 농어촌, 등을 위한 다양한 복지사업을 수행할 수 있다. 지교회가 무엇보다 우선적인 관심을 가져야 할 분야는 근로능력이 없어 마땅히 도움을 받아야 할 계층들의 삶의 질에 관한 문제이다. 제한된 자원을 가지고 지교회가 이러한 일들을 효과적으로 수행하기 위해서는 우선 지역사회의 문제와 지역주민들의 욕구를 정확히 파악하고 그에 따라 사업의 우선순위를 책정해야 한다. 책정된 사업의 우선순위에 따라 교회와 지역사회의 인적, 물적, 영적자원 등을 조직적이고 체계적으로 육성하고 동원할 수 있어야 한다. 여기서 무엇보다도 중요한 것은 교회의 기독교 지역사회복지사업에 대한 성도들과 지역사회의 신뢰이다. 신뢰가 이루어져야 봉사와 헌신의 마음자세가 생길 수 있다. 만일 교회로부터 재정과 관련시설이 충분히 확보할 수 있다면 기독교 지역사회복지사업은 효과적으로 수행될 수 있다. 만일 충분히 확보할 수 없다면 지역사회나 총회의 후원을 받아야 한다. 이러한 노력들이 모두 불가능할 때 교회는 포기하지 말고 사례관리기법(事例管理技法, case management)을 활용하여 지역사회에 도움이 필요한 자원들과 도움을 줄 수 있는 자원을 파악한 후 양자를 적절히 연결시켜 줌으로써 지역복지사업을 수행할 수 있다. 지교회가 독자적으로 사업을 수행하기가 어려운 경우에는 수개의 교회가 연합하여 공동사업으로 수행할 수 있고, 정부나 사회단체와 재정분담하여 사업을 수행할 수 있다.

둘째, 노회차원에서의 기독교 지역사회복지 전략으로는 지교회에서 기독교지역복지사업이 효과적으로 수행되도록 하기 위한 지원업무를 담당한다. 노회는 지교회 목회자들에게 기독교사회복지의 중요성을 인식시키고 관련 내용의 교육과 현장훈련을 실시한다. 지교회 차원에서 개별적으로 수행하기 어려운 사업을 선별하여 노회차원에서 공동으로 사업을 수행하거나 노회 내에 지원 가능한 다른 자원들을 찾아 연결시켜 준다. 사회가 필요로 하는 새로운 복지사업을 연구개발하고 이를 시험적으로 실시할 시범교회를 선정-지원한 후 다른 교회들에게 하나의 모델이 되도록 한다. 총회사회부와 긴밀한 연락을 유지하며 총회의 사회선교기본정책이나 방침 계획 등에 관한 정보를 지교회에 제공한다.

셋째, 총회 차원에서의 기독교 지역사회복지 전략으로는 기독교복지에 관한 기본적인 정책을 수립하고 사회선교신학을 정립하기 위한 연구와 조사를 행하고 이를 노회나 관련 기관에 제공한다. 범교단차원에서 기독교사회복지가 이루어질 수 있도록 타 교단과 협력하며, 기독교사회복지 전문교육기관을 설립하고, 전문적인 기독교사회복지사의 육성을 위해 노력한다. 전국적 차원에서 기독교지역복지 시범사업을 실시하고 연구와 봉사활동을 전개한다. 기독교 대학, 타 교단의 기독교복지기관들과 연합하여 기독교복지사업을 실시하도록 노력한다. 세계의 교회들과 유대관계를 맺어 기독교사회복지를 위한 공동노력을 모색한다.

제5절 기독교 지역사회복지사업

1) 사랑의 현장갖기운동

대한예수교장로회 사회부는 제71차 총회의 인준을 얻어 전국 교회가 사랑의 현장 갖기 운동에 동참할 것을 제안하였다. 주 예수 그리스도께서 우리에게 '네 이웃을 네 몸처럼 사랑하라'고 말씀하셨다. 오늘의 한국 교회는 교회의 내부와 사회로부터 교회의 도움을 필요로 하는 사람들과 호흡을 함께 해 달라는 강한 요청을 받고 있다. 사랑의 현장갖기운동은 인간을 구원하기 위하여 인간의 모습을 입으시고 이 세상에 오신 예수 그리스도의 은혜를 깊이 깨닫고 모든 그리스도인이 자신의 생활주변에 있는 지극히 작은 자와 함께 살아가는 복음의 실천운동이다.

사랑의 현장갖기운동은 모든 인간이 그들의 삶을 영위해 나가는 곳에서 발생하는 삶의 여러 문제들의 해결을 위해 교회가 고통 받는 그들의 삶의 현장 속에 동참하여 그들의 짐을 함께 나누어지는 복음의 실천에 그 목표를 두고 있다.

이 운동을 위해 교회와 기독교기관 그리고 그리스도인들은 작은 제자공동체를 형성한다. 교회 구역 가정 단위로 실천할 수 있고, 시찰 내 교회가 연합하여 실천할 수 있으며, 직장에서도 실천할 수 있고, 단체 및 기관별로 실천할 수 있다.

사랑의 현장 실천 범위는 광범위하지만 무엇보다도 교회가 위치한 주변의 지역사회에서 중점적으로 이루어져야 한다. 모든 필요재정은 개교회나 기관들이 자급함을 원칙으로 하고 일정지역내 공동관심사일 경우 지역 내 교회들의 공동부담한다.

지교회는 이 운동을 전담할 교역자를 교회 안에서 선정하고, 남선교회장 여전도회장 청년회장 등을 교회내 사랑의 현장 위원회에 포함시킨다. 교회는 이 운동에 참여할 자원봉사자를 발굴해 확보하여야 한다. 사랑의 현장위원회는 지역사회 안에서 도움과 봉사를 필요로 하는 현장을 찾고, 소집단을 구성하여 구체적인 봉사활동을 전개한다(대한예수교장로회 총회사회부, 1991:29-33).

교회는 사랑의 현장갖기운동을 교회 자체적으로만 실시할 것이 아니라 지역사회 내의 학교, 공공기관, 기업체, 기타 상업시설 등에도 이 운동을 적극적으로 홍보하여 참여를 권유하고 필요한 정보를 제공함으로써 지역사회의 모든 기관이나 단체들이 사랑의 공동체를 구성하도록 노력해야 한다. 지역사회에 사랑의 현장갖기운동을 홍보할 때 지나치게 과대홍보를 하거나 특별한 운동인 것처럼 홍보해서는 절대 안 된다. 누구나 어디서나 자신의 처지에서 기관의 형편에 맞게 할 수 있는 작은 사랑의 실천운동이라는 것을 강조해야 한다(대한예수교장로회총회 사회부, 1991: 29-33).

예를 들어 지역사회 내 빨래방업주가 사랑의 현장갖기운동에 참여를 희망한다면 교회는 업주에게 일주일에 한 번씩 빨래방의 형편에 따라 일정 수(예:2-3명)의 관내 독거노인 집을 방문해 세탁물을 수거해 세탁한 후 배달해 줌으로써 사랑의 현장을 갖도록 안내할 수 있다. 참여를 주저하는 중국음식점 주인에게는 매주 주말 저녁시간에 관내 소년소녀가장세대를 한두 세대 초대해 저녁식사를 대중음식으로 제공해 줌으로써 사랑의 현장을 가질 수 있다고 안내해야 한다. 작은 사랑의 실천은 참여자에게 자신감을 심어 주며 더 큰 사랑을 낳을 수 있기 때문이다. 교회는 이들 참여업체나 단체들에게 정기적으로 감사의 전화나 편지를 보내 주고 계속적인 실천을 권면하며 사랑의 현장갖기운동 참여 사업체나 단체임을 나타내는 스티커나 증서를 만들어 입구에 붙여 주거나 보이는 곳에 걸어 줌으로써 정신적 보상을 해줄 수 있다.

최근 전개된 적이 있는 '사랑의 김치 국민대행진'도 사랑의 현장 갖기 운동의 일환으로 전개될 수 있다. 추운 겨울에도 김치도 없이 지내는 불우이웃들 가운데 아동시설, 장애인시설, 부녀시설, 부랑인시설, 정신요양시설, 노인시설 등 시설보호대상자가 약 10만 명 그리고 소년소녀가장, 독거노인, 장애인, 모자세대 등 생활보호대상자가 약 20만 명이 된다고 한다. 이들 한 명에게 필요한 김장김치는 약 10kg이다. 교회는 구역단위로 또는 교회 기관별로 이들 사랑의 김치 현장을 갖는 사업을 전개할 수 있다. 노회나 총회는 일정 규모 이상의 교회별로 일개 사회복지시설을 연계시켜 주고 이들 시설의 재원자를 위해서 일정량의 김장김치를 담아 전달해 줌으로써 이웃사랑을 실천할 수 있다. 또는 교회가 구역별로 한두 명의 생활보호대상자를 연계해주고 구역별로 김장김치를 담아 이들에게 전해 줌으로써 성도들이 이웃사랑의 실천의 장을 가질 수 있도록 할 수 있다.

구세군의 경우 사람을 낚는 어부가 되라는 선교정책에 따라 세상 속에서 정신적 육체적 물질적 어려움에 처해 있는 사람들의 난관을 극복시키고 인간화(humanization) 시키는 데 노력을 하고 있다. 구세군은 교회의 직제와 기능을 효과적인 선교기능을 수행하기 위한 특수 기동대 구조로 재편하고 군대식 조직으로 지휘되는 체계를 도입하였다. 구세군은 교구 관리적 목회 수준을 넘어서 산업화에 따른 사회변동과 인구이동 문제로 야기된 도시빈민 공장노동자 농어민 소외계층 여성 청소년 등과 관련된 사회문제를 해결하기 위하여 그들이 처한 구체적인 삶의 현장 속으로 흩어져 찾아가는 현장선교활동을 전개하고 있다. 구세군은 개인의 영혼구원은 물론 개인이 몸담고 있는 세상을 구원하려는 노력을 함께 하고 있다. 구세군은 세상 속의 교회 즉 지역사회가 중심이 되는 교회를 지향한다.

윌리암 부드(William Booth) 목사는 버림받은 자, 소외당한 자들과 동참하며 그들의 문제를 구조적으로 해결하기 위해서는 영적 복음(Spiritual Gospel)과 물적 복음(Material Gospel)이 동시에 제공되어야 한다고 하였다. 물에 빠진 사람에게 전도지를 주는 일보다는 먼저 구해 내서 정신을 차리게 하고 스스로 걸어갈 수 있도록 도와주면서 복음을 전해야 전인격적 구원을 이룩할 수 있다고 하였다. 이에 따라 구세군은 3S 운동의 원리로 사회선교를 수행한다. 3S란 Soup, Soap, Salvation의 첫 글자로서 소외된 사람들을 찾아 먼저 일어설 수 있도록 정신적 육체적 도움(Soup : 국)을 제공하여 스스로 일어설 수 있도록 하고, 치료와 정화(Soap : 비누)를 통해 본연의 인간성을 회복하고 건전한 인격으로 살아가도록 지원하며, 나아가 총체적 구원(Salvation)을 얻도록 하는 선교전략을 수행하고 있다. 구세군은 주요 선교사업으로 법률구조협회, 신용협동조합, 노동상담소, 재활시설, 교화시설, 직업훈련원, 의료선교, 난민보호사업, 지역사회복지, 절제운동, 여성사업, 노동자 숙박사업, 상담시설 등을 실시하고 있다. 이 가운데 지역사회복지사업으로 탁아소, 미혼모시설, 고아원, 양로원, 청소년 교육, 독서실, 체육시설, 무료급식, 취업보도, 공동농장, 재해 및 이재민 구호, 장애인 지원, 소년소년가장 장학사업 등을 실시하고 있다(이삼열, 1993:373-377).

2) 교회사회복지관 운영사업

일부 교회에서는 지역사회봉사관, 지역사회개발원 등의 이름으로 사회복지관이 행하는 사업을 수행하고 있다. 교회는 별도의 복지재단을 설립하거나 총회유지재단 종교법인 등의 명의로 이들 기관을 직접 설립해 지역주민의 복지향상과 지역선교에 기여할 수 있다. 또는 지방자치단체나 기업으로부터 운영을 위탁받아 지역사회복지관을 위탁 운영할 수 있다.

(1) 교회사회복지관 의의

보건복지부의 '사회복지관설치운영규정'에 따르면 지역사회복지관이라함은 지역사회 내에서 일정한 시설과 전문인력을 갖추고 지역사회의 인적-물적자원을 동원하여 지역사회 문제를 해결하고 주민의 복지욕구를 충족시킴으로써 지역사회 주민의 삶의 질을 향상시키는 종합적인 복지사업을 수행하는 사회복지시설을 말한다. 사회복지관은 지방자치단체, 사회복지법인, 비영리법인이 설치-운영할 수 있다. 또는 지방자치단체는 사회복지관을 설치한 후 운영능력이 있는 사회복지법인 등에 위탁 운영할 수 있다.

교회사회복지관은 교회가 위치한 지역사회를 중심으로 이웃사랑을 실천하기 위해 교회 내에 또는 지역사회에 일정한 시설과 전문인력을 갖추고 교회와 지역사회의 인적-물적 자원을 동원하여 지역사회의 문제를 해결하고 생활이 어려운 이웃들의 인간다운 생활을 실현시키기 위해 필요한 복지사업을 수행하는 기독교사회복지시설을 말한다.

교회사회복지관은 지역사회의 특성과 지역주민의 복지욕구에 대한 조사결과를 바탕으로 영성사업, 가정복지사업, 아동복지사업분야, 청소년복지사업, 장애인복지사업, 노인복지사업, 지역복지사업 등의 분야에서 다양한 단위사업을 구체적으로 전개할 수 있다.

(2) 교회사회복지관 발달과정

지역사회복지관은 역사적으로 인보사업운동에서 유래한다. 인보사업의 역사적 전개과정을 살펴보면 기독교인과 기독교정신이 개입되는 측면을 발견할 수 있다. 인보사업(settlement movement)이라고 하는 것은 실제로 빈곤현장을 조사하여 해당 지구의 생활 상태를 상세히 알고, 구제의 필요가 있는 자에게는 이것을 구제한다고 하는 두 가지 목적을 가지고 상류계급의 사람들이 빈민지구에 이주해 빈민과 함께 생활하는 것이다.

빈민지역거류자들(settler)은 부유한 가정의 쾌락을 버리고 빈곤한 사람들의 친구가 되고자 노력하였다. 그들은 여가시간을 빈민을 위하여 바치며 일종의 안락과 행복을 경험하고 있었다. settler들은 대등한 인간으로서 빈민지구에 들어가는 것이며 만일에 빈민계급이 사상 및 처지에 있어서 전적으로 고립하여 생활하게 된다면 모든 계급에 대하여 불행하며 국가에도 위험한 것이라고 하는 신념에 의해 활동하고 있었다. 이들 세틀러들의 활동은 유산자 계급과 무산자 계급 간의 함정에 다리를 놓는 역할을 하고 있다. 이들은 사회문제를 이론적으로 해결하려고 하는 입법적 행정적 수단이나 빈궁자를 천대시하는 자선사업을 신뢰하지 않고 직접 빈민계급들과 관계함으로서 빈민의 지위와 생활향상을 기도하려 하였다. 직무상이 아니고 한사람의 친구로서 빈민에게 접촉하므로 그들은 단순하게 주는 자만이 아니고 받는 자도 된다고 생각하였다. 기계로서가 아니라 인간으로서 개선되어야 할 상태를 정확하게 인식하고 탁상공론을 신뢰하지 않고 직접경험에 의하여 판단하는 것이 세틀러의 모토이었다.

영국인보사업 사상은 Ruskin, Carlyle로부터 일어났으며 또한 Maurice, Kingsley에 의하여 지도된 기독교사회주의자(Christian socialist)에 의해 일어났다. 기독교사회주의란 기독교 사회적 원리들을 구조적으로 현사회에 적용할 것을 주장하는 다양한 교리들과 운동들을 지칭해 왔다. 19세기 초 프랑스 철학자 생 시몽(Henri de Saint-Simon)은 '새로운 기독교정신'을 부르짖었다. 그 골자는 가난한 사람의 곤경을 인식하자는 것으로 사회 발전의 핵심적 요인은 종교를 기본으로 하는 협동정신이라고 하였다. 그는 상속권의 폐지를 주장하였으며 그럼으로써 자본이 이기적인 자본가의 손을 떠나 사회의 수중에 있게 된다고 생각하였다. 러드로(Ludlow)는 산업조직에 기독교적 원리를 적용시키려는 운동을 이끌었다. 가난한 자들의 고통 받는 모습과 작업장의 형편없는 환경에 자극받은 러드로 그룹은 보수적인 기독교와 자유방임적 개인주의를 비난하고 경쟁을 협조로 대체할 수 있다고 하였다. 그들은 노동자복지향상 협의회를 창설하였고 1854년 런던에 노동자대학(Working men's college)을 세웠다.

Edward Denison은 1867년 런던 시에 학교를 창립하고 종교적 훈화 혹은 강의를 하였다. 이 학교의 학생단 중 하나인 Arnold Toynbee는 1875년 휴가 중 화이트채플에 있는 바네트 목사의 교구에 있는 자선조직협회를 위하여 조사를 행하며 또한 대학에서 강의를 받은 빈곤문제를 더 자세히 연구할 목적으로 노동자클럽에 가입하였다.

인보운동의 배후에는 강한 종교적 요소가 있었다. 빈민굴에는 Anglican Church에 의해 경영되고 있던 많은 전도소가 있었다. 그곳에서 대학생들은 적극적인 역할을 행하였다. 모든 종교적 사업 중에 가장 유명한 것은 웨스트민스터 사원의 공회평의원이 되었던 바네트 목사에 의해 시작된 인보운동이었다. 바네트 목사는 시의 빈민굴에 가옥을 빌리고 빈민봉사를 희망하였던 대학생들에게 이곳에 사는 것이 좋겠다고 지시하였다. 바네트 목사의 강연에 깊은 인상을 받은 옥스포드대학의 졸업생 및 재학생들이 동부 런던에 대학인보사업(University Colony)을 창설하는 방법을 연구하며 보고하기 위해 위촉되었다. 이 위원들의 결정사항은 즉시 1884년 옥스퍼드 대학 관계자 회의에 제출되었으며 그 결과 하나의 협회가 조직되었고 그 조직을 바네트 목사가 관리하였다. 이것이 Arnold Toynbee의 공적을 기념하는 뜻에서 Toynbee Hall이라고 명명되었다.

바네트(Barnett) 목사는 영국의 사회개혁가로 1869년 '자선운동단체'를 창설했다. 처음 비판도 많이 받았지만 그는 런던 시 동부 빈민가의 종교적 문화적 수준의 개선을 위해 헌신하는 충실한 사제로 인정받게 되었다. 1884-1896년까지는 토인비홀의 초대학장을 역임하였다.

미국의 인보사업은 1887년 Stanton Coit박사가 바네트 목사가 관리하던 Toynbee Hall을 방문하고 뉴욕에 창설한 근린조합(Neighborhood Guild)으로 시작하였다. 이는 1891년 대학인보사업협회(University Settl- ement Society)로 재편성되었는데 본 협회의 사업목적은 "상호의 복지를 위하여 교양 있는 남자 및 부인에게 이 시의 노동자계급과 더 한층 밀접한 관계를 유지시키는 것에 있으며 또한 싼 아파트지구의 대학생과 이 사업을 원조하려고 하는 사람들을 위하여 거주지를 설치하고 그리고 이들은 빈민들과 인접한 방을 가지고 함께 사회적 및 교회적 목적을 위하여 회합할 수 있는 편리를 얻는 것"에 있다. 미국 제2의 인보사업은 시카고 시에 Jane Adams, Ellen Gate Starr에 의해 설립된 Hull Houses이다. 이들의 목적 가운데 "한층 높은 시민적 및 사회적 생활의 중심이 되게 하며 또한 교회적 및 박애적 사업을 시설하고 또한 이것을 유지하며 공업지구의 생활 상태를 조사하며 개선하는 것" 등을 정하고 있다(지윤, 1985:231-239).

(3) 교회사회복지관 사업 원칙

지역사회복지관은 지역사회 주민들의 삶을 향상시키기 위해서 일정한 원칙하에 사업을 운영하여야 한다(보건복지부, 1997:1-5). 교회사회복지관도 사업을 운영함에 있어서 일정한 원칙하에 운영되어야 한다. 교회사회복지관 사업은 하나님의 모습으로 지음 받은 인간의 존엄성 회복과, 하나님께서 명령하신 이웃사랑 정신을 기본 원칙으로 하여 전개되어야 한다. 이러한 기본 원칙을 실행하기 위한 구체적 사업 원칙을 열거하면 다음과 같다.; 첫째, 지역성의 원칙이다. 교회사회복지관은 교회가 위치한 지역사회를 중심으로 복지활동이 이루어져야 한다. 교회사회복지관은 지역사회의 특성과 지역주민의 문제나 욕구를 신속하게 파악 반영하여 하나님의 정의에 벗어난 지역사회의 문제를 해결하고, 문제 해결을 위한 서비스를 제공하여야 하며, 교회 성도들과 지역주민의 적극적 참여를 유도함으로써 주민의 역할과 책임을 조장하여야 한다.

둘째, 전문성의 원칙이다. 교회사회복지관의 프로그램은 영적으로 무장되고 사회복지의 전문지식과 기술을 갖춘 전문인력들에 의해 운영되어야 한다. 사회복지에 관한 전문지식을 갖춘 일반 사회복지사들에게 일정 기간 영성교육을 실시하거나, 사회복지학과 학생들이 졸업 전 일정한 신학과목을 이수하게 하거나, 신학대학 졸업자들이 일정 기간 사회복지 교육을 받게 하고 이들에게 각 교단이 인정하는 기관에서 가칭 '기독교사회복지사' 또는 '교회사회사업가' 자격증을 부여하여 이들이 교회사회복지관 사업과 기독교복지사업의 전문 일꾼으로 일할 수 있도록 함으로써 기독교사회복지의 전문성을 제고할 수 있다. 이들에 대한 지속적인 보수교육을 통해 새로운 사회문제에 대처하는 능력을 배양시켜 줌으로써 전문성을 향상시켜야 한다.

셋째, 책임성의 원칙이다. 교회사회복지관은 희소하고 소중한 인적 물적 자원을 활용하기 때문에 이들 자원을 제공한 교회 성도들과 지역사회 주민 정부 기타 원조자들과 이용자들에 대해서 이들 자원을 활용하여 사업 수행을 효과적이고 효율적으로 수행하였음을 입증하여야 한다. 즉 교회사회복지관은 설립 목적을 주어진 제한된 자원을 가지고 최대한 달성하여야 하며 이를 객관적으로 관련 당사자들에게 보여줌으로써 책임 있는 행정이 될 수 있도록 노력을 기울여야 한다.

넷째, 자율성의 원칙이다. 교회사회복지관이 위치한 지역의 특성은 매우 다양하기 때문에 지역주민의 욕구와 문제도 매우 다양하다. 따라서 다양한 욕구를 충족시키고 문제를 해결하기 위해선 다양한 복지서비스가 효율적으로 제공하여야 한다. 이를 위해서는 교회사회복지관이 자신의 능력과 전문성이 최대한 발휘될 수 있도록 자율적으로 운영되어야 한다.

다섯째, 통합성의 원칙이다. 교회사회복지관은 본래의 목적을 최대한 달성하기 위해서는 자신의 자원과 능력만으로 요구되는 모든 사업을 수행할 수 없다. 따라서 지역사회의 기관들과 협조하여 사업을 수행하여야 한다. 사업을 수행함에 있어 지역 내 공공 및 민간복지기관 서비스 간에 연계성과 통합성을 강화시켜 교회사회복지관이 지역사회복지를 효율적이고 효과적으로 운영할 수 있도록 하여야 한다.

여섯째, 자원활용의 원칙이다. 교회사회복지관은 주민욕구의 다양성에 따라 다양한 기능인력과 재원을 필요로 하므로 교회내의 자원과 교회밖 지역사회 내의 복지자원을 최대한 활용하여야 한다. 교회는 자원봉사의 황금어장이라고 한다. 교회 내 자원봉사 인력 시설 재원은 물론 지역사회의 자원봉사 인력 시설 재원과 국가의 재원과 시설도 적극적으로 활용해야 한다. 자원봉사인력들의 달란트를 구체적으로 파악하여 필요한 분야에서 봉사자가 적합하게 봉사할 수 있도록 노력해야 한다. 지역사회 내에 활용 가능한 시설자원들과 재원들을 정확히 파악하여 적절히 활용될 수 있도록 미리 준비해 두어야 한다.

일곱째, 중립성의 원칙이다. 지역사회복지관은 정치활동, 영리활동, 특정 종교 활동 등으로 이용되지 않도록 중립성이 유지되어야 한다. 교회사회복지관도 중립성을 유지하여야 한다. 교회사회복지관은 정치활동이나 영리활동을 위해 이용되어서는 안 된다. 그러나 설립 목적을 저해하지 않는 범위 내에서 일정 수준의 수익사업을 실시할 수 있다. 교회사회복지관이 선교적 목적 하에 설립되었지만 실제 운영상에 있어서는 복지관을 교회의 종교활동 장소로 사용하는 것은 삼가야 한다.

(4) 교회사회복지관 역할

교회사회복지관은 교회가 위치한 지역사회를 중심으로 이웃사랑을 실천하기 위한 기독교사회복지시설을 말한다. 교회사회복지관도 일반 지역사회복지관과 같이 지역사회를 위해 다양한 역할을 수행한다. 첫째, 교회사회복지관은 지역사회의 인적 물적 환경의 특성을 파악하고, 주민들이 당면한 사회복지 욕구를 합리적으로 평가하며, 지역사회 문제를 확인하는 역할을 한다. 이러한 역할을 주로 지역사회 욕구조사(community need assessment)를 통해 이루어진다. 둘째, 교회사회복지관은 주민들의 성장과 발전 그리고 사회적 자립을 위한 종합복지서비스를 제공한다. 지역사회복지관의 궁극적 목적 가운데 하나는 경제적으로 어려운 지역주민들의 자립자활에 있다. 셋째, 교회의 성도들과 지역사회 주민들의 자발적인 봉사와 헌신으로 생활이 어려운 지역주민의 삶을 향상시키고 지역사회 문제를 해결함으로써 교회와 지역사회 간에 공동체 의식을 고취시켜 지역사회와 교회가 하나로 통합되게 된다. 넷째, 교회사회복지관은 자원봉사자 모집과 교육 그리고 후원모금사업을 통해 자원봉사자와 지역 재원 등 지역사회복지자원을 적극 발굴하고 개발하며 활용하는 역할을 한다. 다섯째, 교회사회복지관은 저소득층 주민들의 생활 향상과 자기실현을 위하여 유익한 생활정보를 보급하고 교양강좌를 실시하며 지역사회 소속감을 부여하기 위한 사회교육의 모체 역할을 한다.

우리나라의 대표적인 기독교사회복지관으로는 1921년 '태화여자관'을 모태로 사회복지법인 감리회 태화복지재단이 설립한 태화기독교사회복지관을 들 수 있다. 태화기독교사회복지관에 따르면 '태화'는 '큰 평화'란 의미로, '지극히 높은 곳에서는 하나님께 영광이요, 땅에서는 주께서 기뻐하시는 사람들에게 평화로다'라고 예수 탄생을 노래하였던 천사들의 노래에서 착안하였으며, 여기서 '태화' 즉, '큰 평화'는 인간의 평화가 아니라 '하나님의 평화'이며, 하나님의 평화를 상징하여 태화라 하였다. 태화기독교사회복지관은 복음의 중심이 되는 평화를 이 땅에 심어주고 가꾸어 열매 맺게 하기 위해 세워진 사회복지관이다.

(5) 기독교지역사회복지관 사업내용

기독교 지역사회복지관들도 통상적으로 일반 사회복지관들이 실시하고 있는 사업을 실시하지만 사업의 바탕에는 그리스도의 사랑과 평화가 자리 잡고 있다. 기독교 지역사회복지관의 사업을 일부 소개하면 다음과 같다.

(가) 가정복지사업

그리스도의 정신아래 건전한 가정생활을 도모하고, 효과적인 자녀교육능력을 함양하며, 가정문제 해결을 원만히 지원하며 주부들에게 평생교육의 기회를 제공한다.

세부사업명	사 업 내 용
종합상담실	-영성상담, 무료법률상담 -가정문제 예방 및 치료프로그램 운영 -가족치료
청소년부모교육	-효과적 부모역할교육(PET), 청소년 지도방법 -문제청소년 부모의 고충상담
문화교실	-건전가요 및 레크리에이션, 건전영화 무료 상영 -가족음악회, 가족장기대회 개최
주부대학	-생활교양 강좌 개최, -홈패션, 양재, 피부미용, 컴퓨터, 서예, 노래, 장구, 수지침 교육 , 메이크업, 칼라믹스 등
아버지학교	-아버지의 영향력, 아버지의 남성, 아버지의 사명, 아버지의 영성 등 교육
자립지원사업	-재봉, 제빵, 요리, 꽃가게 창업 등 취업 및 부업 위한 교육
진료실 운영	-지역사회 주민에게 물리치료 및 진료서비스

(나) 노인복지사업

세부사업명	사 업 내 용
가정봉사원 파견	-무의무탁한 노인 급식봉사 세탁봉사 등 가사봉사 -무료 이미용 봉사 -요양보호사 파견
영적상담	-영생에 대한 소망을 갖고 여생을 지내도록 보살핌 -노인의 고독감, 소외감 해소 위한 상담
노인일감주기	-노인의 경제적 자립 도모 및 자아실현 기회제공
고령자 인재은행	-고령자 경제활동 유도, 취업활동시 자긍심 고취, 건전한 노후생활 영위 -고령자고용촉진제도 소개
경로대학(노인학교)	-노인여가선용 위한 프로그램 -무료 한글 산수 영어 컴퓨터 교실 -효도관광

성서에서 노인들은 공경의 대상이자 지혜의 원천으로 가르치고 있다. 교회가 지역사회 노인들에 대해서 공경하라는 하나님의 가르침을 몸소 실천하고 노인들의 지혜를 소중히 여기며 하늘나라의 희망을 갖고 여생을 보내도록 인도해야 한다.

(다) 아동복지사업

성경에서 요보호아동들은 교회가 우선적으로 보호해주어야 할 대상으로 나타나 있다. 아동들은 미래의 주인공이자 이 땅을 다스려 나아갈 일꾼들로서, 아동들을 어떻게 양육시키느냐 여하에 따라 이 땅의 미래가 결정된다. 하나님의 왕국을 건설해 나아갈 미래의 일꾼인 아동들을 위해 교회가 수행하는 지역사회복지사업으로 다음과 같은 것이 있다.

세부사업명	사 업 내 용
아동보육	-선교원, 유치원, 어린이집
아동학대 신고센터	-학대아동사례 신고 -학대아동 보호 의뢰
아동정신건강상담	-지역병원 등과 연계해 아동의 건강한 정신발달을 촉진하고 문제행동 및 정서장애 치료 -부모역할 변화 추진
아동선도교육	-아동문제의 조기예방 및 치료 위한 상담 -맞벌이부부 아동 및 결손가정아동 상담 및 생활지도 -아동심리검사 실시
어린이 기능교실	-동화구연, 미술교실, 영어회화, 컴퓨터 교실 등
캠프 및 문화행사	-단체활동을 위한 심신단련 및 공동체 의식배양 위한 캠프 -문학과 예술 창작 발표회 -건전영화 무료상영
방과 후 어린이 공부방	-편부모, 맞벌이 영세가정 초등학생을 대상으로 방과 후 과제물 지도, 이야기교실 솜씨교실 등 특별활동,
시간제 보육	-농번기 보육, 저소득 가정아동 무료 보육, 일반주민 실비로 보육서비스

(라) 청소년복지사업

성서는 청소년기는 인생의 아름다운 시기로서 청소년은 여호와를 찬양하고, 하나님의 일을 수행하며, 말씀을 경외하고 깨끗한 행실을 유지해야 한다고 가르친다. 교회가 청소년들을 위해 실시하는 프로그램들은 다음과 같다.

세부사업명	사 업 내 용
청소년상담	-청소년들의 성, 이성, 진로, 학업 여가선용 등의 문제에 관해 상담 및 의뢰
장학사업	-저소득 가정 청소년 학비보조, 산업재해근로자 장학사업
교양교육	-청소년 교양교육 예절교육 및 세미나 개최
보호관찰사업	-비행청소년 의식전환 및 건전행동 양식교육 -청소년 심신개발 프로그램 운영 -교정기관과 연계해 보호관찰 수강명령 프로그램 운영
사회봉사위탁교육	-학교와 연계해 사회봉사 위탁교육 실시
청소년 독서실 운영	-건전한 면학 분위기의 학습공간 제공
청소년 자아실현 프로그램	-자기주장 훈련, 심리테스트, 독서토론, 집단토론, 레크리에이션 등 프로그램 실시
자원봉사 계절학교	-방학 중 자원봉사활동 참여 -재가복지대상자 결연하여 봉사활동 실시 -지역사회 위한 봉사활동 실시

(마) 지역복지사업

지역사회란 한 지역을 구성하는 사람들과 기관들의 지리적 집합체이자 공동의 관심과 역할을 함께하는 사람들의 집단으로서 지역사회는 지역사회주민들의 삶의 현장이기도 하지만 교회로서는 선교의 현장이고 이웃사랑을 실천하는 장이기도 하다. 교회가 지역복지를 위해 실시하는 사업들은 다음과 같다.

세부사업명	사 업 내 용
지역사회 정신건강 프로그램	-지역주민의 정신건강향상을 위한 프로그램
주민사회교육	-주민참여에 의한 지역사회 문제해결과 지역사회공동체 의식형성
자원봉사자 양성	-지역사회발전 및 복지관 프로그램 활성화를 위해 조직적으로 자원봉사자 양성
후원자 개발	-지역사회복지재정을 충당 -지역사회복지에 대한 주민참여 고취 -사회통합노력 제고
협동조합사업	-신용협동조합 운영으로 무이자 또는 저율의 이자로 생업대출 -소비조합을 통해 저가로 물품 공동구매
사회조사	-지역주민의 욕구에 부합하는 프로그램 개발 및 운영
주민편의시설 제공	-주민회의, 교육, 결혼식 등의 행사를 위해 지역사회 주민들에게 무료 또는 저렴한 실비로 시설 대관 -지역도서실 운영
각종 홍보사업	-사회복지관 소식 및 주민의 삶의 질과 관련된 정보 제공
실직자 쉼터	-실직자들의 휴식공간을 마련하고 PC 통신을 통해 새로운 구인정보를 제공
실직자 기술교육	-실직자들과 가족에게 취업위한 기술교육을 실시하거나 알선
노숙자 쉼터	-노숙자들이 일시적으로 쉴 수 있는 공간을 제공하고 무료급식 제공. 무료진료서비스 제공.

(바) 장애인복지사업

성서에서 장애인들은 신체적으로, 정신적으로, 그리고 상당수는 경제적으로 어려운 처지에서 살아가고 있다. 장애인도 하나님이 보시기에는 다 같이 소중한 하나님의 자녀이다. 이들 장애인들을 위해서 교회가 실시하는 사업들은 다음과 같다.

세부사업명	사 업 내 용
결연후원	-시설장애인과 결연사업 -시설장애인이나 저소득 재가장애인 후원사업
장애인문제 상담	-장애인 등록 업무 대행 -장애인 부모상담 -장애인의 심리적 사회적 제반문제 상담
장애인 재활프로그램 운영	-장애인 재활관련 프로그램 운영 -수화교실 운영
장애인 취업알선	-관련기관 안내 및 정보제공

(사) 재가복지사업

성서에서 나오는 장애인 노인 고아 등은 대부분 가정에서 생활하고 있었다. 성서는 이러한 이웃들을 위해 몸서 자기의 것으로 이웃사랑을 실천하도록 명령하신다. 가정에서 머무는 요보호대상자들을 위해 교회가 실시하는 재가복지사업은 다음과 같다.

세부사업명	사 업 내 용
가사서비스	-독거노인 가사서비스 -소년소녀가장세대 및 저소득 가정의 가사와 관련된 서비스
의료서비스	-방문간호서비스 -물리치료실 운영 -지역내 의료기관과 연계해 주민건장증진 프로그램 운영
정서서비스	-독거노인 일일 나들이 -독거노인 영정 촬영 -독거노인 말벗, 상담, 안부 및 안전확인 전화 상설화 -영세민 자녀 및 소년소녀가장이 학업지도 및 생활상담 -저소득 영세가정 자녀 보육 -노인 장애인 소년소녀가장 생일 챙겨드리기
간병서비스	-독거노인 및 거동불편 노인을 대상으로 병문안 및 간병 -병원 및 보건소 동행, 병원수속 대행, 약품구입 및 제공
자립지원서비스	-직업 및 부업알선 -경제적 자립기반 조성 위한 기술교육 -저소득 영세가정 자녀보육
결연서비스	-의부모 의형제 맺어주기 -자원봉사자와 결연 주선 -독거노인 생활비 및 소년소녀가장 교육비 지원 -결식아동 급식비 지원
주민교육 및 홍보	-지역사회내의 문제를 파악해 문제를 예방하거나 해결하거나 대처하는 방안을 교육 -재가복지사업을 주민들에게 홍보
사례관리서비스	-지역사회자원과 도움이 필요한 사람을 연계하고 효과적으로 서비스가 전달되도록 지원
기타 서비스	-독거노인 영정사진 촬영

(4) 교회사회복지관의 차별성

교회사회복지관은 상기한 일반사회복지관과 몇 가지 측면에서 차별성이 있어야 한다. 교회의 사회복지관은 일반사회복지관과 같이 다양한 복지사업을 전개하게 된다. 그런데 교회의 지역사회복지관은 사업수행 그 자체로 끝나게 되는 것이 아니라 그 사업수행 과정과 결과를 통해서 수혜자들이 평안하게 하나님 사랑을 느낄 수 있도록 노력하여야 한다. 교회사회복지관은 성서적으로 합당한 기본원칙하에 관리 운영되어야 한다. 예를 들어 독거노인들을 위한 가사봉사사업의 효과성을 측정함에 있어서 일반지역사회복지관의 경우 가사서비스를 받은 노인들의 가사편의상태가 가사서비스를 받기 이전에 비해 어느 정도 향상되었는가를 측정함으로써 가사봉사사업이 효과적이었는지 여부를 판단할 수 있다. 그러나 교회사회복지관의 경우 가사봉사사업을 통해서 가사편의상태의 향상 여부뿐만 아니라 수혜자인 노인들이 가사서비스과정에서 하나님의 사랑을 얼마나 순수하게 전해주었으며 봉사과정에서 노인들이 하나님의 사랑을 얼마나 체험하였으며 얼마나 영적으로 안정되고 건강한 상태를 유지하고 있는가를 고려해야 한다.

교회지역사회복지관이 수행하는 복지사업은 교회성도들이 하나님의 사랑을 실천하는 실천의 장이고 베푸는 사랑의 의미를 깨닫게 하는 교육의 장이고 자신이 가진 것의 일부를 무조건적으로 나눌 수 있는 나눔의 장으로 기능을 수행하여야 한다. 교회사회복지관은 지역사회주민들에게 교회가 지역사회 안에서 지역사회를 섬기는 지역사회의 교회라는 인식을 심어줌으로써 지역사회로부터 유리되지 않고 지역사회와 하나가 되게 하는 매개체의 역할을 해야 한다. 그러나 주의해야 할 것은 교회사회복지관이 선교의 장이 되어야 하는 것은 당연하지만 교회의 특정행사를 위한 장소로 이용되거나 교회의 특정활동을 위해 전용되는 사례는 삼가야 한다. 이러한 사례는 교회사회복지관이 하나님의 사랑을 실천하고 지역사회를 섬기는 봉사의 장이라는 순수성에 부정적인 영향을 미칠 가능성이 있다.

제15장 기독교 자원봉사

한국인의 삶의 질 향상을 위한 노력은 오랫동안 경제성장을 주도한 정부가 중심이 되어 실시하여 왔다. 이와 같은 관주도형의 삶의 질 향상은 진행과정에서 민간의 자율적이고 자발적인 참여를 통한 삶의 질 향상의 의미를 다소 경시하여 왔다. 한 동안 지속되어 온 지역사회개발운동도 오랫동안 휴면기를 맞고 있으며, 운동 자체도 관 주도하에서 정부의 지원을 받아 실시되어 와 민간중심의 자율성을 찾아보기 어려웠다는 지적이 제기되기도 하였다.

코펜하겐 세계 정상회담 이후 우리 사회에서 불기 시작한 삶의 질의 세계화 바람은 한정된 재원을 가지고 국민소득의 정도가 현재 우리의 두 배가 넘는 국가들의 삶의 질을 추구하는 데는 국가 전체적으로 많은 정책적 갈등을 야기시킬 수밖에 없다. 국민의 삶의 질은 경제정책이나 노동정책을 통해서도 향상시킬 수 있지만 이들 정책들은 일반적으로 시장기구를 통해 국민들에게 영향을 미치게 되므로 사회의 특정 대상집단의 삶의 질을 의도적으로 향상시키는 데는 한계가 있다. 따라서 의도적으로 일정 수준의 삶의 질을 국민 전체적으로 확보하는 정책도구로서 다양한 사회보장제도가 활용된다. 그러나 국민의 일반 조세에 기반을 둔 공적부조제도, 고용주나 근로자 그리고 정부가 일정 부분 부담하는 사회보험제도, 그 밖의 사회복지서비스나 관련 제도들 모두 정부나 국민의 추가적인 재정부담 없이는 이를 통한 국민의 삶의 질 향상을 구현할 수 없다. 따라서 정부가 주도하는 공공복지를 통한 삶의 질 향상은 제도적이고 강행적인 국민들의 재정부담절차를 거치지 않고는 실천에 옮기기가 어렵게 된다. 이러한 현실 가운데 민간복지가 하나의 대안으로 제기가 되고 있다. 민간복지는 기업, 비영리단체, 지역사회조직 가족 등을 통해 이루어질 수 있지만 오랫동안 민간복지의 실천 방법으로 주목을 받아 온 것이 자원봉사활동 또는 자원복지이다.

사회복지는 역사적으로 고대 자선적 구제에서 싹트기 시작하였다. 자선적 구제는 도덕적 동기나 종교적 동기에서 또는 자아 만족 동기에서 시작되었다. 사회적으로 열악한 처지 가운데 고통 받는 사람들을 위해 자신의 물질을 나누거나 노력·봉사함으로써 그들의 고통을 완화시켜 주는데 자발적으로 헌신함으로써 더불어 살아가는 사회를 구현하려는 이타주의에서 시작되었다. 이러한 자선적 구제는 초기에는 대부분 개인적 차원에서 실시되었지만 점차 발전되어 문중, 지역, 종교, 동업조합 등을 기초로 하여 집단적으로 조직적으로 수행되기도 하였다. 이러한 자선적 구제활동은 민간차원에서 자발적으로 실시된 일종의 자원봉사활동이었던 것이다.

기독교 역사를 살펴보면 고대이스라엘 시대부터 기독교성도들의 자선적 구제가 모세의 율법 가운데 이웃에 대한 의무로서 활발하게 이루어졌던 사실들을 발견할 수 있다. 기독교성도들의 이웃에 대한 의무는 성도들의 자원봉사활동에 기초하고 있다. 초대교회에서 성도 간에 떡을 떼는 공동식사를 통한 공동체 교제도 가난한 성도들을 위한 기독교성도들의 자원봉사활동을 통해 이루어 졌다. 교회는 자원봉사의 어머니 또는 자원봉사의 황금어장이라고 불린다. 교회의 자원봉사는 일반사회의 자원봉사활동의 근간이 되고 모범이 되었으며 성서의 이웃에 대한 의무를 실천하려는 수많은 기독교인들은 모두가 자원봉사자로서 활동하기 때문이다. 기독교 자원봉사는 일반사회의 자원봉사와 그 대상이나 활동 면에서 큰 차이는 없다. 다만 자원봉사의 실천과정에서 성도들은 성서의 가르침이 온전하게 이루어지도록 노력해야 한다.

제1절 기독교 자원봉사

기독교 자원봉사란 기독교인이나 교회 등 기독교단체들이 지역사회 내에서 이웃

사랑을 실천하기 위해 자선적, 교육적 또는 다른 가치 있는 활동들을 위해 자신의 시간이나 재능을 자발적으로 제공하는 기독교적 실천활동이나 정책을 말한다. 기독교 자원봉사활동이란 가난하고 병들고 소외된 우리들의 이웃 형제들이 더불어 행복하게 살아가는 복지사회를 실현하기 위하여 개인, 집단, 지역사회에서 발생하는 문제를 예방하고 통제하며 개선하기 위해 자발적이고 헌신적으로 실행하는 기독교인들의 이웃사랑 실천활동이다.

봉사를 의미하는 단어로는 히브리어의 아보다, 헬라어의 디아코니아, 희랍어의 두류오(노예가 되는 것, 섬기는 것), 레이투르기아스(성직자로서, 자선적으로, 전례상으로 바치는 봉사) 등이 있다. 성서의 봉사에는 세속적 봉사, 예배를 통한 봉사, 영적 봉사가 있다. 첫째, 세속적인 봉사이다 세속적인 봉사로는 가정적인 봉사로서 식탁을 준비하는 마르다의 봉사, 노예의 봉사, 압제자를 위한 봉사, 군사적 봉사, 소득에 대한 대가로 바치는 봉사 등이 있다. 둘째, 예배를 통한 봉사이다. 예배를 통한 봉사에는 제사장직, 장막, 제단, 성전 등과 관련해서 이루어진다. 레위인들은 여호와께 헌신하도록 규정하였고, 그들로부터 여호와의 전에서 수종드는 일을 맡은 제사장들이 나오게 되었다. 그들은 회막에서 이스라엘 민족을 대신하여 봉사하는 임무를 맡게 되었다. 오늘날 예배행위가 service라고 불리고 있으며 회막에서 사용되는 기구들도 마찬가지로 service(시설, 기구)로 불렀다. 셋째, 영적봉사이다. 계시가 진전되자 봉사는 수평적인 활동을 요구하게 되었다. "인자는 섬김을 받으러 온 것이 아니라 섬기러 왔다."(마 20:28) 예수는 이 본을 자신의 삶과 죽음과 그리고 극적 사건을 통해 보이셨다. 영적인 봉사는 그리스도의 봉사정신을 본받아 섬기는 것이다.

자원봉사는 영어의 voluntarism 또는 volunteerism을 우리말로 표현 것이다. 학자에 따라서는 voluntarism과 volunteerism을 구분해 표현하기도 하고 같은 의미로 사용하기도 한다. 사전적으로 정의하면 voluntarism은 the principle or practice of supporting churches, schools, hospitals, etc, by voluntary contributions or aid instead of relying on government assistance 또는 any policy or practice based on voluntary action으로 정의 내려져 있다. 즉 정부의 도움에 의존하는 대신에 자발적인 기부나 도움을 줌으로써 교회, 학교, 병원 등을 지원해 주는 실천활동이나 원칙을 말한다. volunteerism

은 voluntarism과 통용되기도 하고 the policy or practice of volunteering one's time or talents for charitable, educational, or other worthwhile activities, esp, in one's community로 정의되어지고 있다(Flemer, 1987:213). 즉 지역사회 내에서 자선적, 교육적 또는 다른 가치 있는 활동들을 위해 자신의 시간이나 재능을 자발적으로 제공하는 실천활동이나 정책을 말한다. 따라서 voluntarism과 volunteerism은 사전적 정의에 있어서 의미상 별 다른 차이가 없다. 자원봉사는 외부로부터의 조직적 개입이나 강요 없이 자발적으로 대부분 물질적 보상 없이 행해지는 활동이기에 때로는 비효율적이고 비효과적이기 쉽고 무엇보다 자원봉사활동을 활성화시키는 데 많은 어려움이 있다.

자원봉사에 관한 일반적인 연구는 그동안 많이 이루어져 왔다. 그러나 객관적 분석방법을 통해 이를 활성화시키는 방안을 제시한 연구는 드문 편이다. 자원봉사활동(volunteerism)이란 어원상 voluntas(자유의지) + eer(사람)의 복합어에서 유래된 것으로서 자원봉사활동이란 모든 사람이 행복하게 살아가는 복지사회를 실현하기 위하여 개인, 집단, 지역사회에서 발생하는 문제를 예방·통제·개선하려는 여러 조직 및 기관에서 자유의지를 가지고 자기 스스로 강제 받지 않는 상태에서 다른 사람이나 사회를 위해 헌신하려는 개인적 집단적 행위와 활동으로 이타주의, 헌신, 자유의지, 학습, 경제적 무보수성, 조직성, 심리적 이득, 희생, 과정성, 생활성, 공공성, 복지성, 개척성, 계속성, 연대성 등의 특징을 가지고 있다(한국사회복지연구회, 1997:18-34, 이성록, 1996:48-83, 서울특별시, 1995:14-47, 김영호, 1997:41-54). 자원활동(voluntarism)이란 봉사자가 스스로 자유의지에 따라 원해서 하는 활동이지만 그것은 일방적으로 주고받는 관계를 초월한 '만남과 나눔'의 활동을 의미한다. 따라서 자원봉사활동은 사회문제를 예방하고 치료할 뿐만 아니라 인간성을 성숙시키고 인격을 함양하는 또 다른 효과도 있다(김정자, 1994:13-22).

자원봉사는 특히 가진 자들이 모범을 보여야 한다. 사회전체가 노력해 이룩한 부의 혜택을 상대적으로, 절대적으로 더 많이 수혜받은 부유한 계층들이 수혜과정에서 소외된 계층들을 위해 이타심을 갖고 스스로 봉사 실천함으로써 이웃과 더불어 잘 사는 사회를 건설하는 데 기여해야 한다. 이러한 부유 계층의 자발적인 봉사는 우선 그들 자신이 속한 지역에서 이루어져야 한다(한수, 1988:77- 117). 그러나 자원봉사활동이란 시간과 물질의 여유가 있는 사람만이 행하는 것이 아니다. 자원봉사활동은 인간성을 회복하고 가정의 기능을 회복하고 보완하며, 커뮤니티를 회복하고 개발하기 위하여 귀중한 한 사람 한 사람의 마음을 엮어 가는 활동이다. 이는 만남-사랑-나눔의 활동이고, 민주시민의 능력을 몸에 익혀 가는 평생복지교육훈련이며, 인간 상호간의 공동복지를 실현하기 위하여 언제나, 어디서나, 누구나 자발적으로 참여하는 사랑-평화-행복을 위한 공동참여의 활동인 것이다(김영호, 1996:37-46).

자원봉사활동을 함에 있어서 관련 기관이나 단체들은 자원봉사자를 배치함에 있어 그들의 관심, 욕구, 동기를 충족시킬 만한 종류의 일과 조건을 고려하여야 한다. 자원봉사 동기를 증대시키기 위해서는 자원봉사활동을 통해서 봉사자 자신의 자아실현 욕구를 충족시켜 개인적 발전을 도모하고 도움이 필요한 사람에게 봉사가 제공될 수 있도록 노력하여야 한다(Schindler & Lippit, 1989:49-67). 또한 자원봉사활동 과정에서 봉사자들이 역할갈등(role conflict)을 겪지 않고 역할자각(role awareness)을 잘 함으로써 자원봉사활동이 원만히 수행될 수 있도록 봉사기관들은 노력해야 한다(Schuler, 1981:40-43).

자원봉사자들은 보수가 지불되지 않기 때문에 그들은 반드시 그들이 하는 일에 대해서 인정을 받아야 한다. 많은 자원봉사자들이 그들이 봉사기관의 직원들로부터 기대했던 인정, 지지, 감독을 받기 못하기 때문에 자원봉사를 중단하곤 한다(Sheafor, 1997:311-313). 자원봉사자들에 대한 보상으로는 인증서 수여, 꼭 필요한 경우의 중식 제공, 그리고 인정과 존경의 표현 등이 있다. 그러나 자원봉사활동을 미담화 또는 선행화 하려는 시도는 경계하여야 한다. 이러한 선행 이미지화는 진정한 보상이 되지 못할 뿐만 아니라 오히려 자원봉사활동 이미지를 규제하는 결과를 야기한다. 특히 서훈 및 포상제도는 행정적 권위를 전제로 하여 평가하는 체계이므로 자원봉사 정신을 파괴할 수 있으므로 적절히 대처해야 한다(이성록, 1995:271-294). 그러나 모범적인 자원봉사자를 포상함으로써 자원봉사활동이 사회적으로 가치 있는 일임을 널리 알리고 봉사자 자신에게는 긍지를 갖게 하여 정신적 보상을 하여주는 결과가 될 수 있다. 또한 자원봉사자가 자원봉사활동이 일정 수준에 도달하면 자원봉사활동 경력을 사회경력화하여 취업 시 반영되는 제도적 장치가 필요하다는 견해도 있다(이윤로, 1996:

330-355). 자원봉사활동 가운데 예상되는 사고나 물리적 위험의 존재는 자원봉사활동을 저해하는 하나의 요인이 될 수 있다. 이러한 자원봉사 활동과정에 나타나는 사고의 위험으로부터 자원봉사자를 보호하고 또 사고발생시 이를 처리할 적절한 보험상품의 개발을 촉진하는 노력이 1980년대 미국의 부시 행정부에서 각 주정부를 위한 표준 자원봉사법(Model State Volunteer Service Act)이 제정되었고 이를 참고로 각 주에서 자원봉사보호법(Volunteer Protection Laws)을 마련하게 되었으며 자원봉사활동상의 사고 위험에 대비한 보험이 준비되었기 시작했다(Carter, 1996:5-14).

미국의 60세 이상의 노인들로 구성된 자원봉사단체인 전국원로봉사단체(National Senior Service Corps)에서는 특별히 도움이 필요한 아동들을 보살펴 주는 대리조부모 프로그램(Foster Grandparents Program), 독거노인을 도와주는 원로동료프로그램(Senior Companions), 그리고 지역박물관 관람을 안내하거나 성인컴퓨터교육을 실시하는 등의 봉사를 하는 은토원로자원봉사프로그램(Retired and Senior Volunteers)을 실시하고 있는데 여기에 참여하는 자원봉사자들에게는 약간의 보수가 제공되고 있다(National Senior Service Corps,1997:1-7). 미국 전역에 걸쳐 25,000명의 자원봉사자가 430개의 봉사프로그램에서 현재 실시되고 있는 아메리코어(AmeriCorps)라는 사회봉사제도에서는 1년간(10개월에서 12개월 정도) 풀타임으로 봉사를 마치게 되면 대학이나 직업전문학교의 교육비에 사용될 수 있는 4,727달러에 상당하는 교육상환권(education voucher)을 제공받는다. 아메리코어 멤버들은 지역사회에서 교육분야, 공공안전분야, 인간봉사분야(사회복지분야), 그리고 환경분야 가운데 한 분야에서 봉사하게 된다(AmeriCorps:1997). 인간봉사사업에 사용되는 경비의 85%는 인건비인데 그동안 자원봉사자들이 많이 활용되지 못하였고 잘못 활용된 적이 많다. 따라서 초기교육, 훈련 및 적절한 보상체계가 마련되어야 한다. 많은 조직에서는 자원봉사자들에 감사를 표하는 자원봉사감사행사를 열거나, 식사에 초대하거나, 자원봉사 경험담을 듣거나, 작은 선물을 제공함으로써 일종의 자원봉사 보상체계(reward system)를 마련하기도 한다(Rapp & Poertner, 1992:235-237).

제2절 자원봉사 현황

자원봉사는 기관을 통하여 체계적적으로 이루어지기도 하지만, 상당수의 경우 개별적으로 이루어지는 경우도 상당수가 있기 때문에 자원봉사의 현황을 모두 파악하기란 어려운 일이다. 따라서 자원봉사의 현황은 기관을 통해 조직적으로 실시되는 사례를 중심으로 파악되어진다. 여기서는 전국적으로 자원봉사활동의 중심적인 역할을 수행하고 있는 자원봉사센터를 중심으로 자원봉사활동의 현황을 파악해본다(행정안전부, 2007:3-9).

【연도별 센터 운영현황】 (단위 : 개소)

연도별	운영형태			
	계	직 영	위 탁	법 인
'03. 12	248	140	99	9
'04. 12	250	137	102	11
'05. 12	250	146	95	9
'06. 12	248	151	83	14
'07. 12	248	159	70	19

2007년 현재 자원봉사센터는 전국 시도, 시군구에 1개소씩 총 248개소가 설치되어 있다. 이 가운데 직영체제로 운영되는 경우가 159개소로 가장 많고, 위탁형태로 운영되는 경우가 70개소, 법인형태로 운영되는 경우가 19개소이다.

【연도별 자원봉사자 등록 현황】 (단위 : 명)

구 분	'01. 12	'02. 12	'03. 12	'04. 12	'05. 12	'06. 12	'07. 12
등 록 인원수	1,166,601	1,343,693	1,489,009	1,722,823	2,083,704	2,681,193	3,279,911

전국의 자원봉사센터에 등록된 자원봉사자 등록자 수는 매년 증가 추세에 있다. 2007년의 경우 자원봉사자 등록자수는 3,279천명으로, 이 가운데 여성이 56.3%로 남성보다 약 13%가 많으며, 연령별로는 10대가 22.3%로 가장 많고, 40대가 21.9%, 50대가 15.3%로 그 다음이었다.

【자원봉사자 직업별 현황】 (단위 : 명)

연도별	총 계	직 업 별								
		주 부	회사원	공무원	서비스	자영업	퇴직자	대학생	중고생	기 타
'03. 12	1,489,009	430,921	132,446	41,992	91,372	161,731	35,829	84,057	322,482	188,179
'04. 12	1,722,823	455,042	164,270	34,556	82,431	165,373	26,770	111,762	352,463	330,156
'05. 12	2,083,704	502,577	197,828	43,413	100,827	173,199	35,027	120,459	433,299	477,075
'06.12	2,681,193	558,257	214,130	63,945	73,409	181,468	71,223	133,647	504,300	880,815
'07.12	3,279,911	532,565	287,325	98,350	96,403	161,784	31,298	189,289	563,409	1,319,488

자원봉사자를 직업별로 살펴보면, 2007년의 경우, 중고생이 17.2%로 가장 많고, 주부가 16.2%, 회사원이 8.8%, 대학생이 5.8%였으며, 그 다음으로 자영업자, 공무원, 퇴직자의 순이었다.

【자원봉사활동 분야별 현황】 (단위 : 명)

연도별	총 계	분 야 별					
		사회복지 의료시설	환경보호	교통질서	구조구급 재해복구	공공기관	기 타
'03. 12	5,118,720	1,863,027	784,855	646,824	482,057	325,103	1,016,854
'04. 12	5,584,609	1,780,605	1,192,733	697,554	326,666	469,939	1,117,112
'05. 12	7,634,183	3,018,535	1,632,872	688,762	245,749	619,638	1,428,627
'06. 12	10,314,903	2,989,688	1,054,025	646,520	221,039	669,983	4,733,648
'07. 12	12,900,984	3,536,252	1,366,110	1,028,529	207,469	753,449	6,009,175

자원봉사센터에 등록한 자원봉사자들의 활동분야를 살펴보면, 사회복지시설이나 의료시설에서 봉사한 경우가 전체의 27.4%로 가장 많았고, 환경보호 분야에서 봉사한 경우가 10.6%, 공공기관이 5.8%로 그 다음이었다. 등록자들은 평균 11.1회 활동했으며, 50시간 이상 봉사자는 등록자의 6.2%이었다.

제3절
자원봉사의 성서적 의의

성서는 자원봉사자의 자세와 자원봉사활동, 자원봉사자에 대한 하나님의 축복에 대해 다음과 같이 가르치고 있다.

"사람이 넘어질 때에 어찌 손을 펴지 아니하며 재앙을 당할 때에 어찌 도움을 부르짖지 아니하겠는가. 고생의 날 보내는 자를 위하여 내가 울지 아니하였는가. 빈궁한 자를 위하여 내 마음에 근심하지 아니하였는가."(욥30:24-25)

"저가 재물을 흩어 빈궁한 자에게 주었으니 그 의가 영원히 있고 그 뿔이 영화로이 들리리로다."(시112:9)

"흩어 구제하여도 더욱 부하게 되는 일이 있나니 과도히 아껴도 가난하게 될 뿐이니라. 구제를 좋아하는 자는 풍족하여질 것이요 남을 윤택하게 하는 자는 윤택하여지리라……선을 간절히 구하는 자는 은총을 얻으려니와 악을 더듬어 찾는 자에게는 악이 임하리라."(잠11:25-27)

"가난한 자는 그 이웃에게도 미움을 받게 되나 부요한 자는 친구가 많으니라. 그 이웃을 업신여기는 자는 죄를 범하는 자요, 빈곤한 자를 불쌍히 여기는 자는 복이 있는 자니라."(잠14:20-21)

"선한 눈을 가진 자는 복을 받으리니 이는 양식을 가난한 자에게 줌이니라."(잠22:9)

"가난한 자를 구제하는 자는 궁핍하지 아니하려니와 못 본 체하는 자에게는 저주가 많으니라."(잠28:27)

"의인은 가난한 자의 사정을 알아주나 악인은 알아 줄 지식이 없느니라." 잠29:7

"사람이 사는 동안에 기뻐하며 선을 행하는 것보다 나은 것이 없는 줄을 내가 알았고."(전3:12)

"너는 네 식물을 물위에 던지라. 여러 날 후에 도로 찾으리라."(전11:1)

"하나님을 경외하고 그 명령을 지킬지어다. 이것이 사람의 본분이니라. 하나님은 모든 행위와 모든 은밀한 일을 선악 간에 심판하시리라."(전12:13-14)

"주린 자에게 네 식물을 나눠주며 유리하는 빈민을 네 집에 들이며 벗은 자를 보면 입히며 또 네 골육을 피하여 스스로 숨지 아니하는 것이 아니겠느냐. 그리하면 네 빛이 아침같이 비칠 것이며 네 치료가 급속할 것이며 네 의가 네 앞에 행하고 여호와의 영광이 네 뒤에 호위하리니, 네가 부를 때에는 나 여호와가 응답하겠고 네가 부르짖을 때에는 말하기를 내가 여기 있다 하리라. 만일 네가 너희 중에서 멍에와 손가락질과 허망한 말을 제하여 버리고 주린 자에게 네 심정을 동하며 괴로워하는 자의 마음을 만족케 하면 네 빛이 흑암 중에서 발하여 네 어두움이 낮과 같이 될 것이며 나 여호와가 너를 항상 인도하여 마른 곳에서도 네 영혼을 만족케 하며 네 뼈를 견고케 하리니 너는 물 댄 동산 같겠고 물이 끊어지지 아니하는 샘 같을 것이라."(사58:7,11)

"사람아 주께서 선한 것이 무엇임을 네게 보이셨나니 여호와께서 네게 구하시는 것이 오직 공의를 행하며 인자를 사랑하며 겸손히 네 하나님과 함께 행하는 것이 아니냐."(미6:8)

"네게 구하는 자에게 주며 네게 꾸고자 하는 자에게 거절하지 말라……너희 원수를 사랑하며 너희를 핍박하는 자를 위하여 기도하라"(마5:42-44)

"사람에게 보이려고 그들 앞에서 너희 의를 행치 않도록 주의하라. 그렇지 아니하면 하늘에 계신 너희 아버지께 상을 얻지 못하느니라. 그러므로 구제할 때에 외식하는 자가 사람에게 영광을 얻으려고 회당과 거리에서 하는 것같이 너희 앞에 나팔을 불지 말라. 진실로 너희에게 이르노니 저희는 자기 상을 이미 받았느니라. 너는 구제할 때에 오른손의 하는 것을 왼손이 모르게 하여 네 구제함이 은밀하게 하라. 은밀한 중에 보시는 너의 아버지가 갚으시리라."(마6:4)

"너희는 가서 내가 긍휼을 원하고 제사를 원치 아니하노라 하신 뜻이 무엇인지 배우라."(마9:13)

"나무도 좋고 실과도 좋다 하든지 나무도 좋지 않고 실과도 좋지 않다 하든지 하라. 그 실과로 나무를 아느니라……선한 사람은 그 쌓은 선에서 선한 것을 내고 악한 사람은 그 쌓은 악에서 악한 것을 내느니라."(막12:33)

"요한이 세례를 받으러 나오는 무리에게 이르되……회개에 합당한 열매 맺으라…… 이미 도끼가 나무뿌리에 놓였으니 좋은 열매 맺지 아니하는 나무마다 찍혀 불에 던지우리라. 무리가 물어 가로되 그러하면 우리가 무엇을 하리이까? 대답하여 가로되 옷 두 벌 있는 자는 옷 없는 자에게 나눠 줄 것이요, 먹을 것이 있는 자도 그렇게 할 것이니라."(눅3:7-11)

"우리가 한 몸에 많은 지체를 가졌으나 모든 지체가 같은 직분을 가진 것이 아니니......혹 섬기는 일이면 섬기는 일로, 혹 가르치는 자면 가르치는 일로, 혹 권위하는 자면 권위하는 일로, 구제하는 자는 성실함으로, 긍휼을 베푸는 자는 즐거움으로 할 것이니라. 사랑엔 거짓이 없나니 악을 미워하고 선에 속하라."(롬12:4,7,8)

"소망 중에 즐거워하며 환난 중에 참으며 기도에 항상 힘쓰며, 성도들의 쓸 것을 공급하며 손 대접하기를 힘쓰라. 너희를 핍박하는 자를 축복하고 우는 자들로 함께 울라. 서로 마음을 같이하며 높은 데 마음을 두지 말고 도리어 낮은 데 처하며 스스로 지혜 있는 체 말라. 아무에게도 악으로 악을 갚지 말고 모든 사람 앞에서 선한 일을 도모하라."(롬12-17)

"네 원수가 주리거든 먹이고 목마르거든 마시우라. 그리함으로 네가 숯불을 그 머리에 쌓아 놓으리라. 악에게 지지 말고 선으로 악을 이기라."(롬12:20)

"내가 내게 있는 모든 것으로 구제하고 또 내 몸을 불사르게 내어 줄지라도 사랑이 없으면 내게 아무 유익이 없느니라. 사랑은 오래 참고 사랑은 온유하며 투기하는 자가 되지 아니하며 사랑은 자랑하지 아니하며 교만하지 아니하며 무례히 행치 아니하며 자기의 유익을 구치 아니하며 성내지 아니하며 악한 것을 생각지 아니하며 불의를 기뻐하지 아니하며 진리와 함께 기뻐하고 모든 것을 참으며 모든 것을 믿으며 모든 것을 바라며 모든 것을 견디느니라."(고전13:3)

"자기의 육체를 위하여 심는 자는 육체로부터 썩어진 것을 거두고 성령을 위하여 심는 자는 성령으로부터 영생을 거두리라. 우리가 선을 행하되 낙심하지 말지니 피곤하지 아니하면 때가 이르매 거두리라. 그러므로 우리는 기회 있는 대로 모든 이에게 착한 일을 하되 더욱 믿음의 가정들에게 할지니라."(갈6:8-10)

"도적질하는 자는 다시 도적질하지 말고 돌이켜 빈궁한 자에게 구제할 것이 있기 위하여 제 손으로 수고하여 선한 일을 하라."(엡4:28)

"내 형제들아 만일 사람이 믿음이 있노라 하고 행함이 없으면 무슨 이익이 있으리요, 그 믿음이 능히 자기를 구원하겠느냐. 만일 형제나 자매가 헐벗고 일용할 양식이 없는데 너희 중에 누구든지 그에게 이르되 평안히 가라, 더웁게 하라, 배부르게 하라 하며 그 몸에 쓸 것을 주지 아니하면 무슨 이익이 있으리요. 이와 같이 행함이 없는 믿음은 그 자체가 죽은 것이라…… 네게 보거니와 믿음이 그의 행함과 함께 일하고 행함으로 믿음이 온전케 되었느니라…… 사람이 행함으로 의롭다 하심을 받고 믿음으로만 아니니라…… 영혼 없는 몸이 죽은 것같이 행함이 없는 믿음은 죽은 것이니라."(약2:14-26)

제4절

기독교 자원봉사 실천방법

기독교 자원봉사는 기독교사회복지의 구체적 실천방법으로 기독교사회복지의 근본적인 실천방법에 따라 실행되어야 한다. 1장에서 서술한 기독교사회복지의 실천방법을 기독교 자원봉사의 실천방법에 원용한다.

기독교 자원봉사는 무엇보다도 하나님을 본받는 자세로 실천되어야 한다. '하나님을 본받음(imitatio dei)'이란 일반자원봉사활동과 구별 짓는 것으로 기독교 자원봉사 실천의 근간을 이루고 있다. 하나님을 본받는 일은 하나님이 하시는 일에 동참하는 것이다. 예수님께서 주의 일을 하실 때 섬기는 마음으로, 거룩하시고, 자비로우시고, 은혜로우셨던 것처럼 기독교 자원봉사도 섬김의 자세로, 거룩하고, 자비롭고, 은혜롭고, 하나님의 영광을 위하여 실천하여야 한다.

1) 거룩하게 봉사하라

거룩은 예배적인 요소와 도덕적인 요소가 있다. 거룩은 여호와 백성의 본질적인 특질이다.

"여호와께서 모세에게 일러 가라사대 너는 이스라엘 자손의 온 회중에게 고하여 이르라. 너희는 거룩하라. 나 여호와 너희 하나님이 거룩함이니라."(레19:1) "사랑을 입은 자녀 같이 너희는 하나님을 본받는 자가 되고(Be imitators of God), 그리스도께서 너희를 사랑하신 것 같이 너희도 사랑 가운데서 행하라."(엡5:1-2) "너희가 순종하는 자식처럼 이전 알지 못할 때에 좇던 너희 사욕(evil desires)을 본 삼지 말고, 오직 너희를 부르신 거룩한 자처럼 너희도 모든 행실에 거룩한 자가 되라 기록하였으되 내가 거룩하니 너희도 거룩할지어다(Be holy, because I am holy) 하셨느니라."(벧전1:14-16) 기독교 자원봉사를 실천함에 있어서 봉사자는 자신의 사리사욕을 좇지 말고 이타적인 정신으로 거룩하게 실천해야 한다. 참된 의미의 거룩함이란 자신을 자신의 소유가 아닌 하나님의 소유물로 만드는 것이다.

도덕법전 레위기 19장에는 거룩한 삶의 구체적인 예들이 열거되어 있다. 이 가운데 기독교사회복지와 관련된 구절들을 정리하면 다음과 같다. 너희 각 사람은 부모를 경외하라(19:3). 곡식이나 포도를 수확할 때 다 거두지 말고 떨어진 이삭이나 포도를 줍지 말고 가난한 사람과 타국인을 위해 버려두라(19:9-10). 네 이웃을 압제하지 말고 늑탈하지 말며 품꾼의 삯을 아침까지 밤새도록 네게 두지 말며(19:13). 너는 귀먹은 자를 저주하지 말며 소경 앞에 장애물을 놓지 말라(19:14). 이웃 사랑하기를 네 몸과 같이 하라(19:18). 너는 센 머리(the aged) 앞에 일어서고 노인의 얼굴을 공경하라(19:32). 타국인이 너희 땅에 우거하여 함께 있거든 너희는 그를 학대하지 말고 너희 중에서 낳은 자 같이 여기며 자기 같이 사랑하라(19:33-34).

2) 섬김의 자세로 봉사하라

예수 그리스도께서는 이 땅에 봉사자로, 섬기는 자로 오셨다. 봉사는 섬긴다(serve)는 의미이다. 남을 섬기기 위해서는 스스로를 낮추어야 한다. 예수께서는 이 세상의 천하고 멸시받고 궁핍한 천민계급의 사람들까지도 섬기기 위해, 이들을 위로하고, 도와주고, 치유해 주고, 희망을 주기 위해 스스로 가장 낮은 자로 임하셨다.

기독교 자원봉사를 실행함에 있어 봉사자는 예수 그리스도의 봉사자세를 본받아 실천해야 하다. 공무원이 공복(公僕:public servant), 즉 국민의 종이라는 봉사자세로 국민들을 대하여야 하듯이 기독교 자원봉사자들이나 기독교사회복지사들은 성복(聖僕:holy servant), 즉 거룩한 종, 하나님의 종이라는 봉사자세로 세상과 구별되게 섬기는 자세로 봉사에 임해야 한다.

"인자의 온 것은 섬김을 받으려 함이 아니라 도리어 섬기려 하고 자기 목숨을 많은 사람의 대속물로 주려 함이니라(For even the Son of Man did not come to be served, but to serve)"(막10:45) "앉아서 먹는 자가 크냐 섬기는 자가 크냐 앉아 먹는 자가 아니냐. 그러나 나는 섬기는 자로 너희 중에 있노라(I am among you as one who serves)"(눅22:27)

참된 의미의 섬김은 주님께서 사용하시도록 자신을 맡기는 것이다. 참된 섬김은 주님께서 사용하시도록 그에게 굴복하는 것이다. 그러면 성령께서 행위자가 되시며, 우리는 그의 뜻의 도구가 된다. 그와 같은 섬김이 거룩한 섬김이다(Murray, 1982:11-39).

3) 영생을 얻는 길이라 인식하고 봉사하라

성경은 기독교 자원봉사는 이웃사랑을 실천하는 것으로 영생을 얻게 하는 필수적인 조건임을 천명하고 있다. 기독교사회봉사의 참 모습인 이웃 사랑은 율법의 가장 큰 계명 가운데 하나이며 율법의 완성으로 황금률이라 칭해진다. 예수께서는 율법의 가장 큰 계명은 하나님 사랑과 이웃 사랑임을 가르치고 계신다. "네 마음을 다하고 목숨을 다하고 뜻을 다하여 주 너의 하나님을 사랑하라. 이것이 첫째 계명이요, 둘째는 네 이웃을 네 몸과 같이 사랑하라."(마22:37-40) 예수께서는 하나님의 계명을 지키고 동시에 이웃 사랑을 실천할 것을 가르치고 계신다. 보다 구체적으로 성경은 강도 만난 자의 이야기를 통해 무엇을 해야 영생을 얻을 수 있는지를 선포하고 있다. 율법사가 예수를 시험하여 가로되 '무엇을 하여야 영생을 얻으리이까?' 예수께서 이르시되 '율법에 무엇이라 기록되었으며 네가 어떻게 읽느냐?' 율법사가 대답하기를 '네 마음을 다하며 목숨을 다하며 힘을 다하며 뜻을 다하여 주 너의 하나님을 사랑하고 또한 네 이웃을 네 몸과 같이 사랑하라'고 하였나이다. 예수께서 이르시되 '네 대답이 옳도다. 이를 행하라 그러면 살리라(Do this and you will live)' 율법사가 이웃이 누구인지에 대해 묻자 예수께서는 강도 만나 거반 죽은 자를 바라보고 가서 자비를 베푼 자가 바로 강도 만난 자의 이웃이라고 말씀하신다(눅10:25-37).

"어떤 관원이 물어 가로되 선한 선생님이여 내가 무엇을 하여야 영생을 얻으리이까?…… 예수께서 이르시되 네가 계명을 알고 지키었으나 오히려 한 가지 부족한 것이 있으니 네게 있는 것을 다 팔아 가난한 자들을 나눠 주라…… 하나님의 나라를 위하여 집이나 아내나 형제나 부모나 자녀를 버린 자는……내세에 영생을 받지 못할 자가 없느니라."(눅18:18-30) "예수 그리스도께서 자기 영광으로 모든 천사와 함께 올 때에 모든 민족을 그 앞에 모으시고 양과 염소를 분별하듯이 의인과 악인을 구별하시고 의인들은 복을 주사 창세에 예비하신 나라를 상속케 하시어 영생(eternal life)을 누리게 하시고, 악인들은 저주하시어 마귀와 마귀의 사자들을 위해 예비하신 영원한 불(eternal fire)에 들어가게 되는 영벌(eternal punishment)을 받게 됨을 천명하고 계신다. 예수께서 말씀하시는 의인은 형제 중에 주린 자, 나그네, 헐벗은 자, 병자, 옥에 갇힌 자와 같은 지극히 작은 자(the least of persons)들이 고통 속에 신음하고 있을 때 이들 하나에게 베푼 자를 의미하고 이들에게 베푼 것이 곧 자신에게 베푼 것이라 말씀하셨고, 반면에 악인은 이들 지극히 작은 자들이 고통 가운데 있을 때 이들 하나에게 베풀지 아니한 자들을 의미하며 이들 지극히 작은 자 하나에게 베풀지 아니한 것이 곧 자신에게 베풀지 아니한 것이라 천명하셨다"(마25:31-46)

4) 자비롭게 봉사하라

자비(mercy : 慈悲)란 자(慈)와 비(悲)의 합성어이다. 자(慈)는 사랑하는 마음을 가지고 사람들에게 즐거움을 주는 것이고 비(悲)는 연민의 정을 가지고 사람들의 고통을 없애 주는 것이다. "너희 아버지의 자비하심 같이 너희도 자비하라(Be merciful, just as your Father is merciful)."(눅6:36) 성서에는 성도들에게 하나님의 자비하심을 본받으라 명령하고 있다. 인간의 자비란 동포를 돕고 구제하는 행위에서 보이는 동료에 대한 헤아림과 동정을 나타내는 것이다. 자비는 타인의 고통을 자신의 고통으로 여긴다. 자비로운 봉사를 통해서 주는 자와 받는 자가 모두 마찬가지의 충만함을 느끼게 된다(기독교대백과사전, 1980:379-382).

성경은 자비의 구체적인 모습을 가르쳐 주고 있다. 예수께서는 여리고로 가는 길에 강도 만나 거의 죽어 가는 사람에 대한 제사장과 레위인과 사마리아인의 태도를 비교하시고 강도 만난 자에게 자비를 베푼 사마리아인이 그의 이웃이라 말씀하셨다. 사마리아인이 보여준 자비의 모습은 세 단계로 설명할 수 있다. 첫째, 먼저 거반 죽어가는 처지에 있는 자를 바라본 것이다. 어려운 처지에 있는 자를 바라본 것이다. 둘째, 바라보고 그리고 불쌍히 여긴 것이다. 어려운 처지에 있는 자를 보고 피하여 지나간 것이 아니라 바라보고 연민의 정을 느낀 것이다. 셋째, 거반 죽어 가는 자에게 가까이 가서 기름과 포도주를 그 상처에 붓고 싸매고 자기 짐승에 태워 주막으로 데리고 가서 돌보아 주었다. 어려운 처지에 있는 사람들이 겪고 있는 현실적 고통을 자기 소유물을 사용하여 완화시켜 준 것이다. 넷째, 사마리아인은 이튿날 은화 두 개를 주막 주인에게 주며 계속 돌보아주라 부탁하고 추가 비용이 더 들면 자기가 돌아올 때 갚아 주겠다고 하였다. 즉 고통에 처한 자가 지속적으로 보살핌을 받을 수 있도록 조치를 해주고 계속 관심을 갖고 지켜보는 것이다. 이러한 사마리아인의 모습이 바로 '자비로운 자'의 모습이고 그들이 바로 고통 받는 자의 이웃인 것이다(눅10:30-37).

하나님께서는 요구하시는 자비의 모습은 원수까지 사랑하고 선대하고 은혜를 모르는 자나 악한 자에게도 자비를 베푸는 것이다. "오직 너희는 원수를 사랑하고 선대하여 아무 것도 바라지 말고 빌리라. 그리하면 너희 상이 클 것이요 또 지극히 높으신 이의 아들이 되리니 그는 은혜를 모르는 자와 악한 자에게도 인자로우시니라. 너희 아버지의 자비하심 같이 너희도 자비하라."(눅6:30-36)

5) 하나님의 영광을 위해 봉사하라

기독교 자원봉사에 임하는 봉사자는 봉사행위가 사람의 영광을 위한 봉사가 되어서는 안 되며, 하나님의 영광을 위해서, 그리고 '그리스도의 이름'으로 행해져야 한다. 병자를 방문하고 가난한 자를 공궤하고 감옥에 있는 자를 도와주는 것도 자기 자신을 드러내려 하는 것이 아니라 그리스도의 영광을 위해 행해야 한다. 봉사자는 자신의 이름을 빛내려 하거나 자신의 영광만 구하려는 공명심으로 봉사하는 것이 아니라 그리스도의 명령에 대한 순종으로, 그리스도의 정의가 이 땅에 실현되도록, 하나님의 영광을 구하기 위해 봉사하여야 한다. 오른손이 하는 것을 왼손이 모르게 은밀한 가운데 봉사하고 구제에 임해야 한다.

그리스도의 영광을 위해 봉사할 때 무엇이든지 그리스도 이름으로 그리스도께 구하면 그리스도께서 역사하시어 이루어 주신다는 믿음으로 그리스도께 전적으로 의지하며 봉사해야 한다. 하나님의 일에 필요한 모든 것들은 하나님께서 자기를 위하여 친히 준비해 두셨고 필요한 것은 하나님을 경외하고 그의 명령에 절대 순종하는 믿음으로, '여호와 이레(하나님께서 준비하신다. The Lord Provides!)'의 신앙으로 봉사해야 한다.

"사람에게 보이려고 그들 앞에서 너희 의를 행치 않도록 주의하라. 그렇지 아니하면 하늘에 계신 너희 아버지께 상을 얻지 못하느니라. 그러므로 구제할 때에 외식하는 자가 사람에게 영광을 얻으려고 회당 거리에서 하는 것같이 너희 앞에 나팔을 불지 말라. 진실로 너희에게 이르나니 저희는 자기 상을 이미 받았느니라. 너는 구제할 때에 오른손의 하는 것을 왼손이 모르게 하여 네 구제함이 은밀하게 하라. 은밀한 중에 보시는 너의 아버지가 갚으시리라."(마6:1-4)

"사람이 하나님의 뜻을 행하려 하면 이 교훈이 하나님께로서 왔는지 내가 스스로 말함인지 알리라. 스스로 말하는 자는 자기 영광만 구하되 보내신 이의 영광을 구하는 자는 참되니 그 속에 불의가 없느니라."(요7:17-18)

"내 이름으로 무엇이든지 내게 구하면 내가 시행하리라. 너희가 나를 사랑하면 나의 계명을 지키리라."(요14:14-15)

"하나님이 아브라함을 시험하시려고……네 사랑하는 독자 이삭을……번제로 드리라…… 이삭이 그 아비 아브라함에게 말하여 가로되 내 아버지여 하니 그가 가로되 내 아들아 내가 여기 있노라. 이삭이 가로되 불과 나무는 있거니와 번제할 어린 양은 어디 있나이까. 아브라함이 가로되 아들아 번제할 어린 양은 하나님이 자기를 위하여 친히 준비하시리라 하고……단을 쌓고 나무를 벌여 놓고 그 아들 이삭을 결박하여 단 나무 위에 놓고 손을 내밀어 칼을 잡고 그 아들을 잡으려 하더니 여호와의 사자가 가라사대 그 아이에게 네 손을 대지 말라…… 내가 이제야 네가 하나님을 경외하는 줄을 아노라. 아브라함이 눈을 들어 살펴본즉 한 수양이 뒤에 있는데 뿔이 수풀에 걸렸는지라. 아브라함이 가서 그 수양을 가져다가 아들을 대신하여 번제로 드렸더라. 아브라함이 그 땅 이름을 여호와 이레(The Lord Provides.)라 하였으므로 오늘까지 사람들이 이르기를 여호와의 산에서 준비되리라 하더라."(창22:1-14)

6) 받은 은사대로 충실하고 겸손하게 봉사하라

하나님께서는 믿는 사람들에게 서로 다른 직분을 주시고, 서로가 자기에 맡겨진 직분에 충실하고 협력하여 하나님의 뜻을 서로 하나가 되어 이루시길 원하신다. 기독교 자원봉사를 행함에 있어 어느 한 사람이 모든 일들을 다하려 하거나 다른 직분의 일까지 하려 하지 말고 각 사람에게 맡겨진 은사에 따라 충실하게 봉사하도록 노력해야 한다. 봉사자는 믿음의 형제들인 동료를 사랑하고 서로 우애하고 존경하길 서로 먼저 해야 한다. 기독교 자원봉사는 주의 뜻을 행하는 것이므로 부지런히 그리고 열심히 행해야 한다. 아무 일에든지 다툼이나 허영으로 하지 말고 오직 겸손한 마음으로 봉사해야 한다.

"내게 주신 은혜로 말미암아 너희 중 각 사람에게 말하나니 마땅히 생각할 그 이상의 생각을 품지 말고 오직 하나님께서 각 사람에게 나눠주신 믿음의 분량대로 지혜롭게 생각하라. 우리가 한 몸에 많은 지체를 가졌으나 모든 지체가 같은 직분을 가진 것이 아니니……우리에게 주신 은혜대로 받은 은사(gift)가 각각 다르니……혹 섬기는 일이면 섬기는 일로……, 구제하는 자는 성실함으로……긍휼을 베푸는 자는 즐거움으로 할 것이니라. 형제를 사랑하여 서로 우애하고 존경하기를 서로 먼저 하며 부지런하여 게으르지 말고 열심을 품고 주를 섬기라…… 성도들의 쓸 것을 공급하며 손 대접하기를 힘쓰라."(롬12:-13)

"그리스도 안에 무슨 권면이나 사랑에 무슨 위로나 성령의 무슨 교제나 긍휼이나 무슨 위로나 성령의 무슨 교제나 긍휼이나 자비가 있거든 마음을 같이하여 같은 사랑을 가지고 뜻을 합하여 한 마음을 품어 아무 일에든지 다툼이나 허영으로 하지 말고 오직 겸손한 마음으로 각각 자기보다 남을 낫게 여기고 각각 자기 일을 돌아볼 뿐더러 또한 각각 다른 사람들의 일을 돌아보아 나의 기쁨을 충만케 하라."(빌2:1-4)

제5절

기독교 자원봉사사업

교회는 자원봉사의 황금어장이라고 칭해진다. 교회나 기독교인 기독교단체들이 할 수 있는 자원봉사 분야는 복지분야, 환경분야, 정치분야, 경제사회분야 등 다양할 수 있다. 본 장에서는 기독교사회복지라는 전체적인 방향에 맞추어 복지분야에 한정해 교회를 중심으로 한 기독교 자원봉사사업을 논한다.

1) 자원봉사자 교육사업

교회는 교회성도들이나 지역사회주민들 초· 중· 고등학교 학생들을 대상으로 자원봉사에 관한 교육을 실시하고 자원봉사자를 양성하는 사업을 전개할 수 있다. 성서에서 가르치는 이웃사랑의 모습들은 오늘날 자원봉사활동과 일맥상통하고 있다. 교회가 자원봉사자를 교육함에 있어서 우선 목회자가 자원봉사에 관한 일반적인 지식을 습득하고 동시에 자원봉사에 관한 성서적 의의를 정립하고 있어야 한다. 자원봉사 교육은 목회자가 직접 담당하는 것이 효과적이나 목회자가 시간적으로 교육을 담당하기 어려운 경우 청년부전도사나 외부강사를 초청해 교육을 실시할 수 있다. 자원봉사자 교육내용은 일정하게 정해진 것은 없지만 다음과 같은 내용을 포함하기를 권장한다.; 자원봉사의 성서적 의의, 자원봉사의 의의 및 특성, 자원봉사자의 역할, 지역사회문제와 교회의 역할, 자원봉사대상자에 대한 이해와 자원봉사시 유의점, 장애인보장구(예:휠체어)에 대한 이해 및 사용법, 자원봉사 모범사례, 복지사회에 대한 이해 등.

교육내용 가운데 자원봉사자들이 자원봉사를 행함에 있어 인지하고 있어야 할 몇 가지 사항을 소개한다.

(1) 자원봉사시 일반적 유의사항

자원봉사자들이 자원봉사를 실시함에 있어서 일반적으로 인식해야 할 사항들이 있다. 봉사자는 항상 감사한 마음을 가지고 봉사를 시작한다. 자신의 봉사활동의 중요성을 인식한다. 자발적이고 적극적으로 책임감을 가지고 봉사한다. 봉사의 대가로 물질적 보수를 바라지 않는다. 항상 배우려는 자세로 임한다. 봉사활동하는 기관에 정성과 신의를 다한다. 봉사활동을 관리하는 직원과 기관의 안내와 결정에 따른다. 직무안내훈련과 교육에 적극 참여한다. 매사에 약속을 잘 지킨다. 활동하는 기관의 업무에 관련된 비밀은 보장한다. 봉사대상자가 필요로 하는 활동을 한다. 봉사자는 협력자의 입장으로 자신이 할 수 있는 활동의 한계를 분명히 인식한다. 신속하고 확실하게 업무를 수행한다. 겸손한 태도로 상대방을 이해하며 지나친 자만심을 갖지 않는다. 자원봉사자 간에 서로를 존중하고 이해한다. 항상 웃는 얼굴로 공손한 언어를 사용하며 단정한 복장을 한다.

① 장애인봉사자 유의사항

자원봉사자들이 장애인을 위해 봉사활동을 실시할 때 우선적으로 인식해야 할 것은 장애인도 비장애인과 똑같이 인간으로서 존엄성을 갖고 있으며 하나님 보시기에는 똑같이 귀중한 존재라는 사실이다. 장애인이란 성경에서 지극히 작은 자의 하나로서 성도들이 우선적으로 돌보아 주어야 할 형제들이다.

장애인들은 장애유형에 따라 필요한 도움의 형태가 일부 다를 수 있다. 장애인에게 도움을 줄 때는 먼저 장애인에게 도움이 필요한지 여부와 어떠한 도움이 필요한지를 물어 본다. 장애인이 도움을 원하는 경우 장애인이 즐거운 마음으로 도움을 받을 수 있도록 도움을 준다. 때로는 장애인이 스스로 하기를 원하는 경우가 있는데 이때에는 장애인 스스로 할 수 있도록 도와준다. 봉사자는 도움을 주기 전에 어떠한 도움을 주어야 할 것인지 확실하게 이해한 다음 도움을 준다.

지체장애인의 경우 출입문이나 승강기를 이용할 때 팔이나 휠체어를 잡아 주는 것보다 문을 열고 문을 잡아 주는 것이 좋다. 보장구가 승강기에 끼지 않도록 유의해야 한다. 휠체어 사용자에게는 항상 밀어 줄 것인가를 물어 본 후 밀어 주어야 하고 내리막길이나 오르막길에서 사용자에게 알리지 않고 휠체어를 놓는 것은 매우 위험하다. 지체장애인이 계단을 이용할 때 봉사자는 장애인 옆으로 걸으면서 팔을 뻗어 지체장애인이 팔을 잡고 균형을 유지할 수 있도록 하거나 필요한 경우 팔로 장애인의 허리를 부축하고 계단을 오르내린다. 지체장애인 스스로 계단을 이용하는 경우 봉사자는 지체장애인이 내려올 때는 앞에서, 올라갈 때는 뒤에서 동행함으로써 지체장애인이 균형을 잃거나 넘어지려 할 때에 잡아 줄 수 있다. 지체장애인을 집밖에서 만날 때는 장애인편의시설이 갖추어진 장소에서 만나는 것이 좋다. 봉사자가 지체장애인이 차에 타는 것을 도울 때 용모가 흐트러졌을 경우 용모를 단정하게 고치는 것까지 도와주는 것이 좋다. 음식점을 이용할 때 의자 배열이 넓은 곳을 선택하고 자리도 출입구에서 가까운 곳에 잡는 것이 좋다. 손과 팔에 장애가 있는 경우 음식을 먹는데 불편하므로 음식을 먹기 좋게 해주는 것이 좋다. 지체장애인과 대화할 때 휠체어를 탄 경우 대화할 때는 눈높이를 같은 위치에 두고 하는 것이 좋고, 서서 대화할 경우는 가까이 서지 말고 거리를 두고 대화하는 것이 좋다. 초면인 경우에는 사생활이나 장애발생사유 등에 대해 묻는 것을 삼가는 것이 좋다.

시각장애인의 경우 이동을 위해 대부분 흰 지팡이를 사용하고 간혹 안내견을 이용하기도 한다. 시각장애인에게 길을 가르쳐 줄 때 먼저 시각장애인이 서 있는 위치를 설명해 주고 그 위치를 중심으로 숫자나 방향을 나타내는 분명한 단어를 사용해 구체적으로 설명해 준다. 도로의 상태나 도로설치물 등 보행시 주의해야 할 사항들을 상세히 알려준다. 시각장애인과 함께 걸을 때는 시각장애인이 봉사자의 팔을 잡고 걸을 수 있게 한다. 팔은 팔꿈치 부분이나 팔꿈치 위를 잡게 하는 것이 좋다. 팔을 잡고 걸을 때는 약간 앞서서 정상적인 걸음걸이로 걷되 갑자기 돌거나 움직이는 행동은 삼가야 한다. 계단 승강기 회전문 등 주의해야 할 곳에 접근했을 때는 우선 멈춰 서서 처한 상황을 설명해 준다. 뒤로 돌 때는 팔을 잡은 채 같이 돌지 말고 방향을 바꾸는 것을 설명하고 팔을 놓게 한 후 앞으로 얼굴을 마주 보면서 방향을 바꾸고 다시 팔을 잡도록 한다. 동행시에는 가급적 대화를 하는 것이 장애인의 불안감을 감소시킬 수 있어 좋다. 안내견은 시각장애인의 이동을 위해 전문적인 특수훈련을 받고 시각장애인이 말로 하는 명령에 따라 외출시 장애물이나 위험요소를 피해 길을 안내한다. 안내견이 견복을 입은 동안은 계속 근무를 하고 있는 상태이므로 방해해서는 안 되며 주인의 허락 없이 놀거나 견복을 만지거나 명령을 해서는 안 된다. 시각장애인과 대화할 때 보통사람과 대화할 때와 마찬가지로 서로 얼굴을 마주 보면서 대화하는 것이 좋다. 시각장애인은 소리의 방향에 민감하므로 다른 곳을 보고 이야기하는 것을 쉽게 알아차린다. 여러 명이 대화할 때 시각장애인이 알아차리지 못하게 눈짓 몸짓 손짓을 하는 것은 금물이다. 시각장애인이 실내에 들어오면 그 곳에 어떤 사람이 있는지 분명히 알려주고 인기척을 내서 누가 있다는 사실을 알게 한다. 처음 들어온 곳이면 실내구조나 크기를 대략 설명해 주고 앉을 위치를 정확하게 알려준다. 출입문은 완전히 열든지 완전히 닫든지 하고 반쯤 열린 문에 부딪치니 않게 해야 한다. 식사를 할 때는 식탁에 수저와 젓가락이 놓인 위치를 알려주고 젓가락을 같이 잡고 식탁 어디에 어떤 음식이 있다는 것을 작은 소리로 미리 알려준다.

청각장애인의 경우 외형적으로는 비장애인과 똑같기 때문에 많은 사람들이 장애 사실을 인지하지 못하는 경우가 많다. 청각장애인과 대화할 경우 청각장애인들이 부분적인 청력이나 구화법 등을 통해서 이해할 수 있는 경우에는 입술 모양을 분명하게 하고 목소리가 잘 전달되도록 할 것이며 구화법을 모르는 청각장애인들에게는 몸짓 및 얼굴 표정에 유의하여 정확하게 표현한다. 필담으로 대화할 때에는 정확하게 이해할 수 있도록 쓸 것이며 그림이나 도표 등을 이용할 수 있다. 청각장애인이 내용을 읽고 있는 동안 그 표정을 자세히 관찰하여 그 내용을 이해하고 있는지를 확인해야 한다. 수화로 의사소통을 하는 경우도 많으므로 봉사자는 수화법을 배워 두는 것이 좋다. 화재경보나 자동차 경적소리 등과 같은 위험신호는 반드시 알려 주어야 하며, 빗소리 천둥소리 비행기소리 등 비언어적 소리들도 때때로 알려주어야 한다.

정신지체인의 경우 지능이 낮기 때문에 사용하는 말이 불명확하고 단어 선택이 미숙하더라도 끝까지 주의 깊게 들어주고 이들이 말하고자 하는 의사를 정확히 파악해야 한다. 이들에게 반말을 하거나 어린 사람으로 대해서는 안 되며 이들의 생활연령에 맞게 경어를 사용해 주어야 한다. 정신지체인과 봉사자가 함께 오락을 할 때 이들의 발달정도를 파악하여 그 수준에 맞는 놀이를 선정해야 한다. 새로운 놀이를 할 경우에는 천천히 반복해서 알 수 있을 때까지 가르쳐 주어야 한다. 음식점에서 메뉴를 읽어 주거나 음식그림을 보면서 선택할 수 있도록 도와주는 것이 좋다(정지훈, 1994:27-34).

② 노인봉사자 유의사항

노년기에 접어들게 되면 심신기능이 저하되고 역할상실 내지 역할혼란을 겪는 등 여러 가지 문제에 접하게 된다. 봉사자가 노인들을 위해 봉사할 때 몇 가지 유의할 점이 있다(고양곤,1996:160-161, 이성희,1992:10- 16). 봉사자는 평소 몸과 마음 모두가 건강하고 안정된 생활을 하고, 불쾌감을 주지 않는 말과 태도를 항상 명심한다. 복장과 신발 등은 간호활동에 임하는 마음가짐을 나타내는 것의 하나로써 자신이 좋아하는 것보다는 봉사활동을 하기에 적합한가 부적합한가를 먼저 생각해서 선택한다.

봉사자가 노인에게 봉사할 때 외모를 단정히 해야 한다. 복장은 봉사활동에 어울리는 것으로 밝고 차분한 색으로 청결감이 있고 활동하기 쉬운 형태의 것이 좋다. 치마보다는 바지형이 좋다. 방문봉사를 할 경우 상대방이 맞는지 확인하고 예의 바르게 인사한 후 자신이 무엇을 하러 왔는지를 밝힌다. 시종 겸손한 태도를 유지하되 지나친 겸손은 노인의 마음을 불편하게 할 수도 있으므로 주의를 기한다. 대화에는 말에 의해 감정과 의지가 전달되는 언어적 대화와 표정이나 몸짓 눈짓 몸짓 자세 등에 의해 서로를 이해하는 비언어적 대화가 있다. 노인과의 대화에는 비언어적 대화도 중요한 역할을 한다. 봉사자가 노인과 대화할 때는 노인의 자존심에 상처를 입히는 말을 하거나 태도를 보이지 않도록 주의한다. 봉사자가 노인과 대화할 때에는 짧은 언어로 천천히 말한다. 노인의 말과 하소연 중에는 필요 없는 것이 많고 또 귀가 멀어서 대화가 어려운 경우가 많지만 귀찮아하지 말고 들어 드린다. 노인은 눈물을 잘 흘리기 때문에 대화의 내용에 주의하여 지나치게 자극하지 않도록 한다. 노인의 푸념은 한 귀로 듣고 한 귀로 흘려버린다는 감정으로 가볍게 받아넘기는 것이 좋다. 애매모호한 것은 무리해서 대답하지 말고 '생각해서 연락하겠습니다' 고 하고 잊지 말고 생각해서 꼭 연락한다.

봉사활동은 노인이 관심을 갖고 있는 일에서부터 시작한다. 봉사는 노인의 욕구가 무엇인가 조사한 후 그 욕구를 충족시켜 주거나 노인의 직접적인 요구가 있을 때에는 이에 따라 봉사한다. 봉사는 봉사자가 일방적으로 판단해 실시하지 말고 노인과 충분히 협의하고 합의된 사항에 대하여 봉사활동을 계획하고 실천한다. 봉사활동으로 노인의 모든 문제점을 해결해 줄 수 없으므로 봉사자의 인적 시간적 물질적 한계를 인식하고 가능한 범위 내에서 봉사활동을 실시해야 하며 지나치거나 무리를 해서는 안

된다. 봉사자가 노인과 약속한 사항은 꼭 지켜 신뢰관계를 유지하되 만일 약속을 지키지 못할 경우 사전에 연락하고 그 사유를 설명해 주어야 한다. 봉사자가 봉사활동 중에 알게 된 노인에 관한 비밀을 보장해 주어야 한다. 봉사활동을 계속하지 못할 경우에는 노인에게 상처를 주지 않도록 잘 설명하고 봉사관계를 신중하게 종결한다. 봉사자는 자신의 봉사활동 결과를 기록, 점검, 평가하여 참고자료로 남긴다.

최근 노인치매의 문제가 새로운 사회문제로 등장하고 있다. 치매라는 것은 뇌의 기질적 병변에 의해서 후천적으로 지적 능력을 비롯한 정신기능이 쇠약해진 상태를 말한다. 치매노인은 건망증, 판단력 장애 때문에 일상생활 중에 곤혹스러워 하거나 혼란 상태에 빠지게 된다. 또한 적절한 의사표시가 가능하지 않고 언어의 이해도 완전하지 못하다. 치매라고 진단되었을 때 갑자기 노인을 대하는 태도를 바꾸지 말고 평상시처럼 자연스럽게 노인을 관찰해 보는 것이 중요하다. 치매노인을 간호하는 기본자세는 다음과 같다.

- 기본적인 욕구를 충족시킨다. 치매노인들은 일상생활을 점차 수행할 수 없게 되거나 불완전하므로 식사, 배설, 수면, 청결 등 기본욕구가 충족되어야 한다.
- 위험으로부터 보호한다. 치매노인은 주변 환경을 올바로 지각하는 능력과 신체기능이 저하되므로 주변 환경의 위험요소를 제거하여 치매노인을 보호해야 한다.
- 고독하지 않게 한다. 자극이 없는 생활은 치매를 악화시킨다고 한다. 치매노인을 오랫동안 혼자 있게 하는 것은 좋지 않다.
- 자존심을 상하지 않게 한다. 치매가 진행되어도 감정은 유지된다. 노인의 실수에 대해서 나무라거나 비웃는다면 노인은 상처를 받게 되고 우울상태에 빠져 때론 난폭해질 수가 있다.
- 노인의 상황에 맞추도록 한다. 노인이 되면 동작이 느려지고 말과 행동이 잘 맞지 않는 경우가 많이 일어나게 되므로 노인의 페이스에 맞추어 천천히 대해 주어야 한다.
- 의사소통을 유지한다. 노인과 얘기할 때에는 얼굴을 마주보고 눈높이를 맞춰 천천히 명확하게 한 가지씩 짧게 얘기한다. 멀리서 말하면 말하는 사람에게 다가가려다 다른 사고를 일으킬 가능성이 있으므로 가까운 곳에서 말한다. 노인

이 알아들을 수 있는 말을 사용한다. 가능한 표준어를 사용하되 경우에 따라서는 사투리를 사용하면 친밀감을 높이고 말을 더 잘 알아듣는 경우도 있다.

- 항상 현실을 알려주도록 한다. 치매노인은 상황에 대한 이해능력이 떨어져 있기 때문에 조그마한 일에도 혼란을 가져오게 된다. 일상생활 가운데 현재 상황을 항상 알려주는 것이 좋다.
- 역할을 제공한다. 사소한 일일지라도 치매노인이 스스로 행하도록 하고 노인이 한 일에 대해 가치나 역할을 인정해 주어 자신의 권위나 가치를 느낄 수 있도록 한다.
- 일상생활을 규칙적으로 꾸려 나간다. 치매노인에게 알맞는 하루의 일정을 정해서 규칙적인 생활을 하게 하는 것은 치매노인의 마음을 안정시키고 혼란을 줄이는 데에 중요하다.
- 누워만 있지 않게 한다. 누워만 있는 것은 치매상태를 악화시키고 수족의 관절을 굳어지게 하거나 욕창이나 폐렴을 일으키기도 한다.
- 대립하지 않도록 한다. 환자의 실수는 병으로 인해 생긴다는 점을 명심하고 환자가 실수하는 것에 관하여 예민하게 신경을 쓰지 말고 부질없는 말다툼이 생기지 않도록 주의한다.
- 과거를 회상하도록 한다. 치매노인이 자신의 옛날을 회상하면서 자신을 되찾고 생동감과 안정을 되찾을 수 있도록 도와준다. 특히 노인이 즐거웠을 때나 자랑스러웠던 시기에 초점을 맞추는 것이 좋다.
- 강한 인내심을 가지고 유연성 있는 태도로 접촉한다. 치매노인의 언행은 시간에 따라서 수시로 변할 수 있는데 봉사자는 끈기를 가지고 유연성 있게 대해야 한다(silverweb, 1998:1-3).

2) 자원봉사연계사업

교회는 자원봉사를 안내하는 사업을 실시할 수 있다. 교회는 우선 교회의 자원봉사안내사업에 관해 성도들과 지역사회에 홍보를 한다. 교회 성도 가운데 또는 지역주민 가운데 자원봉사를 희망하는 사람들의 신청을 받아 봉사희망자의 인적사항, 특기, 희망하는 봉사내용, 봉사가능시간 등을 파악한 후 이들 정보를 봉사희망자카드를 작성하거나 컴퓨터에 입력해 보관한다. 교회는 또한 지역사회에서 봉사자의 도움이 필요한 사람들이나 사회복지시설들을 파악해 이들에 대한 정보를 카드를 작성하거나 컴퓨터에 입력해 보관한다. 신청은 봉사희망자나 봉사필요자나 기관으로부터 직접 방문신청을 받거나 전화나 우편으로도 신청을 받을 수 있도록 편의를 제공한다. 교회는 봉사자의 도움이 필요한 사람과 봉사희망자 간을 연계하는 중개자의 역할을 수행할 수 있다. 연계 후 봉사가 적절히 잘 진행되고 봉사자와 피봉사자 간에 발생한 문제를 해결해 줌으로써 원만한 봉사가 은혜스럽게 이루어지도록 지도·감독한다.

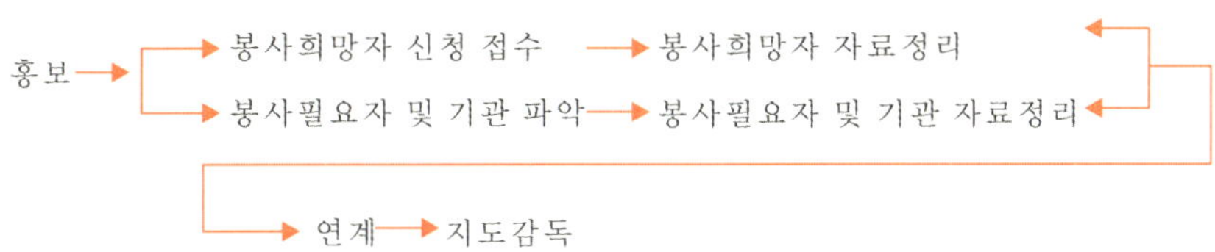

3) 자원봉사실천사업

현재 교회자원봉사의 대부분은 사회복지시설이나 병원과 같은 기관에서 이루어지고 있다. 시설입소자들을 위해 직접적으로 봉사할 수 있고, 시설의 프로그램을 보조해 주는 봉사활동을 해줄 수 있으며, 시설의 유지 발전을 위해 봉사활동을 할 수 있다.

시설입소자를 위해 직접적으로 이루어지는 봉사활동으로는 신앙상담, 생활상담, 학습-예능-독서지도, 의료봉사 및 물리치료봉사, 스포츠 및 레크리에이션 지도, 취미생활 지도, 놀이친구, 이-미용서비스, 목욕서비스, 세탁서비스, 영아돌보기, 입소자를 봉사자 가정에 초대, 외출동행, 산책안내, 신변처리 봉사, 식사봉사, 휠체어 보조, 병간호, 녹음 및 점역서비스 등이 있다.

시설의 프로그램을 보조해 주는 봉사활동으로는 전화상담, 캠프프로그램 계획

지도, 소그룹홈 운영 및 관리보조, 시설입소자 작품전 보조 등이다.

시설의 유지 발전을 위해서 행하는 봉사활동으로는 시설운영을 위한 후원회원모집, 물질 후원, 건물 및 설비 개보수, 사무보조, 홍보활동, 자문활동 등이다.

그러나 대부분의 자원봉사대상자들은 집에서 거주하고 있는 재가보호대상자들이다. 이들 재가보호대상자들에게는 가사봉사나 대인봉사를 행할 수 있다. 가사봉사로는 일상적인 집안청소, 식사준비 및 요리, 식사보조, 식후 설거지, 난방점검, 시장보기 등이 있다. 대인봉사로는 우애방문, 목욕봉사, 말벗, 면도, 머리손질, 녹음 및 점역서비스, 전화심부름, 편지대필 및 발송, 연금 및 지원물품 수령, 처방약 받아 오기, 외출보조, 물리치료보조 등이다(송성숙, 1994:23-24).

4) 자원봉사운동사업

자원봉사운동은 성서상에 나오는 이웃사랑을 실천하기 위한 기초가 된다. 자원봉사가 일부 특수계층이나 학생들만이 행하는 것이 아니라 하나의 문화로써 자연스러운 시민활동으로서 이루어질 수 있도록 교회는 자원봉사실천운동을 선도할 수 있다. 대표적인 사례가 대한예수교장로회가 펼치는 사랑의 현장갖기운동이다.

대한예수교장로회 사회부는 제71차 총회의 인준을 얻어 전국 교회가 사랑의 현장 갖기 운동에 동참할 것을 제안하였다. 주 예수 그리스도께서 우리에게 '네 이웃을 네 몸처럼 사랑하라'고 말씀하셨다. 오늘의 한국 교회는 교회의 내부와 사회로부터 교회의 도움을 필요로 하는 사람들과 호흡을 함께 해 달라는 강한 요청을 받고 있다. 사랑의 현장갖기운동은 인간을 구원하기 위하여 인간의 모을 입으시고 이 세상에 오신 예수 그리스도의 은혜를 깊이 깨닫고 모든 그리스도인이 자신의 생활주변에 있는 지극히 작은 자와 함께 살아가는 복음의 실천운동이다.

사랑의 현장갖기운동은 모든 인간이 그들의 삶을 영위해 나가는 곳에서 발생하는 삶의 여러 문제들의 해결을 위해 교회가 고통 받는 그들의 삶의 현장 속에 동참하여 그들의 짐을 함께 나누어지는 복음의 실천에 그 목표를 두고 있다.

이 운동을 위해 교회와 기독교기관 그리고 그리스도인들은 작은 제자공동체를 형성한다. 교회 구역 가정 단위로 실천할 수 있고, 시찰내 교회가 연합하여 실천할 수 있으며, 직장에서도 실천할 수 있고, 단체 및 기관별로 실천할 수 있다.

사랑의 현장 실천 범위는 광범위하지만 무엇보다도 교회가 위치한 주변의 지역사회에서 중점적으로 이루어져야 한다. 모든 필요재정은 개교회나 기관들이 자급함을 원칙으로 하고 일정지역내 공동관심사일 경우 지역 내 교회들이 공동부담한다.

제16장 기독교 통일복지

해방 이후 남북관계는 많은 우여곡절을 겪어 왔다. 북한을 하나의 독립된 체제로서 인정하지 않고 상실된 국토의 일부로 간주하면서 영토회복적 차원에서 통일을 외치던 시대에서 북한을 하나의 독립된 국가체제로 인정하고 두 나라 간의 합병을 논하는 시대로 바뀌어 왔다. 이제는 한 국가 안에서 민족의 통일을 논하는 것이 아니라 같은 민족적 뿌리를 가진 두 나라의 국민과 정부가 평화공존, 상호체제 인정, 선의의 동반자라는 구호를 외치면서 민족통일은 그 다음 단계에 논할 문제로 한 발 뒤로 물러나게 되었다. 통일은 어느덧 우리의 소원이 되었고 소망이 되었고 꿈이 되었다. 그러나 이러한 모든 문제는 지리적이고 정치적인 통일의 문제일 뿐이다. 비록 남과 북이 지정학적으로는 둘로 나뉘어 정치권에서는 상호 대립과 반목을 계속할지라도 남북의 민족성원들은 정서적으로, 문화적으로, 그리고 무엇보다도 신앙적으로 하나가 될 수 있다. 물론 체제적 탄압과 방해로 어려움이 있겠지만 정서적 통일, 문화적 통일, 신앙적 통일은 지정학적 통일이 이루어지기 전에 지정학적 남북분단과는 관계없이 이루어질 수 있다.

기독교 통일복지란 바로 이러한 정서적 문화적 신앙적 통일을 이루기 위한 기독교인들의 실천적 노력 가운데 하나이다. 기독교 통일복지의 우선적 노력은 북한의 고통 받는 우리 민족들의 고통과 아픔을 다소나마 완화시키기 위해서 우리의 가진 것의 일부를 나눔으로써 기독교 성도들의 사랑을 전달하는 것이다. 이러한 사랑은 조건부 사랑이 아니라 무조건적인 사랑이다. 상호주의에 입각한 타산적 사랑이 아니라 일방적으로 주는 사랑이다. 고통 받는 이웃을 위해 사랑을 실천하라는 하나님의 명령을 준행하는 기독교인들의 신앙의 표현이다. 받는 것이 없더라도 때로는 그로 인해 고통을 받더라도 그 사랑은 실천되어야 한다. 기독교 통일복지사업을 통해서 기독교가 사랑의 종교이고 나눔의 종교이고 봉사의 종교임을 보여 주어야 한다. 나아가 기독교가 화해의 종교이며 평화의 종교이고 해방의 종교라는 사실을 북한 주민들에게 인식되도록 노력해야 한다.

통일은 지정학적 통일보다는 비지정학적인 측면에서의 통일이 우선되어야 한다. 비지정학적 통일이 이루어질 때 지정학적 통일도 손쉽게 이룩될 수 있다. 기독교 통일복지는 통일의 기반이요 통일의 선도활동이요 통일의 길잡이로서 하나님의 사랑과 하나님의 평화와 하나님의 해방을 이룩하기 위한 기독교인들의 거룩한 실천적 노력이다.

제1절 한국통일문제 현황

한반도 통일은 몇 가지 측면에서 접근해야 한다. 첫째로 지정학적 통일이다. 지리적 통일 정치적 통일을 의미한다. 둘째로, 문화적 통일이다. 문화는 생활양식이다. 50여 년간 개방체제와 폐쇄체제라는 서로 다른 문화 속에 살아온 남북주민들의 문화적 차이를 좁혀 주는 노력이다. 셋째로 체제간의 통일이다. 자본주의체제와 사회주의체제 간의 차이를 해소하는 일이다. 넷째로, 삶의 질의 통일이다. 일만 불 수준의 생활을 하는 남한과 일천 불 수준의 생활을 하는 북한과의 삶의 질에 관한 통일이다. 다섯째, 신앙의 통일이다. 남북기독교간의 이질감을 극복하고 공감대를 형성하는 일이다. 최근의 한반도 통일 문제는 주로 지정학적 통일, 체제간의 통일 그에 따른 통일비용에 관해 논의되어지고 있다.

1) 역대정부의 통일정책

역대정부의 통일정책을 개괄적으로 요약하면 다음과 같다(통일원, 1997:22-33).

시대	대북인식	통일접근방식	주요발표계기
제1공화국	*실체 불인정 *실지 회복의 대상	*유엔결의에 의한 북한지역에서만의 총선거 후 남한 합류	*제헌국회:북한동포에 보내는 결의문(48.6.12)
		*우엔감시하의 남북한 자유총선거	*변영태외무장관:제네바정치회의 연설(54.5.22)
제2공화국	상동	*유엔감시하의 남북한 자유 총선거	*민주당 통일외부정책쇄신방안(60.7.26)
제3공화국	상동	*유엔감시하의 남북한 인구비례에 의한 자유 총선거	*6대국회25차 본회의 결의안(64.11.29) *평화통일구상선언(70.8.15)
제4공화국	*실체인정 *평화공존 대상	*토착인구 비례에 의한 남북한 총선거	*6.23선언(73.6.23) *평화통일 3대 기본원칙 천명(74.815)
제5공화국	상동	*통일헌법에 따른 총선거 실시-남북한 기본관계에 관한 잠정협정체결	*민족화합민주통일방안 천명(82.1.22)
제6공화국	*상호체제인정 *선의의 동반자	*남북연합의 과도단계를 거쳐 통일헌법이 정하는 바에 따라 총선거 실시	*7.7특별선언(88.77) *한민족공동체 통일방안 천명(89.9.11) *남북기본합의서(91.12.13)
현정부(98년)	상동	*공화국연방제 :평화공존→평화교류→평화통일 *햇볕정책 *상호주의 원칙	

1948년 8월 15일 정부수립 후 제1공화국은 남한만이 유일한 합법정부이며 북한동포들의 자발적 의사가 계속 봉쇄된다면 무력에 의해서라도 북한에 대한 주권을 회복하겠다는 의지를 천명하였다. 이러한 통일정책은 바뀌어 유신정부에 이르러 북한의 실체를 인정하고 평화공존의 대상임을 천명하게 된다. 1974년 8월 15일 정부는 평화통일 3대 기본원칙을 발표하였다. 3대 기본원칙은 첫째, 한반도에 평화를 정착시키기 위하여 상호불가침 협정 체결, 둘째, 남북 간에 상호문호개방 및 신뢰회복을 위해 남북대화와 교류협력 추진, 셋째, 공정한 선거관리와 감시하에 남북한 자유총선거 실시 등이다.

6공화국 정부는 1989년 9월 11일 '한민족공동체 통일방안'을 발표하였다. 완전한 통일을 이룩하려면 남북 간의 교류와 협력을 통해 먼저 민족공동체를 회복-발전시키고 이를 바탕으로 정치적 통일이 이루어질 수 있는 상태를 만들자는 것이다. 통일의 기본원칙으로 '자주 평화 민주'를 제시하고 통일국가의 미래상으로는 자유 인권 행복이 보장되는 민주국가를 제시하였다. 이 시기에 소련에서는 고르바초프 주도하에 페레스트로이카와 글라스노스트라는 개방적 민주적 개혁정책이 실시되기 시작하였다. 페레스트로이카(perestroika)는 영어의 restruction 또는 reconstruction으로 번역되는 재건 또는 개혁의 뜻을 나타내는 고르바초프의 개혁정책을 나타낸다. 페레스트로이카 노선의 기본적인 특징은 글라스노스트와 문화면에서의 자유화, 복수정당제 공산당과 소비에트의 기능분리, 복수입후보제 선거 등 정치체제의 민주화, 공산당으로부터 소비에트로의 권력이양과 대통령 권력의 강화, 시장화에 의한 경제 재건, 군축 및 동서의 긴장완화와 상호의존체제 확립 등이다. 글라스노스트(glasnost)는 영어의 openness에 해당하는 말로 공개 또는 개방으로 번역된다. 이는 고르바초프에 의한 소련의 개혁정책으로 정치의 민주화, 경제제도의 개편, 문화예술의 자유화 그리고 언론 보도의 공개 등으로 구체화되고 있다.

1991년 12월 13일 남북고위회담에서 '남북사이의 화해와 불가침 및 교류-협력에 관한 합의서'(남북기본합의서)를 채택하였다. 기본합의서의 주 내용을 살펴보면 남과 북은 서로 상대방의 체제를 인정하고 존중하며 내부 문제에 간섭하지 아니하고 상호 비방-중상를 하지 아니하며 상대방을 파괴-전복하려는 일체 행위를 하지 아니한다. 남과 북은 민족경제의 통일적이며 균형적인 발전과 민족 전체의 복리향상을 도모하기 위하여 자원의 공동개발, 민족내부교류로서의 물자교류, 합작투자 등 경제교류와 협력을 실시하고 과학 기술 교육 문화 예술 보건 체육 환경과 신문 라디오 텔레비전 및 출판물을 비롯한 출판-보도 등 여러 분야에서 교류와 협력을 실시한다. 남과 북은 민족구성원들의 자유로운 왕래와 접촉을 실현하고 자유로운 서신거래와 상봉 및 방문을 실시하고 자유의사에 의한 재결합을 실현하며, 끊어진 철도와 도로를 연결하고 해로와 항로를 개설하며 우편과 전기통신교류에 필요한 시설을 설치 연결하고 우편 및 전기통신 교류의 비밀을 보장한다. 그러나 1993년 1월 29일 북한이 모든 남북당국사이의 대화를 재개할 의사가 없음을 선언한 이래 남북대화는 중단상태에 있다. 최근 나진선봉지구 개발이나 금강산관광 등을 둘러싸고 일부 대화가 재개되고 있는 가운데 남북기본합의서가 현재까지 유효한지 여부에 대한 논란이 일고 있기도 하다.

2) 기독교계의 통일운동 전개과정

분단조국의 통일과 화해 문제는 최근 한국 교계와 성서신학계의 관심을 불러일으켜 한반도 땅에 그리스도의 화해를 구현하고 민족통일을 지향하는 '통일신학'을 형성할 것을 요구하고 있다(성종현, 1992:399-400). 통일을 위해서 정부는 물론 사회단체 종교계 학계 노동계 대학생 기타 거의 모든 국민들이 직접 또는 간접적으로 나름대로 노력을 기울여 왔다. 기독교를 중심으로 한 민간차원의 통일운동은 개교회 차원에서 전개되기도 하였지만 주로 한국기독교교회협의회(KNCC)를 중심으로 전개되어 왔다. KNCC는 한국 개신교 교파들의 연합체이다. 현재는 대한예수교장로회, 기독교대한감리회, 한국기독교장로회, 성대한성공회, 구세군, 복음교회 등의 6개 교단을 회원으로 구성되어 있다. 국제적으로는 세계교회협의회(WCC), 아시아교회협의회(CCA)와 긴밀한 협력관계를 맺고 있다.

KNCC를 중심으로 한 통일운동이 조직화되기 시작한 것은 1980년대 중반으로 이때 여러 형태의 통일선언문이 발표되었다. 그러나 공개적인 통일논의 자체가 금기시 되었던 시대상황으로 인해 이들의 통일논의는 빛을 보지 못하였다. 그러나 당시 민간차원에서 자발적이고 적극적인 통일대책을 수립하게 된 계기는 1984년 10월29일~11월2일까지 일본의 도잔소에서 열린 '도잔소회의'였다. 이곳에서 세계교회협의외 국제문제위원회가 주관한 "동북아시아 평화와 정의에 관한 협의회"(Consultation on Peace and Justice in North-East Asia)가 열렸는데 주 의제는 한반도의 분단과 통일열망의 문제였다. 도잔소회의에서 한반도통일문제에 관해 기독교의 활동방향을 제시한 공동결의문의 내용은 다음과 같다. 첫째, 인도주의적 관점에서 분단된 이산가족끼리의 접촉을 위한 노력을 하며, 이를 위해 필요한 국제기구를 적극적으로 활용해야 한다. 둘째, 통일논의에 국민 모두의 주체적인 참여권리가 보장되도록 한국교회가 앞장

서야 하며 이를 위해 국제협력기관의 지원이 강화되어야 한다. 셋째, 한반도라는 상황의 특수성과 그에 따른 기독교의 행동반경이 제한되고 있는 현실을 감안하여 주변 동북아국가들은 물론 사회주의 국가의 교회들의 체험을 참고할 수 있는 방안을 강구토록 한다. 넷째, 남북한 상호간의 뿌리 깊은 오도된 적대관 및 적대관계 극복이 시급하며 이를 위해서는 상투적인 편견과 강요된 적대관 및 선동적 반제국주의론의 과장과 무기화된 반공주의라는 장애를 극복하는 노력을 해야 한다. 다섯째, 평화정착을 위한 통일논의의 활성화를 위해 그동안 주도적 참여에서 소외되어 온 청년층과 여성층의 광범위한 참여를 고취시켜야 한다. 여섯째, 한반도를 중심으로 한 동북아시아의 긴장과 적대관을 가장 첨예화시키고 있는 군비경쟁에 제동을 걸어야 한다. 이를 위해 한반도를 겨냥하거나 배치된 모든 핵무기의 철거를 위한 운동에 구체적으로 참여해야 한다.

1988년 2월 KNCC는 '민족의 통일과 평화에 대한 한국기독교회선언'을 공식 채택하고 발표하였다. 이는 한국기독교 역사상 최초이자 동시에 대표성을 지닌 민간단체로서 최초인 공식적인 통일정책선언이었다. 통일선언의 내용은 통일이 실제로 남북한 어느 한 편에 의한 것이 아니라 쌍방의 합의와 합의에 근거한 실천을 통해 이루어져야 하며, 통일이 어느 일방의 상대방에 대한 흡수나 정복이라는 무력통일을 배제한 평화통일을 전제로 해야 한다는 것이다.

KNCC의 통일선언에서 '남북한 정부에 대한 한국교회의 건의'를 제안하였다. 제안 내용의 일부를 소개하면 다음과 같다. 첫째, 분단으로 인한 상처의 치유를 위하여 이산가족들이 다시 만나 어느 곳이든지 당사자들이 살기 원하는 곳으로 자유롭게 옮겨 살 수 있도록 보장하고, 통일 전이라도 추석이나 명절 때 일정 기간 자유롭게 친척과 고향을 방문할 수 있도록 허용해야 한다. 둘째, 분단극복을 위한 참여를 실질적으로 증진시키기 위하여 남북 국민이 통일논의와 통일정책 수립과정에 주체적으로 자유롭게 참여할 수 있도록 언론의 자유와 민간기구의 활동을 보장하고, 남북 체제나 이념을 자기의 양심과 신앙에 따라 자유롭게 비판할 수 있도록 허용해야 한다. 셋째, 사상-이념-제도를 초월한 민족적 대단결을 위하여 남북한 국민 스스로가 같은 운명체로서 하나의 민족이라는 사실을 확인하고 이를 위해 상호신뢰를 조성하며 불신과 적대감을 낳는 모든 요소들을 제거하고 상호교류 및 상호이해의 기반을 넓혀 민족동질성을 시급히 회복시켜야 한다. 넷째, 남북한 긴장완화와 평화증진을 위하여 전쟁상태를 종식시키기 위해 현재의 휴전협정을 평화협정으로 전환시키고 군사력을 감축하여 군비를 줄이고 이를 평화산업으로 전환시켜야 하며, 어떠한 경우에도 핵무기는 사용되어서는 안 된다.

1988년 11월 스위스의 글리온에서 남북한 기독교 제2차 협의회가 WCC 주선으로 열려 북한의 조선기독교도연맹과 남한의 한국기독교교회협의회가 공동으로 '글리온 공동선언'을 채택해 발표하였다. 이는 남북한 민간단체가 공동합의로 발표한 최초의 통일선언이다. 그 내용은 KNCC의 통일선언과 대동소이하다. 북한교회측이 남한교회의 통일선언을 수락한 것이다. 글리온공동선언의 내용의 일부를 보면 다음과 같다; "남북 양정부가 합의한 조국통일 3대 원칙인 자주-평화-민족의 대단결을 재확인하고 우리의 통일노력이 현재의 앙체제의 존속이 보장되는 평화공존의 원칙에서 통일국가를 지향해 가야 한다."(글리온 공동선언 제2항) "통일의 주체는 남북의 민중 당사자임을 확언한다. 따라서 오늘까지의 분단상황에 관여하였거나 앞으로의 통일과정에 방해가 되는 모든 외세는 배제한다."(동 제3항) "한반도의 평화통일을 위협하는 남북 간의 군사적 대립 해소를 위한 군축, 평화협정 체결, 불가침선언의 정책을 거쳐 한반도의 평화와 안정이 실질적으로 보장될 때 주한 미군의 철수와 핵 철거를 요구한다."(동 제6항) "인도적 차원에서의 이산가족의 교류와 만남은 현재의 군사적 대결상태를 외면하거나 방치한 채로 이룩될 수는 없으므로 이는 오히려 통일의지의 약화를 가져올 수 있다. 모든 교류는 통일을 위한 포괄적인 대책의 일환으로 추진되어야 한다."(동 제7항)

글리온 회의에서는 신앙고백적 통일운동의 일환으로 남북한 교회가 평화통일을 위한 '공동기도문'을 채택하고 매년 8월 15일 직전 주일을 '평화통일기원주일'로 지키고 여기서 읽고 기도하도록 하였다. WCC도 남북한 교회가 합의한 8.15 직전 주일을 '평화통일 기원주일'로 한 것을 공식 채택하여 전세계 교회가 함께 기도하기로 결정하였다. 예배를 통한 한반도의 분단극복과 통일을 위한 노력이 전개되었다. 기독교의 입장에서 보면 기본적으로 통일의 문제는 외세가 아닌 민족의 자주역량에 의해 해결되어야 한다. 우선적인 단계로 남북한 쌍방간에 신뢰성을 구축하는 것이며 그것이

제도적으로 보장되는 장치를 마련하기 위해 노력을 기울이고 있다(박종화, 1991: 179-203). 북한의 헌법을 보면 북한도 형식상 신앙의 자유를 천명하고 있다. 그러나 북한이 기독교를 바라보는 시각은 회의적인 면이 있어 남북간 신뢰구축에 지장을 줄 수 있다. 북한헌법 68조에 따르면 "공민은 신앙의 자유를 가진다. 이 권리는 종교건물을 짓거나 종교의식 같은 것을 허용하는 것으로 보장된다. 누구든지 종교를 외세를 끌어들이거나 국가사회질서를 해치는 데 리용할 수 없다."고 규정하고 있다(최고인민회의, 1992:4).

3) 북한의 식량난

북한은 식량난 문제가 이슈로 제기된 것은 1995년 7월 집중호우로 5백여만 명의 수재민이 발생한 이후 북한정부가 공식적으로 국제사회에 식량지원을 요청한 이후부터 시작된다. 이후 세계식량계획(WFP) 등 국제기구와 한국과 중국 유럽연합(EU) 등 세계 여러 나라 식량을 지원하고 있다.

북한의 국민 1인당 연간 평균 식량배급량은 수해가 있기 전에는 216kg이었다. 어린이와 중년 및 노인은 연평균 180kg, 체력 소모가 심한 근로자는 연평균 220kg이다. 북한의 인구가 2200만이므로 인구에 평균배급량을 곱하면 약 475만 톤이라는 숫자가 나온다. 그런데 세계식량계획(WFP)의 발표에 따르면 1996년 북한의 곡물 생산량은 240만 톤으로 수요량의 절반밖에 생산되지 않았다. 그 가운데 100만 톤은 풋곡식 상태에서 이미 소비를 했고, 남은 140만 톤을 수확했는데 군사용 20만 톤, 종자용 20만 톤을 제외하면 겨우 100만 톤밖에 남지 않는다. 북한의 큰물피해대책위원회에 따르면 1996년 말 북한의 식량 재고량은 24만6천 톤에 불과하다(유관지, 97:1-2). 통계상으로도 북한의 식량난이 얼마나 심각한지 추정할 수 있다. 이러한 심각상은 북한을 방문한 사람들의 증언에서 보다 현실적으로 전해지고 있다.

1997년 2월 북한을 방문한 미국의 유진벨재단 린튼 이사장의 방북기에 따르면 북한 하루식량 배급량은 1인당 잡곡 1백~2백 그램으로 유엔 권장량의 4분의 1에 지나지 않는다. 현 상황에서 북한 어린이들이 살아남아도 중요한 성장기에 영양이 부족하여 회생불능의 상태에 빠질 가능성이 높다. 북한의 현 상황은 한 세대가 정신적 육체적 불구가 되어 가는 인간실험장이다. 1997년 5월 북한을 방문한 세계식량계획(WFP) 버티니 사무국장에 따르면 북한의 만 6세 이하 2백40만명 의 어린이 대부분이 영양실조에 시달려 어린이들은 한결같이 뼈가 앙상하고 머리카락이 영양부족으로 노랗게 변색됐거나 배가 불룩 나왔으며 발육부진 상태에 있다. 1997년 5월 북한을 방문한 세계교회협의회(WCC)의 아시아국장 박경서 박사는 지난해 10월까지는 옥수수 가루를 성인 1인당 250그램씩 배급했지만 최근에는 이를 1백 그램으로 줄였다. 대부분의 주민들이 실제 나이보다 10~15세 더 늙어 보였고, 먹을 것을 찾아 거리를 떼지어 다니며 중국국경 인접지역에 몰려들고 있다. 신의주 인구는 33만여 명인데 먹을 것을 찾아 집을 떠난 어린이 5만~6만명이 이곳에 몰려들었다(빛과 소금 편집부, 97:1-3).

국내거주 이탈주민들의 적응실태를 살펴보면 대다수의 북한이탈주민들은 우리사회에 순조롭게 적응하고 있으나, 일부는 한국사회에 대한 기초지식의 부족, 가치관의 차이로 인한 문화적 충격, 경제적 궁핍, 대인관계의 어려움 등으로 어려움을 겪고 있으며 극소수는 사회일탈 현상까지 보이고 있다. 직업별로는 공무원 은행원 회사원 등 봉급생활자가 약 43%, 상업 등 자유업 종사자가 12%, 노동 및 무직자(가정주부 및 학생포함)가 45%로 나타났으며 월수입이 100만원 이상인 자가 50% 정도를 차지하고 있다(통일원, 97:204-206).

4) 새터민

정부는 북한이탈주민들의 보호 정착을 위해 1997년 '북한이탈주민의 보호 및 정착지원에 관한 법률'을 제정하였다.

'북한이탈주민의 보호 및 정착지원에 관한 법률'에 따르면 북한이탈주민이라 함은 군사분계선이북지역, 즉, 북한에 주소·직계가족·배우자·직장 등을 두고 있는 자로서 북한을 벗어난 후 외국의 국적을 취득하지 아니한 자를 말한다. 정부는 이들이 대한민국의 정치·경제·사회·문화 등 모든 생활영역에 있어서 신속히 적응·정착하도록 하기 위해 필요한 보호 및 지원을 행하고 있다. 그런데 북한이탈주민 또는 탈북자란 말이 때로는 스티그마나 사회적 배제 현상을 불러일으키기도 하기 때문에 2005년부터 통일부는 북한이탈주민 또는 탈북자란 용어를 '새터민'이란 용어로 대체하여 사용하고 있다. 새터민이란 '새로운 터전에서 삶의 희망을 갖고 사는 사람'을 의미한다.

4) 북한이탈주민(새터민) 현황

북한이탈주민에 관한 정보는 주로 통일부의 자료를 통해 파악될 수 있다. 북한이탈주민의 현황과 특징을 살펴보면 다음과 같다(통일부, 2008:1).

【북한이탈주민 입국 현황('08.2월 현재)】

구분	~'89	~'93	~'98	~'01	'02	'03	'04	'05	'06	'07	'08	합 계
남(명)	564	32	235	564	513	468	625	422	509	570	120	4,622
여(명)	43	2	71	479	625	813	1,269	961	1,509	1,974	487	8,233
합계(명)	653	125	333	565	515	471	629	427	515	577	128	4,622
비고 (여성비율)	7%	6%	23%	46%	55%	63%	67%	69%	75%	78%	80%	64%

북한이탈주민의 입국은 전체적으로 증가 추세에 있다. 1990년 이전까지 6백 명 수준이었던 북한이탈주민이 2008년 2월 현재 12,855명으로 무려 20배 증가하였다. 성별 입국 현황을 살펴보면 2001년까지는 남자의 입국이 여자보다 많았으나, 2002년 이후부터는 여자의 입국이 더 많아지기 시작하다 2007년에는 약 네 배까지 증가하였다.

【연령별 유형(입국시점 기준, '08.1월 현재)】

구 분	10세	10-19세	20-29세	30-39세	40-49세	50-59세	60세	계
누계(명)	473	1,569	3,495	4,187	1,678	533	613	12,548
비율(%)	4	13	28	33	13	4	5	100

북한이탈주민의 연령별 유형을 살펴보면, 전체 가운데 30대가 33%로 가장 많았고, 20대가 28%로, 10대와 40대가 각각 13%, 60대가 5%, 50대와 10세 미만이 각각 4%로 나타났다.

【지역별 거주 현황('08.1월 현재)】

지 역	서울	경기	인천	대구	광주	대전	울산	부산	강원
인 원(명)	4,256 (36%)	2,782 (23%)	1,094 (9%)	359	260	369	152	583	238
지 역	충북	충남	경북	경남	전북	전남	제주	계	
인 원	318	350	314	333	182	213	66	11,869명	

보호시설 수용자를 제외하고, 북한이탈주민들의 거주현황을 지역별로 살펴보면, 전체의 36%가 서울특별시에, 23%가 경기도에, 8%가 인천광역시에 거주하고 있어 수도권에 전체의 65%가 거주하고 있다. 지방 가운데서는 부산광역시에 4.9%로 가장 많이 거주하고 있다.

【재북 직업별 유형('08.1월 현재)】

구 분	무직 부양	노동자	관리직	전문직	예술 체육	봉사 분야	계
누계(명)	6,222	5,323	326	260	117	300	12,548
비율(%)	49	43	3	2	1	2	100

북한이탈주민은 김일성이 사망한 1994년을 기점으로 대폭 증가하였고 1949년 이후 총 848명이 국내에 입국해 그중 667명이 국내에 거주하고 있다. 최근 북한이탈 현상의 특징을 보면 북한주민의 체제이탈이 벌목공 외교관 상사주재원 교수 당간부 등 전계층에 걸쳐 발생하고 있다. 가족동반이나 이웃과 연계해 탈북하는 집단탈북이 증가하고 있다. 북한이탈경로가 군사분계선 뿐 아니라 중국 러시아 기타 제3국 해상 등 다양화되고 있다. 북한주민의 이탈동기가 종전의 성분차별이나 체제불만 등 개인적 정치적

동기에서 최근 식량난 생활고 등 경제적 요인으로 다양하게 변화해 가고 있다.

북한을 떠나오기 전에 북한이탈주민들이 종사하였던 직업들을 살펴보면, 직업이 없거나 가족을 부양하였던 사람들이 6,222명으로 거의 절반을 차지하고 있으며, 노동자가 43%로 무직·부양 또는 노동자가 전체의 93%를 차지하고 있다. 관리직이나 전문직의 경우는 5%, 봉사분야가 2%, 예술이나 체육분야가 1%를 차지하고 있다.

【재북 학력별 입국현황('08.1월 현재)】

구 분	무학취학전	유치원	인민학교	고등중	전문대	대학 이상	기타 (불상)	계
누계(명)	41	85	755	8,621	918	969	1,159	12,548
비율(%)	0.33	0.68	6.02	68.7	7.32	7.72	9.23	100

북한을 떠나오기 전에 북한이탈주민들의 최종 학력을 살펴보면, 고등중학교 출신이 전체의 68.7%로 가장 많았고, 대학 졸업 출신이 7.72%, 전문대졸 출신이 .32%, 인민학교 출신이 6.02%이었다.

【북한이탈주민에 대한 한국국민의 태도】

태 도	냉담	멸시적	동정적	호의적	기타
비율(%)	33.3	25.6	10.3	10.3	21.8

민족통일연구원에서 북한이탈주민 41명을 대상으로 자신들에 대한 한국국민들의 태도를 면접조사한 결과 한국국민들의 3분의 1은 자신들에 대해 냉담하였고 4분의 1은 멸시적이었으며 동정적이거나 호의적인 사람은 5분의 1에 불과한 것으로 나타났다(민족통일연구원, 97:1). 이와 같이 북한이탈주민에 대한 한국국민의 비우호적인 태도는 북한이탈주민들이 한국사회에 적응하는 데 걸림돌이 되고 있다.

【대북지원 현황】 (단위 : 억원)

구분	'95	'96	'97	'98	'99	'00	'01	'02	'03	'04	'05	'06	'07	합계
정부차원(무상지원)	1,854	24	240	154	339	978	975	1,140	1,097	1,313	1,360	2,296	2,159	13,929
정부차원(식량차관)	-	-	-	-	-	1,057	-	1,510	1,510	1,359	1,787	-	1,649	8,872
정부차원(계)	1,854	24	240	154	339	2,035	975	2,650	2,607	2,672	3,147	2,296	3,808	22,801
민간차원(무상)	2	12	182	275	223	387	782	576	766	1,558	779	709	920	7,171
총액	1,856	36	422	429	562	2,422	1,757	3,226	3,373	4,230	3,926	3,005	4,728	29,972

*자료: 통일부,2008.

우리나라의 대북지원은 정부차원에서 이루어지는 무상지원과 식량차관 그리고 민간차원에서 이루어지는 무상지원으로 구분되어진다. 기독교 등 종교단체에서 행해지는 대북지원은 민간차원의 무상지원으로 행해지고 있다. 2007년의 경우 정부차원의 무상지원은 2,159억 원, 정부차원의 식량차관은 1,649억 원으로 정부차원의 대북지원 총액은 3,808억 원이었다. 민간차원의 무상 대북지원액은 920억 원으로, 정부와 민간의 대북지원 총액은 4,728억 원으로 전년 대비 57% 증가하였다.

1995년 이래 2007년까지 정부차원의 무상 대북지원액은 1조3,929억 원이었고, 정부차원의 식량차관은 8,872억 원이었으며, 정부차원의 전체 대북지원액은 2조2,801억 원이었으며, 민간차원의 무상 대북지원은 7,171억 원으로 정부와 민간의 대북지원 총액은 2조9,972억 원에 달하였다.

2008년도 통일백서에 의하면 "2007년 남북 종교분야는 기존 종교시설 복원사업들이 추진된 가운데 남북 종교인들 간의 개별접촉 차원을 넘어 한반도 평화와 통일문제를 위한 종교단체 연합기구간의 연대와 교류협력을 모색하였다. 또한 종교분야 왕래인원이 2007년 한 해에만 4,899명에 달해 2006년까지 종교분야 왕래 인원수인 3,376명보다 45%가 증가하였다.

<봉수교회>

기독교계에서는 2005년부터 평양 봉수교회 재건축 사업을 지속적으로 추진하였다. 평양 봉수교회 재건축사업은 기독교 예장통합 남선교회 회원을 중심으로 구성된 사단법인 '기쁜 소식'과 북한의 조선그리스도교연맹 중앙위원회가 추진한 사업으로 3년에 걸쳐 재건되었다. 이번에 완공된 봉수교회는 1,200명까지 수용할 수 있는 지상 3층, 연건평 600여 평 규모로, 교회 건축과정에서 남한의 물자가 지원되고 기술진이 빈번히 방북하였으며, 북한에서는 인력과 장비를 제공하였다.

여의도 순복음선교회는 2007년 9월 5일 평양에 심장전문병원을 건립하기로 북한 조선그리스도교연맹과 합의하였다. "이 사업은 심장병으로 고통당하고 있는 북한주민들의 건강증진을 위한 보건의료협력사업이다."(통일부, 2008:192-195)

동북아협력재단(이사장 곽선희 소망교회 원로목사 & 김삼환 명성교회 목사)은 2001년 북측 교육성과 연변과학기술대학을 모델로 한 평양과학기술대학의 설립을 합의하였다. 평양과학시술대학은 한반도 평화와 북측 사회의 국제화를 도모하고, 북측 경제가 자립할 수 있도록 돕는 역할을 하며, 국제적인 학술교류의 장을 마련할 목적으로 수년간의 공사를 거쳐 2008년에 준공하였다.

또한 동북아협력재단은 북한 라진시에 아동복지시설인 '나선(나진·선봉)어린이의 집'을 2000년 설립하고, 5세부터 7세까지의 약 500명의 아동들이 현지 보모들과 함께 공부하고, 건강하게 양육되고, 자유로이 놀며, 숙실할 수 있도록 서비스를 제공하고 있다.

제2절

기독교 통일복지

얼마 전까지만 해도 한국의 기독교계와 사회 각 분야에서는 통일을 위한 노력의 하나로써 기아선상에 처한 북한을 돕자는 운동이 널리 전개되었다. 그러나 이러한 통일에 관한 논의가 IMF외환위기를 맞이하면서 교계와 사회에서 점차 사라져가는 것 같다. 교회가 민족통일을 위해 무엇을 해야 하는지 어떠한 역할을 해야 하는지에 관해 확실히 인식하지 못하고 혼란스러워 하는 소위 role anomie(역할의 혼돈상태)를 경험하고 있다.

오랫동안 교회는 세상이 어려움을 처했을 때 그 빛을 발휘해 왔다. 세상이 어려울 때 교회는 어려운 세상에 희망을 주고 의존처가 되어 왔다. 세상이 어려울 때 교회가 의연한 모습을 보여주지 못하고 더 어려운 모습을 보이거나 나약한 모습을 보여준다면 교회는 자신의 권위를 이 땅에서 점차 상실하게 될 것이다.

성서적으로 민족의 평화통일은 공생적 민족공동생활체를 형성하는 것으로 하나님의 평화를 기반으로 하여 이루어져야 한다. 현재 한반도의 평화는 강대국에 의해 강요된 제국의 평화이다. 한국기독교는 제국의 평화에 밀착되어 진정한 민족사회의 평화에 대한 비전을 제시하지 못하고 있다. 한국의 기독교는 서구기독교국가체제의 연장선상에서 제국적 평화에 안주한 채 민족의 평화를 추구해서는 안 되며 하나님의 평화에 기초하여 민족통일을 추구해야 한다. 민족통일과 평화를 위하여 한국의 기독교는 모든 사람의 인권을 보장하고, 민족의 사회경제적 안전을 이룩하여 진정한 평화와 안전을 이룩하는 평화의 행동자가 되어야 하며, 민족적 이질감을 극복하고 민족동질성을 회복하는데 기여해야 한다. 민족통일을 위하여 교회는 섬김의 공동체를 형성해야 하며 이를 위해 인도주의원칙하에 사회봉사선교를 전개해야 한다(김용복, 1998:17-30).

민족의 통일은 몇 가지 측면에서 접근해야 한다. 첫째로 지정학적 통일이다. 지리적 통일 정치적 통일을 의미한다. 둘째로, 문화적 통일이다. 문화는 생활양식이다. 50

여 년간 개방체제와 폐쇄체제라는 서로 다른 문화 속에 살아온 남북주민들의 문화적 차이를 좁혀 주는 노력이다. 셋째로 체제간의 통일이다. 자본주의체제와 사회주의체제간의 차이를 해소하는 일이다. 넷째로, 삶의 질의 통일이다. 1만 불 수준의 생활을 하는 남한과 1천 불 수준의 생활을 하는 북한과의 삶의 질에 관한 통일이다. 다섯째, 신앙의 통일이다. 남북기독교 간의 이질감을 극복하고 공감대를 형성하는 일이다.

한반도의 통일은 이러한 모든 측면에서의 통일이 이루어져야 진정한 민족통일을 이룰 수 있다. 이것이 통전적 통일(integrated unification of Korean peninsula)의 모습이고, 민족사회안의 모든 모순과 갈등을 극복하는 샬롬의 공동체를 이룩하는 모습이 아닌가 생각합니다. 기독교는 디아코니아선교 즉 사회봉사선교를 통해서 이러한 통전적 통일, 샬롬의 공동체를 이룩하는 데 의미 있는 기여를 할 수 있다. 사회봉사선교는 먼저 통일선교에 가장 큰 걸림돌이 되는 북한의 종교관을 깨우쳐 줄 수가 있다. 북한의 종교관은「김일성 저작선집」에 잘 나와 있다. "종교는 일종의 미신이다. 예수를 믿든지 불교를 믿든지 그것은 본질상 다 미신을 믿는 것이다. 종교는 역사적으로 지배계급의 수중에 장악되어 인민들을 기만하고 착취 억압하는 도구로 이용되었으며 또 근래에 들어 와서는 제국주의자들이 후진국가 인민들을 침략하는 사상적 도구로 이용되었다." 이 종교관은 현재에도 유효한 것으로 알려지고 있다.

디아코니아선교는 사회봉사선교는 종교는 역사적으로 지배계급의 수중에 장악되어 인민들을 기만하고 착취 억압하는 도구로 이용되었다는 북한의 전통적인 종교관을 바꿀 수 있는 좋은 대안이 될 수 있다. 사회봉사선교를 통해서 물질적으로 정신적으로 어려움을 겪고 있는 북한의 하부계층 민중들을 굶주림과 질병으로부터 해방시켜 줌으로써 종교가 기독교가 지배계급의 억압의 수단이라는 그들의 종교관을 피지배계급을 고통으로부터 해방시키는 수단이라는 논리로 대체할 수 있다. 기독교의 사회봉사가 기독교가 지배계급의 이익에 기여하기보다는 지배계급의 희생과 나눔을 명령하고 있고, 피지배계급을 착취하고 억압하는 것이 아니라 그들을 고통에서 해방시키기 위해 노력하고 있다는 사실을 보여줄 수 있다. 따라서 디아코니아선교를 실천함에 있어 북한사회의 정말로 열악한 처지에 있는 사람들(the truly disadvantaged)에게 우선적으로 도움을 주어야 하고 또 그렇게 하고 있다는 사실을 북한주민들에게 보여주어야 한다. 성서의 가르침에 따르면 가난한 자들은 도움을 받을 권리가 있는 반면 좀 더 가진 자들은 도움을 제공해주어야 할 의무가 있다(Trattner, 1974:3-6).

그동안 통일에 대한 한국교회의 자세는 다소 소극적이었다. 교회도 개방체계(open system) 안에 존재하는 사회구성체로서 사회 환경에 영향을 주고 영향을 받고 있는 것은 사실이다. 물론 일부 교회가 개교회 차원에서 모범적으로 통일선교를 실천하고 있지만 전반적으로 기독교는 통일과 관련하여 적극적이고 선도적인 자세를 취하지 못하고 정치적 상황 변화에 따른 상황대응적인 소극적 입장을 취해 온 것은 사실이다. 정치권의 통일정책변화가 이루어지면 그 후에 교회가 후속적으로 대책을 마련하는 모습을 종종 보여 왔다.

기독교는 정부의 통일정책에 적극 개입하여 성서의 평화가 성취되도록 노력해야 한다. 만일 기독교가 개입하지 않는다면 통일은 제국적 논리에 따라 완결될 것이다. 통일에 관해 기독교가 먼저 성서적 평화를 실현할 구체적인 통일정책대안들을 마련하고 정치권을 설득하는 선교적 로비(missionary lobby)활동을 전개하며 정치권의 대북통일정책의 변화를 도모하고 통일우호적인 사회분위기를 조성하는 역할을 수행하면서 때로는 강력한 압력집단으로서의 역할을 수행해야 할 것이다. 교회가 세상을 변화시키는 변화주체(change agent)로서의 역할을 할 것인지 아니면 세상의 변화에 뒤따라가는 변화의 추종자(change follower)의 역할을 할 것인지 무엇이 성서적으로 올바른 자세인지 생각해 보아야 할 것이다.

성서의 통일은 모두가 하나가 되어 더불어 이룩하는 통일이다. 많이 가진 자가 덜 가진 자에게 양보하고 사랑을 베풂으로서 서로가 하나가 되고, 많이 가진 나라가 덜 가진 나라에게 양보하고 사랑을 베풂으로서 남북이 하나가 되고, 상부계층과 하부계층이 자본가와 노동자가 대립과 갈등을 겪기보다는 공존공생하는 공생적 삶의 공동체를 이룩하기 위해 노력을 기울이고, 사회의 이념과 체제가 성서적으로 대 통합을 이룩하는 사회연대적 통일(social solidarity unification)이 바로 성서적인 통일이다.

기독교 통일복지란 굶주리고 소외되고 상처받고 온갖 고통 가운데 살아가는 한민족 성원들에게 형제애를 가지고 인도적 차원에서 그리스도의 희생과 봉사정신으로 서로 돕고 나누며 서로 존중하고 민족사회 안에서 적대관계를 불식시키며 하나 되게 하려는 기독교인들의 체계적인 노력을 말한다. 기독교 통일복지란 통일을 위한 디아코니아선교 또는 사회봉사선교의 구체적이고 체계적인 실천방안을 의미한다.

기독교사회복지를 실천하는 데는 몇 가지 전략이 있다. 첫째, 예방적 전략이다(preventive strategy). 빈곤을 예방하는 것이다. 장래 닥칠 사회적 사고에 대비해 미리 금전이나 농산물 씨앗을 저축해 두는 것이다. 둘째, 완화적 전략(alleviative strategy)이다. 빈곤의 결과 발생하는 고통을 완화시켜 주는 것이다. 북한 쌀(의료품, 옷, 양말) 보내기운동이 그 한 예라 할 수 있다. 셋째로 치유적 전략(curative strategy)이다. 빈곤의 원인을 치료하는 것이다. 북한주민의 인간자본(human capital) 부족과 같은 나진-선봉지구에 설립 중인 과학기술대학이 그 한 예라 할 수 있다.

기독교가 통일을 위해 통일복지사업을 실천함에 있어서 유념해야 할 사항은 기독교 통일복지사업을 실행함에 있어서 기독교인들은 도덕적 향락주의에 빠져선 안 되며 종의 자세로 항상 겸손하게 실천해야 한다.

제3절 통일의 성서적 의의

남북분단의 문제는 성서적으로 죄악의 결과이다. 남북한 이 오랜 증오와 적개심을 품어 왔던 것이 원수까지 사랑하라는 하나님의 가르침을 지키지 못한 죄악이며, 남북 간 경제력의 차이에서 상대적 우위를 만족하며 어려운 동포를 보살피지 않은 이웃사랑을 실천치 못한 죄악이며, 절대자이신 하나님의 뜻을 따르기보다는 정권자인 인간의 뜻을 따른 결과이기도 하다. 하나님 여호와의 말씀을 청종치 아니한 민족들은 멸망하고 저주를 받게 된다. 한반도 통일은 민족 간 서로 미워하고 서로 적대시하는 원수관계를 종식시키고 하나님의 사랑과 평화를 정착시키며 형제애를 회복시킬 수 있는 중요한 과정이다. 통일은 제국의 평화가 아닌 성서적 평화의 논리로 이룩되어야 한다. 하나님의 뜻에 합당한 한반도 통일방안이 무엇인가에 대하여 가르쳐 주는 성서의 구절들을 열거하면 다음과 같다.

"너는 네 형제를 마음으로 미워하지 말며 이웃을 인하여 죄를 당치 않도록 그를 반드시 책선하라. 원수를 갚지 말며 이웃 사랑하기를 네 몸과 같이하라. 나는 여호와니라."(레19:17-18)

"네가 만일 네 하나님 여호와를 잊어버리고 다른 신들을 좇아 그들을 섬기며 그들에게 절하면 내가 너희에게 증거하노니 너희가 정녕히 멸망할 것이라. 여호와께서 너희의 앞에서 멸망시키신 민족들같이 너희도 멸망하리니 이는 너희가 너희 하나님 여호와의 소리를 청종치 아니함이니라."(신9:19-20)

"악을 버리고 선을 행하며 화평을 찾아 따를지니라."(시34:14)

"하나님이여 민족들로 주를 찬송케 하시며 모든 민족으로 주를 찬송케 하소서. 열방은 기쁘고 즐겁게 노래할지니 주는 민족들을 공평히 판단하시며 땅 위에 열방을 치리하실 것임이니이다. 하나님이여 민족들로 주를 찬송케 하시며 모든 민족으로 주를 찬송케 하소서."(시67:3-5)

"두 사람이 함께 누우면 따뜻하거니와 한 사람이면 어찌 따뜻하랴? 한사람이면 패하겠거니와 두 사람이면 능히 당하나니 삼겹줄은 쉽게 끊어지지 아니하느니라."(전4:11-12)

"여호와의 신 곧 지혜와 총명의 신이요 모략과 재능의 신이요 지식과 여호와를 경외하는 신이 그 위에 강림하시리니…… 그 때에 이리가 어린 양과 거하며 표범이 어린 염소와 함께 누우며 송아지와 어린 사자와 살찐 짐승이 함께 있어 어린 아이에게 끌리며 암소와 곰이 함께 먹으며 그것들의 새끼가 함께 엎드리며 사자가 소처럼 풀을 먹을 것이며 젖 먹는 아이가 독사의 구멍에서 장난하며 젖 뗀 어린 아이가 독사의 굴에 손을 넣을 것이라. 나의 거룩한 산 모든 곳에서 해됨도 없고 상함도 없을 것이니 이는 물이 바다를 덮음 같이 여호와를 아는 지식이 세상에 충만할 것임이니라. 그 날에 이새의 뿌리에서 한 싹이 나서 만민의 기호로 설 것이요 열방이 그에게로 돌아오리니 그 거한 곳이 영화로우리라. 그 날에 주께서 다시 손을 펴사 그 남은 백성을 ......돌아오게 하실 것이라. 여호와께서 열방을 향하여 기호를 세우시고 이스라엘의 쫓긴 자를 모으시며 땅 사방에서 유다의 이산한 자를 모으시리니 에브라임의 투기는 없어지고 유다를 괴롭게 하던 자는 끊어지며 에브라임은 유다를 투기하지 아니하며 유다는 에브라임을 괴롭게 하지 아니할 것이요."(사11:2,6-13)

"그가 많은 민족 중에 심판하시며 먼 곳 강한 이방을 판결하시리니 무리가 그 칼을 쳐서 보습을 만들고 창을 쳐서 낫을 만들 것이며 이 나라와 저 나라가 다시는 칼을 들고 서로 치지 아니하며 다시는 전쟁을 연습하지 아니하고 각 사람이 자기 포도나무 아래와 자기 무화과나무 아래 앉을 것이라. 그들을 두렵게 할 자가 없으리니 이는 만군의 여호와의 입이 이같이 말씀하셨음이니라."(미4:3-4)

"화평케 하는 자는 복이 있나니 저희가 하나님의 아들이라 일컬음을 받을 것임이요."(마5:9)

"예물을 제단에 드리다가 거기서 네 형제에게 원망들을 만한 일이 있는 줄 생각나거든 예물을 제단 앞에 두고 먼저 가서 형제와 화목하고 그 후에 와서 예물을 드리라."(마5:23-24)

"네 이웃을 사랑하고 네 원수를 미워하라 하였다는 것을 너희가 들었으나 나는 너희에게 이르노니 너희 원수를 사랑하며 너희를 핍박하는 자를 위하여 기도하라."(마5:43-44)

"예수께서 감람산 위에 앉으셨을 때 제자들이 종용히 와서 가로되 어느 때에 주의 임하심과 세상 끝에는 무슨 징조가 있사오리까. 예수께서 대답하여 가라사대...... 민족이 민족을, 나라가 나라를 대적하여 일어나겠고 처처에 기근과 지진이 있으리니 이 모든 것이 재난의 시작이니라."(마24:1-8)

"네 이웃을 네 몸과 같이 사랑하라 하신 것이라. 이에서 더 큰 계명이 없느니라......마음을 다하고 지혜를 다하고 힘을 다하여 하나님을 사랑하는 것과 또 이웃을 제 몸과 같이 사랑하는 것이 전체로 드리는 모든 번제물과 기타 제물보다 나으니이다."(막13:31,33)

"주의 성령이 내게 임하셨으니 이는 가난한 자에게 복음을 전하게 하시려고 내게 기름을 부으시고 나를 보내사 포로된 자에게 자유를 눈먼 자에게 다시 보게 함을 전파하며 눌린 자를 자유케 하고 주의 은혜의 해를 전파하게 하려 하심이라 하였더라."(눅4:18-19)

"형제를 사랑하여 서로 우애하고 존경하기를 서로 먼저하며."(롬12:10)

"사랑은 이웃에게 악을 행치 아니하나니 그러므로 사랑은 율법의 완성이니라." (롬13:10)

"아무에게나 악으로 악을 갚지 말고 모든 사람 앞에서 선한 일을 도모하라. 할 수 있거든 너희로서는 모든 사람으로 더불어 평화하라."(롬12:17-18)

"그런즉 믿음, 소망, 사랑, 이 세 가지는 항상 있을 것인데 그 중에 제일은 사랑이라."(고전13:13)

"사랑은 오래 참고 사랑은 온유하며 투기하는 자가 되지 아니하며 사랑은 자랑하지 아니하며 교만하지 아니하며 무례히 행치 아니하며 자기의 유익을 구치 아니하며 성내지 아니하며 악한 것을 생각지 아니하며 불의를 기뻐하지 아니하며 진리와 함께 기뻐하고 모든 것을 참으며 모든 것을 믿으며 모든 것을 바라며 모든 것을 견디느니라."(고전14:4-7)

"저가 흩어 가난한 자들에게 주었으니 그의 의가 영원토록 있느니라."(고후9:9)

"온 율법은 네 이웃 사랑하기를 네 몸같이 하라 하신 말씀에 이루었나니 만일 서로 물고 먹으면 피차 멸망할까 조심하라."(갈5:14-15)

"우리가 그리스도 안에서 그의 은혜의 풍성함을 따라 그의 피로 말미암아 구속 곧 죄사함을 받았으니 이는 그가 모든 지혜와 총명으로 우리에게 넘치게 하사 그 뜻의 비밀을 우리에게 알리셨으니 곧 그 기쁘심을 따라 그리스도 안에서 때가 찬 경륜을 위하여 예정하신 것이니 하늘에 있는 것이나 땅에 있는 것이 다 그리스도 안에서 통일되게 하려 하심이라."(엡1:7-10)

"모든 겸손과 온유로 하고 오래 참음으로 사랑 가운데서 서로 용납하고 평안의 매는 줄로 성령의 하나 되게 하신 것을 힘써 지키라. 몸이 하나이요 성령이 하나이니 이와 같이 너희가 부르심의 한 소망 안에서 부르심을 입었느니라. 주도 하나이요, 믿음도 하나이요, 세례도 하나이요, 하나님도 하나이시니 곧 만유의 아버지시라. 만유 위에 계시고 만유를 통일하시고 만유 가운데 계시도다."(엡4:6)

"모든 사람으로 더불어 화평함과 거룩함을 좇으라. 이것이 없이는 아무도 주를 보지 못하리라."(히12:14)

"종말로 형제들아 무엇에든지 참되며 무엇에든지 경건하며 무엇에든지 옳으며 무엇에든지 정결하며 무엇에든지 사랑할 만하며 무엇에든지 칭찬할 만하며 무슨 덕이 있든지 무슨 기림이 있든지 이것들을 생각하라."(빌4:8)

"내 사랑하는 형제들아 너희가 알거니와 사람마다 듣기는 속히 하고 말하기는 더디 하며 성내기도 더디하라. 사람의 성내는 것이 하나님의 의를 이루지 못함이니라." (약2:19-20)

"너희가 다 마음을 같이 하여 체휼하며 형제를 사랑하며 불쌍히 여기며 겸손하며 악을 악으로, 욕을 욕으로 갚지 말고 도리어 복을 빌라."(벧전3:8-9)

"우리가 이로써 사랑을 알고 우리도 형제들을 위하여 목숨을 버리는 것이 마땅하니라. 누가 이 세상 재물을 가지고 형제의 궁핍함을 보고도 도와 줄 마음을 막으면 하나님의 사랑이 어찌 그 속에 거할까 보냐. 자녀들아 우리가 말과 혀로만 사랑하지 말고 오직 행함과 진실함으로 하자."(요일3:16-18)

"누구든지 하나님을 사랑하노라 하고 그 형제를 미워하면 이는 거짓말하는 자니 보는 바 그 형제를 사랑치 아니하는 자가 보지 못하는 바 하나님을 사랑할 수 없느니라. 우리가 이 계명을 주께 받았나니 하나님을 사랑하는 자는 또한 그 형제를 사랑할지니라."(요일4:20-21)

제4절 기독교 통일복지사업

1) 북한동포돕기운동

북한동포들을 돕기 위한 운동은 범교단적으로 전개되기도 하고 개교회적으로도 실시되고도 있다. 대부분의 물품들은 대한적십자사를 통해 북한의 조선기독교도연맹 앞으로 현물기탁하는 방식으로 전해지고 있다.

북한동포돕기 운동을 실천함에 있어서 개교회가 유념해야 할 몇 가지 사항들이 있다. 첫째, 도움을 주는 한국교회는 북한동포를 돕는 일은 그리스도인의 사명이요, 본분임을 알아야 한다. 이는 그리스도의 정신과 교훈을 실천하는 신앙행위이며 기독교적 인도주의에 입각해 그리스도의 사랑을 실천하는 행위임을 자각해야 한다. 둘째, 한국교회는 감상주의적 식량보내기에서 벗어나 민족 간 화해와 민족통일의 초석을 놓는 계기로 삼아야 한다. 식량이나 의류를 보냄으로써 북한동포들의 고통을 덜어 주고 기아선상의 그들에게 조금이나마 도움이 되고 위로가 되는 것이 사실이지만 보다 중요한 것은 이것을 매개로 해서 하나님의 사랑이 전해지고 남북한 동포들이 하나의 민족임을 확인하며 상호신뢰와 화합의 분위기가 조성되는 것이다. 셋째, 한국교회는 북한동포를 돕는 데 있어서 섬김의 정신과 봉사의 자세를 잃지 말아야 한다. 주는 자의 겸손함과 받는 자의 감사함이 나타나야 하며 한국교회가 이웃 형제들을 도울 수 있는 입장에 있다고 하는 사실에 대해 하나님께 감사하여야 한다. 넷째, 한국교회가 북한동포를 돕는 데 있어서 일치와 화해의 정신을 가지고 임해야 한다. 현재 북한동포돕기운동은 많은 기관과 단체에서 경쟁적이고 비체계적으로 이루어지는 면이 있다. 각 교파나 교단 및 단체들은 화해와 연합의 정신을 발휘하여 민족통일을 위해 일치와 화해의 모습을 민족 앞에 보여주어야 한다. 그리스도의 사랑과 화해정신으로 뭉쳐서 북한동포를 구하고 민족통일을 성취하는 저력을 발휘해야 한다. 다섯째, 북한당국이 그리스도의 사랑과 형제애로 순수한 마음에게 제공하는 식량지원을 흐뭇하게 받아들이고 제공된 식량들이 굶주린 북한 동포들에게 올바로 전달되도록 한국교회는 지속적인 기도와 노력을 기울여야 한다(～kigongbo, 98:1).

현재 범교단적으로 실시하고 있는 북한동포돕기운동 가운데 대표적인 것은 '우리민족 서로돕기운동본부'가 전개하는 운동을 들 수 있다. 이 단체는 북한의 식량난과 기아상태는 민족적 불행으로 북한 동포들이 다 굶어 죽은 뒤에 통일이 되어 보았자 아무 소용이 없다고 주장하며 시민-사회단체들과 협력하여 '북한동포돕기 옥수수 보내기 운동'을 전개하여 상당한 양의 옥수수를 북한에 보내고 있다. '북한동포돕기 옥수수 보내기 운동'의 구체적 실천방안은 한 주에 한 끼니 금식운동, 거리모금운동, 학교 교회 성당 사찰 기업 단체 등에서 모금운동, 범국민 공동모금계좌 개설 및 공동모금창구 개설 등으로 벌어진다. 어린이날에는 북한 어린이 돕기 캠페인은 전개하기도 하였다(news.hani.co.kr, 98:1-2).

운동본부가 전개하는 캠페인 가운데 '북한동포를 생각하며 한 민족, 한 주, 한 끼 굶기 운동' 내용을 소개하면 다음과 같다. 첫째, 왜 '한 끼 굶기 운동'인가? 1) 굶주림을 극복하기 위한 운동은 굶주림의 고통을 체험하고 공유하는 데서 시작된다. 굶주리는 생명을 구제하는 운동은 굶으며 고통을 나누는 행위에서 출발한다. 2) 굶음을 통한 북한동포돕기운동은 통일에 대한 자세를 바로잡게 만든다. 굶주리는 북한이나 탐욕과 이기심에 물들어 가는 남한 모두를 자성케 하고 변화시키는 계기가 될 수 있다. 통일과정에서 가장 큰 문제는 경제적 통일비용이 아니라 민족성원 서로간의 마음자세와 태도이다. 굶어 죽어 가는 북한동포를 위해 한 끼를 굶는 애정 없이 민족통일은 이룩되기 어렵다.

둘째, '한 주, 한 끼' 굶기 운동의 효과는 무엇인가? 1) 굶주리는 북한인들의 고통을 최소한으로 공유하고, 최대한으로 북한동포돕기운동을 확대하기 위하여 '한주, 한 끼 굶기 운동'을 전개한다. 2) 북한의 기아문제가 시급하고 이를 해결하기 위한 지원이 아직 확산되지 않은 상태에서는 굶기의 주기를 1주 단위로 가급적 짧게 할 필요가 있다. 3) 북한의 기아상태를 머리로만 이해하는 것이 아니라 굶음을 통해 몸으로 느낌으로써 이 운동에 지속적으로 참여할 수 있다. 4) 한 주, 한 끼 굶는 사람은 한 끼를 굶는 이유를 주위 사람들에게 설명하게 되며 스스로 북한동포돕기운동의 조직요원이 되고 동시에 홍보요원이 된다. 5) '한 끼 굶기 운동'이 국민적 운동으로 확산될 때 우리 한국사회가 건전해질 뿐만 아니라, 북한의 동포들도 이 소식을 어떤 식으로든 접하게 될 것이고, 적대감을 누그러뜨릴 것이다. 즉 한국 사람들이 북한사람을 위해 굶는다는 사실은 북한사람들을 감동시킬 수 있고 증오감을 완화시킬 수 있다.

셋째, 한 주, 한 끼 굶기 운동의 방법은 무엇인가? 1) 이 운동에 참여하는 사람은 굶는 시간을 마음대로 선택하는 것이 아니라 특별한 경우를 제외하고는 '매주 금요일 점심'으로 시간대를 고정시켜야 한다. 월요일부터 목요일까지 굶기 운동을 조직하고, 금요일은 식당 대신 은행으로 가서 1주 단위 운동의 결실을 맺게 한다. 금요일 점심은 북한동포를 위해 한민족이 굶는 시간으로 고정되어야 한다. 2) 한 끼 굶기 운동은 숨어서 아무에게도 이야기하지 않고 혼자 하는 것이 아니라 끊임없이 주위사람들에게 이야기하면서 공공연하게 전개되어야 한다. 3) 먼저 한 끼 굶는 사람이 중심이 되어 굶음으로써 이 운동에 동참하려는 사람, 굶지 않더라도 성금을 내겠다는 사람, 시간을 내어 자원봉사하려는 사람을 조직해야 한다. 4) 정성에 따라 한 끼당 얼마를 낼 것인지를 결정한다. 단돈 2만원이면 북한 어린이 8명이 한 달을 살아갈 수 있다. 기쁜 마음으로 주위 사람을 설득(說得)하고, 동참(同參)하는 사람들에게 꼭 감사의 인사를 한다(hunger.peacenet.or.kr, 98:1-5).

북한동포를 돕기 위한 금식운동은 국내뿐 아니라 전 세계에 걸쳐 전개되기도 하였다. 국내의 개신교 천주교 등 6개 종단과 94개 단체와 외국의 세계복음주의협의회(WEF)와 세계교회협의회(WCC) 등 종교단체, 유엔아동기금(UNICEF)과 유엔개발계획(UNDP) 등 국제기구 및 민간구호단체 등이 북한주민과 배고픔을 함께 나누며 인류평화를 기원하자는 뜻에서 98년 4월 25일 '북한 돕기 국제 금식의 날'로 정하고 전 세계 36개국 107개 도시에서 금식기도와 다채로운 행사를 전개하고 북한동포를 위한 모금행사를 전개하였다. 모금된 성금은 북한의 긴급 식량구호물자와 비료나 농기구를 구입해 전달할 계획이다(www.chosun.com:8080).

정부가 민간단체들이 기아선상의 북한동포를 돕는 일이 공식적으로 허용되기 이전에 '한국복음주의협의회'는 '북한동포에 생명의 쌀 보내기운동'을 전개해 모금된 성금을 미국의 선교단체인 유진벨 재단에 전달하고 이 재단에서 한국교회를 대신해 미국현지에서 쌀과 옥수수를 구입해 북한에 전달하였다. 이러한 움직임이 당시 민간단체들이 북한과의 물자교류를 위해서는 정부의 사전승인을 받고, 대북지원 물품에서 곡물을 제외하고, 창구도 대한적십자사로 단일화한 남북교류협력법에 근거한 정부의 방침을 위반한 것이라는 논란이 정부 측에 의해 제기되기도 하였다(www.chosun.com, 97:1).

최근 모 재벌명예회장이 한우 떼를 몰고 판문점을 통과해 세간의 화제가 되기도 하였지만 기독교계에선 93년 소망교회가 중국 단동을 통해 연변 소 490마리를 북한에 보낸 적이 있다. 소망교회측은 구한말 우리나라 사람들이 북간도로 이주할 때 몰고 간 소들을 다시 북한 측에 돌려보내 주겠다는 계획을 전달하고 3개월간에 걸쳐 길림성 등에 산재한 연변 소 중에서 전통 한우와 비슷한 소 490마리를 사들여 북한에 전달했는데 이들 가운데 암소가 3분의 2였다. 북한에 전달된 소들은 북한의 대표적인 축산군인 황해남도 용연군 불타산 아래 3백만 평의 목장에 방목되었으며 현재 1200여 마리로 늘어난 것으로 알려졌다. 소 전달로 북한과 물꼬를 튼 후 기독교계는 평양에 치과병원을 설립하고 남북합작 첫 대학인 나진과학기술대학 설립하는 등 선교사업을 추진하고 있다(www.chosun. com.8080, 98:1).

일부 교회에서는 모금된 성금을 자기 교회명의로 교회가 지정한 북한의 특정 지역주민들에게 대한적십자사를 통해 지정기탁하기도 하였다. 한국선명회는 모금된 성금을 평안북도 평원군에 국수공장을 세워 건조하지 않은 국수를 주민과 어린이들에게 공급해 북한의 식량난 해결에 실질적 도움을 주고 있다. 그밖에 북한선교의 일환으로 북한의 가정교회에서 사용할 VCR과 TV 보내기 운동이 전개되고 있다.

2) 북한이탈주민(탈북자)을 위한 복지사업

북한이탈주민들의 수가 날로 증가해 감에 따라 이들을 한국사회에 성공적으로 정착하게 하는 일이 우리 사회의 새로운 과제로 등장하고 있다. 독일의 경우 지난 90년 동서독 통일이 이루어지기 훨씬 전부터 동독 출신 탈출자들을 수용하여 새로운 체제에 적응하도록 돕기 위해 보호정착시설들을 운영해 왔다. 이들 정착시설 가운데 가장 규모가 큰 우나마센 수용소는 2차 대전 직후에 설립되었는데 약 3천5백 명의 이주민들이 이곳에서 생활하였다. 주정부가 운영하는 이 수용소는 4ha의 면적에 아파트 학교 관공서 교회 상가 등을 갖추고 있어 외형상 독일의 다른 마을과 별 다른 차이를 보이지 않고 있다. 이곳에서 하는 일은 연방정부로부터 이관받은 외국출신 이주민들이 396개 지방자치 수용소로 가기 전에 3~4주에 걸쳐 독일생활에 필요한 지식과 정보 등을 제공하는 것이다. 이른들에게는 취업에 필요한 정보와 독일의 연금 보험 사회보장제도 등에 관한 교육을 시키었고, 학생들에게는 독일의 교육제도에 대한 안내와 함께 짧은 기간이나마 학년별로 실제 수업을 실시하였다. 이스라엘의 경우 48년 건국 직후부터 국가안보 차원에서 외국에 거주하는 유태인의 본국 귀환을 정책적으로 장려해 왔다. 이스라엘은 이민흡수부를 중심으로 통상산업부 교육부 등 관련 부처와 민간단체들이 유기적 협조체제를 구축하여, 이주해 온 유태인들의 성공적으로 모국에 정착하도록 돕고 있다. 우선 이스라엘에 이주하는 유태인들은 공항에 내리자마자 4인 가족을 기준으로 1만 달러에 해당하는 지원금을 받게 된다. 이를 가지고 주택과 생활필수품 가전제품 등 당장 생활하는 데 필요한 의식주 문제를 해결하게 된다. 이주민중 엔지니어 과학자 의사 등 전문직 출신은 이민흡수부의 알선에 따라 전문기관에 배치되어 그들의 지식과 기술을 즉시 활용하게 된다(Midas Dong-A Ilbo, 1997:1-2).

독일과 이스라엘의 이주민 정책은 통일을 대비하는 우리 정부와 교회에 시사하는 점이 많다. 탈북자에 대한 공식 용어는 북한이탈주민이다. 북한이탈주민(탈북자)은 북한체제에서 이탈해 나온 북한주민들을 의미한다.[1] 북한이탈주민들은 통일원의 북한이탈주민대책협의회의 심의를 거쳐 보호여부를 결정하게 된다. 보호결정을 받은 북한이탈주민은 국내에 입국하여 통일원장관이 설치-운영하는 정착지원시설에 입소하여 사회적응교육과 직업훈련 등 지원을 받게 된다. 북한이탈주민들은 정착지원시설 보호기간 중 호적을 취득하게 되며 정부는 이들에게 주민등록증을 발급해 주고 정착금과 주거지원금을 지급하게 된다. 이들에 대해서는 1인당 평균 700만원의 정착금과 840만원의 주거지원금이 지급되었고 정부에 별도로 재화나 정보를 제공한 사람들은 대가로 별도의 보로금을 받았다. 북한이탈주민들은 국민으로서 기본 소양을 갖출 수 있도록 정치 경제 사회 문화 등 제반 분야에 걸친 사회적응교육을 받게 된다. 북한이탈주민의 자활능력을 제고하기 위해서 희망자의 적성과 능력에 맞는 직업훈련을 실시한다. 북한이탈주민이 정착지원시설에서 교육과 훈련을 마치고 사회로 배출되면 취학을 희망하는 자는 편입학 지원과 학비보조를 받을 수 있고, 취업을 희망하는 자는 취업알선을 받을 수 있다. 소정의 자격을 갖춘 경우 군인이나 공무원으로 특별 임용될 수 있다. 북한이탈주민이 정착지원시설에서 거주지로 전입하여 스스로 생활하는 데 따른 애로사항을 해소하고 지역사회에 순조로운 적응을 위해 밀착 생활하는 담당관

1) 북한이탈주민과 유사하게 쓰이는 용어로 귀순자는 한 나라의 변경 또는 초소에서 상대국으로 넘어오는 자를 말한다. 난민이란 전쟁이나 정변을 피해 타국이나 다른 지방으로 망명 또는 피난가는 사람을 말한다. 망명자란 혁명의 실패 또는 그 밖의 사정으로 자기 나라에 있지 못하고 현지국 또는 피난지국에 의해 보호상태에 있는 자를 말한다. 최근 통일부는탈북자란 용어가 갖는 부정적 이미지를 개선하기 위해 '새터민'이란 용어 사용을 권장하고 있다.

들로부터 2년간 거주지 보호 및 지원을 2년간 받게 된다. 2년간의 기간이 지난 후 일반 국민들과 같이 독립된 생활을 하게 된다. 이때 생계가 곤란한 자는 생활보호대상자로 편입되어 경제적 지원을 받게 된다. 북한이탈주민들이 우리사회에 순조롭게 정착하기 위해서는 정부의 지원 이외에도 민간의 계속적인 관심과 지원이 중요하므로 민간 지원활동을 촉진시키기 위해 '북한이탈주민후원회'가 발족되었다. 북한이탈주민후원회는 종교계 언론계 경제계 등의 지도급 인사가 참여하고 있는데 동 후원회는 북한이탈주민에 대한 생활 및 직업상담, 결연사업, 취업 또는 재취업 지원활동을 전개하고 있다(통일원, 97:208-213).

기독교계는 북한이탈주민들을 위해서 생계지원사업, 사회적응사업, 심리적 적응사업, 자립자활지원사업, 사회연대사업, 선교사업 등 다양한 사업을 실시하고 있다. 첫째, 교회가 주로 북한이탈주민들을 위해 실시하는 사업은 생계지원사업이다. 현재 평균적으로 북한이탈주민들은 정부로부터 1인당 정착금과 주거지원금을 합쳐 약 1500만원의 지원을 받고 있지만 상당수의 이탈주민들은 막노동으로 생계를 유지하는 등 경제적으로 어려움을 겪고 있다. 이들이 정착지원시설에서 적응교육이나 직업훈련을 받고 나서 정부에서 제공한 임대아파트에서 거주하게 되는데 이때 기독교계에서 TV, 냉장고, 전기밥솥, 세탁기 등 생활필수품을 각 교단 산하 교회별로 지원을 하고 있다. 복음주의협의회는 북한이탈주민들을 각 교회에 배정해 1교회 1탈북자 결연운동을 전개하여 교회별로 1～2명씩 생활비와 학비보조금을 지원하고 있으며 이들을 교회로 초청해 위로잔치를 갖기도 한다. 극동방송 여성운영위원회는 북한이탈주민 112명에게 성경 가스렌지 전기밥솥 이불세트 식기류 등 기초생필품을 1인당 약40만원 상당 구입해 지급하였으며 이들을 위해 위로행사를 갖고 병원비와 생활비를 보조해 주고 있다. 특히 한 달에 2회씩 이들 북한이탈주민 가정을 정기적으로 방문해 성경공부를 하고 물질적 지원뿐만 아니라 영적인 위로와 가족 같은 대화로서 이들을 정신적으로 지지해 주는 도움을 제공하고 있다.

둘째, 사회적응사업이다. 대부분의 북한이탈주민들은 한국사회에 잘 적응해 살아가고 있지만 일부 북한이탈주민들은 한국사회에 잘 적응하지 못하고 방황하거나 때로는 사회일탈현상까지 나타내고 있다. 북한이탈주민들은 정착시설에서 일정 기간

사회적응훈련을 받고 그 후 2년간 거주지 보호기간 동안 사회적응을 하게 된다. 교회는 정착시설에서 나온 이후 2년간의 거주지 보호기간 동안 밀착담당관과 협의하여 이들의 사회적응과 신앙교육을 담당할 수 있다. 우리의 경우 북한이탈주민들의 사회적응훈련을 정부가 주로 주도하고 있지만 통일 이전의 독일의 경우 동독난민들의 사회정착프로그램을 종교단체나 적십자사 실향민단체들이 주로 담당하였다.

남북 간의 언어상의 이질감이 북한이탈주민들의 사회적응을 어렵게 하고 있다. 남북 간의 언어 이질화는 북한이탈주민들과 한국사람들과의 의사소통에 상당한 지장을 초래하고 한국사회적응에 장애요인이 되고 있다. 예를 들면 우선 음식과 관련된 말 가운데 라면을 꼬부랑 국수, 도넛은 가락지 빵, 반찬은 건건이, 볶음밥은 기름밥, 카스텔라는 단설기, 냉쥬스는 찬단물, 로얄젤리는 왕벌젖으로 부르고 있어 한국 사람들에겐 생소하게 들린다. 의학용어의 경우 진정제는 가라앉힘약, 임신은 태앉기, 합병증은 따라 난 병, 협심증은 가슴조임증, 삼투압은 스밈압력, 해독제는 독풀이약으로 불린다. 가족관계에 관한 용어로는 장인을 가시아버지, 장모를 가시어머니, 고종사촌을 고모사촌, 증조부를 로할아버지, 숙모를 삼촌어머니, 아저씨를 아바이, 계모를 후어머니로 부르고 있다. 이밖에 로터리를 도는 네거리, 가위바위보를 가위주먹, 돌파구를 구멍수, 마스카라를 눈썹먹, 러닝셔츠를 땀받이, 구설수를 말밥, 파마를 볶음머리, 화재경보기를 불종, 볼펜을 원주필, 컬러TV를 색떼레비, 씨암탉을 후보닭, 가발을 덧머리로 부르고 있다. 이와 같은 언어의 이질감은 북한이탈주민의 사회적응을 어렵게 하고 있다. 따라서 교회는 북한이탈주민들에게 2년간의 거주지보호기간 동안 성도 가운데 자원봉사자를 활용해 한국사회의 표준 언어를 익힐 수 있도록 도와줄 수 있다. 또한 남한의 경우 상당수의 외국어로 된 용어와 한자어가 일상적으로 사용되고 있는데 북한이탈주민들은 이러한 용어가 생소하기만 하다. 따라서 일상적으로 사용되는 상용외국어와 한자어의 뜻도 이들에게 가르쳐 줄 필요가 있다. 교회는 자원봉사자를 활용해 북한이탈주민들에게 은행이나 우체국 백화점 대중교통수단 이용방법에서부터 경찰서 동사무소 등 관공서 이용방법, 교회 등 종교시설 이용방법 등을 실습시켜 줌으로써 이들의 사회적응을 도와줄 수 있다. 북한이탈주민들에게 하나님의 이웃사랑을 실천하고 주일예배에 초대하여 목사를 미제국주의의 승냥이로 인식하는 등 기독교에 대한 기존의 부정적인 인식을 교정시켜주고 교회가 이들의 안식처이자 피난처로 인식되도록 노력해야 한다.

한국국민들의 북한이탈주민에 대한 오해와 편견은 때로는 이들이 한국사회에 적응하는 데 장애가 되기도 한다. 교회는 성도들에게 북한이탈주민을 이해하기 위한 프로그램을 실시하여 이들의 불가피한 북한이탈 사유를 알리고 동시에 일부 극소수의 스타성 북한이탈주민들의 화려한 생활이 모든 북한이탈주민들의 생활이 아님을 분명히 인식시키며 대다수의 이탈주민들의 어려운 실생활을 올바로 이해시키는 교육을 함으로써 북한이탈주민들이 한국사회에 적응하는 데 도움을 주어야 한다.

셋째, 자립자활지원사업이다. 배고픈 사람에게 물고기 한 마리 던져 줄 것이 아니라 고기 잡는 방법을 가르쳐 주는 접근방법이다. 북한이탈주민들이 가장 애로를 겪는 것이 취업문제이다. 영어, 한문, 운전, 컴퓨터 등에 생소하고 지연 학연 혈연도 없는 이들에게는 자립을 위한 취업은 참으로 힘든 일이다. 기독교계는 북한이탈주민들이 자립자활함으로써 스스로 한국사회에서 독립된 시민으로서 사회에 통합되어 살아가도록 하기 위해 이들의 취업을 위한 직업훈련을 실시하고 있다. 한민족 복지재단의 경우 서울영동교회가 기증한 전북 장수군 장계면의 11만평의 땅에 이스라엘 협동농장인 모샤브를 모델로 한 기독교공동체 마을인 고향마을을 설립해 자본주의생활교육, 인성교육, 영농교육, 신앙교육 등 공동체훈련을 실시하여 신앙심을 갖춘 영농전문가를 양성하는 사업을 추진하고 있다. 정착촌은 체제가 전혀 다른 세계에 살다가 그 곳을 이탈해와 한국사회에서 문화적 충격을 이지지 못한 채 방황하는 북한이탈주민들에게 사회적응교육도 실시하고 경제기반도 제공하여 이들의 안정적인 정착을 돕는 프로그램이다. 한민족복지재단은 고향마을 건립기금을 조성하기 위해서 탈북자 정착 돕기 위한 음악회를 열기도 하였다.

여의도순복음교회 북한선교회의 경우 한국사회에 적응하지 못하는 북한이탈주민들을 신앙으로 안정시켜 건전한 한국인으로 정착시키는 사업을 실시하고 있다. 이를 위해 우선 구제가 시급한 20명을 선발해 10명의 직업교육대상자들의 동 교회가 운영하는 엘림복지타운직업학교에서 목공, 차량정비, 컴퓨터설계, 미용교육 등을 실시하고, 취업대상자 5명은 교회성도의 사업체에 우선 취업을 시켰고, 장학금 지급대상자들에게는 매월 일정액의 장학금을 지급하였다. 그러나 직업교육과 취업현장에 대한 적응미숙과 본인들의 적응의지 결여로 대부분 중도 포기한 것으로 나타났다.

넷째, 심리적 안정사업이다. 북한이탈주민들 가운데 상당수는 심리적으로 불안하고 우울하며 한국사회로부터 냉담하거나 호의적이지 못한 태도에서 소외감을 느끼며 장래에 대한 희망을 갖지 못한 채 살아가고 있다. 어쩔 수 없이 가족과 친지들을 남겨 두고 한국에 온 대부분의 북한이탈주민들은 가족들과 함께 살아가는 남한사람들을 보면 부럽기 짝이 없고 북한에 남아 온갖 고초를 겪을 가족과 친지를 생각하면 매우 괴로울 것이다. 크나 큰 꿈을 품고 사선을 넘어 남한에 왔지만 자신들을 탈북자 귀순자로 부르고 정부는 최저보호만을 해주는 생활보호대상자로 취급하려 하는 데 큰 좌절감을 느낄 수도 있다. 그래도 북한의 지도원생활보다 낫다는 생각에 위안을 갖기도 한다. 이처럼 심리적으로 우울하고 불안하고 소외감을 느끼는 북한이탈주민들에게 심리적 안정을 가져다 줄 수 있는 사업들은 정부나 다른 사회단체보다도 교회가 수행해야 할 사업이다. 구체적으로 교회의 성도들이 북한이탈주민들을 성도가정에 초대하여 함께 시간을 보내거나 한가족 결연사업, 의형제결연사업이나 양자입양을 주선함으로써 이들의 심리적 안정에 다소 도움을 줄 수 있다. 미혼자나 홀로 지내는 자들을 위해 결혼을 주선하여 주는 것도 이들을 안정시킬 수 있는 방안이 될 수 있다. 북한이탈주민들의 심리적 안정을 기하기 위해서 무엇보다 필요한 것은 이들에 대한 따뜻한 사랑과 관심이다. 교회는 형제애를 가지고 이들에 대해 깊은 관심을 가져야 하며 이들을 위해 기도하고 사랑을 실천해야 한다. 교회가 소외받고 정신적 물질적으로 어렵게 살아가는 대다수의 북한이탈주민들에 대해 안식처가 되어 주고 피난처가 되어 주어야 하며 성도 하나 하나는 예수님이 우리들의 다정한 친구이듯이 이들의 친구가 되어야 한다.

다섯째, 영적원조사업이다. 영적원조사업은 영성생활의 의미를 모르는 북한이탈주민들에게 영적으로 올바를 생활을 하도록 도와주는 사업이다. 북한헌법 68조엔 공민은 신앙의 자유를 가진다. 이 권리는 종교건물을 짓거나 종교의식 같은 것을 허용하는 것으로 보장된다. 누구든지 종교를 외세를 끌어들이거나 국가사회질서를 해치는데 이용할 수 없다고 규정하고 있다. 형식적으로는 북한은 영성생활을 할 수 있는 종교의 자유가 보장되어 있지만 실질적으로 종교는 일종의 미신으로 간주하면서 종교를 지배계급이 인민들을 기만하고 착취 억압하는 도구로 이용한다고 교육을 받고 있다. 실제로 1991년 북한의 종교인 수는 모두 5만 명으로 북한 전 인구의 0.2%에 불과하다. 이들 가운데 천도교가 42%, 불교와 기독교가 각각 27.9%, 천주교가 2.2%인 것으로 나타났다.

북한에는 1988년 봉수교회, 1992년 칠골교회가 세워졌으며 북한기독교연맹에 따르면 가정교회가 500여 개소 그리고 기독교신자가 1만 명이라고 한다.

따라서 북한이탈주민들이 종교생활을 했을 가능성은 매우 미미하다. 이렇게 종교가 북한주민들의 영적생활을 인도해 주지 못하자 최근 북한에는 점쟁이들이 급증하고 있다고 한다. 식량난과 체제불안이 계속되면서 불안감을 달래려는 주민들이 점집으로 몰리고 있다고 한다. 95년 홍수피해가 있기 전까지 1개 시도에 고작 30명 정도이던 점쟁이들이 96년 이후 수백 명까지 급격히 늘어났다. 주민들이 주로 묻는 것은 가정 대소사와 생활난 해결방법, 장래운수, 질병퇴치법 등이다.

교회는 북한이탈주민들이 영적인 공백상태나 미혹된 상태를 벗어나서 올바른 신앙생활을 함으로써 영적으로 건실한 생활을 하도록 인도해야 한다. 특히 2년간의 거주지보호기간은 이들이 한국사회에 처음 실제로 접촉하는 기간이므로 이 기간 동안 교회는 이들에 대해 깊은 관심과 사랑을 전하면서 하나님 앞으로 평안하게 인도해야 한다. 이들이 영적으로 바로 설 때 전혀 다른 체제인 자본주의사회에서 살아가면서 겪게 되는 문화적 충격이나 정신적 갈등을 스스로 이겨낼 수 있으며 독립된 자아로서 민주시민으로서 훌륭히 생활할 수 있게 될 것이다.

참고문헌

국내문헌

고양곤, "노인복지와 자원복지프로그램", 「복지사회와 자원복지활동」, 강남대학교 자원복지센터, 1996:160-161.

국가청소년위원회, 청소년백서, 국가청소년위원회, 2007:72-227.

국회사무처, 「외국인 근로자 대책에 대한 검토」, 국회사무처, www. assembly.go.kr/lawdata, 1998:1-5.

글로벌케어, 「글로벌케어(Global Care)」, 사단법인 글로벌케어(지구희망의 손길), 1998:1-4.

기독교대백과사전, 「기독교대백과사전」, 기독교문사, 1980.

김규정, 「의료사회사업론」, 홍익제, 1990:394-396.

김규수, 「의료사회사업론」, 형설출판사, 1986:27.

김기원, "교회와 사회복지", 「광성」, 통권24호, 광성교회, 1996:4-15.

김기원, "교회의 사회적 기능", 「기독교와 사회복지」, 예안, 1995:11-45.

김기원, "목회자-재직-평신도의 기독교복지의식 비교연구", 「한국사회복지학회 추계학술대회 자료집」, 1996.

김기원, "현대사회문제와 기독교사회복지", 「제4회 기독교사회복지 학술세미나:현대사회문제와 기독교사회복지의 과제」, 1997:5-35.

김동배 & 조학래, "청소년 자원봉사활동의 효과성에 관한 연구", 「한국사회복지학 31호」, 1997: 147-170.

김명용, "교회에는 디아코니아의 사명과 책임이 있습니다", 「목회와 신학」, 1996, 일월호: 33-38.

김미곤 외, 2007 한국복지패널 기초분석 보고서, 한국보건사회연구원 & 서울대학교사회복지연구소, 2007:285-6.

김미숙 1998:45-56 "한국의 빈곤인구 특성과 정책과제", 「보건복지포럼」, 16호, 보건사회연구원, 1998:45-56.

김상태, 「한국사요론」, 백록출판사, 1986:290-291.
김선태, 「선교복지학개론」, 도서출판 카이브로, 2005:255-6.
김영모, "인간과 빈곤과 사회복지", 「빈곤과 사회복지」, 한국사회복지학회, 1996:2-5.
김영호, 「자원복지활동의 활성화 방법」, 학문사, 1997:41-54.
김영호, "21세기 복지사회와 자원복지활동", 「복지사회와 자원복지활동」, 강남대학교 자원복지센터, 1996, 창간호:37-46.
김용복, "기독교적 섬김에 대한 성서적 신학적 고찰", 「교회와 지역사회」, 1994, v17:6-13.
김용진, 「사설교도소의 도입 및 운영에 관한 연구」, 한국형사정책연구원, 1996:60-62, 148-152.
김정자, 한국여성개발원, 「자원활동 어떻게 시작할까요」, 한국여성개발원, 1994:13-22.
김진홍, "간척지에다 두레 농민공동체를," 「사회봉사의 현장에서」, 한울, 1993:31-47.
김철수, "자원봉사활동 참여에 영향을 미치는 한국 도시인의 개인적 속성", 「한국사회복지학 28호」, 1996:165-192.
김한구 외, 「자원봉사론」, 서울: 백산출판사, 1997:68-73.
김한옥, 「기독교 사회봉사의 역사와 신학」, 실천신학연구소, 2004:325-340.
노대명 외, 2002년 저소득층 자활사업 실태조사, 한국보건사회연구원. 2003.
노동부, 「노동통계연감」, 노동부, 1995.
노동부, 「노동백서」, 노동부, 1995:232-235.
노동부, 노동백서, 노동부, 2008:69-71.
노동부, 제4차 남녀고용평등과 일-가정 양립 기본계획은 향후 5년간('08～'12), 노동부, 2008:11-13.
노동부, '07년 민간기업 장애인고용의무현황, 노동부, 2008:1-4.
노동부, 임금채권보장제도 10년사 정리, 노동부, 2007:4-8.
노인철 외, 「저소득층 실태변화와 정책과제」, 한국보건사회연구원, 1995: 126-129, 391-405.
대통령직속 저출산· 고령사회위원회, 5개년저출산· 고령사회기본계획수립, 대통령직속저출산· 고령사회위원회, 2006:74-85.
대한예수교장로회총회 사회부, 「이웃과 함께하는 교회들」, 대한예수교장로회총회 사회부, 1991:29-33.
두레방 외, 「위대한 군대, 위대한 아버지」, 두레방 외, 1995:77-80.
문화체육부, 「청소년백서」, 문화체육부, 1993:433.
민경배, 한국기독교회사, 연세대학교 출판부, 2000:144-5, 384-5.
민경배, 교회와 민족, 대한기독교출판사, 1981:267-269.252-257.
민족통일연구원, 「북한이탈주민의 사회적응에 관한 연구」, Midas Dong- A Ilbo, 97:1
박석운, 「외국인력정책 기준정립과 외국인근로자보호법 제정시안」, http: //kpd.sing-kr.org, 1998:3-10.
박종삼, "교회중심의 사회복지시설운영과 지역사회", 「지방자치제와 교회」, 대한예수교장로회 총회 사회부, 1989:41-43.

박종화, “민간차원의 통일운동과 그 과제”, 「한반도 통일운동의 과제와 그 방향」, 인간사랑, 1991:179-203.
변태섭, 「한국사」, 법문사, 1975:384-390.
보건복지부, 한국 노인의 소득 및 재산 보유실태, 보건복지부, 2007:1-15.
보건복지부, 요보호아동현황, 보건복지부, 2007:1.
보건복지부, 아동복지시설수 및 보호아동현황, 보건복지부, 2007:1.
보건복지부, 2008년 최저생계비 127만원, 5.0% 인상(4인기준), 보건복지부, 2007:1-5.
보건복지부, 국민기초생활보장수급자 현황, 보건복지부, 2007:12-106.
보건복지부, 「한국의 사회지표」, 보건복지부, 1997:369.
보건복지부, 「보건복지백서」, 보건복지부, 1997:111-116, 270-274, 277-9., 286-331.
보건복지부, 아동상담 현황, 보건복지부, 2007.
보건복지부, OECD 국가별 보건의료비, 2005:1-2.
보건복지부, 「보건복지백서」, 보건복지부, 1996:271-278.
보건복지부, 「보건복지백서」, 보건복지부, 2006:416.
보건복지부, 「사회복지관설치-운영규정」, 보건복지부, 1997:1-5.
보건복지부 장애인정책팀, 2005년 장애인실태조사 결과, 보건복지부, 2006:1-35.
보건사회연구원, 「산재근로자 의료복지증진방안」, 보건사회연구원, 1997: 1-2.
보건사회연구원, OECD 평균수명, 영아사망률, 2005, www.kihasa.re.kr/html/jsp/
부스러기사랑나눔회, 부스러기사랑나눔회 사업안내, http://www.busrugy.or.kr/, 2008.
빛과 소금 편집부, “1997년 7월, 북한은 지금”, 「빛과 소금 7월호」, www.swim.org/tyrannus /light, 97:1-3
서광윤, 「한국아태장애인10년연구모임」, 1996:129-130.
서문희, 「한국 보건-사회복지 정책연구」, 한국보건사회연구원, 1995: 19-22.
서미경 외, 「치매노인의 재가복지서비스 현황과 정책과제」, 한국보건사회연구원, 1996:27-29.
서울근로청소년회관, 「서울근로청소년회관 사업안내」, 서울근로청소년회관, 1990:10-13.
서울YMCA, 「청소년쉼터 운영보고서」, 서울YMCA, 1994:36-37.
서울특별시 사회복지협의회, 「자원봉사자 교육교재」, 서울특별시 사회복지협의회, 1995, pp.14-17.
서정운, “사회선교에 대한 선교신학적 이해”, 「현대교회와 사회봉사」, 예영커뮤니케이션, 1997: 88-91.
서정운, “선교신학에서 본 사회봉사”, 「사회봉사의 신학과 실천」, 한울, 1992:35-48.
석재은, “빈곤 및 소득분배 동향:1996-2002 2/4분기”, 보건복지포럼, 보건사회연구원, 2002.
선명회, 선명회 소개, http://aids.hallym.ac.kr/chuncon/smh/smhhq. html, 1995:1.
성종현, 「신약총론」, 장로회신학대학교 출판부, 1992:399-400.
송성숙, “지역사회에서의 자원봉사자 역할,” 「자원봉사자 학교」, 천주교 수원교구 사회복지국, 1994:23-24.
오연수, 「기독교교회사」, 도서출판 한글, 1996:254-263.

유관지, “북한의 굶주림은 하나님의 징계인가.” 「빛과 소금 7월호」, www.swim.org /tyrannus/ light 97:1-2.
유의웅, 「한국교회와 사회선교」, 예영커뮤니케이션, 1996:241.
이계윤, 「장애를 통한 하나님의 역사」, 한국밀알선교단출판부, 2002:13-172.
이대섭, 「기독교회사」, 기독교대한성결교회출판부, 1985:82-85.
이삼열, 「사회봉사의 현장에서」, 한울, 1993:333-377.
이양호, 「칼빈: 생애와 사상」, 한국신학연구소, 1997:270-271.
임택진, 「기독교를 알기 쉽게」, 한국문서선교회, 1988:21-24.
장애복지21 편집부, 「장애복지21」, 제68호, 1996/2/12자, 3면.
장애인복지과, 「보건사회관련법안」, 보건복지부, 1997:4.
장인협 & 최성재, 「노인복지학」, 서울대학교 출판부, 1994:364-373.
전국지역아동센터협의회, 지역아동센터 역사, http://www.jckh.org/ 2008.
전국 푸드뱅크, 푸드뱅크 소개, http://www.foodbank1377.org/, 2008.
전우섭, “윤락여성과 함께 하는 선교방법”, 「사회봉사의 현장에서」, 이 삼열 엮음, 한울, 1993:300.
전우섭, 「다비타의 집」, 다비타의 집, 1994:1.
정우식, 「청소년 문제, 그 실상과 대책」, 서울, 삼성출판사, 1986:117-145.
조휘일, “한국사회복지분야의 자원봉사 행동과 관련된 개인 및 조직특성에 관한 연구,” 「한국사회복지학 18호」, 1991:117-150.
지광준, 「청소년 범죄와 비행」, 삼신각, 1992:94.
이기백, 「한국사신론」, 일조각, 1986:394-395.
이성록, 「자원봉사활동」, 서울:학문사, 1996:48-83.
이성록, 「자원봉사활동 관리조정론」, 서울:학문사, 1995:271-294.
이윤로, “자원봉사자 활용증진에 영향을 주는 요인에 관한 질적 조사연구:지역사회복지관을 중심으로,” 「연세사회복지연구, 제3권」, 1996:330-355.
이윤호, 「한국청소년비행론」, 법문사, 1991:39-59.
자원봉사 정보안내센터 한국사회복지협의회, “자원봉사실무특강”, 」사회복지 133호」, 1997: pp 134- 145.
지 윤, 「사회사업사」, 홍익제, 1985:84-96.
통계청, 「한국의 사회지표」, 통계청, 1996:109.
통계청, 「한국의 사회지표」, 통계청, 1997:181, 198-199.
통계청, 「한국의 사회지표」, 통계청, 2005:316.
통계청, 「한국주요경제지표」, 통계청, 1998:121, 311.
통계청, 「한국통계연감」, 통계청, 1997:122-123.
통일원, 「통일백서」, 통일원, 1997:22-33.
통일부, 통일백서, 통일부, 2008:192-195.
통일부, 통계로 보는 남북관계, http://www.unikorea.go.kr/ 2008.

하남시연구단, 「주민복지향상을 위한 자치단체의 역할」, 하남시:15-26.
하남시, 「하남 통계연보」, 하남시, 1996:43-67.
한국기독교역사연구소, 한국기독교의 역사 II, 기독교문사, 1991:215-222.
한국 구세군, 「The Salvation Army」, http://soback.kornet21.net/ ~sally/, 1997:1-5.
한국사회복지관협회, 전국 사회복지관 운영주체 현황, 한국사회복지관협회, 2007:1-16.
행정안전부, 2007년 자원봉사센터 현황, 행정안전부, 2008:4-9.
정경희 외, 2004 전국 노인생활실태 및 복지욕구조사, 한국보건사회연구원 & 보건복지부, 2005:1-58.
한국보건사회연구원, 2007 한국복지패널 기초분석 보고서, 2007:230-231.
한국복지연구회, 「현대사회의 자원봉사론」, 유풍출판사, 1997:18-34.
한국형사정책연구소, 「청소년의 가출과 비행의 관계에 관한 연구」, 한국형사정책연구소, 1993:115.
한국사회복지협의회, 「사회복지법전」, 한국사회복지협의회, 1991:624-635.
한빛맹아원, 「한빛맹아원 요람」, 사회복지법인 한빛맹아원, 1995:1-4.
한 수, 「부유계층의 자발적 사회봉사」, 서울:민문고, 1988:77-117.
한준상, 「자원봉사활동」, 서울:청아출판사, 1997:13-18.
최일섭, 「자원봉사와 적십자 활동 연구」, 서울:서울대학교 사회복지연구소, 1991:42-50.
hunger.peacenet.or.kr, 「북한동포돕기 옥수수 10만톤 보내기 범국민 캠페인」, http://hunger.peacenet.or.kr/campaign/, 98: 1-5.
~kigongbo, 「섬기고 나누는 마음으로-북한동포 돕기 구호 손길을 하나로-」, http://user. unitel.co.kr/ ~kigongbo/, 98:1.
news.hani.co.kr, 「'아! 굶주리는 북녘' 북한을 도웁시다」, http://news. hani.co.kr/north/, 98:1-2.
Silverweb, 「치매노인을 간호하는 기본자세」, http://welfare.or.kr/ outside/silverweb, 1998:1-3.
www.chosun.com, 「기독교 북에 곡물지원」, http://www.chosun.com: 8080/cbot, 97:1.
www.chosun.com, 「'북한동포 돕기 금식의 날' 참여 열기 고조」, http://www.chosun.com: 8080/cbot, 99:1-2.
www.youthnet_re.kr., 「한국의 청소년」, www.youthnet.re.kr, 1998:1

해외문헌

AmeriCorps, "What are post-service education awards?" AmeriCorps, AmeriCorps Homepage, 1997.
Anderson, Bernhard W., Understanding the Old Testament, Prentice-Hall, Englewood, 1986:233
Anthony, Robert N. & Herzlinger, Regina E., Management Control in Nonprofit Organizations, Illinois, Richard D. Irwin Inc., 1983:34-60.
Ballew, J. Richard, Tithing, http://ocnet.xo.com/tithe.htm, 1997: 1-3.
Berger, Peter L, Social Reality of Religion, Penguin Univ Books, 1973.

Braun, Jon E, Finding the New Testament Church, http://www. ocnet.xo.com/ntchurch.htm, 1997:1-9.

Brager, George, et. al., Community Organizing, Columbia University Press, N.Y., 1987:53-56.

Bread for the World, Bread for the World Campus Information, http://www.bread.org/ bfw/campus. html, 1997:1-5.

Breidenstein, G., Christians and Social Justice, Yonsei Univ. , 1971.

Brissett-Chapman, Sheryl, “Child Abuse and Neglect”, Encyclopedia of Social Work, NASW, 1995:356

Canadian Food for the Hungry, Canadian Food for the Hungry: Our Reason for Being, http:// cfh.ca/what.html, 1996:1-2.

Carter, Charlotte A., Volunteerism--A Risky Business, Legislative Reference Bureau of Hawaii, Ha, 1996, pp. 5-14.

CER Charter Schools, Charter Schools:The New Neighborhood Schools, edreform. com/pubs/ charti.htm, 1998:1-4.

Compassion International, Welcome to Compassion International, http://www.ci.org/, 1998:1.

Tear Fund, Tearfund Home Page, http://tearfund.org.uk/, 1998:1-4.

Daft, Richard L., Organization Theory and Design, West Publishing Company, N.Y., 1986:9-16.

Daton, Edward R. Dayton & Fraser, David A., “Mission and the Church,” Perspectives on the World Christian Movement, 1992:D17-25.

DiNitto, Diana M. & Dye, Thomas R., Social Welfare Politics and Public Policy, Prentice- Hall, Inc. NJ, 1987:134-136.

Dunn, Patricia C., “Volunteer Management” Encyclopedia of Social Work, NASW Press, Washington, DC, 1995, p.2483

Ecclesiology, Ecclesiology:Understanding the Church, http://www. cs.ober...ctions/church. html, 1997:1-2.

Erickson, Millard J., octrine of Humanity & Sin, 인죄론, 기독교문서선교회, 1993:79-118.

Evangelical Lutheran Church, Prince of Peace Lutheran Church, http://elca.org/sy...0159 /ministry3.html, 1997:1-2.

Evans, Tony, Church’s Social Ministry, http://heitage/nov96/ Evans.html/ 1996:1-2.

Flexner, Stuart Breg, Random House Dictionary of the English Language, 1987, p.2131.

Garland, Diana S. Richmond, Church Social Work, North American Association of Christians in Social Work, PA, 1992, pp.5-8.

Gilbert, Neil & Specht, Harry, Dimensions of Social Welfare Policy, Prentice-Hall, Inc., 1974: 2-9.

Good Sherpherd Lutheran Church, Each One-Reach One, Each One-Bring One: Social Ministries, http://www.milleni...rd/ ministries.html, 1997:1-2.

Hawtrey, Kim, & et.al, “The Oxford Declaration on Christian Faith and Economics,” Transformation, 1990:1-5.

Healy, Judith, Welfare Options, Allen & Unwin, Sydney, 1998:104-108.

Hepworth, Dean H. & Larsen, Jo Ann, Direct Social Work Practice, Brooks/Cole Publishing Company, CA, 1993, pp482-483.

Homeschool House, Home School House, www.geocities.com/ ~perkinshome/, 1998:1-6.

Hoppe, Leslie J., Being Poor:A Biblical Study, 성서에 나타난 가난, 나요섭 역, 나눔사, 1992:17.

Hospice Service, About Hospice Services, Hospice Service, www.teleport.com/~hospice, 1997:1.

Huttman, Elizabeth D., Social Service for the Elderly., The Free Press, N.y., 1985:97-98.

Jordan, Bill, A Theory of Poverty and Social Exclusion, Polity Press, Cambridge, 1996:93-97.

Kim, Kiweon, Effect of Poverty on Children's Academic Performance, University of Texas(Dallas), Ph.D Dissertation, 1992: 112-119.

Lane, Tony, Christian Thought, 김응국 역, 기독교 사상사, 도서출판 나침반사, 1988:81-83, 515-519.

Liederman, David S., "Child Welfare Overview", Encyclopedia of Social Work, NASW Press, 1995:424-433.

Lucas Alan, Church and Social Welare, Westminster Press, PA, 1962.

Myers, Bryant L. Walking with the Poor, 가난한 자와 함께하는 선교, 장훈태역, 기독교문서선교회.Murray, Charles, Losing Ground, Basic Books, Inc., NY,. 2000:117-122.

Miley, Karla Krogsrund, & et.al, Generalist Social Work Practice: An Empowering Approach, Allyn and Bacon, Boston, 1995:9

Moberg, David O., Church as a Social Institution, MI, Baker Book House, 1984:127-158, 149-154.

Murray, Andrew, Holy in Christ, 너희도 거룩하라, 김광택 역, 생명의 말씀사, 1982:12

Moxley David P., Practice of Case Management, 김만두 역, 사례관리실천론, 홍익제, 1993:50

National Senior Service Corps, Senior Corps: America's Smart Investment, Corporation for National Service homepage, 1997, pp 1-7.

New York Society for the Prevention of Cruelty to Children (NYSPCC), http://www.nyspcc.org/index.htm.

Nichols, James Hastings, History of Christianity, 현대교회사, 서영일 역, 기독교문서선교회, 1994:429-458.

Nibuhr, Reinhold, The Contribution of Religion to Social Work. New York, Columbia University Press, 1934.

Niesel, wilhelm, Theolugie Calvins, 칼빈의 신학, 이종성 역, 대한기독교서회, 2003:182-190.

Osava, Mario, Brazil-Religion:Church Battles On For The Poor, http://www2.elibra... news_wire & puburl, 1996:1-2.

Oxford Conference "The Oxford Declaration on Christian Faith and Economics" Issue #15, Spring 1990.

Parrillo, Vincent N., et.al., Contemporary Social Problems, Macmillan Publishing Company, N.Y., 1988.

Patton, Howard, Reinhold Nibuhr, . www.religion-online.org, 1977.

Perry, John & Perry, Ema, Social Web, N.Y., Harper & Row Publishers, 1979:125-167.

Powell, Thomas J., "Self-help Groups" Encyclopedia of Social Work, NASW Press, 1995: 2116-2121.

Praamsma, L, Church in the Twentieth Century, 20세기의 교회, 박종칠 역, 개혁주의신행협회, 1986:252-256.

Rapp, Charles A. & Poertner, John, Social Administration: A Client-Centered Approach, N.Y., Longman, 1992, pp. 235-237.

Runciman, W.G., Weber Selection in Translation, N.Y., Cambridge University Press, 1988: 43-61.

Saint Mary's Food Bank Alliance, St. Mary's Food Bank Alliance: World's First Food Bank! www.firstfoodbank.org/, 2008.

Salvation Army International Heritage Center, Salvation Army History, http://www. salvationarmy. org/history.htm:1997:1-7.

Scarpitti, Frank & Andersen, Margaret, Social Problems, Harper & Row Publisher, N.Y., 1989:4-12.

Schindler-Rainman, Eva & Lippit, Ronald, 김옥라 김현자 번역, 자원봉사:사랑의 공동체, 서울:희성 출판사, 1989, pp. 49-67.

Schuler, Randall S., Personnel and Human Resource Management, N.Y., West Publishing Company, 1981, pp. 40-43.

Scott, W. Richard, Organizations, Prentice-Hall, Inc., N.J., 1987:56-57.

Sheafor, Bradford W. et. al., Techniques and Guidelines for Social Work Practice, Allyn and Bacon, Boston, 1997, pp.311-313.

St. David's Episcopal Church, Outreach at St. David's, http://www.pictac....avids/ outreach. htm, 1997:1-2.

St. Joseph Parish, Social Justice Committee, http://www. brigado...arish/sjsocial.htm, 1997:1.

Stott, John R.W., Issue Facing Chrisians Today, 현대사회문제와 기독교적 답변, 박영호 역, 기독교 문서선교회, 1985:26-31.

Stott, John, Authentic Christianity, 진정한 기독교, 정옥배 역, 한국기독학생회출판부, 1997, 444-455.

Turre, Reinhard, "교회사의 전통에서 본 사회봉사," 사회봉사의 신학과 실천, 이삼열 역, 한울, 1993:102-112.

Walker, Williston, et.al, A History of the Christian Church, 기독교교회사, 송인설 역, 크리스챤 다이 제스트, 1993:36-39, 319-328.

Williams Derek, New Concise Bible Dictionary, 이정석 외 역, Inter-Varsity Press, Leicister, 1992:145-146.

Willow Way Hospice, Willow Way Hospice Care Service, www.webmastersinc.com/ willowway. shtml, 1997:2.

www.holt.or.kr

www.encyber.com

찾아보기

【ㄱ】

【ㅂ】

【ㅅ】

【ㅇ】

【ㅈ】

【ㅊ】

【ㅋ】

【ㅌ】

저자소개

김기원(金基源)

▸ 저자약력

- 고려대학교 법과대학 행정학과 졸업
- 미국 University of Texas(Dallas) 졸업
  (Ph.D & MA in Political Economy: Social Policy)
- 미국 University of Texas(Dallas) Research Assistant 역임
- 행정고등고시 사회복지직 문제선정위원,
  출제위원, 평가위원 역임
- 7급 및 9급 공무원 시험 출제위원 역임
- 한국사회복지학회 편집위원, 운영이사 역임
- 한국사회복지정책학회 운영이사 역임
- 한국학술진흥재단, 연구과제심사위원 역임
- 한국장애인고용촉진공단 연구자문위원 역임
- 근로복지공단 정책자문위원 역임
- 기획예산처 voucher system 자문위원 역임
- 교회사회사업학회 편집위원장 역임
- 기독교사회복지학회 이사 역임
- 그리스도신학대학교, 청주대학교, 고려대학교 대학원,
  서울대학교 대학원 강사 역임
- 현 서울장신대학교 사회복지학과 교수

▸ 저서 및 논문

- The Effect of Poverty on Children's
  Academic Performance
- 기독교와 사회복지(공저)
- 공공부조론(저)
- 기독교사회복지론(저)
- 사회복지조사론(저)
- 한국사회복지정책론(저)
- 민영교도소론(저)
- 한국분배정책의 소득분배효과(공저)
- 한국사회복지의 선택(공저)
- 복지종속성에 관한 정책적 제언
- 기독교사회복지 결정요인에 관한 연구
- 기독교 환경이 복지수혜기간에 미치는 영향
- 목회자-재직-평신도간 사회복지 실천의식 비교
- 현대사회문제와 기독교사회복지
- 빈곤문제와 기독교사회복지의 과제
- 한국교회의 사회복지 현황
- 장애인근로자 장기근속에 관한 연구(공동)
- 자원봉사 참여욕구 활성화방안에 관한 연구
- 한국노동복지정책의 소득분배효과
- 한국 고령자 고용복지정책에 관한 연구 외 다수

기독교사회복지론

2009년 2월 28일 1판 1쇄 발행
2011년 8월 30일 1판 2쇄 발행

저　자 : 김 기 원
발행인 : 김 동 규
발행처 : 교육과학사

경기도 파주시 교하읍 문발리
파주출판문화정보산업단지 514-5
전화 (031) 955-6956 ~ 8 / FAX (031) 955-6037
Home-page : www.kyoyookbook.co.kr
E-mail : kyoyook@chol.com
등록 : 1970년 5월 18일 제2-73호

낙장·파본은 교환해 드립니다.
Printed in Korea.

정가 27,000 원
ISBN 978-89-254-0276-5